국제회계기준 (IFRS) 및 일반회계기준의 최신 내용을 반영한 가치평가 핵심 실무지침서

제3판

Business Valuation

이론과 실무

기업가치평가

김찬일 · 송화섭 지음

온 · 오프라인 교육 및 웹솔루션 매뉴얼 활용

經 文 社

제3판을 내면서

이 책의 초판을 집필한 지도 어언 7년이라는 시간이 지났다. 그간 한국경제의 실무현장에서는 가치평가라는 테마가 더 이상 낯설지 않을 정도로 실로 많은 일들이 이루어져 온 것 같다. 돌이켜보면 1990년대 후반 금융위기를 겪으면서 유수한 국내기업과 금융기관들에 대한 구조조정이 이루어졌고, 이 과정에서 기업가치평가 및 부실채권평가 등에 대한 선진기법이 본격적으로 실무현장에 도입되었다. 2000년대 초반에는 벤처투자에 대한 열풍이 불어닥친 후 거품이 꺼지면서 벤처기업에 대한 정확한 가치평가가 얼마나 중요한가를 새삼 깨닫게 했다. 또한 한국경제가 그간의 어려움을 추스르고 재도약하는 과정에서는 기업인수합병(M&A) 작업이 불붙으면서 그간 실무현장에서 축적되어 온 전문적인 가치평가의 지식과 경험들이 본격적으로 빛을 발하게 된 것 같다.

또 다른 측면에서는 산학연과 공공기관 등을 중심으로 R&D투자타당성과 기술사업화를 위한 기술가치평가 업무가 활발히 진행되어 왔고, 기업·제품의 브랜드, 다양한 문화콘텐츠, 그리고 인적자본 등에 대한 중요성이 부각되면서 무형자산과 지식재산에 대한 가치평가기법에 많은 관심이 집중되고 있다. 특히 최근에는 국제회계기준(IFRS)의 도입으로 회계원칙의 근간이 역사적 원가 중심에서 공정가치 평가로 중심 이동되는 변혁이 진행되면서 그 어느 때보다 가치평가에 대한 관심이 높아지고 있는 상황이다.

이와 같이 가치평가는 그 자체로도 살아 움직이는 역동성을 가지고 있는 바, 본서에서도 이러한 시대적인 흐름을 반영하기 위해 다음 분야에 대해 가능한 새롭게 내용을 가다듬어 보았다.

- 2011년부터 상장기업에 전면적으로 적용되기 시작한 국제회계기준(IFRS)과 비상장기업에 적용되는 일반기업회계기준의 내용을 책자 전반에 걸쳐

반영하였다. 이에 따라 새롭게 적용되는 용어 및 회계처리 방법을 제3장, 제6장, 제8장, 제10장 등의 관련 내용에 적용하여 수정·보완하였다.

- 제2장 외부환경요인 분석과 관련된 통계자료를 전면 업데이트하였고, 특히 산업별 향후 전망에 대한 내용을 주요 산업별 전망보고서를 인용하여 기술함으로써 보다 현장감 있는 실무내용으로 채워지도록 하였다.
- 제3장 재무분석과 재무추정에는 개정회계기준에 따른 용어 및 내용을 모두 반영하였다. 또한 재무분석 부분에서 CVP분석에 대한 내용을 보강하였고, 재무추정 부분에서는 마지막 단계로 "추정재무제표의 검토" 단계를 추가하여 추정자료의 적정성을 검토하는 데 도움이 되도록 하였다.
- 제9장에서는 부실기업, 무형자산, 부동산 가치평가의 일부내용이 수정·보완되었다. 무형자산과 관련해서는 기술평가표를 [별첨 4]로 수록하여 구체적인 내용을 활용하도록 하였으며, 부동산 평가에서는 특히 소득접근법에 의한 가치평가 부분을 대폭 보완하여 기업가치평가와 직접적인 비교가 가능하도록 시도해 보았다.
- 제10장 재무보고목적에 의한 가치평가에서는 국제회계기준과 일반기업회계기준에 의한 주요 자산·부채의 평가방법을 세부적으로 살펴보고, 이러한 회계적인 평가내용이 본서에서 다룬 보편적인 가치평가방법과 어떠한 차이점이 있는지를 비교·정리하였다.
- 제11장의 자본시장법과 상속증여세법의 내용은 2011년까지 개정된 해당 법규를 충실하게 반영하여, 가치평가와 관련된 항목을 중심으로 가능한 세부적인 내용까지를 전면적으로 수정·보완하였다.

이번 제3판의 개정은 본서의 공동저술 제의를 흔쾌히 승낙한 송화섭 회계사의 동참이 있었기에 가능하였다. 송 회계사는 그간 실무현장에서 체험한 다양한 경험을 바탕으로 제10장과 제11장 대부분을 직접 집필하여 재무보고

목적 및 관련 법규에 의한 내용이 충실하게 반영되도록 책자의 완성도를 높여 주었다.

한편, 그간 본 책자를 활용하여 여러 교육기관에서 강의를 하면서 가치평가와 관련된 보다 체계적이고 효과적인 교육시스템이 필요함을 피부로 느껴왔는데, 이번 개정판의 출간을 전후하여 본서의 독자에게 여러 측면에서 도움이 될 수 있는 다양한 교육프로그램이 함께 제공할 수 있게 되었음을 알려드리고자 한다.

우선, 본서의 주요 내용을 충실하게 담아 제작된 동영상 강의가 비전밸류컨설팅의 홈페이지(www.visionvalue.co.kr)에 600여 분의 분량으로 제공되고 있다. 동영상 강의 수강기간 동안에는 본서 [별첨 1]에서 소개하고 있는 웹기반 솔루션인 ValueSearch^{TM}을 통한 실습 기회도 함께 제공된다. 또한, 동영상 강의와는 별도로 사업타당성분석, 재무제표추정, 기업가치평가, 기술가치평가라는 4가지 모듈의 종합과정인 "웹&엑셀활용 가치분석 통합 Workshop과정"이 약 40시간 분량으로 오프라인에서 진행되고 있다. 동 과정은 비전밸류컨설팅이 개발한 ValueSearch^{TM} 웹솔루션의 프로그램 코드를 완전히 공개하여 엑셀모델링으로 재구현함으로써, 단순한 교육의 차원을 넘어 향후 실무에서 바로 활용할 수 있는 Excel Template Tool을 제공하는 데 목적을 두고 있다.

최근 한국에서도 American Society of Appraisers(ASA)의 국제가치평가사 교육이 International Institute of Business Valuer(IIBV)의 주관으로 개최된 바 있다. 저자가 외국에서 열린 ASA교육에 참가하여 기업가치평가에 대한 선진기법을 접한 지 10여 년이 지난 것 같은데, 이번 과정을 유치하여 진행하면서 과연 한국의 실무현장에서도 그러한 세월에 걸맞게 가치평가에 대한 충분한 양적·질적인 발전이 이루어진 것인가라는 생각을 새삼스레 하게 되었다.

이제 앞으로는 10년이라는 세월은 여러 외국과의 자유무역협정(FTA) 체결 등으로 보다 빈번하고 밀접하게 국제적인 무역·금융거래가 이루어질 것으로 예상된다. 이러한 과정에서 우리는 지금까지와는 또 다른 차원에서 국제적인 요구수준을 충족시킬 수 있는 질적인 변화를 필요로 하게 될 것이다. 열린 변화에 능동적으로 대처하면서 국제적으로도 통용될 수 있는 다양한 지식과 경험, 그리고 데이터베이스를 우리 스스로 차곡차곡 쌓아간다면, 이를 바탕으로 한 가치평가 작업은 향후 국제간의 거래에서도 시장경제의 올바른 흐름을 엮어내는 초석으로 자리 잡을 것이라 믿는다.

2012년 5월

김찬일, 송화섭

초판 머리말

최근 한국에서는 금융산업의 국제화 및 정보화가 놀라운 속도로 진행되고 있다. 외국인 투자자의 국내기업 인수합병과 관련된 내용이 연일 신문지상에 비중 있게 보도되고 있고, 기업구조조정의 여파는 이 시대를 사는 대부분의 한국인이 직접 피부로 느끼면서, 한국경제의 부활을 위해 반드시 극복해야 할 핵심과제로 각인되고 있다. 이러한 급변하는 환경 속에서 경제활동의 가장 중추적인 역할을 책임지고 있는 기업을 올바로 이해하고, 다양한 변화에 능동적으로 대처하기 위해서는 여러 가지 습득해야 할 사전지식이 필요하다. 그 중에도 가장 핵심적이며 심층적인 분석도구로서 연마해야 할 것이 바로 기업가치평가와 관련된 내용이라고 할 수 있을 것이다.

저자는 그간 아더앤더슨, 딜로이트 등의 다국적 금융컨설팅회사에 근무하면서 해외의 valuation 팀원들과 업무적인 교류를 통해 현실에서 실제로 적용되는 다양한 선진기법과 업무사례를 경험할 소중한 기회를 갖게 되었다. 특히, 기업가치평가의 이론습득과 관련해서는 American Society of Appraiser에서 실시하는 기업가치평가 교육과정을 이수한 후 최근 정회원 자격취득에 이르기까지 최신사례 및 연구자료 등을 지속적으로 접할 수 있는 시간이 있었다. 이러한 이론과 실무를 바탕으로 저자는 그동안 여러 교육기관에서 가치평가실무에 대한 강의를 하면서, 국내에도 이제는 기업가치평가에 포함되는 다양한 이론과 실무를 포괄적으로 다루는 책자가 소개되어야 한다는 필요성을 절실하게 느껴왔다. 이 책은 수년 전 사내직원을 대상으로 기업가치평가 특강을 처음 시작할 때 준비했던 몇 장의 교안에서 시작하여, 그간 틈틈이 살을 붙여나가는 오랜 작업이 결실을 맺으면서 마침내 졸저를 출간하기에 이른 것이다.

처음 이 책의 저술을 시작하면서 저자의 목표는 이론과 실무를 적절한 수준에서 조화시키는 것이었다. 또한, 회계원리와 재무관리의 기초이론 정도의 학습이 이루어진 일반적인 독자라면 책자의 내용을 대부분 그다지 큰 어려움 없이 이해할 수 있는 정도라야 한다고 생각했다. 이러한 의도하에서 지나치게 이론적인 내용은 과감히 생략하였고, 꼭 참고가 필요한 내용은 보론으로 간략히 요약 처리하는 방식을 택했다. 본문에서도 되도록이면 많은 사례와 도표를 사용하여 이해를 도울 수 있도록 하였다.

본서의 구성은 다음과 같다.

제1장 기본개념 및 절차
제2장 외부환경요인과 기업내부요인 분석
제3장 재무분석 및 재무추정
제4장 소득접근법
제5장 시장접근법
제6장 자산접근법
제7장 평가결과의 종합
제8장 가치평가보고서 작성사례
제9장 가치평가기법의 응용
제10장 결론

별첨으로는 "가치평가검토용 체크리스트"와 "International Glossary of Business Valuation Terms"를 첨부하였다. 특히, 후자는 기업가치평가 전문단체인 AICPA, ASA, CICBV, NACVA, IBA의 5개 단체가 합의하에 작성한 기업가치평가 공식용어집이다. 본서에서 사용하고 있는 대부분의 영문용어는 위의 용어집에서 정의된 내용을 따르고 있다.

이 책은 여러분의 도움이 없이는 불가능하였다. 우선 ASA의 Business Valuation 교육과정을 지도해 주셨으며, 최근까지도 계속해서 많은 조언을 주고 계시는 Claire Donias, FASA께 감사를 드린다. KAIST 경영학과 정구열 교수님의 깊이 있는 이론적 조언도 많은 도움이 되었다. 이 책의 각 부분은 여러분께서 미리 검토해 주셨는데, 산은자산운용주식회사 김재호 주식운용본부장(CFA), 대구대학교 부동산학과 임재만 교수, 하나안진회계법인 조용호 회계사, 우리금융지주회사 서영훈 박사께서 도움을 주셨다. 하나안진회계법인의 김태진 회계사는 최종적으로 저자와 함께 책자의 전반적인 내용을 꼼꼼히 검토해 주었다. 그리고 초판발행의 미숙한 면을 정성어린 협조로 도와두신 경문사 한헌주 사장님과 편집부 여러분께도 감사를 드린다.

지금까지 짧지 않은 세월 동안 여러 경로를 통해 공부하고 체득한 내용을 이 책에 정성껏 담아 보려고 노력하였다. 최선의 노력으로 내용을 다듬긴 했지만 다시 돌아보니 미진한 부분이 너무도 많은 것 같다. 이 책은 시간이 지남에 따라 나타나는 변화된 내용으로 계속 수정 보완되어야 한다. 가치평가는 상황적인 환경하에서 거듭 이루어지는 작업이어야 하는 것이다. 앞으로 변화되는 시대에서도 새로운 매듭을 거듭 완성시키기 위해서 다시 시작한다는 각오를 다지며, 마지막으로 그동안 마음을 담아 지켜봐 준 아내와 가족 모두에게 특별한 감사의 말씀을 전한다.

2005년 3월

김 찬 일

차 례

제 1 장 기본개념 및 절차

1. 개 요 — 3
   - 1.1 가치평가의 개념 …… 4
   - 1.2 기업가치평가의 범위 …… 5
2. 가치평가방법론 — 6
   - 2.1 기업가치와 주식가치 …… 6
   - 2.2 가치의 전제와 가치의 기준 …… 9
     - 2.2.1 가치의 전제(Premise of Value) 10
     - 2.2.2 가치의 기준(Standard of Value) 10
   - 2.3 가치평가기법 …… 14
     - 2.3.1 소득접근법(Income Approach) 15
     - 2.3.2 시장접근법(Market Approach) 16
     - 2.3.3 자산접근법(Asset Approach) 17
   - 2.4 평가기법의 적용방식 …… 19
   - 2.5 가치평가의 개념틀(Framework) …… 20
3. 가치평가실무 — 22
   - 3.1 다양한 목적 및 용도 …… 22
   - 3.2 실무수행단계 …… 26
     - [1단계] 평가업무 및 범위의 확정 26
     - [2단계] 자료수집 28
     - [3단계] 수집한 자료의 분석 29
     - [4단계] 가치평가업무의 수행 30
     - [5단계] 종합적인 평가결론의 도출 30

제 2 장 외부환경요인 및 기업내부요인 분석

1. 외부환경요인의 검토 — 35
1.1 외부환경요인의 분류 …… 35
1.2 거시경제요인 …… 38
1.2.1 국민계정의 이해 38
1.2.2 주요 거시경제지표 40
1.2.3 예측자료 42
1.3 산업요인 …… 44
1.3.1 산업분석의 개요 44
1.3.2 산업분석의 틀 45
1.3.3 산업별 전망 54
2. 기업내부요인의 검토 — 61
2.1 일반사항 …… 61
2.2 영업관련사항 …… 62
2.2.1 구매활동 63
2.2.2 생산활동 63
2.2.3 판매활동 64
2.3 재무·회계 관련사항 …… 64
2.4 조직·인사 관련사항 …… 67
2.5 그 외의 주요 검토사항 …… 68

제 3 장 재무분석 및 재무추정

1. 재무제표의 이해 — 73
1.1 기본 재무제표 …… 73
1.2 재무제표의 상호관련성 …… 78
〈Flow A〉 발생주의 당기순이익을 현금주의로 변환 80
〈Flow B〉 영업활동과 관련된 자산·부채의 증감 81
〈Flow C〉 투자활동과 관련된 자산의 증감 82
〈Flow D〉 재무활동과 관련된 부채 및 자본의 증감 83

2. 재무분석기법 — 84

2.1 비율분석 …… 84

2.1.1 비율분석의 범위 85

2.1.2 재무비율의 분류 86

2.1.3 현금흐름표를 이용한 재무비율 92

2.2 CVP 및 레버리지 분석 …… 93

2.2.1 CVP를 통한 고정비 및 변동비 형태 확인 94

〈보론 1〉 CVP 모델 95

2.2.2 레버리지 분석 96

2.2.3 가치평가에서의 활용 98

2.3 재무분석 사례 …… 99

3. 재무추정 — 108

3.1 재무추정의 개요 …… 108

3.2 단계별 추정과정 …… 110

[1단계] 매출 관련항목의 추정 111

[2단계] 매출원가 및 판관비 관련항목 추정 115

[3단계] 세전 영업현금흐름의 추정 117

[4단계] 세전 재무현금흐름 추정 121

[5단계] 추정 재무제표의 완성 124

3.3 재무추정 사례 …… 128

[1단계] 매출 관련항목 추정 128

[2단계] 매출원가 및 판관비 관련항목 추정 131

[3단계] 세전 영업현금흐름(OPCF-bt)의 추정 132

[4단계] 세전 재무현금흐름(FNCF-bt)의 추정 134

[5단계] 추정 재무제표의 완성 134

[6단계] 추정 재무제표의 검토 138

4. 재무제표의 재구성 — 144

4.1 영업·비영업·재무활동의 구분 …… 146

4.2 재무상태표 항목 …… 149

4.2.1 유동자산 149

4.2.2 비유동자산 151

4.2.3 유동부채 152

4.2.4 비유동부채 153
4.2.5 자 본 154
4.3 손익계산서 항목 ········· 156
4.3.1 영업활동 관련 수익비용 156
4.3.2 영업외손익, 법인세비용 157
4.4 현금흐름표 항목 ········· 160
4.4.1 영업활동 현금흐름 161
4.4.2 투자활동 현금흐름 162
4.4.3 재무활동 현금흐름 163
4.4.4 가치평가목적으로 재구성된 현금흐름표 163
5. 재무제표 수정 ——— 167
5.1 주요 고려사항 ········· 167
5.2 회계감사와 재무실사 ········· 168

제 4 장 소득접근법(Income Approach)

1. 개 요 ——— 173
1.1 현재가치 ········· 173
1.2 소득흐름과 할인율의 일치 ········· 174
1.3 성장률의 추정 ········· 177
1.3.1 과거 성장률의 이용 178
1.3.2 외부예측자료의 이용 179
1.3.3 기업 자체의 기본변수를 이용하는 방법 180
2. 추정기간에 따른 구분 ——— 182
2.1 단일기간 자본화방식 ········· 183
2.2 다기간 할인방식 ········· 184
2.3 기간구분의 응용 ········· 187
3. 소득흐름 ——— 193
3.1 다양한 소득흐름 ········· 193
3.2 순현금흐름(Net Cash Flow) ········· 195

3.2.1 투하자본 순현금흐름 195
3.2.2 자기자본 순현금흐름 196
〈보론 2〉 배당할인모형 197

4. 자본비용 198

4.1 개 요 198
4.1.1 자본비용의 이해 199
4.1.2 자금원천의 종류와 구성항목 200

4.2 타인자본비용 202
4.2.1 현재 가중평균차입이자율 203
4.2.2 회사채 기준수익률 204
4.2.3 원천별 추정이자율 206

4.3 자기자본비용 209
4.3.1 자본자산가격결정모형(Capital Asset Pricing Model) 209
〈보론 3〉 자본자산가격결정모형의 이해 211
4.3.2 그 밖의 자기자본비용모델 215
〈보론 4〉 국제자기자본비용모형 217
4.3.3 원천별 자기자본 218

4.4 자본비용의 적용 220
4.4.1 가중평균자본비용 220
4.4.2 목표자본구조 221
4.4.3 적용상 유의사항 222
〈보론 5〉 조정현가법 226

5. 영구가치 227

5.1 영구가치 계산방식 228
5.2 적용상의 유의사항 229

6. 현금흐름 할인방식의 적용사례 230

6.1 개요 및 단계 231
6.2 단계별 적용 232
[1단계] 순현금흐름의 계산 232
[2단계] 가중평균자본비용(Weighted Average Cost of Capital) 236
[3단계] 영구가치의 계산 238
[4단계] 가치평가액의 산출 238

6.3 결과에 대한 민감도 분석 ······ 240

제 5 장 시장접근법(Market Approach)

1. 개 요 —— 243
1.1 단계별 적용절차 ······ 243
[1단계] 비교기준회사(guideline companies)의 선정 243
[2단계] 각종 시가배수의 검토 244
[3단계] 실제 적용할 시가배수의 선정 244
[4단계] 평가대상회사(subject company)에 시가배수 적용 245
1.2 비교기준회사에 따른 구분 ······ 246
1.2.1 유사상장회사방식 246
1.2.2 유사인수·합병방식 248
1.2.3 두 접근방식의 비교 249
2. 유사상장회사방식의 적용 —— 251
2.1 비교기준 유사상장회사의 선별 ······ 251
2.2 재무분석 및 차이조정 ······ 255
2.3 시가배수별 특성 ······ 260
2.4 유사상장회사방식 사례 ······ 264
[1단계] 비교기준회사의 선정 264
[2단계] 각종 시가배수의 검토 265
[3단계] 실제 적용할 시가배수의 선정 267
[4단계] 평가대상회사에 시가배수 적용 268
3. 유사인수·합병방식의 적용 —— 269
3.1 비교기준 인수·합병 사례 ······ 269
3.2 거래구조 분석 ······ 271
3.3 시가배수의 특성 ······ 273
3.4 유사인수·합병방식 사례 ······ 276
[1단계] 비교기준사례의 선정 276
[2단계] 각종 시가배수의 검토 278

[3단계] 실제 적용할 시가배수의 선정 279
[4단계] 평가대상회사에 시가배수 적용 279

4. 추가조정사항 ———— 280
4.1 성장률 차이 조정 ···· 281
4.2 규모차이의 조정 ···· 283

제 6 장 자산접근법(Asset Approach)

1. 개 요 ———— 289
1.1 기본원리와 적용 ···· 289
1.2 시장가치 상당액 ···· 292

2. 자산, 부채 항목별 평가 ———— 293

3. 초과이익방식 ———— 298
3.1 개 요 ···· 298
3.2 적용순서 ···· 298
[1단계] 정상화된 소득흐름을 계산 299
[2단계] 순유형자산만의 가치를 먼저 산정 299
[3단계] 순유형자산에 대한 합리적인 수익률 추정 300
[4단계] 초과이익(Excess Earnings)의 계산 301
[5단계] 초과이익에 적용할 자본화율 계산 301
[6단계] 무형자산의 가치산정 302
[7단계] 기업가치의 산정 302
3.3 초과이익방식의 응용 ···· 302

4. 자산접근법 적용사례 ———— 305

제 7 장 평가결과의 종합

1. 개 요 ─ 311

2. 일괄할인과 일괄할증 ─ 312

2.1 소수지분 할인 혹은 지배지분 할증 ··· 314

2.1.1 소수지분 할인과 지배지분 할증의 관계 315

2.1.2 소득·시장·자산접근법에 따른 유의사항 316

2.1.3 소수지분 할인·지배지분 할증의 측정 318

2.2 시장성 할인(Marketability discount) ··· 320

2.2.1 지배주주·소수주주에 대한 시장성 할인 320

2.2.2 시장성 할인의 측정 322

2.3 기타의 일괄할인·일괄할증 ··· 323

3. 사례종합 및 보고서 ─ 324

3.1 기본사례의 종합 ··· 325

3.2 보고서의 작성 ··· 327

〈보론 6〉 외부평가업무 가이드라인 329

제 8 장 가치평가보고서 작성사례

1. 서 론 ─ 333

1.1 평가대상 ··· 333

1.2 평가의 성격과 목적 ··· 334

1.3 가치의 기준 ··· 334

1.4 평가기준일 ··· 335

1.5 주요 주주 및 지분율 ··· 335

1.6 용역의 범위 ··· 335

1.7 평가시 사용된 주요 자료 ··· 336

1.8 일반가정 및 제약조건 ··· 336

2. 거시경제 및 산업환경 분석 ─ 338

2.1 국내경제 현황 ··· 338

2.2 산업분석 ······ 339
2.2.1 산업의 특성 339
2.2.2 산업현황 및 규모 341
2.2.3 경쟁력 분석 342
2.2.4 최근 추세 및 특징 343
2.2.5 전 망 344
2.3 회사의 사업에 미치는 영향 ······ 344

3. 회사현황 분석 ―― 345
3.1 연 혁 ······ 345
3.2 회사 형태 ······ 346
3.3 평가대상지분에 대한 제한사항 ······ 346
3.4 지배지분의 과거 거래실적 ······ 347
3.5 관계회사·자회사 ······ 347
3.6 경영진 ······ 347
3.7 종업원 ······ 348
3.8 제 품 ······ 348
3.8.1 애니메이션 TV 시리즈 348
3.8.2 영화 및 광고 CG 349
3.8.3 상품매출 350
3.9 매출 및 고객기반 ······ 350
3.10 경쟁상황 ······ 350
3.11 위 치 ······ 351
3.12 현장방문 및 경영진 인터뷰 ······ 351

4. 재무실적 분석 ―― 351
4.1 재무제표 ······ 351
4.2 재무제표 분석 ······ 352
4.2.1 손익계산서 분석 352
4.2.2 재무상태표 분석 354
4.2.3 산업비율 분석 356
4.3 분석요약 ······ 357
4.4 재무제표 수정사항 ······ 358

5. 가치평가기법의 적용 ―― 359

5.1 평가기법의 선정 359
5.2 현금흐름할인방식의 적용 360
5.2.1 기본개념 360
5.2.2 투하자본 순현금흐름 361
5.2.3 순현금흐름 추정 361
5.2.4 자본비용 364
5.2.5 영구가치 367
5.2.6 결과요약 367
5.3 유사상장회사방식의 적용 368
5.3.1 기본개념 368
5.3.2 단계별 절차 369
5.3.3 유사상장회사의 선정 370
5.3.4 시가배수의 선정 371
5.3.5 규모차이를 반영한 수정시가배수 372
5.3.6 시가배수별 분석 373
5.3.7 결과요약 및 가치평가액 377
6. 수정사항 379
6.1 비영업용 자산 379
6.2 일괄할인(Discounts) 및 일괄할증(Premiums) 379
6.2.1 시장성 할인 379
6.2.2 소수지분 할인 380
7. 결과의 종합 및 결론 381

제 9 장 가치평가기법의 응용

1. 기업유형별 응용 395
1.1 벤처기업 395
1.2 부실기업 399
1.3 금융기관 404
2. 무형자산 가치평가 409

2.1 무형자산의 개요 …… 409
〈보론 7〉 기술평가항목 411
2.2 가치평가방법론 …… 414
〈보론 8〉 무형자산의 내용연수 417
3. 부동산 가치평가 —— 422
3.1 기업가치평가와의 비교 …… 422
3.2 가치평가방법론 …… 424
3.2.1 소득접근법 425
3.2.2 시장접근법 429
3.2.3 원가접근법 432

제10장 재무보고목적에 의한 평가

1. 개 요 —— 439
1.1 재무보고 기준 …… 440
1.2 재무보고기준별 차이내역 …… 443
2. 자산 항목별 평가 —— 444
2.1 개 요 …… 444
〈보론 9〉 한국채택국제회계기준의 공정가치 445
2.2 주요 항목별 평가 …… 447
2.2.1 매출채권 447
2.2.2 재고자산 451
〈보론 10〉 정상조업도 453
2.2.3 유형자산 455
〈보론 11〉 유형자산에 대한 재평가 모형 적용 458
2.2.4 투자부동산 459
2.2.5 유가증권 460
2.2.6 무형자산 462
2.2.7 자산손상 465
〈보론 12〉 사용가치 468

3. 부채 및 자본 항목별 평가 469

3.1 개 요 469

3.2 주요 항목별 평가 470

3.2.1 차입부채 470

3.2.2 종업원급여 471

〈보론 13〉 보험수리적 가정의 적용 477

3.2.3 충당부채 및 우발부채 479

〈보론 14〉 의사결정도 485

3.2.4 주식선택권 486

〈보론 15〉 옵션가격결정모형 494

제11장 국내 관련법규의 검토

1. 자본시장법 및 관련규정 502

1.1 자본시장법 개요 502

1.2 합 병 503

1.2.1 개 요 503

1.2.2 합병가액 504

1.3 유상증자 515

1.3.1 개 요 515

1.3.2 유상증자의 발행가액 516

1.4 기업공개 517

1.4.1 개 요 517

1.4.2 공모가액의 결정절차 518

1.4.3 공모주식의 평가 519

1.5 주식매수청구권 520

1.5.1 개 요 520

1.5.2 매수가격 520

2. 상속증여세법 및 관련규정 522

2.1 상속증여세법의 개요 522

2.2 평가원칙 ···················· 523
2.3 주식가치평가 ···················· 523
2.3.1 유가증권시장 상장주식 524
2.3.2 코스닥시장 상장주식 525
2.3.3 비상장주식 526
2.3.4 비상장주식 평가심의위원회의 주식평가 539
〈보론 16〉 유사상장법인 비교요소일람표의 이용 547
2.3.5 최대주주 등의 할증평가 552
2.4 기타재산의 보충적 평가방법 ···················· 554
2.4.1 국·공채 등 기타유가증권의 평가 554
2.4.2 부동산 등의 평가 557
2.4.3 선박 등 기타유형재산의 평가 558
2.4.4 무체재산권(무형자산) 등의 평가 559
2.4.5 기타 권리 등의 평가 563
2.4.6 저당권 등이 설정된 재산의 평가의 특례 564

제12장 결 론 / 567

별첨 :
1. ValueSearch™ 사용자 매뉴얼 ···················· 574
2. 가치평가보고서 검토용 체크리스트 ···················· 635
3. International Glossary of Business Valuation Terms ···················· 647
4. 기술평가표(Scoring Board) 사용자 매뉴얼 ···················· 658

참고문헌 / 695
찾아보기 / 697

표 차례

〈표 1.1〉 가치의 전제와 가치의 기준 ……… 9
〈표 1.2〉 세 가지 가치평가접근법의 비교 ……… 18
〈표 1.3〉 투하자본방식과 자기자본방식 ……… 20
〈표 2.1〉 국민계정과 기업의 재무제표 ……… 39
〈표 2.2〉 국민계정 주요 지표 추이 ……… 40
〈표 2.3〉 거시경제지표와 기업가치평가 ……… 41
〈표 2.4〉 최종수요 항목별 유발효과(2009년 기준) ……… 50
〈표 2.5〉 국내 주요 산업별 특성 ……… 55
〈표 2.6〉 자료요청서 샘플 ……… 70
〈표 3.1〉 재무비율의 분류 ……… 87
〈표 3.2〉 재무상태표 재구성 정리 ……… 155
〈표 3.3〉 손익계산서 재구성 정리 ……… 160
〈표 4.1〉 소득접근법(현금흐름할인방식)의 적용방식 ……… 175
〈표 4.2〉 다양한 소득흐름 ……… 193
〈표 4.3〉 자본비용의 구성항목 ……… 201
〈표 4.4〉 회사채 기준수익률 자료(예시) ……… 205
〈표 4.5〉 DCF방식의 요약 ……… 232
〈표 5.1〉 시장접근법 단계별 절차 및 요약사례 ……… 245
〈표 5.2〉 투하자본방식과 자기자본방식에 따른 시가배수(유사상장회사방식) ‥ 247
〈표 5.3〉 투하자본·자기자본 적용방식에 따른 시가배수(유사인수·합병방식) ‥ 249
〈표 5.4〉 유사상장회사방식과 유사인수·합병방식의 비교 ……… 250
〈표 5.5〉 대표적인 해외주식시장 ……… 252
〈표 5.6〉 합병과 인수 ……… 272
〈표 6.1〉 초과이익방식의 정리 ……… 302
〈표 7.1〉 산업별 경영권프리미엄 ……… 319
〈표 7.2〉 IPO와 거래일 간의 간격별 시장성 할인 ……… 322
〈표 9.1〉 회사정리법 등과 통합도산법의 주요 차이 ……… 400
〈표 9.2〉 통합도산법상의 청산가치 및 계속기업가치 ……… 403
〈표 9.3〉 금융업종 요약재무제표 ……… 406
〈표 9.4〉 회계기준상 무형자산의 분류 ……… 410
〈표 9.5〉 기업가치평가와 부동산가치평가의 비교 ……… 424
〈표 9.6〉 소득접근법의 다양한 형태 ……… 426
〈표 10.1〉 한국채택국제회계기준과 일반기업회계기준의 주요 차이 ……… 443
〈표 10.2〉 재고자산 측정금액 ……… 452
〈표 10.3〉 유형자산별 공정가치 결정방법 ……… 456
〈표 10.4〉 투자부동산 측정모형 ……… 459

〈표 10.5〉 금융상품 분류 ··· 461
〈표 10.6〉 연구·개발단계별 활동 예시 ··· 463
〈표 10.7〉 무형자산 평가방법 ··· 464
〈표 10.8〉 확정기여제도와 확정급여제도의 주요 차이 ··· 473
〈표 10.9〉 상황별 재무제표 계상 여부 ··· 484
〈표 10.10〉 주식기준보상 방식별 특징 ··· 486
〈표 10.11〉 주식결제형과 현금결제형의 주요 차이 ··· 487
〈표 10.12〉 대상자별 공정가치 측정기준 ··· 487
〈표 10.13〉 보상원가 가득기준 ··· 488
〈표 10.14〉 복합금융상품 측정기준 ··· 492
〈표 11.1〉 합병가액 산정방법 ··· 504
〈표 11.2〉 자산가치 ··· 508
〈표 11.3〉 수익가치 ··· 510
〈표 11.4〉 상대가치 ··· 513

그림 차례

[그림 1.1] 기업가치와 주식가치 ··· 7
[그림 1.2] 가치평가 적용을 위한 개념틀 ··· 21
[그림 1.3] 가치평가의 수행단계 ··· 26
[그림 2.1] Michael Porter의 5요인 모델 ··· 52
[그림 3.1] 재무제표의 상호연관성 ··· 79
[그림 3.2] 포괄적인 비율분석의 범위 ··· 86
[그림 3.3] 단계별 재무추정 ··· 110
[그림 3.4] 재무추정의 흐름도 ··· 125
[그림 3.5] 영업·비영업·재무활동의 이해 ··· 145
[그림 3.6] 재무상태표에서의 영업·비영업·재무활동의 구분 ··· 147
[그림 3.7] 손익계산서에서의 영업·비영업·재무활동의 구분 ··· 148
[그림 3.8] 현금흐름표의 재구성 ··· 164
[그림 4.1] 현재가치 계산 ··· 174
[그림 4.2] 할인율, 자본비용, 요구수익률 ··· 199
[그림 4.3] 증권시장선 ··· 211
[그림 4.4] 주식가치와 자본비용의 순환구조 ··· 222
[그림 7.1] 기준값과 목표값 ··· 315
[그림 9.1] 벤처캐피털 회사의 투자수익률(투자단계별 예시) ··· 398
[그림 10.1] 매출채권 손상검토 순서도 ··· 450
[그림 11.1] 기업공개시 주식가치 산정단계 ··· 518

Business Valuation

제 1 장

기본개념 및 절차

1. 개 요
2. 가치평가방법론
3. 가치평가실무

1. 개 요

우리가 일상적인 경제생활을 하면서 접하는 수많은 재화들은 때론 눈으로 직접 확인할 수 있는 유형의 재화일 수도 있고, 혹은 전혀 형태를 가지고 있지 않은 무형의 재화일 수도 있다. 이들 각각의 재화는 나름대로의 가치를 지니고 있는데, 우리는 때때로 그 재화의 적절한 가치를 알아내야만 하는 상황에 부닥치게 된다.

"모든 사물은 나름대로의 가치를 가진다."

여러분은 위의 명제에서 어떠한 논리를 발견할 수 있는가? 이 명제는 한 사물의 가치(value)가 다분히 주관적인 판단에 따라 좌지우지될 수 있다는 가능성을 스스로 내포하고 있다. 우리가 지금부터 이 책에서 다루려고 하는 가치평가(valuation)라는 작업은 이와 같이 평가대상의 가치에 대해 각자 나름대로 판단할 수 있는 주관적인 측면을 무시하려는 것은 아니다. 오히려 우리가 같이 고민해 나가야 하는 것은 이러한 가치의 주관성을 어떻게 극복하여 가능한 많은 사람이 합의할 수 있는 객관적인 가치를 구해낼 것인가 하는 데 있다.

개별 재화의 경우에도 그 재화가 지니는 적절한 가치를 산정하는 일은 결코 쉬운 일이 아니다. 또한 동일한 재화라 하더라도 가치를 평가하는 기준에 따라, 혹은 어떤 방법을 사용하여 가치를 계산하느냐에 따라 가치평가결과는 달라질 수 있다. 하물며 수많은 유·무형의 재화와 인적 요소의 결합체인 기업의 가치를 평가하는 일은 훨씬 더 복잡하고 어려운 문제를 야기할 수 있다.

하나의 시스템으로 기업활동을 파악하고 가치평가업무를 수행하기 위해서는 기업을 구성하고 있는 유·무형의 기업내부요인들을 이해해야 할 뿐만 아니라, 기업활동에 직·간접적으로 영향을 주는 거시경제나 산업구조와 같은 외부환경요인에 대한 이해도 필요하다.

기업의 가치를 평가한다는 것은 결코 쉽지 않은 과제이다. 기업가치평가업무를 적절히 수행해내기 위해서는 가치평가이론의 습득과 함께, 이를 실제업무에 적용할 수 있는 응용능력을 함께 배양해 나가야 한다. 이론과 실무의 적절한 조합이 이루어져야만 실제 주어진 상황을 잘 담아내는 보다 현실적이고 합리적인 가치평가결과를 도출해 낼 수 있을 것이다.

1.1 가치평가의 개념

"가치평가(valuation)"라는 용어를 광의로 정의하면 "평가대상에 대한 가치를 산출하는 행위 혹은 과정(the act or process of determining the value of the subject to be valued)"이라고 말할 수 있다.[1] 가치평가를 이렇게 정의하고 나면 실제로 가치평가업무에서 다룰 수 있는 대상이나 영역은 대단히 포괄적인 형태가 된다. 광의의 개념하에서 가치평가업무는 다음과 같은 다양한 대상에 대해 실시될 수 있다.

가치평가의 다양한 대상

- 기업, 주식
- 토지, 건물
- 기계장치
- 무형자산
- 미술품, 골동품
- 기타 개별 자산, 부채

우리가 이 책에서 다루고자 하는 가치평가의 대상은 "기업(business)" 혹은 "기업의 소유권(business ownership)인 주식"이다. 평가의 대상이 이렇게 한정될 경우 우리는 특별히 이를 "기업가치평가(business valuation)"라고 부르게 된다.

기업가치평가와 개별 재화(예를 들면, 기계장치)에 대한 가치평가의 경우를 간단히 비교해 보면, 개별 재화는 기업이나 개인이 소유하고 있는 특

---

1) 이때 가치평가의 결과는 반드시 화폐단위에 의한 계량적인 측정이 이루어져야 한다.

정자산에 대한 평가인 반면, 기업가치평가(business valuation)는 개별 자산의 복합체인 기업전체를 대상으로 한다. 당연히 기업가치평가에서는 개별 자산에 대한 평가보다 훨씬 복잡하고 광범위한 평가기법이 동원되어야 하는 것이 일반적이다.

한편, 기업에 대한 가치평가일 경우나 개별 재화에 대한 가치평가의 경우에나 가치평가과정에서 적용되는 기본논리와 핵심적인 기법은 유사한 면이 많다. 예를 들면, 후술할 소득·시장·자산접근법의 세 가지 평가기법은 평가대상이 기업이 되든지, 혹은 기계장치 등의 개별 재화가 되던지 평가대상이 바뀌더라도 원론적으로는 공통적으로 적용이 가능한 기법이다. 따라서 우리는 먼저 이러한 가치평가이론에 전반적으로 흐르고 있는 핵심논리를 꿰뚫어 보려는 노력을 기울일 필요가 있다. 기본논리에 대한 확실한 이해가 바탕이 되면, 기업가치평가에서 개별 재화로 평가대상이 달라지더라도 각각의 특성에 따른 평가기법과 적용방식의 차이를 식별해낼 수 있을 것이고, 상황별로 기본원리를 적절하게 응용할 수 있는 능력도 배양할 수 있을 것이다.

1.2 기업가치평가의 범위

이 책에서 다루는 기업가치평가(business valuation)는 기업(business)과 기업의 소유권(business ownership)이 평가의 대상이다. 기업 전체에 대한 가치는 "기업가치(enterprise value)"가 될 것이고, 기업의 소유권에 대한 가치는 기업가치에서 부채가치를 차감한 "주식가치(equity value)"[2)]가 될 것이다.

기업가치나 주식가치 이외에 기업이 소유하고 있는 특수한 개별 자산 및 부채는 기업가치평가 전문가가 평가할 수 있는 분야로 취급되어 기업가

---

2) 주식가치는 주주의 입장에서 산출되는 가치로서 주주가치, 자기자본가치 등으로 불리어지기도 한다.

치평가의 한 분야로 분류되는 경우가 많다. 예를 들면, 최근에 특히 관심이 높아지고 있는 분야인 무형자산(intangible asset)에 대한 평가나, IMF 사태 이후에 수요가 급증한 바 있는 부실채권(non performing loan : NPL)에 대한 평가 등이 그러한 예이다. 이러한 특정한 개별 자산, 부채에 대한 가치평가는 엄밀하게 말하면 기업가치평가와는 구별되어야 하나, 대개의 경우 기업가치평가의 특수분야로 취급하는 경우가 더 일반적이다. 이들 개별 자산, 부채에 대한 가치평가는 일반적인 기업가치평가를 수행할 때 적용되는 기법에 바탕을 두고 있기는 하나, 각각의 상황에 맞는 별도의 특수한 평가기법이 응용되어야 한다.

2. 가치평가방법론

2. 1 기업가치와 주식가치

다음 [그림 1. 1]은 기업가치평가(business valuation)의 개념과 범위를 시각적으로 이해할 수 있도록 재무상태표를 단순화시켜 "기업가치(enterprise value)"와 "주식가치(equity value)"를 구분시켜 표시해 본 것이다.

이 그림은 일견 회계상의 재무상태표를 단순하게 재조립한 것으로 보이나, 이 그림이 의미하는 바를 정확하게 이해하기 위해서는 몇 가지 주의 깊게 살펴보아야 할 사항들이 있다.

첫째, 가치평가목적으로는 [그림 1. 1]에서 차변과 대변항목이 시장가치를 기준으로 구해져야 한다는 것이다. 회계적으로 작성된 재무상태표는 역사적 원가에 기초한 장부가액으로 구성되어 있다. 그러나 가치평가목적으로는 이러한 장부가액은 반드시 시장가치로 전환되어야 하며, 따라서 다음 그림에서 표시된 기업가치 및 주식가치 또한 시장가치로 측정된

[그림 1. 1] 기업가치와 주식가치

(비영업용 자산이 존재하지 않는 단순한 경우)

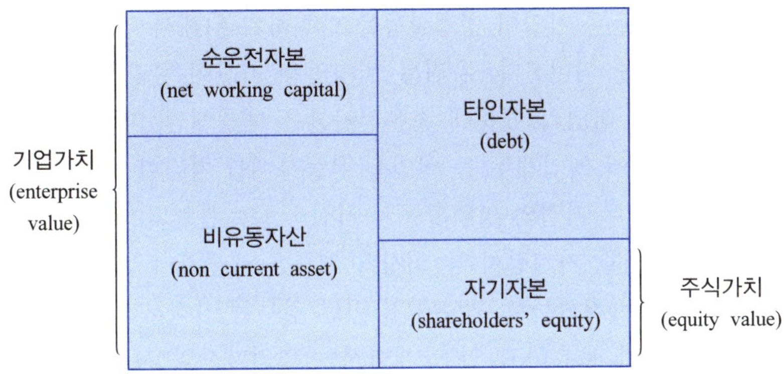

주: 순운전자본 : 영업용 유동자산에서 영업용 유동부채를 차감한 순액
비유동자산 : 토지, 건물, 기계장치 등 기업활동의 원천이 되는 영업용 비유동자산
타인자본 : 차입금, 회사채 등의 차입부채를 의미
자기자본 : 기업가치에서 타인자본가치를 제외한 주주의 몫

값을 의미한다. 이러한 시장가치기준 재무상태표의 차변은 유동자산에서 유동부채를 차감한 순운전자본과 비유동자산으로 구성되어 있고, 대변은 타인자본과 자기자본으로 구성되어 있다.

둘째, 회사의 자산, 부채에 대한 재분류와 관련된 내용이다. 가치평가목적을 위해서는 회사의 자산, 부채를 영업·비영업·재무활동으로 재분류할 필요가 있다.[3] 많은 경우에 실제로 기업의 재무상태표에는 기업의 영업활동과 관련된 자산뿐만 아니라 장단기 투자자산 등 비영업용 자산[4]이 포함되어 있다. [그림 1. 1]에서는 이러한 비영업용 자산이 존재하지 않는다는 단순한 가정하에서 작성되었다. 앞으로 설명이 진행되면서 비영업용 자산이 존재하는 보다 현실적인 경우를 가정할 것인데, 이러한 비영업용 자산은 가치평가과정에서 영업활동과 관련된 기업가치와는 완전

3) 영업·비영업·재무활동에 대한 정의와 구체적인 내용은 본서 제3장 4.1절 참조.

4) 엄밀히 말하면 부채도 존재하므로 비영업용 순자산(=비영업용 자산−비영업용 부채)이 더 정확한 표현이다. 이러한 내용은 역시 본서 제3장 4.1절을 참조할 것.

히 별개로 취급하게 될 것이다.

셋째, 차변항목의 내용을 보면 순운전자본과 비유동자산으로 이루어져 있는데, 이들은 기업이 영업활동을 영위하기 위해서 필요한 기본적인 영업용 자산을 의미한다. 우리는 비영업용 자산이 존재하지 않는 단순한 경우를 가정하였기 때문에 순운전자본은 매출채권, 재고자산 등 영업용 유동자산에서 매입채무 등 영업용 유동부채를 차감한 순액이라 할 수 있고, 이는 모두 기업의 영업활동과 직접적으로 관련되어 있다. 비유동자산은 토지, 건물, 기계장치 등 회사가 제품을 생산하기 위해 필수적으로 보유하고 있는 자산들로 구성된다. 이런 경우를 가정하면 기업의 가치라는 것은 회사가 보유하고 있는 개별적인 영업자산의 시장가치의 합이라고 생각할 수도 있다.5)

넷째, 대변구성항목은 재무활동과 관련된 타인자본과 자기자본으로 이는 기업이 외부로부터 조달한 자본원천을 의미한다는 것이다. 타인자본은 대부분 이자발생부채로 구성되는데, 이는 재무제표상 총부채에서 영업활동과 관련된 매입채무나 퇴직급여충당부채 등을 제외한 것으로, 채권자가 제공하는 차입금, 회사채 등의 차입부채를 말한다. 타인자본과 자기자본은 재무적인 활동과 관련되어 있는데, 이는 구매, 생산, 판매활동을 통해 영위하는 본원적인 기업의 영업활동과는 구분된다.

다섯째, 우리는 앞의 [그림 1. 1]을 통해 가치평가업무에서 궁극적으로 구해내고자 하는 결과가 기업가치인지 주식가치인지를 확실하게 구분할 수 있어야 한다. 이 그림에서 보듯이 주식가치는 기업가치에서 부채가치를 차감한 잔여분으로 구성된다. 주식가치는 자기자본의 가치로서 영업활동으로 인해 창출되는 전체 기업가치 중에서 채권자의 몫인 타인자본의 가치를 차감한 후에 남는 주주에게 귀속되는 몫을 의미한다.

---

5) 이러한 논리는 앞으로 제6장에서 설명하게 될 자산접근법(asset approach)의 기본원리와 동일하다. 그러나 자산접근법에서는 무형자산의 시장가치를 어떻게 측정할 것인가 하는 어려운 문제가 남는다.

〈표 1. 1〉 가치의 전제와 가치의 기준

가치의 전제(premise of value)	가치의 기준(standard of value)
평가대상의 가치를 산정할 때 적용되는 상황적인 환경에 대한 가정 (1) 계속기업(going concern)을 전제로 할 것인가. (2) 청산(liquidation)을 전제로 할 것인가.	가치평가의 결과로 산출되는 가치의 의미에 대한 정의 (1) 공정시장가치(fair market value)를 의미하는 것인가. (2) 투자가치(investment value)를 의미하는 것인가.

2. 2 가치의 전제와 가치의 기준

어떤 재화에 대해 구해진 하나의 가치평가액은 모든 경우에 통용되는 유일무이한 가치를 의미하는 것일까? 그렇지 않다. 어떤 특정한 가치평가액이 의미하는 것은 그 값을 구할 때 고려된 특수한 상황하에서 해당 재화가 가질 수 있는 하나의 가치평가액에 불과하며, 동일한 재화라 하더라도 다른 여러 상황에서는 가치평가의 결과가 다르게 나타날 수 있는 것이다. 사실, "가치"라는 용어는 상황에 따라 매우 다양하고 상이한 의미를 가질 수 있다. 우리는 본격적인 가치평가기법을 적용하기 전에 일종의 사전정지(事前整地)작업 차원에서 가치평가업무와 관련하여 언급되고 있는 다양한 가치의 개념을 한 번 살펴보기로 하자.

가장 먼저 이해해야 할 기본적인 개념은 "가치의 전제(premise of value)"와 "가치의 기준(standard of value)"이다. 일반적으로 언급되는 가치의 전제와 가치의 기준 중에서도 <표 1. 1>에서 정리한 내용이 가장 빈번하게 거론되는 내용이다.

가치의 전제와 가치의 기준에 대한 명확한 구분과 적용은 가치평가업무의 성격을 정확하게 전달함으로써 여러 이해당사자 간에 평가결과에 대한 상이한 해석으로 발생할 수 있는 논란의 소지를 없애줄 수 있다.

2.2.1 가치의 전제(Premise of Value)

가치의 전제란 가치평가를 실시할 때 평가대상기업에 적용되는 상황적인 환경에 대한 가정이다. 크게는 "계속기업"을 전제로 할 것인가, 혹은 "청산"을 전제로 할 것인가로 나눌 수 있다.

계속기업의 전제(Going Concern Premise)

기업의 존재의미는 향후 기업활동을 통해 소득을 창출하는 데 있으므로 특별한 경우를 제외하고는 계속기업을 전제로 하여야 할 것이다. 대부분의 가치평가업무는 별도의 언급이 없는 한 계속기업을 전제로 진행하는 것이 일반적이다. 계속기업의 전제는 추후에 설명될 소득·시장·자산접근법에서 모두 적용 가능하다.

청산기업의 전제(Liquidation Premise)

부도발생 등으로 더 이상 사업을 영위할 수 없어 청산을 전제로 할 경우에 사용되는 가치의 전제로서, 계속기업의 전제와는 비교목적으로도 많이 사용된다. 청산의 종류에 따라 자발적·비자발적 청산으로 구분하는 등 보다 구체적인 전제를 적용하는 것이 가능하며, 이에 따라 평가결과 또한 상이한 값으로 나타날 수 있다. 청산기업을 전제로 하면 주로 자산접근법에 의한 평가가 이루어지게 된다.

2.2.2 가치의 기준(Standard of Value)

가치평가의 결과로 산출되는 가치의 의미에 대한 정의로서 공정시장가치와 투자가치 등으로 구분된다.

공정시장가치(Fair Market Value)

공정시장가치라 함은 "거래에 대한 강요가 없는 상황(no compulsion)을 전제로 거래에 필요한 충분한 지식(reasonable knowledge on relevant facts)을 갖춘 자발적인 불특정 매수자(a willing buyer)와 자발적인 불특정 매도자(a willing seller)가 합의할 수 있는 거래가격[6])"을 의미한다.

이러한 공정시장가치라는 개념은 사실 가치평가분야뿐만 아니라, 회계학, 재무학, 법학 등 인접분야에서도 널리 사용되고 있는 개념인데, 반드시 해당 분야에서 사용하는 용어와 정의를 정확하게 이해하고 사용하여야 할 것이다. 예를 들면, 회계학 분야에서는 최근 국제회계기준(IFRS)과 관련하여 공정가치(fair value)라는 용어가 공정시장가치(fair market value)와 유사한 개념으로 많이 사용되고 있다. 우리나라에서도 한국채택국제회계기준(K-IFRS) 제1113호[7])에서 공정가치 측정에 대한 기준서가 발표된 바 있는데, 이에 대한 자세한 내용은 본서 제10장 제2.1절의 "보론 9. 한국채택국제회계기준의 공정가치"를 참고하기 바란다.

한편, 미국의 경우 각 주(州)의 특정 법률상에서 가치평가와 관련하여 공정가치(fair value)라는 개념을 별도로 정의[8])하고 있는 경우도 많은데, 각 주별로 그 정의하는 바가 조금씩 다르다. 미국법상으로는 주로 소수주주 매수청구권(dissenting stockholder actions)과 관련되어 공정가치가 규정되어 있는 경우가 많다.

투자가치(Investment Value)

공정시장가치와 대비되는 개념으로 일반적인 매수자와 매도자가 아닌 "특정한 투자자(a particular investor)" 입장에서의 가치를 말한다. 투자가치는 특정한 거래당사자 간에만 성립될 수 있는 가치의 기준이므로 불특

---

6) 위 정의는 FMV에 대한 개념으로 가장 빈번히 인용되는 미 국세청(Internal Revenue Service)의 Revenue Ruling 59-60상의 정의를 따른 것이다(*The price at which the property would change hands between a willing buyer and a willing seller, when no compulsion to buy and sell exists, and both parties having reasonable knowledge of relevant facts*).

7) 기업회계기준서 제113호, 한국회계기준원, 2011년 11월 18일

8) 따라서 미국 법률상에 규정되어 있는 "fair value"는 다음에 소개하는 "regulated value"의 일종으로 볼 수 있을 것이다. 미국 법률상의 개념과 용도에 대해서는 Pratt, S., R. Reilly and R. Schweihs, *Valuing a Business*(4th Edition), McGraw-Hill, 2000, p. 32를 참조.

정인을 대상으로 가치의 기준을 설정하는 공정시장가치와는 다르다.

공정시장가치와 투자가치의 보다 확실한 구분을 위해 기업인수와 관련된 사례를 한 번 들어보기로 하자. 어떤 A라는 회사를 매도자 입장에서 가치평가하는 경우인데, 아직 향후에 어떠한 회사가 A회사를 매수할 것인지 전혀 알 수 없는 상태라고 하자. 이런 경우에는 앞으로 나타날 개별 매수희망자의 상황을 전부 고려한다는 것은 현실적으로 불가능하므로 평가자는 일반적인 불특정 매수자를 가정하여 "공정시장가치"를 구하는 것이 합리적일 것이다. 반면에 이미 B라는 회사가 매수자로 정해져 있고 그 특정 매수자가 해당 기업을 매수할 때의 매매가격을 산정하기 위해서는 B회사 입장에서의 "투자가치"를 산정하는 것이 합리적일 것이다. 이렇게 구한 투자가치는 공정시장가치와 차이가 날 수 있는데 그 원인은 주로 다음과 같다.

투자가치가 공정시장가치와 차이가 나는 원인

- 기존 사업과의 시너지효과의 차이　예를 들면, 마이크를 생산하는 어떤 제조업체를 매도하는 경우 투자금융회사와 같은 재무적 투자자(financial investors)가 인수하는 경우와 스피커를 생산하는 제조업체와 같은 전략적 투자자(strategic investors)가 인수하는 경우는 차이가 날 수 있다. 스피커 제조업체의 경우에는, 생산공정상의 일관성을 통한 원가절감 및 제품라인의 다양화 등을 꾀할 수 있다거나, 기존 영업망을 통해 추가적인 고객을 확보하기가 용이한 면이 있을 수 있다. 따라서 이러한 각종 시너지효과를 고려하면 스피커 제조업체의 입장에서는 다른 인수희망자들보다 마이크 제조회사에 대한 가치를 높게 평가할 수 있다는 얘기이다.

- 미래수익력에 대한 추정의 차이　굳이 시너지효과를 가정하지 않더라도 개별 인수희망자의 입장에서 볼 때 마이크 제품에 대한 향후 영업 전망에 대한 미래추정치는 다르게 나타날 수 있을 것이다. 향후 전망을 긍정적으로 보는 인수희망자의 입장에서는 부정적으로 미래를 전망

하는 인수희망자보다 마이크 제조업체에 대한 가치평가액을 높게 책정할 것이다.

- 위험의 정도에 대한 인식의 차이 인수희망자 간에 마이크 제품의 향후 수익력에 대해서는 비슷한 추정을 한다고 하더라도 그러한 미래추정치가 안정적으로 실현될 수 있을 것인가, 그렇지 못할 것인가 하는 판단의 차이에서도 가치평가액은 차이가 날 수 있다. 후술할 소득접근법에서도 살펴보겠지만, 이러한 위험의 정도는 미래소득흐름의 추정치를 현재가치로 바꾸어 주는 할인율(혹은 자본비용)에 반영된다. 불확실성이 높아지면 현재가치 할인율이 높아지고 따라서 가치평가액은 낮아지게 된다.

- 세금부담에 대한 상황적인 차이 예를 들어, 마이크 제조업체가 최근 영업상황이 극히 불량하여 거액의 이월결손금이 누적되어 있다고 하자. 경우에 따라서 이러한 결손금이 인수희망자에게 매력적인 요소로 보여질 수도 있다. 즉, 인수희망자가 합병 등을 통해 이월결손금의 세금공제효과[9]를 누릴 수 있다고 판단되는 경우에는 그렇지 못한 경우에 비해 상대적으로 가치평가액이 높아질 수 있을 것이다.

그 외의 가치의 기준

이외에도 다양한 가치의 기준이 존재할 수 있는데 실무적으로 자주 사용되는 가치의 기준은 다음과 같은 것이 있다.

- 규정상의 가치(regulated value) 가치평가와 관련된 특정한 법률이나 규성에서 해당 재화의 기치평가액을 산출하기 위한 일정한 공식이나 규칙이 제시되어 있는 경우가 있다. 이러한 경우에는 해당 법규에서 정하고 있는 방식이 평가대상의 실질적인 가치를 반영하지 못할 위험이 있음에도 불구하고 현실적으로는 해당 법규상의 가치산정방식에 따라 계산할 수밖에 없다. 이는 특수한 분야에서는 가치평가방법의 논

---

9) 현행 법인세법에서는 특정한 요건(법인세법 제44조, 제45조 참조)을 만족하면 피합병법인의 세무상 결손금을 합병법인이 승계할 수 있다.

리적 타당성 여부보다는 법적 안정성을 우선하기 때문에 나타나는 현상이다. 우리나라의 경우, 상속세 및 증여세법이나 자본시장과 금융투자업에 관한 법률(이하 '자본시장법')[10] 등에서 일정한 공식에 따라 가치평가액을 산정하도록 규정하고 있다.[11] 즉, 세무적인 목적하에서는 상속세 및 증여세법상의 산정방식을 준용하여 해당 세법에서 규정하는 방식에 따라 평가하여야 세무서에서 인정받을 수 있고, 상장회사와의 합병 등과 관련해서는 자본시장법 상의 규정에 따라서 산정된 가치평가보고서를 금융감독원에 보고하여야 한다.

- 내재가치(intrinsic value)　내재가치는 가능한 모든 자료와 분석을 통해 평가대상이 자체적으로 지니고 있는 기본적인 요인을 분석할 때 매수자와 매도자가 동일한 결론에 도달할 수 있는 진실된 가치(true or real value)라고 정의된다. 내재가치는 흔히 상장주식에 대한 증권분석가(analyst)의 보고서 등에서 현금흐름할인방식 등에 의해 계산된 적정주가 산정시에 적용되는 가치의 기준이라고 보면 된다. 증권분석가는 현재의 주가가 해당 기업의 기본적 분석(fundamental analysis)을 통해 산출된 가치인 내재가치(intrinsic value)와 차이가 발생하고 있다고 판단되면 해당 주식에 대한 매수·유지·매도 의견을 제시할 수 있을 것이다. 그러나 이러한 내재가치라는 개념은 사실 위에서 언급한 공정시장가치(fair market value)의 개념과 완전히 분리시켜 이해하기는 다소 모호한 면이 있다.

2.3 가치평가기법

기업가치평가를 수행하는 평가기법은 크게 소득접근법(income appro-

10) 종전의 증권거래법, 선물거래법, 간접투자자산운용업법, 신탁업법, 종합금융회사에 관한 법률, 증권거래소법의 6개 법을 폐지·통합한 법률로 2007년 8월 3일 제정되어 2009년 2월 4일 시행되었다.

11) 가치평가와 관련된 국내법규에 관해서는 본서 제11장에 정리되어 있다.

ach), 시장접근법(market approach) 및 자산접근법(asset approach)으로 구분될 수 있다. 이러한 각각의 접근법(approach)은 다시 세부적인 접근방식(method)으로 구분할 수 있는데, 예를 들어 가장 빈번하게 사용되는 가치평가기법 중 하나인 현금흐름할인방식(discounted cash flow method)은 소득접근법(income approach)의 대표적인 평가기법인 것이다.

위의 세 가지 가치평가접근법(valuation approaches)은 가치평가 업무수행 시 어느 한 가지 방법만을 선택하여 사용해야 하는 것은 아니다. 오히려, 평가대상의 성격에 따라 적용 가능한 여러 방법을 검토한 후 평가자가 최선의 결론을 내리는 데 가장 적합하다고 판단되는 다수의 접근법을 사용하는 것이 바람직하다. 이렇게 다수의 평가접근법을 사용하여 평가업무가 이루어진 경우에는, 각각의 접근법에서 산출해낸 개별적인 평가액에 대해 따로 가중치를 부여한 후 가중평균하는 방식으로 최종적인 평가금액을 도출하게 된다.

2.3.1 소득접근법(Income Approach)

소득접근법의 기본적인 원리는 "어떤 재화의 가치는 그 재화로부터 기대되는 미래효익을 현재가치로 전환시킨 것이다(principle of anticipation)"라는 개념에 근거를 두고 있다. 즉, 소득접근법은 미래에 예상되는 효익을 적절한 방법을 통해 현재시점에서의 가치로 전환시켜 평가대상의 가치를 측정하는 방법이다. 소득접근법에서는 미래의 "소득흐름(income stream)"과 이를 현재가치화하기 위한 "할인율(discount rate)"의 두 가지 기본요소가 가장 중요한 요소이다.

계속기업의 공준을 전제로 할 때 기업의 가치는 현재의 상태보다는 미래에 창출할 수 있는 효익이 더 중요하므로 이러한 소득접근법은 논리적으로는 기업가치를 평가하는 데 있어서 가장 우수한 접근법이라 할 수 있다. 다만, 미래의 불확실한 효익을 예상하여야 하고, 예상된 효익을 일정한 할인율로 현재가치화하는 과정에서 많은 가정을 전제로 하여야 하기 때문에 불확실성과 주관성이 개재될 가능성이 존재한다.

한편, 소득접근법을 미래 소득흐름을 추정하는 기간에 따라 분류해 보면 추정기간을 단일기간으로 가정하는 (1) 단일기간 자본화방식(single period capitalization method)과 다수의 개별적인 추정기간을 가정하는 (2) 다기간 할인방식(multi period discounting method)으로 나눌 수 있다.

2.3.2 시장접근법(Market Approach)

시장접근법의 기본원리는 "합리적인 매수자는 특정한 재화를 구입할 때, 동일한 효용을 제공하는 대체적인 재화와 비교하여 구입금액을 결정한다(principle of comparison)"는 개념에 기초하고 있다. 이러한 개념에 근거하여, 시장접근법에서는 가치평가액을 평가대상회사(subject company)와 유사한 비교기준회사(guideline company)로부터 유추해낸다.

시장접근법에서 사용하는 비교기준회사는 (1) 동일업종의 유사상장기업이나, (2) 인수·합병 사례기업으로부터 구할 수 있다. 비상장기업의 가치평가 시에는 유사상장기업의 시장가치를 기준으로 한 후, 일정한 조정을 거쳐 평가대상회사의 가치를 추출해내는 방법이 직접적으로 적용될 수 있다. 인수·합병 사례를 이용하는 경우에는 인수·합병 당시의 거래가격을 알 수 있다면 비교기준 사례가 상장이든 비상장이든 상관없이 적용할 수 있다.

비교기준으로 유사상장기업이 선정된 경우에는 주식시장에서 거래되는 해당 기업의 주가를 구하여야 할 것이고, 인수·합병 사례가 표본이 된 경우에는 실제거래가격에 대한 자료를 수집하여야 한다. 이러한 시장가치에 대한 자료는 비교기준회사의 회계적 이익, 현금흐름 등의 재무수치와 대비시켜 PER[12] 등과 같은 시가배수(market multiples)를 구한 후 이를 평가대상기업의 동일한 재무수치에 적용함으로써 평가대상회사의 가치를 측정한다.

---

12) Price Earning Ratio : 주가를 주당순이익으로 나눈 값으로 주당순이익의 몇 배가 주가로 나타나는가를 의미한다. 비교기준회사보다 낮은 PER를 기록하는 회사의 경우 상대적으로 시장에서 저평가되었다는 것을 의미한다.

실무적으로 시장접근법은 소득접근법과 함께 기업가치를 평가하는 대표적인 평가기법으로 사용된다. 소득접근법이 이론적으로는 우수할 수 있지만 미래추정 시 사용되는 가정치에 대한 불확실성 등으로 말미암아 사용상의 제약이 존재하기 때문에, 시장접근법이 적용 가능하기만 하다면 실무적으로는 오히려 이 방식으로 구해진 가치평가액이 더 현실성을 가지는 경우가 많다.

2.3.3 자산접근법(Asset Approach)

자산접근법은 "어떤 재화의 경제적 가치는 그 재화와 동등하게 합당한 대체물을 구입하는 데 소요되는 원가에 의해 결정된다(principle of substitution)"는 원리에 기초를 두고 있다.[13] 이러한 원리에 따라 자산접근법에서는 모든 자산, 부채가 각각 적정한 시장가치를 나타낼 수 있도록 개별적인 조정을 실시한다. 역사적 가치를 기준으로 작성된 회계상의 장부가액은 시장가치와는 차이가 발생하므로, 개별 자산, 부채의 장부가액을 시장가치로 수정한 후 이를 합산하는 방식으로 전체기업의 가치를 측정하게 되는 것이다.

기술적으로 볼 때 자산접근법은 재무상태표 분석에 비중을 두고 있는 방법으로 재무상태표의 각각의 구성요소에 대한 개별적인 분석이 필요하다. 물론 소득접근법이나 시장접근법을 채택하는 경우에도 재무상태표에 대한 예비적인 분석은 필수적이지만 자산접근법의 경우에는 대부분의 상세분석이 재무상태표의 개별 항목에 초점을 맞추고 있다는 점에서 다른 평가기법과는 구별된다.

이러한 자산접근법은 평가기준일 현재의 자산, 부채에 대한 적절한 시장가치를 개별적으로 모두 구하여야 하는 현실적인 제약이 있으므로 실무적으로는 지주회사, 일부 금융기관 혹은 유형자산의 시가가 기업가치의 대부분을 차지하는 특수한 경우(asset-heavy companies) 등에만 사용하는

13) 이러한 의미에서 자산접근법을 원가접근법(cost approach)이라고 부르기도 한다.

〈표 1. 2〉 세 가지 가치평가접근법의 비교

구분	소득접근법	시장접근법	자산접근법
장점	• 계속기업의 전제에 잘 부합하며 미래효익의 현재가치화라는 측면에서 이론적으로 가장 우수한 방법임.	• 비교기준 유사기업이 존재할 때는 직접적인 비교가 용이함. • 가치평가에 사용할 비교자료의 입수가 용이. 특히 상장기업에 대한 자료는 대단히 풍부한 편임.	• 회사 전체의 수익에 초점을 맞추기보다 개별 자산을 평가함으로써 보다 자세한 분석이 가능할 수 있음. • 지주회사나 청산회사 등 특수한 경우에는 적용하기 적합함.
단점	• 미래추정치에 대한 불확실성과 주관성개입 가능성 • 위험을 반영한 할인율 산정의 어려움.	• 평가대상회사와 모든 면에서 매우 유사한 비교기준회사를 찾기는 무척 힘듦.	• 회사 전체가치에서 무형자산의 가치가 차지하는 비중이 큰 경우에는 적용하기 힘듦.

것이 적절하다.

세 가지 가치평가접근법의 비교

<표 1. 2>에서는 세 가지 가치평가접근법에 대한 장·단점을 비교하였다. 소득·시장·자산접근법을 실제로 적용하기에 앞서서 이러한 각 방식의 장단점을 충분히 감안한 후 평가대상회사의 특성에 따라 적합한 평가기법을 취사선택하여야 할 것이다.

한편, 위와 같은 세 가지 접근법에 대한 구분은 전체적인 접근체계가 중요한 것이므로, 특정한 일부 자산, 부채항목에 대해서는 다른 접근법을 예외적으로 적용할 수도 있다. 예를 들면, 소득접근법을 사용하여 기업가치를 산정하는 경우에 일부 비영업용 자산항목에 대해서는 약식으로 시장접근법을 적용하여 평가액을 산출해도 괜찮을 것인가? 이렇게 일부 자산에 대해서는 약식접근방식을 취한 경우라도 전체적인 구조로 보아서는 소득접근법을 적용하여 가치평가업무를 적절히 수행한 것으로 간주해도 무방하다. 어떤 접근법을 적절히 적용한 것인가에 대한 판단은 결국 전체적인 평가구조에 초점을 두어야 하는 것이지 개별 항목에 대해 예외적으로 다른 접근법을 일부 적용하는 것은 문제가 되지 않는다.

2.4 평가기법의 적용방식

이제 마지막으로 가치평가기법을 구체적으로 적용함에 있어서 투하자본방식(invested capital basis) 혹은 자기자본방식(equity basis)이라는 두 가지 적용방식이 존재한다는 내용을 이해하도록 하자. 우선 이 책에서는 "투하자본(invested capital)"이 의미하는 바가 "차입부채와 같은 타인자본과 주식의 형태로 조달된 자기자본의 합계"로 정의된다는 점에 유의하여야 한다.[14] 우리는 앞에서 [그림 1. 1]을 통해 비영업용 자산이 없다는 단순한 가정하에서 기업가치와 주식가치의 차이를 살펴보았다. 여기에서도 마찬가지로 비영업용 자산이 없다는 단순한 가정하에서 투하자본방식과 자기자본방식을 설명하기로 한다.

앞에서 살펴본 기업가치와 주식가치라고 하는 것은 가치평가의 결과로 궁극적으로 평가자가 산출해내는 가치의 형태를 말하는 반면, 투하자본방식과 자기자본방식은 이러한 가치평가의 결과에 도달하기까지 구체적으로 소득·시장·자산접근법의 평가기법을 적용하는 과정에서 어떠한 순서에 따라 평가기법을 적용할 것인가 하는 문제이다.

예를 들어, 우리가 구하고자 하는 궁극적인 평가결과가 주식가치라고 하면, 투하자본방식이나 자기자본방식 중 어느 하나를 선택적으로 적용할 수 있다. 앞 절에서 설명하였듯이 주식가치는 기업가치에서 부채가치를 차감한 것이므로 주식가치를 구하는 과정에서도 (1) 투하자본방식을 사용하여 기업가치를 구하고 나서 여기에 부채가치를 차감하는 2단계의 과정을 적용할 수도 있고, (2) 그렇지 않고 투하자본에 대한 계산 없이 직접 자기자본방식을 통해 주식가치를 바로 구할 수도 있다. 한편, 기업가치를 구하는 경우에는 항상 투하자본방식을 사용하는 것이 일반적이다.

---

14) "[별첨 3] International Glossary of Business Valuation Terms"에서는 투하자본(invested capital)의 정의를 이와 같이 재무상태표의 대변을 기준으로 차입부채와 자기자본의 합이라고 규정하고 있다. 이와는 대조적으로 재무상태표의 차변을 기준으로 비영업용 자산을 제외한 영업용 순자산을 투하자본(혹은 투하자산)으로 정의하는 경우도 있으므로 주의하여야 한다.

〈표 1. 3〉 투하자본방식과 자기자본방식

구 분		가치평가기법의 적용방식	
		투하자본방식	자기자본방식
가치평가의 목표	기업가치	직접 기업가치를 구함	NM
	주식가치	먼저 기업가치를 구하고 부채가치를 차감하여 주식가치 산정	직접 주식가치를 구함

* NM : not meaningful.

투하자본방식과 자기자본방식에 대한 내용은 사실 소득·시장·자산접근법의 적용방식에 대한 내용이므로 각각의 접근법에 대한 충분한 이해가 선행되어야만 정확하게 이해할 수 있다. 위에서 설명한 내용이 쉽게 이해가 되지 않는 독자들은 이후 소득·시장·자산접근법을 다루는 각 장에서 구체적인 내용을 이해하도록 하고 여기에서는 우선 전체적인 구조만 정리해주길 바란다.

2. 5 가치평가의 개념틀(Framework)

지금까지 우리는 (1) 기업가치와 주식가치, (2) 계속기업과 청산기업의 전제, (3) 공정시장가치와 투자가치, (4) 소득·시장·자산접근법, 그리고 (5) 투하자본방식과 자기자본방식이라는 다섯 가지의 서로 다른 개념을 살펴보았다.

[그림 1. 2]는 소득·시장·자산접근법을 적용하여 가치평가업무를 수행하기 이전에, 미리 몇 가지 기본적인 사항에 대한 사전검토가 이루어져야 함을 보여주고 있다. 예를 들어, 어떤 기업의 "주식가치"를 구하고자 하는 경우, "계속기업"을 전제로 한 "공정시장가치"를 가치의 기준으로 설정하고 나서야, "소득·시장·자산접근법"의 구체적인 평가기법에 의해 가치평가업무를 진행할 수 있다. 또한, "소득·시장·자산접근법" 중 적절한 평가기법을 선택했다 하더라도, 평가대상회사의 성격에 따라 이를 "투하

[그림 1. 2] 가치평가 적용을 위한 개념틀

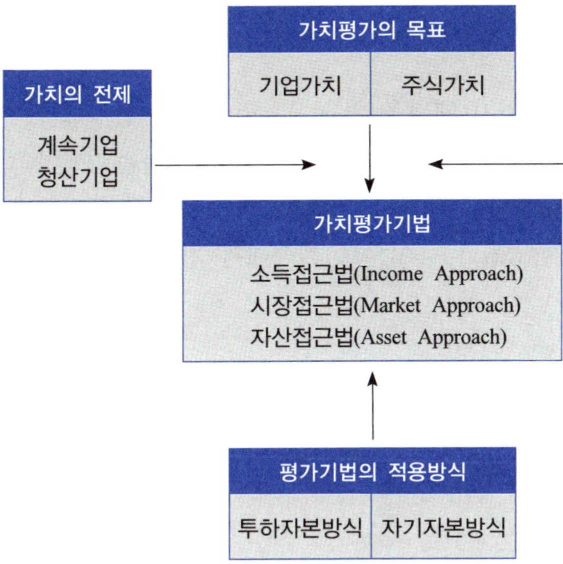

자본방식"으로 적용할 것인지, 아니면 "자기자본방식"으로 적용할 것인지는 다른 차원의 문제라는 것이다.

이러한 다양한 개념들은 모든 경우의 수를 조합하여 적용할 수 있는 것은 아니다. 예를 들면, 청산기업을 전제로 하는 경우에는 소득접근법을 사용할 수는 없을 것이다. 소득접근법은 미래의 소득흐름을 추정하여 이를 할인하는 방법인데, 청산을 가정하는 경우 미래의 소득흐름을 추정하는 것은 이미 자체적으로 모순이 된다. 청산가치는 대부분 자산접근법을 적용하여 계산하는 것이 가장 효과적이다. 또 다른 예를 들어보면, 가치의 기준을 투자가치로 할 경우에는 대부분 소득접근법을 사용하는 것이 적절할 것이다. 왜냐하면 투자자의 시너지효과 등을 적절히 고려하기 위해서는 미래의 추정 소득흐름 등을 구하는 과정에서 수익의 증가 혹은 비용의 감소 등 구체적인 변수에 이를 반영하는 것이 용이할 것이기 때문이다. 반면 투자가치를 시장접근법으로 구하려면 유사한 기업이나 인수·합병 사례에서 해당 기업이나 주식의 가치를 시가배수 등을 통해 도출해내야 하는데, 이러한 시가배수에 특정한 매수, 매도자의 시너지 효과를 일괄적으로 따로 감안하기가 용이하지 않을 것이다.

사실 이러한 다섯 가지 개념을 처음 접하는 경우에는 이들에 대한 정확한 이해와 구별이 용이하지 않을 수 있다. 여기에서는 우선 [그림 1. 2]를 통해 전체적인 구조를 이해하길 바라며, 앞으로 각각의 접근법을 설명해 나가면서 부연 설명될 내용이므로 계속해서 정리해 나가면 될 것이다.

3. 가치평가실무

3. 1 다양한 목적 및 용도

지금까지 살펴본 바와 같이 기업가치평가를 수행하는 평가기법과 적용방식은 어느 정도 정형화되어 있다고 볼 수 있다. 반면, 실제로 가치평가업무를 수행하는 목적과 용도는 무척 다양한데, 다음은 실무적으로 가치평가업무가 필요한 대표적인 경우이다.

자본유치 혹은 투자결정

기업은 고유의 영업활동을 영위하는 과정에서 소득을 창출하여 영업활동에 필요한 자금을 내부 조달할 수도 있지만, 채권자나 주주와 같은 자본제공자로부터 타인자본 혹은 자기자본 형태로 외부 조달해야 하는 경우도 있다. 특히 주식을 통한 자본유치의 경우 일반적으로 주식투자자와 자본유치조건(투자자입장에서는 투자조건)에 대한 합의가 필요한데, 이러한 의사결정과정에서 가장 중요한 요소로 간주되는 업무가 바로 주식가치를 평가하는 것이다. 비상장기업의 경우에는 이 책에서 설명하는 여러 기법을 사용하여 실질에 맞게 가치평가업무를 수행하면 될 것이나, 상장기업일 경우에는 자본시장법 상의 규정[15]에 따라 유상증자를 실시하고 이를 금융감독원에 보고해야 하는 절차가 존재한다.

기업 인수·합병

기업의 인수(acquisition) 혹은 합병(merger)의 경우에도 매도자와 매수자 간에 최종적인 매매가격을 결정하기 위해서는 사전적으로 기업에 대한 가치평가가 이루어져야 한다. 인수·합병의 경우는 앞에서 살펴본 일반적인 자본유치의 경우와 형식적인 가치평가절차는 유사할지 모르지만, 실무적으로는 인수·합병에 따르는 시너지효과를 고려하는 등 보다 광범위하고 깊이 있는 분석이 필요하다. 또한 주식가치평가를 위해서는 지배주주의 관점에서 경영권 확보를 전제로 가치평가액을 조정해야 하는 과정이 있다. 인수의 경우에는 이 책에서 소개하는 방법으로 평가하면 될 것이나, 합병일 경우에는 합병 당사자의 어느 일방이 거래소 상장법인(코스닥 등록법인 포함)인 경우 자본시장법 상의 규정[16]에 따라 평가한 금액을 금융감독원에 보고해야 하는 절차가 있다.

기업공개

비상장기업의 경우에는 시장에서 주식이 거래되지 않지만, 기업공개(initial public offering : IPO)를 통해 상장주식이 되면 주식시장에서 가격이 형성된다. 이때 최초로 주식시장에서 거래되는 가격을 결정하기 위해서 공개기업에 대한 주식가치평가가 필요하게 된다. 기업공개와 관련해서는 과거 증권거래법의 "유가증권 인수업무에 관한 규정"에 의해 주식평가업무를 실시하여야 했으나, 동 규정은 2002년에 폐지되었고, 현재는 실질적인 주가를 반영할 수 있는 다양한 방법에 의해 주식가치평가를 할 수 있는 길이 열려진 상태이다.

---

15) "증권의 발행 및 공시 등에 관한 규정 제5-18조"에서 규정되어 있으며, 자세한 내용은 본서 제11장 1절 참조.

16) "자본시장 및 금융투자업에 관한 법률" 시행령 제176조의5에 규정되어 있으며, 자세한 내용은 본서 제11장 1절 참조.

특정 자산, 부채에 대한 평가

기업가치평가의 대상은 광의로 볼 때 기업이나 주식에만 국한되지 않고, 기업이 소유하고 있는 특정 자산, 부채를 포함할 수 있다. 이러한 개별 자산, 부채의 매매 등과 관련해서도 가치평가업무가 필요한 경우가 있는데, 대표적인 예가 무형자산에 대한 평가이다. 예를 들어, 특허권과 같은 지적재산권에 대한 기술가치평가의 경우 해당 기술의 매매뿐만 아니라 라이선싱 거래와 관련해서 가치평가업무가 빈번히 이루어지고 있다. 금융기관의 입장에서 부실채권(non performing loan : NPL)에 대한 평가도 IMF 사태 이후 국내에서 활발하게 진행된 바 있다.

가치투자를 위한 적정주가 산정

유가증권시장이나 코스닥시장에 상장된 주식은 시장에서 실제로 거래가 이루어지고 있으므로 일차적인 가치평가액은 바로 시장에서 형성된 주가라고 볼 수 있을 것이다. 그러나 상장, 코스닥 주식이라 하더라도 현재의 주가가 해당 주식의 본질적인 내재가치를 적정하게 반영하고 있는지를 판단하기 위해서는 가치평가가 필요하다. 증권분석가는 현재주가가 기업의 가치를 적정하게 반영하고 있는지를 검토하여 해당 주식에 대한 매수(buy), 유지(hold), 매도(sell) 의견을 제시할 수 있을 것이다. 개별 투자자의 입장에서도 회사의 내재가치에 근거한 가치투자전략을 세우기 위해서 적절한 평가기법을 적용하여 주식평가를 시도해 볼 필요가 있다.

가치경영을 위한 기업의 자체평가

가치창조경영(value based management : VBM)이라는 전사적인 경영관리 시스템을 구축하기 위해서는 기업 자체적으로 정확한 가치평가가 선행되어야 할 것이다. 이 경우에는 개별 사업부서 및 기능별로 가치동인(value driver)을 설정, 실행, 평가, 관리하기 위해서 보다 정밀하고 세부적인 가치평가 및 분석작업이 수행되어야 한다. 이외에도 기업내부사정에 의해 자체적인 가치평가업무가 필요한 경우가 있을 텐데, 예를 들면 특정 사업부의 분할을 검토하기 위해 해당 사업부에 대한 가치평가가 필요한 경우나, 구조조정차원에서 조정 전후의 효과를 판단하는 잣대로서 가치평가액의 증감을 산출해 볼 수도 있을 것이다.

상속세 및 증여세 등의 세무목적

우리나라의 경우 상속, 증여 등과 관련된 세무목적으로 가치평가를 하는 경우에는 반드시 관련 세법상의 규정[17]을 따라야 한다. 따라서 이러한 경우에는 이 책의 전반부에서 설명하고 있는 이론적인 방식이 아닌, 제11장에서 다루고 있는 해당 세법상의 규정에 따른 평가가 필요하다. 참고로 미국세법의 경우에는 상속, 증여 등과 관련된 세무목적이라 하더라도 세법상의 강제규정에 의해 공식적으로 산출되는 것이 아니라 가치평가전문가(valuer 또는 appraiser)들이 중심이 되어 각각의 사례별로 개별적인 가치평가액을 구하는 것이 허용되고 있다. 이러한 제도적인 바탕 위에서 기업가치평가에 대한 연구실적과 실무경험이 축적되면서 기업가치평가 분야의 선진화가 이루어지고 있는 것이다.

국제회계기준에 따른 공정가치평가

2011년부터 국내에도 전면적으로 도입되기 시작한 국제회계기준에서는 자산·부채의 측정원칙을 공정가치(fair value)로 삼고 있다. 국제회계기준 도입 이전의 국내 회계기준이 역사적 원가를 위주로 자산·부채를 측정해왔던 것에 비교할 때, 이러한 변화는 회계자료를 활용하는 여러 관련분야에 중대한 영향을 미칠 수 있다. 특히 가치평가라는 주제는 이론적으로나 실무적으로도 공정가치를 기준으로 한 국제회계기준의 도입으로 말미암아 그 중요성이 한층 더 강조되고 있다. 한국채택국제회계기준에서 제시하고 있는 공정가치 측정방식에 대한 자세한 내용은 본서 "제10장 재무보고목적에 의한 평가"의 내용을 참고하기 바란다.

---

17) 상속세및증여세법 제53조, 제54조, 제63조 등에서 규정하고 있고, 자세한 내용은 본서 제11장 2절 참조.

3. 2 실무수행단계

[1단계] 평가업무 및 범위의 확정

가치평가업무를 수행하기 위해서는 우선적으로 해당 업무와 범위를 명확히 규정하여야 하는데, 이 단계에서는 다음과 같은 내용을 확정하여야 한다.

- 가치평가의 목적과 용도 가치평가의 목적과 용도는 앞에서 설명하였듯이 자본유치, 인수·합병, 기업공개, 가치투자를 위한 적정주가 산정, 특정 자산, 부채에 대한 평가, 기업의 자체평가 및 세무목적에 사용되는 경우 등으로 구분될 수 있다. 특정 법률이나 규정에 따라 가치평가업무를 수행해야 할 경우에는 구체적인 적용법규의 내용을 명시해 놓을 필요가 있을 것이다.

- 평가대상이 되는 기업, 주식 또는 자산 및 부채의 내용 가치평가는 기업전체나 개별 사업부, 주식 또는 개별 자산, 부채에 대해 수행될 수

[그림 1. 3] 가치평가의 수행단계

1 단계 : 평가업무 및 범위의 확정

↓

2 단계 : 자료수집(경제일반, 해당 산업, 해당 기업)

↓

3 단계 : 수집한 자료의 분석

↓

4 단계 : 적절한 평가기법을 사용하여 가치평가수행

↓

5 단계 : 종합적인 평가결론의 도출

있다. 주식의 경우에는 보통주인가 우선주인가에 따라 평가시 고려사항이 달라지며, 특히 해당 주식의 지분율을 기준으로 지배주주의 입장인가, 소수주주의 입장인가에 따라 최종적인 가치평가액이 크게 달라질 수 있다. 따라서 해당 기업의 "보통주 100% 전체" 혹은 "우선주 중 10%" 등 평가대상에 대한 구체적이면서도 명확한 구분이 필요하다.

- **가치의 전제 및 가치의 기준** 가치의 전제와 가치의 기준은 앞에서 설명하였듯이 가치평가업무 수행 초기에 반드시 확정하여야 할 항목이다. 계속기업 혹은 청산을 전제로 할 것인가, 그리고 가치의 기준이 공정시장가치인지 투자가치인지에 대한 확실한 구분은 향후 이해관계자 간에 오해의 소지를 없애기 위해서라도 반드시 사전에 확정되어야 할 중요한 내용이다.

- **평가기준일** 가치평가업무를 수행할 경우 모든 재무자료는 평가기준일에 맞추어 수집되고 분석되어야 한다. 실무적으로 평가기준일은 대개 입수 가능한 최근의 재무제표기준일(회계연도 말 혹은 분기, 반기기준)이 되는 경우가 많지만, 항상 그런 것은 아니고 특수한 경우에는 수년 전의 특정일을 기준으로 평가를 실시하는 경우도 있다. 또한 평가기준일은 보고서작성일과는 다른 경우가 대부분이므로 보고서상에는 구분되어 명시되어야 한다.

- **적용 가능한 가치평가접근법** 초기단계에서는 기업에 대한 상세한 이해가 이루어지지 않은 상태일 것이므로 구체적인 접근방식(method)을 확정짓는 것은 힘들 수 있다. 그러나 평가자의 경험과 일반적인 사례를 통해 소득·시장·자산접근법 중 어떠한 접근법(approach)이 적용 가능할 것인지에 대해서는 미리 이해관계자와 협의를 하는 것이 좋다. 다만, 구체적인 평가기법의 선정과 채택 여부는 회사에 대한 예비적인 분석이 완료되고 나서 확정되는 것이 바람직할 것이다.

- **기타 주요 사항** 가치평가업무와 관련하여 이해당사자와 사전에 협의되어야 할 기타 주요 사항으로는 다음과 같은 것이 있다. 특히 가치평

가보고서와 관련된 내용은 외부의 독립적인 평가기관이 평가업무를 실시하는 경우에는 중요한 사항이 된다.

- 가치평가업무에 대한 일정(보고서 작성마감일 등)
- 보고서의 종류(정식·약식·구두) 및 분량
- 외부전문가(부동산 감정평가사, 산업전문가 등)의 활용
- 기타 특별한 제한사항이나 우발상황 등

[2단계] 자료수집

기업가치평가를 수행하기 위해서는 기업을 둘러싸고 있는 외부환경요인과 기업내부요인에 대한 자료를 수집하는 것이 필요하다. 외부환경요인으로는 경제적 요인, 정치적 요인, 기술적 요인, 사회문화적 요인, 제도 법규상의 요인, 산업구조적인 요인 등을 들 수 있다. 기업내부요인도 여러 각도에서 분류될 수 있겠으나 이 책에서는 크게 재무적인 요인과 비재무적인 요인으로 분류한다.

이러한 기업내외부적인 요인들 중에서 실무적으로 가치평가업무와 관련해서는 (1) 경제일반, (2) 해당 산업 및 (3) 해당 기업에 관한 자료가 중요하다. 이때 어떤 가치평가접근법을 사용하여 평가할 것인가에 따라 수집되는 자료의 성격도 달라질 수 있다.

문헌이나 인터넷 등을 통한 자료수집과 함께, 이 단계에서 이루어져야 할 또 다른 중요한 업무는 현장방문 및 주요 임직원과의 인터뷰이다. 이를 위해서는 사전에 잘 짜여진 설문지를 준비하여야 할 것이며, 설문지를 통해 수집한 자료는 단순한 수치적인 분석뿐만 아니라 다음과 같은 질적인 요소를 분석하는 데도 활용되어야 한다.

- 경영진 및 핵심인력의 구성과 자질
- 보유 기술력 수준(특허권 등)
- 주요 판매처 내역 및 관계

- 주요 원자재 공급처 내역 및 관계
- 소송 등 우발채무의 발생가능성

[3단계] 수집한 자료의 분석

이 단계는 수집된 자료를 사용하여 기업에 대한 예비적인 분석을 실시하는 단계로서 다음 [4단계]에서 본격적인 가치평가업무를 수행하기 이전에 이루어진다. 거시경제, 산업자료 등 외부환경요인과 과거 재무자료, 추정자료, 설문지 등 기업내부요인에 대한 수집자료를 사용하며 비율분석, 추세분석 등의 재무분석과정을 거친다. 또한 자료수집단계에서도 강조하였듯이 재무자료 등에 대한 계량적인 분석 이외에도 질적인 요소가 반드시 분석과정에 포함되어야 한다. 이러한 과정을 통해 다음 [4단계]에서 사용될 구체적인 가치평가접근방식의 적용가능성을 타진해 보아야 한다.

실무적으로 가치평가업무가 본격적으로 수행되기 위해서는 과거자료에 대한 충분한 분석이 이루어지는 것이 무엇보다 중요하다. 과거자료에 대한 심도 있는 분석이 이루어지지 않은 채, 서둘러 가치평가업무를 진행하는 경우에는 다음 [4단계]에서 몇 번에 걸친 시행착오를 감수해야 하는 경우도 있다. 예를 들면, 소득접근법의 경우 정확한 미래추정치는 과거자료에 대한 철저한 분석이 출발점이 된다. 물론 외부전문기관 등에서 예측한 해당 기업 혹은 산업에 대한 미래추정치가 입수 가능하면 이를 적극 활용할 수도 있겠지만, 기본적으로 회사의 미래에 대한 추정은 과거자료에 대한 철저한 분석을 기반으로 이루어져야 한다. 시장접근법에서도 비교기준회사를 선정하는 과정이라든지, 비교기준회사에서 구한 시가배수를 평가대상회사에 적용하기 위해 여러 조정을 거치는 과정 등은 회사의 과거실적에 대한 심도 있는 분석 없이는 불가능할 것이다. 본서에서도 제2장 및 제3장에서 기업의 내·외부요인분석 및 재무분석과 관련된 기법과 절차를 별도로 설명하고 있다.

[4단계] 가치평가업무의 수행

회사 및 산업에 대한 분석을 통해 회사에 대한 심도 있는 이해가 이루어지면 이제 본격적인 가치평가업무를 수행할 수 있다. 전 단계에서 검토된 외부환경요인과 기업내부요인의 특성, 실제로 적용 가능한 자료가 얼마나 수집되었는지의 여부, 이러한 분석자료가 구체적으로 가치평가에 어떻게 활용될 것인지 등을 고려하여 소득·시장·자산접근법의 세 가지 접근법을 어떻게 적용할 것인가를 이 단계에서 결정하여야 한다.[18] 또한 각각의 접근법(approach) 하에서도 구체적으로 어떠한 접근방식(method)을 사용할지에 대해서 결정하여야 한다. 예를 들면, 소득접근법(income approach)의 경우 단일기간 자본화방식(single period capitalization method)을 채택할 것인지, 다기간 할인방식(multi period discounting method)을 채택할 것인지, 또 소득흐름은 회계적 이익으로 할 것이지, 현금흐름으로 할 것인지 등의 내용이다. 시장접근법(market approach)의 경우에는 비교기준회사를 유사상장회사로 할 것인지, 인수·합병 사례로 할 것인지, 아니면 둘 다 사용해 볼 것인지 등의 내용이 정해져야 할 것이다.

구체적인 가치평가접근법(approach) 및 접근방식(method)이 결정되면 이제 각각의 접근방식별로 별도의 가치평가액에 대한 결론을 도출해 낼 수 있다. 이때 평가자가 예비적 분석단계인 앞의 [3단계]를 심도 있게 수행하였다면 본격적인 가치평가업무를 수행하는 [4단계]의 과정은 상당히 축소할 수 있을 것이다. 다만, 실무상으로는 자료수집의 지연 등의 이유로 앞의 [3단계], 심지어 [2단계]와도 병행해 진행되어야 하는 경우가 있다.

[5단계] 종합적인 평가결론의 도출

[5단계]는 소득·시장·자산접근법의 평가결과를 종합하는 과정으로, 평가

---

18) 이러한 세 가지 접근법을 반드시 모두 적용할 필요는 없다. 상황에 따라 이들 중 두 가지 접근법 혹은 한 가지 접근법만을 적용하는 경우도 있다.

자는 합리적인 근거하에 개별 접근법에서 도출된 가치평가결과에 대해 가중치를 부여하여 최종적인 하나의 가치평가액(혹은 범위)을 결정하여야 한다.[19] 이때 부여하는 가중치를 결정하기 위해서는 회사의 특성, 개별 접근법의 장단점, 근거자료의 객관성 등 여러 가지 요소가 고려되어야 한다.

최종적인 가치평가의 결론을 도출하기 위해서 평가자는 그간의 분석결과를 가장 객관적으로 활용해야 하는 동시에, 평가자 자신의 최종적인 판단과정을 거쳐야 한다는 어려운 과정이 있다. 그런데 이러한 상황은 사실 최종적인 결론 도출과정에서만 나타나는 것이 아니고 평가업무를 진행하는 일련의 과정에서 부단히 부닥치는 문제이다. 예를 들면, 매출추정치에 대한 가정을 설정하는 경우에도 다양한 객관적인 자료를 확보할 수 있겠지만 결국 최종적인 매출추정치에 대한 선택은 평가자 몫인 것이다. 다만, 이러한 선택의 과정은 가치평가의 종합적인 결론을 도출하는 [5단계]에서 총체적으로 집약되어 나타나게 된다는 것이다.

최종적인 가치평가액을 산출하는 과정에서 평가자는 항상 최종적인 평가결론에 대해 스스로 충분한 논리적인 근거를 갖추고 있어야 하며, 다른 한편으로 전체적인 통찰력을 견지하여 논리적인 자기오류에 빠져 현실에서 크게 벗어난 결론을 도출하지는 않았는지 항상 유념하여야 할 것이다.

---

19) 추가적으로 일괄할인(discount), 일괄할증(premium)에 대한 조정이 필요한 경우도 있는데, 이에 대해서는 제7장을 참조할 것.

Business Valuation

제2장

외부환경요인 및 기업내부요인 분석

1 외부환경요인의 검토

2 기업내부요인의 검토

1. 외부환경요인의 검토

기업이 고유의 영업활동을 영위하는 과정은 다양한 외부환경요인과 기업내부요인 간의 끊임없는 상호작용이라고 볼 수 있다. 갈수록 치열해지는 경쟁에서 살아남기 위해서는 기업을 둘러싸고 있는 외부환경의 변화에 신속하고 유기적으로 대응해 나가야 한다. 우리가 평가하려고 하는 기업이라는 존재는 다면적이고 복합적인 여러 구성요소들의 집합체이며, 외부환경과 유기적인 관계를 지속하고 있는 시스템적인 존재인 것이다. 이러한 측면에서 기업가치평가업무를 수행함에 있어서도 해당 기업의 외부환경에 대한 검토는 필수적이다.

순서적으로 보아서는 거시경제요인과 산업요인에 대한 외부환경요인을 먼저 검토한 후 기업내부요인에 대한 검토를 진행하도록 한다. 외부환경요인과 기업내부요인은 실제로는 서로 상호 유기적인 관계를 맺고 있는 경우가 대부분이라서 사실 어느 쪽을 먼저 검토해야 한다는 순서를 정하는 것 자체가 모순일 경우가 많다. 어떤 순서로 접근하든지 간에 내외부요인들이 서로 상호작용하고 있는 유기체인 기업에 중요한 영향을 미치는 요인들의 인과관계를 밝혀내고, 이를 가치평가과정에 활용하고자 하는 것이 이 장의 목적이다.

먼저 이 절에서는 외부환경분석에 사용되는 다양한 분석기법 중에서 가장 대표적인 기법들이라 생각되는 몇 가지를 정리하였고, 이러한 기법을 기업가치평가에 응용할 경우의 유의사항에 대해 살펴본다.

1.1 외부환경요인의 분류

우선 기업의 다양한 외부환경요인을 경제적 요인, 정치적 요인, 기술적 요인, 사회문화적 요인, 제도법규상 요인, 산업구조적 요인의 여섯 가지로 대분류하였다. 각각의 요인에 대해 간단히 살펴보면 다음과 같다.

경제적 요인

미시적으로 볼 때 기업활동의 본질은 생산요소인 노동, 자본, 기술력 등을 투입하여 가장 효율적인 생산기술로 제품을 산출해내는 경제적인 활동이라 볼 수 있다. 거시적인 측면에서 기업은 가계, 정부 및 해외요인과 함께 국민경제를 구성하는 주체가 된다. 경제적 요인에 대해서는 별도로 다음 1.2절에서 자세히 살펴볼 것인데, 특히 기업가치에 큰 영향을 미치는 주요한 거시경제변수 위주로 검토해 볼 것이다.

정치적 요인

정치적 요인은 경제적 요인에 비해 기업활동에 미치는 영향을 직접적으로 추적하기는 힘들겠지만, 전반적인 산업활동이나 기업활동에 포괄적인 영향을 미치고 있다고 할 수 있다. 예를 들면, 여야 간의 첨예한 정치적인 갈등, 북한 핵문제 및 남북관계의 불안 증대 등의 요인은 국내기업의 해외수출 및 외국인의 국내투자에 영향을 미치고, 따라서 이러한 요인에 영향을 받는 평가대상기업의 가치평가 시에 고려되어야 할 것이다.

기술적 요인

과거 전통적인 굴뚝산업의 경우 제품의 기술력보다는 가격경쟁이나 마케팅 활동의 강화가 기업활동을 영위하기 위한 우선적인 수단이 된 적도 있다. 그러나 최근 우수한 기술력 보유를 통한 경쟁력 강화가 기업생존의 관건으로 부각되고 있고, 특히 정보통신산업과 같은 첨단산업에서는 하나의 기술에 대한 제품수명주기(product life cycle)가 수개월로 단축되고 있는 상황이고 보면, 기술적인 요인이 기업의 가치에 미치는 영향력은 지대하다고 할 수 있을 것이다. 기술력의 차별화가 기업의 가치를 좌우하는 핵심요소가 되는 경우, 회사가 보유하고 있거나 개발 중인 기술의 내용 및 적정한 연구개발비 규모 등을 파악하여 이를 가치평가과정에서 적극 반영할 필요가 있다.

사회문화적 요인

사회문화적인 요인에 의해 기업활동이 크게 영향을 받는 경우에는 이에 대한 자료의 수집 및 분석이 중요한 사항이 된다. 예를 들면, 청소년을 대상으로 유행에 민감한 제품을 생산하는 경우, 또래집단의 사회문화적인 요인의 변화에 얼마나 신속하게 반응할 수 있는가가 그 기업의 경쟁력과 직접적으로 연관될 수 있다. 수출제품의 경우 해당 지역의 사회문화적 요인의 변화가 기업활동에 직접적인 영향을 미칠 수 있다. 인구통계적 요인도 큰 범주에서는 여기에 포함시킬 수 있을 것인데, 최근에 관심이 집중되고 있는 실버산업의 부각 등이 그 예가 될 것이다.

제도법규상 요인

기업활동과 관련된 제도 및 법규는 경우에 따라 다른 어떤 환경요인 보다 직접적인 영향을 미칠 수 있다. 예를 들면, 국내 대기업 등에 적용되는 공정거래법, 수출업종에 대한 반덤핑 규제, 환경오염과 관련된 환경오염방지법, 제품결함에 대한 제조물책임법(product liability act : PL법), 금융업종 간의 겸업화 허용 등 기업의 영업환경에 중요한 영향을 미칠 수 있는 다양한 제도와 법규가 존재한다.

산업구조적 요인

산업구조적인 요인은 사실 위의 5가지 요인과는 다른 차원에서 검토될 수 있는 사항이다. 즉, 우리는 기업 내외부적인 요인을 검토함에 있어 "전체거시환경 → 산업요인 → 기업내부요인"의 순서에 따라 검토할 수 있다. 이런 순서에 의할 경우 앞에서 살펴본 경제적·정치적·기술적·사회문화적·제도법규상의 거시적인 요인들은 해당 업체가 속해 있는 산업의 특성에 따라 미치는 영향이 각각 다르게 나타날 수 있을 것이다. 산업의 구조적인 특성과 이에 대한 분석기법에 대해서는 다음 1.3절에서 별도로 검토해 보기로 한다.

위의 여섯 가지 외부환경요인 중에서 거시경제요인과 산업요인이 특별히 중요한 내용이라 하겠다. 다른 요인들도 경우에 따라서는 기업의 가치평가에 큰 영향을 미칠 수 있겠지만, 일반적으로 이들 두 가지 요인은 다른 요인들에 비해 기업가치평가와 관련해서 보다 세부적인 분석이 필요하다.

1. 2 거시경제요인

우리가 외부환경요인을 분석하는 이유는 이러한 요인들이 기업활동에 영향을 미치고 궁극적으로는 기업의 가치를 변동시킬 수 있는 요인으로 작용하기 때문이다. 사실 거시경제요인 자체를 이해하고 분석하는 것은 기업가치평가와는 다른 분야의 주제이다. 그러나 기업활동은 거시경제라는 큰 테두리 안에서 이루어지고 있으므로, 거시경제현상을 이해하고 개별 기업의 가치와 어떠한 연관성을 가질 것인지를 분석해 내는 과정은 필요할 것이다.

1.2.1 국민계정의 이해

외부환경요인으로서의 거시경제현상은 그 자체를 이해하고 이를 개별 기업의 분석에 적용하는 것도 중요하겠지만, 우리가 다루고 있는 대상이 개별 기업단위에 초점이 맞추어져 있으므로 여기에서는 거시경제체계를 기업분석과 유사한 각도에서 재조명해 보는 것도 의미가 있을 것이다. <표 2. 1>은 UN이 발표한 국민계정체계(system of national accounts : SNA)를 이러한 관점에서 기업의 재무제표와 비교해 본 것이다.

기업의 재무제표는 손익계산서, 제조원가명세서, 현금흐름표, 재무상태표 등으로 구성되어 있는데, 국민경제전체를 대상으로 보면 이에 해당하는 국민소득통계, 산업연관표, 자금순환표, 국제수지표와 국민재무상태표[1]의 5대 국민경제통계가 있다. 이러한 국민경제 전체에 관한 재무제표

1) 한국은행에서는 국민대차대조표라는 용어를 사용하지만 회계기준과의 비교를 목적으로 국민재무상태표로 변경하여 사용하였다. 향후, 명칭의 변경이 있을 것으로 예상된다.

〈표 2. 1〉 국민계정과 기업의 재무제표

국민계정체계	기업회계
국민소득통계	손익계산서
산업연관표	제조원가명세서
자금순환표	현금흐름표(혹은 자금수지표)
국제수지표	(외화수지계산서)
국민재무상태표	재무상태표

자료 : 한국은행, "알기 쉬운 경제지표해설", 2010.

가 바로 국민계정체계가 된다.

이러한 5대 국민경제통계 중 국민소득통계는 생산활동을 통하여 발생한 국민소득이 어떻게 분배·처분되는가를 나타내는 국민경제의 손익계산서라고 할 수 있다. 산업연관표는 특정 상품을 생산하기 위한 투입·산출 관계를 보여주는 국민경제의 제조원가명세서라고 할 수 있다. 국민소득통계와 산업연관표가 실물의 흐름을 기록한 것이라면 자금순환표는 자금의 흐름을 기록한 통계이다. 자금의 흐름은 실물의 흐름에 수반되거나, 실물의 흐름과는 관계없이 자금의 조달·운용과 같은 형태로 독립적인 금융거래로 나타나기도 하는데, 자금순환표는 이 같은 자금의 흐름을 실물과 금융의 양쪽 면에서 기록한 국민경제의 자금운용표인 것이다. 이러한 실물과 자금의 흐름은 국제 간에 발생한 통계를 정리한 것이 국제수지표인데, 이는 기업회계에서는 외화수지계산서[2)]와 유사한 형태로 볼 수 있다. 한편 국민재무상태표는 스톡(stock)계정으로서 일정시점에서 국민경제가 갖고 있는 실물자산과 금융자산 및 부채를 모두 기록한 국민경제의 재무상태표인 셈이다.

국민계정에 대한 이해를 바탕으로 거시경제통계가 제공하는 자료를 이용하면 국민경제 전체의 그림을 염두에 두고 해당 산업이나 기업의 규모

2) 외화수지계산서는 기업회계에서 기본재무제표에 포함되지는 않지만, 부속명세서의 하나로 작성되는 경우가 많다.

〈표 2. 2〉 국민계정 주요 지표 추이

	단위	2007	2008	2009	2010
국내총생산(GDP)	조원	9,750	10,265	10,650	11,728
	억달러	10,493	9,309	8,344	10,143
1인당 GNI	만원	2,016	2,128	2,195	2,400
	달러	21,695	19,296	17,193	20,759
GDP디플레이터 상승률	%	2.1	2.9	3.4	3.7
산업구조(명목)					
농림어업	%	4.0	5.6	3.2	-4.3
제조업	%	7.2	2.9	-1.5	14.8
건설업	%	2.6	-2.5	1.8	-0.1
서비스업	%	5.1	2.8	1.2	3.5
노동소득분배율	%	61.1	61.0	60.9	59.2
총저축률	%	30.8	30.5	30.2	32.0
민간	%	5.1	1.3	0.0	4.1
정부	%	5.4	4.3	5.6	3.0
국내총투자율	%	29.5	31.0	26.2	29.2

자료 : 한국은행, 경제통계시스템(ECOS), www.bok.or.kr

와 특성을 파악하는 데 도움이 된다. 예를 들어, 2010년 기준으로 국내총생산(GDP) 규모는 약 11,728조 원이었는데, 특정 산업의 시장규모를 부가가치기준으로 GDP규모와 비교하면 국민경제 전체에서 차지하는 구성비를 파악할 수 있을 것이다. 또한 과거자료를 수집해 보면 해당 산업이 내수경제에서 어느 정도로 성장 혹은 쇠퇴하고 있는지를 파악할 수도 있을 것이다. <표 2. 2>는 2007년부터 2010년까지의 국민계정의 주요 지표에 대한 추이를 정리한 것이다.

1.2.2 주요 거시경제지표

거시경제의 흐름을 이해하기 위해서는 생산, 소비, 투자, 고용, 물가 등 국내 실물경제지표와 수출입 및 국제수지지표 등을 눈여겨 볼 필요가 있다. 또한 금리 및 통화량과 주가지수, 환율 등 금융시장지표도 실물 경제

〈표 2. 3〉 거시경제지표와 기업가치평가

거시경제지표	기업가치평가에서의 활용(예시)
물가상승률	- 판매단가 및 구매단가 추정 - 각종 고정비용 추정
환율	- 수출, 수입관련 제품단가 추정 - 외화자산, 부채의 환산
임금인상률	- 노무비 관련항목 추정
금리	- 이자수익, 이자비용 추정 - 타인자본비용, 자기자본비용 계산
주가지수	- 자기자본비용의 계산

지표와 관련성을 음미하며 주시할 필요가 있다

이러한 이해를 전제로 하여 기업가치평가에서는 몇 가지 주요한 거시경제지표를 평가과정에서 직접적으로 적용할 수 있다. 예를 들면, 물가상승률 예측치는 판매단가 및 구매단가의 추정에 기준잣대로 삼을 수 있을 것이다. 물론 개별적인 판매단가와 구매단가는 제품별로 고유의 단가 인상·인하분 예상치를 별도로 반영하여야 할 것이나, 물가상승률이 하나의 기준잣대로서 활용될 수 있다는 것이다. 또한 고정비 성격의 비용을 추정하는 데는 물가상승률을 일괄적으로 적용시키는 방법이 많이 사용된다. 환율예측치는 기업의 사정에 따라 수출입활동 등에 직접적인 영향을 미칠 수도 있고, 보유하고 있는 외화자산, 부채의 환산시에도 직접 적용될 수 있으므로 추정 실적에 직접적인 영향을 미칠 수 있는 요인이다. 한편, 환율의 경우 수출위주업체와 수입위주업체의 산업적인 특성으로 인해 환율변동이 미치는 영향이 정반대로 나타날 수도 있을 것이다. 임금인상률은 노무비 관련항목의 추정 시에, 그리고 금리 및 주가지수 등은 자본비용 추정 시에 직·간접적으로 사용될 수 있다.

한편, 이러한 거시경제변수는 실무적으로는 외부의 거시경제전문 예측기관이 작성한 추정치를 그대로 인용하게 되는데, 주로 소득접근법에서 재무 추정과 관련하여 다루어질 내용이다. <표 2. 3>에서 기업가치평가에 적용될 수 있는 주요 거시경제변수 및 활용분야를 예시해 보았다.

1.2.3 예측자료

거시경제환경에 대한 이해와 함께 실무적으로는 구체적인 거시경제변수에 대한 예측자료를 입수하여 사용할 필요가 있는데, 가치평가업무 수행시 자주 인용하는 예측자료는 다음과 같은 것이 있다.

단기예측자료

국민경제의 총체적인 활동수준을 말할 때 "경기"라는 용어를 사용하는데, 일반적으로 경기가 좋다고 하면, 국민경제와 관련된 소비, 투자, 생산 등 전반적인 경제활동이 평균치보다 활발하다는 의미이고, 이와 반대로 경기가 나쁘다고 하면, 이러한 활동들이 평균치보다 저조하다는 것을 의미한다. 이러한 경기상황을 종합적으로 계량화하여 표시하여 주는 지표를 경기종합지수라고 하는데, 현재 우리나라에서는 통계청에서 매월 「경기종합지수(월보)」 혹은 「산업활동동향(보도자료)」을 통해 경기종합지수(선행지수, 동행지수, 후행지수)를 발표하고 있다.

한편, 향후 경기에 대한 기업인들의 판단을 설문조사하여 이를 지수화한 기업실사지수(Business Survey Index)도 많이 인용된다. 국내에서는 한국은행, 한국산업은행, 국민은행, 중소기업은행, 전국경제인연합회, 상공회의소, 무역협회 등의 기관 및 단체가 통계청의 공식지정을 받아 기업실사지수를 조사하고 있다. 이 중에서 일반적으로 한국산업은행의 분기별 지수를 많이 인용하는데, 이때 기업실사지수는 0～200까지의 값을 가질 수 있으며, 지수값이 100 이상이면 경기호전으로, 100 이하이면 경기가 악화될 것으로 본다.[3)]

3) 조사대상 기업의 경기 전망을 호전 혹은 악화의 비율로 구분하고, 호전되었다는 응답비율에서 악화되었다는 응답비율을 차감한 후 100을 더하여 지수값을 산출한다. 따라서, 지수값이 100 이상이라는 것은 조사대상 기업의 50% 이상이 경기상황을 긍정적으로 보고 있다는 것을 뜻한다.

장기예측자료

경기종합지수나 기업실사지수와 같은 지표는 단기적인 예측자료로서, 해당 산업의 최근 추이와 단기적인 분석에는 유용한 자료가 될 수 있다. 그러나 실무적으로 기업가치평가업무에서는 장기예측자료를 필요로 하는 경우가 많다. 특히, 다기간 할인방식으로 소득접근법을 적용하는 경우 추정기간은 최소한 해당 산업의 한 산업 사이클(cycle)을 포함하는 것이 바람직하고 대개의 경우 5년 이상에 대한 기간을 추정기간으로 삼는다. 이러한 경우에는 장기예측치에 대한 자료가 필요하다. 장기예측자료는 경제예측전문기관의 자료를 사용하여야 하는데, 국내외의 공공기관이나 민간 경제연구소 등에서 발표하는 자료를 수집하여 이용하여야 한다.[4)]

앞에서 살펴본 실물경제지표 및 금융시장지표는 국내경제에 대한 분석에 도움을 주지만, 평가대상업체의 제품 대부분이 해외로 수출하는 경우에는 그 해당 수출지역의 경제상황이 직접적으로 해당 회사의 기업활동을 좌지우지할 수 있다. 이러한 경우에는 국내경제상황뿐만 아니라, 해당 수출입국가의 해외경제동향에 대한 이해와 분석도 필수적이라 하겠다. 해외 자회사나 현지법인이 운영되고 있는 경우에도 국내 모기업에 미치는 영향을 감안하기 위해서는 외국의 해당 지역에 대한 검토가 필요할 것이다.

또한 평가대상업체의 영업이 국내의 일정지역을 기반으로 두고 있는 경우에는 해당 지역에 대한 별도의 검토 및 분석이 필요할 것이다. 예를 들면, 지방도시에 근거를 두고 있는 대형할인점과 같은 유통업체 등은 거시경제의 전반적인 영향과 아울러 해당 지역의 경제동향이 직접적인 요인으로 작용할 것이다.

---

4) 대표적인 경제예측기관으로는 Economic Intelligence Unit(EIU), Wharton Econometric Forecasting Associates(WEFA) 등이 있다.

1. 3 산업요인

앞에서 살펴본 거시경제요인을 중심으로 한 외부환경요인은 사실 평가대상기업이 속해 있는 산업에 직·간접적인 영향을 미치는 경우에만 가치평가와 관련해서 분석대상이 될 것이다. 아무리 거시적으로 기업전반에 영향을 미치는 주요한 요인이라고 하더라도 해당 기업이 속한 산업에는 별반 영향을 미치지 못하는 예외적인 상황이 발생한다면, 그러한 거시적인 환경요인은 평가대상회사의 가치평가와 관련해서는 고려대상이 되지 않는다. 반대로 국민경제 전체적인 차원에서는 큰 영향을 미치지 못하는 요인이지만, 해당 기업이 속해 있는 산업환경에는 직접적이고 강력한 영향을 미치는 경우 평가대상회사의 가치평가와 관련해서는 특별히 집중분석이 필요할 것이다. 아래에서는 산업분석과 관련해서 일반적으로 사용되고 있는 대표적인 분석틀에 대해서 살펴보고자 한다.

1.3.1 산업분석의 개요

산업분석은 우선 수요와 공급 측면에서 각각 접근이 가능하다. 수요측면에서는 해당 산업에 적용되는 수요의 결정요인, 소득 및 가격에 대한 수요탄력성, 수요에 대한 독점·경쟁적 상황 등이 파악해 볼 내용이다. 수요에 대한 분석은 과거추세에 대한 분석뿐만 아니라 추세의 안정성에 대한 검토도 함께 이루어지는 것이 바람직하다. 궁극적으로는 이러한 추세를 일으킨 원인에 대한 분석이 이루어져야 할 것이다.

또한, 산업수요의 변화는 거시경제적인 경기추세와 연동되어 나타나는 현상일 수도 있고, 유행이나 라이프스타일 등 특수한 사회문화적인 요인과 관련되어 나타난 현상일 수도 있을 것이다. 이런 경우에는 거시적인 외부환경요인과의 상관관계를 파악하려는 노력도 기울여야 할 것이다.

공급 측면에서도 공급의 결정요인, 가격에 대한 공급탄력성, 공급에 대한 독점·경쟁적 상황 등에 대해서 수요 측면에서와 유사한 관찰이 가능할 것이다.

이렇게 수요, 공급 양측을 모두 고려하면 전체적인 수급상황이 수요과잉, 수요부족, 공급과잉, 공급부족 중 어느 상황인가를 파악할 수 있을 것이고, 이를 통해 해당 산업의 전반적인 현황을 이해할 수 있게 된다. 좀더 구체적으로 산업분석에 고려될 수 있는 주요 항목을 나열해 보면 다음과 같다.[5)]

- 산업의 일반특성(자본·노동·기술집약산업, 수출·내수산업, 민수·관수 산업, 시장·주문생산체제 등)
- 주요 경쟁업체 현황 및 시장점유율
- 내수·수출 시장의 규모, 가격구조
- 원재료 조달방식 및 가격구조
- 설비투자 현황
- 유통단계 및 구조
- 해당 산업의 지원과 규제와 관련된 법규
- 기타 영향을 미칠 수 있는 환경적인 변화요인

1.3.2 산업분석의 틀

위에서 나열된 산업분석에 고려해야 할 주요 요인들과 함께, 실제로 산업분석을 체계적으로 적용하기 위해서는 일정한 분석틀(framework)을 사용할 필요가 있다. 다음에서는 산업분석에 가장 많이 사용되는 몇 가지 기본적인 분석틀을 소개하고자 한다.

경기연동성

산업의 경기연동성은 경기변동에 대한 반응의 방향에 따라 순행, 역행, 독립적인 업종으로 구분할 수 있는데, 대부분의 업종은 경기변동에 순행하지만, 중고제품이나 소주, 담배, 라면처럼 경기에 역행하는 성향을 보

---

5) 산업평균치에 대한 자료는 한국은행 "기업경영분석"을 참조할 것.

이는 업종도 있으며, 생필품처럼 경기변동에 다소 무관한 성향을 보이는 업종도 있다.

경기연동성과 관련해서는 경기반응의 방향도 중요하지만, 경기변동에 대한 민감도도 분석적 관점에서 중요한 요소이다. 경기변동에 대한 민감도가 클수록 경기부침에 따라 해당 산업에 속하는 기업의 실적도 큰 폭으로 변동하게 된다. 경기변동에 민감한 산업에 속하는 기업의 경우 개별기업의 경기변동 대처능력 및 흡수여력에 대한 분석이 반드시 필요할 것이다. 또한, 경기반응의 시차에 따라서 경기에 선행, 동행, 후행하는 업종으로도 구분할 수 있을 것이다.

시장형태의 비교

현실에서 존재하는 시장의 형태는 무척 다양할 수 있지만, 우리는 일반적으로 독점, 과점, 독점적 경쟁, 그리고 완전경쟁이라는 네 가지 시장형태를 대별한다. 또한, 실제로는 완전히 독점적 상황이나 완전경쟁의 극단적인 시장상황은 불가능한 경우가 많고, 대부분 이 두 가지 극단의 사이에서 중간형태의 모습을 갖추고 있는 경우가 일반적일 것이다.

우선 독점의 경우에는 재화나 서비스의 공급이 단일기업에 의하여 이루어지는 시장형태를 말한다. 독점의 경우에는 신규기업의 진입 자유가 허락되어 있지 않으며, 개념상 유사한 제품도 존재하지 않는 시장이다. 독점하에서는 독점기업의 판매량이 곧 그 산업에의 총공급량이 된다. 따라서 독점기업은 시장에서 가격과 수량에서 강력한 지배력을 가진다. 가격결정자(price maker)라는 용어는 흔히 독점기업을 특징적으로 규정하는 용어로 사용된다.

과점의 경우에는 하나의 기업이 아닌 소수의 대기업에 의해 시장이 지배되는 시장형태를 말한다. 이 경우에는 기업 간의 상호의존관계가 대단히 높아 과점 내의 타기업의 행동에 의해 크게 영향을 받는다.[6] 과점하에서

---

6) 과점의 시장형태에서 과점기업 간의 반응형태를 보여주는 대표적인 모형에는 굴절수요곡선이 있다. 이 이론에서는 한 과점기업이 가격변동을 시도할 때 다른 과점기업들이

는 여전히 진입장벽이 존재하고, 가격에 대한 지배력도 상당히 큰 편이다. 특히 과점기업들이 담합과 같은 공동행위를 위해 카르텔이나 트러스트 같은 조직을 구성하게 되면 이러한 현상은 더욱 심화된다. 과점에서는 가격의 경직성이 존재함에 따라, 치열한 비가격경쟁이 이루어지는 경우가 많다.

다음은 독점적 경쟁의 형태인데, 이 경우에 가장 두드러지는 요인은 제품의 이질성(異質性)이다. 같은 산업에 속하는 유사한 제품이라 하더라도 질적으로 확실하게 차별화되는 제품은 더 이상 서로 대체물이 아니고, 이런 제품을 생산하는 회사는 자사제품의 독특한 특성을 강조하면서 수요자가 선택하도록 마케팅을 펼칠 것이다. 이러한 경우 특정한 제품은 그 제품을 선호하는 소비자 집단에 대해서는 어느 정도 독점적인 영향력을 발휘할 수 있고, 따라서 우리는 이러한 시장형태를 독점적 경쟁시장이라고 부르는 것이다. 독점적 경쟁시장에서는 다수의 기업이 존재하고 진입의 자유도 어느 정도 존재한다. 그러나 제품의 이질성으로 말미암아 어느 정도까지는 가격지배력을 행사할 수 있기도 하다.

마지막 시장형태는 완전경쟁시장인데, 사실 이러한 경우는 현실적으로는 드물고 이론적으로만 존재할 수 있는 시장이라 할 수 있다. 이 경우에는 동질적인 제품을 생산하는 다수의 기업을 가정하고 진출입장벽이 전혀 존재하지 않는 시장이다. 개별 수요자와 공급자는 전혀 시장지배력을 행사하지 못하는 가격수용자(price taker)가 된다. 이 시장에는 완벽한 수요공급의 법칙이 작용하며 일물일가의 법칙이 존재한다.

이상에서 독점, 과점, 독점적 경쟁, 그리고 완전경쟁시장의 네 가지 시장형태에 따른 특징을 간략하게 살펴보았는데, 현실적으로는 대부분 극단적인 독점이나 완전경쟁에 가까운 시장형태보다는 과점이나 독점적 경쟁의 구조를 띤 시장형태가 나타난다.

가격인하는 따르고, 가격인상은 따르지 않는다는 가정을 한다.

산업수명주기이론

산업수명주기이론이란 하나의 산업이 형성되어 소멸하기까지의 과정을 의미하는데, 산업별로 주요 제품이 수명주기상 어떠한 단계에 위치하고 있느냐에 따라, 각 단계별로 공통된 특성을 보이게 된다는 사실에 기반을 두고 있는 이론이다. 산업수명주기는 해당 산업의 개별 제품에 초점을 맞출 때에는 제품수명주기라는 명칭으로 불리어지기도 한다. 이때는 해당 산업이 아닌 개별 제품단위에 초점을 맞추게 된다.

일반적으로 개별 산업은 "도입기[7] → 성장기 → 성숙기 → 쇠퇴기"의 과정을 거치게 된다. 산업수명주기이론에 의하면 각 수명주기상의 어느 단계에 속해 있는 기업군은 성장성, 수익성, 그리고 판매처, 가격정책, 경쟁업체 등의 영업상 특성에서 일정한 패턴이 관찰될 수 있고 따라서 산업분석 시에 유용한 틀을 제공해 줄 수 있다는 것이다.

산업수명주기상 첫 번째 단계인 도입기는 연구개발을 통해 선정된 제품이 처음으로 시장에 소개되는 단계이다. 이 시기에는 초기 시장진출을 위해 개별 기업들이 신규투자를 통해 설립되는데 신제품의 성공에 대한 위험부담이 무척 큰 단계이다. 새로운 제품에 민감한 반응을 보이는 혁신수용층을 대상으로 시장진입을 시도하게 되므로, 아직 본격적인 매출은 일어나지 않고 고정비 부담에 따라 손익상태는 적자가 발생되는 경우가 대부분이다. 이 시기의 가격정책은 일반적으로 고가정책을 펼치게 된다.

도입기를 성공적으로 거친 산업은 제품에 대한 소비자의 수용범위가 증가함에 따라 성장기로 이행하게 되는데, 성장기에 진입하면서 기업의 매출과 이익은 확대되기 시작한다. 이 시기에는 대부분의 기업이 수익성 측면에서는 적자를 탈피하게 되어 도입기에서 직면하였던 어려운 수익구조를 전환시킬 계기를 마련하게 된다. 그러나 시장경쟁자들이 시장에

---

7) 경우에 따라서는 도입기 이전에 연구개발단계를 둠으로써 총 5단계의 수명주기를 설정하는 경우도 있다.

참여하기 시작하면서 시장경쟁이 격화되기 시작한다. 제품가격은 점차 하향 조정되어 시장침투가격의 형태로 정책을 변경하게 된다.

도입기와 성장기를 거치는 과정에서 경쟁우위를 보유하지 못한 기업들은 시장에서 점차 도태되게 되고, 우수한 경쟁력을 확보한 기업만이 다음 단계인 성숙기로 이동할 수 있는 기회를 갖게 된다. 성숙기에서는 판매신장세가 둔화되나, 시장구조가 안정화를 이룬 상태에서 경쟁력을 갖춘 소수의 과점기업만이 살아남는 상태로 손익구조와 현금흐름 측면에서 상당기간 안정적인 구조가 지속될 수도 있다. 그러나 성숙기 중에는 가격 및 품질 경쟁 등 치열한 시장경쟁상황이 지속되는 것이 일반적이다.

어떤 산업의 경우에나 영속적인 성장과 안정을 지속하는 것은 불가능한 일이라고 할 수 있을 것이다. 길고 짧은 기간의 차이는 있겠지만 대체재의 등장, 수요자의 선호도 추락 등 내외부적인 요인에 의해 위기를 맞는 시기가 언젠가는 도래하게 된다. 성숙기 때 새로운 산업으로 업종전환이나, 신제품개발을 통한 새로운 시장수요를 창출하지 못한 기업은 산업수명주기의 마지막 단계인 쇠퇴기를 맞게 된다. 이 단계에서는 점차적으로 적자기업이 늘어나고 종국에는 업계로부터 철수하거나, 타업종으로 전환을 통해 한 산업의 수명주기는 완성되는 것이다.

이러한 산업수명주기이론은 평가대상기업이 속하는 수명주기상의 단계에 따라 보다 효과적인 산업분석의 시각을 제공할 수 있을 것이다.

산업연관분석

산업연관표는 산업 간의 상호연관관계를 파악할 수 있는 표로서 한 나라의 경제구조를 정밀하게 분석할 수 있는 일종의 국민경제 해부도와 같다. 즉, 산업연관표는 일정기간(보통 1년) 동안 국민경제 내에서 상호 연관되어 발생하는 재화와 서비스의 투입·산출과 관련된 모든 거래내역을 일정한 원칙과 형식에 따라 기록한 종합적인 통계표로 투입산출표라고도 한다.[8)]

〈표 2. 4〉 최종수요 항목별 유발효과(2009년 기준) (단위: 조원)

구 분		소비	투자	수출	계
생 산 유발효과	생산유발액	1,196.2	512.8	1,066.0	2,775.0
	생산유발계수	1.725	2.074	1.996	1.881
	생산유발구성비	43.1%	18.5%	38.4%	100%
부가가치 유발효과	부가가치유발액	557.3	191.1	299.5	1,047.9
	부가가치유발계수	0.803	0.773	0.561	0.710
	부가가치유발구성비	53.2%	18.2%	28.6%	100%
수 입 유발효과	수입유발액	189.0	88.2	234.5	511.7
	수입유발계수	0.253	0.316	0.439	0.328
	수입유발구성비	36.9%	17.2%	45.8%	100%

자료 : 한국은행, 경제통계시스템(ECOS), www.bok.or.kr

산업연관표를 이용하여 생산유발계수, 부가가치 유발계수 및 수입유발계수를 도출할 수 있으며, 해당 계수를 이용하여 산업간의 연관관계와 산업별 최종수요가 생산, 부가가치 및 수입에 미치는 직·간접적인 파급효과를 파악할 수 있다.

<표 2. 4>는 2009년도의 유발효과 및 유발계수를 나타내고 있는데, 생산유발계수는 어떤 산업에서 생산한 제품에 대한 최종수요가 1단위 발생할 경우 이를 충족하기 위하여 해당 산업 및 타 산업에서 직·간접적으로 유발된 생산효과의 크기를 나타낸다. 2009년의 생산유발계수가 1.881이라는 의미는 최종수요 1단위에 의해 전체 산업에서 1.881단위의 생산이 유발되었음을 의미한다. 산업별 부가가치 유발계수는 어떤 산업에서 생산한 제품에 대한 최종수요가 1단위 발생하였을 때 해당 산업 및 타 산업에서 직·간접적으로 창출된 부가가치의 크기를 나타내며 각 산업별 부가가치율과 생산유발계수를 이용하여 산출한다. 2009년의 부가가치 유발

8) 1930년대 초 레온티에프 교수가 처음으로 작성 발표한 산업연관표는 경제구조 및 정책효과분석은 물론 국제산업연관분석과 환경·에너지 분야의 분석 등에까지 다양하게 활용되고 있다.

계수가 0.71이라는 의미는 국산품에 대한 최종 수요가 1,000원이 발생할 경우 710원은 국내 부가가치로 창출되고, 나머지 290원은 원자재 수입 등의 이유로 인해 해외로 유출된다는 것을 의미한다. 한편, 산업별 수입 유발계수는 어떤 산업에서 생산한 제품에 대한 최종수요가 1단위 발생하였을 때 해당 산업 및 타 산업에서 직·간접적으로 창출된 수입의 크기를 나타낸다. 2009년의 수입유발계수가 0.328이라는 의미는 최종수요 1단위 당 0.328단위의 수입이 직·간접적으로 유발된다는 것을 의미한다.

이러한 산업연관분석은 생산과 소비단위의 상호연관에 대한 수량적 분석을 통해 산업 간의 상호의존성에 근거를 두고 경제구조를 분석하고 있다. 우리는 위와 같은 산업연관분석자료를 이용하여 평가대상기업이 속해 있는 산업의 수요 및 공급이 다른 산업부문에 미치는 영향을 분석하면 특정 산업의 전방산업 및 후방산업과의 관계를 파악할 수 있다. 이러한 분석내용을 적절히 활용하면 평가대상업체가 속해있는 산업의 특성을 이해하는 데 직접적인 도움을 얻을 수 있다. 예를 들어, 가구산업의 경우 전방산업인 건설업체의 아파트 신축이 늘면 가구에 대한 수요가 늘어나고, 따라서 후방산업인 목재산업에까지 파급효과를 미치게 된다는 것이다.

산업경쟁구조 분석

산업분석을 위한 분석틀로서 가장 많이 인용되는 것 중의 하나는 다음에 소개하는 Michael Porter의 5요인 모델(five forces model)일 것이다. 이 모델에서는 산업의 경쟁구조를 파악하기 위하여 살펴보아야 할 요소를 (1) 신규진입위협(threat of new entrants), (2) 구매자 교섭력(bargaining power of buyers), (3) 공급자 교섭력(bargaining power of suppliers), (4) 대체품위협(threat of substitute products or service), (5) 기존경쟁강도(rival among existing firms)의 다섯 가지 요인으로 나누고 있다.

다음에서는 Michael Porter가 설명하고 있는 5개의 경쟁요인에 대해서 좀더 자세히 소개한다.

[그림 2.1] Michael Porter의 5요인 모델

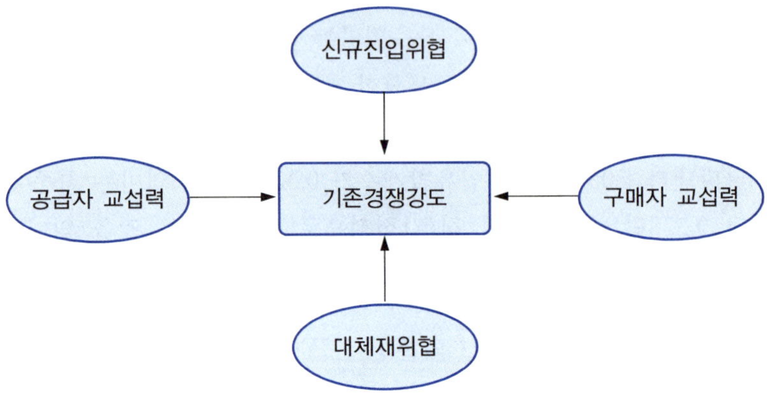

자료 : Michael E. Porter, "Industry Structure and Competitive Strategy: Keys to Profitability," *Financial Analysis Journal*, July~August 1980.

- 신규진입위협　신규진입위협이란 기존시장에 대해 잠재적 진출예상기업이 시장진입을 시도할 가능성을 의미한다. 이러한 신규진입위협이 존재하는지 그리고 위협의 강도가 어느 정도인지는 우선 기존기업이 보유하고 있는 경쟁력에 대한 차별화 능력이 관건이 된다. 즉, 기존기업이 생산원가 측면에서 경쟁력을 보유하고 있고, 우수한 판매유통망을 보유하고 있으면 신규기업이 기존시장에 진입하기 힘들 것이다. 기존제품의 성능이 탁월하거나 브랜드인지도가 대단히 높은 경우에도 신규기업의 진입은 힘들 것이다. 또한 기존기업이 풍부한 자금력과 다양한 대응전략을 통해 얼마만큼 신규기업의 진입을 억제할 수 있을 것인가 하는 것도 고려되어야 한다. 산업구조의 특성상 규모의 경제가 존재하거나, 초기투자자본이 대규모이거나, 기존고객이 신규진입기업으로 전환하는 교체비용의 부담이 아주 큰 경우에는 이 산업에 대한 진입장벽은 높다고 할 수 있다. 정부의 해당 사업에 대한 인허가정책 등 관련 지원 및 규제정책도 중요한 요인이 될 수 있다.

- 기존 경쟁강도　한 산업 내 기존기업들은 시장에서 유리한 위치를 유

지하기 위해서 가격, 신제품, 소비자 서비스, 제품보증 등의 경쟁을 펼친다. 이러한 경쟁구조는 대개 상호상승작용에 의해 점점 강도가 심화되는 경우가 많은데, 경우에 따라서는 해당 산업의 시장규모 자체를 확대시키는 순기능을 발휘하기도 한다. 기존업체 간의 경쟁강도에 영향을 미치는 요인 중에서는 우선 기존경쟁업체의 수(數)가 문제가 될 것이다. 물론 단순히 기업의 수가 많은 경우보다는 산업전체로 보아 생산설비 등이 공급과잉상태에서는 경쟁강도가 더욱 높아질 것이다. 산업의 성장률이 낮은 경우에는 시장점유율 확대를 위해 경쟁이 치열해질 것이고, 고정비 부담이 큰 경우에도 자금의 조기회수를 위해 경쟁이 가속화된다. 기존기업 간에 제품의 차별성이 부족해도 정해진 시장규모를 놓고 경쟁이 치열해지며, 각종 철수장벽이 높은 경우에도 경쟁강도가 높아진다.

- 대체품 위협 아무리 특정 산업의 대표적인 제품이라 할지라도 기술발달, 가격인하, 공급확대 등으로 인해 대체품이 출현할 위협이 존재한다. 특히 기술발달의 속도가 빠르고 경쟁이 치열해지는 최근 상황을 고려하면 이러한 위협요인은 한층 더 커진 상태라 할 수 있을 것이다. 대체품의 위협은 기술적인 측면에서 더 진보된 기술이 낙후된 기술을 대체시킬 수 있다는 측면뿐만 아니라, 효용성의 측면에서 동일한 기능을 수행할 수 있는 대체적인 제품이 출현할 수 있다는 측면도 고려해야 한다(예를 들면, 철재파이프를 대신할 수 있는 플라스틱 파이프의 출현). 또한, 유사한 기능을 제공할 수 있는 대체관계에 있는 제품의 가격수준이 기존제품을 대체할 수 있는 수준인지도 중요한 요인으로 작용한다.

- 구매자 교섭력 구매자 교섭력은 해당 기업과 그 기업의 제품에 대한 구매자(즉, 기업에서 보면 판매처) 중 어느 쪽이 판매 및 결제조건 등의 교섭력에 있어 우위를 확보하고 있느냐 하는 문제이다. 구매자의 수는 적고 집중적으로 대량구매를 하는 경우에는 공급자보다 구매자의 교섭력이 우위를 점하게 될 것이다. 구매자가 구매할 제품에 대한 폭넓고 정확한 정보를 보유하고 있는 경우나, 구매자가 선택할 수 있는 해당

제품과 유사한 대체제가 존재하는 경우, 또는 공급자에 비해 구매자의 상대적인 영향력이 커서 후방통합[9]능력을 보유하고 있는 경우에는 구매자의 교섭력이 증가할 것이다. 반면, 해당 제품에서 타 제품으로 구매처를 변경할 경우 교체비용이 높게 발생하거나, 제품이 규격화되지 않아 교체자체가 불가능한 경우도 존재할 것이고 이런 경우에는 구매자의 교섭력을 감소시키는 요인으로 작용할 것이다.

- 공급자 교섭력 공급자 교섭력은 해당 기업과 그 기업의 제품생산시 필요한 원재료 등의 공급자(즉, 기업에서 보면 구매처) 중 어느 쪽이 구매 및 결제조건 등의 교섭력에 있어 우위에 있는가 하는 것이다. 공급자 교섭력은 위에서 설명한 구매자 교섭력을 반대방향에서 살펴보면 된다. 즉, 공급자의 교섭력을 증가시키는 경우로는 공급자의 수가 적고 공급자에 의해 공급물량의 조절이 가능한 경우나, 공급자의 정보수집능력이 탁월한 경우, 대체투입요소가 존재하지 않는 경우나 교체비용이 높은 경우 등이 있겠다. 투입요소가 기업의 원가 또는 품질에 미치는 영향이 큰 경우에도 공급자의 교섭력이 증가할 것이다. 반면, 구매자가 후방통합에 대한 위협을 가할 수 있는 경우 등에는 공급자의 교섭력이 약해질 수밖에 없을 것이다.

1.3.3 산업별 전망

실질적인 산업분석을 위해서는 평가대상회사가 속해 있는 산업의 과거기간 동안의 재무지표의 추세변동을 파악하여야 하며, 더 나아가 최근의 해당 산업환경 변화에 대한 이해가 필요할 것이다. 이러한 이해를 바탕으로 이후에 검토할 회사에 대한 재무분석 자료와의 상관관계도 파악할 수 있는 것이다. 산업별 환경분석과 관련해서는 국내외 다수의 기관에서 매년 초 산업별 전망보고서를 발표하고 있다. 아래에서는 이러한 자료 중 "한국신용평가"에서 2012년 연초에 제시한 주요 산업에 대한 전망보

---

9) 후방통합(backward integration)이라 함은 해당 기업에 원재료 등을 공급하는 후방산업에 대해 영향력을 발휘하고 장기적으로는 사업범위를 넓혀가는 현상을 말한다.

〈표 2. 5〉 국내 주요 산업별 특성

산업명	특성
철강	기초소재산업, 기간산업, 규모의 경제효과 현저, 자본집약적 장치산업
정유	장치산업, 내수지향적 국가기간산업, 원재료 전량 해외조달
유화	기초소재산업, 콤비나트형 자본집약적 장치산업
시멘트	기간소재산업, 에너지 다소비형 자본집약적 장치산업, 내수 위주
자동차	다양한 종류의 부품 제조업체, 전후방 관련효과 큼.
조선	기술 및 노동집약적, 전후방 관련효과 큼. 전형적인 수주산업
공작기계	수주산업, 자동차 및 전자산업 등 제조업 전반의 설비투자동향과 밀접
전선	국가기간산업, 장치산업, 관급물량 의존도 높음.
건설	수주산업, 수요예측곤란, 노동집약적 산업, 선투자 후회수 방식
백화점	초기 설비투자 및 초기 운전자금부담 높음.
호텔	초기 비유동자산에 대한 투자비중이 높음. 자본회수기간이 장기
화섬직물	수출의존, 생산업체 지역적 편중, 염색가공 등 후방공정 비중증대
제지	일괄생산방식의 장치산업, 에너지 다소비 공해유발산업
맥주	대규모 시설투자를 요하는 장치산업, 생산지와 소비자 간의 거리가 중요
종합상사	수출위주 매출구성, 수익성 저조, 원활한 자금흐름
운송업	노동집약적 산업, 화물 및 해상 물동량에 따라 수요에 민감한 영향
항공운송	항공기, 공항시설 확보에 대한 대규모 초기자본투자, 장기간의 자본회수

자료 : 김용국·이병길 공저, "시장환경분석", 한국금융연수원, 2002년.

고서[10])에 기초하여 주요 산업별 현황과 전망에 대한 주요 내용을 살펴보았다.

- 자동차　자동차 내수시장은 글로벌 금융위기 이후 지속적으로 성장하였으나 2011년에는 전년대비 0.7% 성장으로 둔화되었다. 유럽의 재정위기 현실화와 경기둔화에 따른 소비심리의 위축이 가장 큰 요인으로 작용하였으나, 주력 차종에서의 신차효과, 미국시장의 회복세 및 한·미 FTA 효과를 기반으로 소폭 성장하게 되었다. 2012년도에는 경기회

10) 주요 산업에 대한 상세한 내용은 한국신용평가 홈페이지(www.kisrating.com)에 게시된 산업별 전망보고서를 참조할 것. 각 산업별 과거 5개년 동안의 재무지표는 "산업별 재무지표(2010년), 한국신용평가"에서 인용하였다.

복세 둔화와 소비심리 위축으로 내수시장은 전기대비 정체 또는 미미한 성장을 달성할 것으로 예측되며, 수입차 시장은 중소형급 차량의 수입 확대, FTA 효과 등에 따라 시장점유율이 확대될 것으로 기대된다. 수출시장은 해외생산법인의 생산증가가 예상되지만, 신흥국가 시장확대와 미국 등 주요 시장의 성장세를 기반으로 전년에 이어 성장세를 이어갈 것으로 기대되지만 심화된 경쟁상황으로 인하여 추세는 완화될 것으로 예상된다. 국내 자동차산업은 급부상한 중국시장과 브랜드 이미지 및 품질신뢰도의 척도가 되는 미국시장에서 시장점유율을 어떻게 유지할 것인지와 공급과잉에 따른 가격인하 공세를 지역별 시장에서 어떻게 극복할 것인지가 수익성 확보에 가장 중요한 요소가 될 것이다.

구 분	단위	2006	2007	2008	2009	2010
매출액	10억	110,963	121,991	126,825	123,509	160,186
영업이익	10억	4,050	5,300	5,024	5,993	9,315
EBITDA	10억	9,644	11,278	11,676	12,661	16,592
매출액증가율	%	8.5	9.9	4.0	−2.6	29.7
영업이익률	%	3.7	4.3	4.0	4.9	5.8
ROIC	%	14.0	16.4	13.3	15.4	26.0
부채비율	%	113.9	110.7	118.0	103.9	87.7

• 조 선 2011년의 조선산업은 유럽재정위기에서 비롯된 수요 감소와 선박금융 경색, 선박공급 과잉 우려 등으로 수주여건이 재차 위축되면서 산업 전반이 부진한 양상을 나타내었다. 2011년 상반기의 경우 대형 조선사들은 과거 고가수주한 선박의 건조가 지속되면서 양호한 실적을 달성하였으나 하반기부터는 금융위기 이후에 수주한 저가 물량의 수익이 반영되기 시작하면서 분기별 수익성은 하락하는 추세를 나타내었다. 또한, 2012년부터는 저선가 물량의 본격적인 건조가 시작되고 신조선가의 반등도 지연되고 있어 일정수준의 수익성 악화는 불가피할 것으로 예상된다. 이러한 환경을 극복하기 위하여 국내 대형조선사들 중에서 회사채의 만기가 도래함으로써 현금창출력 대비 외부차입규모

가 큰 일부 조선사들은 자산매각과 재무구조 개선에 노력을 기울이고 있다. 이러한 어려운 여건에도 불구하고 2012년에는 고부가가치 선종의 발주 모멘텀은 유효할 것으로 예상된다. 다만, 수요부문의 위축과 공급확대에서 비롯된 신조선 시장의 수급 불균형을 감안할 때 근본적인 영업환경의 개선에는 다소 시일이 소요될 것으로 판단되며, 국내 조선업계도 글로벌 조선경기에 연계된 사업변동성이 일정부분 불가피할 것으로 예측된다.

구 분	단위	2006	2007	2008	2009	2010
매출액	10억	38,491	495,53	72,639	81,617	81,991
영업이익	10억	1,478	3,859	68,94	5,343	7,444
EBITDA	10억	3,064	5,598	9,012	7,717	10,377
매출액증가율	%	22.6	28.7	46.6	12.4	0.5
영업이익률	%	3.8	7.8	9.5	6.5	9.1
ROIC	%	11.7	27.5	34.8	20.3	25.6
부채비율	%	247.6	262.2	474.2	318.2	223.8

• 건 설 국내 건설부문의 경우 전반적인 건설경기 침체로 인하여 전기대비 저조한 실적을 나타내었으며, 토목 투자 위축과 부동산 경기 회복의 불확실성을 고려할 때 2012년에도 부진이 이어질 것으로 예측된다. 주택부문의 경우에도 지방 부동산의 경우 일정 부분 활성화가 이루어졌으나, 주요 주택시장인 수도권의 부동산시장은 침체가 이어지고 있다. 이에 따라 2012년의 경우에도 지방의 경우에는 분양경기호조를 이어갈 것으로 기대되나, 수도권 부동산의 경우에는 유효수요 감소와 인구구조 변화에 따라 단기적인 기간의 회복은 어려울 것으로 판단된다. 해외부문의 경우에는 유가인상에 따른 오일머니의 축적과 국내 EPC 업계의 경쟁력 향상, 아시아, 중남미 등으로의 지역다변화에 힘입어 2011년에도 견조한 수주실적이 유지되었다. 2012년에도 정치 불안으로 지연되었던 중동지역의 예정물량 발주 증가와 리비아, 이라크의 재건사업 물량 가세로 우호적인 해외수주 여건이 마련될 것으로 예상된다.

구 분	단위	2006	2007	2008	2009	2010
매출액	10억	122,512	138,283	161,332	176,755	176,313
영업이익	10억	8,805	9,317	84,84	8,534	6,547
EBITDA	10억	11,480	12,510	12,646	13,258	12,217
매출액증가율	%	7.7	12.9	16.7	9.6	-0.2
영업이익률	%	7.2	6.7	5.3	4.8	3.7
ROIC	%	19.0	13.8	9.7	8.8	6.2
부채비율	%	278.3	350.3	410.1	436.9	392.8

- **유 통** 2011년 유통시장은 전년 대비 다소 낮은 8%대의 성장을 한 것으로 추정된다. 상반기 소비 양극화와 가치소비 확산, 소비자의 구매 패턴 변화 및 대형유통업체들의 공격적인 출점 등으로 인하여 양호한 성장세를 나타내다가, 하반기에는 미국, 유럽 등 세계 경기 불안감이 확산된 가운데 가계부채 증가, 물가상승 압력, 주택경기 불황 지속 등으로 인하여 소비심리가 위축되고 정부 규제 강화가 업태별 신규 출점에 일정 수준 제약요인으로 작용하면서 성장세가 둔화되는 양상을 나타내었다. 2012년에는 경기 회복 둔화가 전망되고, 상기 요인들이 지속되는 가운데 유통법 개정과 판매수수료 인하 압력 등의 정부 규제가 한층 강화될 것으로 예상됨에 따라 성장세는 다소 둔화될 것으로 예상된다.

구 분	단위	2006	2007	2008	2009	2010
매출액	10억	154,015	176,285	221,382	221,418	2682,44
영업이익	10억	6,380	7,041	8,512	7,869	9,981
EBITDA	10억	9,151	10,081	12,026	11,904	14,292
매출액증가율	%	8.9	14.5	25.6	0.0	21.1
영업이익률	%	4.1	4.0	3.8	3.6	3.7
ROIC	%	7.7	11.7	25.6	18.2	20.6
부채비율	%	134.6	126.9	138.7	120.6	118.7

- **메모리반도체** 2011년 메모리반도체 시장은 2010년 하반기 가격 급락

이후 약세가 이어지면서 부진한 흐름을 나타내었다. 주력인 DRAM시장은 글로벌 소비위축에 따른 공급과잉으로 마이너스 성장을 하였으며, 낸드플래시 시장은 모바일 기기 등에 의한 수요 강세로 인하여 상대적으로 양호한 흐름을 이어갔지만, 큰 폭의 ASP 하락으로 성장률이 크게 둔화되었다. 2012년에는 계절적 성수기에 진입하는 하반기부터 업황이 개선될 것으로 전망되며, DRAM보다는 낸드플래시가 호조인 시장흐름이 나타날 것으로 예상된다.

구 분	단위	2006	2007	2008	2009	2010
매출액	10억	157,396	167,093	194,378	229,758	280,408
영업이익	10억	9,985	9,426	7,284	11,662	20,138
EBITDA	10억	25,462	27,352	26,086	31,067	40,948
매출액증가율	%	6.5	6.2	16.3	18.2	22.0
영업이익률	%	6.3	5.6	3.7	5.1	7.2
ROIC	%	15.0	12.9	9.7	16.2	27.7
부채비율	%	57.3	55.2	63.6	63.9	66.8

• **정 유** 국내 정유산업은 2010년의 회복기를 거쳐 2011년에는 상당한 수준의 호실적을 기록하였다. 이는 중국 등 아시아 권역의 석유제품 수요 성장세 지속, 미국의 수요 회복, 리비아 등 원유생산국의 정치불안 등으로 국제유가가 급등하였고, 경제설비의 제한적 증가와 노후설비의 폐쇄로 수급여건이 개선된 결과로 분석된다. 특히, 2011년 중 발생한 일본대지진, 대만과 싱가포르 정제시설 사고 여파도 부분적으로 실적개선에 영향을 미친 것으로 판단된다. 2012년에는 정치 불안으로 중단된 산유국의 원유생산 재개와 유럽 재정위기 확신, 비OPEC의 생산량 증가 등으로 국제유가는 소폭 하락할 전망이다. 이란 핵개발과 연계된 경제제재 가시화로 인한 이란산 원유공급 중단, 유럽재정위기 확산 가능성 등으로 인해 불확실성이 매우 높은 상황이다. 한편, 2012년 전세계 석유수요 증가는 약 1.3백만 배럴/일 내외로 전망되나, 이를 초과하는 정제시설의 신·증설이 예상되어 정제마진은 2011년 대비 다소 하락할 것으로 예측된다. 그러나 국내 정유사는 2011년도 중 가동

을 개시한 고도화 시설 및 석유화학 설비를 2012년부터는 본격 가동할 계획인데, 이를 통해 정제마진 하락에 따른 수익성 저하를 일정부분 만회할 것으로 예상된다.

구 분	단위	2006	2007	2008	2009	2010
매출액	10억	44,227	47,588	74,204	56,432	71,381
영업이익	10억	1,780	2,622	2,255	1,418	2,642
EBITDA	10억	2,517	3,409	3,126	2,358	3,500
매출액증가율	%	17.7	7.6	55.9	-24.0	26.5
영업이익률	%	4.0	5.5	3.0	2.5	3.7
ROIC	%	23.0	29.8	20.7	10.8	17.2
부채비율	%	141.5	160.5	164.3	163.8	160.1

- **의 류** 국내 패션의류산업은 내수 의존도가 높아 국내 경제성장률과 실질 소득수준, 그리고 이에 따른 의류 소비패턴 변화에 영향을 받아 왔다. 국내 패션의류시장은 글로벌 금융위기가 점차 해소되고 소비심리가 되살아나면서 과거의 침체에서 벗어나 2010년부터 7%대의 높은 성장을 기록하였으며 2011년에는 전년대비 약 8% 성장한 32조 7천억 원 규모로 추정되고 있다. 이는 의류산업 외에 제화 및 패션잡화류를 모두 포함한 수치이나 의류시장의 규모 또한 2011년 중 약 9% 성장한 25조 6천억 원으로 파악된다. 2012년 패션의류시장 역시 성장세는 유지하겠지만 국내외 경기 불확실성이 커짐에 따라 성장폭은 2011년에 비하여 축소될 것으로 예상된다.

구 분	단위	2006	2007	2008	2009	2010
매출액	10억	19,978	22,207	25,226	27,684	32,948
영업이익	10억	902	1,032	1,332	1,749	2,116
EBITDA	10억	1,531	1,701	2,048	2,499	2,964
매출액증가율	%	7.0	11.2	13.6	9.7	19.0
영업이익률	%	4.5	4.6	5.3	6.3	6.4
ROIC	%	11.7	12.2	14.2	16.1	16.9
부채비율	%	104.9	101.1	109.5	101.4	99.8

2. 기업내부요인의 검토

앞에서는 외부환경요인에 대한 분석을 실시할 때 요구되는 기본지식과 대표적인 분석기법에 대해서 살펴보았으므로 이제부터는 우리의 평가대상이 되는 기업의 내부요인에 대해 살펴볼 차례가 되었다. 이 책의 순서상으로는 외부환경요인을 먼저 분석한 다음 기업내부요인을 나중에 살펴보고 있지만, 오히려 기업 자체에 대한 주요 내용은 외부환경요인을 검토하기 이전에 예비적으로 검토되는 것이 일반적이다. 예를 들어, 기업이 생산하는 제품에 대한 이해 없이는 해당 산업과 시장에 대한 검토가 불가능할 것이다. 그러나 논리의 구성상 전체적인 숲을 먼저 보고 나무를 본다는 순서로, 앞 절에서 외부환경요인에 대해 먼저 검토하였고, 이제부터 기업 자체에 대한 예비적인 분석과 관련된 사항을 살펴보기로 한다.

구성상으로 이 장은 본격적인 기업분석과 가치평가에 앞서 실시되는 준비단계로 마련되었다. 이 장에서 기업에 대한 예비적인 검토사항을 점검하고 나면 좀더 심층적인 기업에 대한 분석은 다음 장의 "재무분석 및 재무 추정"을 다루면서 설명하기로 한다.

2.1 일반사항

기업이 영위하는 사업에 대한 전체적인 윤곽을 효과적으로 빠른 시간 내에 파악하기 위해서는 우선적으로 다음과 같은 항목들에 대한 이해가 필요하다.

주요 사업 및 제품구성

기업에 대한 이해를 시작하는 첫 단추는 회사가 생산하고 있는 제품(유통업체일 경우에는 상품, 서비스업일 경우는 용역)에 대한 정확한 이해라고 할 수 있겠다. 우선은 회사가 생산하는 제품 자체에 대한 특성, 기능, 용도, 장단점 등에 대한 지식을 쌓는 것이 중요하겠고, 점차적으로 경쟁상품 혹은 대체상품 등과 상호비교를 통해 이해의 폭을 넓혀나가야 할 것이다.

주요 재무현황

기업의 재무현황은 기업의 현재 모습을 집약적으로 보여주는 매우 유용한 정보이다. 회사가 당해 회계연도(보통 1년) 동안 이룬 실적은 손익계산서의 매출액과 당기순이익에서, 또 회사의 자산, 부채 및 자본의 규모는 재무상태표 항목을 개괄해 봄으로써 가능할 것이다. 본서에서 사용하는 기업분석 및 평가기법은 재무적인 분석이 주가 되므로 향후 이에 대해서는 제3장에서 별도로 자세한 설명이 이루어질 것이다.

주요 연혁 및 구분

회사의 창립일로부터 시작하여 현재에 이르기까지의 주요 연혁을 살펴보면 회사에 대한 이해를 증진시킬 수 있는데 신제품개발 및 출시, 신규공장의 설립, 자본금 증자, 유가증권시장이나 코스닥시장 상장시기, 주요 경영진 및 주주의 변경 등이 주요한 내용이 될 것이다. 특히 회사 주식의 유가증권시장, 코스닥시장, 비상장에 대한 구분은 가치평가목적에서 해당 기업에 어떠한 평가기법을 적용시킬 것인지 하는 문제와 직접적인 연관성이 있고, 입수가능한 정보의 질과 양에서도 큰 차이를 발생시키는 주요한 항목이다. 회사의 연혁상 주요 사항은 회사의 정관 및 내규 등에서 추가로 검토해볼 수 있을 것이며, 특히 최근의 현황에 대해서는 이사회 의사록, 주주총회 의사록 등을 이용하면 보다 상세하게 파악할 수 있다.

2. 2 영업관련사항

기업의 일반적인 영업활동은 대체로 "구매활동 → 생산활동 → 판매활동"으로 이루어진다고 볼 수 있다. 따라서 해당 기업의 영업활동에 대한 검토는 이러한 세 가지 기능(function)별 업무흐름을 이해하는 것부터 출발하는 것이 합리적이다.

2.2.1 구매활동

일반적인 제조업의 경우에는 기간별 생산계획이 수립되면 이에 따라 구매활동이 진행된다. 구매조건을 비교 검토하여 경쟁입찰이나 수의계약방법에 따라 주요 구매처가 선정되면 구체적인 물품인수시기와 매입대금 지급조건을 정하게 된다. 해외로부터 수입하는 경우에는 대개 수입신용장(usance)을 개설하고 물품을 인수하게 된다.

구매활동과 관련해서는 원재료 구입단가와 구입량의 추이분석, 안정적인 구입처의 확보 여부, 적정재고의 유지 등을 검토해 보아야 할 것이다. 매입대금 지급조건과 관련해서는 매입채무에 대한 회전율 혹은 평균지급기일 등을 파악해 보는 것도 필요하겠다. 이러한 내용은 재무분석을 통해서 좀더 구체적인 방법으로 파악될 것이고 궁극적으로 가치평가 과정에서 활용될 것이다.

2.2.2 생산활동

구매활동이나 판매활동과는 달리 생산·제조 활동은 해당 산업과 기업에 따라 고유한 방식에 따라 이루어지는 것이기 때문에 일반화시킬 수는 없다. 제조업이 아닌 도소매 등 유통업이나 서비스 업종의 경우에는 생산과정 자체가 존재하지 않는 경우도 있다.

생산활동과 관련해서는 우선 생산설비에 대한 기본적인 이해가 필요한데, 생산능력 및 가동률, 경제적 내용연수, 유지보수비용, 생산라인의 기술인력, 보유자산·리스자산의 구분 등에 관해 파악할 필요가 있다. 공장을 방문할 기회가 있으면 꼭 한 번 실제로 생산과정을 따라가면서 눈으로 확인해 보기를 권고하는데, 이렇게 하면 해당 기업의 생산활동뿐만 아니라 기업 자체를 이해하는 데도 상당한 효력을 발생시킬 수 있다.

2.2.3 판매활동

기업이 제품을 판매하기 위해서는 고객확보를 위한 광고와 판촉활동이 선행되는 것이 일반적이다. 다수의 개인소비자를 대상으로 판매활동이 이루어지는 경우에는 별도의 계약이 필요 없겠지만, 기업고객에게 판매가 이루어지는 경우에는 판매조건에 대한 별도의 협의를 거친 후 물품이 인도된다. 수출의 경우에는 신용장개설 및 협상(negotiation)절차가 필요할 것이다.

판매활동과 관련된 사항은 가치평가업무에 있어서 대단히 중요한 내용이다. 특히, 제품별 판매실적 및 판매단가의 추이, 주요 판매처와의 관계, 유통경로, 판매의 계절성 등에 대한 정확한 이해는 필수적인 사항이다. 판매활동과 관련해서는 가능하면 과거실적뿐만 아니라 향후 예상되는 추정 실적을 파악해 보아야 한다. 이는 소득접근법을 적용할 경우에는 매출 추정치가 가장 근간이 되는 주요 항목이기 때문이다. 대금회수조건과 관련해서는 매출채권에 대한 회전율 또는 평균회수기간에 대해서 파악해 보아야 할 것이다.

2.3 재무·회계 관련사항

재무·회계 관련사항에 대한 분석내용은 제3장에서 별도로 자세히 다룬다. 여기에서는 재무·회계와 관련된 내용을 파악할 수 있는 관련 자료와 주요 항목에 대해서만 간단히 살펴보기로 하자.

감사보고서

재무·회계 관련사항을 검토할 때 가장 중요한 자료는 외부감사인에 의해 작성된 감사보고서[11]가 될 것이다. 감사보고서가 존재하는 경우와 그렇

---

11) 우리나라의 경우 "주식회사의 외부감사에 관한 법률"에 의해 (1) 직전사업연도 자산총액이 100억원 이상, (2) 직전사업연도 자산총액이 70억원 이상이면서 부채총액이

지 못한 경우에는 실무적으로 가치평가와 관련된 업무범위에서 큰 차이가 발생한다. 우선, 감사보고서가 존재하고 감사보고서에서의 감사기준일과 가치평가기준일이 일치하게 되면, 평가자는 감사인의 감사결과에 많은 부분을 의존할 수 있게 된다. 그러나 감사보고서가 존재하지 않거나, 존재하더라도 감사기준일과 가치평가기준일이 일치하지 않으면, 평가자는 별도의 재무실사(financial due diligence) 과정에 준하는 업무가 필요한 경우가 많다.[12] 이러한 경우 본격적인 재무분석과 가치평가업무는 재무실사를 통해 발견된 여러 가지 수정사항 등이 반영된 수정 후 재무제표를 바탕으로 이루어져야 한다.

중간 재무제표(반기, 분기검토보고서)

평가기준시점이 감사보고서상의 회계연도 말 시점에서 멀리 떨어져 있는 경우에는 반기, 분기검토보고서의 기준시점으로 평가기준일을 설정하는 경우가 많다. 이 경우 회계연도 말을 기준으로 1년간의 자료를 분석하는 것보다 최근 12개월(LTM)[13]을 기준으로 산정된 재무실적을 이용하여 보다 업데이트된 자료를 사용하는 경우도 있다. 평가대상회사가 계절적인 요인에 따라 영업실적의 변화가 심한 경우에도 회계연도 말 기준으로 작성된 감사보고서 이외에도 반기나 분기검토보고서를 활용하여 계절적 요인에 대한 추가 검토를 실시하면, 보다 현실성 있는 재무분석 결과를 산출해낼 수 있을 것이다.[14]

70억원 이상, (3) 직전사업연도 자산총액이 70억원 이상이면서 종업원이 300명 이상, (4) 주권상장법인과 해당사업연도 혹은 다음 사업연도 중에 주권상장법인이 되려는 회사는 외부감사인에 의한 회계감사를 받도록 되어 있다. 그러나 해당 기준에 해당하지 않는 회사라 하더라도 다양한 목적 하에 임의감사업체로서 외부감사인에 의한 감사보고서가 작성되는 경우가 있다.

12) 회계감사와 재무실사의 차이에 대해서는 제3장 5.2절 참조.

13) Latest twelve month

14) 분·반기검토보고서는 회사가 작성하는 분·반기재무제표에 대한 외부감사인의 보고서로서 주로 상장기업을 대상으로 작성된다. 반면, 비상장기업의 대부분은 분·반기 검토대상기업이 아니기 때문에 최근 12개월간의 자료에 대한 분석을 위해서는 평가기준 시점에서 추가적인 결산이 필요하다.

계정과목별 부속명세서 및 결산보고서

회사의 재무자료에 대한 보다 깊이 있는 이해를 위해서는 계정과목별 부속명세서나 결산보고서 등에 대한 검토가 필요하다. 특히, 평가대상회사의 가치평가에 영향을 미칠 수 있는 금액적으로 중요한 항목과 특기상황에 대해서는 세심한 주의를 기울일 필요가 있다. 자산접근법에 의해 가치평가를 실시할 경우에는 재무상태표상의 각 계정과목별로 보다 심층적인 분석이 이루어져야만 하므로, 부속명세서와 결산보고서를 통한 분석이 필수사항이 될 것이다.

최근 편성된 예산과 사후 실적관리 자료

대부분의 기업은 회계연도가 시작되기 전에 연간 예산을 작성하고(혹은 월별, 분기별, 반기별), 또 실제로 회계연도가 지난 후에는 실적과 최초에 편성하였던 예산과 비교하여 관리회계적인 측면에서 차이분석을 실시하게 된다. 이러한 자료는 가치평가와 관련하여 대단히 유용한 정보를 제공해 줄 수 있다. 회사의 과거 예산자료 및 차이분석자료에 분석내용을 면밀히 분석한다면, 가치평가업무와 관련해서 회사가 제시한 자체적인 미래의 재무 추정치가 과연 얼마나 신뢰성이 있으며, 또 어떤 항목에서 앞으로도 차이가 발생할 여지가 있을 것인지 등에 대한 판단에 많은 도움을 줄 수 있을 것이다.

주요 주주명부

기업활동의 목표가 주주가치 극대화라고 할 만큼 현대 경영에 있어 주주가 가지는 의미는 크다. 기업가치평가에 있어서도 궁극적으로 주주의 입장에서 기업에 대한 평가가 이루어져 주식가치를 산정하는 경우가 대부분임을 감안할 때 주요 주주에 대한 현황은 필수적인 검토 사항이라 할 수 있다. 주요 명부상의 내용과 함께 주주 간 협약서 등에 명기되어 있는 다음과 같은 사항을 파악해야 할 것이다

- 주요 주주 및 지분율
- 주식에 대한 질권 등 담보설정 현황

- 주주 간 계약, 주주권 행사에 관한 계약, 위임 계약
- 회사의 주식으로 전환 또는 교환이 가능한 증권의 현황
- 주식매입선택권(stock option) 혹은 우리사주에 대한 내용 및 계획

우발채무 등

우발채무는 미래에 어떤 사건의 발생 여부가 불확실하여, 현재로서는 최종적으로 확정될 채무의 내용과 금액을 확정할 수 없는 채무이다. 우발채무는 이러한 성격으로 인해 계량적인 재무 분석시 누락하기 쉬운 항목인데, 최소한 우발채무와 관련된 다음과 같은 내용에 대해서는 반드시 검토가 필요하다.

- 소유자산에 대한 양도담보, 질권, 저당권, 기타 담보권의 내용
- 소유자산에 실행된 가압류, 압류, 가처분, 가등기 등의 내용
- 담보·견질로 제공된 어음수표의 내용
- 지급보증 및 소송 등과 관련된 우발채무 내용[15)]

2. 4 조직·인사 관련사항

경영진 현황

현실적으로 기업의 미래는 경영진의 경영능력과 의사결정에 의해 좌우된다고도 볼 수 있는데, 특히 벤처기업 등 도입기의 중소업체의 경우에는 최고경영자와 주요 임원진의 역량이 무엇보다 중요한 요소가 될 것이다. 기술집약적 기업의 경우에는 기술에 대한 전문지식과 사업가적인 능력을 고루 갖춘 경영진이 이상적일 것이다. 전문경영인에 의해 관리되고

---

15) 실무적으로 지급보증 및 소송과 관련한 우발채무의 내용은 평가대상회사가 제시하지 않으면 평가자가 확인하는 것은 매우 어렵다. 다만, 회계감사 기법을 이용한다면 지급보증의 내역에 대해서는 회사의 법인인감사용대장을 입수하여 해당 사항을 파악할 수 있으며, 소송과 관련한 것은 변호사비용과 관련된 수수료비용 계정 원장을 입수하여 지출 내역에 대한 검토는 할 수 있을 것이다.

있는 대기업의 경우에도 경영진의 경영능력은 회사의 가치에 직·간접적으로 영향을 미칠 수 있는 중요한 요소라 할 수 있다.

인사 및 조직현황

회사의 전체조직을 개괄할 수 있는 조직도를 통해서 회사조직을 이해하고 각 사업부 및 부서별 인원에 대한 현황을 파악한다. 아울러 회사마다 부서별 역할분담 영역이 조금씩 차이가 날 수 있으므로 부서별 기능에 대한 정확한 이해가 필요하다. 이는 실무적으로도 향후 관련자료 입수나 인터뷰가 필요할 때 회사담당자와의 원활한 업무처리를 위해서도 필요한 사항이다. 이외에 직급별 인원구성, 급여체계(기본급, 성과급, 퇴직금) 및 노조현황 등에 대한 이해가 필요하다.

2.5 그 외의 주요 검토사항

사업부별 현황

회사가 하나의 사업부만으로 구성되어 있으면, 별도로 사업부별 검토가 필요하지 않겠지만, 다수의 사업부로 구성되어 있는 경우에는 각각의 사업부의 영업활동과 재무실적에 대한 개별적인 검토가 필요하겠다. 이와 함께 각 사업부별로 역할분담체계가 심각한 갈등없이 합리적으로 이루어지고 있는지, 혹은 회사전체 차원에서 개별 사업부에 대한 균형된 지원이 이루어지고 있는지 등도 살펴볼 필요가 있겠다.

관계회사 현황

평가대상회사에 자회사 등 관계회사가 있을 경우에는 관계회사에 대한 지분율, 채권·채무 및 보증관계, 관계회사 간 매출·매입현황 등에 대한 검토가 필요하다. 이러한 사항은 회사의 영업활동을 이해하기 위해서 반드시 검토되어야 할 사항이며, 특히 관계회사 간에 보유하고 있는 지분은 성격에 따라 주식평가시 가치평가액에 직접적으로 영향을 줄 수 있다. 관계회사 간에는 절세목적 등으로 변칙적인 이전거래가 발생할 수 있는데, 이러한 경우에는 특수한 이해관계가 존재하지 않는 공정한 거래(arm's length transaction)의 관점에서 변칙적인 거래를 재검토하여 분석결과를 가치평가시 반영하여야 한다.

유용한 보고서 및 자료

기업이 자체적으로 작성하였거나 외부기관이 작성한 여러 가지 자료 중에는 비록 자료작성목적은 다르지만 기업가치평가업무에 활용할 수 있는 내용을 포함하고 있는 경우가 많다. 이에는 영업보고서나 사업보고서, 감독기관 등에 제출한 업무보고서나 조사보고서, 각종 경영평가서 및 경영공시자료 등이 해당된다. 또한 회사가 소유하고 있는 부동산에 대한 감정평가서나 외부컨설팅기관 등이 작성한 경영자문보고서 등에도 기업분석과 가치평가업무에 참고할 내용이 많이 포함되어 있다. 이 외에도 특허, 실용신안, 상표, 의장권 등 지적재산권에 관한 자료와 연구개발 기술인력, 기술제휴현황, 보유 기술력 등을 함께 이해하는 것이 도움이 되는 경우가 많다. 보험가입 현황 및 기존에 발생한 보험사고의 내용 및 결과, 진행상황 등도 회사에 따라 가치평가에 영향을 미칠 수 있는 사항이 있는지 검토가 필요하다.

현장방문 및 인터뷰

관련서류를 통한 문헌조사에서 이해한 내용은 현장방문과 실무담당자와의 인터뷰를 통한다면 한층 더 이해의 폭과 깊이를 넓힐 수 있다. 순서적으로 보아서 회사에 대한 예비적 분석을 어느 정도 진행하고 나서 현장방문을 실시하는 것이 보다 효과적이다. 또한 사전에 질문할 내용을 정리한 설문지를 작성하여야 할 것이며, 기업실무자에게는 미리 설문지를 배부하여 인터뷰에 대한 사전준비를 시키는 것이 효과적이다. 실무자와 인터뷰를 할 때는 인터뷰 대상자의 직급과 역할에 맞게 질문내용을 구성하여야 할 것이다. 최고경영자에게 지나치게 세부적이고 실무적인 내용만을 질문한다든지, 혹은 현장실무담당자에게 기업의 전사적인 경영전략과 관련된 내용을 질문한다면 적절하지 못할 것이다. 일차적인 현장방문에서 충분히 파악하지 못했던 사항에 대해서는 평가업무를 진행해 나가면서 추가적인 전화인터뷰 등을 통해서 파악하면 된다.

한편, 이러한 인터뷰는 사실 평가대상기업의 내부인원에 국한시킬 필요는 없다. 필요한 경우에는 업계의 외부전문가나 해당 기업과 직·간접적으로 관련이 있는 변호사, 회계사, 감정평가사, 금융기관 담당자 등과도 전화인터뷰 등을 실시할 수 있을 것이다. 회사의 판매처나 구매처, 경쟁업체 혹은 과거에 근무경력이 있는 사람과의 인터뷰도 효과적일 수 있다.

〈표 2. 6〉 자료요청서 샘플

1. 일반재무자료
- 과거 5개년 외부감사인의 감사보고서
- 과거 5개년 결산서
- 향후 5개년간 추정 재무제표

2. 판매관련사항
- 회사영업 및 제품 소개자료
- 주요 제품별 매출현황(5개년 이상)
- 주요 제품별 생산공정표(간략한 수준)
- 제품과 관련한 주요 거래처 현황 및 거래처별 매출액(1년 기준)
- 회사 내부의 영업전망자료
- 매출채권 회수정책 및 부실거래처 명세

3. 구매관련사항
- 제품별 주요 원재료
- 원재료와 관련한 주요 구매처 현황 및 거래처별 매입액(1년 기준)
- 매입채무 지급정책 및 비경상적 매입채무

4. 비용관련사항
- 과거 5개년간 인원현황 및 향후 인력계획
- 재료비, 인건비 외 주요 제조경비 및 판관비 설명자료

5. 기타 사항
- 차입금 등 금융채무현황 및 상환스케줄
- 향후 자본적 지출(CAPEX : capital expenditure) 계획 및 상세내역
- 감가상각비 명세서 및 상각스케줄
- 기존에 재무컨설팅을 받을 경우 최종보고서 등 결과물

* 세부적인 자료는 회사현황 설명 청취 이후에 추가로 요청할 계획임.

제3장 재무분석 및 재무추정

1 재무제표의 이해

2 재무분석기법

3 재무추정

4 재무제표의 재구성

5 재무제표 수정

1. 재무제표의 이해

우리는 이제 평가대상기업에 대한 본격적인 재무분석을 실시할 단계에 이르렀다. 여기서 재무분석이라 함은 재무제표상의 계량적인 수치 자체에 대한 분석뿐만 아니라, 이러한 수치에 직·간접적으로 관련된 기업 내외부적인 요인들에 대한 원인분석을 포함하게 된다.

사실 재무분석을 위와 같이 정의하고 나면 기업의 재무실적 및 추세에 대한 원인을 규명하는 과정에서 다양한 비재무적인 측면도 고려되어야 한다. 예를 들면, 전년도 매출액의 감소원인이 대표이사의 사임에 따른 경영공백에 기인한 것이라든지, 비용절감의 원인이 새로운 제품생산기술의 개발에 따른 것이라든지 하는 식으로 재무적인 측면의 이면(異面)에 비재무적인 요인을 내포하는 경우가 많다.

과거 재무자료에 대한 철저한 분석은 정확한 가치평가를 위해서는 반드시 선행되어야 할 중요한 단계이다. 본격적인 가치평가단계에서 소득·시장·자산접근법을 적절하게 적용하여 가치평가결과의 신뢰성을 얼마만큼 향상시킬 수 있느냐 하는 문제는, 사실 평가자가 과거자료에 대한 재무분석을 얼마나 심도 있게 하였는가 하는 것과 비례한다고 볼 수도 있다.

1.1 기본 재무제표

일반적으로 기업회계[1]에서는 재무상태표, 손익계산서, 현금흐름표 및 자본변동표를 기본 재무제표로 열거하고 있다. 이외에도 주석과 주기사항

1) 2011년부터 주권상장법인 등에 대해서는 국제회계기준(IFRS, International Financial Reporting Standard)을 적용하고, 비상장법인 등에 대해서는 일반기업회계기준을 적용하고 있다. 이하 후술하는 재무제표에 대한 내용은 일반기업회계기준을 적용한 것이다. IFRS에 대한 상세 설명은 제10장을 참조하기 바란다.

은 기본 재무제표의 구성요소로 간주되며 부속명세서도 재무제표의 구성요소로 보는 것이 일반적이다.

재무상태표

재무상태표는 일정시점 현재 기업이 보유하고 있는 경제적 자원인 자산과 경제적 의무인 부채, 그리고 자본에 대한 정보를 제공한다. 이는 정보이용자들이 기업의 유동성, 재무적 탄력성, 수익성과 위험 등을 평가하는데 유용한 정보를 제공하는 재무제표로 보고기간종료일 현재의 모든 자산, 부채 및 자본을 적정하게 표시한다. 재무상태표는 자산, 부채 및 자본으로 구분하고, 자산은 유동자산 및 비유동자산으로, 부채는 유동부채 및 비유동부채로, 자본은 자본금, 자본잉여금, 자본조정, 기타포괄손익누계액 및 이익잉여금으로 각각 구분한다.

자 산	부채와자본
자 산	부 채
Ⅰ. 유동자산	Ⅰ. 유동부채
(1) 당좌자산	Ⅱ. 비유동부채
(2) 재고자산	부채총계
Ⅱ. 비유동자산	자 본
(1) 투자자산	Ⅰ. 자본금
(2) 유형자산	Ⅱ. 자본잉여금
(3) 무형자산	Ⅲ. 자본조정
(4) 기타비유동자산	Ⅳ. 기타포괄손익누계액
자산총계	Ⅴ. 이익잉여금
	자본총계
	부채와자본총계

손익계산서

손익계산서는 일정기간 동안 기업의 경영성과에 대한 정보를 제공하는 재무제표로서 재무상태표와 함께 기업의 가장 대표적인 재무제표이며, 해당연도의 경영성과를 나타낼 뿐만 아니라 기업의 미래현금흐름과 수익창출능력 등의 예측에 유용한 정보를 제공한다. 손익계산서는 기업의 경영성과를 명확히 보고하기 위하여 그 회계기간에 속하는 모든 수익과 이에 대응하는 모든 비용을 적정하게 표시하여야 한다.

Ⅰ. 매출액
Ⅱ. 매출원가
Ⅲ. 매출총이익
Ⅳ. 판매비와관리비
Ⅴ. 영업이익
Ⅵ. 영업외수익
Ⅶ. 영업외비용
Ⅷ. 법인세비용 차감전 계속사업손익
Ⅸ. 계속사업손익 법인세비용
Ⅹ. 계속사업이익(손실)
Ⅺ. 중단사업손익
(법인세효과: ××원)
Ⅻ. 당기순이익
(또는 당기순손실)

현금흐름표

현금흐름표란 기업의 현금흐름을 나타내는 표로서 일정기간 동안 현금의 변동내용을 명확하게 보고함으로써 당해 회계기간에 속하는 현금의 유입과 유출에 관한 정보를 제공하는 동태적인 보고서이다. 현금흐름표는 영업활동을 통한 현금창출에 관한 정보, 투자활동에 관한 정보 및 자본조달을 위한 재무활동에 대한 정보를 제공한다. 이때 영업활동은 기업이 본연의 목적인 제품의 생산과 상품 및 용역의 구매 및 판매활동에 관련한 것을 말하며, 투자활동과 재무활동으로 구분하기 어려운 거래를 모두 포함한다.

영업활동으로 현금흐름을 작성하는 방법은 직접법과 간접법이 있으며, 회사는 두 가지 방법 중 선택하여 적용할 수 있다.[2)]

2) 일반기업회계기준에서는 영업활동현금흐름을 직접법으로 작성하는 경우에는 당기순손

• 직접법(Direct Approach)　현금을 수반하여 발생한 수익 또는 비용 항목을 총액으로 표시하되, 현금유입액은 원천별로 현금유출액은 용도별로 분류하여 영업활동과 관련된 현금흐름을 도출한다.

Ⅰ. 영업활동으로 인한 현금흐름
　1. 매출 등 수익활동으로부터의 유입액
　2. 매입 및 종업원에 대한 유출액
　3. 이자수익 유입액
　4. 배당금수익 유입액
　5. 이자비용 유출액
　6. 법인세의 지급액
Ⅱ. 투자활동으로 인한 현금흐름
　1. 투자활동으로 인한 현금유입액
　2. 투자활동으로 인한 현금유출액
Ⅲ. 재무활동으로 인한 현금흐름
　1. 재무활동으로 인한 현금유입액
　2. 재무활동으로 인한 현금유출액
Ⅳ. 현금의 증가(감소): Ⅰ+Ⅱ+Ⅲ
Ⅴ. 기초현금
Ⅵ. 기말현금

• 간접법(Indirect Approach)　손익계산서상의 발생주의 당기순손익에서 출발하여 현금의 유출·입이 없는 수익·비용을 가감하며, 영업활동과 관련한 자산부채의 변동을 가감하여 영업활동과 관련된 현금흐름을 도출한다.

익과 당기순손익에 가감할 항목에 관한 사항을 주석으로 기재하도록 요구하고 있다. 결국, 직접법으로 작성할 경우에도 간접법으로도 작성하여야 하기 때문에 실무적으로는 대부분의 회사가 간접법을 적용하여 영업활동 현금흐름을 작성하고 있다.

Ⅰ. 영업활동으로 인한 현금흐름
  1. 당기순이익
  2. 현금의 유출이 없는 비용 등의 가산
  3. 현금의 유입이 없는 수익 등의 차감
  4. 영업활동으로 인한 자산·부채의 변동
Ⅱ. 투자활동으로 인한 현금흐름
Ⅲ. 재무활동으로 인한 현금흐름
Ⅳ. 현금의 증가(감소) : Ⅰ+Ⅱ+Ⅲ
Ⅴ. 기초현금
Ⅵ. 기말현금

일반적으로 기업의 자본제공자인 주주와 채권자의 경우 각각 배당지급능력이나 원리금 상환능력에 큰 관심을 가지게 되는데, 이는 기업의 현금동원능력에 좌우된다. 그러나 손익계산서상의 당기순이익은 기업의 회계적인 이익창출능력을 평가하는 데는 유용하나 기업의 현금동원능력을 평가하는 데는 많은 어려움이 있다. 따라서 많은 회계정보 이용자들은 발생주의에 의해 작성되는 손익계산서와 재무상태표 이외에도 현금주의에 의하여 작성되는 현금흐름표에 대해 많은 관심을 갖는다. 이러한 현금흐름 정보는 기업실체의 현금지급능력, 재무적 탄력성, 수익성 및 위험 등을 평가하는데 유용하며, 여러 기업실체의 미래현금흐름의 현재가치를 비교하고 기업가치를 평가하는 데 필요한 기초자료를 제공하게 된다. 이러한 현금흐름표의 적절한 변형을 통하여 가치평가에 사용되는 대표적인 소득접근법의 하나인 현금흐름할인방식(discounted cash flow method)을 적용할 수 있게 된다.

자본변동표

자본변동표는 자본의 크기와 그 변동에 관한 정보를 제공하는 재무보고서로서, 자본을 구성하고 있는 자본금, 자본잉여금, 자본조정, 기타포괄손익누계액, 이익잉여금(또는 결손금)의 변동에 대한 포괄적인 정보를 제공한다. 자본변동표의 기본구조는 위의 각 항목별로 기초잔액, 변동사항,

기말잔액을 표시한다.

구 분	자본금	자본 잉여금	자본 조정	기타포괄 손익누계액	이익 잉여금	총 계
I. 기초잔액						
1. 회계정책변경누적효과						
2. 전기오류수정						
II. 수정후 자본						
1. 연차배당						
III. 처분후 이익잉여금						
1. 중간배당						
2. 유상증자(감자)						
3. 당기순이익(손실)						
IV. 기말잔액						

위에서 살펴본 재무상태표, 손익계산서, 현금흐름표 및 자본변동표 외에도 과거 기업회계기준에서는 이익잉여금처분계산서가 기본 재무제표에 포함되어 있었다. 하지만, 2011년부터 적용되는 일반기업회계기준과 한국채택국제회계기준의 기본 재무제표에서는 이익잉여금처분계산서가 빠지게 되었는데, 이는 이익잉여금처분계산서가 제공하는 정보가 이미 자본변동표에서 제공되고 있다고 보기 때문이다. 다만, 상법 등 관련 법규에서 그 작성을 요구하는 경우에는 이익잉여금처분계산서를 별도로 작성하여 주석으로 여전히 공시하도록 하고 있다.

1.2 재무제표의 상호관련성

재무분석을 심층적으로 실시하기 위해서는 각각의 재무제표에 대한 이해와 함께 이들 재무제표의 상호관련성에 대한 확실한 이해가 필수적이다. 다음 [그림 3. 1]은 기본 재무제표인 재무상태표, 손익계산서, 현금흐름표 및 자본변동표의 관계를 도표화한 것이다. 다음 도표에서는 특히 간접법에 의해 작성된 현금흐름표가 재무상태표 및 손익계산서와 어떻

[그림 3. 1] 재무제표의 상호연관성

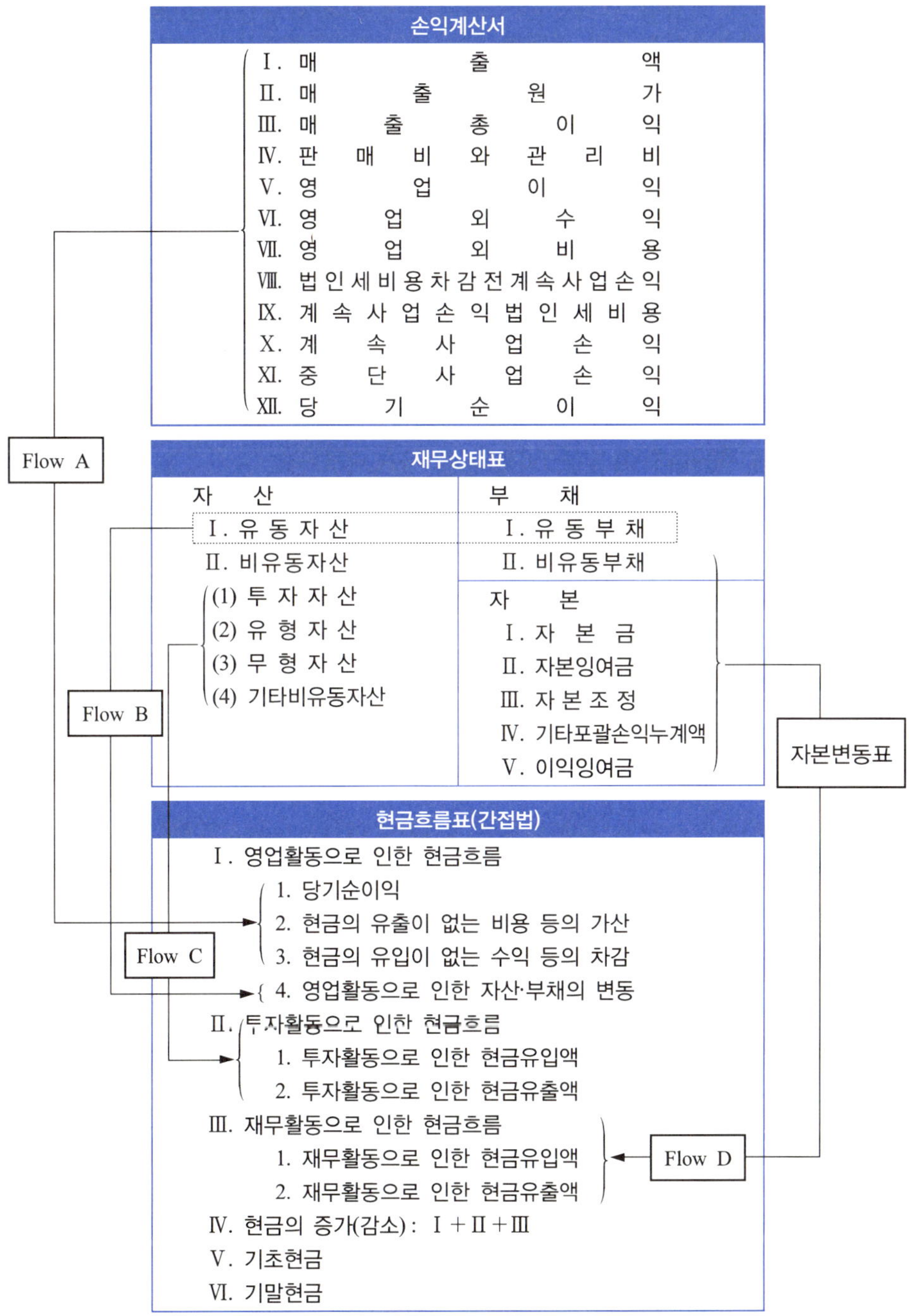

게 상호 연결되어 있는가를 확실히 이해하는 것이 중요하다. 자본변동표는 손익계산서상의 당기순이익과 재무상태표상의 이익잉여금을 연결하는 과정에 도움을 주는 재무제표로 이해하면 된다.

[그림 3. 1]은 크게 네 가지 Flow를 가지고 현금흐름표와 손익계산서, 그리고 재무상태표를 연결시키고 있다. 여기에서 Flow A와 Flow B는 간접법에 의한 현금흐름표 작성의 경우를 가정하여 영업활동과 관련된 현금흐름을 두 가지로 구분한 것이다. Flow C는 투자활동과 관련된 현금흐름이며, Flow D는 재무활동과 관련된 현금흐름을 의미한다. 다음에서는 일반기업회계기준에 의한 현금흐름표의 작성기준을 중심으로 이들 네 가지 Flow의 특징을 살펴보도록 하자.

〈Flow A〉 발생주의 당기순이익을 현금주의로 변환

손익계산서상의 당기순이익은 발생주의에 의해 기록되어 있다. 여기서 발생주의(accrual basis)라 함은 기업활동과 관련하여 발생하는 거래나 사건의 경제적 효과를 현금의 수취, 지급시점이 아닌 그 발생시점에서 인식하는 것을 말한다. 따라서 발생주의에 의한 당기순이익에는 현금유출이 없는 비용과 현금유입이 없는 수익도 포함되어 있다.

이에 반하여 현금주의(cash basis)에 의해 작성되는 현금흐름표에서는 현금의 수취, 지급시점에서 그 금액을 인식하는 방법을 채택한다. 따라서 발생주의에 의한 순이익을 현금주의로 변환시키기 위해서는 현금유출입이 없는 수익, 비용을 조정하여야 한다. 대표적인 예가 감가상각비인데, 이는 현금유출이 없으나 취득한 자산의 경제적인 효익이 미치는 기간 동안에 걸쳐 비용을 배분하는 것이다. 감가상각비의 경우 발생주의에 의한 손익계산서에서는 차감되었으나 현금주의에 의한 현금흐름표에서는 감안하면 안 되므로 당기순이익에 다시 가산하는 형태로 조정하는 것이다. 현금유출이 없는 비용과 현금유입이 없는 수익의 예는 아래 표에서 정리하였다. 현금유출이 없는 비용은 당기순이익에 가산하고, 현금유입이 없는 수익은 당기순이익에서 차감한다.

현금유출이 없는 비용	현금유입이 없는 수익
감가상각비 무형자산상각비 대손상각비 장단기투자증권에 대한 평가·처분손실 현재가치할인차금상각(이자비용) 외화환산손실 등	장단기투자증권에 대한 평가·처분이익 현재가치할증차금상각(이자수익) 외화환산이익 등

한편, 일반기업회계기준에 따른 현금흐름표상에는 이자수익, 배당금수익 및 이자비용을 영업활동으로 인한 현금흐름에 포함시키는데, 이에는 이견(異見)이 있다.[3] 가치평가업무의 관점에서도 이러한 내용은 불합리한 것으로, 이자수익과 배당금수익은 비영업활동으로, 이자비용은 재무활동으로 재분류하여야 한다(본 장 제4절 참조). 지급배당금의 경우에는 현행 현금흐름표에서도 재무활동으로 분류한다.[4]

〈Flow B〉 영업활동과 관련된 자산·부채의 증감

영업활동이라고 하면 제조업의 경우 제품의 구매, 생산, 판매와 관련된 제반 활동을 포괄하는 것으로, 투자활동과 재무활동에 속하지 아니하는 거래를 모두 포함하여야 한다. Flow A는 발생주의에 의한 당기순이익을 현금주의로 바꾸는 과정이었는데 영업활동과 관련된 현금흐름을 파악하기 위해서는 이외에도 영업활동과 관련된 자산·부채의 증감을 추가적으로 파악하여야 한다. 예를 들면, 보유하고 있던 매출채권이 현금 회수되는 경우 이는 당기순이익에는 영향을 미치지 않지만, 영업활동과 관련되어 현금이 증가한 것이다. 매입채무의 경우에도 현금지출이 이루어지면

3) 한국채택국제회계기준에서는 이자지급, 이자수입 및 배당금수입을 영업활동으로 분류하거나, 해당 금액을 재무자원을 획득하는 원가나 투자자산에 대한 수익이므로 각각 재무활동 현금흐름과 투자활동 현금흐름으로 분류할 수 있도록 하고 있다. 한국채택국제회계기준 제1007호 참고할 것.

4) 종전의 기업회계기준과 일반기업회계기준에서는 배당금 지급을 재무활동으로 구분하나, 한국채택국제회계기준에서는 영업활동 또는 재무활동으로 구분 가능하도록 하고 있다. 한국채택국제회계기준 제1007호 참고할 것.

당기순이익에는 영향이 없지만 영업활동과 관련하여 이루어지는 현금 감소이므로 이를 현금흐름표상에서는 기록하여야 하는 것이다.

현금유입으로 가산되는 항목	현금유출로 차감되는 항목
• 영업용 유동자산의 감소(매출채권, 재고자산, 선급금, 선급비용, 미수수익 등의 감소) • 영업용 유동부채의 증가(매입채무, 선수금, 선수수익, 미지급비용 등의 증가) • 부채성충당부채의 감소[5] 등	• 영업용 유동자산의 증가(매출채권, 재고자산, 선급금, 선급비용, 미수수익 등의 증가) • 영업용 유동부채의 감소(매입채무, 선수금, 선수수익, 미지급비용 등의 감소) • 부채성충당부채의 증가 등

주의할 점은 단기금융상품, 유가증권, 단기대여금과 같은 투자활동 관련 유동자산과, 단기차입금, 유동성 장기부채 등 재무활동 관련 유동부채는 해당 활동에서 조정한다. 그러나 현행 현금흐름표상에서는 이자수익, 배당금수익 및 이자비용은 영업활동으로 인한 현금흐름으로 분류되므로 이에 따른 선급·미지급 비용과 선수·미수수익도 영업활동에서 조정되는 불합리한 면이 있다. 미수금, 미지급금의 경우에는 모두 일반적인 상거래 이외에서 발생한 채권, 채무로 보고 미수금 회수는 투자활동으로 미지급금 상환은 재무활동에서 조정한다.

〈Flow C〉 투자활동과 관련된 자산의 증감

기업회계기준에서 투자활동이라 함은 현금의 대여와 회수활동, 유가증권, 투자자산, 유형자산 및 무형자산의 취득과 처분활동 등을 말한다. 한편, 현금흐름표상의 투자활동은 가치평가목적으로 재구성되는 경우 영업활동과 별도로 분리하지 않고 일단 영업활동에 모두 포함시키게 될 것이다. 가치평가목적에서는 회계상 투자활동과 관련된 내용 중 영업용 비유동자산에 초점을 맞추어 이를 영업활동 현금흐름으로 묶어서 분석하게

---

5) 영업과 관련이 있는 부채성충당부채를 영업자산·부채의 증감에서 고려한다는 의미이다. 한편 부채성충당부채는 전입액과 지출액으로 조정할 수도 있는데, 예를 들면 퇴직급여충당부채의 경우 <Flow A>에서 현금유출이 없는 비용으로 "퇴직급여"를 가산한 후, 현금 지출되는 퇴직금 지급액을 차감하여 조정할 수 있다.

된다. 다만, 장단기 투자증권과 같은 비영업용 자산에 대해서는 영업현금흐름에서도 제외시켜 별도로 취급하게 된다.[6)]

투자활동으로 인한 현금유입액	투자활동으로 인한 현금유출액
투자활동 관련 유동자산의 감소	투자활동 관련 유동자산의 증가
투자자산의 감소	투자자산의 증가
유형자산의 감소	유형자산의 증가
무형자산의 감소	무형자산의 증가
기타 비유동자산의 감소	기타 비유동자산의 증가

투자활동 관련 유동자산은 단기금융상품, 유가증권, 단기대여금, 미수금 등이 해당되며 이들은 투자활동과 관련된 현금흐름으로 보고 여기에서 조정한다. 한편, 장기성 매출채권이나 이연법인세차 등 영업관련 자산·부채는 영업활동 현금흐름에서 조정하여야 할 것이다.

〈Flow D〉 재무활동과 관련된 부채 및 자본의 증감

기업회계기준상 재무활동이라 함은 현금의 차입 및 상환활동, 신주발행이나 배당금의 지급활동 등과 같이 부채 및 자본계정에 영향을 미치는 거래를 말한다.

재무활동으로 인한 현금유입액	재무활동으로 인한 현금유출액
재무활동 관련 유동부채의 증가	재무활동 관련 유동부채의 감소
장기부채의 증가	장기부채의 감소
자본의 증가	자본의 감소

재무활동과 관련된 유동부채에는 단기차입금, 유동성장기부채, 미지급배당금 등이 있다. 한편 퇴직급여충당부채 등의 부채성충당부채와 장기성 매입채무, 이연법인세대 등은 영업활동 현금흐름에서 조정되는 항목이다.

6) 현금흐름표의 재구성에 대해서는 본 장 4.4절에서 자세히 다룬다.

2. 재무분석기법

재무제표에 대한 기본적인 이해를 바탕으로 이제부터는 기업의 과거 재무실적에 적용하는 구체적인 재무분석기법에 대해 살펴보기로 한다. 과거 재무자료에 대한 분석을 통해 기업의 영업 및 재무활동에 대한 보다 깊이 있는 이해가 가능해야 하며, 특히 비경상적인 항목이 발견되었을 경우에는 이에 대한 철저한 원인분석이 이루어져야 할 것이다. 기업이 외부환경과 내부요인의 복합적인 시스템이므로 원인분석 또한 내외부요인을 모두 고려하면서 실시되어야 할 것이다.

재무분석기법은 여러 종류가 존재할 수 있으나 가장 대표적인 재무분석기법인 전통적인 비율분석과 레버리지 분석을 우선 살펴보기로 한다. 이 절에서 다루는 비율분석(ratio analysis)에는 추세분석(trend analysis)과 산업비교분석(industry comparative ratio analysis)이 포함되어 있으며, 레버리지 분석(risk analysis)은 손익분기점 분석(BEP analysis)과 개념적으로 연결되어 있다.

2. 1 비율분석

비율분석에 대비되는 개념은 실수(實數)분석이다. 예를 들면, 전년대비 매출액이 20억원 증가하였다고 하면 실수분석이 되는 것이고, 증가율이 10%라고 하면 비율분석이 되는 것이다. 이러한 비율분석과 실수분석은 실무적으로 같이 병행하여 사용하면 보다 정확하고 포괄적인 분석이 가능해진다.

2.1.1 비율분석의 범위

비율분석을 잘 활용하면 실수분석에 비해 훨씬 간편하고 다양한 활용이 가능한데, 예를 들면 해당 회사의 당기 재무제표로 분석할 수 있는 당기 비율분석과, 과거 일정기간의 추세를 살펴보는 과거 추세분석, 그리고 이러한 회사 자체의 비율을 산업평균치나 경쟁회사의 비율과 비교하는 산업비율분석 등의 형태로 활용될 수 있다. 비율분석에는 해당 비율의 대소나 증감 자체뿐만 아니라, 보다 심도 있는 분석을 위해서는 재무비율 상호 간의 관계도 이해하여야 하며, 또한 비율의 변화를 유발시킨 정확한 원인을 파악하는 것이 무엇보다 중요하다.

당기비율분석

당기의 재무제표를 구성하고 있는 개별 항목은 각 항목의 합계에서 차지하는 구성비로 산출하는 것이 가능할 것이다. 다시 말하면, 손익계산서의 모든 항목은 매출액 대비 비율(매출액 대비 몇 % 등)을 산정 할 수 있을 것이고, 재무상태표의 모든 항목은 자산, 부채, 자본 등에서 차지하는 비율(총자산 대비 몇 % 등)을 산정할 수 있을 것이다. 물론 손익계산서와 재무상태표를 함께 이용하거나 혹은 현금흐름표를 이용하는 비율도 가능하다.

과거 추세분석

당기 재무제표만을 이용하여 당기의 재무비율을 구할 수도 있지만, 사실 재무제표의 모든 항목은 전기 대비 증감을 산출해 보면 해당 기간 동안의 성장률이나 변화율을 파악할 수 있다. 또한 과거 일정기간(예를 들면, 과거 5개년치)에 걸쳐 계산된 기업자체의 과거 평균비율과 대비시켜 본다든지 혹은 과거비율의 추이를 그래프 등을 통해 분석해 볼 수도 있을 것이다.

산업비율분석

한 기업의 재무비율들은 해당 기업이 속해 있는 산업의 평균치나 경쟁업

[그림 3. 2] 포괄적인 비율분석의 범위

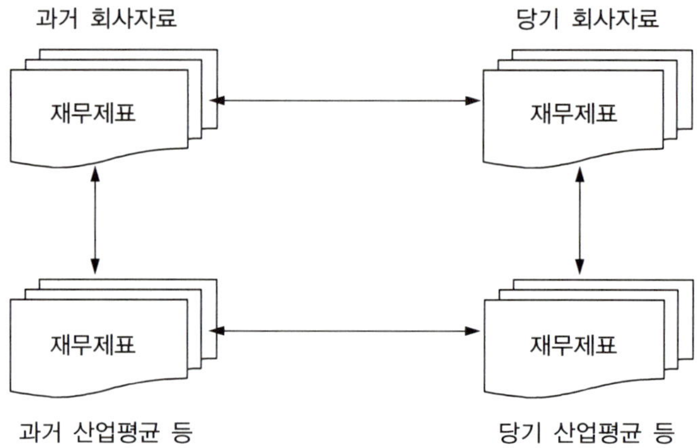

체들과 비교하면 더 의미 있는 분석을 할 수 있다. 또한 당기의 산업평균 혹은 경쟁사 평균치 등과 대비하는 당기분석뿐만 아니라 과거 추세와의 비교분석도 가능할 것이다.

[그림 3. 2]는 당기 비율분석, 과거 추세분석, 산업비율분석을 통한 포괄적인 비율분석의 범위를 도표화한 것이다.

2.1.2 재무비율의 분류

재무비율은 재무제표를 구성하는 일정한 항목들을 조합하여 작성하는데, 실제로 재무제표 개별 항목에 대한 경우의 수만큼 수많은 재무비율이 존재할 수 있을 것이다. 그러나 이러한 모든 경우의 재무비율이 다 유용할 수는 없고, 이들 중 경제적인 의미를 가지는 비율에 대해서만 집중적으로 분석할 필요가 있다.

재무비율을 분류하는 방법도 재무비율의 다양함과 마찬가지로 여러 가지 방법이 있는데, 이 책에서는 실무적으로 가장 많이 사용되는 비율들

〈표 3. 1〉 재무비율의 분류

구 분	재무상태표 비율	손익계산서 비율	혼합비율
수익성		매출총이익률 영업이익률 세전이익률 순이익률	총자산이익률 자기자본이익률
성장성	총자산증가율 타인자본증가율 자기자본증가율	매출액증가율 매출총이익증가율 영업이익증가율 세전이익증가율 순이익증가율	
유동성	유동비율 당좌비율 현금비율		
안정성	부채비율 차입금 의존도 자기자본비율 비유동비율 비유동장기적합률	이자보상배율	
활동성			총자산회전율 비유동자산회전율 매출채권회전율 재고자산회전율 매입채무회전율

을 비율의 특성에 따라 수익성, 성장성, 유동성, 안정성, 활동성 비율로 구분하여 보았다. 한편, 이러한 비율은 어떤 재무제표를 사용하여 산출하느냐에 따라서 재무상태표 비율, 손익계산서 비율, 손익계산서와 재무상태표의 혼합비율로 재분류해 볼 수 있다.

재무상태표와 손익계산서의 혼합비율인 경우에는 정량(stock) 개념인 재무상태표 금액을 손익계산서 금액에 적용되는 유량(flow) 개념으로 변경시켜야 한다. 만약, 재무상태표상의 금액을 그대로 사용하게 되면 일정기간의 경영성과를 나타내는 금액에 일정시점의 잔액을 나타내는 금액을 사용하게 되어 논리적인 일관성을 유지할 수 없기 때문이다. 이러한 문제점을 방지하기 위하여 혼합비율의 경우 재무상태표상의 금액은 항상 기초, 기말의 평균값(=(기초+기말)/2)을 사용하여야 한다. 여기에서는 일단 각 비율에 대한 계산공식 및 간단한 설명을 하고 다음의 2.3절에서 사례분석을 통해 이러한 비율들을 직접 계산해보도록 한다.

수익성 비율

수익성 비율은 일정기간 동안 기업의 경영성과를 측정하는 비율로서 기업의 이익창출능력 및 기업규모에 대비한 경영의 효율성 등을 검토하기 위한 지표로 이용된다. 수익성 비율은 우선 손익계산서에서 주요 손익의 구분에 따라 매출액 대비 비율로 바로 산출해 낼 수 있는 다음과 같은 비율이 있다. 이러한 형태의 비율은 백분율 손익계산서(common size income statement)[7]를 작성하면 일괄적으로 계산되기도 한다.

- 매출총이익률 = 매출총이익 / 매출액
- 영업이익률 = 영업이익 / 매출액
- 세전이익률 = 세전이익 / 매출액
- 순이익률 = 순이익 / 매출액

한편, 수익성 비율은 매출액에 대한 비율뿐만 아니라, 재무상태표의 총자산(혹은 총자본)이나 자기자본에 대비한 비율도 산정해 낼 수 있는데, 대표적인 예로서 다음과 같은 비율이 있다.

- 총자산이익률 = 순이익(혹은 경상이익) / 총자산 평균액
- 자기자본이익률 = 순이익(혹은 경상이익) / 자기자본 평균액

위 비율은 재무상태표와 손익계산서의 혼합비율이므로 재무상태표 항목은 기초와 기말의 평균값(=(기초+기말)/2)을 사용해야 한다.

7) 제8장 가치평가보고서 작성사례의 [별첨 1]과 [별첨 2] 참조.

성장성 비율

성장성 비율은 기업의 규모나 경영활동의 성과가 일정기간 동안 얼마나 증가하였는가를 나타내는 지표로서 재무상태표나 손익계산서상의 일정 항목을 전기(혹은 일정기간 전) 대비 성장률로 측정한 값이다. 대표적인 성장성 비율은 다음과 같은 재무제표상의 주요 항목에 대해 계산될 수 있다.

- 매출액증가율 = (당기 매출액 − 전기 매출액) / 전기 매출액
- 영업이익증가율 = (당기 영업이익 − 전기 영업이익) / 전기 영업이익
- 세전이익증가율 = (당기 세전이익 − 전기 세전이익) / 전기 세전이익
- 순이익증가율 = (당기 순이익 − 전기 순이익) / 전기 순이익
- 자산증가율 = (기말자산 − 기초자산) / 기초자산
- 부채증가율 = (기말부채 − 기초부채) / 기초부채
- 자본증가율 = (기말자본 − 기초자본) / 기초자본

한편 이러한 성장률은 과거 수 개년간의 평균성장률로 표시할 수도 있을 것인데, 이때 평균성장률을 계산하는 방식에는 산술평균, 가중평균, 기하평균의 방법이 있다.[8]

유동성 비율

유동성 비율은 회사가 유동부채에 대해서 적시에 지불할 수 있는 유동성을 확보하고 있느냐 하는 데 초점을 맞추고 있다. 유동성 비율에는 다음과 같은 것이 있다.

- 유동비율 = 유동자산 / 유동부채
- 당좌비율 = 당좌자산 / 유동부채
- 현금비율 = 현금 및 현금등가물[9] / 유동부채

회사의 유동부채를 상환할 수 있는 단기 채무지급능력을 파악하는 지표인 위의 세 가지 비율은 유동비율 → 당좌비율 → 현금비율의 순서대로

---

8) 산술평균, 가중평균, 기하평균의 계산공식과 사례는 제4장 1.3절 참조.

9) 현금비율의 분자에 단기금융상품을 포함하는 경우도 있으나, 여기에서는 순수하게 현금 및 현금등가물만을 포함한 비율로 정의한다.

기준이 엄격해진다. 유동자산 중 현금화되는 속도가 늦고 현금화의 불확실성이 높은 재고자산 등을 제외시킨 당좌자산을 유동부채에 대응시킨 것이 당좌비율이고, 보다 엄격하게 현금 및 현금등가물만을 고려한 것이 현금비율이다.

안정성 비율

안정성 비율은 레버리지 비율이라고도 불리는 것으로 회사의 장기적인 재무구조의 안정성과 재무적인 위험·기회요인에 대처할 수 있는 능력을 가늠할 수 있는 잣대가 된다.

- 부채비율 = 부채 / 자기자본
- 차입금의존도 = 차입부채 / 총자본
- 이자보상비율 = (세전이익 + 이자비용) / 이자비용
- 자기자본비율 = 자기자본 / 총자본
- 비유동비율 = 비유동자산 / 자기자본
- 비유동장기적합률 = 비유동자산 / (비유동부채 + 자기자본)

부채비율은 타인자본과 자기자본 간의 관계를 나타내는 가장 포괄적인 재무지표로서 재무상태표상의 부채총계를 자본총계로 나눈 값이다. 그러나 실무적으로 이러한 형태로 구해지는 부채비율은 부채의 성격에 따라 추가적인 구분을 할 필요가 있는 경우가 많다. 특히 가치평가목적으로 재무분석을 실시할 경우에는 영업부채(외상매입금 등)와 차입부채(장단기차입금 및 회사채 등)로 구분할 필요가 있다.[10] 총자본에서 외부에서 조달한 차입부채를 대비시킨 비율이 바로 차입금의존도로서 이 지표가 지나치게 높은 기업은 이자지급 및 원금상환 부담에 따라 재무적 안정성이 낮은 기업으로 분류된다. 이자부담능력을 판단하는 지표로서는 이자보상비율이 있는데, 이는 이자지급에 필요한 수익[11]을 창출할 수 있는 능력

10) 가치평가 목적으로 가중평균자본비용을 계산할 때 이용되는 부채비율은 시장가치를 기준으로 차입부채만을 고려한 비율로서, 장부가액을 기준으로 영업부채와 차입부채를 모두 포함시켜 산정되는 부채비율과는 전혀 다른 값을 가질 수 있다.

11) "세전이익 + 이자비용"은 EBIT와 유사한 개념인데, 영업외손익에 이자비용만 존재한

을 보유하고 있는지 알아보기 위한 지표로 사용된다.

자기자본비율은 자기자본이 총자본 중에서 차지하는 비중을 나타내는 지표로서 타인자본에 대한 금융비용을 부담하지 않고 안정적으로 기업이 운용할 수 있는 자기자본의 확보상태를 나타내는 비율이다.[12)]

한편 비유동자산에 대한 자금조달과 관련해서는 비유동비율과 비유동장기적합률이 있는데, 비유동비율은 자기자본으로 조달한 비율을, 비유동장기적합률은 비유동부채와 자기자본으로 조달한 비율을 의미한다. 기업의 비유동자산은 영업활동의 근간을 이루는 대표적인 자산으로 장기적인 안정성을 확보하기 위해서는 자기자본 혹은 비유동부채로 확보된 자금이 투하되는 것이 바람직하다는 측면에서 사용되는 지표들이다.

활동성 비율

활동성 비율은 기업을 구성하고 있는 자산, 부채, 자본이 얼마나 효율적으로 이용되고 있느냐에 대한 판단의 기준을 제공하는 지표이다. 기업은 영업활동을 통해 투하된 자본을 계속적으로 운용(회전)하는데, 이에 따른 성과는 우선 매출액과 같은 형태로 나타날 것이다. 따라서 매출액이라는 영업활동의 결과치에 대비하여 각 자산, 부채, 자본 항목의 규모를 대비시키면 해당 항목이 영업활동에 기여한 정도(활동성)를 측정할 수 있을 것이다. 활동성 지표는 모두 분자를 매출액으로 하고 해당 자산을 분모로 하는 구조로 산출되는데, 대표적인 예는 다음과 같다. 활동성 비율은 재무상태표와 손익계산서의 혼합비율이므로 재무상태표 항목을 사용할 때는 기초, 기말의 평균값(=(기초+기말)/2)을 사용한다.

- 총자산회전율 = 매출액 / 총자산 평균액
- 비유동자산회전율 = 매출액 / 비유동자산 평균액
- 매출채권회전율 = 매출액 / 매출채권 평균액

다면 이는 영업이익과도 동일한 값이 된다.

12) 자기자본비율은 부채비율과는 다음과 같은 관계를 가진다.

"자기자본비율 = 1 / (부채비율+1)"

- 재고자산회전율 = 매출액 / 재고자산 평균액
- 매입채무회전율 = 매출액 / 매입채무 평균액[13)]

회전율과 관련된 비율은 다음 공식을 통해 해당 항목의 회수기간이라는 형태로 변형하여 사용하기도 한다(아래에서는 1년을 360일로 가정함).[14)]

회수기간 = 360일 / 회전율

이상과 같은 수익성, 성장성, 유동성, 안정성, 활동성 비율이 대표적인 재무비율인데 이들은 모두 장부가액을 기준으로 작성되는 비율이다. 한편, 가치평가와 관련해서는 시장가치를 기준으로 계산되는 PER와 같은 재무비율(시가배수 : market multiple)도 가능한데, 이들은 시장접근법(market approach)을 사용할 때 직접적으로 사용할 수 있는 비율이기도 하다. 특히 투하자본방식(invested capital basis)과 자기자본방식(equity basis) 간에는 적용되는 시가배수에 차이가 있는데, 이에 대해서는 제5장에서 자세히 살펴보기로 한다.

2.1.3 현금흐름표를 이용한 재무비율

앞에서 살펴본 여러 가지 재무비율은 모두 재무상태표와 손익계산서를 이용하였는데, 가치평가와 관련해서 중요한 재무제표의 하나인 현금흐름표를 사용하여 재무비율을 산출하기도 한다. 다음에 소개하는 현금흐름비율은 한국은행 발간 "기업경영분석"에서 소개되고 있는 비율들이다. 이때 분자 혹은 분모에는 현금흐름표상 영업활동으로 인한 현금흐름(Operating Cash Flow; OCF)을 주로 사용한다.

---

13) 재고자산회전율과 매입채무회전율은 매출원가(혹은 매입액) 대비 비율로 산정하기도 한다.

14) 참고로 순운전자본의 회수기간을 다음과 같이 구성하여 "1회전 운전기간"이라는 지표를 계산하기도 한다.

"1회전 운전기간=360일/(매출채권+재고자산−매입채무)의 평균액"

- 현금보상비율 = (OCF + 금융비용) / (단기차입금 + 금융비용)
- 금융비용보상비율 = (OCF + 금융비용) / 금융비용
- OCF 대 매출액 = OCF / 매출액
- 당기순이익 대 OCF = 당기순이익 / OCF
- OCF 대 투자활동 현금지출 = OCF / 투자활동 현금지출
- OCF 대 유형자산 투자지출 = OCF / 유형자산 투자지출
- OCF 대 총부채 = OCF / 총부채
- OCF 대 차입금 = OCF / 차입금

이상과 같은 현금흐름표를 이용한 재무비율을 적절히 사용하면 발생주의에 의해 작성된 재무상태표와 손익계산서 위주의 전통적인 재무비율이 가지는 단점을 보완해 줄 수 있을 것이다. 그러나 한국은행에서 제공하는 위와 같은 현금흐름 재무비율은 영업활동으로 인한 현금흐름(OCF)을 기준으로 작성되고 있는데, 가치평가목적에 좀더 부합되기 위해서는 추후에 설명될 순현금흐름(Net Cash Flow; NCF)[15]을 이용한 비율을 개발할 필요성이 있다.

2.2 CVP 및 레버리지 분석

기업에 대한 효과적인 재무분석 결론을 도출하기 위해서는 일반적인 형태의 비율분석과 더불어 발생비용에 대한 고정비·변동비 구분에 대한 정보가 필요하다. 일반적인 비율분석의 경우 외부에 제공되는 재무제표를 이용하여 수행할 수 있지만 고정비·변동비 분석은 회사로부터 세부적인 원가구조에 관한 정보를 확보하여야만 수행할 수 있다. 예를 들면, 기업의 이익은 매출액의 증가율과 같은 비율로 증가하는 것이 아닌데, 이는 기업의 비용 중에는 매출의 발생과 무관하게 지출되는 고정비가 존재하기 때문이다. 일반적으로 고정비는 매출액의 규모와 관계없이 일정한 수준에서 발생하기 때문에 고정비 규모가 큰 회사일수록 매출액의 변동률

15) 순현금흐름(Net Cash Flow : NCF)의 개념은 본서 제4장 3.2절 참조.

보다 이익의 변동률이 훨씬 높게 나타나는 경향이 있다.

2.2.1 CVP를 통한 고정비 및 변동비 형태 확인

일반적으로 기업은 발생원가를 고정비와 변동비로 분류하는데, 이러한 분류를 근간으로 하여 단기이익계획에 사용할 목적으로 CVP(cost-volume-profit, 원가-조업도-이익) 모델이라는 도구가 개발되었다. CVP 모델에서 핵심변수인 조업도란 일반적으로 판매수량을 의미하는 것인데, 서비스를 제공하는 기업의 경우 일반 제조업체와 같은 판매수량이 존재할 수 없기 때문에 CVP 모델에서는 조업도는 매출액을 의미하는 것으로 이해하는 것이 타당하다.

CVP 모델에서는 수익과 비용이 동일하여 순손익이 "0"인 조업도 수준을 도출할 수 있는데 이를 손익분기점(break-even point, 이하 'BEP')이라 한다. 원가형태를 고정비와 변동비로 구분한 경우 회사의 이익 산출은 다음과 같이 이루어진다.

$$
\begin{aligned}
\text{이익} &= \text{총수익} - (\text{변동비} + \text{고정비}) \\
&= \text{단위당판매가격} \times \text{수량} - (\text{단위당변동비} \times \text{수량} + \text{고정비}) \\
&= (\text{단위당판매가격} - \text{단위당변동비}) \times \text{수량} - \text{고정비}
\end{aligned}
$$

BEP는 이익이 "0"인 수준을 나타내므로 다음과 같이 도출할 수 있다.

$$
\text{BEP} = \frac{\text{고정비}}{\text{단위당판매가격} - \text{단위당 변동비}}
$$

상기의 BEP는 현금유·출입과는 상관없이 발생주의에 의한 회계적인 수익이나 비용을 이용하여 도출하였으나, 자금관리목적으로는 현금유입액과 현금유출액이 일치되는 조업도 수준을 알 필요가 있다. 이러한 수준의 판매량 혹은 매출액을 현금흐름분기점(Cash Break-even Point)이라고 하는데 이는 다음과 같이 도출할 수 있다.

$$BEP = \frac{\text{고정비} - \text{비현금지출원가}^{16)}}{\text{단위당판매가격} - \text{단위당 변동비}}$$

보론 1 CVP 모델

기업은 고정비와 변동비에 대한 구분을 이용하여 조업도 수준에 따른 이익의 수준을 간편하게 작성할 수 있다. CVP 모델에서 이익과 조업도의 관계를 이용하여 표시한 것이 이익-조업도 도표이다. 해당 도표에서 이익선의 기울기는 한 단위 추가 판매에 따른 단위당 공헌이익을 나타낸다.

이익-조업도 도표

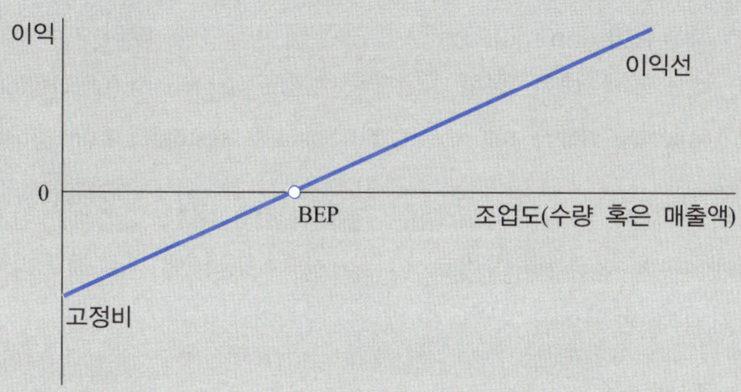

CVP의 가정

1) 모든 발생 원가는 고정비와 변동비로 구분할 수 있음.
2) 총수익곡선과 총원가곡선은 예측기간 내에서는 선형임.
3) 생산량은 전량 판매되어 재고로 보유하는 수량은 없음.
4) 복수 제품인 경우에는 예측기간 내에서는 구성비율은 일정함.

---

16) 비현금지출원가는 감가상각비, 무형자산상각비 등이 포함된다. 또한, 해당 공식은 법인세가 고려되지 않는 것인데, 법인세를 고려할 경우에는 비현금지출원가 ÷ (1 − 법인세율)을 사용하면 될 것이다.

2.2.2 레버리지 분석

레버리지 분석은 자본을 제공하는 채권자나 주주의 입장에서 보면 향후 소득흐름의 불확실성을 측정할 수 있는 도구이기 때문에 위험분석(risk analysis)이라고 불리어지기도 한다. 일상적인 기업활동과 관련해서 부닥치는 위험은 크게 분류하여 보면 다음과 같이 영업위험과 재무위험으로 나누어진다.

- 영업위험(business risk) 영업레버리지 요인으로 발생하는 미래의 기대소득에 대한 불확실성의 정도(the degree of uncertainty of realizing expected future returns of the business resulting from operating leverage)
- 재무위험(financial risk) 재무레버리지에 따라 발생하는 미래의 기대소득에 대한 불확실성의 정도(the degree of uncertainty of realizing expected future returns of the business resulting from financial leverage)

위와 같이 레버리지 효과는 영업위험에 대한 영업레버리지와 재무위험에 대한 재무레버리지로 나누어질 수 있는데, 두 레버리지를 결합하면 기업의 총위험을 구할 수 있는 결합레버리지가 된다.

영업레버리지

영업레버리지의 효과는 매출액의 변화율에 대한 영업이익의 변화율로 측정하는데, 고정비의 비중이 높을수록 그 효과가 크게 나타난다. 이러한 두 변수 간의 변동 정도는 회사의 비용구조에 따라 달라지는데, 이는 고정영업비로 인해 발생하는 손익확대효과, 즉 영업레버리지 때문인 것이다. 이때 고정영업비란 매출원가나 판매관리비 중에서 고정적 요소를 의미하는 것으로 감가상각비나 고정비 성격의 인건비를 말한다.

$$
\text{영업레버리지} = \frac{\text{판매량} \times (\text{판매단가} - \text{단위당 변동비})}{\text{판매량} \times (\text{판매단가} - \text{단위당 변동비}) - \text{고정비}}
$$

$$
= \frac{\text{매출액} - \text{변동비}}{\text{매출액} - \text{변동비} - \text{고정비}}
$$

$$= \frac{\text{공헌이익}}{\text{영업이익}}$$

재무레버리지

영업레버리지가 매출액과 영업이익의 변동성을 측정하는 도구라면, 재무레버리지는 영업이익과 순이익의 변동성을 측정하는 도구인데, 이는 기업의 자본구조에 따라 달라진다. 기업의 자금조달방법에는 자기자본과 타인자본을 통한 조달방법이 있는데, 자기자본에 대한 배당금은 반드시 지급의무가 존재하지는 않는 반면, 타인자본의 경우는 고정적으로 이자비용을 지급해야 한다. 따라서 타인자본을 사용하는 기업의 순이익은 영업이익의 변동폭에 따라 크게 변동하게 된다. 이와 같은 고정재무비용 때문에 발생하는 순이익의 확대효과를 재무레버리지라고 부르는 것이다.

$$\text{재무레버리지} = \frac{\text{판매량} \times (\text{판매단가} - \text{단위당 변동비}) - \text{고정비}}{\text{판매량} \times (\text{판매단가} - \text{단위당 변동비}) - \text{고정비} - \text{이자비용}}$$

$$= \frac{\text{매출액} - \text{변동비} - \text{고정비}}{\text{매출액} - \text{변동비} - \text{고정비} - \text{이자비용}}$$

$$= \frac{\text{영업이익}}{\text{순이익}}$$

결합레버리지

결합레버리지는 영업레버리지와 재무레버리지가 결합된 레버리지 형태를 말한다. 즉, 결합레버리지는 이들 두 레버리지의 효과에 의해서 나타나는 매출액의 변동에 대한 순이익의 확대효과를 의미한다.

$$\text{결합레버리지} = \frac{\text{판매량} \times (\text{판매단가} - \text{단위당 변동비})}{\text{판매량} \times (\text{판매단가} - \text{단위당 변동비}) - \text{고정비} - \text{이자비용}}$$

$$= \frac{\text{매출액} - \text{변동비}}{\text{매출액} - \text{변동비} - \text{고정비} - \text{이자비용}}$$

$$= \frac{\text{공헌이익}}{\text{순이익}}$$

2.2.3 가치평가에서의 활용

CVP 분석과 레버리지 분석으로부터 도출된 정보들은 재무분석과 기업가치평가업무에서 다양한 형태로 활용될 수 있다. 예를 들면, 변동비와 고정비의 분석을 통해 향후 재무추정에 사용할 수 있는 원가동인(cost driver)을 산정하는 데 직접적으로 적용할 수 있다. 또한, 레버리지 분석의 결과로 매출액 변동에 따른 순이익의 변동폭이 큰 경우(즉, 결합레버리지가 큰 경우)에는 회사 자체의 고유한 위험이 높다고 판단할 수 있는 근거를 제공한다.

한편, 앞서 언급하였듯이 CVP 모델은 기업의 단기이익계획 도구로서 유용하게 설계되었기 때문에 기업가치평가 목적으로 향후 재무추정에 사용하기 위해서는 CVP 모델에 대한 기본 가정을 일부 수정하여 사용할 필요가 있을 것이다.

고정비와 변동비 그리고 관련범위

기업의 발생원가를 고정비와 변동비로 구분할 경우 측정기간을 어떻게 정의하느냐에 따라 다양하게 고정비와 변동비를 나눌 수 있다. 고정비의 경우 조업도 수준의 변동에 따라 상관없이 지속적으로 일정하다고 가정하는 것은 무리가 있다. 대부분의 고정비는 일정한 규모의 생산량을 전제로 투자된 금액이기 때문에 조업도가 최초 예상한 수준을 초과하게 될 경우에는 추가적인 고정비가 투자되어 조업도 단계별로 고정비가 변하는 계단식의 준고정비 성격을 가지게 된다. 이러한 고정비는 향후 재무추정 시에 인건비, 임차료 지출 등에 반영하여 사용하게 된다. 또한, 변동비의 경우는 모든 생산수량에 동일한 금액이 발생한다고 가정하였지만 실제적으로는 조업도 수준이 증가함에 따라 투입되는 원재료 구입액의 할인효과 혹은 생산과정에서의 학습효과 등에 따라 감소하는 경향이 있다. 따라서 변동비도 조업도가 증가하는 경우 한계비용이 체감하는 방식으로 재무추정에 반영하는 것이 더욱 정확할 것이다.

결국, 기업에서 발생하는 모든 비용은 장기적인 관점에서는 관련범위를 벗어나게 되므로 해당 범위내의 선형성이 그대로 유지될 수 없는 것이 사실이다. 따라서 관련범위를 벗어나게 되는 경우에는 재무추정 시 조업도 수준을 파악하여 변동비와 고정비를 적절하게 반영하는 것이 바람직하다.

재고수준 및 매출구성비율의 불변성

기본적인 CVP 모델에서는 생산량은 전부 판매되며 판매되는 제품의 매출구성비율도 일정하다고 가정하였다. 하지만 다기간에 걸친 보다 정교한 재무추정 시에는 매출액 대비 일정 수준의 재고금액이 유지되는 것으로 가정하여 재고자산을 산정하기 때문에 생산량 중 일부는 기말 재고자산 형태로 존재하게 된다. 또한, 복수의 제품을 판매하는 경우 현재 시점의 매출구성비율은 지속적으로 유지되기보다는 거시환경의 변화 및 개별 기업의 영업전략에 따라 유동적으로 변동하는 것이 일반적이다.

이와 같이 단기적 이익예측을 위한 CVP 모델의 가정은 장기적 재무추정 시에는 수정하여 적용할 수 밖에 없는데, 이는 평가대상회사의 원가구조를 정확하게 이해하여야만 가능한 것이다. 또한, 장기적 재무추정에서는 불확실성이 존재하기 마련인데, 이에 따라 CVP모델에서도 사용변수들에 대한 값을 확정적이라고 단정하는 것이 적절하지 못할 수 있다. 이러한 경우에는 통계학에서 사용하는 정규분포(normal distribution) 등과 같은 함수를 이용할 수도 있을 것이나, 실무적으로는 단순한 형태의 이산형 확률을 시나리오 분석 등과 결합하여 적용할 수 있을 것이다.[17)]

2. 3 재무분석 사례

지금부터는 사례를 통해 위에서 살펴본 재무분석기법을 적용해 볼 것인데, 우선 해결해야 할 문제는 과거 재무실적을 분석하면서 과연 얼마간

17) 일반적으로 낙관적인 상황, 정상적인 상황, 비관적인 상황으로 구분하고 해당 상황별로 확률을 부여하여 도출된 값을 사용한다.

의 기간을 대상으로 분석할 것인가 하는 것이다. 여기에는 일반적인 정답이 있을 수는 없겠지만, 대부분의 업종은 호황과 불황을 반복하며 경기순환적인 모습을 보이며 발전해 나가므로, 최소한 해당 산업의 한 사이클(cycle)을 포함하는 기간을 분석기간으로 두는 것이 최소한의 필요조건이라 할 수 있을 것이다.[18] 이렇게 하면 과거 경기에 대한 평가대상회사의 부침을 파악할 수 있을 것이고, 최근 연도의 실적이 경기순환 사이클의 어느 곳에 위치하고 있는지도 파악이 가능할 것이다.

실무적으로는 여러 가지 현실적인 제약에 의해 대개 5년 정도의 기간을 전후로 해서 과거 재무실적에 대한 분석이 이루어진다. 물론, 상황에 따라서 분석기간은 축소, 연장될 수 있을 것인데, 비단 산업의 사이클을 감안하는 이유뿐만 아니라, 회사의 특성을 반영하기 위한 이유일 경우도 있다. 예를 들면, 과거 4개년 시점에서 회사의 영업에 큰 영향을 주는 인수·합병과 같은 상황이 발생하였고 이전시점의 실적은 현재시점의 회사의 영업실적과 직접 비교될 수 없다고 판단되는 경우에는 과거 3개년의 실적을 집중적으로 분석하는 것이 올바를 것이다. 반면, 해당 회사의 산업사이클이 10년 주기로 반복되는 기업일· 경우에는 5년의 분석기간은 너무 짧을 수 있다. 결국 과거 분석기간의 설정은 평가대상회사와 해당 산업의 특성과 함께, 분석에 투입되는 시간과 노력이라는 제약조건을 고려하여 가장 합리적이고 적절한 기간을 설정해내야 하는 문제일 것이다.

한편, 수 개년간의 과거실적을 분석하는 경우, 대부분 평가기준시점에 근접한 최근 기간의 실적이 4~5년 전의 오래된 실적보다는 평가대상회사의 상황을 더 정확히 반영하는 경우가 많을 것이다. 따라서 과거기간의 실적에 대한 평균치를 계산하는 경우, 연도별 실적을 단순평균하는 것보다 최근일에 가까운 연도의 실적에 가중치를 높인 가중평균치를 사용하는 것이 효과적일 수 있다. 가치평가과정에서도 예를 들어 소득접근법(특

---

18) 경기사이클이 지나치게 긴 산업인 경우에는 현실적으로 이러한 기간을 전부 분석기간으로 잡기에는 무리가 있을 수 있다. 반대로, 최소한 두 번의 산업사이클을 포함해야 한다는 견해도 있다.

히, 단일기간 자본화방식)을 사용하여 가치평가를 실시하는 경우에, 이런 방법으로 가중평균된 소득흐름을 미래추정에 대한 출발점으로 삼을 경우 현재시점과 가까운 시점에서 관찰된 현상이 미래추정 시에 보다 크게 반영된다는 장점이 있다. 시장접근법의 경우에도 시가배수(market multiple)를 도출해내는 과정에서 비교기준회사의 과거재무자료 중 최근 시점에 높은 가중치를 둔 가중평균실적을 사용할 수 있을 것이다.

이제 우리는 앞에서 살펴본 재무비율을 가상의 한 기업의 사례를 통해 계산해 보기로 한다. 회사의 명칭은 "가치주식회사"라고 한다. 가치주식회사의 사례는 앞으로 이 책의 여러 부분에서 공통적으로 사용하게 될 자료이다. 이 장에서 설명될 재무분석과 재무추정, 제4장에서 제6장에 이르는 각각의 가치평가접근법의 적용, 그리고 제7장에서 기본사례의 종합을 통해 최종적인 가치평가액을 산출하는 과정에 이르기까지 다음의 자료가 그대로 일관성 있게 적용될 것이다.

가치주식회사는 원재료의 구매활동, 제품의 생산활동, 그리고 완제품의 판매 등 통상적인 일련의 영업행위를 영위하는 전형적인 제조업체라고 가정한다. 다음은 가치주식회사의 과거 5개년간의 손익계산서와 재무상태표를 금액기준으로 나타낸 것이다.

• 과거 손익계산서

(단위: 백만원)

	Yr(-4)	Yr(-3)	Yr(-2)	Yr(-1)	Yr(0)	Avg
매출액	**1,004**	**988**	**1,212**	**1,273**	**1,389**	**1,173**
매출원가	**753**	**788**	**920**	**950**	**1,045**	**891**
(감가상각비)	61	71	84	85	116	84
(무형자산상각비)	17	17	17	18	26	19
매출총이익	**251**	**200**	**292**	**323**	**344**	**282**
판관비	**102**	**110**	**121**	**118**	**137**	**118**
(감가상각비)	11	12	13	18	18	15
(무형자산상각비)	6	6	6	6	9	6
영업이익	**149**	**90**	**171**	**205**	**207**	**164**
영업외수익	1	2	2	1	2	2
이자수익	1	2	2	1	2	2
영업외비용	70	75	72	71	68	71
이자비용	70	75	72	71	68	71
세전 계속사업손익	**80**	**17**	**101**	**135**	**141**	**95**
계속사업 법인세비용	17	5	20	27	26	19
계속사업손익	**63**	**12**	**81**	**108**	**115**	**76**
중단사업손익	0	0	0	0	0	0
당기순이익	**63**	**12**	**81**	**108**	**115**	**76**

[주의] 이 책의 여러 장에서 사용된 각종 사례는 금액단위를 백만원으로 하여 계산된 경우가 많은데, 이 과정에서 단수차이가 다소간 발생할 수 있으므로 이 점 양해하시기 바랍니다.

• 과거 재무상태표

(단위: 백만원)

	Yr(−4)	Yr(−3)	Yr(−2)	Yr(−1)	Yr(0)	Avg
유동자산	**542**	**601**	**557**	**570**	**653**	**585**
당좌자산	238	282	228	230	296	255
현금 및 현금성자산	41	30	34	30	48	37
단기투자자산	64	71	19	37	73	53
매출채권	100	145	137	144	151	135
기타당좌자산(영업)	34	36	37	18	24	30
재고자산	304	319	329	340	357	330
비유동자산	**1,517**	**1,523**	**1,587**	**1,617**	**1,979**	**1,645**
투자자산	145	145	167	189	189	167
유형자산	1,272	1,379	1,521	1,576	1,897	1,529
(감가상각누계액)	124	195	285	311	357	255
순액	1,148	1,184	1,236	1,265	1,540	1,274
무형자산(순액)	196	174	151	145	216	176
기타비유동자산	28	21	32	19	34	27
자산총계	**2,059**	**2,125**	**2,144**	**2,187**	**2,632**	**2,229**
유동부채	**338**	**411**	**315**	**276**	**367**	**341**
매입채무	80	92	82	88	92	87
단기차입금	97	140	53	23	91	81
유동성장기부채	98	84	102	82	110	95
기타유동부채(영업)	63	95	78	83	74	79
비유동부채	**831**	**813**	**855**	**841**	**761**	**820**
회사채	391	400	420	441	463	423
장기차입금	384	352	367	332	228	333
기타비유동부채(영업)	56	61	68	68	70	64
부채총계	**1,169**	**1,224**	**1,170**	**1,117**	**1,128**	**1,162**
자본금	340	340	340	340	450	362
자본잉여금	160	160	160	160	380	204
자본조정	0	0	0	0	0	0
기타포괄손익누계액	0	0	0	0	0	0
이익잉여금	390	401	474	570	674	502
(당기순이익)	63	12	81	108	115	76
자본총계	**890**	**901**	**974**	**1,070**	**1,504**	**1,068**
부채와 자본총계	**2,059**	**2,124**	**2,144**	**2,187**	**2,632**	**2,229**

• **과거 현금흐름표**

(단위: 백만원)

	Yr(−4)	Yr(−3)	Yr(−2)	Yr(−1)	Yr(0)	Avg
영업활동 현금흐름	140	111	167	260	237	183
당기순이익	63	12	81	108	115	76
비현금항목 조정	95	106	120	127	170	123
감가상각비	72	83	97	103	135	98
무형자산상각비	23	23	23	24	35	25
순운전자본 증감	−7	−18	−31	13	−35	−16
매출채권	12	−45	8	−7	−7	−8
재고자산	−6	−15	−10	−11	−17	−12
매입채무	2	12	−10	6	4	3
기타당좌자산(영업)	−1	−2	−2	19	−6	2
기타유동부채(영업)	−14	32	−17	5	−9	−1
기타영업순자산 증감	−11	12	−3	13	−13	−1
기타비유동자산(영업)	−14	7	−11	13	−15	−4
기타비유동부채(영업)	3	5	8	0	2	3
투자활동 현금흐름	−158	−126	−121	−189	−552	−229
단기투자자산	−3	−7	52	−18	−36	−2
투자자산	−25	0	−22	−22	0	−14
유형자산	−110	−119	−150	−131	−410	−184
무형자산	−20	−1	0	−18	−106	−29
재무활동 현금흐름	17	5	−42	−75	333	48
단기차입금	0	43	−87	−30	68	−1
유동성장기부채	21	−14	18	−20	28	7
회사채	16	9	20	21	22	18
장기차입금	−13	−32	15	−35	−104	−34
자본금	0	0	0	0	110	22
자본잉여금	0	0	0	0	220	44
이익잉여금	−6	−1	−8	−11	−11	−8
현금의 증감	0	−10	4	−4	17	2
기초현금	41	40	30	34	30	35
기말현금	41	30	34	30	48	37

* 비현금 수익·비용은 감가상각비와 무형자산상각비에 대해서만 조정하고, 퇴직급여충당부채 등의 기타비영업부채는 기초·기말잔액의 차이를 기타영업순자산의 증감에서 일괄조정함.

앞의 자료를 근거로 다음과 같이 가치주식회사에 대한 각종 재무비율을 구하여 보았다. 또한 과거 추이를 한눈에 이해할 수 있도록 비율별로 그래프를 작성하였다.

수익성	Yr(−4)	Yr(−3)	Yr(−2)	Yr(−1)	Yr(0)	Avg
매출총이익률	25.0%	20.2%	24.1%	25.3%	24.8%	23.9%
영업이익률	14.8%	9.1%	14.1%	16.1%	14.9%	13.8%
세전이익률	8.0%	1.7%	8.3%	10.6%	10.1%	7.7%
순 이 익 률	6.3%	1.2%	6.7%	8.5%	8.3%	6.2%
총자산 순이익률	3.1%	0.6%	3.8%	5.0%	4.8%	3.4%
자기자본 순이익률	7.4%	1.3%	8.6%	10.5%	8.9%	7.4%

성장성	Yr(−4)	Yr(−3)	Yr(−2)	Yr(−1)	Yr(0)	Avg
매출액증가율	N/A	−1.6%	22.7%	5.0%	9.1%	8.8%
영업이익증가율	N/A	−39.6%	89.8%	19.8%	1.2%	17.8%
세전이익증가율	N/A	−78.8%	492.9%	33.5%	4.6%	113.1%
순이익증가율	N/A	−81.1%	573.3%	33.2%	6.7%	133.0%
자산증가율	3.6%	3.2%	0.9%	2.0%	20.3%	6.0%
부채증가율	1.3%	4.7%	−4.4%	−4.6%	1.0%	0.4%
자본증가율	6.8%	1.2%	8.1%	9.9%	40.5%	13.3%

유동성	Yr(−4)	Yr(−3)	Yr(−2)	Yr(−1)	Yr(0)	Avg
유동비율	160.4%	146.3%	177.0%	206.5%	177.7%	173.6%
당좌비율	70.4%	68.7%	72.5%	83.3%	80.6%	75.1%
현금비율	11.8%	7.5%	11.1%	11.2%	13.1%	11.0%

안정성	Yr(−4)	Yr(−3)	Yr(−2)	Yr(−1)	Yr(0)	Avg
부채비율	131.3%	135.8%	120.2%	104.3%	75.0%	113.3%
차입금 의존도	47.1%	45.9%	43.9%	40.1%	33.9%	42.2%
이자보상비율	214.3%	122.7%	240.0%	289.6%	307.0%	234.7%
자기자본비율	43.2%	42.4%	45.4%	48.9%	57.1%	47.4%
비유동비율	170.4%	169.1%	163.0%	151.1%	131.6%	157.0%
비유동장기적합률	88.1%	88.9%	86.8%	84.6%	87.4%	87.2%

활동성	Yr(-4)	Yr(-3)	Yr(-2)	Yr(-1)	Yr(0)	Avg
총자산회전율	0.5회	0.5회	0.6회	0.6회	0.6회	0.5회
비유동자산회전율	0.7회	0.7회	0.8회	0.8회	0.8회	0.7회
매출채권회전율	9.5회	8.1회	8.6회	9.1회	9.4회	8.9회
재고자산회전율	3.3회	3.2회	3.7회	3.8회	4.회	3.6회
매입채무회전율	9.5회	9.2회	10.6회	11.2회	11.6회	10.4회

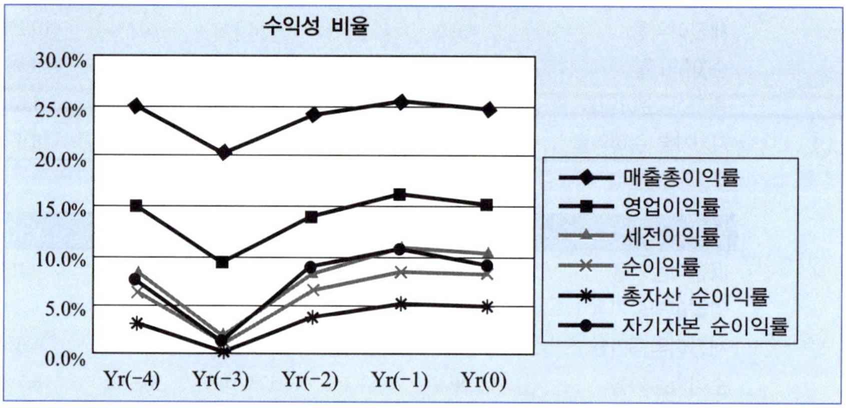

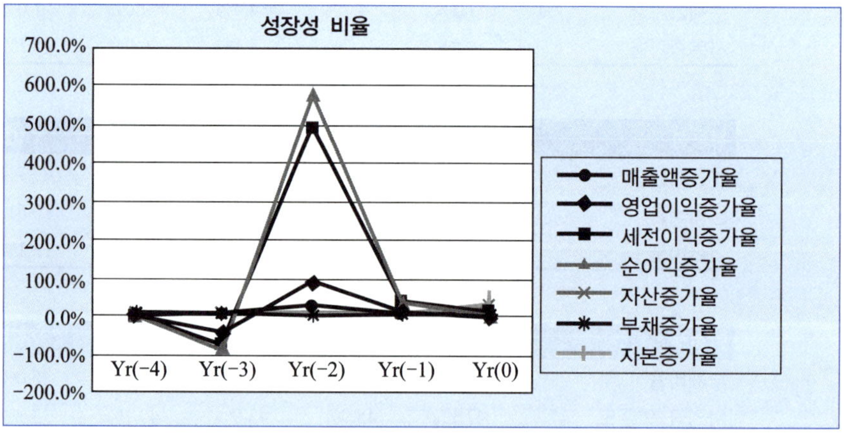

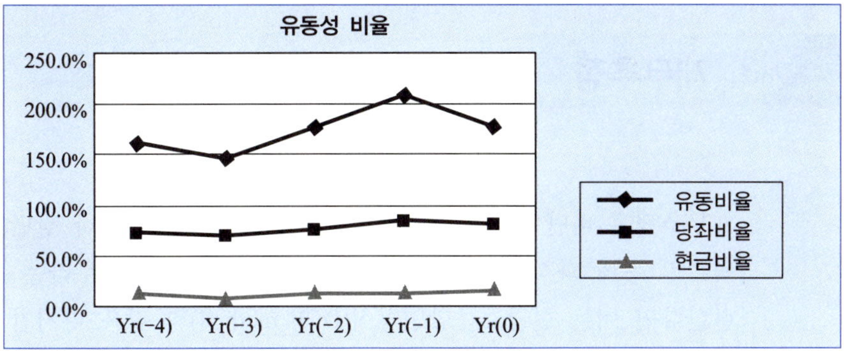
유동성 비율
250.0%
200.0%
150.0%
100.0%
50.0%
0.0%
Yr(-4)
Yr(-3)
Yr(-2)
Yr(-1)
Yr(0)
유동비율
당좌비율
현금비율

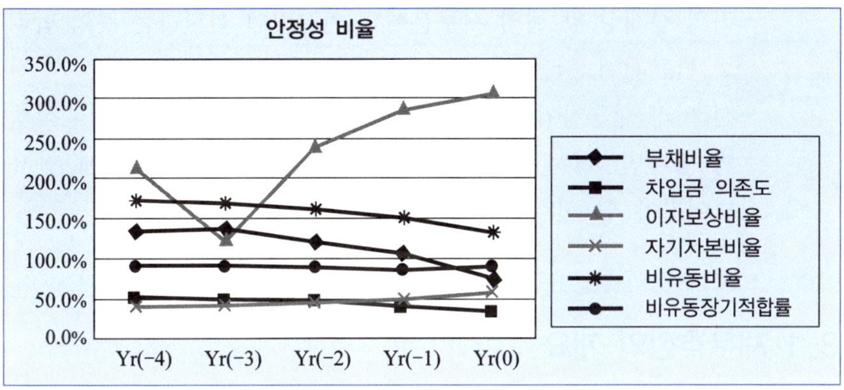
안정성 비율
350.0%
300.0%
250.0%
200.0%
150.0%
100.0%
50.0%
0.0%
Yr(-4)
Yr(-3)
Yr(-2)
Yr(-1)
Yr(0)
부채비율
차입금 의존도
이자보상비율
자기자본비율
비유동비율
비유동장기적합률

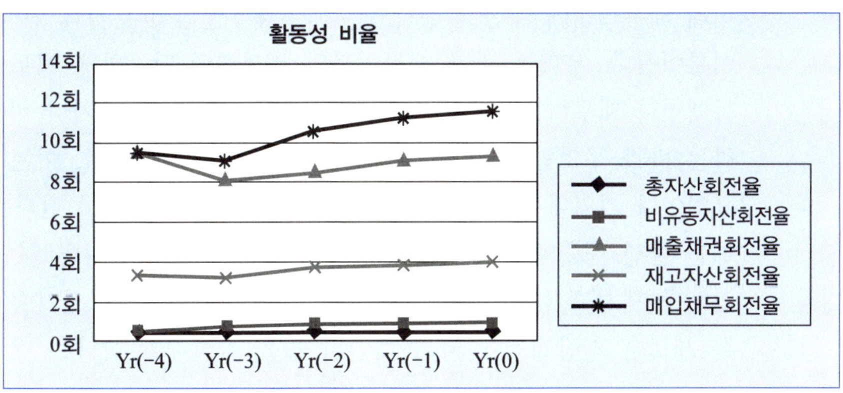
활동성 비율
14회
12회
10회
8회
6회
4회
2회
0회
Yr(-4)
Yr(-3)
Yr(-2)
Yr(-1)
Yr(0)
총자산회전율
비유동자산회전율
매출채권회전율
재고자산회전율
매입채무회전율

3. 재무추정

재무추정은 비단 가치평가업무뿐만 아니라 예산수립이나 장단기 재무전략수립 등의 과정에서도 필요한 내용이다. 가치평가업무라는 관점에 국한한다면 이는 현금흐름할인방식(DCF method)과 같은 다기간 할인방식에 의한 소득접근법에 적용되는 내용일 것이다. 그러나 이 책에서는 논리의 전개상 앞 절의 재무분석과 연결지어 설명하는 것이 합리적일 것으로 판단되어, 다음 장에서 본격적인 가치평가기법을 다루기 전에 여기에서 미리 설명하기로 한다. 실무적으로도 추정 재무제표의 작성에 어려움이 있다면, 이는 본격적인 가치평가기법을 다루기 전에 먼저 해결하고 넘어가야 할 선결과제가 될 것이다.

3. 1 재무추정의 개요

미래 재무실적에 대한 추정작업은 과거재무실적의 분석과 연장선상에서 이루어진다. 우리는 과거 재무실적의 분석시에 단순하게 재무실적의 변동액이나 재무비율의 산출에서 그칠 것이 아니라 그 수치나 비율이 의미하는 바가 무엇인가를 분석하여야 함을 강조한 바 있다. 이는 외부환경요인이나 기업내부요인에 재무분석의 결과를 접목시켜야 한다는 것으로, 예를 들면 매출액의 증가가 시장규모 자체의 확대에 따른 것인지, 경쟁업체를 제치고 시장점유율을 확대한 결과인지, 아니면 신기술개발에 따른 새로운 시장개척에 따른 것인지 등을 파악해야 한다는 것이다.

이러한 과정에서 과거 실적에 대한 인과관계를 설명할 수 있는 주요 동인(driver)을 추출해 낼 수 있어야 한다. 예를 들면, 특정 제품의 판매량에 직접적인 영향을 미치는 전방산업의 시장규모 추이라든지, 매출과 일정한 관계로 움직이는 변동비의 추출과 같은 내용이 될 것이다.

이렇게 과거 재무분석으로부터 기업의 영업활동과 재무상황을 설명할 수 있는 주요 동인들이 추출되면, 이를 미래 재무실적의 추정 시에 적용함으로써 논리적이면서도 현실적인 예측치를 산출해 낼 수 있을 것이다. 물론 과거의 행태가 미래에도 그대로 지속적으로 유지된다는 보장은 없다. 그러나 과거 자료에서 나타난 현상은 미래를 예측하는 가장 중요한 기반이 되어야 하며, 과거자료를 단순히 연장시킨다는 차원이 아니라 거시경제추정지표나 시장전망분석자료 등을 함께 고려하면서 입수 가능한 추가적인 자료와 정보를 활용해 수정·보완해 나간다면 주어진 상황에서는 최선의 추정자료를 작성할 수 있을 것이다.

한편, 미래실적의 추정 시에는 분석자의 입장에 따라 크게 다음과 같은 두 가지 접근체계를 가정할 수 있다.

기업내부자의 접근방식(Bottom up Approach)

회사의 기획부서나 예산수립부서 등과 같은 기업내부자의 입장에서 재무추정을 실시할 때 접근할 수 있는 방법이다. 기업내부자는 판매예산, 생산제조예산, 일반관리비예산, 자본예산 등 각각의 기능(function)별로 작성된 자료를 통합하는 Bottom up Approach에 의해 추정작업을 진행할 수 있다. 이러한 방식은 외부에서 가치평가업무를 수행하는 독립적인 외부평가자 등 기업외부의 분석자가 접근하기에는 한계가 있는 방법이다.

외부분석자의 접근방식(Top down Approach)

이 방법은 기업외부의 분석자가 주로 접근하는 방식으로, 기업외부에서도 이용가능한 다양한 공개자료를 통한 벤치마킹(benchmarking) 기법 등을 사용한다. 외부분석자의 접근방식은 전체시장에 대한 추정자료를 근거로 하여 개별 회사에 대한 추정으로 좁혀가는 Top down Approach라 할 수 있다. 이 방식에서는 주로 회사의 과거 추세자료와 산업예측자료 등을 재무추정 시에 사용한다.

이러한 두 가지 접근방식은 실무적으로 상호보완적으로 적용되는 것이 바람직하며, 가능하면 양쪽 방식의 장점을 살릴 수 있는 혼합방식으로 이루어져야 한다. 기업내부자의 경우에도 전체시장에 대한 외부자료 등을 적절히 활용하면, 외부분석자에게 자신의 추정치에 대한 신뢰성과 설득력을 높일 수 있을 것이며, 외부분석자의 경우에도 인터뷰 등을 통해 기업내부자의 현장의견을 충분히 반영함으로써 보다 현실감각을 갖춘 추정자료를 작성할 수 있을 것이다.

3. 2 단계별 추정과정

재무추정을 실시하는 순서와 방법은 사실 다양한데, 이들 중 어느 한 방법이 가장 우수한 것이라고 말할 수는 없을 것이다. 각각의 상황에 가장 적절하고 논리적인 일관성을 갖춘 방법을 적용하는 것이 최선일 것인데, 이 책에서는 실무적인 편리성과 함께 가치평가목적과도 일관성을 가질 수 있도록 재무추정의 단계별 과정을 아래 그림에서와 같이 5단계로 정리하였다.

우리는 다음의 기본예제를 이용하여 1단계에서 시작하여 최종적인 추정

[그림 3. 3] 단계별 재무추정

1단계 : 매출 관련항목 추정

↓

2단계 : 매출원가 및 판관비 관련항목 추정

↓

3단계 : 세전 영업현금흐름의 추정

↓

4단계 : 세전 재무현금흐름의 추정

↓

5단계 : 추정 재무제표의 완성

재무제표를 작성하는 5단계에 이르기까지 재무추정과 관련된 기본적인 골격을 잡아 보도록 하자.

우선 재무상태표 항목 중 자산은 현금, 매출채권, 재고자산, 영업용 유형자산만 존재하고 부채는 매입채무, 차입금, 그리고 자본금과 이익잉여금만이 존재하는 단순구조를 가정한다. 손익계산서 항목도 매출액, 매출원가, 판관비까지는 일반적인 영업이익의 구성항목과 동일하나, 영업외손익에는 이자비용만 존재하는 단순구조를 가정한다. 중단사업손익도 없는 것으로 가정한다. 위와 같은 가정하에서 회사의 기초 재무상태표는 다음과 같다고 하자.

기초 재무상태표

<table>
<tr><td>현 금</td><td>3</td><td>매입채무</td><td>10</td></tr>
<tr><td>매출채권</td><td>12</td><td rowspan="2">차 입 금</td><td rowspan="2">80</td></tr>
<tr><td>재고자산</td><td>15</td></tr>
<tr><td rowspan="2">유형자산</td><td rowspan="2">100</td><td>자 본 금</td><td>30</td></tr>
<tr><td>이익잉여금</td><td>10</td></tr>
<tr><td>자산총계</td><td>130</td><td>부채 및 자본총계</td><td>130</td></tr>
</table>

[1단계] 매출 관련항목의 추정

재무추정의 첫 단계로서 우리는 매출 관련항목에 대한 추정을 실시한다. 여기에서 매출추정이라 하지 않고, 매출 관련항목의 추정이라고 한 이유는 다음과 같은 세 가지 내용에 대한 검토 및 추정이 이 단계에서 한꺼번에 이루어지기 때문이다.

- 판매량, 생산량, 생산설비능력의 검토
- 판매단가 및 매출액의 추정
- 유무형자산 및 자본적 지출의 추정

우리는 매출액 추정 시 경우에 따라 판매량과 판매단가를 구분하지 않고 매출액 전체를 추정해야 하는 경우가 있다. 이러한 경우에는 단순하게 (1) 과거 매출액의 성장률을 적용하거나, (2) 시장규모에 대한 회사의 점유율을 곱하는 형태로 추정매출액을 산정한다. 물론 입수 가능한 자료의 한계 등으로 판매량과 판매단가의 구분추정이 용이하지 않을 경우도 있을 것이다. 그러나 대부분의 경우 매출액의 추정에 앞서 최소한 판매량, 생산량, 그리고 생산설비능력에 대한 검토를 사전에 검토하는 것이 바람직하다.[19] 즉, 판매량이라는 '물량(quantity)'만을 먼저 검토하고 판매가격(price)은 다음 단계에서 별도로 추정한 후, 판매량과 판매가격을 곱하여 매출액을 구한다는 것이다.

• **판매량, 생산량, 생산설비능력의 검토** 일반적으로 매출 관련항목의 추정 시 가장 먼저 시도하는 것은 회사의 향후 판매량에 대한 추정이다. 판매량의 추정이 이루어지면 회사의 재고자산 운영정책에 따른 적정재고자산의 수준을 감안하여 생산량 추정이 이루어질 수 있다. 우리는 일단 이 단계에서는 재고변동이 없다는 가정하에 판매량과 생산량이 같다고 전제한다.[20] 이러한 가정하에서 추정 생산량(혹은 판매량)과 생산설비능력을 상호 비교하면, 비현실적으로 과다하게 매출액을 추정하는 오류를 방지할 수 있다. 즉, 생산능력 이상의 생산량(혹은 판매량)을 기준으로 매출액 추정이 이루어져서는 안 될 것이고, 이러한 경우 초과매출액에 대해서는 반드시 생산능력을 증대시키기 위한 유·무형자산에 대한 자본적 지출(capital expenditure)이 수반되어야 한다. 혹은 추가적인 생산설비 확장을 위한 자본적 지출이 불가능한 경우에는 추정 매출액 규모를 감소시켜 생산능력 한도 내로 매출규모를 제한시켜야 할 것이다.

---

19) 생산량과 생산설비능력은 제조업체에 대해서만 유효한 내용이고, 제조과정이 없는 도소매업체나 서비스업체 등에는 해당되지 않는 내용이다.

20) 재고수준의 변화가 위의 분석에 미치는 영향은 대부분 미미하지만, 그렇지 않을 경우에는 재고변동분을 감안하여야 한다. 재고자산의 추정은 대개 회전율(혹은 회수기일)을 적용하여 추정하는데, 이 방식은 매출액 혹은 매출원가의 추정이 이루어진 다음에 적용할 수 있다. 한편, 생산량과 판매량 간에는 "기초재고수량+생산량−판매량=기말재고수량"의 관계가 성립한다.

- 추정 생산량(혹은 판매량) > 생산설비능력 → “추가설비투자” 혹은 “추정 매출액 삭감”
- 추정 생산량(혹은 판매량) < 생산설비능력 → “추가설비투자나 추정 매출액 삭감” 불필요

• **판매단가 및 매출액의 추정** 추정 생산량(혹은 판매량)에 대한 검토가 이루어지면, 이제 판매단가에 대한 추정을 통해 매출액이 확정될 수 있다. 매출액의 추정은 재무추정에 있어서 가장 기본이 되는 중요한 사항이라고 할 수 있다. 특히 Top down Approach를 적용하는 경우에는 대부분의 변동비항목과 상당수의 자산, 부채항목에 대한 추정이 매출액 추정치에 연계되어 이루어지는 것이 일반적이다. Bottom up Approach에 의할 경우에는 기업의 생산능력한도 내에서 시장수요를 고려하여 매출액 추정이 이루어져야 할 것이다.

이러한 방식으로 추정되는 매출액은 상황에 따라서 선형, 비선형 혹은 순환형 등 다양한 구조로 나타날 수 있다. 재무추정치 자체의 정확성을 고려한다면 선형구조보다는 비선형이나 산업경기의 주기성을 반영한 순환형 구조가 바람직할 것이다.[21)]

• **유·무형자산 및 자본적 지출의 추정** 앞에서 생산량과 생산설비능력을 비교 검토하면서 생산설비능력을 초과하여 생산량이 추정된 경우에는 추가적인 설비투자가 이루어지도록 하여 추정치를 조정해야 한다고 설명한 바 있다. 그러나 현실적으로 기업의 생산설비증설이라는 것은 어느 일정기간에 대규모 투자를 통해 이루어지면, 이후 상당기간 동안 지속적으로 생산량 증가에 영향을 미치게 되는 것이 일반적이다. 따라서 생산량(혹은 판매량)과 생산설비능력을 추정 연도별로 완전히 비례적으로 연동되도록(예를 들면, 매출액 10% 증가 시 신규투자 10% 증가) 자본적 투자

---

21) 가치평가목적으로 다기간 추정치를 작성할 경우에는 개별 연도의 추정치의 정확성도 중요하지만, 최종적인 추정치 전체에 대한 현재가치 합계가 더 큰 의미를 가지는 경우가 많다. 결국 가치평가금액에 미치는 중요성 기준에 의해 어떠한 구조를 선택할 것인지 판단할 필요가 있다.

금액을 가정하는 것은 비현실적일 수도 있다. 다만, 여기에서 강조하고자 하는 것은 적정한 생산설비의 가동률을 전제로 하여 생산량과 생산설비 능력 간의 연결고리를 항상 염두에 두어 현실적으로 가능한 자본적 지출의 적정금액을 산출해내어야 한다는 것이다.

한편, 우리는 다음의 [2단계]에서 매출원가와 판매관리비의 추정 시 유형자산에 대한 감가상각비를 산출해내어야 하는데, 이러한 이유 때문이라도 지금 [1단계]에서 먼저 유형자산에 대한 자본적 지출금액을 확정하는 것이 바람직하다. 자본적 지출과 관련해서는 설비투자금액 자체의 적정성에 대한 검토가 필요한데, 이에는 기계설비 투자금액 및 토지, 공장의 건설과 관련된 소요금액뿐만 아니라 필수부품, 기타설비, 본격가동까지의 예비비 등에 대한 검토도 필요할 것이다.

예제 3-1

생산량과 생산설비에 대한 검토를 마친 후 판매량과 판매가격을 추정한 결과 차기의 매출액은 120이 될 것으로 예상된다. 매출액과 연동되어 차기에 추가적인 자본적 지출이 8만큼 일어나고, 감가상각비는 20년 정액법이 적용되어 기초금액 100에 대해서 매년 5만큼 발생하는 것으로 가정한다(유형자산은 전부 감가상각 대상자산이며, 자본적 지출은 차기의 기말에 발생하는 것으로 가정하여 추가적인 감가상각 계상분은 없음). 이에 따라 유형자산의 차기말 잔액은 감가상각누계액을 제외한 순액기준을 103(=기초 100 +자본적 지출 8−감가상각비 5)이 된다.

B/S

<table>
<tr><td>현 금</td><td>매입채무</td></tr>
<tr><td>매출채권</td><td rowspan="2">차 입 금</td></tr>
<tr><td>재고자산</td></tr>
<tr><td rowspan="2">유형자산(103)</td><td>자 본 금</td></tr>
<tr><td>이익잉여금</td></tr>
</table>

I/S

매출액(120)
매출원가
판 관 비
이자비용
법 인 세

[2단계] 매출원가 및 판관비 관련항목 추정

[2단계]에서는 매출원가와 판매관리비의 관련항목에 대한 추정을 실시한다. [1단계]와 마찬가지로 여기에서도 매출원가와 판매관리비만 추정하는 것이 아니라 관련항목 전체를 추정할 것인데, 이에는 다음 항목이 포함된다.

- 제조원가 추정
- 재고자산 추정
- 판관비 추정

매출원가와 판관비에 대한 추정은 경우에 따라서 회사 실무에 정통한 회사내부인력이 추정하는 경우에는 예산수립 시와 같이 부서별로 실제필요사항을 반영하는 구조로 항목별로 보다 정밀하게 추정할 수도 있을 것이다.

그러나 중장기에 걸친 다기간 추정을 실시하는 경우에는 예산편성 시와 같이 정밀한 구조로 추정치를 작성하는 것은 불합리한 경우가 많다. 따라서 대부분의 경우 관리회계적인 분류에 따라 비용항목을 크게 변동비로 고정비와 분류하는 방식으로 접근한다. 물론 실무적으로 회사의 비용항목을 변동비, 고정비라는 이분법에 따라 단순히 구분하는 것은 매우 비현실적인 가정일 수 있는데, 비용항목별로 중요성의 기준에 따라 간혹 별도의 원가동인(cost driver)을 설정하여 추정이 이루어져야만 하는 경우도 있을 것이다.

• 제조원가 추정 제소원가는 재료비, 노무비, 제조경비로 나누어 추정한다. 재료비는 원재료의 구입량과 구입단가를 분리하여 추정하는 것이 바람직한데, 판매액 추정 시에 판매량과 판매단가를 구분하여 추정했던 것과 마찬가지 이유에서다. 한편, 추정된 구입단가와 판매단가는 상호 연계되어 움직이는 구조(예를 들면, 구입단가 10% 인상시 판매단가도 10% 인상)인지도 검토해 볼 필요가 있는데, 현실적으로 다소 간 시차는 발생

하더라도 구입단가의 변동이 판매가격에 반영되는 것이 바람직한 경우가 많기 때문이다.

노무비는 현실적으로 생산량에 직접적으로 연동되는 시간제 생산직의 급여 이외는 대부분 준고정비 성격을 띠고 있는데, 회사의 직급별 인력운영계획과 급여예상수준을 검토하여 적정인력수준이 유지될 수 있도록 추정되어야 할 것이다. 예외적인 감원 등 대규모 퇴직이 예상되는 경우에는 별도로 퇴직급여 및 퇴직금에 대한 상세추정도 함께 이루어져야 한다.

제조경비의 경우 앞에서 설명한 대로 변동비, 고정비로 구분하여 추정하는데 감가상각비의 경우 [1단계]에서 추정한 자본적 지출 감안 후의 유형자산 전체금액에 대해서 계산되어야 할 것이다. 또한, 감가상각비의 경우 해당 자산의 성격에 따라 매출원가와 판관비 및 연구개발비에 적절히 배분되어야 한다. 복리후생비는 노무비와 연동시키고, 외주가공비는 해당 제품의 매출에 연동하여 추정하는 것이 일반적이다.

• **재고자산 추정** 제조원가에서 매출원가를 계산해내기 위해서는 기말재고자산 금액이 필요한데, 재고자산에 대한 추정은 대부분 과거 회전율을 구한 후 이를 추정 매출액 등에 적용하여 기말잔액을 구한다. 과거 회전율을 계산할 때에는 대부분 장부상에 나타난 과거실적의 기초, 기말잔액의 단순평균치를 통해 구하는데, 만약 기초나 기말금액이 기중 평균치보다 예외적으로 적거나 큰 경우에는 기초, 기말 수치의 단순한 평균치를 사용하면 실체를 왜곡시킬 수 있다는 점에 주의해야 한다. 이러한 경우 월별잔액을 기준으로 회전율을 재계산해 본다거나, 상세제품별로 회전율을 세분시켜 보는 등 세부적인 검토가 필요할 것이다. 또한, 실무 담당자와의 인터뷰 등을 통해 현실적인 실제회전율과 계산상의 회전율이 어떤 원인으로 차이가 발생하는지 확인해 볼 필요도 있다.

• **판매관리비 추정** 판매관리비의 경우에도 기본적으로는 변동비와 고정비 성격의 비용을 구분하여 추정한다. 고정비 성격이 강한 인건비와

감가상각비 등은 별도 추정이 필요한데, 인건비는 매출원가에서와 마찬가지로 직급별 인력운영계획과 급여예상수준을 감안하여 추정하고, 감가상각비는 비유동자산에 대해 일괄적으로 추정한 후 자산의 성격에 따라 매출원가와 판매관리비 등에 배분하는 방식을 취하는 것이 일반적이다. 변동비 성격의 판매관리비는 매출에 연동시켜 추정하는데, 별도의 원가동인(cost driver)을 적용시켜야 할 항목도 있을 것이다. 예를 들어, 수출운반비의 경우는 전체 매출에 대해서 연동되는 변동비로 처리할 것이 아니라, 수출과 내수의 구분을 통해 수출물량에만 연동시키는 것이 합리적일 것이다.

예제 3-2

재료비, 노무비, 제조경비를 별도 추정하여 제조원가를 추정한 후 재고자산을 감안하여 추정된 매출원가는 70이다. 기말재고자산 18은 매출액 대비 회전율(6.67회전)이 적용되어 구해졌다. 판매관리비는 변동비와 고정비로 나누어 추정한 결과 차기에 30만큼 발생하는 것으로 추정되었고, 따라서 영업이익은 20(=매출액 120−매출원가 70−판관비 30)으로 추정되었다.

B/S

<table>
<tr><td>현 금</td><td>매입채무</td></tr>
<tr><td>매출채권</td><td rowspan="2">차 입 금</td></tr>
<tr><td>재고자산(18)</td></tr>
<tr><td rowspan="2">유형자산(103)</td><td>자 본 금</td></tr>
<tr><td>이익잉여금</td></tr>
</table>

I/S

매출액(120)
매출원가(70)
판관비(30)
이자비용
법 인 세

[3단계] 세전 영업현금흐름의 추정

2단계까지의 추정이 진행되면 영업이익을 구할 수 있는데, 3단계에서는 다음 사항을 추가하여 차기의 세전 영업현금흐름(Operating Cash Flow before Taxes ; OPCF-bt)[22)]을 계산해 낼 수 있다.

- 매출채권의 추정
- 매입채무의 추정
- 기타 순운전자본의 추정

• 매출채권 추정 매출채권에 대한 추정은 앞에서 살펴본 재고자산의 경우와 마찬가지로 매출액에 대해 회전율을 적용하여 구한다. 역시 회전율은 장부상에 나타난 과거실적상의 기초와 기말잔액의 평균치에서 구하는 것이 일반적이므로, 세부적인 특성을 파악하지 못하여 실체가 왜곡되는 경우가 있다. 이를 방지하기 위해서는 다음과 같은 사항에 유의하여 추가적인 검토가 필요하다.

- 현금매출과 신용매출을 구분한 후 신용매출에 대해서만 회전율 산정
- 월별, 분기별 평균잔액과 기간별 매출액 간의 회전율 산정
- 고객별, 시장별 신용매출조건의 차이를 감안
- 외상매출금 팩토링, 받을어음할인 등이 존재할 경우에는 차감 전 총액기준으로 계산 후 팩토링, 받을어음할인 등은 별도 추정

• 매입채무 추정 매출채권과 마찬가지로 과거 회전율을 적용시키는데, 매입채무는 매출액보다는 매출원가(혹은 매입액) 대비 회전율을 적용하는 것이 보다 현실적이다. 역시 세부적인 분석을 위해서는 다음과 같은 항목을 검토해야 한다.

- 현금매입과 신용매입을 구분한 후 신용매입에 대해서만 회전율 산정
- 월별, 분기별 평균잔액과 기간별 매출원가(혹은 매입액) 간의 회전율 산정
- 고객별, 시장별 신용매입조건의 차이를 감안

---

22) 세전 영업현금흐름(Operating Cash Flow before Taxes ; OPCF-bt)은 본서 제1판의 경우 총영업자금(Total Operating Fund ; TOF)으로 정의된 바 있는데 용어의 일관성을 위해 수정하였다.

• 유산스 금융은 Shipper's usance는 매입채무, Banker's usance는 차입금으로 구별하여 고려

예제 3-3

과거실적을 기준으로 계산된 회전율을 적용하여 차기의 매출채권과 매입채무를 추정한다. 매출채권은 매출액 대비 회전율(8.0 회전)을 적용하여 15로 추정하였고, 매입채무는 매출원가 대비 회전율(5.83 회전)을 적용하여 12로 추정하였다.

B/S

<table>
<tr><td>현 금</td><td>매입채무(12)</td></tr>
<tr><td>매출채권(15)</td><td rowspan="2">차 입 금</td></tr>
<tr><td>재고자산(18)</td></tr>
<tr><td rowspan="2">유형자산(103)</td><td>자 본 금</td></tr>
<tr><td>이익잉여금</td></tr>
</table>

I/S

매출액(120)
매출원가(70)
판 관 비(30)
이자비용
법 인 세

• 세전 영업현금흐름의 산출 이제 우리는 이전단계에서 추정된 항목을 이용하여 다음과 같은 산식에 의해 "세전 영업현금흐름(Operating Cash Flow before Taxes ; OPCF-bt)"을 산출할 수 있다.

세전 영업현금흐름 = 영업이익
(+) 감가상각비
(+/−) 순운전자본의 증감[23)]
(+/−) 순비유동자산의 증감

23) 세전 영업현금흐름을 추정 시에는 순운전자본에 영업현금을 포함하여 계산한다. 이는 향후 가치평가에서 순현금흐름을 계산하는 방식과 동일하다(본 장 4.4.4절 가치평가 목적으로 구성된 현금흐름표 참조).

예제 3-4

세전 영업현금흐름은 추가적인 계산 없이 이전단계에서 계산한 값에서 다음과 같이 바로 추출해낸다.

세전 영업현금흐름 = 영업이익 20 + 감가상각비 5 − 순운전자본의 증가 5 − 순비유동자산의 증가 8 = 12

이때 순운전자본에는 영업현금이 포함되는데 이는 회사가 영업활동을 위해 최소한 필요할 것으로 예상되는 현금의 규모를 말한다. 위의 예에서 기초현금 3은 모두 영업현금이라고 보았고, 기말 영업현금을 4라고 가정하여 영업현금의 증감을 1로 간주한 것이다.

우리는 앞에서 재무제표의 상호연관성을 설명하면서 현금흐름표상 영업활동 현금흐름과 투자활동 현금흐름을 Flow A, Flow B, Flow C로 설명한 바 있다(제3장 1.2절 참조). 이 경우와 비교해 보면 위 식에서 정의하고 있는 "세전 영업현금흐름"은 현금흐름표에서 말하는 "영업활동 현금흐름"과 "투자활동 현금흐름"을 한꺼번에 묶어 놓은 모양과 거의 유사함을 알 수 있다. 다만, 현금흐름표상에서는 간접법을 적용하기 위해서는 당기순이익에서 출발하였으나, 위 식에서는 영업이익에서 출발하고 있는 것이 가장 큰 차이이다. 따라서 위와 같이 단순화된 예제라면 세전 영업현금흐름은 현금흐름표상 영업활동 현금흐름과 투자활동 현금흐름의 합계와는 이자비용과 법인세만큼만 차이가 날 것이다.

사실 이러한 계산구조는 앞으로 재무추정치가 가치평가목적으로 사용될 것을 염두에 두고 구성된 것이다. 제4장에서 살펴보겠지만, 현금흐름할인방식(discounted cash flow method)에서 순현금흐름(Net Cash Flow)을 추정하는 과정에서는 위에서 산출되는 세전 영업현금흐름에서 법인세 지급액만 추가로 고려하면 된다.[24]

---

24) 순현금흐름(Net Cash Flow)을 구하는 산식은 제4장 3.2절 참조.

[4단계] 세전 재무현금흐름 추정

이 단계에서는 위 3단계에서 구한 세전 영업현금흐름이 차입금과 자본금을 유지하기 위한 소요자금(이자비용과 배당금)을 충당할 수 있는지 살펴본다. 이를 위해 우선 기존차입금에 대한 원리금 상환스케줄과 기존자본금에 대한 배당금 지급스케줄 등을 작성하여 아래 식과 같이 "세전 재무현금흐름(Financial Cash Flow before Taxes ; FNCF-bt)"[25)]을 구한 다음, 이를 "세전 영업현금흐름(Operating Cash Flow before Taxes ; OPCF-bt)"과 비교하여야 한다.

세전 재무현금흐름 = 타인자본 관련 소요자금 + 자기자본 관련 소요자금

- 타인자본 관련 소요자금 = 이자비용 + 원금상환
- 자기자본 관련 소요자금 = 지급배당금 + 자사주 매입

위 식을 단순화하기 위해서 일단 세전 재무현금흐름(FNCF-bt)은 이자비용과 지급배당금[26)]만 존재한다고 가정하자. 즉, 차입금에 대한 원금상환이나 자본금에 대한 자사주매입[27)]은 추정기간에 발생하지 않는 것으로 한다.

한편, 실무적으로는 현재 [4단계]에서 설명하고 있는 다음의 조정과정은 다음 [5단계]에서 진행되는 추정 재무상태표의 대차일치과정 등과 시행착오과정을 반복하면서 일괄적으로 진행되는 경우가 대부분이다.[28)]

---

25) 세전 재무현금흐름(Financial Cash Flow before Taxes ; FNCF-bt)은 본서 제1판의 경우 재무소요자금(Fund for Financial Expenditure ; FFE)으로 정의된 바 있는데 용어의 일관성을 위해 수정하였다.

26) 연도별 추정을 위해서는 지급배당금의 경우 해당기에 지급되는 배당금으로 차기에 지급되는 미지급배당금을 의미하는 것은 아니다.

27) 자사주 매입은 유상매입 후 소각함으로써 실질적으로 유상감자가 되는 경우를 말한다.

28) 이러한 반복계산과정은 EXCEL 등의 스프레드 시트(spreadsheet)를 이용하여 해결한다.

〈case 1〉 OPCF-bt > FNCF-bt일 경우

OPCF-bt가 FNCF-bt보다 큰 경우에는 영업활동으로부터 잉여자금이 발생하는 경우이므로 추가차입이나 추가증자가 불필요하다. 이 경우에는 초과현금(excess cash)이 발생할 것이고, 초과현금을 기존차입금의 상환이나 자사주매입에 사용할 것인가, 아니면 투자자산을 추가로 취득할 것인가 등에 대한 가정을 설정하고 다음 [5단계]로 넘어가 추정 재무제표를 완성하게 된다.

예제 3-5

앞 3단계에서 구한 세전 영업현금흐름(OPCF-bt)은 12이었다. 반면 기존차입금 80에 대해서는 평균차입금리 5%를 가정하여 이자비용을 4로 추정하고, 기존자본금 30에 대해서는 배당률 10%를 가정하여 지급배당금을 3으로 추정한다. 이로써 기존차입금과 자본금에 대한 세전 재무현금흐름(FNCF-bt)은 7(=이자비용 4+지급배당금 3)이 된다. 이 경우 손익계산서에서는 세전이익이 16(=영업이익 20−이자비용 4)으로 계산된다.

이 예제에서는 OPCF-bt가 FNCF-bt보다 5만큼 큰 상황이다. 이 경우에는 잉여자금이 발생하므로 추가차입이나 증자는 필요하지 않고, 또한 기존 차입금의 상환이나 자사주 매입 등은 이루어지지 않는다는 가정하에서 재무상태표상 차입금과 자본금은 기초금액이 그대로 유지된다.

B/S

<table>
<tr><td>현　금</td><td>매입채무(12)</td></tr>
<tr><td>매출채권(15)</td><td rowspan="2">기존차입금(80)</td></tr>
<tr><td>재고자산(18)</td></tr>
<tr><td rowspan="2">유형자산(103)</td><td>기존자본금(30)</td></tr>
<tr><td>이익잉여금</td></tr>
</table>

I/S

<table>
<tr><td>매출액(120)</td></tr>
<tr><td>매출원가(70)</td></tr>
<tr><td>판관비(30)</td></tr>
<tr><td>이자비용(4)</td></tr>
<tr><td>법 인 세</td></tr>
</table>

〈case 2〉 OPCF-bt < FNCF-bt일 경우

OPCF-bt<FNCF-bt일 경우에는 일반적으로 다음의 세 가지 방법을 통하여 부족자금을 충당하게 된다.[29)]

- 비영업용 자산의 처분
- 추가차입
- 추가증자

우리의 예제에서는 비영업용 여유자산은 존재하지 않는 것으로 설정하였으므로 추가차입 혹은 추가증자를 통해 부족자금을 조달하여야 한다. 우선 타인자본과 자기자본 간의 비율에 대한 목표자본구조(target capital structure)를 정하여야 할 것이고, 이에 따라 얼마만큼을 추가차입하고 얼마만큼을 추가증자로 조달할 것인지가 결정된다. 구체적인 조달금액이 정해지면 이를 바탕으로 추가차입금에 대한 원리금 상환스케줄과 추가증자시 증자배수 및 배당금 지급스케줄을 작성한다.

예제 3-6

<case 1>과 마찬가지로 OPCF-bt는 12이다. 반면, 기존차입금 80에 대한 이자비용을 12(차입금리 15%), 기존자본금 30에 대한 배당금을 9(배당률 30%)로 가정하자. 이때 기존차입금에 원금상환이나 유상감자는 없다는 전제하에서 FNCF-bt는 21(=이자비용 12+지급배당금 9)이 된다. 손익계산서상 세전이익은 8(=영업이익 20−이자비용 12)이다.

이제는 OPCF-bt가 FNCF-bt보다 9만큼 부족한 상태이므로 추가적인 차입 혹은 증자가 필요한 상황이다. 구체적인 추가차입금액 혹은 증자금액을 구하기 위해서는 추정 재무상태표의 대차균형을 일치시키는 과정과 일괄적으로 진행되어야 하므로 이에 대해서는 다음 [5단계]에서 한꺼번에 설명하기로 한다.

29) 매출액이나 비용의 재조정 등 다양한 시나리오가 가능하지만, 여기에서는 이러한 복잡한 경우는 고려하지 않는다.

B/S

<table>
<tr><td>현 금</td><td>매입채무(12)</td></tr>
<tr><td>매출채권(15)</td><td rowspan="2">차 입 금</td></tr>
<tr><td>재고자산(18)</td></tr>
<tr><td rowspan="2">유형자산(103)</td><td>자 본 금</td></tr>
<tr><td>이익잉여금</td></tr>
</table>

I/S

<table>
<tr><td>매출액(120)</td></tr>
<tr><td>매출원가(70)</td></tr>
<tr><td>판관비(30)</td></tr>
<tr><td>이자비용(12)</td></tr>
<tr><td>법 인 세</td></tr>
</table>

[5단계] 추정 재무제표의 완성

최종적으로 추정 재무제표를 완성하기 이전에, 1단계에서부터 5단계에 이르는 재무추정과 관련된 전과정을 재정리해본다는 의미에서 [그림 3. 4]와 같은 Flow Chart를 작성하여 보았다.

앞의 [4단계]에서 OPCF-bt와 FNCF-bt를 비교한 후 두 가지의 상이한 Case를 예제를 통해 설명하였다. 이제 [5단계]에서는 재무제표 작성에 필요한 나머지 항목들을 검토한 후 최종적으로 추정 재무제표를 완성해 보자. 이를 위해서는 일단 법인세와 비영업자산 등에 대한 가정이 필요한데, 여기서는 법인세율은 30%이고 비영업용 자산은 없다고 가정한다.

[그림 3. 4] 재무추정의 흐름도

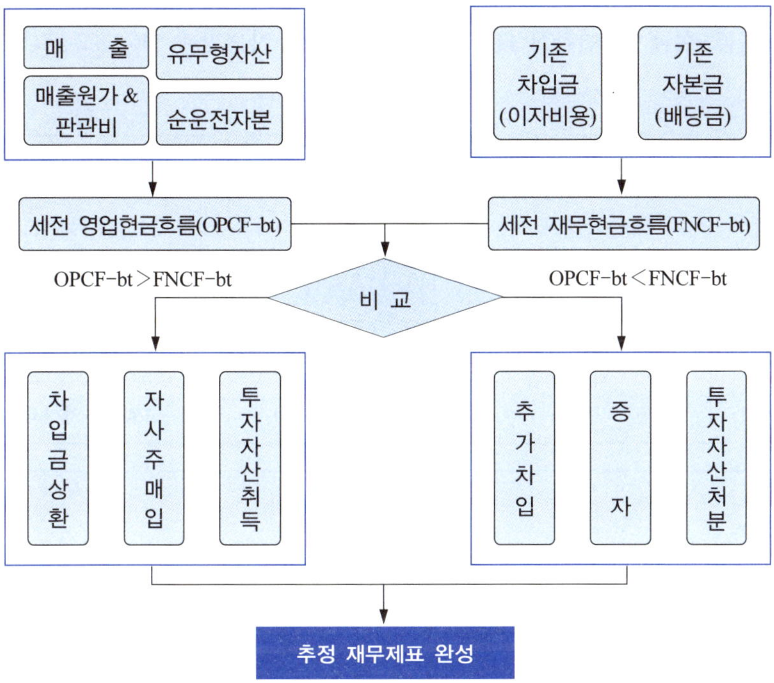

〈case 1〉 OPCF-bt > FNCF-bt일 경우

OPCF-bt가 FNCF-bt보다 큰 경우에는 잉여자금이 발생하였으므로 추가 차입이나 증자에 대한 가정은 필요하지 않고 현금을 조정변수로 하여 대차를 일치시킨다. 다만 현금이 지나치게 많은 경우에는 초과현금을 기존 차입금의 상환이나 자사주매입 혹은 투자자산을 추가로 취득한다는 가정을 설정하여 초과현금의 규모를 적절히 감소시켜 준다.

예제 3-7

OPCF-bt가 FNCF-bt보다 큰 경우인데, 법인세와 이익잉여금과 현금은 다음과 같은 순서로 계산되었다.

① 법인세=세전이익 16 × 30%=4.8
② 이익잉여금=기초이익잉여금 10+당기순이익 11.2−배당금 3=18.2
③ 현금=대변합계 140.2−현금을 제외한 차변합계 136=4.2

B/S

차변	대변
현 금(4.2)	매입채무(12)
매출채권(15)	기존차입금(80)
재고자산(18)	
유형자산(103)	기존자본금(30)
	이익잉여금(18.2)

I/S

I/S
매출액(120)
매출원가(70)
판관비(30)
이자비용(4)
법 인 세(4.8)

〈case 2〉 OPCF-bt < FNCF-bt일 경우

OPCF-bt가 FNCF-bt보다 적은 경우에는 먼저 타인자본과 자기자본에 대한 목표자본 구조를 설정하고 부족자금을 차입 혹은 증자를 통해 조달하여야 한다. 이 경우에는 대차를 일치시킬 수 있도록 하는 추가차입금에 대한 원리금 상환스케줄과 추가증자에 대한 증자배수 및 배당금 지급스케줄을 작성하여야 한다.

예제 3-8

OPCF-bt가 FNCF-bt보다 적은 경우인데 예제에서는 부족자금 전부를 차입금으로 조달한다고 가정한다. 이 경우 법인세, 이익잉여금 및 대차 일치를 가능하게 하는 추가 차입금 금액(월할계산은 생략)은 다음과 같은 순서로 구한다. 이 경우 주의할 점은 계산구조가 예제에서와 같이 순환적으로 반복되어져야 한다는 것이다.[30] 기말의 적정 영업현금은 3단계에서와 마찬가

---

30) Excel을 사용하여 처리하는 경우에는 "Excel옵션 → 수식 → 반복계산"을 반드시 체크하여야 한다.

지로 4로 가정한다.

① 수정전 법인세= 세전이익 8 × 30%=2.4
② 추가차입금 = (차변합계 - 수정전 대변합계) / [1 - {차입이자율 × (1 - 법인세율)}]
= (140 - 128.6)/[1 - {15% × (1 - 30%)}]=12.7
* 수정전 대변합계 = 매입채무 12+기존차입금 80+기존자본금 30+수정전 이익잉여금(=10+5.6-9=6.6) =128.6
③ 이익잉여금 =기초이익잉여금 10+당기순이익 4.3-배당금 9=5.3

B/S

현 금(4)	매입채무(12)
매출채권(15)	기존차입금(80)
재고자산(18)	**추가차입금(12.7)**
유형자산(103)	기존자본금(30)
	이익잉여금(5.3) *수정전(6.6)

I/S

매출액(120)
매출원가(70)
판관비(30)
이자비용(13.9) *수정전(12)
법 인 세(1.8) *수정전(2.4)

이상으로 총영업자금과 재무소요자금을 비교하여 "OPCF-bt>FNCF-bt"와 "OPCF-bt<FNCF-bt"인 두 가지 Case에 대해 각각 추정 손익계산서와 추정 재무상태표를 완성하여 보았다. 추정 현금흐름표의 경우에는 추정 손익계산서와 추정 재무상태표가 완성되면 간접법을 사용하여 작성하면 될 것이다.

3. 3 재무추정 사례

우리는 본 장 2.3절에서 재무분석 사례를 설명하면서 "가치주식회사"의 과거 5개년 재무실적을 소개하였는데, 이 절에서는 가치주식회사의 과거 재무자료를 바탕으로 가치주식회사의 미래실적에 대한 재무추정을 실시해 보겠다. 가치평가실무에서는 아래에서 언급하는 기본적인 사항보다 훨씬 복잡한 과정을 거치게 되는 경우가 대부분이지만, 여기에서는 이해를 돕기 위해 핵심사항 위주로 사례를 작성하였다.

한편, 실무에서 추정업무는 해당 항목의 중요성에 대한 판단과 투입시간 및 분석인력에 따라 크게 제한되는 경우가 많다. 이런 경우 오히려 아래의 내용보다 훨씬 간단한 형태로 추정작업을 시도하려는 경우도 있을 것으로 본다. 극단적인 경우에는 매출액은 단순히 과거 성장률만을 이용하고, 기타의 수익·비용항목은 매출액 대비 비율을, 자산·부채 항목은 총자산 대비 비율을 적용하더라도 단순한 추정의 형태는 만들 수 있다. 그러나 이런 식의 추정은 특별한 경우를 제외하고는 실질적인 회사의 모습을 합리적으로 반영하기보다는 과거 재무수치의 단순한 연장에 그치게 될 경우가 많을 것이다.

[1단계] 매출 관련항목 추정

● **판매량, 생산량, 생산설비능력의 검토** 가치주식회사의 재무추정과 관련해서 가장 먼저 추정된 항목은 판매량이었다. 우리는 재고자산수량은 변동이 없어 판매량과 생산량이 같다는 가정에서 생산설비능력에 대한 검토를 실시하였다. 생산설비능력에 대한 검토는 최대생산능력에 대해 예상가동률을 곱하여 적정생산능력을 산정해내는 방식으로 진행되었다 (적정생산능력 = 최대생산능력 × 예상가동률).

이러한 과정을 통해 가치주식회사의 제품에 대한 판매량, 생산량, 생산설비능력에 대한 검토결과는 다음과 같다. 아직 재고변동은 감안하지 않은 상태이므로 추정판매량과 추정생산량은 동일하게 잡았다.

(단위: 천개)

	Yr1	Yr2	Yr3	Yr4	Yr5
추정판매량	1,323	1,392	1,534	1,671	1,755
추정생산량	1,323	1,392	1,534	1,671	1,755
최대생산능력	2,000	2,000	2,000	2,000	2,000
적정가동률	90.0%	90.0%	90.0%	90.0%	90.0%
적정생산능력	1,800	1,800	1,800	1,800	1,800
과부족	477	408	266	129	45

위의 예에서는 향후 5년간의 추정기간 내에서는 회사의 생산능력에 여유가 있어 추가적인 신규설비투자는 불필요한 것으로 나타났다.[31] 만약 생산능력이 부족한 사태가 발생한다면 추정생산량에 도달할 수 있도록 추가적인 신규설비투자에 대한 가정을 도입하여야 할 것이다. 이 경우 장부상으로는 설비투자에 대한 공사기간 등을 감안하여 가동시점까지는 건설중인 자산으로 기록한 후 설비가 완성되어 본격적인 가동이 이루어지는 시점에서 기계설비 등으로 계상하여야 할 것이다.

• 판매단가 및 매출액의 추정　판매량 추정이 이루어졌으므로 다음으로 판매단가 추정이 필요한데, 판매단가의 추정을 위해서 회사제품의 과거 판매단가 추세, 외부기관의 가격 예측자료, 경쟁사와의 가격경쟁상황 등 다양한 요인들이 고려되었다. 이러한 과정을 통해 가치주식회사의 두 가지 제품에 대한 판매단가와 판매량이 다음과 같이 각각 추정되었다.

31) 위의 예에서 향후 5개년간 생산설비능력의 여유분은 대체로 충분히 유지될 것으로 본다고 하였으나, 관점에 따라서는 Yr5의 경우에는 여유생산능력이 거의 소진하였다고 볼 수도 있을 것이다. 이렇게 판단하는 경우에는 재고자산의 증감, 외주가공 가능성 등을 고려하여 생산설비능력의 부족사태가 발생할 가능성이 없는지에 대해 추가적인 검토가 필요할 것이다.

	Yr1	Yr2	Yr3	Yr4	Yr5
판매단가(원)	**1,208**	**1,227**	**1,292**	**1,329**	**1,366**
국 내	1,251	1,289	1,327	1,367	1,408
해 외	1,043	1,051	1,187	1,195	1,204
판매량(천개)	**1,323**	**1,392**	**1,534**	**1,671**	**1,755**
국 내	1,047	1,035	1,150	1,300	1,397
해 외	276	358	384	372	359
매출액(백만원)	**1,597**	**1,709**	**1,983**	**2,221**	**2,398**
국 내	1,310	1,333	1,527	1,776	1,967
해 외	288	376	456	444	432

• 자본적 지출, 유·무형자산, 감가상각비의 추정　현재의 생산설비능력으로 추정생산량을 달성하는 데는 문제가 없다고 판단되었으므로 대규모 신규설비투자는 불필요하나, 기존설비에 대한 대체투자는 여전히 필요하다. 일반적으로 대체투자규모는 현재의 매출수준을 유지하기 위해서라도 최소한 감가상각비 정도는 필요하다. 가치주식회사의 경우 향후 매출액이 평균적으로 증가하는 상황이므로 대체투자규모는 회사의 감가상각비를 상회하는 규모로 발생하는 것이 적정할 것이다. 회사의 자본적 지출금액을 감안하여 향후 회사의 유·무형자산 규모를 추정하였으며, 여기에 회사의 감가상각스케줄을 기준으로 하여 감가상각비 및 무형자산상각비의 예상액을 다음과 같이 추정하였다. 이렇게 추정된 감가상각비와 무형자산상각비는 2단계에서 매출원가와 판관비 등[32]에 일정비율로 배분하게 된다.

32) 감가상각비와 무형자산상각비는 경우에 따라 연구개발비에도 배분된다.

(단위: 백만원)

		Yr1	Yr2	Yr3	Yr4	Yr5
자본적 지출	유형자산	133	166	171	189	199
	무형자산	43	51	59	52	56
	합계	176	217	230	241	255
	매출액 대비(%)	*11.04%*	*12.68%*	*11.60%*	*10.85%*	*10.63%*
상각비	감가상각비	145	153	162	174	185
	무형자산상각비	37	40	42	44	46
	합계	181	193	204	217	231
	매출액 대비(%)	*11.34%*	*11.28%*	*10.30%*	*9.79%*	*9.62%*
기말 순액	유형자산	1,528	1,541	1,550	1,565	1,579
	무형자산	224	246	251	262	273
	합계	1,752	1,787	1,801	1,827	1,852

[2단계] 매출원가 및 판관비 관련항목 추정

제조원가의 추정은 재료비, 노무비, 제조간접비에 대해서 별도로 추정이 이루어졌고, 재고자산은 원재료, 재공품, 제품에 대해 각각 과거 5개년간의 매출액 대비로 산정된 평균회전율을 기준으로 추정하였다. 재료비는 구입단가와 구입량을 구분하여 추정하였고, 노무비는 회사가 제시한 인력운영계획을 바탕으로 추정하였다. 퇴직급여는 노무비와 연동하되, 회사의 퇴직급여충당부채 설정부족액, 퇴직금 지급기준, 종업원의 근무연수 등을 고려하였으며, 복리후생비도 노무비와 연동하여 추정하였다. 제조간접비의 경우 감가상각비는 위에서 검토한 유형자산에 대한 자본적 지출을 감안한 후 회사의 감가상각스케줄을 적용하여 계산한 금액이다.

이외의 제조간접비와 판매관리비 항목은 일단 변동비와 고정비로 나누어 추정하였다. 변동비는 매출액에 연동되고, 고정비는 인플레이션율만큼 증가한다고 가정하였다. 별도의 원가동인(cost driver)이 필요한 항목은 개별적인 추정을 실시하였다.

(단위: 백만원)

	Yr1	Yr2	Yr3	Yr4	Yr5
매출원가	1,198	1,274	1,467	1,632	1,775
매출원가율	*75.0%*	*74.6%*	*74.0%*	*73.5%*	*74.0%*
재료비	608	634	761	828	895
노무비	254	261	301	337	349
제조경비	405	407	458	525	572
총제조원가	1,268	1,302	1,520	1,690	1,815
제품제조원가	1,242	1,287	1,499	1,667	1,798

(단위: 백만원)

재고자산	Yr1	Yr2	Yr3	Yr4	Yr5
기 초	357	449	481	557	624
원재료	73	94	93	119	126
재공품	106	130	145	161	185
제 품	178	225	243	278	313
기 말	449	481	557	624	674
원재료	96	98	117	128	136
재공품	132	145	166	184	203
제 품	221	238	274	312	336

(단위: 백만원)

	Yr1	Yr2	Yr3	Yr4	Yr5
판 관 비	160	196	203	226	245
영업이익	239	238	313	363	378
영업이익률	*15.0%*	*13.9%*	*15.8%*	*16.3%*	*15.8%*

[3단계] 세전 영업현금흐름(OPCF-bt)의 추정

- **매출채권 추정** 회사의 매출은 전액 신용매출로 이루어진다고 가정하고 과거 5개년간의 매출액 대비 평균회전율을 사용하였다. 회사의 과거 5개년 자료에서 구한 평균회전율은 국내판매처의 경우 7.80회전, 해외판매처의 경우 8.99회전이었다. 이렇게 추정된 회사의 판매처별 매출채권 기말잔액은 다음과 같다.

(단위: 백만원)

	Yr1	Yr2	Yr3	Yr4	Yr5
매출채권	200	213	246	277	300
국 내	168	171	196	228	252
해 외	32	42	51	49	48

• **매입채무 추정** 회사의 매입 또한 전액 신용매입으로 이루어진다고 가정하였고, 과거 5개년 매출원가 대비 산정된 평균회전율 10.26회전을 적용하였다. 원재료의 구입은 향후에도 전액 국내 조달될 것으로 가정하여, 매입채무의 기말잔액을 다음과 같이 추정하였다.

(단위: 백만원)

	Yr1	Yr2	Yr3	Yr4	Yr5
매입채무	117	124	143	159	173

• **세전 영업현금흐름의 산출** 지금까지 추정된 매출액, 매출원가, 판관비 및 유무형자산, 순운전자본금액 등으로부터 아래와 같이 세전 영업현금흐름을 계산해낼 수 있었다. 이때 순운전자본에는 적정현금이 포함되어 있었는데 적정영업현금의 수준은 과거 5개년간 매출액 대비 평균현금비율을 추정 매출액에 적용하여 계산하였다.

(단위: 백만원)

	Yr1	Yr2	Yr3	Yr4	Yr5
영업이익	239	238	313	363	378
비현금조정	181	193	204	217	231
감가상각비	145	153	162	174	185
무형자산상각비	37	40	42	44	46
영업용 순자산 증감	−278	−266	−311	−327	−314
순운전자본	−103	−36	−89	−79	−57
유무형자산	−178	−228	−218	−244	−256
기 타*	2	−2	−3	−4	−1
세전 영업현금흐름(OPCF-bt)	**142**	**166**	**206**	**253**	**294**

* 기타에는 영업활동과 관련된 기타비유동자산과 기타비유동부채가 포함되었음.

[4단계] 세전 재무현금흐름(FNCF–bt)의 추정

기존 차입금에 대한 원리금 상환스케줄과 자본금에 대한 배당금 지급스케줄을 바탕으로 세전 재무현금흐름(FNCF-bt)을 계산하였다. 이때 기존 차입금 중 일부 금액은 상환도래시점에서 차환 가능하다고 가정하였고, 자사주매입 등은 없다고 가정하였다. 이렇게 계산된 세전 재무현금흐름을 [3단계]에서 구한 세전 영업현금흐름(OPCF-bt)과 비교하였는데, 향후 5년간은 OPCF-bt가 FNCF-bt를 초과하는 것으로 나타나 추가차입이나 증자는 필요하지 않을 것으로 예상되었다.

(단위: 백만원)

	Yr1	Yr2	Yr3	Yr4	Yr5
이자비용	57	56	53	52	50
차입부채상환(순액)	18	19	36	12	44
지급배당금	14	14	20	24	26
자사주매입(유상감자)	0	0	0	0	0
세전 재무현금흐름(FNCF–bt)	**89**	**89**	**110**	**89**	**120**
세전 영업현금흐름(OPCF–bt)	142	166	206	253	294
차액(=OPCF–bt–FNCF–bt)	**54**	**76**	**96**	**163**	**175**

만약 OPCF-bt가 FNCF-bt보다 부족한 경우가 발생하였다면, 보유하고 있는 투자자산 등을 처분한다든지, 목표자본구조를 설정한 다음 추가차입이나 증자에 대한 가정이 필요하다. 또한, [4단계]의 과정은 실무적으로 아래 [5단계]의 추정 재무제표를 구하는 과정과 함께, 항목별 수정을 통한 시행착오방식을 거치면서 일괄적으로 처리되어야 한다.

[5단계] 추정 재무제표의 완성

지금까지 작성된 추정자료에서 고려되지 않은 항목은 비영업용 자산, 기타영업외손익, 법인세, 중단사업손익 등이 있다. 회사의 경우 이자수익, 이자비용 이외의 추가적인 기타영업외손익은 발생하지 않는 것으로 가정하였다. 법인세는 회사의 과거 5개년 과거자료로부터 유효법인세율(=

법인세비용/세전이익)을 계산하여 적용하였으며, 추정 시 이연법인세는 별도로 고려하지 않았다.[33] 최종적으로 재무상태표의 대차균형은 현금을 조정변수로 사용하였으며, 이와 같은 과정을 거쳐 완성된 회사의 추정 재무제표는 다음과 같다.

• 추정 손익계산서

(단위: 백만원)

	Yr1	Yr2	Yr3	Yr4	Yr5	Avg
매 출 액	**1,597**	**1,709**	**1,983**	**2,221**	**2,398**	**1,982**
매출원가	**1,198**	**1,274**	**1,467**	**1,632**	**1,775**	**1,469**
(감가상각비)	124	130	136	144	153	137
(무형자산상각비)	27	30	32	33	35	31
매출총이익	**399**	**435**	**515**	**588**	**624**	**512**
판 관 비	**160**	**196**	**203**	**226**	**245**	**206**
(감가상각비)	20	23	26	29	32	26
(무형자산상각비)	9	10	11	11	12	10
영업이익	**239**	**238**	**313**	**363**	**378**	**306**
영업외수익	1	1	2	3	4	2
이자수익	1	1	1	1	1	1
영업외비용	57	56	53	52	50	53
이자비용	56	56	53	52	50	53
세전 계속사업손익	**183**	**184**	**261**	**313**	**333**	**255**
계속사업 법인세비용	40	40	57	68	72	55
계속사업손익	**143**	**144**	**204**	**245**	**260**	**199**
중단사업손익	0	0	0	0	0	0
당기순이익	**143**	**144**	**204**	**245**	**260**	**199**

33) 이연법인세를 고려하려면 세무조정을 거친 과세표준을 기준으로 과거 및 추정자료를 재검토하여야 한다. 실무적으로 매우 특수한 경우를 제외하고는 세무조정사항까지 검토하여 추정에 반영하는 경우는 드물다.

• 추정 재무상태표

(단위: 백만원)

	Yr1	Yr2	Yr3	Yr4	Yr5	Avg
유동자산	**806**	**886**	**1,039**	**1,230**	**1,404**	**1,073**
당좌자산	357	405	482	606	729	516
현금 및 현금성자산	50	80	111	193	284	144
단기투자자산	66	69	74	80	85	75
매출채권	200	213	246	277	300	247
기타당좌자산(영업)	41	43	50	56	61	50
재고자산	449	481	557	624	674	557
비유동자산	**1,999**	**2,046**	**2,080**	**2,130**	**2,175**	**2,086**
투자자산	210	220	234	252	268	237
유형자산	1,995	2,079	2,171	2,284	2,396	2,185
(감가상각누계액)	467	538	621	719	817	632
순액	1,528	1,541	1,550	1,565	1,579	1,553
무형자산(순액)	224	246	251	262	273	251
기타비유동자산	36	39	45	51	55	45
자산총계	**2,805**	**2,931**	**3,119**	**3,360**	**3,579**	**3,159**
유동부채	**407**	**403**	**437**	**469**	**491**	**441**
매입채무	117	124	143	159	173	143
단기차입금	114	95	95	97	97	99
유동성장기부채	69	69	66	65	61	66
기타유동부채(영업)	107	115	133	149	161	133
비유동부채	**766**	**766**	**736**	**724**	**687**	**736**
회사채	463	463	430	430	400	437
장기차입금	228	228	228	215	205	221
기타비유동부채(영업)	75	75	78	79	82	78
부채총계	**1,172**	**1,169**	**1,173**	**1,193**	**1,178**	**1,177**
자본금	450	450	450	450	450	450
자본잉여금	380	380	380	380	380	380
자본조정	0	0	0	0	0	0
기타포괄손익누계액	0	0	0	0	0	0
이익잉여금	803	932	1,116	1,337	1,571	1,152
(당기순이익)	143	144	204	245	260	199
자본총계	**1,633**	**1,762**	**1,946**	**2,167**	**2,401**	**1,982**
부채와 자본총계	**2,805**	**2,931**	**3,119**	**3,360**	**3,579**	**3,159**

• 추정 현금흐름표

(단위: 백만원)

	Yr1	Yr2	Yr3	Yr4	Yr5	Avg
영업활동 현금흐름	**227**	**303**	**325**	**386**	**438**	**336**
당기순이익	143	144	204	245	260	199
비현금항목 조정	181	193	204	217	231	205
감가상각비	145	153	162	174	185	164
무형자산상각비	37	40	42	44	46	42
순운전자본 증감	−100	−32	−80	−72	−52	−67
매출채권	−49	−13	−34	−31	−23	−30
재고자산	−92	−31	−77	−67	−50	−63
매입채무	24	7	19	16	14	16
기타당좌자산(영업)	−17	−3	−7	−6	−5	−7
기타유동부채(영업)	33	7	18	16	12	17
기타 영업순자산 증감	2	−2	−3	−4	−1	−2
기타비유동자산(영업)	−2	−3	−6	−5	−4	−4
기타비유동부채(영업)	5	1	3	1	3	2
투자활동 현금흐름	**−192**	**−240**	**−236**	**−268**	**−278**	**−243**
단기투자자산	7	−3	−4	−6	−5	−2
투자자산	−21	−9	−14	−18	−16	−16
유형자산	−133	−166	−171	−189	−199	−172
무형자산	−45	−62	−47	−55	−57	−53
재무활동 현금흐름	**−33**	**−33**	**−57**	**−37**	**−70**	**−46**
단기차입금	23	−19	0	2	0	1
유동성장기부채	−41	0	−3	−1	−4	−10
회사채	0	0	−33	0	−30	−13
장기차입금	0	0	0	−13	−10	−5
자본금	0	0	0	0	0	0
자본잉여금	0	0	0	0	0	0
이익잉여금	−14	−14	−20	−24	−26	−20
현금의 증감	**2**	**29**	**31**	**82**	**91**	**47**
기초현금	48	50	80	111	193	96
기말현금	50	80	111	193	284	144

＊비현금 수익·비용은 감가상각비와 무형자산상각비에 대해서만 조정하고, 퇴직급여충당부채 등의 기타 비영업부채는 기초 기말잔액의 차이를 기타 영업순자산의 증감에서 일괄조정함.

[6단계] 추정 재무제표의 검토

일반적으로 추정재무제표의 적정성에 대한 검토는 과거 재무자료의 분석 때와 마찬가지로 각종 재무비율에 의한 분석과정을 통해 가능할 것이다. 이러한 재무비율들은 과거자료에서 산출된 비율이나 산업평균비율, 혹은 외부기관이 발표하는 추정비율 등과 비교하여 추정자료의 적정성을 검토하는 데 활용할 수 있다.

이와 함께 추정자료의 적정성에 대한 보다 심층적인 검토는 아래와 같이 손익계산서의 수익, 비용항목과 재무상태표의 자산, 부채, 자본항목에 대한 개별검토가 병행되는 것이 바람직하다.

수익 측면

재무제표의 추정에 있어 가장 중요하면서도 오류를 가장 많이 범하는 영역이 매출액의 추정에 관한 부분이다. 대부분의 재무추정은 매출액이 확정된 이후 과거 재무실적 분석 결과 등을 근거로 조정된 수치를 이용하여 매출원가 및 기타 비용의 추정이 이루어진다. 따라서, 매출액에서 오류가 발생할 경우 이와 연동되는 다른 항목에서 영향을 미쳐 재무추정의 결과는 더 심각히 왜곡되게 된다. 추정된 매출액의 타당성은 다음과 같이 외부 및 내부요인들에 대한 검증을 통하여 확인되어야 할 것이다.

- 매출액의 증가가 외부환경요인의 영향이라면 해당 기업이 속해 있는 산업의 장기 예측치와 일치하는가?
- 일치한다면 지속적인 성장을 위한 회사 내부의 역량은 충분한가?
- 매출액의 증가가 기업내부요인에 의한 것이라면 경쟁사의 시장점유율 감소는 용인될 수 있는 합리적인 수준인가?
- 시장점유율 감소에 대하여 경쟁사가 취할 수 있는 행동에 대하여 고려하였는가?

기업에서 발생할 수 있는 수익은 영업활동에서 발생하는 매출액과 영업외적으로 발생하는 영업외수익이다. 영업외수익에서 가장 흔하게 발생하는 것이 이자수익, 배당금수익, 임대료 수익 등이며, 기타의 영업외수익은 대부분 비경상적으로 생기기 때문에 추정시점에 예측기간 동안의 발생가능성을 파악하기에는 어려움이 존재한다. 다만, 기업의 특성에 따라 향후 발생가능성이 높은 특수한 항목에 대해 추정시점에서 예측가능하다면 이를 반영할 수는 있을 것이다.

비용 측면

매출액 추정에 이어 중요한 부분이 설비투자 및 매출원가와 판관비 계산의 적정성이라 할 수 있다. 단기적 예측기간 동안에는 회사가 보유한 현재 설비규모 수준에서 매출액이 추정되지만, 장기적인 측면에서는 매출액 증가에 동반하여 설비투자가 반드시 이루어지게 된다. 추가적인 설비투자는 특정연도의 현금유출을 발생시키고 이후 기간 동안 감가상각을 통하여 매출원가 혹은 판관비로 비용 처리하게 된다. 매출액은 설비투자 이후 즉시 투자금액만큼 증가하는 것이 아니므로 매출원가 및 판관비 계산시 이러한 시차에 대한 검토를 수행하여야 한다. 추정된 설비투자, 매출원가 및 판관비의 적정성은 다음과 같은 요인을 검토하여 확인할 수 있을 것이다.

- 현재 설비수준에서의 매출액과 시설확장 이후 설비수준에서의 매출액이 합리적인 수준인가?
- 향후 예측기간 동안 생산기술의 발전에 따라 설비투자의 규모가 변동될 가능성은 고려되었는가?
- 인건비 예측은 설비투자의 규모와 생산기술의 발전에 따른 효율성 증대를 고려하였는가?
- 설비투자가 이루어진 당해 연도에는 가동률이 낮아질 수 있는데 이를 해결하기 위해서 매출원가 계산시 정상조업도[34]를 파악하여 적용하였

34) 정상조업도는 정상적인 상황에서 상당한 기간 동안 평균적으로 달성할 수 있을 것으로 예상되는 생산량을 말하며, 계획된 유지활동에 따른 조업도 손실을 고려한 것을 말한다. 정상조업도의 세부적인 내용은 제10장 "재무보고목적에 의한 평가" 보론 10에서 추가 설명한다.

는가?

- 매출부대비용은 매출증가율 뿐만 아니라 경쟁업체와의 경쟁강도를 고려하여 도출하였는가?

영업외비용은 영업외수익과 동일하게 이자비용 등 중요항목을 제외한 나머지 항목은 추정시점에서 예측가능하지 않다면 고려하지 않아도 무방할 것이다.

자산/부채/자본 측면

손익계산서 측면에서의 검토는 일반적으로 재무상태표 상의 특정 계정과목과 연관되어 이루어지는 경우가 대부분이다. 예를 들면, 감가상각비는 유형자산의 규모, 이자비용은 차입금 규모에 큰 영향을 받게 된다. 한편 실무적으로 대부분의 경우 차입금을 통한 자금조달을 재무추정 시에 기본전제로 하고 있는데, 차입자금을 통한 신규설비 증축으로 매출증가가 이루어지고 이를 통한 현금유입으로 관련 차입금을 정상적으로 상환되는 시나리오가 가장 일반적인 구조일 것이다. 하지만 타인자본을 이용할 것인지 유상증자를 통한 자기자본을 이용할 것인지에 대한 재무전략적인 검토는 부채·자본규모에 직접적인 영향을 미칠 뿐만 아니라 향후 가치평가 과정에서 가중평균 자본비용의 산출에도 큰 영향을 미치게 된다. 이러한 측면에서 자산·부채·자본 항목에 대해서는 다음과 같은 요인을 염두에 두고 검토해 볼 필요가 있다.

- 타인자본으로 조달하는 경우 회사의 차입여력은 충분한 수준인가?
- 추가적인 차입이 이루어질 경우 기존 차입금 이자율의 상승을 초래하지는 않는가?
- 기존주주로부터의 유상증자를 통해 자본을 조달하는 경우 주주들이 유상증자에 참여할 가능성은 높은가?
- 주주가 소수인 경우 유상증자금액을 감당할 수준의 경제력을 해당 주주들이 보유하고 있는가?
- 외부투자자로 부터의 자본유치를 가정하는 경우 회사의 향후 실적 예

상치 등이 자본유치를 성공적으로 이룰 수 있을 수준으로 판단되는가?

비율분석 측면

재무상태표와 손익계산서의 추정이 완료되면 기본적으로 추정기간 동안의 주요 재무비율이 합리적이고 일관성 있게 산출되는지에 대한 분석을 수행할 필요가 있다. 추정기간 동안의 평균치와 비교하여 특정연도의 변동성이 심한 경우가 있다면 어떠한 상황이 그러한 결과를 도출하였는지에 대하여 검토하여야 한다. 추정된 재무상태표와 손익계산서에 대한 전체적인 검토는 ROA, ROE와 같은 혼합 재무비율이 과거 재무지표 및 해당 산업의 재무지표와 비교해 볼 때 합리적인 수준에서 결정되었는가라는 차원에서 검토될 수 있을 것이다. 또한 다양한 재무비율의 결과치가 과거에서부터 미래까지 종합적인 시계열 차원에서 합리적으로 추정되었다고 볼 수 있는지에 대한 검토가 반드시 필요할 것이다.

수익성	Yr1	Yr2	Yr3	Yr4	Yr5	Avg
매출총이익률	25.0%	25.4%	26.0%	26.5%	26.0%	25.8%
영업이익률	15.0%	13.9%	15.8%	16.3%	15.8%	15.4%
세전이익률	11.5%	10.8%	13.2%	14.1%	13.9%	12.7%
순이익률	9.0%	8.4%	10.3%	11.0%	10.9%	9.9%
총자산순이익률	5.3%	5.0%	6.8%	7.6%	7.5%	6.4%
자기자본순이익률	9.1%	8.5%	11.0%	11.9%	11.4%	10.4%

성장성	Yr1	Yr2	Yr3	Yr4	Yr5	Avg
매출액증가율	15.0%	7.0%	16.0%	12.0%	8.0%	11.6%
영업이익증가율	15.5%	−0.3%	31.1%	16.0%	4.3%	13.3%
세전이익증가율	30.1%	0.4%	41.9%	19.9%	6.3%	19.7%
순이익증가율	25.0%	0.4%	41.9%	19.9%	6.3%	18.7%
자산증가율	6.6%	4.5%	6.4%	7.7%	6.5%	6.3%
부채증가율	3.9%	−0.3%	0.3%	1.8%	−1.3%	0.9%
자본증가율	8.6%	7.9%	10.4%	11.3%	10.8%	9.8%

유동성	Yr1	Yr2	Yr3	Yr4	Yr5	Avg
유동비율	198.3%	219.9%	238.0%	262.1%	285.8%	240.8%
당좌비율	87.8%	100.6%	110.3%	129.1%	148.5%	115.3%
현금비율	12.4%	19.8%	25.5%	41.1%	57.8%	31.3%

안정성	Yr1	Yr2	Yr3	Yr4	Yr5	Avg
부채비율	71.8%	66.3%	60.2%	55.1%	49.1%	60.5%
차입금의존도	30.4%	29.2%	26.3%	24.0%	21.3%	26.2%
이자보상비율	430.4%	431.0%	590.4%	696.8%	771.0%	583.9%
자기자본비율	58.2%	60.1%	62.4%	64.5%	67.1%	62.5%
비유동비율	122.4%	116.1%	106.8%	98.3%	90.6%	106.8%
비유동장기적합률	83.3%	80.9%	77.5%	73.7%	70.4%	77.2%

활동성	Yr1	Yr2	Yr3	Yr4	Yr5	Avg
총자산회전율	0.6회	0.6회	0.6회	0.7회	0.7회	0.6회
비유동자산회전율	0.8회	0.8회	1.0회	1.1회	1.1회	1.0회
매출채권회전율	9.1회	8.3회	8.6회	8.5회	8.3회	8.6회
재고자산회전율	4.회	3.7회	3.8회	3.8회	3.7회	3.8회
매입채무회전율	11.5회	10.6회	11.회	10.8회	10.7회	10.9회

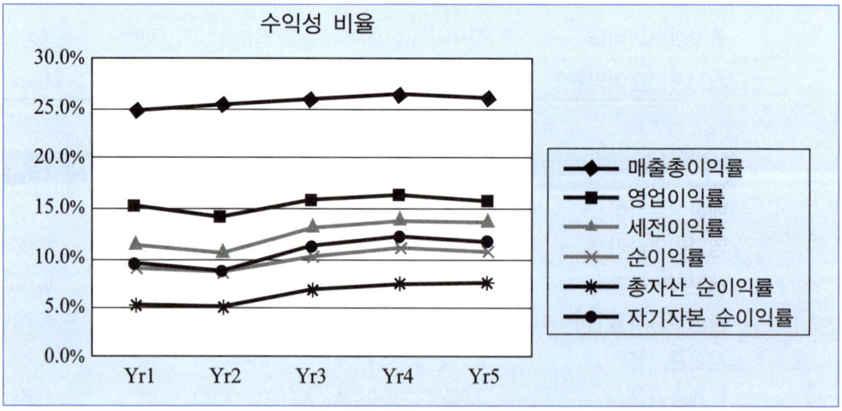

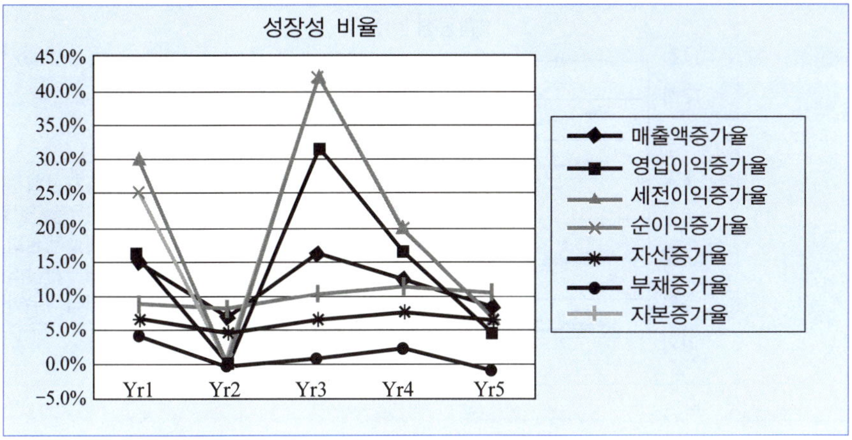
성장성 비율
45.0%
40.0%
35.0%
30.0%
25.0%
20.0%
15.0%
10.0%
5.0%
0.0%
-5.0%
Yr1
Yr2
Yr3
Yr4
Yr5
매출액증가율
영업이익증가율
세전이익증가율
순이익증가율
자산증가율
부채증가율
자본증가율

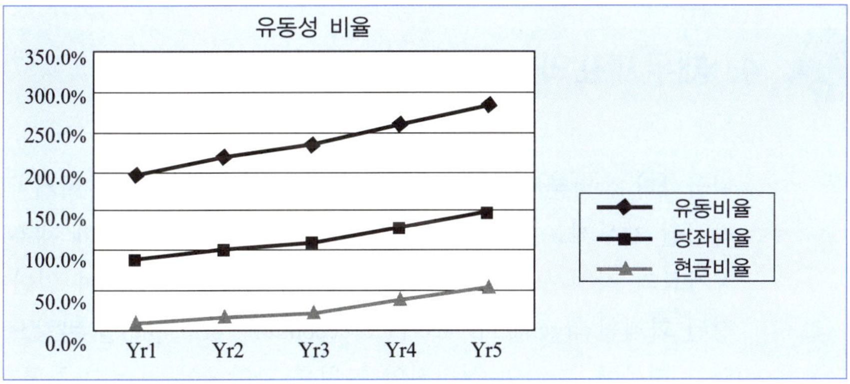
유동성 비율
350.0%
300.0%
250.0%
200.0%
150.0%
100.0%
50.0%
0.0%
Yr1
Yr2
Yr3
Yr4
Yr5
유동비율
당좌비율
현금비율

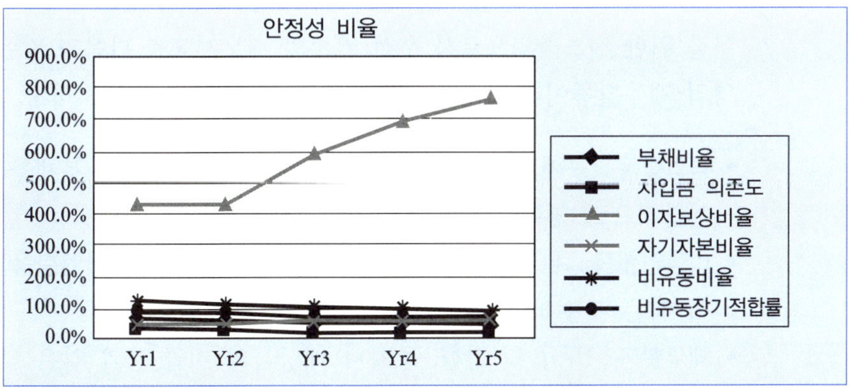
안정성 비율
900.0%
800.0%
700.0%
600.0%
500.0%
400.0%
300.0%
200.0%
100.0%
0.0%
Yr1
Yr2
Yr3
Yr4
Yr5
부채비율
차입금 의존도
이자보상비율
자기자본비율
비유동비율
비유동장기적합률

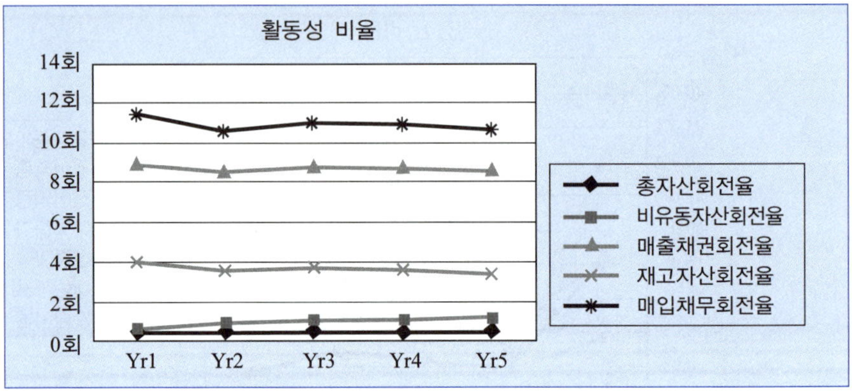

4. 재무제표의 재구성

지금까지 살펴본 재무분석과 재무추정에서는 일반적인 회계기준에 의해 작성된 재무제표를 그대로 사용하였다. 회계기준에 의한 재무제표는 회계자료의 작성자와 회계정보의 이용자 입장을 고려하여 일반적으로 인정된 회계원칙(generally accepted accounting principle)을 바탕으로 작성되었기 때문에, 기업의 실질적인 가치를 파악해야 하는 가치평가목적으로 이를 사용하기 위해서는 일부항목에 대한 조정이 필요하다. 가치평가업무를 위한 전초작업으로서 우선 기존의 재무제표를 다음과 같은 영업·비영업·재무활동이라는 세 가지 분류로 재구성해 보도록 하자.

- 영업활동 : 구매, 생산, 판매 활동과 같이 영업용자산, 부채를 사용하여 일상적으로 영위하는 본연의 기업활동
- 비영업활동 : 유휴자산에 대한 투자 등 기업 본연의 영업활동과는 구분이 되는 부수적인 활동
- 재무활동 : 차입 및 상환, 증자나 배당금의 지급 등과 같은 자금조달과 관련된 활동

위와 같은 세 가지 활동의 개념을 쉽게 이해하기 위해서는 우선 현행 기

[그림 3. 5] 영업·비영업·재무활동의 이해

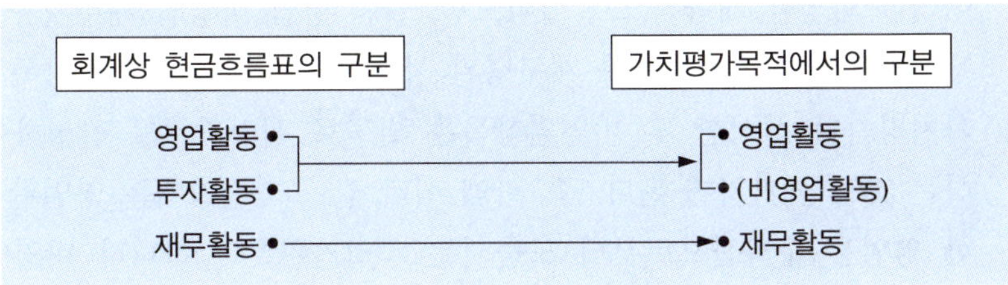

업회계기준에 따라 작성되는 현금흐름표에서 기업활동을 "영업·투자·재무" 활동으로 구분하고 있는 것과 비교하는 것이 좋겠다. 즉, 위의 [그림 3. 5]에서와 같이 현금흐름표상의 영업활동과 투자활동은 가치평가목적에서는 모두 영업활동으로 묶어서 다루게 되는데 이 중 일부 비영업용 자산, 부채[35]와 관련된 항목만을 비영업활동 관련항목으로 별도로 구분하면 된다. 재무활동의 경우는 현금흐름표상의 구분과 유사하다고 보면 된다.

이와 같이 현금흐름표를 통해 영업·비영업·재무활동의 개념이 이해가 되면, 재무상태표와 손익계산서의 항목에서도 세 가지 활동별로 구분이 가능해진다. 각각의 재무제표에서 위의 세 가지 활동에 따라 개별 항목을 어떻게 구분할 것인지는 다음 절에서 자세히 설명하기로 하다.

한편, 이러한 영업·비영업·재무의 세 가지 활동 중 특히 영업과 비영업활동의 구분은 실무적으로 간단한 내용은 아니다. 그러나 굳이 영업·비영업활동을 구별하는 이유는 기업을 대상으로 이루어지는 가치평가업무에서는 (1) 해당 기업 본연의 영업활동에 대한 가치평가와 (2) 부수적인 비영업활동과 관련된 항목에 대한 가치평가는 반드시 구분하여 이루어

35) 비영업용 자산에서 비영업용 부채를 차감하면 "비영업용 순자산"이 된다. 그런데 비영업용 자산이 대부분이고 비영업용 부채는 비영업용 자산의 구입과 관련해서 직접적으로 발생한 미지급금 등 아주 특수한 경우에만 발생한다. 따라서 비영업용 자산이라고만 해도 대부분의 경우 타당하다.

져야 해당 기업의 가치를 적정하게 평가할 수 있기 때문이다.

이러한 과정을 개략적으로 살펴보면, 일단 영업·비영업·재무활동으로 재무상태표와 손익계산서가 재구성된 상태에서 영업활동 관련항목에 대한 가치평가를 실시한 후 비영업항목은 별도로 시장가치를 산정하여 합산하는 과정을 거치게 된다. 즉, 아래 식과 같이 기업가치는 영업활동을 위한 영업용 순자산으로부터 도출되는 영업가치뿐만 아니라 비영업용 순자산의 가치가 추가적으로 합산되어야 구해질 수 있다. 이때 영업가치는 전체기업가치 중 영업활동에서 창출되는 기업가치 부분만을 의미한다.

기업가치 = 영업가치 + 비영업용 순자산가치

이러한 개념은 앞으로 소득·시장·자산접근법을 설명하면서 일관되게 적용될 것인데, 영업·비영업·재무활동에 대한 구체적인 적용방법에 대해서는 각각의 평가기법을 설명하면서 자세히 살펴보기로 한다.

4.1 영업·비영업·재무활동의 구분

제1장에서 [그림 1.2]를 통해 기업가치와 주식가치에 대한 기본개념을 시장가치로 표시한 약식재무상태표로 설명한 바 있다. 또한 구체적인 소득·시장·자산접근법의 가치평가기법을 적용할 때 <표 1.3>을 통해 투하자본방식과 자기자본방식이 있다고 소개한 바 있다. 이때 우리는 기본개념의 이해를 위해서 일단 비영업용 자산 등이 없는 단순한 경우를 가정하였다. 그러나 현실적으로 대부분의 기업은 영업활동과 무관하지만 유휴자금의 운용목적 등으로 비영업용 자산, 부채를 보유하고 있다. 이제 우리는 좀더 현실적 상황을 가정하기 위해 비영업자산, 부채가 존재하는 상황이 반영된 경우를 도입해 보기로 한다.

[그림 3.6]에서는 재무상태표를 통해 기업의 자산과 부채를 영업활동, 비영업활동, 재무활동으로 재분류하였다. 앞의 재무상태표에서 “영업용

[그림 3. 6] 재무상태표에서의 영업·비영업·재무활동의 구분

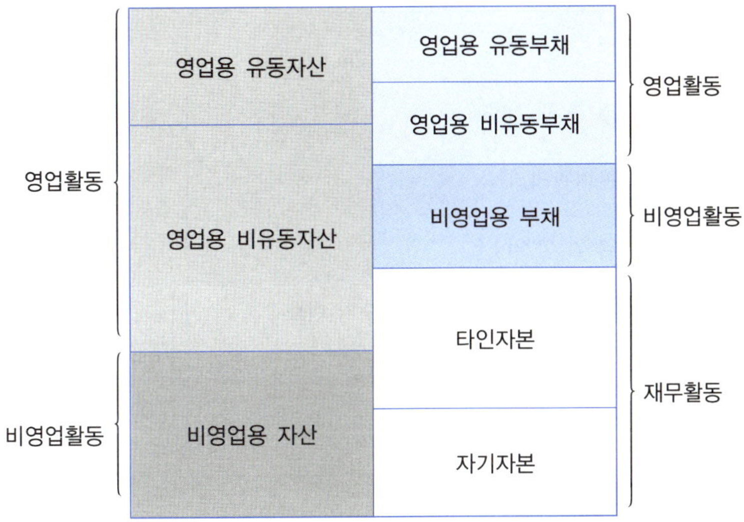

순자산"은 영업용 유동자산과 비유동자산에서 영업용 유동부채 및 비유동부채를 차감하여 구해진다. "비영업용 순자산"은 비영업용자산에서 비영업용 부채를 차감하여 구해지고, 재무활동과 관련된 타인자본과 자기자본의 합은 투하자본으로 정의한다.

- 영업용 순자산 = (영업용 유동자산 − 영업용 유동부채)
  + (영업용 비유동자산 − 영업용 비유동부채)
- 비영업용 순자산 = 비영업용 자산 − 비영업용 부채
- 투하자본 = 타인자본 + 자기자본

이러한 구분은 재무상태표에서뿐만 아니라 손익계산서 항목에 대해서도 필요하다. 현행 기업회계기준의 손익계산서 구분에 따르면 매출액에서 시작하여 영업이익을 산출하기까지 포함된 모든 수익, 비용은 재무상태표상의 영업용 자산, 부채와 관련된 항목들이다. 즉, 매출은 모두 영업활동에서 발생하는 수익이며, 매출원가와 판매관리비는 모두 영업과 관련해서 발생하는 비용이다. 그러나 영업이익 아래에 위치하는 영업외수익

[그림 3. 7] 손익계산서에서의 영업·비영업·재무활동의 구분

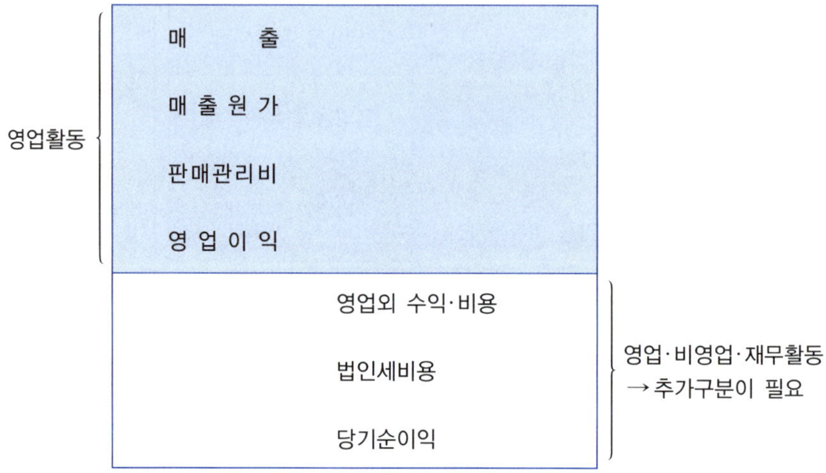

및 비용은 회계상으로는 영업외수익, 비용에 계상되어 있다고 하더라도 실질상으로는 영업·비영업·재무활동과 관련된 항목이 혼재되어 나타날 수 있다. 예를 들면, 이자비용은 재무활동으로 인한 타인자본에 대한 조달비용인 반면, 비영업자산에서 발생하는 이자수익, 배당금수익, 임대료수익 등은 비영업활동 관련항목이다. 법인세비용의 경우는 엄밀하게 말하면 영업활동, 비영업활동, 재무활동과 관련된 부분이 모두 포함되어 있다고 볼 수 있다. 법인세를 산출하기 위해 계산되는 세전이익[36]이 이들 세 가지 활동 모두의 결과라고 볼 수 있으므로, 이를 근거로 산출된 법인세도 세 가지 활동과 모두 관련이 있다고 할 수 있을 것이다.

실무적으로 항목별 특성에 따라 명확히 영업·비영업·재무활동의 구분이 가능한 항목도 있지만, 단순히 계정과목만을 보아서는 분류가 불가능한 경우도 많다. 이러한 경우에는 해당 계정에 대한 추가적인 정보가 입수되어야만 영업·비영업·재무활동의 구분이 가능하다. 그런데 이러한 노력

36) 엄밀하게 말하면 회계상의 세전이익이 아닌 세무상의 과세표준이 더 정확한 표현이다.

을 기울여 세부적인 항목별로 구분을 시도할 때 과연 정확한 가치평가라는 목적을 달성하기 위해 구분의 실익이 나타날 것인가를 항상 염두에 두어야 한다. 세부적인 구분을 하더라도 최종가치평가액에 그다지 중요한 영향을 미치지 못할 것이라고 판단된다면, 합리적인 수준에서 대분류하는 방식이 오히려 효과적일 수 있을 것이다.

한편, 이 장에서 영업·비영업·재무활동으로 구분하는 작업은 일단 회계적인 수치를 기준으로 회사 재무제표의 장부가액을 그대로 사용하여 재구성하는 것으로, 추후에 구체적인 가치평가기법을 적용하는 경우에는 상황에 따라 장부가액을 시장가치로 바꾸는 작업이 필요하게 될 것이다.

4.2 재무상태표 항목

4.2.1 유동자산

현금 및 현금성자산

현금은 통화대용증권, 당좌예금, 보통예금 등을 포함하며, 현금성자산은 취득 당시 만기가 3개월 내에 도래하는 채권 등을 포함한다. 현금 및 현금성자산은 대부분 영업관련자산으로 보면 될 것이나, 엄밀하게 말하면 영업활동과 관련된 현금(operating cash)과 초과현금(excess cash)으로 구분하는 것이 필요하다. 과거 재무재표에 나타난 회사의 보유현금 중 얼마만큼을 영업현금으로 볼 것인가에 대한 의견은 분분하다.[37] 정상적인 기업인 경우에는 초과현금은 대부분 추가적인 수익을 창출해 낼 수 있는 자산(예를 들면, 장단기 투자자산)을 취득하는 등 어떤 형태로든지 사용될 것이다. 그러나 실제로 일정시점에서 일시적으로 현금규모가 갑자기 증가한 경우라든지, 혹은 투자처를 찾지 못하여 현금을 그대로 쌓아두는

37) 적정 영업현금수준은 매출액 대비 과거 평균비율이나 산업 평균비율 등을 사용하여 결정할 수 있을 것인데, 보다 정교하게 계산하려면 "보몰(Baumol)의 Cash management model" 등의 현금관리모형을 이용할 수도 있을 것이다.

특별한 경우도 있다.

단기투자자산

단기투자자산은 기업이 여유자금의 활용목적으로 보유하고 있는 단기금융상품, 단기매매증권,[38] 단기대여금 등의 자산을 의미한다. 이들은 기업의 여유자금을 단기적으로 운용하기 위한 목적으로 보유하고 있는 자산이므로 영업과 관련하여 필수적으로 발생하는 항목으로 보기는 어렵다. 따라서 단기투자자산은 대부분 비영업자산으로 간주한다.

매출채권

매출채권은 일반적 상거래에서 발생한 외상매출금과 받을어음으로 구성되며 이는 기업의 영업활동과 관련해서 발생한 것이다. 따라서 매출채권은 모두 영업용 자산으로 분류하는 것이 타당하다.

재고자산

재고자산이란 정상적인 영업활동과정에서 판매를 목적으로 소유하거나 생산 중에 있는 자산 또는 제품의 생산이나 용역의 제공과정에서 사용될 자산을 말하며, 상품, 제품, 반제품, 재공품, 원재료, 저장품 등으로 분류된다. 이들 재고자산은 명백히 기업의 영업활동에 필수적인 영업용 자산이다.

기타의 유동자산

기타의 유동자산의 경우 미수금, 선급금, 미수수익, 선급비용 등이 있다. 이들 항목은 실질에 따라 영업활동과 관련되어 발생한 경우와 영업외적인 측면(비영업활동 혹은 재무적 활동)에서 발생한 경우로 나눌 수 있다.[39]

---

38) 현행 기업회계기준에서는 유가증권을 단기매매증권, 매도가능증권 및 만기보유증권으로 구분하고, 유동성에 따라 유동자산 혹은 비유동자산 중 투자자산으로 분류한다. 가치평가업무에서는 이러한 구분에 관계없이 유가증권은 모두 비영업자산으로 보면 된다.

39) 현금흐름표상으로는 미수금은 투자활동으로 선급금, 미수수익, 선급비용은 영업활동으로 분류된다. 그러나 실제적으로는 미수수익은 이자수익(비영업활동)과 관련해서

다만, 구분이 용이하지 못한 경우에는 실무적으로 중요성기준에 위배되지 않는 범위에서 대분류하는 것이 바람직하다.

4.2.2 비유동자산

투자자산

투자자산은 일반적으로 사업의 주된 영업목적이 아닌 다른 회사의 지배 또는 유휴자금의 증식이나 활용을 목적으로 한 자산으로서 대부분 비영업용 자산으로 분류되는 것이 타당하다. 투자부동산, 매도가능증권, 만기보유증권, 지분법적용 투자주식 등은 성격상 비영업용 자산이 명백하다.

유형자산

유형자산은 판매목적이 아닌 것으로 장기간에 걸쳐 정상적인 영업활동에 사용하기 위하여 소유함으로써 미래의 경제적 효익이 기대되는 유형의 자산을 말한다. 유형자산에는 토지, 건물, 구축물, 기계장치, 선박, 차량운반구 등이 있는데, 특별히 영업활동에 사용되고 있지 않는 유휴토지, 건물 및 설비를 제외하고는 모두 기업의 영업활동과 직결되는 영업용 자산으로 분류함이 타당하다.

무형자산

무형자산은 물리적 형태는 없으나 미래에 걸쳐 기업의 수익창출에 기여할 것으로 예상되는 자산으로 산업재산권, 저작권, 광업권, 어업권, 개발비, 영업권 등으로 분류된다. 대부분의 무형자산은 영업활동과 관련하여 발생된 영업용 자산으로 간주된다.

기타의 비유동자산

기타의 비유동자산은 투자자산, 유형자산, 무형자산에 속하지 않는 비유

발생하거나, 선급비용은 이자비용(재무활동)과 관련해서 발생하는 경우도 많다. 미수금과 선급금도 금액적으로 중요한 경우에는 실질적인 내용을 살펴볼 필요가 있을 것이다.

동자산으로서 투자수익이 없고 다른 자산으로 분류하기 어려운 자산이다. 이에는 장기성 매출채권과 전세권, 전신전화가입권, 임차보증금, 영업보증금, 이연법인세차[40] 등 영업활동과 관련되는 항목으로 구성되어 있다.

4.2.3 유동부채

매입채무

매입채무는 일반적인 상거래에서 발생한 외상매입금과 지급어음으로 구성되며 기업의 영업활동과 관련해서 발생한 것이다. 매입채무는 전부 영업용 부채로 분류하는 것이 타당하고 순운전자본을 구할 때 영업용 유동자산에서 차감되는 항목이다.

단기차입부채

단기차입부채는 금융기관으로부터의 당좌차월과 1년 내에 상환될 단기차입금, 그리고 장기부채 중 만기일이 1년 내에 도래하는 부분을 별도로 유동부채에 구별하여 계상한 유동성장기부채로 구성된다. 이러한 단기차입부채는 재무활동을 통해 조달된 타인자본으로 영업활동과는 관련이 없다.

기타의 유동부채

기타의 유동부채에는 미지급금, 선수금, 미지급비용, 선수수익 등이 있는데, 원칙적으로는 이들 항목도 실질에 따라 영업활동과 관련되어 발생한 경우와 영업외적인 측면(비영업활동 혹은 재무적 활동)에서 발생한 경우로 구별하여야 한다.[41] 역시 재무재표상에서 구분이 용이하지 않은 경우에

---

40) 이연법인세차는 엄밀히 말하면 영업·비영업·재무활동과 모두 관련된다. 한편, 이연법인세를 준자기자본으로 보고 재무활동으로 분류해야 한다는 견해도 있다.

41) 현금흐름표에서는 미지급금은 재무활동으로, 선수금, 미지급비용, 선수수익은 영업활동으로 분류한다. 그러나 선수수익은 이자수익 등과 관련된 비영업활동에서, 미지급비용은 이자비용 등과 관련된 재무활동으로 발생하는 경우도 많다. 미지급법인세의

는 중요성 기준에 위배되지 않는 범위에서 대분류하여 처리한다.

4.2.4 비유동부채

장기차입부채

장기차입부채는 장기차입금, 회사채, 전환사채, 신주인수권부사채 등을 포함하는데, 회계적으로 명목가액과 현재가치의 차액은 현재가치할인차금의 과목으로 하여 명목가액에서 차감하는 형식으로 기재한다. 이들은 단기차입부채와 함께 전형적인 재무활동으로 인한 이자발생부채(interest bearing debt)이다.

부채성충당부채

장기 부채성충당부채는 당기의 수익에 대응하는 비용으로서 장래에 지출될 것이 확실한 항목을 계상한 것을 말하며 퇴직급여충당부채, 장기제품보증충당부채 등이 있다. 부채성충당부채는 대부분이 영업활동과 관련된 항목으로 재무활동으로 발생하는 이자발생부채와는 구별되어야 한다.

기타 비유동부채

기타 비유동부채에는 장기성 매입채무, 장기선수금, 이연법인세대, 임대보증금 등이 나타날 수 있는데 실질에 따른 구분이 필요하다. 장기성 매입채무, 장기선수금, 이연법인세대[42]는 영업활동으로, 임대보증금은 부동산업을 영위하지 않는 한 비영업용으로 분류하는 것이 타당할 것이다.

경우에는 세전이익의 구성상 영업·비영업·재무활동과 모두 관련이 있다고 보아야 할 것이다. 미지급금과 선수금도 금액적으로 중요한 경우에는 실질적인 내용을 살펴볼 필요가 있다.

42) 이연법인세대는 이연법인세차와 마찬가지로 영업·비영업·재무활동과 모두 관련이 있다고 보는 것이 타당할 것이다. 한편 준자기자본으로 보고 재무활동으로 분류해야 한다는 견해도 있다.

4.2.5 자 본

자본은 회계주체의 소유자인 주주에게 귀속될 소유자지분을 의미하며 이는 자산총액에서 부채총액을 차감한 잔여지분을 의미한다. 자본항목 중 자본금과 자본잉여금은 재무활동 관련항목으로 볼 수 있고, 이익잉여금의 경우에는 이익발생의 원천에 따라 영업·비영업·재무활동의 모든 부분과 관련이 있다고 볼 수 있다. 그러나 가치평가업무를 수행하는 과정에서는 이렇게 자본항목 자체를 영업·비영업·재무활동으로 구분하는 것은 불필요한 내용이다. 우리가 영업과 비영업항목에 대해 세부적인 구분을 하고, 재무활동과 관련된 차입부채를 따로 분리시키는 이유는 궁극적으로 기업가치나 주식가치를 보다 정확하게 구하기 위해서이다. 그런데 기업가치나 주식가치는 자산항목과 부채항목에서 비영업자산, 부채를 분리해내는 것만으로 충분히 접근가능하기 때문에 자본에 대해 영업·비영업·재무활동을 굳이 분리시킬 필요는 없다. 아래에서는 참고목적으로 자본의 구성항목을 정리해 보았다.

구 분	구성항목(예시)
자 본 금	보통주자본금, 우선주자본금
자본잉여금	주식발행초과금, 감자차익, 기타자본잉여금
자 본 조 정	자기주식, 주식할인발행차금, 주식매수선택권, 출자전환채무, 감자차손, 자기주식처분손실 등
기타포괄손익누계액	매도가증증권평가손익, 해외사업환산손익, 파생상품평가손익 등
이익잉여금	이익준비금, 기타법정적립금, 임의적립금, 미처분 이익잉여금(또는 결손금)

지금까지 재무상태표의 각 계정과목을 영업·비영업·재무항목으로 구분해 보았다. <표 3.2>에서는 지금까지 설명한 내용 중 주의를 요하는 주요 계정과목을 재정리해 보았다.

〈표 3. 2〉 재무상태표 재구성 정리

	영업관련항목	비영업관련항목	재무관련항목
현 금	영업현금	초과현금	
단기투자자산		단기금융상품, 단기매매증권, 단기대여금 등	
매출채권	외상매출금, 받을어음		
재고자산	상품, 제품 등		
기타 유동자산	미수금, 선급금, 미수수익, 선급비용 등 (실질에 따라 구분하되 중요성 기준으로 대분류)		
투자자산		투자부동산, 매도가능증권, 만기보유증권, 지분법적용투자주식 등	
유형자산	토지, 건물, 기계장치 등	영업활동에 사용되지 않는 유휴자산	
무형자산	산업재산권, 개발비, 영업권 등		
기타 비유동자산	장기성 매출채권, 전세권, 전신전화가입권, 임차보증금, 이연법인세차 등		
매입채무	외상매입금, 지급어음		
단기차입부채			당좌차월, 단기차입금, 유동성장기부채
기타 유동부채	미지급금, 선수금, 미지급비용, 선수수익 등 (실질에 따라 구분하되 중요성 기준으로 대분류)		
장기차입부채			장기차입금, 회사채 등
부채성충당부채	퇴직급여충당부채, 제품보증충당부채 등		
기타 비유동부채	장기성 매입채무, 장기선수금, 이연법인세대 등	임대보증금 등	

4. 3 손익계산서 항목

현행 기업회계기준에서는 기업의 영업활동과 관련된 항목을 영업이익이라는 형태로 집계하고 있으나, 실질적으로는 영업이익이 기업의 영업과 관련된 세부항목을 정확하게 포함하지 못할 수 있다.[43] 따라서, 가치평가업무를 수행할 때는 회계처리기준에 따른 영업·영업외적인 구분을 따를 것이 아니라, 기업의 실질을 정확히 반영하여 회계적으로는 영업외수익, 비용으로 구분한 항목 중에서도 실질적으로는 영업활동과 관련된 항목이 있을 경우에는 이를 조정할 필요가 있다.

재무상태표상에서 영업용 순자산으로부터 발생하는 모든 수익과 비용은 실질 영업이익을 계산하는 과정에 포함되어야 한다는 관점에서 손익계산서를 재검토해 보도록 한다. 또한 실질적인 영업이익과 회계상 영업이익이 일치한다 하더라도, 회계상 영업외 수익·비용항목은 비영업용활동과 재무활동(특히 타인자본 관련 항목)으로 구분할 필요가 있다. 예를 들면, (1) 유가증권에 대한 투자로 발생된 이자수익은 비영업용 자산으로부터 발생된 수익인 반면, (2) 차입금에 대한 이자비용은 타인자본의 조달에 따른 재무적인 활동과 관련된 비용이다.

4.3.1 영업활동 관련 수익비용

매출액

매출액이란 상품, 제품 또는 용역을 고객에게 제공함으로써 유입되는 현금 또는 순자산의 현금등가액을 말한다. 매출액은 전부 영업활동 관련수익이다.

---

43) 실질적인 측면에서는 EBIT(Earning before Interest & Taxes) 혹은 NOPLAT(Net Operating Profit Less Adjusted Taxes)이 좀더 근접한 개념이다.

매출원가

매출원가란 기업이 정상적인 영업활동과정에서 실현시킨 매출에 직접 대응되는 비용으로, 이 또한 전부 영업활동 관련비용이다.

판매관리비

판매관리비는 판매활동과 관련된 비용인 판매비와 기업의 전반적인 유지·관리와 관련된 일반관리비로 나눌 수 있는데, 전부 영업활동과 관련된 비용이다. 매출액에서 매출원가와 판매관리비까지를 고려하면 기업의 기본적인 영업활동으로 발생하는 회계상의 영업이익이 집계된다.

4.3.2 영업외손익, 법인세비용

영업외손익이란 매출을 통한 주된 영업활동 이외의 보조적 또는 부수적인 영업활동에서 순환적으로 발생하는 손익을 말한다. 회계적으로 영업외손익은 주된 영업활동에서 발생한 손익이 아니라는 점에서 영업손익과 구별된다.

이러한 영업외손익 항목에는 실질적으로 영업과 관련된 항목이 일부 포함될 수도 있기 때문에 가치평가와 관련해서 논란이 발생될 여지가 있다. 아래에서는 영업외손익 항목을 실질에 따라 영업·비영업·재무활동으로 구분할 때 유의할 사항을 정리하였다.

영업외수익

영업외수익에는 이자수익, 배당금수익, 임대료수익, 외환차익, 외화환산이익 등이 있다. 이러한 항목 중 이자수익과 배당금수익은 재무활동과 관련해서 발생한 수익이다.[44] 임대료수익은 대부분 비영업자산을 임대하는 경우가 많으므로 비영업활동으로 분류한다.

---

44) 장기매출채권 등 영업자산과 관련하여 발생하는 이자수익을 영업활동과 관련된 것으로 볼 것인가에 대해서는 이견(異見)이 있으나 실무적으로는 중요성 기준에 따라 재무활동에서 발생한 일반적인 이자수익과 구별하지 않는 경우가 많다.

외환차익과 외화환산이익의 경우에는 엄밀히 말하면, 이러한 수익의 원천이 되는 해당 외화자산, 부채가 영업용(예를 들면, 외화매출채권) 인지 비영업용(예를 들면, 외화차입금)인지를 구분하여야 한다. 해당 자산, 부채의 분류에 따라 발생된 수익도 한 묶음으로 영업·비영업으로 분류한다는 것이다. 그러나 이러한 구분 작업은 추가적인 세부자료의 입수가 가능하여야 하고, 또 구분하는 것이 실질적으로 중요한가를 따져본 후 실시하여야 할 것이다.

영업외비용

영업외비용에는 이자비용, 외환차손, 외화환산손실 등이 있다. 이자비용은 대표적인 재무활동 항목이다.[45] 외환차손과 외화환산손실은 마찬가지로 발생원천이 되는 자산, 부채에 따라 구분하는 것이 원칙이다. 잡손실에 포함되는 재고자산감모손실의 경우 비정상적으로 발생한 금액만을 영업외비용으로 처리하기 때문에 비영업활동으로 분류하고, 정상적으로 발생한 금액은 매출원가로 계상하기 때문에 영업활동으로 분류된다.

법인세비용

법인세비용은 법인세법 등의 법령에 의하여 당해 사업연도에 부담할 법인세 및 법인세에 부가되는 세액[46]의 합계에 당기 이연법인세 변동액을 가감하여 산출된 금액으로 계산된다.

법인세비용은 앞에서 구분한 영업·비영업·재무활동 모두 관련이 있다고 할 수 있다. 법인세비용을 산출하기 위한 세전이익이 이러한 세 가지 활동과 관련된 모든 수익과 비용으로부터 산출되므로, 엄밀하게 구분하자면 법인세비용도 세 가지 활동과 관련되어 발생한 부분으로 각각 나눌

---

45) 연불조건으로 수입을 하면서 발생한 유산스와 장기매입채무 등과 같이 영업부채와 관련하여 발생하는 이자비용의 경우에도 이를 영업활동으로 구분할 것인가에 대해서는 역시 이견이 있다. 구분의 실익을 고려하여 재무활동에서 발생하는 일반적인 이자비용과 별도로 구분하지 않는 것이 일반적인 실무처리방법이다.

46) 법인의 소득에 대한 법인세, 주민세, 농어촌특별세 등 직접세는 모두 포함하며, 부가가치세 등 간접세는 포함하지 않는다.

수 있을 것이다.

실무적으로 이러한 구분이 필요한 경우에도 금액으로 직접 조정하는 것보다는 각 활동별 세전손익을 계산한 후 세율을 곱하여 산출하는 방식으로 나누어 주면 편리하다. 예를 들면, 세후영업이익을 구할 때 "세전영업이익×(1－법인세율)"과 같은 방식을 사용하면 된다는 것이다.

한편, 적용세율은 유효법인세율을 적용하는 것이 정확하나, 가치평가업무시에는 약식으로 법정세율(법인세와 소득할 주민세)을 적용하기도 한다. 현행 세율로는 소득할 주민세를 포함하여 과세표준 2억원 미만 11.0%(=10%×1.1), 2억원 이상은 24.2%(=22%×1.1)를 적용하면 된다.[47] 유효법인세율을 적용하기 위해서는 과거 재무자료 등을 이용하여 이연법인세 등을 고려한 법인세 지출액을 세전이익과 대비시켜 구할 수 있을 것인데, 보다 정확한 유효세율을 산출하기 위해서는 세무조정을 거친 과세표준이 계산되어야 한다.

이연법인세의 경우에도 법인세 자체가 영업·비영업·재무활동 모두와 관련되어 있으므로, 이들 세 가지 활동으로 구분하는 것이 원칙적으로는 옳을 것이다. 그러나 실무적으로 세무조정사항을 모두 검토하여 각각의 활동을 구분하고, 이러한 상황을 재무추정에까지 반영하는 작업은 대단히 복잡한 작업이 될 수 있다. 따라서 특별한 경우를 제외하고는 영업활동으로 대분류하는 것이 합리적일 것으로 본다.

이상으로 손익계산서의 계정과목별로 영업·비영업·재무항목에 대한 구분과 관련된 내용을 살펴보았다. <표 3. 3>에서는 손익계산서 항목 중 구분에 주의를 요하는 계정과목에 대해서 다시 한 번 정리해 보았다.

47) 2012년부터는 2억원 이상에 대하여 20%의 세율이 적용되어 주민세를 고려할 경우 22%가 된다.

〈표 3. 3〉 손익계산서 재구성 정리

	영업관련항목	비영업관련항목	재무관련항목
매 출 액	모두 영업관련수익		
매출원가	모두 영업관련비용		
판 관 비	모두 영업관련비용		
영업외수익		이자·배당금·임대료 수익	
	외환차익·외화환산이익, 잡이익 등(실질에 따라 구분, 중요성 기준으로 대분류)		
영업외비용			이자비용
	외환차손·외화환산손실, 잡손실 등(실질에 따라 구분, 중요성 기준으로 대분류)		
법인세비용	법인세비용은 유효법인세율 등으로 안분		

4. 4 현금흐름표 항목

우리는 지금까지 재무상태표와 손익계산서를 중심으로 "영업·비영업·재무"활동의 분류와 관련된 내용을 살펴보았는데, 사실 이러한 분류는 앞에서도 설명하였듯이 현금흐름표상에서 이루어지고 있는 "영업·투자·재무"활동이라는 구분을 재구성한 것이라고 볼 수 있다.

앞에서도 살펴보았듯이 영업·비영업·재무활동의 세 가지 활동 중 영업·비영업활동 간의 구분이 가장 까다로운 문제이다. 현금흐름표상으로도 재무활동과 관련된 항목은 뚜렷이 구분되어 있으나, 영업·비영업활동의 구분은 "영업활동으로 인한 현금흐름"과 "투자활동으로 인한 현금흐름"에 두루 산재되어 있어 구분이 상당히 애매하다. 다만, 우리는 이미 재무상태표와 손익계산서를 영업·비영업·재무활동으로 재구성하였으므로, 현금흐름표에도 이러한 구분을 그대로 적용한다면 큰 어려움 없이 작성할 수 있을 것으로 본다.

이제 좀더 구체적으로 회계상의 현금흐름표가 가치평가목적으로 사용될 때 어떤 방식으로 재구성되어야 하는지 살펴보도록 하자.

4.4.1 영업활동 현금흐름

현금흐름표에서 영업활동이라 함은 상품과 제품의 구매, 판매활동 및 제품의 생산, 제조활동을 말하는데, 다음에서 살펴볼 투자활동과 재무활동에 속하지 아니하는 거래를 모두 포함하는 포괄적인 개념으로 이해하면 된다. 구체적으로 살펴보면 제품 등의 판매에 따른 현금유입과 원재료 등의 구입에 따른 현금유출, 종업원에 대한 현금지출, 그리고 이자수익, 배당금수익, 이자비용, 법인세지급과 관련된 현금의 유출입을 모두 포함시키고 있다. 아래 표는 현행 현금흐름표에서 영업활동 현금흐름을 계산하는 두 가지 방식을 간략하게 비교한 것이다.

직 접 법	간 접 법
I. 영업활동으로 인한 현금흐름	I. 영업활동으로 인한 현금흐름
1. 매출 등 수익활동으로부터의 유입액	1. 당기순이익
2. 매입 및 종업원에 대한 유출액	2. 현금의 지출이 없는 비용 등의 가산
3. 이자수익 유입액	3. 현금의 유입이 없는 수익 등의 차감
4. 배당금수익 유입액	4. 영업활동으로 인한 자산·부채의 변동
5. 이자비용 유출액	
6. 미지급법인세의 지급	

이들 항목 중에서 이자수익, 배당금수익 및 이자비용을 영업활동으로 인한 현금흐름으로 분류하는 현행 회계기준은 가치평가관점에서 보면 도저히 받아들이기 힘든 내용이다. 이자수익, 배당금수익은 당연히 투자활동(가치평가목적으로는 비영업활동)과 관련된 항목으로 분류되어야 하고, 이자비용은 재무활동과 관련된 항목으로 분류되어야 할 것이다.

현행 현금흐름표가 이들 항목에 대해 이러한 불합리한 구조로 작성되는 것은 당기순이익으로부터 출발하는 간접법에 의한 관행에서 비롯된 것이다. 즉, 이자수익, 배당금수익, 이자비용은 이미 당기순이익을 계산하는 과정에서 고려된 항목이므로 이들 항목에 대한 효과를 다시 제거해내는 것이 번거롭기 때문에 작성의 편의상 전부 영업활동으로 간주하고 있는 것이다. 이러한 불합리한 면을 지니고 있는 현금흐름표를 가치평가목적으로 그대로 사용할 수는 없다. 앞으로 살펴보겠지만 우리는 가치평가목적으로 현금흐름을 계산하는 경우에는 간접법의 경우 "당기순이익"이 아닌 "영업이익"[48]에서 출발함으로써 이러한 문제점을 해결한다.

한편, 회계상 현금흐름표의 영업·투자활동 현금흐름에는 여러 가지 비영업활동과 관련된 항목이 포함될 수 있는데, 가치평가목적에서는 이러한 비영업항목은 원천적으로 영업관련항목과는 분리시켜 다루어야 한다.

4.4.2 투자활동 현금흐름

현금흐름표에서 투자활동이라 함은 투자자산, 유형자산, 무형자산, 기타 비유동자산으로 구성되는 비유동자산의 증감과 투자활동과 관련된 단기대여금 등 일부 유동자산의 증감과 관련된 활동을 말한다.

투자활동으로 인한 현금유입액	투자활동으로 인한 현금유출액
1. 투자활동 관련 유동자산의 감소[주)]	1. 투자활동 관련 유동자산의 증가[주)]
2. 투자자산의 감소	2. 투자자산의 증가
3. 유형자산의 감소	3. 유형자산의 증가
4. 무형자산의 감소	4. 무형자산의 증가
5. 기타 비유동자산의 감소	5. 기타 비유동자산의 증가

주) 단기금융상품, 유가증권(현금등가물 제외), 단기대여금, 투자활동 관련 미수금 등

앞에서 살펴보았듯이 가치평가목적에서 투자활동은 영업활동과 별도로 구분하지 않고 모두 영업활동이라는 하나의 개념으로 합쳐진다. 다만, 이 중에서 비영업활동 관련항목을 구분해내야 하는데, 비영업용 자산으로 구성되는 장단기 투자자산으로 발생하는 이자수익, 배당금수익, 임대료수익 등이 대표적인 예이다.

48) 정확하게는 영업외손익항목 중 영업활동과 관련된 사항을 조정한 후의 실질영업이익이다.

4.4.3 재무활동 현금흐름

현금흐름표에서 재무활동이라 함은 차입, 상환, 증자, 배당금의 지급 등과 같이 차입부채 및 자본계정에 영향을 미치는 거래를 말한다.

재무활동으로 인한 현금유입액	재무활동으로 인한 현금유출액
재무활동 관련 유동부채의 증가 주1) 장기부채의 증가 주2) 자본의 증가	재무활동 관련 유동부채의 감소 주1) 장기부채의 감소 주2) 자본의 감소

주: 1) 단기차입금(유동성장기부채 포함), 미지급배당금 등
2) 퇴직급여충당부채 등의 부채성충당부채는 대부분 영업활동 현금흐름임.

현금흐름표상의 재무활동 현금흐름은 가치평가목적에서도 큰 차이는 없다. 다만, 이자비용은 현금흐름표상에서는 영업활동에 포함되어 있었지만 가치평가목적으로는 재무활동에서 추가로 포함시켜 주어야 할 것이다.

4.4.4 가치평가목적으로 재구성된 현금흐름표

우리는 위에서 설명한 내용을 바탕으로 재무회계기준에 의해 작성된 현금흐름표를 가치평가목적으로 [그림 3. 8]에서 재구성해 보았다. 이때 재무회계기준에 의한 현금흐름표에서 영업활동으로 인한 현금흐름을 간접법으로 작성된 경우를 기준으로 한다.

앞으로 우리는 현금흐름할인방식을 살펴보면서 "순현금흐름(net cash flow)"49)이란 개념을 도입하게 되는데, 이는 가치평가목적으로 재조정된 현금흐름표상에서 계산되는 영업현금흐름과 같은 개념이다. 순현금흐름에 대해서는 제4장 3.2절에서 자세히 살펴볼 것인데, 가치평가와 관련해서 매우 중요한 개념이므로 해당 내용을 살펴볼 때 반드시 [그림 3. 8]을

49) 흔히 "Free Cash Flow"로 사용하는 경우가 많으며, 국내에서는 "잉여현금흐름", "가용현금흐름", "여유현금흐름" 등으로 번역되어 사용되고 있다. "순현금흐름(Net Cash Flow)"은 [별첨 3] International Glossary of Business Valuation Terms에서 사용하는 공식용어이다.

[그림 3. 8] 현금흐름표의 재구성

재무회계기준	가치평가목적
영업활동 현금흐름	**영업활동 현금흐름(순현금흐름)**
당기순이익	영업이익
	영업이익에 대한 법인세
비현금 수익, 비용 조정	비현금 수익, 비용 조정
순운전자본의 증감	순운전자본의 증감(주1)
기타 영업용 자산, 부채의 증감	기타 영업용 자산, 부채의 증감
투자활동 현금흐름	
투자자산의 증감	
유형자산의 증감	유형자산의 증감
무형자산의 증감	무형자산의 증감
기타비유동자산의 증감	기타비유동자산의 증감
	비영업 현금흐름
	초과현금의 증감
	투자자산의 증감
	기타 비영업자산부채의 증감(주2)
	세후 이자·배당금·임대료 수익
재무활동 현금흐름	**재무활동 현금흐름**
차입부채의 증감	차입부채의 증감
	세후 이자비용
자본의 증감	자본의 증감
(당기순이익 제외)	(당기순이익 제외)
현금의 증감	**현금의 증감 (=0)**
기초현금	
기말현금	

주: 1) 가치평가목적의 영업활동 현금흐름에서 순운전자본은 영업현금을 포함하며, 기타 유동자산·부채는 실질에 따라 영업관련 항목만 포함됨.

2) 가치평가목적으로 영업활동 현금흐름에 포함되지 않은 나머지 모든 비영업자산 부채에 대한 조정이 필요함.

다시 한 번 참조해주길 당부드린다.

한편, 우리는 [그림 3. 8]을 통해 재무회계기준상의 현금흐름표와 가치평가목적으로 재구성된 현금흐름표 사이에는 다음과 같은 내용에서 차이가 발생하고 있음을 이해해야 한다.

현금흐름에 대한 활동구분

재무회계목적의 현금흐름표에서는 영업·투자·재무활동으로 구분하는데 반해서, 가치평가목적으로는 영업·비영업·재무활동으로 구분이 된다.

영업활동 현금흐름의 작성방법과 범위

재무회계목적 현금흐름표에서 간접법으로 영업활동 현금흐름을 작성할 때는 당기순이익으로 출발하여 조정하고 있으나, 가치평가목적에서는 영업이익[50]에서 출발한다.

또한 회계적인 현금흐름표상에서 "영업활동으로 인한 현금흐름" 및 "투자활동으로 인한 현금흐름"에서 가치평가목적상 비영업활동으로 특별히 분류되지 않는 모든 항목은 영업활동 현금흐름으로 통합된다.

법인세의 처리

영업활동 현금흐름을 구할 때 재무회계목적에서는 당기순이익에서 출발함으로써 이미 법인세를 감안한 후의 세후이익을 지표로 사용하고 있다. 그러나 가치평가목적에서는 영업이익에서 출발하였으므로 별도로 법인세비용을 고려해 주어야 한다. 앞에서도 설명하였듯이 법인세는 영업·비영업·재무활동에 모두 관련이 있으므로 이들 세 가지 활동에 적절히 배분하는 것이 맞다. 실무적으로는 유효법인세율 등을 산출하여 이를 관련 수익, 비용(혹은 이익)에 곱해주는 방식으로 각각의 활동에 배분해준다.

---

50) 보다 정확하게는 영업외손익 항목 중에서 실질적인 영업활동 관련사항은 가감한 후의 실질영업이익이 되어야 한다. 한편 EBIT는 이자비용 및 법인세전 이익으로 손익계산서의 영업이익과 비슷한 항목으로 볼 수 있으나, 영업외손익에 실질적인 영업관련 수익, 비용이나 비영업활동관련 항목이 포함되는 경우 등에는 차이가 발생한다.

앞의 [그림 3. 8]에서는 (1) 영업이익에 대한 법인세비용, (2) 세후 이자·배당금·임대료수익, (3) 세후 이자비용에 법인세비용이 배분되었다.

영업현금과 초과현금

재무회계목적에서는 순운전자본의 증감을 고려할 때 현금은 순운전자본에 포함시키지 않는다. 그러나 가치평가목적에서는 현금을 영업현금과 초과현금으로 구분한 후, 영업현금은 영업활동과 관련된 순운전자본에 포함시키고, 초과현금은 비영업활동 현금흐름에 포함시켜 처리한다. 이렇게 되면 가치평가목적으로 재구성된 현금흐름표에서는 각각의 활동에서 이미 현금의 증감을 고려하였기 때문에 최종적인 현금의 증감은 "0"으로 나타나게 된다.

비영업활동 현금흐름

비영업활동 현금흐름에는 비영업용 투자자산, 초과현금, 기타 비영업자산, 부채 등의 증감이 포함되고, 이로부터 발생하는 이자수익, 배당금수익, 임대료수익 등이 함께 고려되어야 한다. 수익, 비용항목은 법인세를 감안한 후 세후기준으로 계산되어야 함에 유의하자.

재무활동 현금흐름

재무활동 현금흐름은 기존 현금흐름표와 마찬가지로 차입부채의 증감과 증자 및 배당 등에 관련된 사항이 포함된다. 한 가지 주의할 사항은 회계상의 현금흐름표에서 영업활동으로 분류되었던 이자비용은 가치평가목적에서는 재무활동에 포함시켜 바로 잡아주어야 한다는 것이다. 이때 이자비용은 세후기준으로 재계산하여야 한다.

5. 재무제표 수정

지금까지 우리는 본격적인 가치평가업무를 개시하기 전에 필요한 재무분석과 관련된 대부분의 내용을 살펴보았다. 특히 가치평가목적으로 회사의 재무제표를 영업·비영업·재무활동으로 재구성하는 내용까지 살펴보았으므로 구체적인 평가기법을 적용하기 위한 준비작업은 마쳤다고 할 수 있다. 이러한 분석내용은 소득·시장·자산접근법이라는 평가기법을 구체적으로 적용하는 과정에서 반영하거나, 혹은 평가기준일 현재의 재무제표를 적절하게 수정하거나 재구성하여 반영하게 된다.

5. 1 주요 고려사항

다음과 같은 항목의 분석결과에 따라 필요한 경우 "재무제표 수정(financial statement adjustment)"이 이루어져야 하는 항목이다.

비경상적 항목에 대한 조정

과거 재무실적을 가치평가 시 기초자료로 활용하기 위해서는 해당 내용이 일관적이며 합리적인 대표성을 가질 수 있도록 재무제표의 관련항목에 대한 정상화(normalization) 작업이 필요한 경우가 있다. 예를 들면, 손익계산서에서는 비경상적인 손익 등의 영향으로 말미암아 과거 당기순이익이 왜곡된 경우라든시, 재무상태표의 경우에는 순운전자본 등에 대해 추가적인 분석 없이 기초, 기말의 단순평균으로 회전율을 계산한 경우에는 그 결과치가 기업의 실적을 대표할 수 있는 정상화된 수치라고 보기 힘들 것이다. 이러한 경우에는 반드시 추가적인 검토를 통해 정상적인 기업활동의 모습이 파악될 수 있도록 관련항목에 대한 정상화과정이 필요하다.

비영업 관련항목에 대한 조정

비영업 관련항목에 대한 조정은 앞에서 재무회계목적으로 작성되어진 회사의 재무제표를 가치평가목적으로 전환시키기 위해서 영업·비영업·재무활동이라는 세 가지 구분에 따라 재구성하면서 자세히 살펴보았다. 이러한 재구성작업을 통해 분리된 비영업 자산, 부채 및 관련 수익, 비용은 회사 본연의 영업활동과 관련된 사항과 분리하여 별도의 가치평가과정을 진행시킨다.

평가대상회사와 비교기준회사의 재무자료에 대한 일관성

시장접근법을 적용할 경우 평가대상회사(subject company)의 재무수치와 비교기준회사(guideline companies)의 재무수치를 비교해야 한다. 이 경우 평가대상회사와 비교기준회사의 과거 재무자료에 대한 회계처리 방식이나 분류체계가 일관성이 없다면 적절한 비교가 이루어질 수 없다. 시장접근법에서의 재무제표 수정은 제5장 시장접근법에서 구체적으로 살펴본다.

재무회계기준에 의한 장부가액을 시장가치로 조정

자산접근법을 사용하는 경우에는, 개별 자산, 부채에 대한 시장가치를 구하고 이를 합산하는 방식으로 세밀한 수정작업이 이루어져야 한다. 자산접근법에서는 장부가액은 하나의 참고자료일 뿐이지 결국에는 시장가치가 얼마인가가 최종적인 가치평가액을 결정하게 된다. 제6장 자산접근법에서 이러한 내용은 보다 구체적으로 살펴볼 것이다.

5.2 회계감사와 재무실사

우리가 지금까지 살펴본 재무분석과 관련된 내용은 사실 회사의 재무자료가 일반적인 회계기준에 의해 작성되어 자료자체에 대한 신뢰성이 확보되어 있는 경우에만 의미가 있을 것이다. 회사의 재무자료 자체에 대한 신빙성이 결여된 상태라면 재무분석을 실시하기 이전에 미리 별도의 재무실사(financial due diligence)를 통해 회사 재무자료에 대한 원천적인 신뢰성을 확보해야 한다.

외부감사인에 의한 감사보고서가 존재한다면 이러한 문제는 일단 해결될 것이다. 그러나 우리나라의 경우 총자산 100억원 미만의 소규모 회사일 경우 외부감사 대상업체가 아니다. 물론 투자유치나 대출심사 등을 위해 임의로 외부감사를 받는 경우도 있지만, 소규모 회사의 경우 외부감사인에 의한 감사보고서가 존재하지 않는 경우도 많다. 이러한 경우 가치평가업무에 앞서 별도의 재무실사를 수행하여 회사의 재무자료의 신빙성을 확보하는 것이 바람직할 것이다. 만약, 별도의 재무실사가 이루어질 수 없는 불가피한 경우라면, 부득이 회사가 자체적으로 작성한 결산서나 세무조정계산서 등을 이용해야 할 것이다. 그러나 이러한 경우라도 회사가 제시한 재무자료상에 나타나 있는 수치를 그대로 사용하지 말고, 평가목적에 맞게 최소한 주요 항목에 대해서는 적절한 수정과정을 거친 후 가치평가에 사용하여야 할 것이다.

한편, 여기에서 말하는 재무실사업무(financial due diligence)와 회계감사업무(public auditing)는 별개의 업무로 이해해야 한다. 물론 실무적으로 실사(혹은 감사)기법은 유사한 면이 있다고 하더라도, 각각의 경우에 수행되는 업무의 목적과 범위, 판단의 기준, 보고서의 내용 등에서는 확연한 차이가 발생한다.

우선, 회계감사는 미리 설정된 일정한 평가기준(예로는 Generally Accepted Accounting Principles : GAAP)과의 일치 정도를 확인할 목적으로 일정한 감사기준(예로는 Generally Accepted Auditing Standards : GAAS)에 따라 피감사회사에 대한 회계, 재무적인 증거를 수집하고 평가하여 그 결과를 이해관계자인 이용자에게 전달하는 과정이다. 이에 비해 재무실사의 범위는 보다 포괄적이고 다양한 분야를 포함하여 정의될 수 있다. 즉, 재무실사는 어떤 특정한 거래(예를 들면, M&A)와 관련된 재무정보의 적정성 검토를 위해 재무 및 회계전문가가 회사와 사전에 합의한 별도의 평가기준에 의해 보다 융통성 있는 형태로 수행될 수 있는 재무자료에 대한 검토 및 보고과정이라고 할 수 있다.

회계감사의 경우에는 별도로 회사의 재무실적에 대해 현장실사나 조회서발송 등 회계감사기준에서 정하는 각종 감사기법을 사용하여 적절한 분석을 수행한다. 회계감사를 수행하기 위해서는 이러한 감사기법을 적용하여 기업의 재무정보에 존재할 수 있는 부정과 오류 등을 확인하는 절차가 필요하다. 이에 비해 가치평가목적으로 실시하는 재무실사의 경우는 소득·시장·자산접근법에서 선택되어지는 구체적인 가치평가기법을 적용시키기 위한 예비작업의 성격이 강하다. 특히, 장부가액과 시장가치의 차이, 비영업용 자산, 부채의 구별 등 가치평가와 관련된 잣대에 의해 재무자료를 분석해야 한다. 특히 자산접근법을 적용하는 경우에는 재무실사에서 파악되는 개별 자산, 부채에 대한 분석내용이 가치평가 시에 그대로 인용될 수 있다.

가치평가업무의 예비단계로서 재무실사를 실시하여 발견된 중요한 수정사항은 평가기준일 현재 회사 재무제표의 기초금액에 수정사항으로 반드시 반영시켜야 한다. 또한 금액적으로 적용시키기 어려운 실사발견사항이라 하더라도, 이를 무시하는 것이 아니라 성격에 따라 소득·시장·자산접근법에 의한 가치평가과정에서 적극적으로 반영되어야 할 것이다.

Business Valuation

제 4 장

소득접근법 (Income Approach)

1. 개 요
2. 추정기간에 따른 구분
3. 소득흐름
4. 자본비용
5. 영구가치
6. 현금흐름 할인방식의 적용사례

1. 개 요

계속기업의 전제하에서 기업의 가치를 결정하는 요소는 기업의 현재상태보다는 미래에 펼쳐질 장래상황으로부터 더 큰 영향을 받는다고 볼 수 있다. 이러한 의미에서 미래의 효익을 추정하여 할인하는 소득접근법의 논리는 다른 접근법보다 논리적으로 더 우수하다고 말할 수도 있다. 그러나 미래의 불확실한 효익을 예상하여야 하고, 또 예상된 효익의 위험을 감안한 적절한 할인율을 산정해야 하는 애로점도 존재한다.

1.1 현재가치

소득접근법의 기본원리는 "어떤 재화의 가치는 그 재화로부터 기대되는 미래효익을 현재가치로 전환시킨 것이다(principle of anticipation)"라는 것이다. 이러한 원리에 입각하여 미래의 효익(소득흐름)을 추정하고 이를 현재가치로 할인하여 가치평가액을 구하는 방식은 비단 기업과 주식에 대해서만 적용되는 것이 아니라, 미래에 소득흐름이 창출될 것으로 예상되는 모든 재화에도 일반적으로 활용 가능한 방법이다.

가장 단순한 경우라 할 수 있는 채권의 경우를 예로 들어 현재가치의 기본개념을 이해해 보자. 채권은 미래의 소득흐름의 형태에 따라, 다음과 같이 순수할인채권, 이자지급채권, 영구채권으로 분류할 수 있다. 다음 [그림 4. 1]에서 이자는 I(interests)로, 원금은 P(priciple), 할인율은 R(rate)로 표시하였다.

기업가치나 주식가치를 평가할 때도 미래의 소득흐름을 추정하여 할인하므로 채권과 같은 단순한 경우와 기본원리는 동일하다. 다만, 기업이나 주식의 경우 미래의 소득흐름을 구체적으로 무엇으로 추정하고, 또 이에

[그림 4. 1] 현재가치 계산

◆ **순수할인채권**

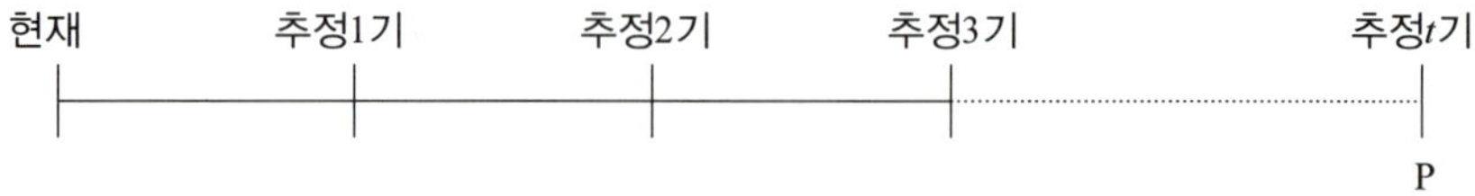

순수할인채권의 가치 $= P/(1+R)^t$

◆ **이자지급채권**

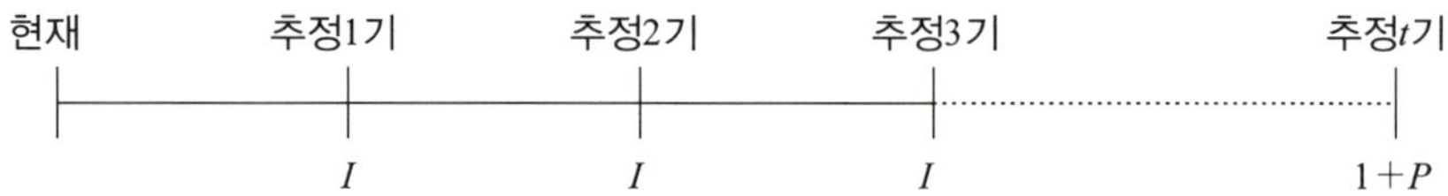

이자지급채권의 가치 $= I/(1+R)+I/(1+R)^2+I/(1+R)^3 +\cdots+(I+P)/(1+R)^t$

◆ **영구채권**

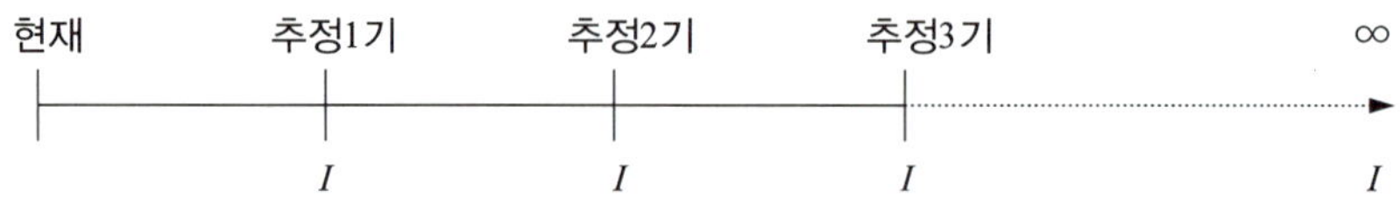

영구채권의 가치 $= I/(1+R)+I/(1+R)^2+I/(1+R)^3 +\cdots+(I+P)/(1+R)^{\infty}$
$= I/R$

대한 할인율은 어떻게 산정할 것인가 하는 점에서 차이가 발생하게 된다. 기업이나 주식의 경우에는 일정한 만기가 정해져 있지 않다고 볼 수 있으므로 형태 면에서는 위의 세 가지 채권 중 영구채권과 가장 유사하다고 볼 수 있다.

1. 2 소득흐름과 할인율의 일치

소득접근법에서 가장 기본적인 두 가지 요소는 (1) 소득흐름(income stream)과, 이러한 소득흐름을 현재가치로 만드는 (2) 할인율(discount rate)이다. 소득접근법에서 구해지는 가치평가액은 미래의 소득흐름을 추정한 후 이를 분자로 놓고 그 소득흐름에 대한 할인율을 분모로 하여 계산된 현재가치라 할 수 있다. 소득흐름에 대한 할인율은 자본제공자인 채권자나 주주입장에서 보면 요구수익률이고, 자본조달자인 회사입장에서 보면 자본비용이 된다.

〈표 4. 1〉 소득접근법(현금흐름할인방식)의 적용방식

	투하자본방식 (Invested Capital Basis)	자기자본방식 (Equity Basis)
소득흐름	투하자본 순현금흐름 (Invested Capital Net Cash Flow)	자기자본 순현금흐름 (Equity Net Cash Flow)
자본비용	타인자본비용과 자기자본비용의 가중평균자본비용(WACC)	자기자본비용

(주) 투하자본 순현금흐름과 자기자본 순현금흐름의 차이에 대해서는 제4장 3.2절 참조.

소득접근법에서는 항상 분자인 소득흐름과 분모인 현재가치 할인율 간에 통일된 성격을 유지할 수 있도록 하는 것이 중요하다. 아래에서는 분자와 분모 간의 통일성을 기할 때 특히 주의해야 할 몇 가지 사항에 대해 살펴보았다.

투하자본과 자기자본

우리는 제1장 2.4절에서 평가기법의 적용방식을 설명하면서, 각 평가접근법의 구체적인 적용방식은 투하자본방식과 자기자본방식의 두 가지로 나누어질 수 있다고 설명하였다. 소득흐름법에서는 이러한 구분이 매우 확실하게 나타나는데, 투하자본방식으로 순현금흐름을 추정한 경우에는 자기자본비용과 타인자본비용을 이용한 가중평균자본비용을 사용하여야 하는 것이고, 자기자본방식으로 순현금흐름을 추정한 경우에는 자기자본비용만을 할인율로 사용하여야 한다. 투하자본·자기자본방식의 구분과 관련된 내용은 앞으로 이 장에서 순현금흐름과 자본비용을 살펴보면서 보다 자세히 설명될 것이다.

실질항목과 명목항목

소득흐름과 할인율은 실질항목 혹은 명목항목으로 추정할 수 있다. 실질과 명목의 차이는 물가상승효과를 반영하였는지 여부에 따른 것인데, 실질항목에 물가상승효과를 고려하여 추가하면 명목항목이 된다. 일반적으로 다음과 같은 피셔(Fisher) 방정식[1)]을 적용하면 실질과 명목할인율 간의 전환이 가능하다.

$$(1+\text{명목수익률}) = (1+\text{실질수익률}) \times (1+\text{인플레이션율})$$

대부분의 재무추정의 경우에는 실질항목보다는 명목현금흐름과 명목할인율로 일치시킨다. 이는 구태여 인플레이션효과만을 별도로 차감하는 것이 더 힘든 작업이 될 수 있기 때문이다. 일반적으로 과거 재무제표 자체는 명목현금흐름으로 작성되어 있기 때문에 과거 재무자료를 바탕으로 실시한 모든 재무분석은 명목치를 기준으로 이루어질 것이다. 이러한 상황에서 미래추정치를 실질항목으로 계산하면 과거 재무제표와의 적절한 비교가 힘들어진다. 또, 과거 재무자료를 실질항목으로 바꾼다 하더라도 미래추정작업을 실질추정치로 작성한다는 것 자체가 결코 용이하지만은 않다.

예를 들어, 매출액 혹은 매입액 추정 시 수량과 단가를 별도로 추정하는 경우가 많은데, 이때 외부기관 등의 단가추정치는 대부분 인플레이션이 반영된 명목추정치로 발표되므로, 이러한 명목추정치에서 역으로 인플레이션 효과를 제거하여 모든 항목을 실질치로 전환시키는 것은 대단히 번거로운 작업이 될 수 있다. 따라서 일단 명목치로 매출을 추정한 후 변동비는 매출액 등에 연동시켜 추정하여 자연스럽게 인플레이션 효과를 반영시키고, 고정비는 최소한 인플레이션에 의한 상승률을 감안함으로써

---

1) Fisher 방정식은 위와 같이 Geometric Process이나 약식으로 Additive Process를 사용하기도 한다. 즉, 위 식을 풀면 "명목수익률=실질수익률+인플레이션율+(실질수익률 × 인플레이션율)"인데 마지막 항인 "실질수익률 × 인플레이션율"은 아주 작은 값이 되므로 무시하고 사용한다.

명목치로 모든 수익, 비용항목을 추정하는 것이 일반적인 방법이다.

세전항목과 세후항목

법인세 등의 세금과 관련해서도 분자, 분모를 반드시 일치시킬 필요가 있다. 즉, 세전소득흐름은 세전자본비용으로, 세후소득흐름은 세후자본비용으로 할인하여야 한다. 이러한 두 가지 방법 중에서 세후현금흐름과 세후자본비용으로 일치시키는 경우가 보다 일반적이라 하겠다. 예를 들면, 순현금흐름을 계산하는 과정에서는 세전영업이익에서 법인세비용을 차감한 세후영업이익을 사용하고, 이에 따라 자본비용도 세후기준으로 계산하여 적용한다. 세후영업이익은 보통 "세전영업이익×(1－법인세율)"과 같은 방식으로 구한다. 자본비용은 타인자본비용의 경우에는 "세전이자비용×(1－법인세율)"과 같은 방법으로 세금효과를 직접적으로 반영하게 되지만, 자기자본비용의 경우에는 지급배당금 등이 손익계산서에 나타나지 않으므로 직접적으로 세금효과를 반영할 수는 없다.[2)]

1.3 성장률의 추정

우리는 소득접근법을 적용하면서 미래를 단일기간(single period) 혹은 다기간(multi-period)으로 보고 추정작업을 진행할 수 있다. 단일기간으로 추정한다는 것은, 미래 전체를 하나로 보고 과거 소득흐름에 대해 하나의 일정한 성장률을 적용한다는 의미로서, 개별 추정기간별로 일일이 소득흐름을 추정하지는 않는다. 단일기간 추정방식에서는 특히 성장률이 가치평가액에 미치는 영향은 절대적이다. 다기간 추정방식인 경우에도 추정기간 이후의 영구가치를 계산하는 과정에서 역시 가치평가액에 미치는 영향은 대단히 크다.[3)] 이 절에서는 우선 이러한 성장률을 어떠한

2) 자기자본비용 계산 시에도 비상장기업의 베타를 구하는 Hamada model 등을 통해서 간접적으로 세금효과가 반영되기도 한다.

3) 영구성장모델을 사용하는 경우에 해당되는데 영구가치와 영구성장률에 대해서는 본 장 5절을 참조.

방식으로 산출할 것인가에 대해 먼저 살펴보기로 하자.

1.3.1 과거 성장률의 이용

미래소득흐름에 대한 성장률을 추정할 경우 우선적으로 참고할 자료는 회사의 과거 성장률이 될 것이다. 회사의 미래실적이 반드시 과거실적과 같을 수는 없겠지만, 회사가 걸어온 과거실적은 미래의 추정치를 예견할 수 있는 가장 중요한 지표 중의 하나임에는 틀림이 없다.

과거 성장률을 계산하는 방법에는 산술평균, 가중평균, 그리고 기하평균이 있다. 산술평균은 과거 일정기간의 성장률에 대해 연도별로 별도의 가중치를 부여하지 않고 단순평균하여 계산하는 방법으로 가장 간편하다. 가중평균은 최근의 성장률에 더 많은 가중치를 부여하는 등 연도별로 상이한 가중치를 부여하여 평균하는 방법이다. 기하평균은 복리효과를 감안함으로써 자연스럽게 가중치를 부여하는 방법으로 가중치 부여시에 주관성이 개재될 여지를 없애주는 효과가 있다. 기하평균은 기간별로 성장률의 편차가 클 경우에도 과거의 성장률에 대한 적정한 계산치를 제공하지만, 최초년도와 최종년도의 값만을 고려하는 단점도 있다.

예제 4-1

흥부주식회사의 과거 5개년간의 당기순이익 및 연도별 성장률은 다음과 같다.

연 도	Yr(−5)	Yr(−4)	Yr(−3)	Yr(−2)	Yr(−1)	Yr(0)
당기순이익	105	110	124	131	140	149
연도별 성장률	NA	4.76%	12.73%	5.65%	6.87%	6.43%

위의 자료를 이용하여 흥부주식회사의 당기순이익에 대한 산술평균, 가중평균, 기하평균을 구하면 다음과 같다.

- 산술평균 = (4.76% + 12.73% + 5.65% + 6.87% + 6.43%)/5

= 7.29%

- 가중평균 = (4.76% × 10% + 12.73% × 15% + 5.65% × 20% + 6.87% × 25% + 6.43% × 30%)
  = 7.16%

단, 이때 연도별 가중치는 다음과 같이 가정하였다.

Yr(−5)	Yr(−4)	Yr(−3)	Yr(−2)	Yr(−1)	Yr(0)
NS	10%	15%	20%	25%	30%

- 기하평균 = $(149/105)^{1/5} - 1$ = 7.25%

한편, 산술평균과 기하평균의 크기를 비교하면 산술평균이 항상 기하평균보다 크다. 가중평균은 각 연도의 가중치를 어떻게 두느냐에 따라 값의 크기가 달라질 수 있다.

1.3.2 외부예측자료의 이용

평가대상회사(subject company)나 동종업계의 비교대상회사(guideline company)에 대해서 독립적인 외부기관의 미래예측치가 존재하고, 또한 그러한 해당 예측자료에 대한 신빙성이 높다고 판단되는 경우에는 이러한 자료를 직·간접적으로 추정에 사용할 수 있을 것이다. 외부기관의 예측자료에 얼마나 의존할 것인가 하는 판단을 내리기 위해서는 다음과 같은 사항에 유의해야 할 필요가 있다.

- 분식가의 자질 : 해당 업종의 전문적인 지식과 경험을 보유하고 있는 산업분석가에 의해 독립적인 입장에서 예측된 자료인가?
- 예측치의 적시성 : 해당 기업의 미래에 영향을 미칠 수 있는 최신의 정보가 충분히 포함되었는가?
- 예측치 간의 불일치 정도 : 다수의 예측자료가 존재하는 경우 예측치 간의 불일치 정도가 심하지는 않은가?

이러한 예측자료는 대부분 증권회사의 분석가(analyst)의 추정의견이나 해당 업계의 산업전문가(industrial specialist)의 예측자료 등으로 발표되고 있다.

1.3.3 기업 자체의 기본변수를 이용하는 방법

위에서 살펴본 과거 성장률이나 외부추정자료를 이용하는 방법이 실무에서는 가장 많이 사용되는 방법이다. 그런데 성장률과 관련해서는 다음과 같이 기업 자체의 기본변수 간의 관계식을 이용해 추정치를 직접 작성하거나, 혹은 다른 방식으로 추정된 성장률을 검증하는 목적으로도 활용해 볼 필요가 있다.

순이익성장률

순이익성장률 = 유보율 × 자기자본순이익률

가장 일반적인 소득흐름의 하나인 순이익에 대한 성장률은 위 공식에서처럼 유보율과 자기자본순이익률의 곱으로 나타낼 수 있다. 순이익성장률이 위 식처럼 구해지는 과정은 다음과 같이 설명된다.

$$g_{NI} = (NI_1 - NI_0) / NI_0 \quad \text{(식 1)}$$

이때, g_{NI} : 순이익증가율, NI_1 : 차기순이익, NI_0 : 당기순이익

당기순이익(NI_0)은 다시 당기자기자본에 자기자본순이익률(Return on Equity : ROE)을 곱하는 형태로 나타낼 수 있으며, 또 차기순이익(NI_1)은 유보이익만큼 늘어난 차기자기자본에 자기자본순이익률을 곱한 형태로 나타낼 수 있다. 이 경우 자기자본순이익률(ROE)은 동일하다고 가정한다.

$$NI_0 = \text{자기자본}_0 \times ROE \quad \text{(식 2)}$$

$$NI_1 = (\text{자기자본}_0 + \text{유보이익}_0) \times ROE \quad \text{(식 3)}$$

위 식 (1)에 식 (2)와 식 (3)을 대입하여 풀면 아래 식 (4)와 같이 순이익성장률은 유보율과 자기자본순이익률의 곱으로 나타난다.

$$g_{NI} = (\text{유보이익}_0 \times ROE) / NI_0 = \text{유보율} \times ROE \quad \cdots\cdots (\text{식 } 4)$$

순이익성장률에 관한 이러한 관계를 이용하여 회사의 유보율과 자기자본순이익률에 대한 과거실적을 분석하거나 미래예상치를 추정한 후, 이 두 변수의 곱으로써 성장률을 직접 산정해 내거나 혹은 검증용으로 사용할 수 있을 것이다.

순현금흐름 성장률

순현금흐름 성장률 = 재투자율 × 현금투자수익률

소득흐름법에서 가장 대표적으로 사용하는 소득흐름은 순현금흐름(Net Cash Flow : NCF)[4]이다. 순현금흐름에 대한 성장률은 앞의 식에서 처럼 "재투자율"과 "현금투자수익률(CROI : Cash Return on Investment=NCF/영업용 순자산)"[5]과의 곱이라는 형태로 나타낼 수 있는데, 이때 영업용 순자산은 제3장 4.1절에서 정의한 것과 마찬가지로 영업용 유동자산 및 영업용 비유동자산에서 영업용 유동부채 및 영업용 비유동부채를 차감한 값이다.

이러한 관계식은 위에서 순이익성장률이 유보율과 자기자본 순이익률의 곱으로 유도되는 과정과 매우 유사하다.

$$g_{NCF} = (NCF_1 - NCF_0) / NCF_0 \quad \cdots\cdots (\text{식 } 1)$$

이때, g_{NCF} : 순현금흐름증가율, NCF_1 : 차기순현금흐름, NCF_0 : 당기순현금흐름

당기순현금흐름(NCF_0)은 당기영업순자산에 현금투자수익률(CROI)을 곱하는 방식으로 나타낼 수 있을 것인데, 이때 차기순현금흐름(NCF_1)은 당기의 설비투자만큼 늘어난 차기영업순자산에 대한 현금투자수익률을 곱

4) 보다 엄밀히 말하면 여기에서 설명하는 순현금흐름은 투하자본 순현금흐름(Invested Capital Net Cash Flow)을 의미한다.

5) 현금투자수익률(Cash Return on Investment)은 흔히 사용되는 ROIC(Return on Invested Capital)와 유사한 개념이다. 영업용 순자산을 시장가치로 구하면 더 정확한 현금투자수익률이 산출될 것이다.

한 형태로 나타낼 수 있다. 역시 이 경우에도 현금투자수익률은 동일하다고 가정하고 있다.

$$NCF_0 = \text{영업순자산}_0 \times CROI \cdots\cdots (\text{식 } 2)$$

$$NCF_1 = (\text{영업순자산}_0 + \text{설비투자}_0) \times CROI \cdots\cdots (\text{식 } 3)$$

위 식 (1)에 식 (2)와 식 (3)을 대입하여 풀면 아래 식 (4)와 같이 순현금흐름성장률은 재투자율과 현금투자수익률의 곱으로 나타난다.

$$g_{NCF} = (\text{설비투자}_0 \times ROE) / NCF_0 = \text{재투자율} \times CROI \cdots\cdots (\text{식 } 4)$$

순이익성장률을 유보율과 자기자본순이익률로 분해한 것처럼, 순현금흐름 성장률은 회사의 과거실적을 분석하여 재투자율과 현금투자수익률에 대한 곱을 적용하여 성장률의 추정에 적용할 수 있을 것이다. 성장률을 이러한 두 변수의 관계식으로 분해하는 과정은 비단 순이익과 순현금흐름뿐만 아니라 다른 소득흐름에 대해서도 마찬가지로 적용될 수 있을 것이다.

2. 추정기간에 따른 구분

소득접근법을 미래 소득흐름에 대한 추정기간에 따라 분류해 보면 추정기간을 하나의 기간으로 가정하는 "단일기간 자본화방식(single period capitalization method)"과 추정기간을 여러 기간으로 나누는 "다기간 할인방식(multi period discounting method)"으로 구분할 수 있다. 이러한 두 가지 대표적인 방식은 상황에 따라 여러 가지 형태로 변형되어 적용될 수도 있다.

2.1 단일기간 자본화방식

추정기간을 단일기간으로 하느냐, 다기간으로 하느냐 하는 문제는 향후 소득흐름의 성장률과 위험이 일정한가 아닌가에 따라 결정될 문제이다. 예를 들어, 평가대상기업의 매출액이 동일한 성장률로 일정하게 증가될 것으로 예상되며, 비용 및 운전자본, 설비투자 등 순현금흐름에 영향을 미치는 제반 항목도 매출액 대비 일정한 규모로 유지될 것으로 예상된다면 굳이 추정기간을 다기간으로 해서 복잡한 계산과정을 거칠 필요가 없다. 이러한 경우에는 단일기간 자본화방식을 사용하여 미래의 소득흐름을 일괄적으로 추정한 후 다음의 공식에 의해 현재가치를 바로 구하면 된다.

$$\text{Value} = \text{Income}_1 / (d - g)$$

$\text{Income}_1 : \text{Income}_0 \times (1+g)$
d : 할인율
g : 성장률
Capitalization rate(자본화율) : $d-g$

위의 공식은 미래의 1차년도의 추정 소득흐름이 이후 기간에도 동일한 성장률로 영구히 지속 성장한다는 가정하에서 사용된다. 위 공식에서 유의할 사항은 단일기간일 경우 분모는 할인율에서 성장률을 차감한 값으로 구하여야 하는데, 이를 "자본화율(capitalization rate)"이라고 정의하며, 다기간방식에서 사용되는 "할인율(discounting rate)"과는 구분되어야 한다는 점이다.

예제 4-2

당기의 Income_0가 100이고 성장률(g)이 3%, 할인율(d)이 13%일 때 단일기간 방식으로 가치평가액을 구하면 다음과 같다.

- $\text{Income}_1 = \text{Income}_0 \times (1+g) = 100 \times (1+3\%) = 103$

- 자본화율 10% = 할인율 13% − 성장률 3%
- 가치평가액 = 103/10% = 1,030

한편, 여기서 설명하고 있는 자본화율은 사실 앞으로 설명할 시장접근법(market approach)에서 사용되는 PER(주가/이익 배수)와 같은 각종 시가배수의 역수라는 사실을 기억해 두면 아주 유용하게 활용할 수 있다. 위 예제에서 자본화율 10%의 역수를 취하면 10배가 되고 이 값이 바로 PER라는 것이다. 따라서 가치평가액은 "$Income_0$ × PER"(103×10배=1,030)와 같이 구하여도 동일한 값이 된다.

이러한 소득흐름, 자본화율, 시가배수와의 관계식은 다음과 같은 공식으로 정리하여 두면 도움이 될 것이다.

$I = R \times V$ (I : Income, R : Rate, V : Value)
자본화율(R) = I/V
시가배수($1/R$) = V/I

2. 2 다기간 할인방식

소득흐름의 형태가 기간별로 달라질 경우에는 더 이상 단일기간 자본화방식을 사용할 수 없고, 이 경우에는 추정기간을 다기간으로 설정하여 각각의 기간별로 별도의 소득흐름을 추정해내고 이러한 소득흐름을 각 기간별로 할인한 후 합산하여야 한다.

우리가 구하려고 하는 기업가치는 계속기업을 가정하고 무한대까지 기업활동을 계속한다고 가정하고 있다. 따라서 이론적으로 추정기간은 무한대까지를 포함하여야 하는 것이 맞다. 그러나 개별적인 추정기간을 20년, 30년 등으로 연장할 경우, 이런 장기간에 걸쳐 정확한 추정을 한다는 것 자체가 무리일 경우가 많으며, 또한 기간이 현재시점에서 멀어질수록

할인율이 높아져 현재가치화했을 때는 가치평가액에 미치는 영향도 줄어든다.

현실적으로 개별 추정기간을 무한대까지 연장하는 것은 불가능하다. 따라서 우리는 일정기간(보통 5년에서 10년) 동안만 개별 연도에 대한 추정을 하고 나머지 기간에 대해서는 일괄추정하는 다음과 같은 방식을 취하게 된다.

$$\text{Value} = \sum \text{Income}_n/(1+d)^n + \text{영구가치}_t/(1+d)^t$$

d : 할인율, g : 성장률, Σ : from $n = 1$ to $n = t$

위 식은 실무적인 편의를 고려하여 추정기간 내의 가치와 추정기간 이후의 영구가치라는 두 가지 부분으로 나누어져 있다. 앞부분은 개별 기간별로 소득흐름을 추정해내야 하는 일정추정기간(t기) 동안의 소득흐름을 할인율로 현재가치화하여 합산한 값이며, 뒷부분은 개별적인 추정기간 이후부터 무한대까지의 가치인 영구가치(terminal value)를 일괄적으로 산출해낸 후 이를 현재가치화한 값이다. 다기간 할인방식에서 구하는 가치평가액은 이러한 두 부분이 합산된 값이다.

실무적으로 개별 추정기간은 최소한 해당 산업의 1주기(cycle) 이상을 포함하는 기간이 되어야 한다고 보는 것이 일반적이다. 즉, 해당 산업의 호황기와 불황기를 모두 포함할 수 있는 충분한 기간이 추정기간이 되어야 한다는 것이다.

일반적으로 영구가치의 계산은 앞에서 단일기간 자본화방식과 관련해서 살펴본 바 있는 영구성장모델(constant growth model)을 사용하거나, 아니면 시가배수(market multiple)를 곱하여 산정한다.[6] 영구성장모델을 사용하는 것은 추정기간 이후의 기간에 대해서는 일정한 성장률을 가정하여 단일기간 추정방식과 동일하게 "$\text{Income}_t \times (1+g)/(d-g)$"와 같이 일괄처리하는 것이다. 시가배수를 곱하는 방식은 시장접근법을 약식으로 적용하

6) 영구가치에 대한 보다 자세한 내용은 본서 제4장 5절 참조.

는 것인데, 자본화율의 역수가 시가배수라는 관계를 생각하면 결국 두 방법은 동일한 내용이라고 볼 수 있다. 어떠한 방법을 취하든지 간에 주의해야 할 사항은 이렇게 구해진 영구가치는 t기 시점에서의 가치이기 때문에 현재가치를 구하기 위해서는 반드시 이 값을 다시 현재시점으로 할인하여야 한다는 것이다.

한편, 성장률이 미래 모든 기간 동안 동일하다고 가정하면 단일기간 자본화방식과 다기간 할인방식으로 구한 가치평가액은 같아야 한다.

예제 4-3

다음과 같은 변수를 가지고 단일기간 자본화방식과 다기간 할인방식에 따라 각각 가치평가액을 구해보자.

- 당기의 $Income_0$ = 100
- 할인율(d) = 13%
- 성장률(g) = 3%

■ 단일기간 자본화방식

단일기간 자본화방식에 의하면 차기의 Income을 성장률을 곱해 추정한 다음, 영구성장공식에 의해 일괄계산하면 된다.

- 차기의 $Income_1$ = 100 × (1 + 3%) = 103
- 가치평가액 = 103/(13% − 3%) = 1,030

■ 다기간 할인방식

다기간 할인방식을 적용하는 경우에는 향후 추정기간(5년 가정)에 대한 개별 소득흐름 및 영구가치를 각각 추정한 후 이를 현재가치화하여 합산하여야 한다.

우선 연도별 추정 Income은 직전년도 Income에 성장률 3%를 곱하여 다음과 같이 추정한다. 이렇게 추정된 Income에 대해서 할인율 13%를 적용하여 현가를 구하여 합산하면 381.9가 된다.

연 도	Yr(0)	Yr(1)	Yr(2)	Yr(3)	Yr(4)	Yr(5)	합 계
Income	100.0	103.0	106.1	109.3	112.6	115.9	
현 가		91.2	83.1	75.7	69.0	62.9	381.9

다음으로 영구가치를 구해야 하는데, 이는 역시 영구성장모델을 통해 아래와 같이 구한다.

- 영구가치 = [115.9274 × (1 + 3%)] / (13% − 3%) = 1,194.1
- 영구가치의 현가 = 1,194.1 / $(1 + 13\%)^5$ = 648.1

따라서, 미래 모든 기간의 성장률이 동일한 경우 다기간 할인방식에 의해 구한 가치평가액도 역시 1,030(=381.9+648.1)이 되어 단일기간 자본화방식으로 구한 값과 동일한 결과를 보이게 된다.

2.3 기간구분의 응용

지금까지 소득접근법에서의 기간구분에 대한 극단적인 두 가지 경우를 살펴보았다. 즉, (1) 현재 이후의 미래기간을 하나의 기간으로 보고 추정기간의 전기간 동안 동일한 성장률을 적용하는 단일기간 자본화방식의 경우와, (2) 미래기간을 각 기간마다 별도로 추정하는 다기간 할인방식의 경우이다. 실무적으로는 이러한 양극단의 기간구분 이외에도 기업의 특성에 따라 다양한 응용이 가능할 것인데, 예를 들면 단일기간 자본화방식에서 미래기간을 단일기간이 아닌 2기간, 3기간 혹은 상황에 따라서는 더 이상의 기간으로 묶어서 추정할 수도 있다. 이러한 응용방식은 산업의 특성과 해당 기업의 산업 내 위상, 그리고 기업의 성장단계 등을 고려하여 적절히 선택되어져야 할 것이다.

2기간 자본화방식

단일기간 자본화방식은 향후 모든 추정기간의 성장률을 하나의 일정한 성장률로 가정하는 반면, 2기간 자본화방식은 추정기간을 두 개의 구간으로 나누어 제1구간과 제2구간의 성장률을 다르게 가정하는 방식이다. 이 경우 제2구간은 물론 무한대까지를 가정하게 된다.

총가치 = 제1구간 가치 + 제2구간 가치(영구가치)

$$\text{제1구간 가치} = \frac{\text{Income}_1 \times \left(1 - \frac{(1+g_1)^n}{(1+d)^n}\right)}{d-g_1}$$

$$\text{제2구간 가치} = \frac{\text{Income}_{n+1}}{(d-g_2)\times(1+d)^n}$$

n : 제1구간의 기간수
d : 할인율
g_1 : 제1구간 성장률
g_2 : 제2구간 성장률(영구성장률)

예제 4-4

제1구간은 미래 5년간으로 5% 성장을 가정하고, 6년차 이후에는 3%로 무한대까지 계속 성장한다고 가정한다. Income_0은 100, 할인율은 13%라고 가정할 때 2기간 자본화방식에 의한 가치평가 결과는 다음과 같다.

- 제1구간 가치 $= \frac{100\times(1+5\%)\times\{1-(1+5\%)^5/(1+13\%)^5\}}{13\%-5\%}$
  $= 403.3$
- 제2구간 가치 $= \frac{100\times(1+5\%)^5\times(1+3\%)}{(13\%-3\%)\times(1+13\%)^5}$
  $= 713.5$
- 가치평가액 = 제1구간 가치 + 제2구간 가치
  = 403.3 + 713.5
  = 1,116.8

3기간 자본화방식7)

3기간 자본화방식은 2기간 자본화방식을 연장한 것으로서 미래구간을 제1구간, 제2구간, 제3구간으로 나누어 각각 다른 성장률을 가정한 것이다. 이 경우 제3구간은 역시 무한대까지를 가정하게 될 것이다.

총가치 = 제1구간 가치 + 제2구간 가치 + 제3구간 가치(영구가치)

$$\text{제1구간 가치} = \frac{\text{Income}_1 \times \left(1 - \dfrac{(1+g_1)^{n1}}{(1+d)^{n1}}\right)}{d - g_1}$$

$$\text{제2구간 가치} = \frac{\text{Income}_{n1+1} \times \left(1 - \dfrac{(1+g_2)^{n2}}{(1+d)^{n2}}\right)}{(d - g_2) \times (1+d)^{n1}}$$

$$\text{제3구간 가치} = \frac{\text{Income}_{n2+1}}{(d - g_3) \times (1+d)^{(n1+n2)}}$$

n_1 : 제1구간의 기간수
n_2 : 제2구간의 기간수
d : 할인율
g_1 : 제1구간 성장률
g_2 : 제2구간 성장률
g_3 : 제3구간 성장률(영구성장률)

예제 4-5

제1구간은 미래 5년간으로 5% 성장, 제2구간은 6년차부터 10년차로 4% 성장, 그리고 마지막 제3구간은 11년차부터 무한대까지를 가정하고 영구성장률 3%로 가정한다. 역시 Income_0은 100, 할인율은 13%라고 가정할 때 3기간 자본화방식에 의한 가치평가 결과는 다음과 같다.

- $$\text{제1구간 가치} = \frac{100 \times (1+5\%) \times \{1-(1+5\%)^5/(1+13\%)^5\}}{13\% - 5\%}$$
  $$= 403.3$$

7) 이상과 같은 방식은 논리를 계속 확장하면 4기간 이상도 가능할 것이나 설명의 편의를 위해 생략한다.

- 제2구간 가치 $= \dfrac{100 \times (1+5\%)^5 \times (1+4\%) \times \{1-(1+4\%)^5/(1+13\%)^5\}}{(13\%-4\%) \times (1+13\%)^5}$

  $= 271.9$

- 제3구간 가치 $= \dfrac{100 \times (1+5\%)^5 \times (1+4\%)^5 \times (1+3\%)}{(13\%-3\%) \times (1+13\%)^{(5+5)}}$

  $= 471.2$

- 가치평가액 = 제1구간 가치+제2구간 가치+제3구간 가치

  $= 403.3 + 271.9 + 471.2 = 1{,}146.4$

다기간 할인방식의 경우

다기간 할인방식에서는 개별 추정기간은 각 기간별 소득흐름을 별도로 추정하고 그 이후 기간은 하나로 묶어 동일한 성장률을 가정하여 추정한다. 개별 추정기간을 결정할 때 해당 산업과 기업의 사이클을 반영할 수 있는 충분한 기간을 추정기간으로 잡는다면, 그 이후의 기간은 일정성장률을 적용하여도 무리가 없다고 보는 것이다.

그러나 특수한 경우에는 기업이나 산업의 특성상 하나의 영구성장률로 개별 추정기간 이후를 묶어버리는 것이 불합리한 경우가 있다. 이러한 경우에는 개별 추정기간 이후 영구가치부분을 위에서 단일기간 자본화방식을 응용한 것과 마찬가지로 2기간 혹은 더 이상의 기간으로 나누어 적용할 수 있을 것이다. 예를 들어, 이러한 형태로 영구가치분을 2구간으로 나누어 계산할 때는 위의 예에서 3기간 자본화방식에서 사용한 공식을 그대로 적용하면 된다.

예제 4-6

미래 5년간의 추정을 [예제 4-4]와 같이 일정성장률로 일괄 추정한 것이 아니라 개별 연도별로 추정하였다고 하자. 다만, 이때 각 연도의 소득흐름을 현재가치로 구한 합계가 앞의 [예제 4-4]에서 구한 403.3과 동일하다고 가

정하자. 6차년도 이후 기간에 대해서는 개별적인 소득흐름을 추정하지 않고 6년차부터 10년차까지는 4%의 성장률을, 11년차 이후 무한대까지는 3%의 영구성장률을 적용하여 일괄계산한다면 다음과 같이 1,146.4가 된다.

- 가치평가액 = 제1구간 가치 + 제2구간 가치 + 제3구간 가치
  = 403.3 + 271.9 + 471.2
  = 1,146.4

연중기준 할인방식(Mid-year discounting convention)

우리는 지금까지 미래 소득흐름을 현재가치로 할인하면서 묵시적으로 모든 소득흐름이 연말에 발생하는 것으로 가정하고, 1년 단위로 할인율을 적용하였다. 그러나 좀더 엄밀하게 말하자면 기업에서 발생하는 대부분의 소득흐름은 연말에 일시에 발생하는 것이 아니라, 연중 고르게 발생한다고 보는 것이 현실적일 것이다. 따라서, 미래 소득흐름을 할인하는 경우에도 연말을 기준으로 1년 단위로 할인할 것이 아니라, 연중평균치를 기준으로 반년치만큼만 할인하여야 한다는 것이 연중기준 할인방식이다.

아래 공식은 연말기준 할인방식(year end discounting convention)을 연중기준 할인방식(mid-year discounting convention)으로 전환시켜 본 것이다. 연중기준을 적용하면, 연말기준을 적용할 때보다 반년치 현재가치의 차액만큼 값이 증가한다.

- 연중기준 단일기간 자본화방식 :

$$\text{Value} = \text{Income}_1 \times (1+d)^{0.5}/(d-g)$$

d : 할인율, g : 성장률

예제 4-7

[예제 4-1]에서와 같이 당기의 $Income_0$가 100이고 성장률(g)이 3%, 할인율(d)이 13%일 때 연말기준과 연중기준으로 각각 단일기간방식을 적용하여 가치평가액을 구해보자.

- 연말기준 : $100 \times (1+3\%) / (13\% - 3\%) = 1{,}030.0$
- 연중기준 : $100 \times (1+3\%) \times (1+13\%)^{0.5} / (13\% - 3\%) = 1{,}094.9$

• 연중기준 다기간 할인방식 :

$$\text{Value} = \sum \text{Income}_n/(1+d)^{n-0.5} + \frac{\text{Income}_{t+1} \times (1+d)^{0.5}/(d-g)}{(1+d)^t}$$

d : 할인율, g : 성장률, Σ : from $n=1$ to $n=t$

예제 4-8

향후 5년간 연도별 Income이 아래와 같다고 할 때 할인율 13%를 적용하여 연말기준과 연중기준으로 각각 현가를 구하면 아래 표와 같다.

연 도	Yr(0)	Yr(1)	Yr(2)	Yr(3)	Yr(4)	Yr(5)	합계
Income	100.0	105.0	110.0	114.0	117.0	119.0	
연말기준현가		92.9	86.1	79.0	71.8	64.6	394.4
연중기준현가		98.8	91.6	84.0	76.3	68.7	419.3

한편 영구성장률 3%를 가정하고 영구가치의 현가를 구하면 연말기준과 연중기준에 따라 다음과 같이 계산된다.

- 연말기준 영구가치의 현가 $= 119 \times (1+3\%) / (13\% - 3\%) = 665.3$
- 연중기준 영구가치의 현가

$$= \frac{119 \times (1+3\%) \times (1+13\%)^{0.5} / (13\% - 3\%)}{(1+13\%)^{0.5}} = 707.2$$

따라서 연말기준과 연중기준에 의한 최종적인 가치평가액은 다음과 같다.

- 연말기준 가치평가액 = 394.4 + 665.3 = 1,059.7
- 연중기준 가치평가액 = 419.3 + 707.2 = 1,126.5

3. 소득흐름

3.1 다양한 소득흐름

소득접근법에서 미래의 효익을 추정하기 위해서 구하는 소득흐름은 사실 무척 다양한 형태를 띨 수 있다. 다음 <표 4. 2>에서 열거된 다양한 소득흐름은 앞에서 설명한 투하자본 적용방식과 자기자본 적용방식에 따라 각각 고려해 볼 수 있는 예들이다. 이러한 다양한 소득흐름 중에서 어떤 소득흐름을 채택할 것인지는 가치평가의 목적과 용도, 평가대상기업의 재무구조 및 세무상 특성, 입수가능한 자료의 내용 등을 전반적으로 고려한 후 결정되어야 한다.

〈표 4. 2〉 다양한 소득흐름

투하자본 적용방식	자기자본 적용방식
• EBIT(Earning Before Interests, Taxes)	• EBT(Earning Before Taxes)
• EBITDA(Earning Before Interest, Taxes, Depreciation, Amortization)	• EAT(Earning After Taxes)
• NCF_{IC}(Invested Capital Net Cash Flow)	• NCF_{Eq}(Equity Net Cash Flow)
	• Dividend

위와 같은 소득흐름 중에서 실무적으로는 회계적 이익(accounting profit)보다 현금흐름(cash flow)이 주로 사용되는데, 현금흐름을 소득흐름으로 사용하면 다음과 같은 장점이 있다.

실질적인 소득흐름을 나타내는 지표

발생주의에 의해 계산된 손익계산서상의 회계적 이익은 동일한 거래나 사건임에도 불구하고 선택적인 회계처리방법의 적용 등에 따라 상이한 값을 가질 수 있다. 현금흐름은 거래나 사건의 실질을 반영함으로써 보다 신뢰성 있는 정보를 제공하며, 회계적 이익과 현금흐름을 비교함으로써 이익의 질(quality of earnings)에 대한 평가도 가능하게 해 준다.

자본제공자에게 유용한 정보제공

타인자본제공자인 채권자나 자기자본제공자인 주주의 입장에서 가장 큰 관심사는 기업의 현금창출능력일 것이다. 기업이 지속적인 영업활동을 통해 잉여현금을 창출하여야만 채권자에게는 원리금을 상환하고, 주주에게는 배당금을 지급할 수 있다. 이러한 관점에서 채권자나 주주에게는 손익계산서상의 회계적 이익보다는 현금흐름에 대한 분석내용이 보다 유용한 정보가 될 것이다.

이용 가능한 다양한 자료가 존재

과거 현금흐름에 관한 자료는 현금흐름표를 통해 쉽게 파악이 가능하다. 간혹 현금흐름표가 작성되지 않은 경우라 하더라도 손익계산서와 재무상태표를 통해 분석이 가능하다. 미래 현금흐름에 관한 추정을 위해서는 현금흐름액, 시기 및 불확실성 등에 관한 예측이 필요한데, 증권분석기관이나 업종별 산업전문가의 보고서 등의 자료를 이용할 수 있다. 특히, 자본비용의 계산에 필요한 이자율, 주식베타 등의 원천자료는 현금흐름을 기준으로 하여 산출된다.[8)]

이와 같은 이유로 인해 우리는 소득접근법을 사용할 경우 현금흐름을 가장 보편적으로 사용하게 된다. 소득흐름을 현금흐름으로 하고, 추정기간을 다기간으로 하여 이를 할인하는 방식이 바로 우리가 앞으로 중점적으

---

8) 따라서, 자본비용에 관한 원천자료를 발생주의 이익측정치인 순이익 등에 적용하기 위해서는 일정한 가정하에 원래 수치를 전환시키는 과정이 필요하다. 이에 대해서는 본장 4.4.3절 참조할 것.

로 살펴볼 현금흐름할인방식(discounted cash flow method : DCF method)에 의한 소득접근법의 평가방식인 것이다. 앞으로 소득접근법에서 사용하는 소득흐름은 별도로 명시하지 않는 경우에는 현금흐름을 위주로 설명할 것이다.

3. 2 순현금흐름(Net Cash Flow)

우리는 제3장 4.4절에서 재무회계기준의 현금흐름표를 가치평가목적에 따라 "영업·비영업·재무"활동으로 재구성한 바 있다. 우선 아래의 내용을 살펴보기 전에 제3장 4.4절의 [그림 3. 8]을 통해 가치평가목적으로 재조정된 현금흐름표를 다시 한 번 확인해 주기 바란다. 이 표에서 보듯이 가치평가목적으로 사용되는 현금흐름은 재무회계기준의 현금흐름표상의 현금흐름을 그대로 사용하는 것이 아니라, 각 활동별 현금흐름의 재구성을 통해 조정된 후의 수치를 사용해야 한다. 가치평가에서 사용되는 현금흐름은 "순현금흐름(Net Cash Flow)"[9]이라는 용어로 정의되는데, 평가기법의 적용방식에 따라 다음과 같이 투하자본 순현금흐름과 자기자본 순현금흐름으로 구분될 수 있다.

3.2.1 투하자본 순현금흐름

현금흐름을 추정할 때 타인자본과 자기자본 모두를 포함하는 전체투하자본을 기준으로 추정되는 현금흐름을 "투하자본 순현금흐름(Invested Capital Net Cash Flow)"이라고 한다. 앞으로 투하자본 순현금흐름은 "NCF_{IC}"라고 약칭한다.

NCF_{IC}는 기업이 영업활동을 통해 창출한 순현금흐름으로서, 매출 등을

9) Net Cash Flow는 흔히 사용되는 Free Cash Flow라는 용어와 사실 동일한 개념으로 볼 수 있으나, 이 책에서는 "[별첨 3] International Glossary of Business Valuation Terms"에서 정의된 공식용어를 사용한다.

통해 유입된 현금 중에서 원재료 매입, 노무비, 제조경비 및 판관비와 순운전자본 및 유·무형자산 투자 등에 지출되고 남은 잉여현금을 의미한다. 이러한 잉여현금은 투하자본제공자인 채권자와 주주에게 지급될 수 있는 가용현금이기도 하다. NCF_{IC}는 다음과 같은 공식을 통해 구해진다.

	영업이익(주)
(−)	영업이익에 대한 법인세
(±)	비현금항목
(±)	영업용 순운전자본 증감
(±)	영업용 순비유동자산의 증감
	투하자본 순현금흐름(NCF_{IC})

(주) 영업외손익항목에 실질적으로 영업활동관련 사항이 있을 경우에는 이를 가감한 후의 실질적인 영업이익으로 수정하여야 한다.

위 산식으로 구해지는 NCF_{IC}는 [그림 3. 8]에서 가치평가목적으로 조정된 현금흐름표상의 영업활동 현금흐름과 동일하다. 따라서 영업용 순운전자본에는 영업현금이 포함되고, 영업용 순비유동자산에는 영업용 기타 비유동자산은 포함되고, 영업용 비유동부채는 차감된다. 한편, 비영업 현금흐름은 모두 제외되어 있으므로 엄밀하게 말하면 "영업활동을 통한 투하자본 순현금흐름"이 더 정확한 표현이 될 것이다.

3.2.2 자기자본 순현금흐름

자기자본을 기준으로 추정되는 현금흐름은 "자기자본 순현금흐름(Equity Net Cash Flow)"으로서 앞으로 "NCF_{Eq}"로 약칭한다.

NCF_{Eq}는 NCF_{IC}에서 타인자본과 관련된 현금흐름인 세후이자비용 및 차입부채 원금의 변동분을 가감한 후의 금액이다. 이렇게 계산된 NCF_{Eq}는 기업의 영업활동에서 창출된 잉여현금 중 타인자본제공자인 채권자에게 지급되는 원리금을 차감한 후의 금액이므로, 최종적으로 자기자본제공자

인 주주에게 지급될 수 있는 가용현금이 된다.

투하자본 순현금흐름(NCF_{IC})
(−) 세후이자비용
(±) 차입금 등 변동액

자기자본 순현금흐름(NCF_{Eq})

보론 2 배당할인모형(Dividend Discounting Model)

배당할인모형에서는 주주에게 귀속되는 미래소득흐름을 배당금으로 본다. 이 모형에서 주식가치는 영구히 지속되는 미래배당금의 현재가치를 합산하여 구할 수 있다고 본다.

$$\text{주식가치} = \text{Dividend}_1 / (d-g)$$

$\text{Dividend}_1 = \text{Dividend}_0 \times (1+g)$, d=할인율, g=영구성장률

주주가 주식투자로부터 기대할 수 있는 미래소득흐름은 (1) 주식보유기간의 배당금과 (2) 보유기간 말에 주식을 매도하였을 때 획득할 수 있는 거래대금일 것이다. 그런데 보유기간 말의 주가라는 것은 역시 그 이후 기간의 배당금에 의해 결정된다고 보면 결국 영구적으로 지속되는 미래배당금의 현재가치를 구함으로써 주식가치를 산정할 수 있다고 보는 것이다.

이와 같은 전제가 성립하기 위해서는 평가대상기업이 미래에도 일정한 배당성향에 따라 배당금을 안정적으로 지불할 것이 예상되어야 한다. 또한 배당금과 마찬가지로 순이익을 포함한 기업의 다른 성과척도들도 역시 안정적인 구조를 유지할 것으로 예상되어야 한다. 결국 배당할인모형은 일반적으로 생산하는 제품에 대한 가격통제가 가능하고, 안정적인 성장률을 기대할 수 있으면서, 일정한 배당금을 지속적으로 지출할 수 있는 기업에 대해서 적용하는 것이 적절하다.

한편, 배당할인모형에 의해 산출된 주식가치는 동일한 할인율과 영구성장률을 적용한다는 가정하에서는 우리가 지금까지 살펴본 NCF_{Eq}를 이용한 현금흐름할인모형에서 산출되는 주식가치보다 대부분 낮게 나타날 것이다. 이때 두 모델의 차액은 기업지배권가치의 일부로 보아야 한다는 주장이 있는데, 즉 경영자가 배당정책을 변경할 수 있는 것에 대한 추가적인 가치로 볼 수 있다는 것이다.

4. 자본비용

4.1 개 요

소득흐름에 대한 할인율은 원론적으로 말하자면 재무상태표상 차변항목인 자산으로부터 구하는 것이 보다 논리적이다. 즉, 각각의 개별적인 자산이 향후 소득흐름을 창출해내는 과정에서 어느 정도 기여할 것이며, 이런 과정에서 또 어느 정도의 위험을 발생시킬 것인가를 고려하여 이를 직접 현재가치 할인율에 반영하는 것이 논리적으로는 가장 합당한 방법일 것이다.

그러나 이렇게 해당 자산의 기여도와 위험을 직접 예측하기는 대단히 힘들다. 그렇다면 현실적으로 계산 가능한 방법은 무엇일까? 이에 대한 열쇠로 우리는 대차균형의 원리를 활용하여 자본제공자인 채권자나 주주가 자본을 제공하는 과정에서 해당 기업이 보유하고 있는 개별 자산의 수익률을 충분히 고려하여 이를 그들의 요구수익률에 반영하였다고 보는 것이다. 즉, 재무상태표의 대변항목인 타인자본과 자기자본에 대한 자본조달비용을 가중평균하여 이를 재무상태표 차변에 존재하는 개별 자산이 발생시킨 소득흐름에 대한 할인율로 활용하는 것이다.

4.1.1 자본비용의 이해

자본비용이란 자본을 사용하는 대가로 자본제공자에게 지불되어야 하는 비용이다. 즉, 타인자본을 제공하는 채권자 혹은 자기자본의 제공자인 주주에게 기업이 그 자본을 사용하는 대가로 지불해야 하는 비용이다. 우리는 이러한 자본비용을 미래소득흐름을 현재가치로 측정하기 위한 할인율로서 사용하게 된다. 이해를 돕기 위해서 (1) 자산, (2) 부채 및 자본, 그리고 (3) 자본제공자의 세 가지 측면에서 이러한 개념을 다시 한 번 정리해 보자.

자산 측면

기업의 미래소득은 현재 보유하고 있는 자산을 운용하여 창출되는데, 이러한 미래소득을 현재가치로 바꾸는데 적용하는 "할인율"로서의 의미를 가진다. 현실적으로 자산 측면에서 할인율을 직접 계산해내는 것은 거의 불가능하다.

부채 및 자본 측면

기업은 자본조달에 관한 의사결정을 할 때 사용가능한 다양한 자금의 원천을 고려한 후 최소의 비용이 소요되는 대안을 선택할 것이다. 이러한 관점에서 자본조달시 여러 가지 경쟁적인 대안 중에서 해당 자본을 선택함으로써 포기해야 하는 기회비용으로서 "자본조달비용"을 의미한다.

[그림 4. 2] 할인율, 자본비용, 요구수익률

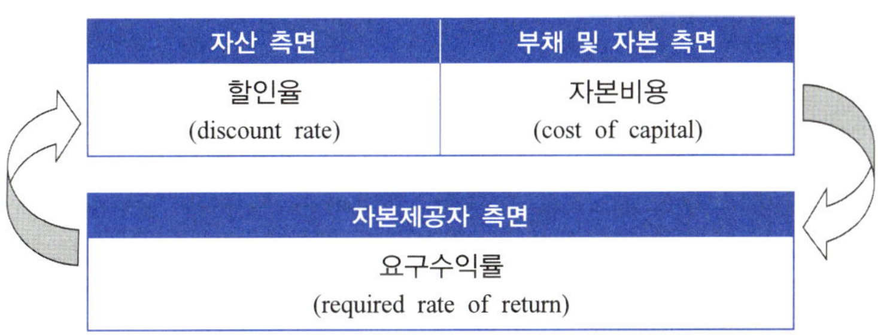

자본제공자 측면

자본제공자의 입장에서는 해당 기업에 자본을 제공하면, 다른 여타의 투자기회를 포기해야 하고, 따라서 해당 기업의 타인자본 혹은 자기자본으로 투자한 금액에 대해 기회비용을 반영한 수익률을 요구하게 될 것이다. 자본제공자 입장에서는 자본에 대한 기회비용이 고려된 최소한의 "요구수익률"의 의미를 가진다.

4.1.2 자금원천의 종류와 구성항목

기업가치를 구하기 위해서는 기업활동으로부터 창출되는 소득흐름 전체를 현재가치로 할인할 수 있는 포괄적인 자본비용을 산출하여야 한다. 이러한 자본비용은 기업이 조달한 자금원천별 자본비용을 각 자금구성항목의 시장가치로 가중평균한 값으로 구하여야 한다. 우선, 기업이 사용하는 자금의 원천을 살펴보면 다음과 같은 것이 존재할 수 있다.

자금원천의 종류

- 부채항목 : 차입금, 회사채, 리스부채, 전환사채, 신주인수권부사채 등
- 자본항목 : 보통주, 우선주 등

위 항목 중 장단기 차입금, 회사채, 리스부채는 채권자로부터 조달되는 대표적인 타인자본이다. 전환사채, 신주인수권부사채 등은 회사채와 주식의 합성증권으로서 회계적인 분류상으로는 부채항목이지만 타인자본과 자기자본의 성격을 공유하고 있는 증권이다. 보통주와 우선주는 각각 주주로부터 조달되는 자기자본인데, 우선주의 경우 성격상 타인자본으로 분류하는 것이 합리적이라는 주장도 있다.[10]

이러한 다양한 자금의 원천을 자본비용의 구성항목이라는 각도에서 살

10) 예를 들어 전환상환우선주의 경우 종전의 기업회계기준에서는 자본으로만 계상하였지만, 한국채택국제회계기준에서는 복합금융상품으로 분류되어 (1) 금융부채를 발생시키는 요소와 (2) 발행자의 지분상품으로 전환할 수 있는 옵션을 보유자에게 부여하는 요소를 별도로 분리하여 인식하도록 하고 있다.

〈표 4. 3〉 자본비용의 구성항목

종 류	구성항목
국채(장기)	실질수익률 + 인플레이션율 + Long Horizon Premium
회사채	실질수익률 + 인플레이션율 + Long Horizon Premium + Default Premium
대형주	실질수익률 + 인플레이션율 + Equity Risk Premium
소형주	실질수익률 + 인플레이션율 + Equity Risk Premium + Size Premium

펴보면 <표 4. 3>과 같이 정리될 수도 있다. 이론적으로 무위험자산에 가장 가까운 대표적인 예는 단기국채일 것이다. 단기국채의 경우 자본비용의 구성항목을 다시 실질수익률과 인플레이션율로 나눌 수 있을 것인데, 이는 무위험자산의 자본비용이 명목수익률로 표시된다는 것을 의미한다. 장기국채인 경우에는 장기프리미엄(long horizon premium)이 추가적으로 가산된다. 장기프리미엄이라는 것은 장기투자로 인한 위험의 대가와 관련된 것으로, 만기가 길수록 이에 대한 위험프리미엄(risk premium)도 늘어나는 것이 일반적이어서 투자자입장에서 요구하는 추가적인 수익률을 의미한다.[11] 현실에서는 이자율이 하락할 것으로 기대되는 경우에는 단기이자율이 장기이자율을 상회하는 경우가 나타나기도 한다. 한편 회사채(장기)일 경우에는 국채(장기)의 자본비용의 구성항목인 실질수익률, 인플레이션율, 장기프리미엄 이외에도 해당 기업의 부도위험(default risk)에 대한 프리미엄도 추가로 고려되어 이자율이 결정된다.

주식의 경우에는 위와 같은 채권의 이자율과는 약간 다른 항목들로 자본비용이 구성되어진다. 무위험이자율의 명목치가 실질수익률과 인플레이션율로 구성된다는 것은 채권의 경우와 마찬가지이지만, 주식의 경우에는

11) 장기프리미엄(long horizon premium)은 이자율의 기간구조(term structure of interest rates)와 관련된 사항으로 대표적인 이론으로는 기대이론(expectation theory), 유동성 선호이론(liquidity preference theory)과 시장분리이론(market segmentation theory)이 있다. 이 중 장기프리미엄은 유동성 선호이론에서 말하는 유동성 프리미엄(liquidity premium)과 의미가 유사하다.

주식투자에 따른 주식시장의 위험프리미엄(equity risk premium : ERP)이 추가되어야 한다. 주식위험프리미엄은 실무적으로 CAPM(Capital Asset Pricing Model) 등의 모델을 통해 자기자본비용의 계산에 반영될 것이다. 한편 소형주일 경우에는 대형주 자본비용의 구성항목에 추가적으로 규모차이에 대한 추가적인 위험(size premium)이 고려되기도 한다.

4. 2 타인자본비용

타인자본비용은 타인자본의 제공자, 즉 채권자 입장에서 기대하는 최소한의 요구수익률인데 타인자본비용은 반드시 세후수익률(Rdt)로 전환하여 사용하여야 한다. 우리는 순현금흐름(NCF)을 추정하면서 영업이익에서 영업이익에 대한 법인세비용을 차감하였다. 다시 말해서 우리가 추정한 NCF는 세후현금흐름이고 이러한 세후현금흐름을 할인하기 위해 사용되어지는 자본비용도 세후자본비용이 되어야 한다. 이자비용의 경우 손익계산서상 비용항목으로 계상되어 세금절감효과가 있으므로 이러한 효과를 반영하여 다음과 같은 공식에 의해 세전비용을 세후비용으로 조정한다.

$$Rdt = Rd \times (1-t)$$

t : 법인세율로서 평가기준일 현재 회사의 유효법인세율을 적용하거나, 약식으로 법정법인세율을 추정하여 적용함.

원론적으로 볼 때 회사의 타인자본비용은 회사가 조달 가능한 타인자본의 원천별 미래이자비용을 추정한 후, 이를 해당 원천별 시장가치 비율로 가중평균하여 사용하는 것이 가장 이상적일 것이다. 즉, 소득접근법에서 구하는 소득흐름이 미래추정치이므로 이를 현재가치화하는 할인율도 당연히 미래의 자본비용이어야 하고, 시장가치를 기준으로 가중평균치를 구하는 가치평가업무에서의 원칙을 적용한다는 것이다. 그러나 실무적으로 타인자본의 미래추정치를 정확히 계산한다는 것은 용이하지 않을 경우가 대부분이므로, 대체안으로서 회사채 기준수익률을 대표추정치로 사용하거나, 이것도 불가능하면 현재시점에서의 가중평균차입이자율을 대용치로 사용하고 있다.

다시 한 번 정리하면, 타인자본비용은 이론적으로는 (1) 원천별로 추정된 미래의 가중평균차입이자율, (2) 회사채 기준수익률, (3) 현재시점의 가중평균차입이자율의 순서로 적용가능성을 파악해 보는 것이 바람직하다. 그러나 이러한 순서는 실무적으로는 역으로 가장 산출하기 힘든 순서이기도 한다.

4.2.1 현재 가중평균차입이자율

실무에서는 흔히 타인자본비용을 계산할 때 현재시점의 가중평균차입이자율을 사용하는 경우가 많은데, 사실 이는 적절한 방법이라 할 수 없다. 왜냐하면 장부상으로 단순히 계산되는 명목이자율(nominal interest rate)은 차입채무의 유효이자율(effective interest rate)[12)]과는 차이가 발생할 수 있기 때문이다. 그럼에도 불구하고 현재시점의 가중평균차입이자율을 사용하고자 한다면 최소한 그 값이 회사의 차입채무에 대한 유효이자율의 근사치라는 전제가 성립하여야 하며, 또한 향후에도 이자율 및 차입부채의 구성비율이 현재의 이자율 및 구성비율과 큰 차이가 없다는 가정이 필요하다. 만약, 미래의 상황이 현재와 크게 달라질 것으로 예상되는 경우에는 당연히 원천별 추정이자율을 예측하고 이를 가중평균하는 방법을 적용하여야 할 것이다.

한편, 현재의 차입이자율을 가중평균하여 사용하는 경우 대개 장부가액(액면가액에서 현재가치할인차금 혹은 현재가치할증차금을 조정한 금액)을 시장가치의 대용치로 사용하는데 이 점 또한 주의할 필요가 있다. 엄밀히 말하면 차입부채의 장부가액은 부채발생시점의 역사적 이자율로 기

12) 여기에서 유효이자율(effective interest rate)은 만기수익률(yield to maturity)과 같은 의미이다.

록된 후 유효이자율법 등을 적용하여 조정해 온 금액이기 때문에, 현행 이자율이 발생시점의 이자율과 차이가 크다면 차입부채의 시장가치는 장부가액과 다를 수 있다. 이런 경우에는 만기가 도래하지 않은 부채잔액의 원리금 상환스케줄을 작성하고 여기에 현행이자율을 새로 적용하여 시장가치를 산출해낼 필요가 있다. 장부가액을 그대로 사용하는 것은, 이자율의 변화폭이 크지 않아 장부가액과 시장가치 간에 큰 차이가 나지 않는 경우에만 가능한 방법이다.

한편 타인자본의 구성항목은 차입부채만으로 구성되어야 하며 매입채무 등의 영업용 유동부채와 퇴직급여충당부채 등의 부채성 충당부채도 타인자본에서는 당연히 제외되어야 한다.

4.2.2 회사채 기준수익률

신용평가기관이 회사채 등에 대한 원리금 상환능력을 분석하여 신용평가 등급을 부여하는 과정에서는, 해당 기업의 과거실적뿐만 아니라 향후의 추정 재무실적까지를 모두 고려하게 된다. 이러한 성격을 감안하면, 회사채 등에 부여되어 있는 신용등급에는 해당 기업의 전반적인 원리금 상환능력에 대한 위험이 고려되어졌다고 볼 수 있다.

한편, 회사채는 원리금 상환에 대한 보증기관의 존재 유무에 따라 보증채와 무보증채로 구분되는데 타인자본비용을 구할 때 적용되는 신용등급별 회사채 기준수익률은 무보증 회사채를 기준으로 구해진 값이다. 무보증 회사채는 한 마디로 보증이나 담보 없이 발행회사의 신용에만 기초하여 발행되는 채권이다.

이러한 무보증 회사채에 대한 기준수익률을 회사의 타인자본 전체에 대한 자본비용으로 보아도 무방할 것인가? 모든 경우에 무보증 회사채의 기준수익률을 적용할 수는 없을 것이고, 이를 위해서는 무보증 회사채 이외의 여타차입부채(담보부 장단기 차입금 등)의 비중이 크지 않거나, 혹은 이러한 여타의 차입금을 포함한 회사의 전체 타인자본비용이 회사채

〈표 4. 4〉 회사채 기준수익률 자료(예시)

(단위: %)

		3월	6월	9월	1년	1년6월	2년	3년	5년
무보증	AAA	3.51	3.56	3.57	3.59	3.63	3.69	3.84	3.95
	AA+	3.56	3.61	3.63	3.64	3.68	3.74	3.91	4.02
	AA0	3.64	3.68	3.7	3.7	3.74	3.80	3.99	4.12
	AA-	3.71	3.73	3.75	3.77	3.80	3.87	4.08	4.31
	A+	3.78	3.80	3.82	3.84	3.91	3.95	4.21	4.66
	A0	3.93	3.94	3.95	3.96	4.01	4.05	4.38	5.02
	A-	4.09	4.14	4.17	4.19	4.24	4.30	4.70	5.54
	BBB+	4.52	4.93	5.29	5.44	6.00	6.46	7.24	7.56
	BBB0	4.90	5.43	5.86	6.11	6.81	7.39	8.29	8.60
	BBB-	5.58	6.22	6.80	7.09	7.92	8.54	9.65	10.01

자료: 한국신용평가(KIS채권평가), 2012년 2월 29일 기준

기준수익률에 수렴한다는 가정이 성립하여야 한다.

투자등급 회사채

무보증 회사채 기준수익률은 투자금융협회 등에서 발표하는 채권시가평가 기준수익률을 이용한다. 증권업협회 및 채권시가평가기관[13]들은 매일 투자등급인 AAA등급부터 BBB-등급의 10개 등급에 대해서 잔존만기별로 구분하여 기준수익률을 공시하고 있다. 추정에 사용되는 기준수익률은 가능한 한 만기가 긴 것을 선택하는 것이 좋은데, 왜냐하면 기업이나 주식에 대한 가치평가시 우리는 평가대상기간을 무한대까지로 가정하고 있기 때문이다.

투기등급 회사채의 경우

투기등급인 BB+ 이하의 회사채의 경우는 시장에서의 거래가 활발하지 않아 기준수익률을 객관적으로 측정하기가 용이하지 않은 측면이 있다. 그러나 최근에는 채권시가평가회사에서 투기등급 회사채 중 일부 등급에 대한 기준수익률을 나름대로 계산하여 발표하고 있다. 투기등급 회사

13) 현재 국내에는 KIS채권평가, 한국채권평가, 나이스채권평가의 3개사가 있다.

채의 경우 회사의 부도위험(default risk)을 감안하지 않은 약정만기수익률과 시장에서의 기대수익률은 큰 차이가 날 수 있으므로, 반드시 부도위험을 나름대로 감안한 후의 예상수익률을 사용하여야 한다.

회사채 신용등급 예측모형의 필요성

회사가 회사채를 발행한 경우에는 기준수익률을 사용하면 되지만, 회사가 회사채를 아예 발행하지 않았거나, 시기적으로 상당히 오래 전에 발행한 경우에는 기준수익률을 바로 적용할 수가 없다. 이런 경우에도 굳이 회사채 기준수익률 적용방식을 선택하고자 한다면, 부득이 회사가 현재시점에서 회사채를 발행하는 경우를 가정하여, 가장 가능성이 높은 신용등급예상치를 추정하여 이를 기준으로 삼는 방법을 택할 수밖에 없다. 이러한 방식을 적용하기 위해서는 신용등급의 합리적인 예측을 위한 회사채 신용등급 예측모형이 필요한데, 예를 들면 회사의 재무상태를 나타내는 지표(부채비율, 이자보상비율, 이익률, 기업규모, 영업위험, 단기지불능력 등)를 독립변수로 한 후 이를 통계적으로 검증한 회사채 신용등급 예측모형의 개발이 필요할 것이다.[14)]

4.2.3 원천별 추정이자율

이론적으로 기업의 타인자본비용을 가장 정확히 측정하기 위해서는 각각의 원천별 추정이자율을 산정하고 이를 항목별 시장가치로 가중평균하는 것이다. 그러나 실무적으로 장기간에 걸친 원천별 이자율을 정확하게 추정한다는 것은 결코 쉬운 일이 아니기 때문에, 대부분 중요성 기준에 따라 금액적으로 비중이 큰 항목에 대해서만 별도로 추정하고, 금액적으로 중요하지 않거나 개별 이자율차이가 크지 않은 항목은 묶어서 한꺼번에 처리하는 방식을 취한다.

14) 신용등급추정을 위한 대표적인 방법으로는 Altman의 Z-score, ZETA Model 등이 있다.

금융기관 차입금

금융기관 차입금의 경우는 신용차입과 담보부차입 부분으로 나눌 수 있는데, 최근에는 신용차입분이 증가하고 있는 추세이나 아직 중소기업 등의 경우에는 담보부차입이 더 일반적인 것 같다. 담보부차입금은 회사가 보유하고 있는 동산이나 부동산을 담보로 하여 차입한 것으로, 회사가 원리금을 약정한 시기에 상환하지 못할 경우 대출금융기관이 담보권을 행사할 수 있다. 금융기관 차입금은 회사의 과거 차입이자율과 향후의 전반적인 이자율 변동예측치를 함께 고려하여 추정하여야 할 것이다.

회사채

회사채는 일반대중이나 법인투자자 등으로부터 자금을 조달한다는 측면에서 은행 등 대출기관으로부터 차입하는 일반차입금과는 구별된다. 회사채의 경우는 대부분이 무보증 회사채이고 앞에서 살펴보았듯이 금융투자협회 등에서 발표하는 무보증 회사채에 대한 기준수익률을 적용하면 될 것이다. 한편, 최근 중소기업들이 많이 발행하고 있는 무보증사모사채 중에서는 사모사채발행의 대가로 후순위사채를 인수하는 경우가 발생하고 있다. 이 경우 후순위사채는 만기시점에 회수가능한 금액이 없을 가능성이 높으므로 해당 금액만큼은 이자율에 포함되어 있다고 보는 것이 타당할 것이다.

리스부채

현행 회계기준에 따르면 금융리스와 운용리스 간의 구분은 리스자산의 소유에 따른 위험과 효익이 실질적으로 리스이용자에게 이전되는지의 여부에 따른다.[15] 금융리스의 경우에는 이미 장부상 부채로 계상되어 있으므로 일반적인 차입금과 동일하게 취급하면 될 것이다. 그러나 운용리스의 경우에는 회계적으로는 비용항목으로 처리되었으나, 만약 실질적으로 금융리스로 보는 것이 타당하다고 판단되는 경우에는 향후 발생할 리스료를 현가계산하여 자산과 부채로 각각 계상하는 수정분개를 실시하

15) 제5장 2.2절 재무분석 및 차이조정의 "운용리스와 금융리스" 참조.

고, 자본비용 산정 시에도 금융리스로 추가계상된 부분에서 발생하는 이자비용 상당액은 타인자본비용에 가산하여야 할 것이다.

전환사채, 신주인수권부사채

전환사채(convertible bond : CB), 신주인수권부사채(bond with warrants : BW) 등은 부채와 주식의 합성증권으로서 일반부채와는 별도로 추가적인 현금흐름에 대한 위험이 존재한다. 이러한 합성증권에 대한 자본비용은 부채비용이나 자기자본비용과 비교할 때 어느 수준에 위치하는 것으로 보는 것이 적당할 것인가? 대체로 합성증권의 자본비용은 일반부채보다는 높으나 주식보다는 낮은 수준에서 형성된다고 보는 것이 합리적일 것이다. CB, BW는 일반사채에 비해 액면이자율이 낮아 원리금을 시장이자율로 할인한 현가보다도 높은 가격에 발행되는데, 이런 상황은 발행자 입장에서 보면 일견 일반사채보다 낮은 비용으로 발행하는 것처럼 보일 수 있다. 그러나 옵션(option)의 행사 시 추가적인 부담이 발생할 위험을 감안하면 실질적으로는 일반사채보다 오히려 자본비용은 높다고 보아야 한다.

합성증권에 대한 자본비용은 우선 시장에서 거래되는 유사한 CB, BW의 시가가 존재한다면 이들에 대한 만기수익률을 계산하여 그 값을 자본비용으로 사용할 수 있을 것이다. 시장에서 유사한 조건을 가진 합성증권에 대한 자료를 구하는 것이 용이하지 않을 경우에는 이론적인 방법에 따라 일반사채부분은 현가할인방법으로 구하고 옵션(option)부분은 OPM (option pricing model)으로 별도로 가치를 계산하여 실질적인 자본비용을 계산하여야 할 것이다. 실무적으로는 옵션(option)부분이 행사되는 경우와 행사되지 않는 경우로 가정을 두고 별도의 자본비용을 따로 구하여 적용시키는 방법을 많이 사용한다.

4. 3 자기자본비용

자기자본비용은 자기자본의 제공자, 즉 주주의 입장에서 기대하는 요구수익률이다. 자기자본비용은 주식보유에 따른 위험이 수익률에 반영되므로 타인자본비용에 비해 상대적으로 높은 것이 일반적이다.

자기자본비용도 복잡한 구조가 되면, 보통주뿐만 아니라 다양한 우선주와 스톡옵션 등으로 구성될 수 있을 것이다. 여기에서는 먼저 보통주일 경우의 자기자본비용 산출방식을 살펴볼 것인데, 가장 대표적인 방법은 CAPM(Capital Asset Pricing Model)이 있다. 이외에도 APM(Arbitrage Pricing Model), Build-up Method 등이 이용되기도 하는데, 각각의 모형에 대해서는 다음에서 별도로 살펴보기로 한다.

4.3.1 자본자산가격결정모형(Capital Asset Pricing Model)

CAPM은 1960년대 Sharpe, Lintner, Mossin 등에 의해 개발된 이론으로 현대 재무관리분야에서 가장 핵심적인 가격결정이론 중의 하나이다. CAPM의 이론적인 설명은 [보론 3]에서 살펴보기로 하고, 여기에서는 CAPM의 기본모델과 실무적인 응용모델의 차이점에 대해서 간단히 소개한 후 각각의 요인에 대해서 실무적인 측면에서 설명을 진행하기로 한다.

기본 모델

이론적인 CAPM에 의하면 자기자본비용은 다음 공식에서와 같이 무위험수익률과 전체 주식시장의 위험프리미엄(equity risk premium)[16]을 해당 기업의 체계적 위험도(β)로 곱한 값으로 이루어진다.

16) 주식위험프리미엄은 ERP라는 약어로 많이 사용되는데, 위 식에서 "$E(Rm)-Rf$"를 의미한다.

$$E(Re) = Rf + \beta \times (E(Rm) - Rf)$$

Rf : 무위험수익률(Risk free rate of return)
β : Beta계수
Rm : 주식시장위험률(Return on the market)

실무적인 응용모델

앞에서 살펴본 기본모델을 실무적으로 이용할 때는 몇 가지 사항이 추가적으로 고려된 응용모델을 사용하는 것이 일반적이다. 우선 무위험수익률은 현재시점의 무위험수익률(Rf_1)과 역사적인 장기시계열 자료에서 구하는 무위험수익률(Rf_2)로 구분하여 적용한다. 당연히 두 값은 차이가 나는데, Rf_1은 현재시점에서의 수익률 하나만을 사용하면 되지만, Rf_2의 경우에는 주식시장수익률(Rm)을 관찰하는 장기시계열(보통 20~30년 이상)의 기간과 동일하게 Rm에 대응되는 각 기간별 수치가 사용되어야 한다.

또 한 가지 유의할 사항은 회사고유위험(company specific risk)이라는 추가적인 위험에 관한 부분이다. 이론적인 CAPM에서는 개별 회사의 비체계적 위험은 포트폴리오 구성에 따라 모두 분산되고, 오직 시장포트폴리오에 대한 체계적 위험만이 존재한다고 보고 있으므로, 추가적인 회사고유위험이라는 것은 인정되지 않고 있다. 그러나 실무적인 응용모형에서는 이론적인 CAPM에서 말하는 주식시장에 대한 체계적 위험 이외에도 다음 공식에서 보는 바와 같이 추가적인 회사고유위험을 감안하여 자기자본비용(Re)을 산출하기도 한다.

$$E(Re) = Rf_1 + \beta \times (E(Rm) - Rf_2) + \alpha$$

Rf_1 : 현재시점의 무위험수익률
β(Beta) : Beta계수
Rm : 역사적인 장기시계열자료에서 구하는 시장수익률
Rf_2 : 역사적인 장기시계열자료에서 구하는 무위험수익률
α(Alpha) : 회사고유위험(company specific risk premium)

한편, 원칙적으로는 CAPM과 같은 이론적인 모델을 적절하게 사용하기 위해서는 위 모델에서 사용하는 모든 변수들을 국내주식시장의 통계자

료로부터 일관성 있게 계산된 자료를 사용하는 것이 바람직할 것이다. 그러나 현실적으로 사용 가능한 공개된 국내통계자료가 부족한 상황이기 때문에 실무에서는 일부 자료를 미국시장 등 외국자료에서 인용하기도 한다.

보론 3 자본자산가격결정모형(Capital Asset Pricing Model)의 이해

CAPM은 마코위츠(Markowitz)에 의해 정립된 불확실성하의 선택이론인 포트폴리오이론에 기초를 두고 있다. 포트폴리오이론은 개별 주식이나 포트폴리오의 특성을 평균의 측도인 "기대수익률"과 위험의 측도인 "분산"이라는 두 가지 요소로 표현할 수 있다는 가정에서 도출되었다. 마코위츠는 두 개 이상의 자산의 상관관계가 1이 아니면 위험이 감소한다는 포트폴리오의 분산효과를 이용해 효율적 투자기회선(efficient frontier)을 도출해내었다.

이와 같은 포트폴리오이론에서는 위험자산만을 대상으로 하고 있는 반면, CAPM에서는 아래와 같은 가정하에서 무위험자산을 도입하고, 새로운 위험측정수단으로 베타(ß)를 사용하게 된다.

[그림 4. 3] 증권시장선

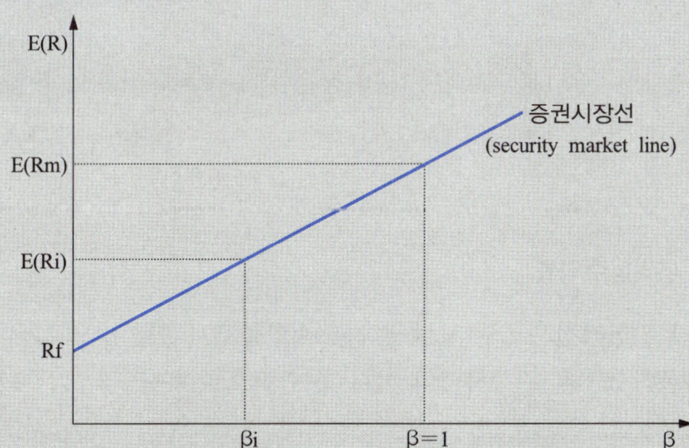

CAPM의 가정

1) 위험회피형 투자자
2) 평균분산모형에 따라 포트폴리오를 선택
3) 예상수익률의 평균, 분산, 공분산에 대해 동일한 기대
4) 투자자의 투자기간은 1기간임.
5) 무위험이자율로 차입 대출 가능
6) 세금과 거래비용 없음.

위험자산만을 기준으로 한 마코위츠의 효율적 투자기회선(efficient frontier)과 무위험자산과의 접선으로 도출되는 자본시장선(capital market line : CML)은 효율적 투자기회선상보다 더 효율적인 투자기회를 표시한다. 그런데 CML은 여전히 시장포트폴리오와 무위험자산 간의 투자기회만을 설명하는 극히 제한적인 모형이었다. 따라서 존재하는 모든 자산의 균형가격결정에 대한 이론이 필요하게 되었는데, 개별 주식의 기대수익률과 위험의 관계를 표준편차가 아닌 베타와의 관계를 표시한 것이 CAPM을 설명하는 다음과 같은 증권시장선(security market line : SML)으로 나타나게 되었다.

이와 같은 CAPM 이론에서는 포트폴리오 구성시 비체계적 위험은 분산되므로, 주식시장위험(equity market risk)에 대한 체계적인 위험을 나타내는 베타(ß)에 의해서 개별 주식의 기대수익률이 설명될 수 있다고 본다. 한편, 위험회피형의 합리적인 투자자는 SML선상에서 우하향으로 볼록한 무차별곡선과 만나는 점에서 차입 혹은 대출 포트폴리오를 구성할 수도 있다(토빈의 분리정리).

무위험수익률

무위험자산으로부터 발생하는 수익률로서 이론적으로는 제로베타 포트폴리오[17]를 구성하여야 하나, 일반적으로 해당 국가의 국채에 투자할 경

17) 제로베타 포트폴리오는 체계적인 위험인 베타값이 '0'인 경우의 포트폴리오로서 베타의 정의에 따라 시장포트폴리오와의 상관관계가 '0'인 포트폴리오를 의미한다.

우의 예상수익률을 사용한다.

무위험수익률을 계산할 때 사용되는 국채의 만기를 단기로 할 것인가, 장기로 할 것인가에 대해서는 이견이 있다. 이론적으로는 장기프리미엄(long horizon premium)이 제외된 단기국채가 보다 적절할 수 있을 것이다. 그러나 이 책에서 다루는 기업가치평가업무에서는 무한대까지의 장기투자를 가정하여 논리가 전개되고 있으므로, 단기국채를 사용하면 자본제공자들의 투자기간과 일치하지 않는 문제가 있고, 또한 단기국채의 수익률 자체가 무척 변동성이 크다는 단점이 존재한다. 따라서 대부분의 경우 단기국채보다는 장기국채를 무위험수익률의 대용치로 사용하고 있다. 대체로 미국의 경우에는 장기 Treasury bond를 사용하고 있는데, 국내에서는 장기국고채의 수익률을 사용하는 것이 일반적이다.[18)]

베타계수

CAPM의 기본이론에 따르면 포트폴리오 형태로 분산투자할 경우 개별 주식의 비체계적인 위험은 모두 분산가능하며, 따라서 개별 주식의 위험은 분산 불가능한 체계적 위험만을 고려해야 한다는 것이 CAPM의 기본 논리이다. 이러한 분산 불가능한 체계적 위험을 측정하는 위험계수가 베타값이며, 이는 시장포트폴리오의 가치변동에 대한 해당 주식의 주가 민감도를 의미한다.

한편, 상장기업은 주식시장에서 거래가 이루어져 왔을 것이므로 해당 업체의 베타값을 직접 적용하면 될 것이나, 비상장기업의 경우에는 시장에서 관찰할 수 있는 자료가 없으므로 유사한 상장주식의 자료를 대용치로 하여 다음과 같은 공식에 의해 산출하여야 한다.

$$\text{Levered } \beta = \text{Unlevered } \beta \times (1 + (1 - t) \times D/E)$$
$$D: Debt, \quad E: Equity$$

18) 미국의 Treasury bond는 보통 10년물 혹은 20년물을 사용하고 있고, 국내 국고채는 10년물 혹은 20년물을 사용한다. 단, 국고채 20년물의 경우 유통물량부족으로 아직 대표수익률로 사용하기에는 적절하지 못하다는 주장도 있다.

위 공식은 일명 하마다 모델(Hamada model)이라고 하는 것으로, 다음과 같은 두 가지 단계를 거쳐 비상장주식의 베타를 구하게 된다.[19)]

① 주식시장에 상장된 유사업체들을 비교대상업체로 하여 시장에서 관찰된 β로부터 재무위험(financial risk)으로 발생된 부분을 제거하여 순수하게 영업으로 발생하는 위험(operating risk)을 산출한다.
② 회사의 영업위험만이 반영된 unlevered β에 회사의 목표자본구조를 재반영된 relevered β를 산출하여 이를 자기자본의 체계적 위험으로 사용한다.

주식위험프리미엄

주식위험프리미엄(equity risk premium : ERP)은 시장위험프리미엄(market risk premium)이라고도 하는데, 이는 무위험자산 대신 주식에 투자함에 따라 발생하는 추가적인 위험을 보상받기 위해서 주식투자자가 요구하는 추가적인 수익률이다. ERP도 개념적으로는 역시 미래에 대한 추정치를 사용하는 것이 가장 정확한 방법인데, 실무적으로는 역사적인 장기 시계열자료에서 구하는 시장수익률과 무위험수익률 간의 차이로부터 산출해낸 수치를 미래추정치로 보는 것이다.

한국주식시장에 대한 ERP는 당연히 한국의 주식시장의 자료를 이용하여 계산하는 것이 가장 직접적이고 정확한 방법이기는 하지만, 한국주식시장의 위험프리미엄에 대해서는 여전히 논란이 지속되고 있는 것으로 보인다.[20)] 실무에서는 외국자료를 이용한 간접도출방식을 취하는 경우도 많은데, 이에 대해서는 [보론 4]의 국제자기자본비용모형에서 따로 정리하였다. 이 중 국가별 국채의 이자율차이를 기준으로 하는 "Country Spread Model"이 간편하여 많이 사용되고 있는데, 이는 미국국채수익률에 외평채 가산금리를 적용하는 방식이다.

---

19) 하마다 모델의 실제적용사례는 본 장 6.2절의 사례를 참조.

20) 국내연구결과는 3.3%(상장기업 EVA분석 : 김응한 등, 한국증권거래소, 1998)에서 7.5%(자본비용 및 유효이자율측정 : 김권중 등, 한국회계기준원, 2001)에 이르기까지 아직 편차가 큰 편으로 보인다.

회사고유위험(Specific Risk Premium)

이론적인 CAPM에서는 고려되지 않는 해당 기업의 추가적인 고유위험을 의미한다. CAPM 모델에서 비체계적인 위험(unsystematic risk)은 자산을 분산하여 소유함으로써 제거할 수 있다고 가정하지만, 현실적으로는 규모위험(size risk)[21] 등 분산투자를 통해서도 제거되지 않는 위험요소가 존재한다는 것이다. 실무적으로 회사고유위험은 규모위험프리미엄과 같이 계량화가 가능한 요인도 있지만, 평가자의 경험에 의한 주관적인 기대치를 합리적인 범위 내에서 적용하는 경우도 있다.

4.3.2 그 밖의 자기자본비용모델

재정가격결정모형(Arbitrage Pricing Model)

APM(Arbitrage Pricing Model)은 1970년대 Ross에 의해 개발된 가격결정모형이다. CAPM이 주식위험 프리미엄(ERP)이라는 단일요인만을 고려하는 반면, APM은 주식위험 프리미엄(ERP) 이외에 거시경제, 산업요인 등의 복수요인을 고려한 모델이다. APM을 적용하기 위해서는 다음과 같은 공식에 의해 다중회귀분석(multiple regression)의 기법을 응용하여 자기자본비용을 산출한다.

$$E(Ri) = \lambda_0 + \lambda_1 b_{i1} + \lambda_2 b_{i2} \cdots\cdots + \lambda_k b_{ik}$$

λ_k : 다양한 종류의 risk premium들
b_{ik} : 각 risk premium에 대한 증권 i의 민감도

실무적으로는 APM모형을 한국시장에 적용하여 자기자본비용을 구하기 위한 충분한 실증적인 연구실적이 뒷받침되고 있지 못한 것으로 보인다. 한편, 미국시장에서의 연구결과는 다음과 같은 요인들이 APM에서 사용될 수 있는 기본적인 변수라고 제시되고 있다.[22]

---

21) Stoll. H., and R. Whaley(1983)의 연구 등으로 시작하였으며, 현재 Ibbotson Associates 등에서 지속적으로 계량화된 수치를 발표하고 있다.

22) Copeland, T., J. Weston and K. Shastri, "*Financial Theory and Corporate Policy* (4th

- 산업생산지수(An index of industrial production)
- 지급불이행 위험프리미엄의 변화(Change in default risk premium)
- 이자율곡선의 왜곡(Twists in the yield curve)
- 예상하지 못한 인플레이션(Unanticipated inflation)

요소가산방식(Build-up Method)

요소가산방식은 자기자본비용을 구성하는 여러 가지 항목들을 단순히 하나씩 더해 나가는 가산형모델(additive model)이다. 이 방식은 무위험수익률에서부터 출발하여, 주식시장위험, 해당 산업위험, 그리고 해당 회사의 고유위험을 하나씩 가산하면서 추가적인 위험프리미엄을 고려한다.

요소가산방식은 여타의 방식보다 개념적으로는 매우 간단한데, 다음과 같은 공식을 사용하여 자기자본비용을 구한다.

$$E(Ri) = Rf + ERP + IRPi + SRPi$$

Rf : Risk free rate　　*ERP* : Equity risk premium

IRPi : 해당 산업의 위험 premium　　*SRPi* : 개별 회사의 위험 premium

위 공식을 사용하기 위해서는 각각의 요소에 대한 충분하고 신뢰성 있는 통계자료가 축적되어야 하는 것이 선결과제인데, 미국의 경우에는 Ibbotson Associates 등에서 각 산업에 대한 Industry risk premium(IRP)이나, 개별 회사위험(SRP) 중 규모에 대한 Size risk premium을 조사 발표함에 따라 실무적용이 가능하다. 국내에서는 아직까지 각 요소에 대한 통계자료가 축적되지 않고 있기 때문에 바로 적용할 수는 없는 실정이다.

---

ed.)," Addison Wesley, 2004, p. 187.

보론 4 국제자기자본비용모형(International Cost of Equity Model)

국제자기자본비용모형에서 살펴볼 내용은 국가별 주식위험프리미엄(equity risk premium)에 관한 것인데, 원칙적으로는 해당 국가의 주식시장의 자료를 직접 사용하여 산출하는 것이 가장 정확한 방법이다. 그러나 실무적으로 직접 산출하는 방식이 용이하지 않을 경우에는 차선책으로 국가 간 비교를 통해 간접적으로 산출할 수도 있는데, 이때에는 International CAPM, Globally nested CAPM, Country spread model 등이 사용된다.

(1) International CAPM

미국주식시장의 위험과 민감도를 통해 전세계 주식시장의 위험을 구한 다음, 특정 국가 주식시장의 민감도를 매개체로 특정 국가의 주식시장위험을 산출하는 방식으로 다음과 같은 두 단계로 산출한다.

[1단계] 전세계 주식시장의 위험프리미엄 추정치를 산출

$$ERPw = ERPus / ßus$$

ERPw : 전세계 주식시장의 ERP
ERPus : 미국주식시장의 ERP
ßus : 미국주식시장의 전세계 주식시장 변동에 대한 민감도

[2단계] Original CAPM의 확장 적용

$$E(Rc) = Rf + ßc \times ERPw$$

E(Rc) : 특정 국가 주식시장의 기대수익률
Rf : 무위험수익률
ßc : 특정 국가 주식시장의 전세계 주식시장 변동에 대한 민감도
ERPw : 전세계 주식시장의 ERP

(2) Globally Nested CAPM

특정 국가의 주식시장의 위험을 전세계 주식시장과 특정 Region의 주식시장에 대한 민감도를 통해 구하는 방식이다.

$$E(Rc) = Rf + (ßcw \times ERPw) + (ßcr \times RPr)$$

E(Rc) : 특정 국가 주식시장의 기대수익률
Rf : 무위험수익률
ßcw : 특정 국가 주식시장의 전세계 주식시장 변동에 대한 민감도
ERPw : 전세계 주식시장의 ERP
ßcr : 특정 국가 주식시장의 특정 Region주식시장 변동에 대한 민감도
RPr : ERPw을 구성하지 않는 특정 Region의 risk premium

(3) 기타 모델

- Country Spread Model : 국가별 국채의 이자율차이를 기준으로 산정하는 방식이다. 적용이 간편하여 일반적으로 많이 사용하는데, 우리나라의 경우 외평채 가산금리를 적용한다.
- Country Risk Rating Model : 국가신용등급을 기준으로 하여 국가위험을 반영하는 방식이다.
- Relative Standard Deviation Model : 국가별 주식시장의 표준편차(총위험)를 대비시키는 방식이다.

4.3.3 원천별 자기자본

보통주

보통주는 가장 일반적인 자기자본의 조달방식으로 보통주의 소유주인 보통주주는 실질적인 기업의 소유주가 된다. 보통주주들은 기업에 대한 경영참여권과 이익배분의 권리를 가지는 한편, 기업의 경영위험에 대한 부담도 함께 가진다. 보통주에 대한 자기자본비용은 앞에서 살펴본 CAPM 등의 방식을 통해 구하게 된다.

우선주

우선주의 일반적인 형태는 경영참여권은 없는 대신, 보통주에 우선하여 일정률의 배당금을 지급받는 존속기간이 무한대인 채권형 주식이다. 따라서, 경우에 따라 우선주를 타인자본으로 간주하는 경우도 있다. 우선주

주는 해당 기업이 청산되는 경우 채권자보다는 후순위의 청구권을 행사하지만 배당에 있어서는 보통주주보다는 선순위의 청구권을 보유하게 된다. 이러한 이유로 우선주주가 부담하는 위험은 일반적으로 채권자와 보통주주 사이에 위치한다고 보게 되며, 따라서 자본비용도 보통주에 대한 자본비용과 채권자의 이자비용 사이에 존재한다고 보는 것이다.

우선주의 시가를 알 수 있는 경우에는 다음과 같은 공식으로 우선주의 자본비용을 쉽게 구할 수 있을 것이다.

$$Rp = Div / P$$

Div : 우선주 배당금, *P* : 우선주의 시장가치

그러나 비상장 우선주일 경우에는 우선주의 시장가치를 구할 수 없으므로 위의 공식을 바로 사용할 수는 없고, 차선책으로 다음과 같은 방법을 사용하여 해당 우선주에 대한 자본비용의 대용치를 구하여야 할 것이다.

- 후순위 차입금에 대한 이자비용+α%
- 상장우선주의 자료를 이용해서 별도의 CAPM방식으로 산정
- 보통주와 합산하여 구한 후 개별 상황에 따라 추가적인 조정

한편, 우선주는 위와 같이 보통주에 비해 단순히 배당금을 우선 지급받는 형태 말고도, 상환우선주나 전환우선주와 같이 다양한 옵션이 부가된 형태로 존재할 수 있다. 국내 우선주의 경우 과거에는 대부분이 보통주 배당금에 일정비율의 추가배당금을 지급하는 보통주형 우선주이었으므로 별도로 우선주에 대한 고려를 하지 않고 보통주와 같이 취급하더라도 큰 문제는 없었다. 그러나 최근에는 국내에서도 여러 가지 특수한 옵션을 가진 다양한 유형의 우선주가 발행되고 있으므로 우선주의 유형별 특성을 별도로 고려하여야 할 것이다.

주식선택권(Stock Option)

기업은 종업원 및 유사용역제공자로부터 재화나 용역을 제공받는 대가

로 기업의 지분상품을 부여하거나 기업의 주식이나 다른 지분상품의 가치에 기초하여 현금이나 기타자산으로 결제하는 거래를 하게 된다. 그런데 여기에서 기업의 지분상품이란 주식 혹은 주식선택권을 의미하며, 주식선택권은 보유자에게 특정기간 고정가격 또는 결정가능한 가격으로 기업의 주식을 취득할 수 있는 권리를 부여하는 계약을 말한다.

이와 같은 주식선택권은 주식결제형, 현금결제형 및 선택형으로 구분할 수 있는데 이중 주식결제형에서는 제공받는 재화나 용역의 공정가치를 주식선택권으로 측정하도록 하고 있으나, 제공받는 재화나 용역의 공정가치를 신뢰성 있게 측정할 수 없다면 부여한 주식선택권의 공정가치에 기초하여 재화나 용역의 공정가치를 간접 측정하도록 하고 있다. 그런데 종업원에게 부여한 주식선택권의 경우 일반적으로 옵션시장에서 거래되지 않고 있기 때문에 옵션가격결정모형을 이용하여 공정가치를 측정하도록 하고 있다. 이 경우 옵션가격결정모형은 주식의 시가, 주가변동성 등을 이용하여 옵션의 가치를 결정하는 것으로, 구체적인 평가모형인 이항모형(Binominal Model) 또는 블랙-숄즈모형(Black-Scholes Model)에 대한 자세한 내용은 제10장 [보론 15]를 참조하기 바란다. 실무에서는 주식선택권이 행사되는 경우와 행사되지 않는 경우로 별도의 시나리오를 두고, 보통주나 우선주의 자본비용에 포함시키는 방법을 많이 사용하기도 한다.

4. 4 자본비용의 적용

4.4.1 가중평균자본비용

우리는 지금까지 타인자본과 자기자본을 구성하는 다양한 자금조달방식에 대하여, 원천별로 각각 어떠한 방법에 의해 자본비용을 산정할 것인지를 살펴보았다. 자본구조(capital structure)의 형태는 차입부채와 보통주만으로 구성되는 단순한 구조에서부터 우선주, 전환증권 등이 포함되는 보다 복잡한 구조도 나타날 수 있을 것이다. 단순한 구조라면 차입부채에 대한 이자비용이 타인자본비용이 될 것이고, 보통주 자본비용이 바로 자기자본비용이 될 것이다. 보다 복잡한 구조인 경우라면 개별 항목의 시장가치를 기준으로 가중평균하는 방식을 통해 타인자본비용과 자기자본비용을 구하여야 할 것이다.

이렇게 타인자본비용과 자기자본비용을 각각 구하고 나면, 이제 최종적으로 이러한 두 항목을 회사의 목표자본구조를 기준으로 가중평균해야 하는 과제가 남게 된다. 이때 유의할 점은 타인자본과 자기자본은 장부가액이 아닌 시장가치를 기준으로 가중평균해야 한다는 점이다.

$$WACC = Re \times [E/(D+E)] + Rd \times (1-t) \times [(D/(D+E)]$$

Re : 자기자본요구수익률
Rd : 타인자본요구수익률
E : 자기자본의 시장가치
D : 타인자본의 시장가치
t : 법인세율

4.4.2 목표자본구조

가중평균자본비용을 구하는 경우 타인자본과 자기자본 간의 가중치는 현재의 자본구조가 아닌 목표자본구조(target capital structure)를 사용하여야 한다. 이때 목표자본구조라 함은 회사가 장기적으로 지향하는 미래의 타인자본과 자기자본 간의 비율이다. 계속기업의 전제하에서는 회사는 무한한 존속기간을 가지므로 목표자본구조도 이론적으로는 무한대까지 지향해야 할 목표지이나, 현실적으로 이러한 기간을 모두 고려할 수는 없다. 따라서 실무적으로 목표자본구조는 추정기간에 걸쳐 평균적으로 나타날 수 있는 회사의 자본구조라고 보는 것이 합리적일 것이다.[23)]

23) 만약 추정기간 동안 자본구조가 큰 폭으로 변하는 경우에는 평균치를 계산하여 하나의 자본비용을 사용하던지, 아니면 매년 가중평균치를 달리하여 가중평균자본비용에 반영하여야 할 것인가 하는 문제가 남는다.

[그림 4.4] 주식가치와 자본비용의 순환구조

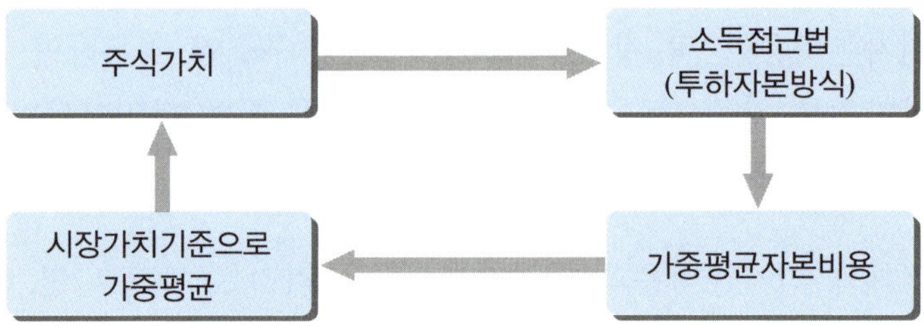

목표자본구조 설정 시 또 한 가지 유의할 사항은 타인자본과 자기자본의 가중치는 장부가액기준이 아니라 시장가치기준이라는 점이다. 타인자본의 경우 시장가치와 장부가액의 차이가 크지 않은 경우 장부가액으로 대신할 수 있을 것이나, 자기자본의 경우에는 대부분의 경우 시장가치와 장부가액은 큰 차이가 나므로 반드시 주당주식가치를 주식수로 곱한 주식의 시가총액(market capitalization)을 구하여 적용해야 한다. 그런데 이 경우 계산구조상으로 자본비용과 주식가치 사이에 순환구조가 발생한다. 즉, 위의 [그림 4.4]에서 보다시피 주식가치를 구하려고 소득접근법을 선택하여 가치평가를 진행하려면 가중평균자본비용을 구하여야 하는데, 이 과정에서 이미 주식의 시장가치를 알고 있어야 가중평균이 가능하므로 계산상 순환구조가 발생한다는 것이다. 이러한 순환구조는 투하자본적용방식으로 소득접근법을 적용하는 경우에는 항상 나타나는 현상이다. 이 문제는 최종적으로 산출되는 주식가치의 결과치가 가중평균자본비용을 구하는 과정에서 가중평균치를 구할 때 가정했던 목표자본구조의 비율을 만족시키는지를 순환반복과정을 통해 해결해야 할 것이다.

4.4.3 적용상 유의사항

순현금흐름 이외의 소득흐름에 대한 자본비용

우리가 지금까지 설명한 자본비용은 미래의 소득흐름을 현금흐름으로 가정했을 때 적용 가능한 내용이다. 자본비용 계산에 사용된 채권시장이나 주식시장 자료는 현금흐름을 기준으로 작성된 것이지, 회계적인 측정치를 근거로 한 것이 아니기 때문이다. 또한 채권자나 주주의 입장에서도 실질적인 원리금 상환이나 배당금 지급과 관련된 현금흐름이 주된 관심사이고, 따라서 자본비용은 제공된 자본의 현금흐름에 대한 투자자 입장에서의 요구수익률이 반영된 것이라 볼 수 있다.

기업가치평가의 경우 미래소득흐름은 대부분 순현금흐름으로 추정된다. 그러나 입수가능한 근거자료나 시간상의 제약이 있다거나, 가치평가업무에 대한 계약조건상에 특별히 명시된 경우 등 주어진 환경에 따라 소득흐름을 순현금흐름이 아닌 EBIT, EBITDA, 혹은 영업이익이나 순이익 등의 회계적 이익으로 추정하여야만 하는 경우도 있을 것이다. 이러한 경우 지금까지 살펴본 현금흐름을 기준으로 한 자본비용을 그대로 적용해서는 안 되고 일정한 과정을 거쳐 수정된 값으로 적용해야 한다. 그렇지 않으면 분자와 분모 간의 성격을 일치시키지 못하게 되어 결과적으로 가치평가금액을 왜곡시키게 된다.

예를 들어, 미래의 소득흐름을 순이익으로 추정하였다고 하자. 이 경우 평가대상회사의 순이익과 순현금흐름이 매년 일정한 관계를 유지하면서 변화한다고 전제하면, 다음과 같은 공식을 사용하여 순현금흐름을 기준으로 구한 할인율을 순이익기준의 할인율로 변환시켜야 할 것이다.

$$R_{ni} = [NI/NCF_{Eq}(R_{Eq} - g)] + g$$

R_{ni} : 순이익에 대한 할인율
NI/NCF_{Eq} : 순이익/자기자본 순현금흐름의 일정비율
R_{Eq} : 자기자본 순현금흐름에 대한 할인율
g : 영구성장률(순이익과 순현금흐름에 공통으로 적용)

예제 4-9

순이익과 NCF_{Eq} 간의 비율이 100%일 경우에는 NCF_{Eq}에 대한 할인율과 순이익에 대한 할인율은 항상 동일하다. 그러나 이 비율이 달라지면 두 가지 현금흐름에 대한 할인율도 다르게 산출된다. 일단 순현금흐름에 대한 할인율(R_{Eq})은 15%, 영구성장률(g)은 5%라고 가정하고 계산해 보자.

- NI/NCF_{Eq}=100%인 경우 :
  R_{ni}= [100%× (15%−5%)]+5%=15%
- NI/NCF_{Eq}=50%인 경우 :
  R_{ni}= [50%× (15%−5%)]+5%=10%
- NI/NCF_{Eq}=150%인 경우 :
  R_{ni}= [150%× (15%−5%)]+5%=20%

위 산식을 적용하는 경우에 주의할 점은, 이러한 관계식은 순이익과 순현금흐름 간에 매년 일정한 관계가 유지되고, 또한 장기적으로 두 변수의 성장률이 동일할 것이라는 전제하에서만 성립된다는 것이다. 현실적으로 이러한 관계를 지속적으로 유지하는 경우는 매우 드물기 때문에, 소득접근법에서는 특별한 경우가 아니면 순현금흐름을 소득흐름으로 사용하는 것이 좋다.

매기 자본비용을 달리 적용할 것인가에 관한 문제

다기간 할인방식을 사용하여 소득접근법을 적용하는 경우에 우리는 미래의 일정한 개별 추정기간에 대해서는 매년 별도의 순현금흐름을 추정한다. 그러나 할인율의 경우에는 매년 적용될 할인율을 별도로 추정하지 않고 현재시점에서 구한 동일한 하나의 할인율만을 사용하는 경우가 대부분이다.

이론적으로 말하자면, 소득흐름에 따라 매년 적용될 할인율을 별도로 구해서 각각 매년도의 순현금흐름에 적용하는 것이 가장 이상적이고 정확한 방법일 것이다. 그러나 이러한 방식으로 매년도 적용할 할인율을 따로 구하는 것은 연도별 자본비용의 추정치로 사용할 객관적이고 신뢰성 있는 자료를 생성하기가 매우 어려운 현실에서는 전체적인 계산구조만을 더욱 복잡하게 만들 가능성이 높다.

그러나 예외적으로 미래의 추정기간에 대해 반드시 다른 자본비용을 적용해야만 할 경우도 있을 것이다. 예를 들면, 미래의 일정기간 동안 이월결손금 등으로 인한 세금공제 혜택이 있는 구간이 존재하는 경우에는 당연히 구간을 구별하여 세후 타인자본비용을 각각 다른 값으로 적용하여야 할 것이다. 또는 특정한 전환증권이 미래의 어느 시점에서 확실하게 전환될 것으로 예상되는 경우에는 그 시점을 전후로 하여 다른 가중평균자본비용을 적용하여야 할 것이다.

또한 앞에서 살펴본 목표자본구조와 관련해서도 만약 현재의 자본구조와는 다른 구조(예를 들면, 새로운 경영진이 설정하는 자본구조 등)로 미래의 일정시점에서 변경되어야 하는 경우에는 가중평균자본비용은 다른 값을 가질 것이다.[24) 이와 같이 매기 자본비용을 달리 적용해야 하는 경우에는 일반적인 현금흐름할인방식의 한계를 극복하기 위한 방법으로 조정현가법(Adjusted Present Value : APV)이 소개되기도 하는데, APV방식에 대해서는 [보론 5]에서 별도로 다룬다.

결론적으로, 위와 같은 특수한 경우를 제외하고는 실무적으로 하나의 공통된 자본비용을 일정하게 적용하는 것이 일반적이다. 다만, 자본비용이 가치평가 결과치에 미치는 영향이 대단히 크기 때문에 상하 1~2% 정도의 변화가 가치평가액에 미치는 민감도분석을 통해 자본비용의 변화가 감안된 가치평가액의 구간(range)을 결과치로 보여주기도 한다.[25)]

24) 자본구조의 변경은 소수·지배주주의 입장 차이와 관련된 주제이기도 하다(제7장 2.1.2절 참조).

25) 민감도분석의 예는 제4장 6.3절 참조.

보론 5 조정현가법(Adjusted Present Value Method)

조정현가법(Adjusted Present Value Method : APV)은 자기자본으로 100% 자금을 조달하는 무부채기업을 가정하여 순현금흐름(net cash flow)을 구하고 여기에 타인자본 사용에 따른 효과를 하나씩 가산하여 기업가치를 평가하는 방법이다.

일반적인 DCF방식에서는 NCF를 구한 후 이를 자본비용으로 할인하는 방식을 취한다. 이때 타인자본비용과 관련해서는 일반적으로 법인세 절감효과만을 고려해서 세전이자비용에 법인세율을 곱하는 형식으로 세후이자비용을 구해서 적용한다. 그러나 실제로 타인자본을 이용하면서 고려되어야 할 사항은 감세효과 이외에도 이월결손금 공제효과, 회사채 발행비용에 대한 효과, 정책금융 등의 보조금 지급시 낮은 이자율 등 여러 가지가 있다.

DCF방식에서는 이와 같은 내용을 자본비용에서 감안하여야 하는데, 연도별로 이를 일일이 감안하여 각각 상이한 자본비용을 적용하는 것은 결코 용이한 과정이 아니다. 따라서 APV방식에서는 가치가산의 원리를 이용하여 각각의 효과를 별도의 소득흐름으로 고려하여 합산하게 된다. 예를 들면, APV방식에서는 다음과 같은 산식으로 기업가치를 구하게 된다.

> 기업가치 = 무부채기업으로서의 가치 + NPV(이자비용 감세효과) + NPV(이월결손금효과) + NPV(기채비용효과) + NPV(특혜금융효과)

한편, APV방식으로 구한 가치평가액은 DCF방식으로 구한 값과 이론적으로는 동일해야 한다. 다만, 정확하게 두 값을 일치시키기 위해서는 DCF방식에서도 매년 정확한 할인율을 별도로 적용하여야 할 것이다.

5. 영구가치

소득접근법은 추정기간이 단일기간이냐, 다기간이냐에 따라 구분할 수 있는데, 어느 경우에나 우리는 영구성장모델을 계산과정에서 사용할 수 있다. 단일기간일 경우에는 추정전체기간에 걸쳐, 다기간일 경우에는 개별 추정기간 이후의 영구기간에 일정한 성장률을 가정한 영구성장모델을 적용할 수 있다. 영구성장모델에서 가장 핵심적인 요소는 성장률이라고 할 수 있을 것인데, 이는 소득흐름과 할인율과 함께 가치평가액을 결정짓는 중요한 변수가 된다.

영구가치를 계산할 때 적용하는 영구성장률은 원론적으로 볼 때 해당 기업이 무한대의 기간까지 평균적으로 성장할 수 있는 일정한 성장률의 기대값이다. 그런데 우리가 소득흐름으로 추정하는 순현금흐름(Net Cash Flow)은 명목현금흐름이다. 따라서 영구성장률에도 최소한 장기물가상승률 예측치는 내생적으로 반영되어 있어야 명목값을 유지할 수 있을 것이다. 여기에 해당 산업 및 기업의 특성이 적절히 반영된 실질성장률을 가감시켜 조정함으로써 명목치로 추정된 성장률을 사용할 수 있게 된다. 결론적으로 해당 기업의 명목영구성장률은 우선 장기물가상승률 예상치를 기준으로 하되, 입수가능한 최대한의 객관적인 자료를 활용하여 회사의 특성을 반영한 실질영구성장률 예상치를 가감하여 구하여야 한다.[26)]

26) 일반기업회계기준 제6장 금융자산, 금융부채 "실6.42"에서는 영구가치 산출시 적용하는 영구성장률은 과거 5년치 평균성장률을 넘지 않도록 추정하도록 제시하고 있다. 또한, 미래 효익의 예측기간은 5년 이상으로 설정하고, 과거 장기간의 추세분석을 바탕으로 기업이 속한 산업의 경기순환주기를 결정하는 경우 경기순환주기상 중간점에서의 이익수준에 근거하여 영구가치를 산출하도록 하고 있다.

5. 1 영구가치 계산방식

실무적으로 영구가치를 계산하는 경우에는 보통 다음과 같이 영구성장모델(constant growth model)을 사용하거나, 아니면 시장접근법에서와 같이 약식으로 시가배수(market multiple)[27)]를 적용하는 방식을 사용한다. 그러나 이 두 가지 방법은 제4장 2.1절에서 단일기간 자본화방식을 설명하면서 살펴본 바와 같이 별개의 계산공식이 아니라 직접적으로 상호연관이 되어 있는 동일한 구조의 산식이다.

영구성장모델

$$영구가치(terminal\ value) = NCF_{t+1} / (d-g)$$

t: 개별 추정기간의 최종년도
NCF_{t+1}: $NCF_t \times (1+g)$
d: 할인율(가중평균자본비용)
g: 영구성장률

이 공식은 앞에서 단일기간 소득자본화방식을 설명하면서 언급했던 내용이다. 즉, 추정기간 이후의 기간에 대해서는 일정한 성장률을 가정하여 단일기간 추정방식과 동일하게 일괄처리하는 것이다.

시가배수(Market Multiple) 적용방식

$$영구가치(terminal\ value) = Income_t \times 시가배수$$

(예를 들어, Income은 EBITDA이면, 시가배수는 MVIC/EBITDA를 적용함)

시가배수 적용방식이라 함은 현재 시장에서 관찰되는 유사기업의 시가배수를 구한 후 이를 소득흐름 추정기간 말의 평가대상기업의 해당 소득에 적용시켜 영구가치를 구하는 방법이다. 이는 뒤에 설명할 시장접근법

27) 시가배수는 투하자본방식과 자기자본방식에 따라 여러 가지 배수가 가능한데, 이에 대해서는 본서 제5장 1.2절 참조.

(market approach)에 의한 가치평가기법을 영구가치 산정시에 적용한 것이라 볼 수 있다. 예를 들면, 현재 시장에서 동종산업의 평균 EBITDA배수가 7배이고, 회사의 추정기간 말 EBITDA가 100억원이라고 하면, 회사의 영구가치는 이 두 값을 곱한 700억원이 된다는 것이다.

5. 2 적용상의 유의사항

영구가치의 산출과 관련해서 몇 가지 유의할 사항이 있는데, 우선 영구가치는 앞의 어떤 방식을 사용하였든지 간에 현가계산과정을 빠뜨리고 구해진 값을 그대로 사용하는 실수를 범하지 않도록 주의해야 한다. 즉, 앞의 공식으로 구해진 영구가치는 개별 추정기간 말(t기) 시점에서의 가치이기 때문에 반드시 이 값을 다시 현재시점으로 할인하여야 한다.

최종추정년도의 소득흐름(t기의 NCF 혹은 EBITDA)을 정상화(normalization)[28)]하는 문제도 주의를 기울여야 할 사항이다. 최종추정년도의 소득흐름은 향후 영구가치를 구하는 기간 전부에 영향을 주는 주요한 변수이다. 따라서 최종년도 소득흐름이 영구가치를 추정하는 기준으로서 사용할 수 있을 정도로 정상화된 수치인지를 항상 검토해야 한다. 만약 추정말년도의 소득흐름이 정상화된 값이 아니라고 판단된 경우에는, 최종 2개년 추정기간의 평균치 등을 사용한다든지 하는 방법으로 보다 정상화된 값을 사용하여야 할 것이다. 한편, 소득흐름뿐만 아니라, 영구성장률이나 시가배수의 경우에도 영구가치 대상기간 전체에 걸쳐 대표성을 가질 수 있는 정상화된 값을 사용해야 함은 마찬가지이다.

영구성장률은 자본화율과 시가배수의 역의 관계를 이용하면 어느 정도 상호검증이 가능할 수 있다. 즉, 앞에서 살펴본 바와 같이 단일기간 자본화방식에 의한 소득접근법에서 자본화율(capitalization rate)의 역수가 시

28) 여기서 정상화(normalization)라 함은 비경상적, 비반복적인 요소와 예외적인 계산방식 등을 제거시켜 해당 수치가 대표성을 가지게 하는 과정을 말한다.

장접근법에서 사용되는 시가배수와 동일하다는 점을 이용하여 두 가지 방식에서 적용되는 이들 변수의 적정성을 상호 검증해 볼 수 있다. 예를 들어, PER가 10이면 이의 역수인 자본화율은 10%가 되고, 이때 할인율이 15%라면 성장률은 할인율과 자본화율의 차이인 5%가 되어야 할 것이다.

이러한 관계를 이용하면, 현재 시장에서 관찰되고 있는 시가배수를 이용하여 성장률의 적정성을 간접적으로 검증해 볼 수 있을 것이다. 영구성장모형의 경우 자본비용과 영구성장률 가정치의 변화에 따라 가치평가액이 매우 민감하게 반응하는 현상이 있는데, 시가배수 적용방식을 통해 시장에서 관찰되는 자료를 이용하면 보다 객관적이고 현실적인 수치를 통해 각 변수의 적정성을 검증해 볼 수 있을 것이다.

그런데 시가배수방식을 바로 적용하는 것도 사실은 문제가 있다. 왜냐하면 우리가 정말로 필요로 하는 자료는 현재시점의 시가배수가 아니라 추정기간 말의 시가배수이기 때문이다. 이러한 점을 고려하여 시가배수방식에서도 현재의 배수를 그대로 사용하기보다는 추정기말에 적용할 수 있도록 적절한 조정과정을 거치는 것이 바람직하다. 예를 들어, 최종추정년도에 이르면 해당 업종의 상황이 현재보다 훨씬 시장경쟁이 심화되어 시장규모가 축소(market saturation)될 것으로 예상된다면 시가배수도 일정수준 하향조정하는 것이 맞을 것이다.

6. 현금흐름 할인방식의 적용사례

지금부터는 제3장에서 살펴본 "가치주식회사"의 자료를 사용하여 현금흐름 할인방식으로 소득접근법을 실제로 적용해 보기로 한다. 현금흐름 할인방식(discounted cash flow method ; 이하 "DCF방식"이라 함)은 실무적으로도 가장 많이 사용하고 있는 소득접근법의 평가기법이다.

6. 1 개요 및 단계

우선 DCF방식은 미래의 소득흐름(income stream)을 현금흐름(cash flow)으로 하는 다기간 할인방식(multi-period capitalization method)의 소득접근법(income approach) 중 한 형태라는 점을 이해해야 한다.

추정기간은 당연히 다기간인데, 이는 현금흐름 할인방식(discounted cash flow method)이라는 용어에서 "할인(discounting)"이 의미하는 바가 추정기간이 다기간이라는 의미를 내포하고 있기 때문이다. 만약, 단일기간으로 추정되었다면 현금흐름 자본화방식(capitalized cash flow method)이라고 명칭해야 할 것이다.

DCF방식

- 가치평가접근법 → 소득접근법
- 추정기간 → 다기간
- 소득흐름 → 현금흐름

우리는 가치평가주식회사에 DCF방식을 적용함에 있어 투하자본방식(invested capital basis)을 적용한다. <표 4. 5>는 투하자본방식으로 DCF방식에 의해 주식가치를 산정해내는 과정을 4단계로 요약해 본 것이다.

〈표 4.5〉 DCF방식의 요약

▸ 1단계 : 순현금흐름(Net Cash Flow)의 계산	영업이익 (−) 영업이익에 대한 법인세 (+) 비현금항목조정 (±) 영업용 순운전자본 증감 (±) 영업용 순비유동자산 증감 ――――― 투하자본 순현금흐름(Invested Capital Net Cash Flow)
▸ 2단계 : 가중평균 자본비용(WACC)의 계산	$WACC = Re \times [E/(D+E)] + Rd \times (1-t) \times [D/(D+E)]$ Re: 자기자본 요구수익률 Rd: 타인자본 요구수익률 D: 타인자본의 시장가치 E: 자기자본의 시장가치 t: 법인세율
▸ 3단계 : 영구가치의 계산	• 영구성장모델 적용방식 • 시가배수 적용방식
▸ 4단계 : 가치평가액의 산출	영업가치 (+) 비영업용 순자산 ――――― 기업가치 (−) 차입부채 ――――― 주식가치 (÷) 유통주식수 ――――― 주당주식가치

* 위의 4단계를 통해 구해진 주당주식가치는 제7장에서 설명할 일괄할인(discount)이나 일괄할증(premium)을 적용하기 이전의 값임.

6.2 단계별 적용

[1단계] 순현금흐름의 계산

DCF방식을 적용함에 있어 첫 번째 단계로 진행될 사항은 추정기간 동안의 순현금흐름(Net Cash Flow)을 계산하는 것이다. 이를 위해서 우선 가치주식회사의 과거 재무제표를 통해 순현금흐름이 어떻게 변화되어 왔는지를 살펴볼 필요가 있다. 우리는 제3장 4.4절에서 재무회계상의 현금흐름표가 가치평가목적으로 사용될 때에는 계정 재분류를 통해 적절히 재구성될 필요가 있다고 설명한 바 있다. 다음의 사례가 바로 그때 설명한 내용을 그대로 적용시킨 것이므로, 다음 사례가 잘 이해되지 않는 독자는 제3장 4.4절의 내용을 복습해 가면서 살펴보기 바란다.

(1) 과거 순현금흐름의 분석

우리는 이미 앞에서 투하자본 적용방식과 자기자본 적용방식에 따른 현금흐름의 차이에 대해 살펴보았다. 즉, 투하자본 순현금흐름(Invested Capital Net Cash Flow : NCF_{IC})에서 세후이자비용과 차입부채의 원금의 증감을 조정하면 자기자본 순현금흐름(Equity Net Cash Flow : NCF_{Eq})이 된다. 다음 사례에서도 영업활동 현금흐름을 NCF_{IC}로 구한 후 재무활동 현금흐름에서 차입부채 관련사항만을 차감하여 NCF_{Eq}를 구하였다.

한 가지 유의하여 살펴볼 점은 이와 같은 방식에서는 영업·비영업·재무활동의 현금흐름을 가감한 결과는 항상 '0'이 된다는 사실이다. 일반적인 회계기준상의 현금흐름표 구조에서는 이 금액은 현금과부족으로 잡힌 후 여기에 기초현금을 더하여 기말현금을 맞추는 형태가 된다. 그러나 가치평가목적으로 재구성된 현금흐름표에서는 현금이 이미 계산과정에 포함되어 버렸다. 즉, 전체 현금의 증감 중 영업현금은 영업활동 현금흐름에서 순운전자본에 포함되었고, 초과현금은 비영업활동에 포함되어 계산되므로 결과적으로 나타난 현금과부족은 항상 '0'이 되어야 한다.

한편, 이와 같은 결과는 또 다른 각도에서 살펴볼 수도 있는데, 영업활동 현금흐름과 비영업활동 현금흐름의 합계가 재무활동 현금흐름과 동일한 금액이 된다는 해석도 가능하다. 이는 제3장 4.4절의 [그림 3. 8]에서 현금흐름표를 가치평가목적으로 재구성하면서도 살펴보았는데, (1) 영업활동과 비영업활동으로 조달되는 자금의 합계와 (2) 타인자본 및 자기자본의 제공자에게 지급되는 자금의 합계는 일치한다는 것을 의미한다.

(단위: 백만원)

	Yr(−4)	Yr(−3)	Yr(−2)	Yr(−1)	Yr(0)	Avg
영업현금흐름(NCF_{IC})	**66**	**52**	**69**	**171**	**−242**	**12**
영업이익[주1]	149	90	171	205	207	168
영업이익에 대한 법인세[주2]	−31	−26	−34	−41	−38	35
감가상각비	72	83	97	103	135	104
무형자산상각비	23	23	23	24	35	26
영업용 순운전자본 증감	−6	−9	−35	17	−52	−20
영업현금[주3]	1	9	−4	4	−17	−2
매출채권	12	−45	8	−7	−7	−13
재고자산	−6	−15	−10	−11	−17	−13
매입채무	2	12	−10	6	4	3
기타당좌자산(영업)	−1	−2	−2	19	−6	3
기타유동부채(영업)	−14	32	−17	5	−9	3
영업용 순비유동자산 증감	−141	−108	−153	−136	−529	−232
유형자산	−110	−119	−150	−131	−410	−203
무형자산	−20	−1	0	−18	−106	−31
기타 영업용 자산부채	−11	12	−3	13	−13	2
기타비유동자산(영업)	−14	7	−11	13	−15	−2
기타비유동부채(영업)	3	5	8	0	2	3
재무현금흐름	**−38**	**−48**	**−100**	**−132**	**277**	**−1**
차입부채 변동분	24	6	−34	−64	14	−19
단기차입금	0	43	−87	−30	68	−2
유동성장기부채	21	−14	18	−20	28	3
회사채	16	9	20	21	22	18
장기차입금	−13	−32	15	−35	−104	−39
세후이자비용	−55	−53	−58	−57	−55	−56
(NCF_{Eq})	**34**	**5**	**−23**	**50**	**−284**	**−63**
자기자본변동분	−6	−1	−8	−11	319	75
자본금	0	0	0	0	110	28
자본잉여금	0	0	0	0	220	55
이익잉여금(순이익제외)	−6	−1	−8	−11	−11	−8
비영업용 현금흐름	**−27**	**−5**	**31**	**−39**	**−35**	**−12**
비영업순자산 증감	−28	−7	30	−40	−36	−13
초과현금	0	0	0	0	0	0
단기투자자산	−3	−7	52	−18	−36	−2
투자자산	−25	0	−22	−22	0	−11
세후이자수익	1	1	2	1	1	1
Check(현금과부족)	**0**	**0**	**0**	**0**	**0**	**0**

(주1) 가치주식회사의 경우에는 영업외손익항목에 이자수익과 이자비용만 존재하므로 손익계산서의 영업이익을 수정없이 그대로 사용하였음.
(주2) 법인세율은 "법인세비용/세전이익"의 과거평균치로 계산된 유효법인세율을 적용.
(주3) 과거자료에서 현금은 모두 영업현금으로 간주하였음.

(2) 추정 순현금흐름의 작성

추정 재무제표는 제3장 제3절에서 이미 작성하였으므로 여기에서는 기 작성된 회계상의 추정 재무제표를 이용한다고 전제한다. 현금흐름할인방식을 적용하기 위한 순현금흐름을 산출하는 과정은 다음 표에 정리되었다. 추정 순현금흐름의 산출방식은 과거 순현금흐름을 분석할 때와 동일한 방식으로 산출되었고, 이에 따라 다음과 같이 최종적인 현금과부족은 '0'이 되었다.

(단위: 백만원)

	Yr1	Yr2	Yr3	Yr4	Yr5	Avg
영업현금흐름(NCF_{IC})	**90**	**114**	**139**	**174**	**212**	**146**
영업이익[주1]	239	238	313	363	378	306
영업이익에 대한 법인세[주2]	−52	−52	−68	−79	−82	−66
감가상각비	145	153	162	174	185	164
무형자산상각비	37	40	42	44	46	42
영업용 순운전자본 증감	−103	−36	−89	−79	−57	−73
영업현금[주3]	−2	−4	−9	−8	−6	−6
매출채권	−49	−13	−34	−31	−23	−30
재고자산	−92	−31	−77	−67	−50	−63
매입채무	24	7	19	16	14	16
기타당좌자산(영업)	−17	−3	−7	−6	−5	−7
기타유동부채(영업)	33	7	18	16	12	17
영업용 순비유동자산 증감	−175	−230	−221	−248	−257	−226
유형자산	−133	−166	−171	−189	−199	−172
무형자산	−45	−62	−47	−55	− −57	−53
기타 영업용 자산부채	2	−2	−3	−4	−1	−2
기타비유동자산(영업)	−2	−3	−6	−5	−4	−4
기타비유동부채(영업)	5	1	3	1	3	2
재무현금흐름	**−77**	**−77**	**−98**	**−78**	**−109**	**−88**
차입부채 변동분	−18	−19	−36	−12	−44	−26
단기차입금	23	−19	0	2	0	1

유동성장기부채	−41	0	−3	−1	−4	−10
회사채	0	0	−33	0	−30	−13
장기차입금	0	0	0	−13	−10	−5
세후이자비용	−44	−44	−42	−41	−39	−42
NCF_{Eq}	**28**	**52**	**61**	**121**	**130**	**78**
자기자본변동분	−14	−14	−20	−24	−26	−20
보통주자본금	0	0	0	0	0	0
자본잉여금	0	0	0	0	0	0
이익잉여금(순이익제외)	−14	−14	−20	−24	−26	−20
비영업용 현금흐름	**−14**	**−37**	**−40**	**−96**	**−103**	**−58**
비영업순자산 증감	−14	−38	−41	−98	−107	−60
초과현금	0	−26	−23	−74	−85	−42
단기투자자산	7	−3	−4	−6	−5	−2
투자자산	−21	−9	−14	−18	−16	−16
세후이자수익	1	1	1	2	3	2
Check(현금과부족)	**0**	**0**	**0**	**0**	**0**	**0**

(주1) 추정 시에도 영업외손익 항목에는 이자수익 및 이자비용만 발생하므로, 추정 손익계산서상의 영업이익을 그대로 적용.

(주2) 법인세율은 과거 5개년 "법인세비용/세전이익"평균치로 계산된 유효법인세율을 적용.

(주3) 추정자료에서는 현금을 영업현금과 초과현금으로 구분하였음. 초과현금은 과거 5개년 "현금/매출액" 평균비율을 초과하는 금액으로 하였음.

[2단계] 가중평균자본비용(Weighted Average Cost of Capital)

다음 단계는 투하자본 적용방식에 맞게 소득흐름에 대한 할인율을 계산해내는 과정이다. 투하자본 적용방식에 따를 경우 소득흐름에 대한 할인율은 타인자본과 자기자본을 모두 고려하는 가중평균자본비용(Weighted Average Cost of Capital ; WACC)이 되어야 한다.

타인자본비용은 세전 부채비용에 법인세절감효과를 고려하여 세후 부채비용을 산출하였는데, 법인세율은 소득흐름 계산 시와 마찬가지로 회사의 유효법인세율을 적용하였다. 자기자본비용의 경우에는 CAPM 응용모델을 적용하였는데, 가치주식회사를 비상장회사로 가정하고 제4장 4.3.1절에서 설명한 하마다 공식에 의해 베타값을 구하여 적용하였고, 추가적으로 회사고유위험으로 가산하였다.

1. 자기자본비용

• **무위험이자율**

국고채 5년물 (한국은행) 3.50%

■ **Beta 계산**

비교업체	시가총액 (E)	차입부채 (D)	Beta	부채비율 (D/E)	Unlevering Factor	U.L. Beta (가중)
A 회사	1,810	880	1.15	49%	1.35	0.83
B 회사	1,912	834	1.41	44%	1.32	1.10
C 회사	2,109	1,223	0.95	58%	1.42	0.76
D 회사	1,606	889	0.83	55%	1.40	0.51
평균	1,859	957	1.09	51%	1.37	0.80
목표자본구조(Target D/E)						50.0%
Relevering Factor						1.39
회사의 추정베타						1.11

• **주식위험 프리미엄** (주1) 7.50%

• **회사고유위험 프리미엄** (주2) 1.00%

• **CAPM의 적용** (주3) 12.85%

2. 부채비용

• **세전 부채비용** 회사제시 7.00%

• **법인세율** 유효법인세율 (주4) 21.7%

• **세후 부채비용** 5.48%

3. 가중평균자본비용 (주5) 10.39%

*****

(주1) 김권중, 한국회계기준원 연구보고서 제12호, "자본비용 및 유효이자율 측정", 2001년 6월

(주2) 예시를 위해 사용된 평가자의 주관적인 판단치임. 실제 보고서에서는 이러한 주관적인 판단치를 추가하는 경우 이에 대한 충분한 근거자료와 설명이 추가되어야 함.

(주3) $Re = Rf + \beta \times ERP + \alpha = 3.5\% + 1.11 \times 7.5\% + 1\% = 12.85\%$

(주4) 유효법인세율은 과거 5개년 "법인세비용/세전이익"의 평균으로 계산하였음.

(주5) $WACC = Re \times [E/(D+E)] + Rd \times (1-t) \times [D/(D+E)] = 12.85\% \times 2/3 + 5.48\% \times 1/3 = 10.39\%$

[3단계] 영구가치의 계산

가치주식회사의 영구가치는 영구성장모델을 사용하여 계산되었는데, 이때 적용된 영구성장률은 장기물가상승률 예측치와 해당 산업 및 기업의 특성을 적절히 반영하여 3%라고 가정한다. 이와 같이 구한 영구가치는 다음과 같이 2,958백만원이었다. 한편, 이 금액은 추정년도 말(Yr5)에서의 값이므로 [4단계]에서 영업가치를 구할 때에는 다시 현재시점으로 현가계산한 값을 사용하여야 한다.

영구가치(terminal value) $= NCF_{t+1}/(d-g)$

NCF_{t+1} : $NCF_t \times (1+g)$
d : 할인율(가중평균자본비용)
g : 영구성장률

▸ $NCF_{t+1} = NCF_t \times (1+g)$ = 212.325백만원 × (1 + 3%) = 218.695백만원
▸ d = 10.3944%
▸ g = 3%
∴ 영구가치 = 218.695백만원/(10.3944% − 3%) = 2,958백만원

[4단계] 가치평가액의 산출

[1단계]에서 구한 개별 추정기간(Yr1~Yr5)에 대해 추정한 순현금흐름을 [2단계]에서 계산한 가중평균자본비용을 이용해 현재가치로 할인한 후, [3단계]에서 구한 영구가치의 현가와 합산하면, 비로소 가치주식회사의 영업가치(operating value)를 구할 수 있다. 그런데 우리는 순현금흐름의 추정 시 원천적으로 장단기 투자자산 등 기업의 영업활동과는 관련이 없는 비영업용 순자산은 별도로 제외시켰다. 이러한 비영업용 순자산은 지금 [4단계]에서 별도로 시장가치를 구한 후, 영업가치에 합산시킴으로써 전체 기업가치를 구하게 된다.[29] 마지막으로 주식가치를 구하기 위해서

29) 비영업용 순자산은 이와 같이 소득·시장·자산접근법에서 따로 고려할 수도 있으나, 세 가지 접근법 어느 경우에나 시장가치는 동일하게 계산될 것이므로, 제7장에서 평

는 기업가치에서 타인자본인 차입부채의 시장가치를 차감한다.

1. 영업가치

(단위: 백만원)

WACC	개별 추정기간의 현가 합계	영구가치의 현가	합 계
8.39%	557	2,709	3,266
9.39%	541	2,183	2,724
10.39%	525	1,804	2,329
11.39%	510	1,519	2,029
12.39%	496	1,298	1,794

2. 비영업용 순자산가치	133
3. 기업가치	2,462
4. 부채가치	892
5. 주식가치	1,570
6. 주당가치(주식수 : 90,000)	17,443원

위 식에서 비영업용 자산의 가치는 다음과 같이 장단기 투자자산 항목에 대해 개별적인 시가를 구하여 합산하였는데 개별 항목의 시장가치는 장부가액으로부터 차감 조정되었다.

■ 비영업자산

(단위: 백만원)

구 분	장부가액	수정액	시장가치
초과현금	0	0	0
단기금융상품	13	0	13
단기투자자산	60	−20	40
기타당좌자산(비영업)	0	0	0
장기투자자산(비영업)	189	109	80
합 계	262	−129	133

한편, 위에서 구한 주주가치는 추후에 살펴볼 일괄할인(discount) 및 일괄할증(premium)에 대한 조정을 하기 이전의 평가액이다. 일괄할인과 일괄할증의 개념은 제7장에서 별도로 자세히 설명할 것이다.

가결과를 종합하는 과정에서 일괄적으로 고려해도 된다.

6. 3 결과에 대한 민감도 분석

우리는 지금까지 DCF방식을 사용하여 가치주식회사의 주식가치를 산정하여 보았는데, 소득접근법에서 궁극적인 가치에 영향을 주는 가장 중요한 요소는 소득흐름과 할인율인데, 영구성장모형을 사용하여 영구가치를 계산하는 경우에는 영구성장률도 큰 영향을 미치는 변수가 된다. 이러한 요소들이 궁극적으로 얼마만큼 가치주식회사의 주식가치에 영향을 미치고 있는지 살펴볼 필요가 있다.

다음 표에서는 가치주식회사의 사례에서 일단 소득흐름의 추정치는 일정하게 둔 상태에서 할인율과 성장률의 두 가지 변수만을 조정하였을 때 가치주식회사의 기업가치 및 주식가치가 얼마나 변화하는지를 보여주고 있다.

(단위: 원)

WACC	영구성장률		
	2.00%	3.00%	4.00%
8.39%	22,905	27,860	35,069
9.39%	18,346	21,830	26,606
10.39%	14,884	17,443	20,802
11.39%	12,167	14,110	16,578
12.39%	9,981	11,495	13,369

위 민감도 분석표에서 보는 바와 같이 할인율과 영구성장률은 가치평가액에 매우 큰 영향을 미치는 것으로 나타났다. 이러한 점이 시사하는 바는 우리가 가치평가업무를 실제로 수행할 때 순현금흐름에 편중하여 시간과 노력을 기울이는 관행을 극복하고, 정확한 할인율과 성장률을 계산하기 위해서 충분한 분석을 수행해야 한다는 점일 것이다. 가치평가액에 중요한 영향을 미치는 변수일수록 그에 비례하여 충분한 시간과 노력을 기울일 때만이 최종적인 평가결과를 현실적이고 합리적으로 도출할 수 있을 것이다.

Business Valuation

제 5 장

시장접근법
(Market Approach)

1 개 요

2 유사상장회사방식의 적용

3 유사인수 · 합병방식의 적용

4 추가조정사항

1. 개 요

소득접근법(income approach)과 함께 기업가치평가에서 가장 빈번하게 사용되는 평가기법은 시장접근법(market approach)이다. 이론적으로 볼 때에는 소득접근법이 미래의 기대효익을 현재가치화한다는 점에서 보다 우수하다고 평가받고 있으나, 미래추정에 개입될 수 있는 주관성과 불확실성으로 말미암아 실무에서는 오히려 시장접근법에 의한 평가결과가 실제적인 지표로 사용되는 경우가 많다. 시장접근법은 "특정한 재화를 구입하는 데 지불하고자 하는 금액은 동일한 효용을 제공하는 대체적인 재화와 비교하여 결정된다(principle of comparison)"는 기본원리에서 출발한다. 즉, 평가대상기업(subject company)의 가치는 시장거래가격이 이미 형성된 유사한 비교기준회사(guideline companies)를 기준으로 해서 구해낼 수 있다는 것이다.

1. 1 단계별 적용절차

시장접근법의 기본적인 단계 및 적용절차는 소득접근법에 비하면 비교적 간단하고 이해하기 쉽다. 그러나 실무적으로는 방대한 원천자료로부터 적절한 비교기준회사를 찾아내어 평가대상회사와 정확히 비교하는 과정이 결코 간단치만은 않다. 경우에 따라 시장접근법을 아주 정밀하고 심도 있게 적용하기 위해서는 오히려 소득접근법보다 훨씬 더 많은 시간과 노력이 필요한 경우도 있다. 여기에서는 우선 각 단계별로 간단한 예를 통해 시장접근법의 적용절차를 이해해 보도록 하자.

[1단계] 비교기준회사(guideline companies)의 선정

회사에 대한 이해와 예비적인 분석을 마치고 나서 본격적인 시장접근법을 적용하기 위한 첫 단계는 비교기준회사를 선정하는 것이다. 비교기준회사는 유사한 상장회사나 인수·합병 사례로부터 구할 수 있다. 유사상장기업에 의한 접근방식은 비상장기업에 대한 평가 시에 특히 효과적이다.[1)]

> 평가대상회사와 동일한 업종을 영위하는 유사상장기업은 20개가 존재하는데, 이 중 평가대상회사와 가장 유사하다고 판단되는 갑회사, 을회사, 병회사 3개를 비교기준회사로 최종적으로 선정하였다.

[2단계] 각종 시가배수의 검토

비교기준회사로 상장기업을 선정한 경우 이들 기업들의 투하자본 혹은 자기자본의 시장가치를 계산하고, 인수·합병 사례를 선정한 경우 거래대금과 거래내용에 대한 자료를 수집한다. 이러한 시장가치나 거래대금을 기준으로 재무수치와의 비율을 계산하여 시가배수(market multiple)[2)]를 구하는 것이 두 번째 단계이다.

> 위에서 선정된 갑, 을, 병의 3개 회사에 대해 각각 PER, PBR, PCR, PSR[3)] 등을 구해보았다. 이때 분자는 평가기준일 현재의 주가를 사용하고 분모는 직전년도 재무수치를 사용하였다.

[3단계] 실제 적용할 시가배수의 선정

비교기준회사에 대한 시가배수는 여러 형태로 작성될 수 있으나, 이러한

---

1) 상장기업의 경우에는 평가대상기업 자체의 주가가 존재하므로 현재의 주가의 적정성을 상대 비교하는 목적으로서 국내외의 유사상장기업을 비교기준회사로 선정하여 시장접근법을 참고용으로 적용해 볼 수 있을 것이다.

2) 시가배수(market multiple)는 Pricing Multiple, Valuation Ratio 등으로 불리기도 한다.

3) PER(price earnings ratio), PBR(price book value ratio), PSR(price sales ratio), PCR(price cashflow ratio) 등은 자기자본 적용방식(equity basis)에 의해 산출되는 시가배수이다.

다양한 시가배수를 평가과정에서 전부 다 사용할 필요는 없고 이중 평가 목적에 가장 적합하다고 판단되는 몇 가지의 시가배수를 최종적으로 선발하여 적용하여야 한다.

> 비교기준회사로부터 구한 PER, PBR PCR, PSR 중 PER가 가장 적합한 배수로 선정되었다. 갑, 을, 병회사의 PER 평균값은 10배로 계산되었다.

[4단계] 평가대상회사(subject company)에 시가배수 적용

최종적으로 선발된 시가배수는 그 비율산정 시 분모에 사용된 재무수치와 같은 항목을 평가대상기업의 재무자료에서도 구하여 두 값을 곱함으로써 평가대상회사의 가치를 측정한다. 예를 들어, PER의 경우 비교기준기업의 자료로부터 분자는 주가, 분모는 주당순이익을 사용하여 구해졌으므로 평가대상회사의 주당순이익을 구하여 이를 PER에 곱하면 주식가치가 산정된다.

> 평가대상회사의 당기순이익은 5억원이고 주식수는 1백만주라고 하면 주당순이익은 500원이다. 위에서 구해진 PER(10배)에 주당순이익(500원)을 곱하면 평가대상회사의 주당주식가치는 5,000원이 된다.

〈표 5. 1〉 시장접근법 단계별 절차 및 요약사례

단 계	내 용	요약 사례
1단계	▶비교기준회사의 선정	유사상장기업으로부터 최종적인 비교기준회사 3개사 선정
2단계	▶각종 시가배수의 검토	비교기준회사의 PER, PBR, PSR, PCR 산출
3단계	▶실제 적용할 시가배수의 선정	가장 목적 적합하다고 판단된 시가배수로 PER(=10배)를 선정
4단계	▶평가대상회사에 시가배수 적용	평가대상회사의 주당순이익(=500원)에 PER(=10배)를 곱하여 주당가치 5,000원 산출

앞의 예는 현실을 아주 간단하게 단순화한 것이고 실제적으로는 앞의 각 단계별로 여러 가지 세부적인 추가조정을 거쳐야만 합리적이고 실질적인 기업가치 혹은 주식가치에 대한 결론을 이끌어낼 수 있을 것이다.

1. 2 비교기준회사에 따른 구분

시장접근법에서 사용하는 비교기준회사(guideline companies)는 동일업종의 (1) 유사상장회사나, (2) 인수·합병 사례로부터 구한다. 유사상장회사 방식의 경우에는 입수 가능한 풍부한 자료가 존재하는 반면, 유사인수·합병방식은 국내기업의 M&A자료가 충분히 축적되지 않은 상태로 실제 적용 시에는 어려움이 존재한다.

1.2.1 유사상장회사방식

유사상장회사방식(guideline public company method)은 동종업계 상장회사의 최근의 주가를 기준으로 EBIT, EBITDA, EAT, EBT 등과 비교하여 구한 시가배수를 평가대상회사의 재무수치에 적용시켜 가치를 산출하는 방법이다.[4] 유의할 점은 제1장 2.4절에서 살펴본 투하자본방식(invested capital basis)과 자기자본방식(equity basis)에 따라 적용하는 시가배수도 달라진다는 점이다. 다음 <표 5. 2>는 투하자본방식과 자기자본방식에 따라 각각 적용될 수 있는 시가배수를 정리한 것이다. 이 표에서 MVIC (market value of invested capital)는 투하자본의 시장가치를 의미하고, MVE(market value of equity)는 자기자본의 시장가치로서 주식의 시가총액을 의미한다.

우선 기업가치를 구하는 경우를 살펴보자. 논리의 단순화를 위해서 일단 비영업용 자산은 없다고 가정하면, 타인자본과 자기자본의 합인 투하자

---

4) 유사상장회사방식에서 사용하는 시가배수(Market multiple)는 특별히 Trading multiple이라는 용어가 사용되기도 한다.

〈표 5. 2〉 투하자본방식과 자기자본방식에 따른 시가배수(유사상장회사방식)

투하자본방식	자기자본방식
MVIC / EBIT	MVE / EAT
MVIC / EBITDA	MVE / EBT
MVIC / NCF_{IC}	MVE / NCF_{Eq}
MVIC / 총자산	MVE / 순자산
MVIC / 매출액	MVE / 매출액

• MVIC=Market Value of Invested Capital
• MVE=Market Value of Equity
• EBIT=Earning before interest and taxes
• EBITDA=Earning before interest, taxes, depreciation, and amortization
• EAT=Earning after taxes(당기순이익)
• EBT=Earning before taxes(세전이익)

본의 시장가치는 대차균형의 원리에 따라 재무상태표의 차변을 구성하는 영업용 순자산의 시장가치와 일치하게 된다. 이러한 논리를 이용하여 유사상장회사방식에서는 타인자본과 자기자본의 시장가치의 합계인 MVIC를 이용하여 기업가치를 구하게 된다. 타인자본의 경우에는 특별한 경우를 제외하고는 차입부채의 장부가액을 시장가치의 대용치로 사용할 수 있지만, 자기자본의 시장가치는 장부가액을 사용해서는 안 되고 반드시 주가에 주식수를 곱한 시장가치를 별도로 구하여야 한다.

이때 유의할 점은 MVIC는 투하자본에 대한 시장가치이므로 분모에 대응시킬 재무자료도 반드시 채권자와 주주 모두에게 해당되는 수치를 사용하여야 한다는 것이다. 즉, EBIT, EBITDA, NCF_{IC} 등은 영업활동으로 창출되는 전체소득흐름으로 채권자와 주주 모두에게 배분될 몫이기 때문에 MVIC와 대응시키기에 적당하다. 반면, 채권자의 소득흐름인 이자비용 등이 차감된 EAT, EBT, NCF_{Eq} 등은 MVIC에 대한 분모로 사용해서는 안 된다. 장부가액과 비교하는 경우에도 투하자본과 대비되는 총자산(=자산총계)은 적당하지만, 순자산(=총자산−부채총계)은 사용할 수 없다. 매출액의 경우에는 각종 비용이 차감되기 전의 수치이므로 투하자본방식과 자기자본방식에 모두 사용해도 무방할 것이다.

MVE를 분자로 하는 자기자본방식의 시가배수의 경우에도 이러한 관계는 역시 마찬가지로 성립한다. MVE는 자기자본의 시장가치이므로 이에 대응하는 분모는 주주에게만 관련되는 수치여야 한다. EBT, EAT, NCF_{Eq}는 채권자와 관련된 이자비용이나 차입부채의 원금이 차감된 후의 수치이므로 MVE에 대응시킬 수 있다. 장부가액과 비교하는 경우에는 순자산을 사용하여야 할 것이다. 그런데 이와 같은 자기자본방식의 시가배수는 총액기준보다는 주당기준으로 사용되는 경우가 더 흔하다. 즉, 분자와 분모를 각각 주식수로 나누어 주면 <표 5. 2>의 자기자본 시가배수는 다음과 같이 전환될 것이다.

총액기준		주당기준
MVE/EAT	→	주가/주당순이익(PER)
MVE/NCF_{Eq}	→	주가/주당현금흐름(PCR)[5)]
MVE/순자산	→	주가/주당순자산(PBR)
MVE/매출액	→	주가/주당매출액(PSR)

한편, 평가대상회사의 주식가치는 앞에서 설명한 바와 같이 (1) 투하자본 적용방식으로 MVIC배수를 적용하여 기업가치를 구한 후 타인자본의 가치를 차감하여 주식가치를 구하거나, 아니면 (2) 자기자본 적용방식으로 MVE배수를 직접 적용하여 구할 수 있을 것이다.

1.2.2 유사인수·합병방식

유사인수·합병방식(guideline merger and acquisition method)에서는 동종업계 인수·합병 사례에서 실제 지불된 거래대금(deal price)을 EBIT, EBITDA, EAT, EBT 등과 비교시켜 구한 시가배수[6)]를 평가대상회사의 재무수치에 적용시킨다.

5) PCR의 경우 발표하는 기관마다 현금흐름을 다소 다르게 정의하고 있으므로 주의를 요한다.

6) 유사인수·합병방식에서 사용하는 시가배수(market multiple)는 특별히 Transaction multiple이라는 용어가 사용되기도 한다.

〈표 5. 3〉 투하자본·자기자본 적용방식에 따른 시가배수(유사인수·합병방식)

투하자본 적용방식	자기자본 적용방식
DP/EBIT	EP/EAT
DP/EBITDA	EP/EBT
DP/NCF_{IC}	EP/NCF_{Eq}
DP/총자산	EP/순자산
DP/매출액	EP/매출액

• DP=Deal Price(총거래대금), EP=Equity Price(주식거래대금)

유사상장회사방식과 마찬가지로 투하자본 적용방식과 자기자본 적용방식에 따라 적용되는 시가배수가 달라진다. 또한 <표 5. 3>에서 보는 것처럼 분모의 경우에는 유사상장회사방식과 동일한 유형의 재무수치가 사용될 수 있으나, 분자의 경우에는 MVIC를 대신해서 인수합병에 대한 대가인 총거래대금(deal price)이 사용되고, MVE의 경우에는 주식시장에서 관찰되는 시가총액이 아니라 실제 인수·합병 시 거래된 주식에 대한 거래대금(equity price)을 사용하여야 한다.

한편, 인수·합병에서는 대개 자기자본인 주식만의 거래보다는 타인자본과 자기자본을 모두 포함하는 기업 전체를 대상으로 진행되는 거래구조가 많다. 따라서 인수·합병 사례에서는 대체로 투하자본방식에 의한 시가배수를 적용하는 것이 합리적일 것이다. 주식만을 거래대상으로 하더라도 최소한 기업의 자본구조를 변경할 수 있을 정도의 지분율은 확보하는 구조로 이루어진다.

1.2.3 두 접근방식의 비교

유사상장회사방식과 유사인수·합병방식은 가장 대표적인 시장접근법의 평가기법이다. 두 방식은 비교기준회사를 선정하는 모집단이 다르므로 하나의 평가대상에 대해 동시에 적용할 수 있다. 다만, 다음과 같은 특성과 장단점이 존재하므로 적용 시에 유의하여야 한다.

〈표 5. 4〉 유사상장회사방식과 유사인수·합병방식의 비교

	유사상장회사방식 (Guideline Public Company Method)	유사인수·합병방식 (Guideline Merger and Acquisition Method)
개요 및 특성	• 주식시장에서 제한 없이 자유롭게 거래되는 유사상장회사와 비교하여 평가대상기업의 가치를 산정하는 방법 • 소수지분에 대한 다수의 거래를 통해 형성되는 가격이므로, "소수주주의 입장"이 반영됨.	• 최근에 발생한 인수·합병 사례의 거래대금을 기초로 하여 평가대상기업의 가치를 도출해 내는 방법 • 거래 자체가 지배지분의 변동을 수반하므로 "지배주주의 입장"을 반영함.
장점	• 상장기업에 대한 풍부하고 객관적인 자료의 존재 • 소수주주가치를 구할 때 바로 이용가능	• 유사 인수·합병 사례가 존재할 경우 가장 직접적인 비교 가능 • 지배주주가치를 구할 때 바로 이용가능
단점	• 주식시장의 비효율성으로 인해 주가 자체가 왜곡될 수 있음. • 객관적으로 유사상장기업을 선정하기가 힘듦. • 지배주주가치로 전환 시 지배지분할증(control premium) 적용에 따르는 어려움 존재	• 유사상장회사방식에 비해 자료입수가 어려움. • 특정구매자의 시너지효과 등을 객관적으로 분석해내어 분석하기가 힘듦. • 소수주주가치로 전환 시 소수지분할인(minority discount) 적용에 따르는 어려움 존재

유사상장회사방식에서 사용되는 주가자료는 주식시장에서 거래되는 비교기준회사의 개별 주식가격이다. 주식시장에서의 거래는 대개의 경우 소수주주에 의한 다수의 거래를 통해 이루어진다. 이러한 관점에서 유사상장회사방식으로부터 구해지는 주식가치는 소수주주입장에서의 주식가치라고 볼 수 있을 것이다. 만약, 우리가 궁극적으로 평가하려는 평가대상지분이 소수지분일 경우에는 유사상장회사방식으로부터 구해진 주가자료를 직접 사용해도 무방하다. 그러나 평가대상지분이 지배지분일 경우에는 유사상장회사방식에서 시장주가자료를 적용하여 구한 소수주주의 가치는 그대로 사용할 수 없고, 반드시 "지배주주할증(control premium)"이라

는 추가적인 과정을 거쳐 최종적인 평가액을 산출하여야 한다.

유사상장회사방식에서 구해진 주식가치는 소수주주입장에서의 주주가치인 반면, 유사인수·합병방식으로부터 구해지는 주식가치는 지배주주입장에서의 주식가치이다. 인수·합병이라는 거래 자체가 지배지분의 거래나 교환이 이루어져야 하는 것이므로, 이러한 인수·합병 자료를 근거로 해서 구해지는 주식가치는 당연히 지배주주의 입장에서 산정된 가치가 된다. 따라서 평가대상지분이 지배지분일 경우에는 별도의 조정이 필요하지 않으나, 소수지분일 경우에는 유사인수·합병방식을 통해 구해진 지배주주기준의 주식가치에 "소수주주할인(minority discount)"이라는 과정을 추가적으로 적용하여야 한다. "지배주주할증(control premium)"과 "소수주주할인(minority discount)"에 관해서는 제7장에서 자세히 다룬다.

2. 유사상장회사방식의 적용

유사상장회사방식은 비교기준회사를 상장기업에서 선별하므로 증권분석기관 등에서 작성하는 입수 가능한 공개자료가 풍부하게 존재한다. 또한, 주식시장에서 실제로 거래된 자료를 근거로 하므로, 주관성과 불확실성을 제거할 수 있다는 장점이 있다. 유사한 상장회사를 벤치마킹하는 유사상장회사방식은 비상장기업을 평가하는 경우에는 특히 효과적인 방법이다.

2.1 비교기준 유사상장회사의 선별

유사상장회사방식에 의해 가치평가업무를 수행하는 경우에 가장 먼저 해야 하는 업무는 평가대상회사와 유사한 비교기준 상장회사(guideline

〈표 5. 5〉 대표적인 해외주식시장

국 가	거래소 명칭
미 국	▪ 뉴욕증권거래소(New York Stock Exchange) ▪ 나스닥시장(National Association of Securities Dealers Automatic Quotation, Inc.) ▪ 아메리칸증권거래소(American Stock Exchange)
일 본	▪ 동경증권거래소(Tokyo Stock Exchange)
영 국	▪ 런던증권거래소(London Stock Exchange)
독 일	▪ 도이치거래소(Deutche Bourse AG)
프 랑 스	▪ 유로넥스트 파리(Euronext Paris)
홍콩(중국)	▪ 홍콩증권거래소(The Stock Exchange of Hongkong Ltd.)
싱가포르	▪ 싱가포르증권거래소(Singapore Exchange Securities Trading Ltd.)

public companies)를 선별해내는 작업이다.

우선적으로 한국주식시장에서 거래되고 있는 회사를 살펴보아야 할 것인데, 한국의 경우 2011년 12월 말 기준으로 유가증권시장은 791개사 938종목, 코스닥시장은 1,031개사 1,036종목에 이르고 있다. 이와 같이 대부분의 경우 한국주식시장을 대상으로 유사상장기업을 찾아낼 수 있을 것이나, 아주 특수한 업종을 영위하여 한국주식시장에서 유사한 기업을 선별해내지 못할 경우에는, 외국주식시장에 상장되어 있는 기업을 추가적으로 검토해야 할 경우도 있을 것이다.

한편, 비교기준 상장회사를 선별하는 과정에서 과연 어떠한 잣대를 가지고 평가대상회사와 가장 유사한 회사를 골라낼 것인가 하는 문제가 있다. 다양한 기준이 존재할 수 있으나, 일반적으로 가장 중요시되는 기준을 정리하면 다음과 같다. 실무적으로는 아래와 같은 테스트 과정을 거쳐 최대 10개 이하의 유사상장기업을 최종적인 비교기준회사로 선별하고 있는 것이 일반적이다.

사업의 동질성

유사상장기업을 선별하는데 있어 첫 번째로 고려해야 할 사항은 과연 비교기준회사가 평가대상회사와 동일한 사업을 영위하는 회사인가 하는 "사업동질성 테스트"이다. 제조회사일 경우에는 동일한 제품을 생산하는지, 유통업일 경우에는 취급하는 상품이 동일한 것인지, 또한 구체적인 제품, 상품 혹은 용역의 종류가 얼마만큼 유사성을 가지고 있느냐 하는 것들이다. 유사한 사업을 영위하고 있더라도, 매출액에서 사업별·제품별 구성비율에서 현격한 차이가 난다든지, 수출·내수의 비중이 지역적으로 크게 다르다든지 할 경우에는 문제가 될 것이다.

규모 및 성장률

사업의 동질성에 대한 검토를 거쳐 유사기업을 선별하였다 하더라도 매출액이나 총자산 등의 규모 면에서 너무 차이가 나면 직접적인 비교를 하는 것이 불합리할 수 있다. 또한, 기업 간에 매출이나 손익의 성장률 등이 너무 차이가 나는 경우에도 직접적인 비교가 적절하지 않을 수 있다. 극단적으로 매년 지속적으로 규모와 성장률이 감소되어 조만간에 부도위험이 있는 회사와 최근 몇 년간 높은 성장률을 기록하며 규모가 커진 우량회사를 단순 비교한다면 가치평가 결과치가 왜곡될 가능성이 매우 높을 것이다.

따라서 사업동질성 테스트를 거친 후 유사상장기업의 수가 충분히 많은 경우에는, 당연히 "규모 테스트"와 "성장률 테스트"를 거쳐 유사상장기업의 수를 줄여나가는 과정이 필요할 것이다. 그러나 사업동질성 테스트를 거쳐보니 비교기준회사가 2, 3개 정도밖에 남지 않아 더 이상 수를 줄이는 것이 불가능할 경우도 있을 것이다. 이런 경우에는, 규모와 성장률의 차이에 대해 시가배수를 조정하는 방식을 적용해서라도 시장접근법을 적용해야 한다. 이에 대해서는 제5장 제4절에서 별도로 설명한다.

영업관련 항목

비교기준회사를 선별할 때 위에서 살펴본 사업동질성, 규모, 성장률에 대한 테스트는 반드시 거쳐야 할 필수적인 과정이다. 이러한 필수적인 테스트 과정을 통해 비교기준회사를 선별하였으나 여전히 유사회사의 수가 너무 많다면 회사의 영업관련 항목에 대해 추가적인 검토를 실시하여 비교기준회사의 수를 줄일 수 있다. 영업관련 항목에 대한 테스트는 시장점유율, 경쟁관계, 판매처 및 구매처와의 관계 등이 고려될 수 있을 것이다.

재무관련 항목

영업관련 항목과 더불어 재무관련 항목도 비교기준회사에 대한 추가적인 선별기준으로 사용될 수 있을 것이다. 이에는 재무분석 시 살펴본 바 있는 각종 재무비율이 적용될 수 있을 것인데, 영업이익률 등의 수익성 지표를 통한 손익구조에 대한 비교와, 부채비율 등의 안정성지표를 위주로 한 재무구조에 대한 비교가 적정한 지표로 보인다.

기타 주요 항목

비교기준회사 주식거래량은 반드시 확인해 보아야 할 또 다른 중요한 항목이다. 유사한 상장기업으로서 위의 다른 기준은 통과하였으나 실제로 주식시장에서 유통물량부족 등의 이유로 거래량이 턱없이 부족한 경우에는 주가가 기업실적을 충분히 반영하지 못할 위험이 높으므로 비교기준회사로 채택하여서는 안 될 것이다. 회사의 업력도 한 번 검토해 보는 것이 좋은데, 설립된 지 몇 년 안 된 벤처기업과 수십 년 이상의 업력을 보유하고 있는 회사를 단순 비교하는 것은 아무래도 위험요소가 있을 것이다. 대표이사 등 경영진에 대한 비교도 질적인 측면에서 고려될 수 있는 기준일 것이다.

위 사항들은 모두 유사상장기업을 선별하기 위한 중요한 요소들이나 이 중에서도 특히 '사업유사성', '규모' 및 '성장률', 그리고 예외적으로 부족한 '주식거래량' 등은 필수검토사항이다.

2. 2 재무분석 및 차이조정

비교기준회사(guideline company)를 선택하고 나면 다음 단계로 이들 비교기준회사의 자료로부터 시가배수(market multiple)를 계산하여야 한다. 정확한 시가배수를 작성하기 위해서는 먼저 비교기준회사와 평가대상회사 간에 혹은 비교기준회사 상호 간에 재무자료의 내용이나 작성기준 등에 있어 심각한 차이가 존재하지는 않는지 살펴보아야 한다. 이러한 차이가 재무자료의 비교가능성을 저해시킨다면 우선적으로 이런 차이에 대한 조정작업이 필요할 것이다. 다만, 중요성 기준에 의해 금액적으로 가치평가금액에 큰 영향을 미칠 것으로 판단되는 사항에 한하여 조정작업이 이루어져야 할 것인데, 차이조정과 관련해서 우선적으로 검토해야 할 사항을 살펴보면 다음과 같다.

- 비영업용 자산, 부채의 처리(관련 수익, 비용도 일괄 조정)
- 비경상적 항목(non-recurring items)에 대한 조정
- 회계처리방식의 차이에 대한 조정(재고자산, 감가상각방법 등)
- 국가 간 회계기준의 차이조정

비영업용 순자산

비영업용 순자산에 대해서는 제3장 4절에서 가치평가목적으로 재무제표를 재구성하면서 자세히 살펴보았는데, 시장접근법을 적용하면서도 비영업용 순자산은 가장 중요한 차이조정항목 중 하나로 취급된다. 차이조정을 위해서는 비교기준회사의 자료를 검토하여 비영업용 순자산을 별도로 산출해 낸 후 다음 예제에서와 같이 시가배수를 조정하는 방식을 취한다. 이 과정을 통해 조정된 시가배수를 평가대상회사에 적용하면, 오로지 영업과 관련된 가치를 구할 수 있을 것이고, 여기에 평가대상회사의 비영업용 순자산 부분을 합산하면 전체 기업가치가 도출된다.

예제 5-1

다음과 같은 4개의 비교기준회사로부터 MVIC/EBITDA를 계산하였다. 이때 (1) 비영업용 순자산을 고려하기 전의 "수정 전 MVIC/EBITDA 배수"와 (2) 비영업용 순자산을 수정 전 MVIC에서 차감한 "수정 후 MVIC/EBITDA 배수"는 다른 값을 가진다. 수정 후 배수는 비영업용 순자산이 제외되었으므로 순수한 영업가치를 계산하기 위한 배수로 사용될 수 있고, 이러한 수정 후 배수를 적용하여 구한 기업가치는 수정 전 배수를 적용하여 구한 경우에 비해 보다 정확한 가치평가액으로 간주될 수 있을 것이다.

	EBITDA	수정 전		비영업용 순자산	수정 후	
		MVIC	MVIC/EBITDA		MVIC	MVIC/EBITDA
비교회사 A	100	300	3.00	25	275	2.75
비교회사 B	150	500	3.33	80	420	2.80
비교회사 C	120	280	2.33	30	250	2.08
비교회사 D	180	490	2.72	40	450	2.50
Median	135	395	2.86	35	348	2.63

	비교회사(Median)		평가대상회사			
	MVIC/EBITDA		EBITDA	영업가치	비영업용 순자산	기업가치
비영업용 순자산 고려(X)	수정 전	2.86	110	NM	NM	315
비영업용 순자산 고려(O)	수정 후	2.63	110	289	20	309

* NM : Not meaningful

(주) 이 예제에서는 비영업용 순자산과 관련된 수익·비용은 미미하다고 가정하고, EBITDA 금액에 대한 수정은 별도로 하지 않았음.

재고자산

재고자산의 경우 원가흐름에 대한 다양한 가정에 따라 현행 회계기준에서는 개별법, 선입선출법(FIFO), 후입선출법(LIFO), 가중평균법 등에 의한 회계처리를 인정하고 있다. 아래의 [예제 5-2]에서는 이 중에서 대표적인 방법이라 할 수 있는 선입선출법과 후입선출법의 비교를 통해 재고자산에 대한 차이조정을 예시하였다. 선입선출법으로 계산된 매출원가에는 먼저 구입한 자산의 원가가 적용되므로 인플레이션 상황을 가정할 경우 이익이 높게 계상된다. 반면에, 후입선출법의 경우에는 현재수익에 현재원가가 대응되어 비교적 낮은 이익이 계상되므로 법인세와 배당금 부담이 줄어드는 효과가 있다.7)

예제 5-2

비교기준회사는 모두 선입선출법을 사용하여 재고자산을 평가하였으나, 평가대상회사가 법인세 이연목적으로 후입선출법을 사용한 경우가 발생하였다. 정확한 비교를 위해 평가대상회사의 재고자산의 가치를 다음과 같이 선입선출법으로 조정하였다.

구 분	입 출 고		
	수 량	단 가	금 액
기 초	100	10	1,000
매 입	500	12	6,000
매 출	400		
기 말	200		
후입선출법	100	10	1,000
	100	12	1,200
	<합계>		2,200
선입선출법	0	10	0
	200	12	2,400
	<합계>		2,400

7) 후입선출법에서는 재무상태표상 기말의 재고자산가액이 현재시가를 반영하지 못한 상태로 지속되다가, 급격한 물가상승시기에는 과거에 낮은 원가로 기록되어 있던 재고까지 판매되어 오히려 일시에 과다한 이익이 계상될 위험이 존재한다(LIFO 청산).

감가상각

현행 회계기준에서는 회사의 특성에 따라 다양한 감가상각방법을 선택할 수 있도록 하고 있는데, 이에는 정액법, 정률법, 이중체감법, 연수합계법, 작업시간비례법, 생산량비례법 등이 있다. 감가상각에 대해서도 대표적인 상각방법인 정액법과 정률법의 비교를 통해 차이조정을 실시해 보자. 정액법의 경우 대상자산의 내용연수 동안 균등하게 감가상각을 실시하므로 정률법에 비해 초기 비용이 상대적으로 적게 계상된다.

반면, 정률법은 상각대상기간의 초기에 감가상각을 많이 인식하고 후기로 갈수록 적게 인식하므로 법인세 이연효과를 누릴 수 있다.8)

예제 5-3

비교기준회사는 모두 정률법을 사용하여 감가상각비를 계상하였으나 평가대상회사가 이익과대계상을 목적으로 정액법을 사용하였다. 정확한 비교를 위해 평가대상회사의 감가상각비와 감가상각대상자산의 장부가액을 다음과 같이 정률법으로 조정하여 일치시켰다.

• 취득가액 : 3,000　　• 내용연수 : 3년　　• 잔존가치 : 300

8) 현행 법인세법에서는 다음과 같이 과목별로 감가상각방법 및 기준내용연수를 규정하고 있다. 현실적으로 대부분의 경우 회계처리상으로도 법인세법상의 규정을 따르고 있다.

구 분	항 목	감가상각방법	기준내용연수(주3)
유형자산	건축물	정액법	20~40년
	광업용 유형고정자산	생산량비례법(주1)	4~6년
	기타유형고정자산	정률법(주2)	3~20년
무형자산	대부분의 무형자산	정액법	5~50년
	광업권	생산량비례법(주3)	20년

(주1) 신고 시 정률법, 정액법 가능
(주2) 신고 시 정액법 가능
(주3) 신고 시 정액법 가능
(주4) 자산구분별로 기준내용연수를 정하고 있으며 각각 상한과 하한 범위 내에서 조정가능.

• 정액법

연 도	감가상각비	감가상각누계액	장부가액
취득 시			3,000
1 기말	900	900	2,100
2 기말	900	1,800	1,200
3 기말	900	2,700	300

• 정률법

연 도	감가상각비	감가상각누계액	장부가액
취득 시			3,000
1 기말	1,608	1,608	1,392
2 기말	746	2,354	646
3 기말	346	2,700	300

* 상각률 = 0.54(=1−n$\sqrt{(잔존가액-취득가액)}$)

운용리스와 금융리스

평가대상회사와 비교대상회사의 적절한 비교를 위해서는 장부상 운용리스와 금융리스의 성격에 대한 검토를 거쳐 실질에 따른 조정이 필요하다. 현행 회계기준상 운용리스와 금융리스는 리스자산의 소유에 따른 위험과 효익이 실질적으로 리스이용자에게 이전되는지의 여부에 따라 구분한다.9) 운용리스 이용자의 입장에서는 리스료 지급 시 이를 비용으로만 처리하면 되고, 또한 부외부채가 존재하여 재무구조 개선효과를 볼 수 있는 장점이 있다. 금융리스의 경우에는 리스자산의 효익과 위험이 리스회사로부터 리스이용자에게 이전된다고 보고, 리스이용자는 리스자산과 리스부채를 계상하여야 한다. 금융리스자산은 일반자산과 마찬가지

9) 현행 회계기준상 금융리스는 실질적인 계약해지금지조건이 부과된 상태에서 다음 조건 중 하나를 만족하는 경우이다.
① 소유권 이전 기준: 리스기간 종료 또는 그 이전에 리스자산의 소유권을 무상 또는 일정한 가액으로 리스이용자에게 이전하기로 약정한 경우
② 염가구매선택권 기준: 리스자산의 염가구매선택권이 리스이용자에게 주어진 경우
③ 내용연수 기준: 리스기간이 리스자산의 내용연수의 100분의 75 이상인 경우
④ 공정가치 기준: 리스실행일 현재 기본리스료를 내재이자율로 할인한 현재가치가 리스자산의 공정가액의 100분의 90 이상인 경우

로 감가상각을 실시하고, 리스부채에 대해서는 원금상환액과 이자비용을 계상한다.

예제 5-4

평가대상회사의 자산 중 실질적으로는 금융리스로 계상되어야 하나 부외부채의 효과를 보기 위해서 운용리스로 회계처리를 한 자산이 발견되었다. 시장접근법을 정확하게 적용하기 위한 예비작업으로서 다음과 같은 방식으로 운용리스를 금융리스로 바꾸는 조정을 실시하였다.

- 운용리스 지급리스료 : 1,000
- 리스기간 : 3년
- 리스회사 목표수익률 : 10%
- 리스자산 취득가액 : 2,487
- 감가상각기간 : 4년(정액법, 잔존치 없음)

연 도	운용리스	금융리스			
	지급 리스료	이자 비용	원금 상환액	리스 부채잔액	감가 상각비
리스개시시				2,487	
1기말	1,000	249	751	1,736	622
2기말	1,000	174	826	909	622
3기말	1,000	91	909	0	622
4기말					622
합 계	3,000	513	2,487	2,645	2,487

2.3 시가배수별 특성

비교기준회사 선정과 재무차이 조정이 이루어지면 이제 비로소 정확한 시가배수(market multiple)를 계산할 수 있다. 시가배수는 지금까지 살펴본 대로 투하자본방식과 자기자본방식에 따라 모양이 달라지는데, 대표적인 시가배수별로 각각의 특성에 대해 간단히 살펴보기로 하자.

투하자본방식 시가배수

• MVIC/EBIT(Earning Before Interests and Taxes) EBIT은 이자비용 및 법인세 등을 차감하기 전의 이익을 말하며, 기업회계기준상의 영업이익과 유사하다. 그러나 회계상 영업외손익 가운데 비영업활동과 관련된 수익·비용이나 실질적으로 영업활동으로 관련된 수익, 비용이 있는 경우에는 영업이익과 동일하지는 않다. 다음에 살펴볼 EBITDA와 비교하면 EBIT은 감가상각비나 무형자산상각비의 비중이 영업이익 규모에 비해 비교적 적어 업체 간 비교 시에 영향이 크지 않은 경우에 사용하는 것이 적절하다.

• MVIC/EBITDA(Earning Before Interests, Taxes, Depreciation and Amortization) EBITDA는 이자비용, 법인세, 감가상각비 및 무형자산상각비를 차감하기 전의 이익을 말하는데, 이는 EBIT에 감가상각비 및 무형자산상각비를 더해서 구하면 된다. 대표적인 비현금지출 비용인 감가상각비와 무형자산상각비를 발생주의에 의한 EBIT에 더함으로써 현금주의로 전환시켰다고 이해하면 된다. EBITDA는 설비장치산업과 같이 감가상각비나 무형자산상각비의 비중이 크고 비교업체 간에 차이가 큰 경우에 EBIT만을 적용할 경우 나타날 수 있는 왜곡현상을 보완해 줄 수 있다.

• MVIC/NCF_{IC}(Invested Capital Net Cash Flow) 투하자본 순현금흐름(NCF_{IC})은 타인자본과 자기자본의 합인 전체투하자본을 기준으로 추정되는 순현금흐름이다.[10] EBIT이나 EBITDA 등 회계적인 이익지표보다는 실질을 정확히 반영할 수 있는 현금흐름지표이다. 그러나 순운전자본이나 비유동자산의 자본적 지출 등의 일시적인 증감이 전체금액을 크게 변동시킬 가능성이 높아 안정적이지 못한 단점이 있다.

• MVIC/총자산 총자산은 장부상 나타나 있는 재무상태표의 자산총계를 의미한다. 이 지표는 장부가액과 시장가치를 직접 비교하는 지표이다. 역사적 원가를 기초로 작성되는 장부가액과 현재시점의 실질을 반영

10) NCF_{IC}의 계산구조는 제4장 3.2절 참조.

하는 시장가치는 차이가 날 수밖에 없으나, 직접적이고 객관적인 특성으로 인해 자주 사용되는 지표이다. 유사한 비율로는 시장가치와 대체원가를 비교한 토빈의 Q ratio[11]가 있다.

• MVIC/매출액 손익분기점에 도달하기 이전의 신설기업 등은 수익구조상 음(陰)의 EBIT, EBITDA 등이 나타날 경우가 많은데, 이 경우에는 매출액을 직접 비교하는 것이 오히려 현실적이다. 이외에도 매출액을 바로 지표로 삼는 경우에는 회사 간의 수익, 비용구조가 매우 유사할 것이라는 전제가 반드시 필요하다. 매출액의 경우 각종 비용을 차감하기 이전수치이므로 MVIC 혹은 MVE 모두 적용가능하다.

자기자본방식 시가배수

• MVE/EBT(Earning Before Taxes) EBIT에서 이자비용은 차감하고 법인세는 차감하기 이전인 세전이익을 일컫는다. 이자비용을 차감하면 타인자본에 대한 비용이 제외되므로 EBT는 자기자본 적용방식에서만 사용될 수 있는 소득흐름이다. 다음에 살펴볼 EAT와 비교하면, EBT는 비교대상기업 간에 법인세의 차이가 비정상적으로 커서 가치평가액을 왜곡할 우려가 있는 경우에 사용하면 적절하다.

• MVE/EAT(Earning After Taxes) EAT는 EBT에서 법인세 등도 차감한 세후이익, 즉 당기순이익이다. 이때 법인세 등이라 함은 세무상의 금액이 아니라 장부에 기록되어 있는 회계상 금액이 될 것이다. EAT는 비교업체들의 법인세 비용이 정상적으로 나타나서 법인세 감안 후 순이익으로 비교하는 것이 합리적인 경우에 적절하다. 이 지표를 주당기준으로 바꾸면 PER가 된다.

• MVE/NCF_{Eq}(Equity Net Cash Flow) 자기자본 순현금흐름(NCF_{Eq})은 주주 몫인 현금흐름으로서 이는 투하자본 순현금흐름(NCF_{IC})에서 차입부

---

11) "Tobin's Q＝기업의 시장가치/자산의 대체원가". Q ratio가 1보다 크면 실물자산에 신규투자를 증대시키는데, 경쟁력이 있는 우량기업일수록 Q ratio가 높게 나타나는 경향이 있다.

채와 관련된 현금흐름인 이자비용 및 원금 변동액을 가감한 후의 금액이다.[12] 현금흐름 지표이므로 회계적인 지표에 비해 보다 정확한 가치를 반영할 수 있으나, 역시 안정적이지 못하다는 단점이 있다. 주당기준으로 바꾸면 PCR과 유사한 형태가 된다.

• MVE/순자산 주당기준으로 하면 PBR이 되는데, 여기서 순자산이라 함은 재무상태표상 자산에서 부채를 차감한 자본총계의 장부가액을 말한다. 장부상에 잡히지 않는 무형자산 등의 시장가치가 매우 커서 장부가액과 시장가치와의 차이가 큰 경우에는 유용성이 떨어질 수 있으나, 직접적이고 객관적인 지표의 하나로 많이 사용되고 있다. 특히 금융업의 경우에는 자기자본 적용방식에 의해 평가하는 것이 일반적이므로 보유자산의 시가평가가 가능하면 유용한 지표로 활용될 수 있다.

• MVE/매출액 주당기준인 경우에는 PSR이란 지표로 사용되는데, 비교회사 간의 수익비용 구조가 유사한 경우에만 적용할 수 있다. 평가대상회사의 수익구조가 적자인 경우에는 수익성 지표에 의한 분석이 부적절하므로 매출액을 기준으로 비교하는 경우가 있다. 투하자본방식으로 MVIC/매출액을 사용하기도 한다.

• MVE/Dividend 배당금을 기준으로 시가총액과의 비율을 구하여 적용하는 경우도 있는데, 이 경우에는 비교기준회사와 평가대상회사의 배당성향[13]이 유사하여야 할 것이다. 배당성향이 유사하지 않은 회사 간에는 순이익이나 세전이익 등의 소득흐름을 사용하는 것이 보다 합리적인 방법이 될 것이다.

위와 같은 여러 가지 시가배수 중에 평가대상회사에 적용할 최종적인 배수를 선정하기 위해서는 제3장에서 살펴본 계량적인 재무분석기법을 활용하여야 한다. 즉, 평가대상회사에 대한 재무분석이 이루어지면 이를 통

12) NCF_{Eq}의 계산구조는 제4장 3.2절 참조.

13) "배당성향"은 배당액/순이익으로 구한다. 한편, "배당률"은 배당금/액면가, "배당수익률"은 배당금/주식가격을 의미한다.

해 평가대상회사의 영업활동과 재무적인 특성을 파악하게 되고 이러한 특성을 감안하여 평가대상회사의 가치를 가장 적절하게 평가할 수 있다고 판단되는 시가배수를 각 배수별 특성을 감안하여 선정하여야 한다.

한편, 시가배수는 다음과 같이 다양한 기간별로 산정해 볼 수 있을 것이다. 만약 최근에 매우 비경상적인 상황이 발생하여 시가배수에 영향을 미친 경우에는 최근년도 배수를 기준으로 계산된 가치평가결과는 왜곡될 가능성이 크다. 또 과거년도의 평균치(예를 들면, 과거 5개년)만을 사용하면 현실적으로 보다 중요한 최근실적이 오래된 과거실적에 의해 희석될 가능성이 있을 것이다. 따라서 실무적으로는 (1) 일단 다음과 같이 다양한 기간별로 배수를 산정하고 나서, (2) 최종적으로 사용하는 배수는 배수별로 적절한 가중치를 두어 산정해내는 방법이 적절할 것이다. 예를 들면, 최근년도와 과거 5개년 평균치를 구한 후 상황에 따라 이를 가중평균(예를 들면, 70% 대 30%)하여 사용하는 식이다.

- 최근 12개월(LTM)
- 최근 1개 회계연도
- 추정 1개 회계연도
- 복수 과거년도의 단순평균
- 복수 과거년도의 가중평균

2. 4 유사상장회사방식 사례

[1단계] 비교기준회사의 선정

앞에서 살펴본 "가치주식회사"와 유사한 제품을 생산하는 유사상장회사를 검색한 다음, 매출액 규모와 성장률을 기준으로 선별한 결과 다음의 4개 회사가 가치주식회사와 가장 유사한 상장회사로 선정되었다.

(단위: 백만원)

	A회사	B회사	C회사	D회사	(평균)	가치(주)
매출액	2,480	1,190	2,769	1,047	1,872	1,389
EBIT(주)	278	171	311	148	227	207
매출액 대비 EBIT	*11.2%*	*14.3%*	*11.2%*	*14.1%*	*12.7%*	*13.1%*
EBITDA	536	387	552	211	422	377
자산총계	3,106	3,081	3,536	2,628	3,088	2,632
부채총계	1,341	1,461	1,709	578	1,272	1,128
자본총계	1,765	1,619	1,828	2,050	1,816	1,503
부채비율	*76.0%*	*90.2%*	*93.5%*	*28.2%*	*72.0%*	*75.0%*

(주) EBIT은 영업이익과 동일하다고 가정함. 또한 실질적인 영업이익을 구하기 위해 영업외손익에서 조정해야 할 항목도 없는 경우로 가정함.

[2단계] 각종 시가배수의 검토

가치주식회사에 대해 시장접근법을 적용하는 방식으로는 투하자본방식을 선택하였다. 이를 위해서 우선 [1단계]에서 선정된 4개 회사에 각 회사별로 다음과 같이 투하자본의 시장가치(market value of invested capital ; MVIC)를 구하였다. 이때 비영업용 순자산을 별도로 제외하여 수정 후 투하자본의 시가를 구하였다.

(단위: 백만원)

회사명	장부가액			시장가치						
	차입부채	자기자본	비영업용 순자산	차입부채	주당가치	보통주수	자기자본	수정전 투하자본	비영업용 순자산	수정후 투하자본
A회사	880	1,765	778	880	16,455	110,000	1,810	2,690	802	1,888
B회사	834	1,619	675	834	20,581	92,900	1,912	2,746	584	2,162
C회사	1,223	1,828	234	1,223	60,257	35,000	2,109	3,332	46	3,286
D회사	889	2,050	120	889	29,631	54,200	1,606	2,495	100	2,395
(평균)	957	1,816	452	957	31,731	73,025	1,859	2,816	383	2,433

이와 같이 구해진 유사상장회사별 수정 후 MVIC는 각 회사별로 EBIT, EBITDA, 매출액 등의 재무수치와 대비시켜 시가배수를 구하였다.[14] 이때 각 회사별 재무수치는 최근 회계연도와 과거 5개년 평균치를 각각 적용하였다. 비영업용 순자산 이외에 감가상각, 재고자산, 리스 등의 회계처리방식의 차이로 인한 추가적인 수정작업은 필요하지 않았다.

■ EBIT

(단위: 백만원)

회사명	최근 년도 EBIT	과거 5개년 EBIT					5개년 EBIT 평균	수정 후 MVIC	수정 후 MVIC/EBIT	
		1999	2000	2001	2002	2003			최근 년도	5개년 평균
A회사	278	208	167	199	263	278	223	1,888	6.78	8.47
B회사	171	158	147	174	195	171	169	2,162	12.66	12.78
C회사	311	199	167	210	267	311	231	3,286	10.57	14.23
D회사	148	88	−1	89	106	148	86	2,395	16.17	27.83
평균값(mean)	227	164	120	168	208	227	177	2,433	11.55	15.83
중간값(median)	225	179	157	186	229	225	196	2,279	11.62	13.51

■ EBITDA

(단위: 백만원)

회사명	최근 년도 EBITDA	과거 5개년 EBITDA					5개년 EBITDA 평균	수정 후 MVIC	수정 후 MVIC/EBITDA	
		1999	2000	2001	2002	2003			최근 년도	5개년 평균
A회사	536	390	292	392	460	536	414	1,888	3.52	4.56
B회사	387	265	253	274	312	387	298	2,162	5.58	7.25
C회사	552	394	379	450	483	552	452	3,286	5.96	7.28
D회사	211	130	−2	141	160	211	128	2,395	11.33	18.68
평균값(mean)	422	295	230	314	354	422	323	2,433	6.60	9.44
중간값(median)	462	328	272	333	386	462	356	2,279	5.77	7.26

14) 이외에도 NCF_{IC}, 총자산 등의 지표를 사용하면 추가적인 배수를 구할 수도 있을 것이다.

■ 매출액 (단위: 백만원)

회사명	최근 년도 매출액	과거 5개년 매출액					5개년 매출액 평균	수정 후 MVIC	수정 후 MVIC/매출액	
		1999	2000	2001	2002	2003			최근 년도	5개년 평균
A회사	2,480	1,481	1,410	1,727	2,227	2,480	1,865	1,888	0.76	1.01
B회사	1,190	903	788	818	1,307	1,190	1,001	2,162	1.82	2.16
C회사	2,769	1,874	2,045	2,456	2,690	2,769	2,367	3,286	1.19	1.39
D회사	1,047	503	440	645	684	1,047	664	2,395	2.29	3.61
평균값(mean)	1,872	1,190	1,171	1,411	1,727	1,872	1,474	2,433	1.51	2.04
중간값(median)	1,835	1,192	1,099	1,273	1,767	1,835	1,433	2,279	1.50	1.77

[3단계] 실제 적용할 시가배수의 선정

[2단계]에서 구한 다양한 시가배수 중에서 실제로 평가대상회사에 적용할 시가배수를 선별하여야 하는데, 본 사례에서는 MVIC/EBIT, MVIC/EBITDA, MVIC/매출액 배수 모두가 나름대로 의미를 가지고 있다고 본다. 다만, 각 배수별로 최종적인 가치평가금액을 판단할 때 미칠 영향은 각각 다를 것이므로, 이를 다음 [3단계]에서 가중치를 부여하는 과정에서 반영하기로 한다. 한편, 아래와 같이 각 배수의 최근 회계연도 수치와 과거 5개년 평균치를 산술평균한 배수를 최종적인 시가배수로 선정하였다. 이때 개별 연도별 수치는 비교기준회사의 중간값(median)[15]을 사용하였다.

15) 평균값보다는 중간값을 채택하는 것이 일반적인데, 이는 예외변수(outlier)에 의해 대표값이 왜곡되는 단점을 피하기 위한 것이다.

구 분		최근년도 (A)	5개년 평균 (B)	산술평균 (=(A+B)/2)
MVIC/EBIT	평균값	11.55	15.83	13.69
	중간값	11.62	13.51	12.56
MVIC/EBITDA	평균값	6.60	9.44	8.02
	중간값	5.77	7.26	6.52
MVIC/매출액	평균값	1.51	2.04	1.78
	중간값	1.50	1.77	1.64

[4단계] 평가대상회사에 시가배수 적용

[3단계]에서 선정된 시가배수를 가치주식회사의 EBIT, EBITDA, 매출액에 적용한 결과는 각각 다음과 같다. 우리가 구한 수정 후 MVIC는 비영업용 순자산을 제외시킨 금액이므로, 이를 기준으로 산출된 수정된 시가배수를 평가대상회사에 적용하면 순수하게 영업활동과 관련된 가치(영업가치)를 구할 수 있다. 영업가치에서 비영업용 순자산의 가치를 합산하면 전체 기업가치가 산출된다. 최종적으로 주식가치는 기업가치에서 부채가치를 차감하여 구해졌으며, 주당가치는 주식수(90,000주)로 나눈 값이다.

(단위: 백만원)

구 분	최근년도 (A)	5개년평균 (B)	산술평균 (=(A+B)/2)	적용 시가배수	가치 산정액	가중치
수정후 EBIT(주)	207	164	186	12.56	2,332	30%
수정후 EBITDA(주)	377	288	332	6.52	2,166	60%
매출액	1,389	1,173	1,281	1.64	2,098	10%
영업가치						2,209
비영업순자산						133
기업가치						2,342
차입부채						892
자기자본가치						1,450
주당가치(원)						16,108

(주) 비영업자산관련 수익·비용을 제외한 값임.

3. 유사인수·합병방식의 적용

앞에서 살펴본 유사상장회사방식에서는 비교기준회사를 상장기업에서 선별하는데 비해, 유사인수·합병방식에서는 평가대상회사와 유사한 성격을 가진 회사를 인수·합병 사례에서 찾아내는 방식이다. 이 방식은 해당 인수·합병 사례와 관련된 세부자료가 입수가능하기만 하다면 매우 구체적이고 직접적인 비교가 가능하다는 장점이 있다. 반면, 유사상장기업의 경우에는 풍부한 공개자료가 존재하지만, 인수·합병 사례의 경우 국내기업의 M&A 사례에 대한 충분한 근거자료를 입수할 수 있는 경우가 매우 제한적이라는 단점이 있다.

최근 국내에서도 인수·합병 거래는 급속히 증가하고 있는 추세이지만 여러 거래와 관련해서 공개된 정보의 수준은 질적, 양적 측면에서 매우 부족한 것이 현실이다. 실무적으로 유사인수·합병방식을 국내기업에 효과적으로 적용하는데 가장 큰 제약조건은 인수·합병과 관련된 체계적인 데이터베이스(database)의 부재(不在)에 있다고 하겠다.

3.1 비교기준 인수·합병 사례

인수·합병 데이터베이스

아직 국내에서는 인수·합병 거래와 관련한 체계적인 데이터베이스가 부족하기 때문에 유사인수·합병방식을 적용하기 위해서는 개별적으로 비교기준이 될 수 있는 인수·합병 거래에 관한 정보를 입수하여야 한다.[16] 경우에 따라서는 평가대상기업의 특성상 외국의 데이터베이스로부터 유

16) 상장회사와의 합병 등의 경우에는 금융감독원에 보고서가 제출되므로 전자공시시스템(DART)을 통해 개별적인 확인은 가능하다.

사한 거래를 찾아내는 방법도 시도해 볼 수 있을 것인데, 인수·합병과 관련하여 체계적인 정보를 제공하는 대표적인 외국의 데이터베이스는 다음과 같다.

- MergerStat
- Done Deals
- Pratt's Stats
- BIZCOMPS
- Institute of Business Appraisers(IBA) database

향후 인수·합병 거래가 활발히 이루어지고 또 이에 대한 충분한 데이터베이스가 마련된다면, 유사인수·합병방식은 상장 대기업에 대한 가치평가뿐만 아니라 중소규모의 비상장업체에 대한 가치평가시에도 대단히 유용한 도구로 활용될 수 있을 것이다. 비상장 중소업체의 경우에는 어떤 면에서 유사인수·합병방식이 유사상장회사방식보다 더 효과적인 방법이 될 수 있다. 왜냐하면 유사상장회사방식에 의해 구해지는 비교기준회사는 대개 규모 면에서 평가대상회사보다 무척 큰 경우가 많기 때문에, 이를 직접 비교하기보다는 규모에 대한 차이를 추가로 조정하는 방식을 택해야 하기 때문이다. 반면 규모가 비슷한 비상장기업의 인수·합병 사례를 입수할 수 있다면 유사인수·합병방식으로 평가대상회사를 직접 비교할 수 있을 것이다.

M&A 발생시점의 차이

유사상장회사방식을 적용하는 경우에는 상장기업의 주가가 매일 공시되므로 비교기준회사와 평가대상회사 간에 평가기준일을 기준으로 비교시점을 일치하는데 별 문제가 없다. 그러나 유사인수·합병방식에서는 정확히 평가기준일과 같은 일자에 이루어진 거래만으로 비교기준사례를 수집하는 것은 거의 불가능할 것이다. 일반적으로 과거 수년간에 걸친 자료를 수집하여야 어느 정도 유사한 사례를 확보할 수 있는 경우가 대부분이다. 물론 평가기준일에 근접한 유사사례가 더 설득력 있는 정보이겠지만, 현실적으로 인수·합병 사례의 수가 대부분 부족하기 때문에 수집 기간을 늘일 수밖에 없다.

유사인수·합병 사례의 발생시점이 모두 오래 전이었던 경우에는, 유사인수·합병방식이 유사상장회사방식에 비해 신뢰성이 떨어진다. 이러한 단점을 좀더 정밀하게 보완하려면 유사상장회사방식에서 구할 수 있는 대표성을 가진 시가배수가 해당 기간 동안 얼마나 변화하였는지 계산한 후, 그 비율만큼 유사인수·합병방식에서 구한 시가배수를 조정해 줄 수는 있을 것이다. 이 경우에도 유사상장회사방식의 시가배수와 유사인수·합병방식의 시가배수가 해당 기간 동안 비례적으로 변화하였다는 사실이 전제되어야 할 것이다.

평가대상회사 자체의 과거거래

과거 수 개년 내에 평가대상회사 자체의 지배주주가 바뀐 경우가 있으면, 이는 유사인수·합병방식에서 아주 유용한 자료가 된다. 이러한 경우 평가대상회사의 해당 거래시점에서의 재무자료 및 거래금액을 기준으로 시가배수를 구성할 수 있을 것이고, 적절한 수정작업을 거친 후 평가기준일의 재무자료에 적용하면 평가대상회사의 가치평가업무에 직접적으로 사용할 수도 있을 것이다.

실제로 거래가 이루어지지는 않았더라도, 우호적인 인수·합병방식 등으로 제시된 금액이 존재하는 경우에도 관련 증빙서류를 통해 적정 가치평가금액을 유추해 볼 수 있을 것이다. 또한, 평가대상회사가 타회사를 인수·합병한 사례가 있고 당시에 주식교환방식으로 인수대가가 지불되었다고 한다면 평가대상회사의 가치도 이 과정에서 산성되었을 것이므로 이 또한 유용한 자료가 될 수 있을 것이다.

3.2 거래구조 분석

유사인수·합병방식을 적절하게 사용하기 위해서는 우선 비교기준이 되

〈표 5. 6〉 합병과 인수

구 분		내 용
합병	흡수합병	합병기업(A)이 피합병기업(B)을 흡수하므로 합병 후에는 A기업만 남음.
	신설합병	합병기업(A)과 피합병기업(B)이 모두 없어지고 새로운 C기업이 생김.
인수	자산인수	인수기업(A)이 피인수기업(B)의 자산, 부채를 개별적으로 인수함. 대부분 B기업은 청산됨.
	영업양도	인수기업(A)이 피인수기업(B)의 영업재산을 포괄적으로 인수함. 일부인수 시에는 A와 B가 그대로 존재할 것이나, 전부 인수 시에는 B기업은 대부분 청산됨.
	주식인수	인수기업(A)이 피인수기업(B)의 주식을 인수하므로, A와 B는 그대로 존재함. 다만, B기업의 소유권을 A기업이 가짐.

는 인수·합병 거래의 내용을 정확하게 파악할 수 있어야 한다. 이를 위해 우선 인수·합병과 관련된 기본적인 몇 가지 개념을 살펴보자. 합병(merger)은 피합병기업이 합병으로 소멸하는 경우를 말하고, 인수(acquisition)는 피인수기업이 인수 후에도 그대로 존속하는 경우를 의미한다.

좀더 구체적으로 보면 합병의 경우에는 합병기업이 피합병기업을 흡수하는 "흡수합병"과 합병기업과 피합병기업이 새로운 회사를 설립하여 합병하는 "신설합병"으로 구분할 수 있다. 인수의 경우에는 피인수기업의 자산, 부채 전부 혹은 일부를 개별적으로 인수기업으로 이전하는 "자산인수",[17] 피인수기업의 영업재산에 대한 포괄적인 양수도를 의미하는 "영업양도", 그리고 주식의 매수를 통해 경영권을 취득하는 "주식인수"로 구분된다.

유사인수·합병방식을 적용하는 과정에서 적절한 시가배수를 산정하기 위해서는 해당 인수·합병 사례에 대한 정확한 이해가 필수적이다. 특히,

17) 자산인수의 대표적인 방식에는 자산부채이전방식(purchase & assumption : P&A)이 있는데, 이 경우에는 영업양도에 비해 비교적 절차가 간단하고, 인수자 측은 고용승계 의무도 없다는 장점이 있다.

각 방식에 따라 지불된 인수대금이 어떠한 항목에 대한 대가인지를 정확하게 구분하여 이해하는 것이 중요한데, 이를 위해서는 해당 M&A의 거래구조(deal structure)에 대한 구체적인 검토가 반드시 이루어져야 할 것이다. 예를 들면, 특정한 비영업용 자산이 제3자에게 별도 매각되는 경우도 있고, 매도기업의 급작스런 재무상태 악화(financial distress)에 따라 일부 자산은 본 거래와 별도로 헐값에 조기 매각된 경우도 있을 것이다. 특수한 경우에는 일부 사업부에 대해서는 별도로 청산이 이루어지는 경우도 있다. 또한, 하나의 거래로 묶여져 있지만 사실은 수차에 걸쳐 이루어진 몇 개의 거래로 구성되었을 수도 있으며, 3자 간 거래 등 보다 복잡한 구조의 M&A거래구조로 엮여져 있을 수도 있다. 이러한 거래구조는 각각의 M&A거래 건별로 매우 특수한 사항이므로, 공개자료만으로는 파악하기 힘든 경우가 많아 반드시 개별적인 추가검토가 필요하다.

3. 3 시가배수의 특성

앞 절에서 유사상장회사방식에 사용되는 여러 가지 시가배수별 특성에 대해 살펴보았다. 유사인수·합병방식에서도 분모에 적용되는 EBIT, EBITDA 등의 각종 재무수치는 유사하다. 따라서 개별 배수에 대한 설명을 반복하는 것은 불필요할 것 같고, 유사상장회사방식에서 분자에 사용된 투하자본의 시장가치(MVIC) 및 자기자본의 시장가치(MVE)에 대비되는 총거래대금(DP) 및 주식거래대금(EP)과 관련된 내용에 초점을 맞추어 살펴보도록 하자.

총거래대금 및 주식거래대금

우선, 유사상장회사방식에서의 MVIC와 대비되는 개념으로 총거래대금(deal price)이라는 용어가 많이 사용되는데 이는 해당 거래에서 지불된 보통주, 우선주 및 차입부채 등에 대해 지불된 거래대금 전체를 의미한다. 그런데 데이터베이스에 따라서 총거래대금과 유사한 개념으로 제공되는 지표의 의미가 조금씩 다를 수 있다.[18] 따라서, 해당 데이터베이스에서 사용된 계산공식을 정확히 이해하는 것이 우선 중요하다. 인수·합병 거래와 관련해서 지불된 금액이 무엇에 대한 대가를 의미하는지를 정확하게 파악해야 하고, 주식인수의 경우에는 몇 %의 지분율에 대한 대가인지, 자산인수일 경우에는 자산 전체인지 아니면 일부 항목이 제외된 것인지 등에 대한 정확한 검토가 이루어져야 한다.

한편 주식거래대금(equity price)은 유사상장회사방식의 MVE와 대비되는 개념으로 총거래대금에서 차입부채 인수대금을 제외한 금액을 의미한다.

결제방식

거래대금에 대한 결제방식만으로 보면 보통 아래의 세 가지 방식으로 구분할 수 있는데, 현실적으로는 이들 세 가지 방식 이외에도 다양한 혼합형 결제방식이 존재할 수 있다.

- **현금매수** 인수·합병에 대한 대가를 전액 현금으로 지급하는 방식인데, 이 경우 총거래대금은 인수자가 지불한 현금총액이므로 파악하기 쉽다.

- **주식교환매수** 주식교환에 의한 매수 시에는 인수기업(혹은 합병기업)과 피인수기업(혹은 피합병기업)의 주식가치를 각각 별도로 산정하여야만 정확한 거래대금을 계산할 수 있다. 또한, 보통주만 포함된 단순구조 이외에도 우선주, 전환사채, 신주인수권부사채 등 다양한 증권이 포함될 수 있으므로 거래대금 산정에 특별히 주의를 기울여야 할 것이다.

- **LBO 방식** LBO(leveraged buyout)방식이란 타인자본에 의한 인수방식으로, 대개 인수기업의 자산을 담보로 하여 추가차입을 발생시키고 인수 후의 현금흐름으로 원리금을 상환하는 방식을 말한다. 인수자금은 대부분 타인자본으로 조달하는데 이에 따라 부채비율이 높아져 회사채를 발행하는 경우 투기등급을 받는 경우가 많다. LBO방식에 의한 경우에는 조달된 타인자본규모에 대한 이자비용과 지급방식 등이 인수대금 계산 시 모두 고려되어야 할 것이다.

---

18) 예를 들면, "Total Invested," "Aggregate Consideration" 등의 용어도 사용된다.

시너지효과

특정한 인수·합병 사례를 면밀히 검토해보면, 거래대금에 인수기업이 피인수기업을 인수함으로써 발생하는 시너지효과가 포함되어 있는 것으로 판단될 경우가 있다. 특히, 동일업종의 전략적 투자자(strategic investor)가 인수기업일 경우에는 이러한 현상이 뚜렷이 나타나는 경우가 많다. 반면, 인수·합병을 주업무로 하는 재무적 투자자(financial investor)의 경우에는 별도로 시너지효과에 대한 대가를 추가로 지불하지 않았다고 판단되는 경우가 많을 것이다.

우리는 여기서 이 책의 맨 처음 부분인 제1장 2.2.2절에서 이러한 시너지효과의 차이가 "공정시장가치(fair market value)"와 "투자가치(investment value)"의 차이를 발생시키는 주요 원인이라고 설명한 내용을 상기해볼 필요가 있다. 이제 우리가 수행하고 있는 가치평가업무에서 최종적으로 산출해내야 할 가치의 기준이 "공정시장가치"라고 해보자. 만약 시너지효과를 포함한 거래대금을 기준으로 산정된 시가배수를 그대로 적용하였다면, 이때 구해지는 가치평가액을 과연 공정시장가치라고 할 수 있을 것인가? 만약 아무런 조정 없이 시가배수를 그대로 적용하였다면 이는 해당 거래에서 고려되었던 시너지효과가 반영된 "투자가치"를 평가대상기업의 "공정시장가치"를 산정하는 과정에 적용하는 오류를 범하였다고 볼 수 있다.

따라서 우리는 "가치의 기준(standard of value)"을 일관성 있게 적용하기 위해서는 시너지효과에 대한 대가를 개별적으로 분리해 낼 필요가 있다. 그러나 현실적으로 개별 인수·합병 거래금액에 반영된 시너지효과에 대한 대가가 얼마였는지를 구별하는 것은 대단히 어려운 작업이다. 결국 이러한 문제는 개별 인수·합병 거래에서 특정 시너지효과만을 별도로 구분해 낼 수 있을 만큼 충분하고도 신뢰성 있는 자료를 확보할 수 있느냐에 달려 있을 것이다.

어림치 산출방식(Rule of Thumb)

어떤 산업의 경우에는 기업의 가치가 산업 내에서 통용되는 일정한 공식에 의한 어림 가격으로 매겨지는 것이 대체로 정확한 경우도 있다. 예를 들면, 철강이나 비철금속산업의 경우에는 해당 제품의 생산능력(예를 들면, 연간 생산 ton)당 얼마라든지, 운송업체의 경우 보유차량이나 선박 대수를 보면 대충 기업의 가치를 산정할 수 있다는 식의 어림셈이 통용되는 경우가 있다. 한편으로 생각해보면, 이러한 방식은 업계의 오랜 경험을 바탕으로 형성된 시가배수를 적용하는 것으로서, 일종의 시장접근법, 특히 유사인수·합병방식의 범주에 포함된다고 볼 수도 있을 것이다.

어림치 산출방식(rule of thumb)은 우리가 이 책에서 다루고 있는 체계적인 계산과정을 통해 산출되는 것은 아니므로 구체적으로 어떻게 그러한 방식이 통용되고 있는지를 밝혀내려는 시도는 무의미할 것이다. 그러나 이러한 방식은 업계 전문가의 축적된 경험과 지혜에서 비롯된 방법으로 실무적으로는 결코 무시할 수 없는 방법이다. 다만, 이러한 방식을 통해 가치평가액을 주장하려는 경우에는, 평가대상회사의 특수한 상황과 과거 시점으로부터 달라진 현재의 상황 등을 미처 고려하지 못하는 경우가 많을 것이므로 본격적인 가치평가과정에서는 간접적인 참고자료로서만 활용되어야 할 것이다.

3. 4 유사인수·합병방식 사례

[1단계] 비교기준사례의 선정

가치주식회사와 유사한 업종을 영위하는 회사를 대상으로 최근에 발생한 M&A사례를 검색한 결과 다음과 같은 2개의 사례가 수집되었다. 아래 2개 사례는 모두 재무적 투자자(financial investor)가 인수자이므로 거래대금의 성격을 공정시장가치(fair market value)로 보기로 한다. 따라서 거래대금에는 시너지효과 등 특정한 투자자에게 발생하는 추가적인 프리미엄은 포함되지 않았다고 본다.

구 분	사 례 1	사 례 2
피인수회사	X회사	Y회사
인수회사	V금융회사	W금융회사
인수일	200×년 2월 24일	200×년 10월 25일
거래구조	주식 100% 인수, 차입부채 일부 탕감	주식 50% 인수, 차입부채 전액 인수
결제방식	현금결제	현금결제
총거래대금(deal price)	2,739	3,779
차입부채 인수금액	760	970
주식거래대금(equity price)	1,979	2,809
비영업용 순자산 시장가치	465	837
수정 후 거래대금(주1)	2,274	2,942

(주1) 수정 후 거래대금은 총거래대금에서 비영업용 순자산 시장가치를 차감한 금액임.

한편, 2개 사례의 피인수회사인 X회사와 Y회사의 주요 재무실적은 다음과 같았다. 재무실적은 피인수시점에서 가장 가까운 결산년도 말을 기준으로 하였다.

(단위: 백만원)

	X회사	Y회사	(평균)	가치(주)
매출액	2,004	1,002	1,503	1,389
EBIT	220	144	182	207
매출액 대비 EBIT(주)	*11.0%*	*14.3%*	*12.7%*	*13.5%*
EBITDA	424	230	327	377
자산총계	3,684	3,832	3,758	2,632
부채총계	1,754	1,453	1,604	1,128
자본총계	1,930	2,379	2,154	1,503
부채비율	*90.9%*	*61.1%*	*76.0%*	*75.0%*

(주) EBIT는 영업이익과 동일하다고 가정함. 또한 실질적인 영업이익을 구하기 위해 영업외손익에서 조정할 항목도 없다고 가정함.

[2단계] 각종 시가배수의 검토

역시 투하자본방식을 기준으로 시가배수를 산정하였는데, 앞의 2개 회사에 대한 시가배수는 다음과 같이 산출되었다. 시가배수 산정시 비영업용 순자산은 마찬가지로 제외하였다. 각 회사별 EBIT, EBITDA, 매출액 등의 재무수치는 최근 회계연도와 과거 5개년 평균치를 각각 적용하였다. 비영업용 순자산 이외에 감가상각, 재고자산, 리스 등의 회계처리방식의 차이로 인한 추가적인 수정작업은 필요하지 않았다.

■ EBIT

(단위: 백만원)

회사명	최근 년도 EBIT	과거 5개년 EBIT					5개년 EBIT 평균	수정 후 DP	수정 후 DP/EBIT	
		1999	2000	2001	2002	2003			최근 년도	5개년 평균
X회사	220	154	160	178	197	220	182	2,274	10.34	12.51
Y회사	229	134	186	198	201	229	190	2,942	12.85	15.52
평균값(mean)	225	144	173	188	199	225	186	2,608	11.59	14.01
중간값(median)	225	144	173	188	199	225	186	2,608	11.59	14.01

■ EBITDA

(단위: 백만원)

회사명	최근 년도 EBITDA	과거 5개년 EBITDA					5개년 EBITDA 평균	수정 후 DP	수정 후 DP/EBITDA	
		1999	2000	2001	2002	2003			최근 년도	5개년 평균
X회사	424	289	280	352	345	424	338	2,274	5.36	6.73
Y회사	366	224	319	312	321	366	308	2,942	8.04	9.54
평균값(mean)	395	257	299	332	333	395	323	2,608	6.70	8.13
중간값(median)	395	257	299	332	333	395	323	2,608	6.70	8.13

■ 매출액

(단위: 백만원)

회사명	최근 년도 매출액	과거 5개년 매출액					5개년 매출액 평균	수정 후 DP	수정 후 DP/매출액	
		1999	2000	2001	2002	2003			최근 년도	5개년 평균
X회사	2,004	1,096	1,352	1,549	1,669	2,004	1,534	2,274	1.13	1.48
Y회사	1,596	764	995	931	1,347	1,596	1,126	2,942	1.84	2.61
평균값(mean)	1,800	930	1,173	1,240	1,508	1,800	1,330	2,608	1.49	2.05
중간값(median)	1,800	930	1,173	1,240	1,508	1,800	1,330	2,608	1.49	2.05

[3단계] 실제 적용할 시가배수의 선정

실제로 평가대상회사에 적용할 시가배수를 선별하는 단계인데, 역시 DP/EBIT, DP/EBITDA, DP/매출액을 모두 선택하였다. 각 배수의 5개년 평균과 최근 회계연도 수치를 산술평균한 배수를 최종적인 시가배수로 선정하였는데, 개별 연도별 수치는 비교기준회사의 중간값(median)을 사용하였다

구 분		최근년도 (A)	5개년 평균 (B)	산술평균 (=(A+B)/2)
DP/EBIT	평균값	11.59	14.01	12.80
	중간값	11.59	14.01	12.80
DP/EBITDA	평균값	6.70	8.13	7.42
	중간값	6.70	8.13	7.42
DP/매출액	평균값	1.49	2.05	1.77
	중간값	1.49	2.05	1.77

[4단계] 평가대상회사에 시가배수 적용

위에서 구한 DP/EBIT, DP/EBITDA, DP/매출액 배수를 가치주식회사의 EBIT, EBITDA, 매출액에 적용하여 다음과 같은 결과를 얻었다. 이때 배수별 가중치는 인수·합병 사례의 특성을 감안하여 유사상장회사방식과는 다른 가중치가 부여되었다. 역시 영업가치에 비영업순자산의 가치를 합산하여 기업가치를 구하였고, 여기에 부채가치를 차감하여 주식가치를 구하였다.

(단위: 백만원)

구 분	최근 년도 (A)	5개년 평균 (B)	산술평균 (=(A+B)/2)	적용 시가배수	가치 산정액	가중치
수정 후 EBIT(주)	207	164	186	12.80	2,377	40%
수정 후 EBITDA(주)	377	288	332	7.42	2,465	50%
매출액	1,389	1,173	1,281	1.77	2,265	10%
영업가치						2,410
비영업용 순자산						133
기업가치						2,543
차입부채						892
주식가치						1,651
주당가치(원)						18,341

(주) 비영업자산관련 수익·비용을 제외한 값임.

4. 추가조정사항

시장접근법은 비교기준회사로부터 직접적으로 평가결과를 산출해 내는 대단히 효과적인 평가기법의 하나이다. 시장접근법을 적용함에 있어 실무적으로 가장 어려운 부분은 아마도 평가대상회사와 가장 유사한 비교기준회사를 선별해 내는 과정일 것이다. 현실적으로 진정하게 동일한 두 회사를 찾아내는 것은 거의 불가능하다. 최종적으로 선별된 유사기업의 경우에도 시장접근법을 단계별로 적용시키는 과정에서 여러 가지 조정과정을 거친 후 평가대상회사와 비교하게 된다.

경우에 따라서 유사한 비교기준회사의 선별기준을 너무 엄격하게 적용하다 보면 유사회사를 도저히 찾을 수 없는 경우도 발생한다. 이러한 경우 시장접근법의 적용 자체를 포기할 것인가, 아니면 비교가능성이란 측면에서 다소 문제가 있더라도 비교기준회사에 대해서 적용하는 기준을 좀 완화시켜 볼 것인가 하는 두 가지 대안을 놓고 고민하게 된다. 저자는 이 경우 반드시 후자(後者)를 택하라고 권고하고 싶다.

시장접근법은 여러 가지 가치평가기법 중에서 사실 가장 현실적이고 설득력을 갖춘 방법이라고 할 수 있다. 약간의 조정과정을 거치더라도 가능하다면 시장접근법은 반드시 채택되어야 할 주요한 평가기법이다. 굳이 시장접근법을 최종적인 평가과정에서 기각해야만 하는 사유가 발생하더라도, 시장접근법에서의 분석내용은 다른 접근법의 결과에 대한 검증목적으로 반드시 활용해 보기를 권고한다.

실무적으로 최종 선정되는 유사회사의 수가 너무 적게 나타나는 경우에는 다음과 같이 조정된 시가배수를 적용하여 시장접근법을 활용할 수 있다. 다음의 예에서는 비교기준회사가 "성장률"과 "규모"에서 큰 차이가 발생하는 경우에 어떻게 시가배수를 조정하는지 살펴본다.

4.1 성장률 차이 조정

최종적으로 선발된 비교기준회사라 할지라도 예상성장률이 평가대상회사의 예상성장률과 큰 차이가 나는 경우에는 비교기준회사의 시가배수를 수정없이 바로 평가대상회사에 적용하는 것은 바람직하지 않다. 성장률에 대한 조정 없이 시장접근법을 사용하면 최종적인 평가금액이 과대, 과소계상될 위험이 존재하게 되므로, 원래의 시가배수는 예상성장률 차이에 대한 조정을 거친 후 사용하는 것이 좋다.

성장률 차이는 다음과 같은 공식을 사용하여 수정하여 준다. 이 공식은 단일기간 자본화방식을 설명하면서 자본화율과 시가배수가 역의 관계였던 점을 상기하면 이해하기 쉬울 것이다.[19] 시가배수의 역수인 자본화율은 할인율에서 성장률을 차감하여 구해지므로, 성장률의 차이가 다음 공식에서처럼 시가배수에 직접적인 영향을 미치게 된다. 이와 같이 시가배

19) I=R×V(I : Income, R : Rate, V : Value), 이때 자본화율(R=I/V)과 시가배수(1/R=V/I)는 역수임(제4장 2.1절 참조).

수에 성장률 차이가 적절히 반영되면 소득접근법에서 구한 가치평가액과 시장접근법에서의 가치평가액이 일관성을 유지할 수 있다는 장점도 있다.

$$\text{Adjusted Multiple} = \frac{1}{(1/\text{Original Multiple}) + (\text{G guideline} - \text{G subject})}$$

G guideline : 비교기준회사의 예상성장률
G subject : 평가대상회사의 예상성장률

위의 공식을 사용하여 성장률에 대한 차이조정을 실시할 때에는 다음과 같은 사항에 주의해야 한다.

- 비교기준이 되는 상장회사의 예상성장률에 대한 대부분의 외부 분석자료는 차기 혹은 향후 3~5년 정도의 성장률 예측자료이다. 우리가 구하고자 하는 성장률은 무한대까지의 영구성장률이므로 장기 성장률 예상치에 대한 적절한 조정이 필요할 것이다.

- 대체로 외부예측자료는 "순이익"의 성장률에 대한 자료가 많은데 이 수치를 EBIT, EBITDA, NCF에 그대로 적용해도 좋을지에 대한 검토가 필요하다. 일반적으로는 이러한 소득흐름들이 매출액 대비 일정한 비율로 변화할 것으로 예상된다면, 같은 성장률을 적용해도 무방하다. 왜냐하면 장기적 관점에서는 모든 비용이 다 변동비적인 성격을 띠게 되고, 순운전자본이나 자본적 지출 등의 현금흐름 관련 항목도 일정하게 변화한다고 보기 때문이다.

- 성장률에 대한 차이조정은 PER 등 소득흐름 대비 시가배수에만 적용하는 것이 일반적이므로, PBR 등 자산 대비 시가배수에 대해서는 적용하기가 곤란하다는 한계가 있다.

예제 5-5

아래 자료를 사용하여 비교기준회사와 평가대상회사의 성장률 차이를 반영하여 시가배수를 수정해보면 다음과 같다.

- 수정 전 시가배수(예 : PER) : 10
- 비교기준회사의 예상성장률(G guideline) : 5%
- 평가대상회사의 예상성장률(G subject) : 3%

$$\text{수정 후 시가배수} = \frac{1}{(1/10)+(5\%-3\%)} = 8.33$$

4.2 규모차이의 조정

비교기준회사가 규모 면에서 평가대상회사와 큰 차이가 나는 경우에는 규모차이에 대한 조정도 필요하다. 특히 벤처기업 등 소규모 비상장회사의 경우에는 유사상장회사에서 선발된 비교기준회사가 매출액이나 총자산 등 규모 면에서 평가대상회사보다 훨씬 큰 경우가 많다. 이러한 경우 우리는 다음과 같은 공식에 의해 원래의 시가배수를 수정하여 적용하는 것이 바람직하다.

자기자본방식의 배수

$$\text{Adjusted Multiple} = \frac{1}{(1/\text{Original Multiple})+\alpha}$$

PER와 같은 자기자본방식의 시가배수에 대해서는 위의 공식에 따라 배수를 조정해주면 된다. 위 식에서 α는 규모차이를 반영하기 위한 자기자본비용의 증가분인데, 이는 주주입장에서는 소규모 회사에 대한 투자위험을 반영하는 추가적인 요구수익률이 될 것이다. 우리는 소득접근법에서 이러한 규모차이에서 발생하는 위험을 회사고유위험 중 하나인 규모위험프리미엄(size risk premium)의 형태로 자기자본비용에 반영한 바 있다.[20] 위 산식에서 α를 소득접근법에서 사용한 규모위험프리미엄과 동일한 비율로 적용하면 소득접근법과의 일관성을 유지할 수 있을 것이다.

예제 5-6

비교기준회사와 평가대상회사의 규모차이를 PER와 같은 자기자본방식의 배수에 반영하여 시가배수를 수정하면 다음과 같다.

- 수정 전 시가배수(예 : PER) : 5
- 규모차이 조정비율(α) : 3%

$$수정\ 후\ 시가배수 = \frac{1}{(1/5)+3\%} = 4.35$$

투하자본방식의 배수

$$\text{Adjusted Multiple} = \frac{1}{(1/\text{Original Multiple}) + (\text{MVE/MVIC} \times \alpha)}$$

MVIC/EBITDA와 같은 투하자본방식의 배수인 경우에는 위의 공식을 사용하여야 한다. α는 자기자본에 대해서만 발생하는 추가적인 요구수익률이므로, 위 산식에서 보듯이 MVE/MVIC(=자기자본의 시장가치/투하자본의 시장가치)를 곱하여 투하자본방식으로 조정해 준다.

예제 5-7

비교기준회사와 평가대상회사의 규모차이를 MVIC/EBITDA와 같은 투하자본방식의 배수에 반영하여 시가배수를 수정하면 다음과 같다.

20) 규모위험프리미엄은 제4장 4.3절 참조.

- 수정 전 시가배수(예 : MVIC/EBITDA) : 8
- 규모차이 조정비율(α) : 3%
- MVE/MVIC : 50%

$$\text{수정 후 시가배수} = \frac{1}{(1/8)+(50\% \times 3\%)} = 7.14$$

Business Valuation

제 6 장

자산접근법
(Asset Approach)

1 개 요

2 자산, 부채 항목별 평가

3 초과이익방식

4 자산접근법 적용사례

1. 개 요

자산접근법(asset approach)은 원가접근법(cost approach)이라고도 하는데, 이 방법은 개별 자산, 부채를 각각 적정한 시장가치로 수정한 후 이를 합산하여 기업가치를 측정하는 방법이다.[1] 실무적으로 자산접근법은 앞에서 소개한 소득접근법이나 시장접근법보다는 제한적인 경우에 한정하여 사용되고 있다. 그러나 경우에 따라서는 자산접근법이 가장 설득력 있고 합리적인 평가기법이 될 수도 있다. 이러한 자산접근법을 기업가치평가에 보다 적절하게 활용하기 위해서는 우선 자산접근법의 특성 및 적용상의 한계점을 명확히 이해하는 것이 필요할 것이다.

1.1 기본원리와 적용

자산접근법의 기본원리는 "어떤 재화의 경제적 가치는 그 재화와 동등하게 합당한 대체물을 구입하는 데 소요되는 원가에 의해 결정된다(principle of substitution)"는 개념에 기초를 두고 있다. 기술적으로 볼 때 자산접근법은 재무상태표 분석에 비중을 두고 있는 방법으로 재무상태표상의 개별 자산, 부채 항목에 대한 별도의 분석이 필요하다. 물론 소득접근법이나 시장접근법의 경우에도 재무상태표를 포함한 재무제표를 분석하는 것은 본격적인 가치평가를 실시하기 전에 이루어지는 공통적인 과정이기는 하지만, 자산접근법의 경우에는 온전히 재무상태표의 개별 항목에 대한 분석에 초점을 맞추고 있다는 점에서 다른 평가기법과는 구별되는 것이다.

---

1) 경우에 따라 이렇게 개별 자산, 부채를 합해서 접근하는 자산접근법을 수정순자산방식(adjusted net asset method) 혹은 자산누적방식(asset accumulation method)이라는 보다 구체적인 접근방식(method)으로 부르기도 한다. 이로써 후술하는 초과이익방식(excess earnings method)과 구별하는 경우도 있다.

자산접근법에서는 회계상의 장부가액을 시장가치로 전환시키는 데 초점을 맞춘다. 이제 국내에서도 국제회계기준의 도입으로 공정가치에 의한 자산 부채의 평가가 일반화되고 있다. 그러나, 실무적으로 역사적 원가를 기준으로 장부가액이 작성되는 자산, 부채항목이 여전히 존재하므로 이러한 항목에 대해서는 시장가치와 차이가 계속 존재한다.

즉, 비상장기업에 적용되는 일반기업회계기준은 공정가치로 측정하여야 하는 자산과 부채의 종류 및 방법을 언급하고 있으나 실무적인 애로점 및 중소기업의 적용 편의성을 고려한 관계로 역사적원가로 측정하는 자산 및 부채가 여전히 존재하고 있다. 반면, 상장기업에 적용되는 한국채택국제회계기준은 공정가치 측정을 기본원칙으로 하기 때문에 일반기업회계기준에서 역사적원가로 측정이 허용되는 항목에 대해서도 공정가치 측정이 필요한 경우가 있다.[2)]

따라서 우선은 평가기준일 현재의 모든 자산, 부채항목에 대한 장부가액이 적절한 시장가치를 반영하고 있는지 한 번 따져봐야 되겠지만, 현실적으로 시장가치를 측정하기 위한 근거자료의 부족과 적용상의 여러 애로점들로 인해 모든 개별 항목의 시장가치를 정확히 구한다는 것은 대단히 어려운 작업이 된다. 이런 한계를 감안하여 자산접근법은 청산기업의 전제를 적용하는 경우나, 혹은 계속기업의 전제하에서는 주로 다음과 같은 경우에 한정되어 적용되는 것이 일반적이다.

청산기업의 전제

가치의 전제(premise of value)를 청산기업으로 잡는 경우에는 자산접근법만이 거의 유일하게 적용 가능한 평가기법이 된다. 소득접근법은 미래의 효익을 추정하여 현가화시키는 방식인데, 청산을 전제로 하면서 미래를 추정한다는 것 자체가 모순이 된다. 시장접근법의 경우에도 유사상장기업 접근방식은 적용 자체가 불가능할 것인데, 청산기업이 주식시장에

---

2) 한국채택국제회계기준 및 일반기업회계기준에서의 공정가치에 의한 자산, 부채 측정방식에 대한 구체적인 내용은 본서 제10장을 참고할 것.

서 거래될 수는 없기 때문이다. 인수·합병 사례 접근방식도 마찬가지로 거의 적용하기 힘들 것인데, 예외적으로 인수·합병 과정에서 일부 사업부(혹은 자회사) 등이 청산되는 구조였고, 그 청산된 사업부가 우연히도 평가대상회사와 비교 가능한 아주 특수한 경우에 한해서는 적용될 가능성이 있기는 하다.

계속기업의 전제

계속기업의 전제하에서 자산접근법이 적용되기 위해서는 우선 개별 자산, 부채의 시장가치가 합리적으로 구해질 수 있는지 살펴보아야 한다. 자산, 부채별 특성에 따라 토지, 건물, 기계장치와 같은 유형자산의 경우에는 어느 정도 용이하게 시장가치를 구할 수 있는 반면, 회사의 기술력이나 브랜드가치 등 무형자산의 경우에는 시장가치로 평가하기가 대단히 힘들다.[3)]

전체자산 중에서 유형자산 등의 비중이 큰 '자산형 기업(asset-heavy companies)'이면서 이러한 유형자산이 시장가치로 평가하기가 용이한 경우에는 자산접근법이 적절한 평가기법으로 활용될 수 있다. 금융기관의 경우에도 보유하고 있는 개별 금융자산의 시장가치를 용이하게 계산할 수 있는 경우에는 자산접근법이 유력한 평가기법이 될 수 있다. 지주회사에 대한 평가 시에도 개별 소속회사의 가치를 합산하여 지주회사의 가치를 구한 경우에는 자산접근법을 적용하였다고 볼 수 있을 것이다.

이와는 대조적으로 영업장을 임차하여 사용하는 도소매업체나 회계법인, 컨설팅업체 등 전문지식을 활용한 서비스를 주로 제공하는 업체인 경우에는 보유하고 있는 유형자신 등의 가치를 평가한다고 해서 그것이 기업가치를 의미할 수는 없을 것이다.

---

3) 무형자산을 포괄적으로 평가하는 기법은 본 장 3절 초과이익방식에서 설명할 것이며, 보다 구체적인 개별 평가기법에 대해서는 제9장 2절에서 별도로 다룬다.

1. 2 시장가치 상당액

자산접근법에서는 개별 자산, 부채를 시장가치로 바꿔주어야 하므로 장부가액을 그대로 사용할 수는 없다. 우선 해당 자산의 중고시장이 형성되어 있다면 그 시장에서 구할 수 있는 중고가액이 가장 정확한 시장가치를 반영할 수 있을 것이다. 그렇지 못한 경우에는 차선책으로 역사적 원가에서 진부화(obsolescence) 정도 등을 감안해주는 방식으로 대체원가나 재생산원가를 계산하여 사용한다. 이때 감안하는 진부화 요인에는 물리적 감소(physical deterioration), 기능적 진부화(functional obsolescence), 기술적 진부화(technological obsolescence), 경제적 진부화(economic obsolescence) 등이 있는데 상황에 따라 이들 항목을 적절히 고려하여 개별 자산에 대한 시장가치 상당액을 구한다.

장부가액(book value)

회계기준 상의 공정가치에 의해 자산 부채가 평가되는 경우에는 시장가치와 유사한 금액으로 계상될 것이나, 여전히 역사적 원가를 기초로 하고 있는 장부가액은 회사장부상에 기록되어 있는 회계상의 금액으로 시장가치와는 차이가 난다. 현금 및 현금성자산 등 장부가액과 시장가치가 차이가 날 수 없는 특수한 경우를 제외하고는 시장가치를 반영하고 있는 장부가액인지를 반드시 확인해야 한다.

중고가액(value in second hand market)

실제로 중고시장이 존재하여 평가대상자산과 유사한 자산들이 활발히 거래되고 있다면 중고시장에서 형성되고 있는 실제거래가액이 가장 적절한 시장가치가 될 것이다. 선박회사와 같은 경우가 중고가격을 통한 자산접근법을 적용하기 매우 적당한 사례인데, 선박의 경우 중고선박의 거래를 위한 시장이 잘 발달되어 있고, 또한 해당 선박에 대한 중고가격 자료가 선박전문투자회사나 보험회사 등을 통해 지속적으로 유지되기 때문이다.

재생산원가(reproduction cost)

재생산원가는 해당 자산을 동일한 '형태'로 재현시키는 데 필요한 원가이다. 예를 들면, 두께 50센티미터 석조벽을 동일한 석조재료를 사용하여 그대로 재생산하는데 필요한 원가이다. 다음에 소개될 대체원가가 동일한 '효용'을 재현시키는데 필요한 원가이므로 서로 비교해서 이해해 둘 필요가 있다. 한편, 평가대상이 되는 자산이 대부분 중고자산일 것이므로 진부화 요인을 고려하는 적절한 조정작업이 필요할 것인데, 물리적·기능적·기술적·경제적 진부화 요인에 대한 검토가 필요하다.

대체원가(replacement cost)

재생산원가가 동일한 '형태'를 재현시키는 데 필요한 원가인 반면, 대체원가는 동일한 '효용'만 제공할 수 있다면 똑같은 형태가 아니더라도 상관없다는 입장에서 고안된 개념이다. 예를 들면, 두께 50cm의 석조벽은 25cm의 콘크리트벽으로 동일한 효용을 제공할 수 있는 경우 콘크리트벽의 건설에 필요한 원가로 대체할 수 있다는 것이다. 대체원가의 경우에도 중고자산에 대한 여러 가지 진부화 요인을 고려하여 조정하여야 한다.

2. 자산, 부채 항목별 평가

저자는 앞에서 본격적인 기업가치평가를 적용하기 전에 회사에 대한 예비적인 재무분석과정을 거쳐야 한다고 설명한 바 있다. 이러한 과정은 소득·시장·자산접근법의 모든 경우에 적용되는 공통적인 예비분석과정이다. 그런데 본격적인 평가기법의 하나로 자산접근법을 채택하게 된 경우에는 예비적인 재무분석의 과정을 가치평가 본과정으로 바로 연결하여 활용할 수 있다. 즉, 예비분석과정에서 재무상태표에 대한 검토수준을 높여 개별 자산, 부채의 시장가치를 산정할 수 있는 대부분의 준비를 마쳤다면, 본 평가 시에는 이를 합산하는 과정 정도만 거치면 자산접근법에 의한 평가를 바로 완성시킬 수 있을 것이다.

자산접근법의 적용과 관련해서 한 가지 유의할 점은 재무상태표상에 명시적으로 나타난 자산, 부채항목 이외의 부외(簿外) 자산, 부채(off-balance sheet items)도 반드시 평가에 포함시켜야 한다는 것이다. 대부분의 경우 부외자산은 무형자산에, 부외부채는 우발채무의 형태로 기록될 것이다.

한편, 자산접근법을 적용하는 경우에는 비영업자산, 부채를 굳이 구분하여 별도로 평가할 필요는 없다. 어차피 개별 자산, 부채를 별도로 평가하기 때문에 비영업자산, 부채를 따로 구분하더라도 영업자산, 부채와 평가방법이 크게 다르지 않을 것이기 때문이다. 다만, 소득접근법이나 시장접근법과 함께 자산접근법을 채택한 경우에는, 개별 접근법상에서는 비영업자산, 부채를 별도로 분리하였다가 마지막에 각 접근법별 평가결과를 종합하는 과정에서 한꺼번에 처리하는 것이 효율적일 수 있다.

다음의 유의사항은 주요 자산, 부채 항목별로 어떻게 하는 것이 장부가액을 시장가치로 가장 적절하게 전환시킬 수 있을까 하는 점에 주안하여 정리해 본 것이다.

현 금

현금은 대개 별도의 조정 없이 장부가액을 그대로 사용한다. 평가기준일에 외부감사를 받은 경우에는 외부감사인이 확인한 금액에 의존하면 될 것이나, 그렇지 않은 경우에는 은행계정조정표(bank statements) 등을 통해 분석적 검토절차 등을 실시해 볼 필요가 있다.

매출채권

회계상 매출채권은 대손충당금이 차감되는 형식으로 기재되어 있는데, 평가자는 매출채권의 회수가능성을 검토한 후 대손충당금이 충분히 설정된 상태인가에 대해 살펴볼 필요가 있다. 감사보고서가 존재하지 않는 경우에는 채권잔액별 연령분석과 함께 장기미회수채권에 대한 상각처리 여부 등을 직접 검토해 볼 필요가 있다. 감사보고서가 있는 경우에도 외부감사인의 보수적인 판단치와 가치평가목적상 평가자가 판단하는 값이 반드시 일치할 필요는 없다.

재고자산

현행 회계기준상 재고자산의 장부가액은 취득원가와 순실현가능가액(=추정 판매가액－추정 판매비용)[4]을 비교하는 저가법을 적용하도록 규정하고 있다. 따라서 장부상의 재고자산은 역사적 원가를 그대로 유지하는 것은 아니지만, 여전히 시장가치를 정확히 반영하지는 못한다. 재고자산의 평가가 별도로 필요한 경우에는 (1) 해당 재고자산과 유사한 재화의 가격을 중고시장에서 구해보거나, (2) 재생산원가나 대체원가를 계산하는 방법, (3) 해당 재화에 대해서만 별도로 소득을 추정하여 할인하는 소득접근법 등을 고려해 볼 수 있을 것이다.

장단기 투자자산

장부가액이 시장가치를 반영하지 못하고 있는 장단기 투자자산에 대해서는 시장가치로 재평가하는 것이 필요하다. 투자자산은 대체로 채권, 주식, 부동산 등의 형태로 회사가 보유하고 있는 것인데, 채권의 경우에는 현행이자율을 적용하여 재평가할 수 있을 것이다. 주식의 경우는 상장주식과 비상장주식으로 나눌 수 있을 것인데, 상장주식은 주가를 바로 적용하여 구하면 될 것이나, 비상장주식은 별도로 가치평가액을 구하여야 한다.[5] 투자부동산에 대해서도 기준시가 등을 이용해서 개략적인 재평가는 실시해 볼 수 있을 것이다.

4) 기업회계기준서 제10호에서는 재고자산의 시장가치상당액을 제품, 상품, 재공품에 대해서는 순실현가능가액으로 하고, 원재료는 현행 대체원가로 하도록 세분하고 있다.

5) 비상장주식에 대해서 별개의 가치평가절차를 진행시키는 것이 원칙이나, 순자산가액 등에 의한 약식평가를 실시하기도 한다.

유형자산

유형자산은 토지, 건물, 구축물, 기계장치, 선박, 차량운반구 등을 포함하는데, 이러한 개별 유형자산에 대한 평가업무는 사실 기업가치평가 전문가가 수행하는 업무영역과는 구분되어야 하는 것이 옳다. 실무적으로도 해당 유형자산에 대한 부동산 감정평가서 등이 존재하는 경우에는 이를 적극 활용하는 것이 원칙이다. 만약, 여러 제약조건으로 인해 유형자산에 대한 평가를 기업가치평가 전문가가 약식으로 수행할 수밖에 없는 경우라면 반드시 적용된 평가방법 및 해석상의 제한사항을 보고서상에 명확하게 기술하여야 한다.

무형자산

무형자산은 영업권, 산업재산권, 광업권, 어업권, 차지권, 개발비 등을 포함한다. 무형자산은 장부상으로 당해 자산의 제작원가 또는 매입가액에 취득부대비용을 가산한 금액을 취득가액으로 하여 일정한 상각액을 차감한 순액으로 기재된다. 자산접근법을 이용한 가치평가과정에서 가장 힘든 대목이 바로 무형자산의 평가부분이다. 개별 무형자산에 대한 평가기법[6]을 적용하여 별도로 평가를 실시하는 것이 원론적으로는 가장 정확한 방법일 것이나, 상황에 따라서는 다음 절에서 설명하는 초과이익방식(excess earnings method)을 적용하여 무형자산의 가치를 총체적으로 산정하기도 한다.

매입채무

매입채무는 영업활동과 관련하여 발생하는 외상매입금이나 지급어음을 포함하는데 대부분 장부가액에서 추가적인 조정이 이루어지기 힘들다. 매입채무는 과소계상 위험이 존재하는데, 외부감사 시 적발해내지 못한 항목은 실무적으로 담당자와의 인터뷰 등에 의존할 수밖에 없다. 간혹 거래업체의 부도 등으로 채무가 소멸하는 특수한 경우에는 차감되는 경우도 있겠다.

---

6) 무형자산의 평가기법에 관해서는 제9장 2절 참조.

차입부채

차입금, 회사채 등의 이자발생부채의 경우 발생시점의 역사적 이자율로 현재가치를 계산하여 액면가액과의 차이를 현재가치할인(할증)차금의 형태로 계상해 준 다음, 이를 정액법이나 유효이자율법에 따라 상각한다. 발생시점의 역사적 이자율과 평가기준일 현재의 현행이자율이 큰 차이가 없는 경우에는 장부가액과 시장가치 간에도 큰 차이가 없겠지만, 이자율 차이가 큰 경우에는 원리금 잔액에 대해 현행이자율을 적용하여 다시 현재가치를 구하여야 할 것이다.

부채성충당부채

부채성충당부채는 미래의 지출에 대한 준비금액으로 비용발생의 원인이 당해 연도에 속하는 항목을 계상한 것이다. 대표적인 예는 퇴직급여충당부채인데, 이는 회계연도 말 현재 전 임직원이 일시에 퇴직할 경우에 지급할 퇴직금 상당액을 계상한 금액이 되어야 한다. 그 밖에도 제품보증충당부채, 경품충당부채, 손실부담계약충당부채, 채무보증충당부채, 손해배상손실충당부채, 복구충당부채, 구조조정충당부채 등 다양한 충당부채가 존재할 수 있다. 이러한 부채성충당부채는 합리적인 사용시기를 추정하여 기회비용이 반영된 할인율로 현재가치를 구하여 조정하는 것이 합리적일 것이다.

우발채무

회계상으로 우발채무는 (1) 해당 우발상황의 발생이 거의 확실하고, (2) 합리적으로 우발손실의 금액을 추정할 수 있는 경우에만 계상된다. 이외의 경우에는 주석으로만 공시하는 대단히 보수적인 방법을 취하고 있는데, 가치평가목적으로는 우발상황과 관련된 모든 가능성을 검토한 후, 확률적으로 가장 합리적인 추정치를 평가액으로 계상하여야 할 것이다.

3. 초과이익방식

3.1 개 요

자산접근법에서 개별 자산, 부채의 가치를 측정할 때 가장 어려운 항목이 무형자산인데 초과이익방식(excess earnings method)[7]은 이러한 무형자산에 대한 가치를 일괄적으로 구할 때 유용한 평가기법이다. 이 방식에서는 기업의 순유형자산(net tangible assets)[8]의 가치에 초과이익(excess earnings)을 발생시키는 무형자산(intangible assets)의 가치를 합산하면 기업가치가 된다는 논리로 접근한다. 사실 초과이익방식은 소득접근법과 자산접근법의 혼합형태라고 하는 것이 정확한데, 대개 단일기간 자본화방식(single period capitalization method)의 소득접근법과 수정순자산방식(adjusted net asset method)의 자산접근법을 함께 사용하는 형태가 가장 일반적이다. 또한 실무에서는 소득접근법이나 시장접근법이 적용 가능한 경우에는 이들 방법을 우선적으로 적용하고 초과이익방식은 보충적인 방법으로 적용한다.

3.2 적용순서

초과이익방식은 일반적으로 다음과 같은 7단계를 거쳐 적용된다. 다만, 아래단계 중 [1단계]는 순서상으로 [2단계]와 [3단계]가 진행된 후에 계산되어도 문제는 없다.

---

7) Excess Cash Flow Method, Treasury Method, Formula Method 등으로 불리기도 한다.

8) 순유형자산의 정확한 개념은 다음 3.2절 [2단계]에서 설명된다.

[1단계] 정상화된 소득흐름을 계산

초과이익방식을 적용하기 위해서 제일 먼저 검토할 사항은 과거 재무실적으로부터 정상화(normalized)[9]된 소득흐름을 계산하는 것이다. 여기에서는 투하자본 순현금흐름(NCF_{IC}, 이하 예에서는 "NCF"라 함)을 소득흐름으로 가정하자. 예를 들어, 과거 5개년간의 재무분석을 통해 정상화된 NCF가 1,000원이라고 하자.

[2단계] 순유형자산만의 가치를 먼저 산정

다음 단계에서는 자산접근법을 적용하여 순유형자산(net tangible asset)만의 가치를 따로 구한다. 이때, 순유형자산이라 함은 무형자산을 제외[10]한 모든 유형의 순자산이라는 의미로 이해해야 하는데, 다음 산식과 같이 영업활동과 관련된 순운전자본과 비유동자산 중 유형자산의 합계를 말한다. 여기에서도 일단 비영업용 순자산은 없다는 단순한 가정하에서 설명을 진행한다.

순유형자산(net tangible asset) = 순운전자본 + 비유동자산 중 유형자산

순유형자산에 대해서는 앞에서 살펴본 전형적인 수정순자산방식(adjusted net asset method)에 의한 자산접근법을 적용하여 5,000원의 시장가치를 구했다고 가정한다.

---

9) 정상화(normalized)된 소득흐름이란 비경상적, 비반복적인 요소를 제거시키고 합리적인 가중치에 의한 가중평균의 과정 등을 거쳐 과거 소득흐름의 대표성을 가지게 되는 값을 말한다.

10) 일반적으로 순유형자산을 계산할 때에는 모든 무형자산을 제외시킨다. 그러나 식별가능한 무형자산은 제외시키지 말고 순유형자산과 같이 개별적으로 평가하여야 한다는 주장도 있다. 이 경우에는 내부개발영업권과 같은 잔여적 성격을 가진 무형자산만 제외시켜야 할 것이다.

[3단계] 순유형자산에 대한 합리적인 수익률 추정

순유형자산의 가치가 산정되었다면, 이제 순유형자산에 적용할 합리적인 수익률을 추정해야 하는데, 보통 다음과 같은 절차를 통해 계산된다.

① 순유형자산의 개별 항목을 담보로 제공할 때 조달 가능한 차입부채 금액을 산정함. 이때 유동성 기준에 따라 순운전자본에서 유형자산의 순서로 적용

② 순유형자산가치에서 차입부채로 조달 가능한 금액을 차감하고 남은 부분은 자기자본으로 조달해야 할 금액으로 간주

③ 위의 비율로 자기자본비용과 타인자본비용을 가중평균하여 순유형자산에 대한 수익률 추정

예제 6-1

초과이익방식에서 순유형자산의 수익률을 다음과 같은 절차를 통해 산출하였다. 이때 순유형자산은 매출채권, 재고자산, 유형자산만 존재한다고 가정하였다.

순유형자산	시장가치	차입가능비율	차입액
매출채권	1,000	90%	900
재고자산	1,500	80%	1,200
유형자산	2,500	70%	1,750
합 계	5,000		3,850

	세 전	법인세율	세 후
타인자본비용	8.0%	30%	5.6%
자기자본비용	25.0%		25.0%

순유형자산에 대한 수익률 (=5.6% × 3,850/5,000 + 25% × 1,150/5,000)	10%

이러한 과정을 통해 구해진 순유형자산에 대한 수익률은 위의 예제에서와 같이 10%로 가정한다.[11)]

[4단계] 초과이익(Excess Earnings)의 계산

앞의 세 단계를 통해 구해진 결과치를 이용하여 초과이익을 계산한다. 우리의 예에서는 소득흐름을 NCF로 가정하였으므로 다음과 같은 공식에 의해 초과현금흐름(excess cash flow)이 구해진다.

초과현금흐름 = Normalized NCF − (순유형자산 × 수익률)

우리의 예를 위 공식에 대입하면 초과이익은 500원(=1,000−5,000×10%)이 된다.

[5단계] 초과이익에 적용할 자본화율 계산

다음은 초과이익에 적용할 자본화율을 계산하는 단계이다. 일반적으로 보면, 자산의 성격상 "유동자산 → 유형자산(비유동자산) → 무형자산(비유동자산)"의 순서로 유동성 위험이 높아지므로 이들 자산에 대한 할인율도 같은 순서로 높아져야 할 것이다. 특히, 해당 기업과 분리될 수 없는 무형자산의 경우에는 청산 시에 가치가 "0"이 될 수 있으므로 위험이 대단히 높다고 볼 수 있다.

전체자산(=순유형자산+무형자산)에 적용될 할인율은 투하자본의 입장에서 보면 가중평균자본비용(WACC)이다. 따라서, 무형자산의 규모가 대단히 커서, 일부가 타인자본으로 조달되는 경우를 제외하고는 초과이익에 대한 자본화율은 자기자본비용을 적용하는 것이 합리적일 것이다. 우리의 예에서는 초과이익에 적용할 자본화율을 자기자본비용과 같은 25%로 가정한다.

---

11) 성장률은 0%로 하여 할인율과 자본화율을 동일하다고 단순 가정하여 추정하였음.

[6단계] 무형자산의 가치산정

위 5단계까지의 결과를 가지고 이제 무형자산의 가치를 산정할 수 있다. 무형자산의 가치는 4단계에서 구한 초과이익을 5단계에서 구한 자본화율로 나누어주면 되는데, 이러한 과정을 거쳐 구해지는 무형자산의 가치는 우리의 예에서 2,000원(=500/25%)이 된다.

[7단계] 기업가치의 산정

이제 최종적으로 기업가치를 산정하는데 이는 순유형자산의 가치와 무형자산의 가치를 합산하면 된다. 위의 예에서 기업가치는 7,000원(=5,000+2,000)이 된다.

〈표 6. 1〉 초과이익방식의 정리

구 분	내 용	예 시
1단계	정상화된 소득흐름을 계산	1,000원
2단계	순유형자산만의 가치를 먼저 산정	5,000원
3단계	순유형자산에 대한 수익률을 추정	10%
4단계	초과이익(excess earnings)의 계산	500원(=1,000−5,000×10%)
5단계	초과이익에 적용할 자본화율 계산	25%
6단계	무형자산의 가치산정	2,000원(=500/25%)
7단계	기업가치의 산정	7,000원(=5,000+2,000)

3. 3 초과이익방식의 응용

한편, 앞에서 살펴본 초과이익방식은 논리적인 구조 면에서 아래에 소개하는 경제적 부가가치(Economic Value Added) 및 시장부가가치(Market Value Added)에 의한 가치평가방식과 유사한 점이 있으니 내용을 상호 비교해가며 음미해 볼 필요가 있다.

경제적 부가가치(Economic Value Added)

미국의 Stern & Stewart사가 개발한 경제적 부가가치(Economic Value Added : EVA)는 기업고유의 영업활동으로부터 창출된 기업가치의 순증분을 의미하는 것으로 세후영업이익(NOPLAT)으로 측정된 소득흐름에서 자본제공자에게 지급되는 자본비용액(WACC)을 차감한 값으로 정의된다. 이는 기존의 손익계산서상의 이익측정항목이 주주에 대한 자기자본비용을 감안하지 못하고 있는 단점을 보완해 준다. 경제적 부가가치는 다음과 같은 방식으로 계산된다.

$$
\begin{aligned}
EVA &= NOPLAT - \text{자본비용액} \\
&= NOPLAT - (IC \times WACC) \\
&= IC \times (ROIC - WACC)
\end{aligned}
$$

NOPLAT : Net operating profit less adjusted taxes(세후영업이익)
IC : Invested capital(투하자산)
WACC : Weighted average cost of capital(가중평균자본비용률)
ROIC : Return on invested capital(투하자산 수익률)

앞의 식을 이해할 때 먼저 각 변수가 정의하는 바를 정확하게 이해할 필요가 있다. 우선 NOPLAT의 경우 세후영업이익을 의미하나 이는 단순히 EBIT × (1 − t)의 형태로 계산된 것이 아니다. 원래의 EVA 분석 시에 Stern & Stewart사가 사용한 NOPLAT은 발생주의에 의한 회계상의 이익을 현금주의로 바꾸어 주기 위해 각종 충당금, 이연법인세, 영업권 상각비 등에 대한 조정 후의 값이다. 투하자산인 IC(Invested capital)의 경우에도 장단기 투자자산 등 비영업자산을 제외한 영업용 순자산으로 정의하고 있다.[12)]

한편, 앞의 식에서 마지막으로 정리된 "EVA = IC × (ROIC − WACC)"라는 관계식에서 ROIC와 WACC의 크기를 비교하면 EVA금액이 양의 값을 가지는지 음의 값을 가지는지 직접 비교할 수 있다. 즉, ROIC가

---

12) 이와는 대조적으로 이 책의 다른 부문에서는 Invested Capital을 "International Glossary of Business Valuation Terms"에서 정의하는 바와 같이 타인자본과 자기자본의 합으로 정의하고 있음에 유의해야 한다.

WACC보다 크면 가치창출, ROIC가 WACC보다 작으면 가치파괴가 발생하고 있는 상황으로 설명된다. 투하자산의 수익률이 최소기대수익률(Hurdle rate)인 자본비용보다는 높아야 경제적인 부가가치가 창출될 수 있음을 의미하다.

시장부가가치(Market Value Added)

EVA에서 한걸음 더 나아간 MVA(market value added : 시장부가가치)라는 개념도 소개되고 있는데, 이는 미래 EVA의 현재가치의 합계를 의미한다. 이러한 개념을 바탕으로 기업가치와 EVA, MVA 간에는 다음과 같은 관계가 성립한다.[13)]

$$\text{기업가치} = IC + PV(EVA)\text{의 합계}$$
$$= IC + MVA$$

여러분은 이와 같이 EVA와 MVA 개념을 적용하여 기업가치를 구하는 방식이, 앞서 살펴본 초과이익방식(excess earning method)을 적용하여 기업가치를 구하는 방식과 매우 유사한 구조라는 점을 발견할 수 있어야 한다. 즉, 앞의 방식에서는 초과이익방식에서 말한 순유형자산을 IC로 대체시키고 있으며, 초과이익에 자본환원율을 적용하여 구한 무형자산의 개념을 MVA로 대체시키고 있는 것이다. 물론, 앞의 방식에서는 경제적 부가가치를 활용하여 기업가치를 구하고 있으며, 초과이익방식에서는 초과이익에 자본화율을 적용하여 무형자산가치를 구한 후 기업가치를 산출한다는 기본적인 논리구조에는 차이가 있다. 하지만 최종적인 기업가치를 구하는 접근방식에서는 두 방식이 매우 유사한 형태를 띠고 있다는 점에 유의할 필요가 있다.

한편, 위와 같이 EVA와 MVA를 활용하여 구한 기업가치는 소득접근법으로 구한 기업가치와도 이론적으로는 당연히 동일한 값을 갖게 된다

---

13) 회계학에서는 Ohlson 모형(1995) 등을 통해 이와 유사한 방식으로 기업가치를 산출하는 연구가 활발히 진행되고 있다.

(예제 6-2 참조).

예제 6-2

다음과 같은 가정하에서 EVA방식과 소득접근법에 따라 기업가치를 각각 구하시오. 단, 소득접근법에서 소득흐름은 IC와 ROIC의 곱으로 구해지는 NOPLAT을 사용한다. 또한, 성장률은 0%로 가정한다.

• IC=1,000 • ROIC=10% • WACC=8%

EVA방식 :

- EVA= IC × (ROIC－WACC) = 1,000 × (10%－8%)=20
- 기업가치= IC+EVA/WACC = 1,000+20/8%=1,250

소득접근법 :

- NOPLAT = IC × ROIC = 1,000 × 10%=100
- 기업가치= NOPLAT/WACC = 100/8%=1,250

4. 자산접근법 적용사례

자산접근법의 적용을 위해 우리는 제3장에서 제시된 가치주식회사의 재무상태표를 이용하였다. 다음 표에서는 계속기업의 전제와 청산기업의 전제를 따로 가정하여 개별 자산에 대한 시장가치를 구하였다.

다음 표에서 계속기업의 전제하에서 적용된 개별 자산, 부채 항목별 주요 수정내용은 다음과 같다.

(단위: 백만원)

재무상태표	장부가액	수정금액	계속기업전제 시장가치	수정금액	청산전제 시장가치
유동자산	**653**	**−16**	**637**	**−100**	**537**
당좌자산	296	−26	270	−60	210
현금 및 현금성자산	48	0	48	0	48
매출채권	151	−10	141	−56	85
단기투자자산	73	−20	53	0	53
기타당좌자산(영업)	24	4	28	−4	24
재고자산	357	10	367	−40	327
비유동자산	**1,979**	**276**	**2,255**	**−801**	**1,454**
투자자산	189	−109	80	−10	70
유형자산	1,897	350	2,247	−690	1,557
(감가상각누계액)	357	70	427	−120	307
순액	1,540	280	1,820	−570	1,250
무형자산(순액)	216	268	484	−396	88
기타비유동자산	34	−3	31	−5	26
자산총계	**2,632**	**420**	**3,052**	**−1,081**	**1,971**
유동부채	**367**	**−9**	**358**	**0**	**358**
매입채무	92	−9	83	0	83
단기차입채무	91	0	91	0	91
유동성장기부채	110	0	110	0	110
기타유동부채(영업)	74	0	74	0	74
비유동부채	**761**	**0**	**761**	**0**	**761**
회사채	463	0	463	0	463
장기차입금	228	0	228	0	228
기타비유동부채(영업)	70	0	70	0	70
우발채무	0	150	150	100	250
부채총계	**1,128**	**141**	**1,269**	**100**	**1,369**
주식가치	**1,503**	**279**	**1,782**	**−1,181**	**601**
주당가치(원)	**16,704**	**3,100**	**19,804**	**−13,122**	**6,682**

- 현금 및 현금성자산: 장부가액 그대로 사용
- 매출채권: 대손충당금 추가설정
- 단기투자자산: 시장가치로 감액

- 재고자산 : 회계기준에서 저가법으로 평가된 금액에서 시가 반영하여 평가증
- 투자자산 : 투자주식은 시가를 반영하고, 투자부동산도 기준시가 등으로 재평가
- 유형자산 : 토지, 건물, 기계장치 등 시가가 반영되지 않은 항목은 시가로 재평가[14)]
- 무형자산 : 다양한 무형자산평가기법을 사용하여 공정시장가치를 반영한 값으로 조정(특허권, 상표권, 영업권 등)
- 매입채무 : 상환의무 소멸분 차감
- 비유동부채 : 차입금의 경우 발행시점과의 이자율 변동이 크지 않아 장부가액 인정. 우발채무의 경우 회계기준에서는 보수적으로 장부에 계상하지 않았으나, 합리적인 검토를 통해 적정 기대치를 계상

한편 청산기업의 전제하에서는 개별 항목별로 추가적인 조정이 이루어졌는데 그 주요 내용은 다음과 같다.

- 매출채권 : 조기회수를 위한 할인액 및 부대비용 감안하여 조정
- 재고자산 : 조기처분비용만큼 추가 감액
- 투자자산 : 조기처분비용만큼 추가 감액
- 유형자산 : 처분 가능한 자산은 처분가능가액으로 평가하였고, 처분불가능한 자산은 손실처리
- 무형자산 : 무형자산은 대부분 청산과 함께 가치 상실한다고 가정. 별도 매각 가능한 일부 특허권의 가치만 인정
- 유동부채 : 장부가액 그대로 사용
- 기타부채항목 : 청산 시 추가로 발생가능성이 높은 우발채무에 대해서만 조정

14) 토지, 건물, 기계장치 등은 평가기준일에 가까운 일자에 실시된 감정평가금액이 있으면 그 금액을 사용하는 것이 가장 바람직하다.

Business Valuation

제 7 장

평가결과의 종합

1 개 요

2 일괄할인과 일괄할증

3 사례종합 및 보고서

1. 개 요

지금까지 우리는 소득·시장·자산접근법의 개별 평가기법으로 가치평가액을 구해 보았다. 이제 우리는 각각의 평가접근법에 의해 도출된 평가결과에 대해 평가자가 가장 합리적이라고 판단하는 가중치를 부여하여 최종적인 가치평가액을 구하는 단계에 이르렀다. 최종적인 가치평가액은 각 평가기법에 대해 부여하는 평가자의 가중치에 따라 크게 영향을 받게 될 것인데, 일반적으로 가중치 부여 시에는 다음과 같은 사항을 고려하여야 한다.

회사의 특성과 평가접근법의 장단점 간의 부합 정도

평가대상회사나 산업의 특성이 적용된 가치평가기법과 어느 정도 부합되었는가를 따져 볼 필요가 있다. 예를 들어, 과거실적이 매우 안정적으로 유지된 회사의 경우에는 단일기간 자본화방식에 의한 소득접근법이 적절하였을 것이고, 유형자산의 비중이 아주 큰 자산형 기업의 경우에는 자산접근법에 의한 평가결과가 설득력을 가질 수 있을 것이다.

근거자료의 객관성과 신빙성 여부

가치평가 시 실제 적용되었던 각종 근거자료가 객관적이며 신빙성이 높다고 판단되는 경우에는 그 평가기법에서 나온 결과에 가중치를 높게 부과하여야 할 것이다. 예를 들어, 소득접근법에서 적용한 추정의 근거자료가 매우 객관적이고 합리적이었다고 판단되는 경우에는 상대적으로 높은 가중치를 부여하는 요인으로 작용할 수 있을 것이다.

각 평가접근법 간의 상호관련성 및 중복성 여부

단일기간 자본화방식에서 적용되는 자본화율은 시장접근법에서 적용하는 시가배수의 역수이다. 만약 동일한 근거자료를 가지고 이렇게 중복성이 있는 평가접근법에 각각 사용한 경우에는, 개별 접근법의 평가결과는 당연히 유사한 값을 가질 것이다. 이때 중복성이 있는 두 가지 접근법에 대해 똑같이 높은 가중치를 부여한다면, 결과적으로 동일한 분석결과에 대해 가중치가 이중으로 부여될 위험이 있다.

기타 질적인 요소

평가자가 각 평가접근법을 적용하면서 고려하였던 여러 가지 질적인 요소도 가중치 부여 시 주요한 요소로 작용한다. 이는 평가대상회사에 대한 내용일 수도 있고, 혹은 각각의 가치평가기법에 대한 내용일 수도 있을 것이다. 다만, 지나치게 주관성이 개입되는 문제를 배제시키기 위해서는 질적 요소에 대한 합리적이고 충분한 설명이 보고서에 첨부되어야 할 것이다.

2. 일괄할인과 일괄할증

지금까지 소득·시장·자산접근법의 세 가지 평가기법을 설명하면서 산출된 가치평가액은 아래에서 설명할 다양한 추가조정사항을 감안하기 이전의 가치였다. 최종적인 평가금액을 도출하기 위해서는 평가대상의 성격에 따라 몇 가지 중요한 추가조정절차가 필요한데, 이때 적용되는 중요한 개념이 일괄할인(discount)과 일괄할증(premium)이다.

일괄할인·일괄할증이라 함은 개념적으로 어떤 평가대상에 존재하는 특정한 유형의 위험(risk) 수준을 고려하여 이를 가치평가액에 일괄적으로 추가 반영하는 값이나 비율을 의미한다. 예를 들면, 어떤 비상장 벤처기업에 투자하는 주주 입장에서는 일단 투자집행을 하면 기업공개(IPO) 시까지는 주식을 팔 수 있는 공개된 시장이 일반적으로 존재하지 않으므로 투자금액을 회수하지 못할 가능성이 매우 높다고 판단할 수 있을 것이다.[1] 이 경우 시장성 부족에 대한 대가로 "시장성 할인(marketability discount)"이라는 일괄할인을 적용하여 주식가치를 감액시키려 할 것이다. 또 다른 예로서는 "소수지분 할인(minority discount)"이라는 것이 있는데, 이는 소수주주가 보유하고 있는 지분의 경우 기업에 대한 경영권을 행사할 수 없으므로 지배주주가 보유하고 있는 지분에 비해 상대적으로 가치가 낮다는 개념을 적용하는 것이다.

일괄할인 및 일괄할증은 우선 기준값(base value)이 항상 먼저 정확히 측정된 후에야 적용될 수 있는 개념임에 유의해야 한다. 예를 들어, 소수지분 할인을 적용하기 위해서는 소득·시장·자산접근법에 의해 일차적으로 산정된 기준값이 지배주주의 입장을 반영한 가치로 산정되었어야 한다. 만약, 어느 한 접근법(예를 들어, 유사상장접근법에 의한 시장접근법)에서 구한 값이 이미 소수주주의 입장이 반영된 값이라면 그 값에는 "소수지분 할인"은 재차 적용하지 말아야 한다. "시장성 할인"의 경우에도 마찬가지로 기준값 자체는 시장성 부족문제가 존재하지 않는 값으로 산정되어야 하고, 이러한 기준값에 대해 시장성 부족에 대한 일괄할인이 적용되어야 한다.

한편, 이러한 일괄할인·일괄할증은 소득접근법에서는 다음과 같이 현재가치 할인율(자본비용 혹은 요구수익률)에 추가적인 위험을 반영시키는 방법으로 적용될 수도 있을 것이다.

- 현재가치 할인율↑ ⇒ 가치평가액↓ = 일괄할인
- 현재가치 할인율↓ ⇒ 가치평가액↑ = 일괄할증

만약 평가기법으로 소득접근법만을 채택하는 경우에는 위와 같이 추가적인 위험요인을 현재가치 할인율에 반영하는 방법도 가능할 수 있다. 또한 일괄할인·일괄할증을 정확하게 현재가치 할인율에 반영할 수만 있다면, 두 방식에 따른 평가액은 같은 값을 가져야 할 것이다. 그러나 일

1) M & A시장이 활성화된 경우에는 기업공개 이전이라도 지분을 매각할 수 있는 방법이 존재할 수 있다.

괄할인·일괄할증이라는 개념은 비단 소득접근법뿐만 아니라 시장접근법, 자산접근법에도 모두 적용되는 개념으로 소득접근법에만 국한하여 현재가치 할인율에 반영하는 방식은 적절하지 못하다. 이보다는 모든 평가접근법의 결과에 대해 일괄할인·일괄할증하는 방법을 통해 최종적으로 일괄적용시키는 것이 바람직할 것이다.

그런데 이러한 일괄할인·일괄할증은 주식가치에 적용하는 경우와 기업가치에 적용하는 경우를 구분해서 이해해야 한다. 시장성 할인이나 소수지분 할인(혹은 지배주주 할증) 등은 주식가치에 적용시키는 일괄할인·일괄할증(equity level discount/premium)이고, 기업가치에 적용시키는 일괄할인·일괄할증(entity level discount/premium)에는 핵심인물 할인(key person discount) 등이 있다.

2.1 소수지분 할인 혹은 지배지분 할증

소수지분 할인(minority discount) 혹은 지배지분 할증(control premium)은 평가대상지분이 소수지분인가 혹은 지배지분인가에 따라서, 경영권에 대한 통제의 정도가 달라지는 상황을 반영하는 것이다. 경영권에 대한 통제가능성은 사실 지분율뿐만 아니라 해당 주식의 특성에 따라서 그 정도가 다르게 나타날 수 있는데, 그 주요 원인은 다음과 같이 정리될 수 있다.

- 해당 주식의 전체주식에 대한 백분율
- 해당 주식의 주주구성 및 분산 정도
- 관련법규에서 정하는 주식소유비율 한도
- 기업 자체의 정관이나 내규
- 관련 거래의 이해당사자 간의 계약

2.1.1 소수지분 할인과 지배지분 할증의 관계

위에서도 설명하였듯이 소수지분 할인과 지배지분 할증은 우선 기준값(base value)이 항상 먼저 정확히 측정된 후에 사용되어야 한다. 모든 일괄할인·일괄할증은 가치평가과정에서 구해진 기준값(base value)이 우리가 구하고자 하는 궁극적인 목표값(target value)과 다른 기준으로 구해졌을 때 이러한 차이를 일괄적으로 조정하기 위해서 적용시키는 것이다.

우리는 제5장 시장접근법에서 유사상장회사방식과 유사인수·합병방식의 차이점을 설명하면서 소수지분과 지배지분의 관점에서 주식가치가 달라진다는 개념을 설명한 바 있다.[2] 유사상장회사방식에 의해 시가배수를 구하고 이를 평가대상회사의 재무실적에 적용하여 구한 값은 소수지분 입장에서 구해진 기준값이 될 것이다. 만약 우리가 궁극적으로 구하려는 목표값이 다행히 소수주주 입장에서의 주식가치라면 추가적인 일괄할증은 불필요하다.

그러나 가치평가대상이 100% 주주에 대한 주식가치를 구하는 등 지배주주 입장에서의 가치를 구해야 하는 경우에는 추가적으로 "지배주주할증(control premium)"을 일괄적으로 적용하여야만 적절한 가치평가액이 산출될 수 있다. 반면에 유사인수·합병방식을 적용한 경우에는 일괄

[그림 7.1] 기준값과 목표값

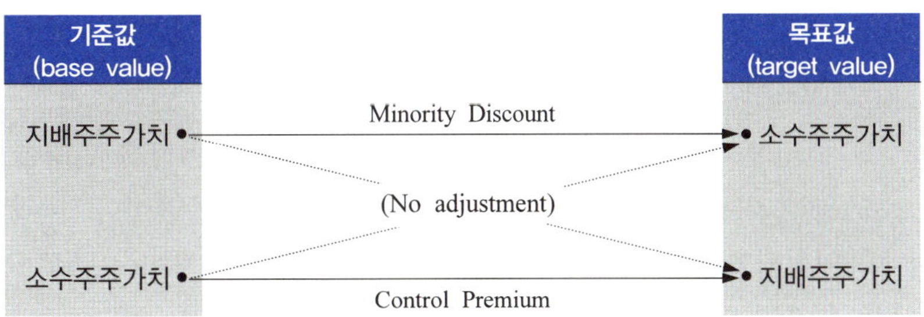

2) 제5장 1.2.3절 참조.

할인 전의 가치평가액은 지배주주 입장에서의 가치인데, 목표값도 지배주주 입장이라면 추가적인 조정은 불필요하지만, 1% 주식가치 등 소수주주 입장에서의 가치를 구하는 것이 목표라면 "소수주주 할인(minority discount)"을 적용하여야 적절한 가치가 산출될 것이다.

한편, 소수지분 할인과 지배지분 할증은 서로 대비되는 개념으로 두 개념 사이에는 다음과 같은 관계가 존재한다.

$$\text{minority discount} = 1-[1/(1+\text{control premium})]$$

예제 7-1

지배지분 할증(control premium)으로 적용할 비율이 30%로 정해진 경우 이에 상응하는 소수지분 할인(minority discount)은 다음과 같이 계산되어진다.

$$\text{소수지분 할인} = 1-[1/(1+0.3)]=23\%$$

예를 들면, 소수지분의 값이 100이라고 할 때 여기에 30%를 할증시키면 130(=100×1.3)이라는 지배지분의 값이 되는데, 이 값을 다시 소수지분으로 되돌리기 위해서는 23%를 할인하여야 100(=100×(1−0.23))이 된다는 것이다.

2.1.2 소득·시장·자산접근법에 따른 유의사항

소득접근법

소득접근법에서 소수주주·지배주주 간의 차이를 어떻게 반영할 것인가에 관한 내용은 계속해서 논란이 진행되고 있는 주제이다. 대체로 의견이 일치되고 있는 내용은 소수주주·지배주주 간의 차이는 주로 소득흐름의 추정 시에 반영되어야 한다는 것이다. 예를 들면, 소수주주의 입장에서는 과도한 임원상여금 등의 자의성 비용을 조정할 능력이 없으나 지배주주가 되면 이러한 항목을 정상적인 수준으로 조정할 수 있을 것이다.

이렇게 소수주주 입장의 소득흐름을 지배주주 입장으로 전환시킬 때 고려하는 항목에는 임원, 종업원, 주주, 관계회사 등에게 비정상적인 수혜를 주는 자의성 항목이 모두 포함될 수 있다.[3)]

이와 같이 소수주주·지배주주 간의 차이는 대부분 소득흐름의 조정으로 나타나고 있는데, 자본비용과 관련해서는 목표자본구조의 변경과 관련된 내용 등이 해당될 수 있을 것이다.[4)] 일반적으로 소수주주의 경우 자본구조의 자의적 변경이 불가능하다. 소수주주는 보통의 경우 회사의 향후 자본구조를 결정할 수 있는 권한이 없다. 반면, 지배주주의 경우에는 기업가치의 극대화를 위해 자본구조를 변경할 수 있는 권한이 있으므로, 평가자의 입장에서는 지배주주가 합리적인 수준에서 목표자본구조의 설정치를 바꿔서 미래의 차입부채와 자기자본 간의 구성비율을 변경한다는 가정을 수용할 수 있을 것이다.

유의할 사항은 이러한 소수주주·지배주주의 차이조정은 어디까지나 "지분율의 차이"에 따라 발생할 수 있는 "경영권에 대한 영향력의 차이"를 반영하는데 그쳐야 한다는 것이다. 만약, 특정한 투자자의 의지가 개입되는 설비투자, 제품라인 변경 등의 시너지효과가 반영된다면, 이때에는 소수주주·지배주주의 차원이 아니라 "가치의 기준(standard of value)" 자체가 "투자가치(investment value)"로 설정되어야 한다는 점에 유의하자.

시장접근법

시장접근법을 적용할 경우에는 유사상장회사방식과 유사인수·합병방식에 따라 소수주주 혹은 지배주주의 입장에서 구한 가치평가액의 성격이 확실하게 구분된다. 유사상장회사방식일 경우에는 주식시장에서 부단히

3) 이러한 항목에 대한 조정은 특히 비상장 중소기업의 경우 중요한 내용이다(Pratt, S., R. Reilly and R. Schweihs, *Valuing Small Businesses and Professional Practices*, 3rd Edition, McGraw-Hill, 1998, pp. 435～436).

4) 개별적인 타인자본비용이나 자기자본비용 항목에 대해서는 소수주주·지배주주의 차이가 없이 중립적이라고 보는 견해가 지배적인 것으로 보인다(Pratt, S., *Cost of Capital-Estimation and Applications*, 2nd Edition, Wiley, 2002, pp. 151～164).

거래되는 개별 주식에 대한 자료를 근거로 하기 때문에 당연히 소수주주의 입장에서 구해진 값이 되고, 여기에서 지배주주가치를 구하기 위해서는 지배주주 할증(control premium)을 추가로 적용해야 한다. 반면, 유사인수·합병방식일 경우에는 지배주주 간의 거래금액을 기초로 하여 작성된 자료를 이용하므로, 소수주주가치를 구하기 위해서는 소수주주 할인(minority discount)을 적용하여야 할 것이다.

자산접근법

자산접근법에서 구해지는 주식평가액은 성격상 지배주주의 입장에서 구해진 값으로 보는 것이 일반적이다. 왜냐하면 소수주주의 경우 회사의 개별 자산, 부채에 대한 권리가 주어져 있다고 보기에는 한계가 있기 때문이다. 이미 살펴보았듯이, 자산접근법은 각각의 자산에 대한 개별적인 평가를 거친 후 이를 합산하는 방식으로 기업가치를 구하고 여기에 부채가치를 차감하여 주식가치를 구한다. 이 경우 기업의 개별 유·무형자산 등에 대한 평가는 기업의 영업활동 등 제반 상황을 반영하여 이루어지는데, 이러한 관점은 경영권에 대해 영향력이 있는 지배주주의 입장을 반영하여야 가능하다고 보는 것이다. 소수주주 입장에서의 가치를 평가하기 위해서는 자산접근법에 의해서 구해진 주식가치에서 소수주주 할인(minority discount)을 적절히 적용해야 한다.

2.1.3 소수지분 할인·지배지분 할증의 측정

지배지분 할증[5](혹은 소수지분 할인)을 실무에 적용하기 위해서는 실제 거래에서 얼마만큼의 할증(혹은 할인)이 이루어졌는가에 대한 실증적인 연구가 필요할 것이다. 미국의 경우 지배지분 할증에 대한 실증분석은 상장기업 중에서 인수·합병이 이루어진 회사를 대상으로 계량적인 측정이 시도되어 왔다. 이때 사용한 방법은 (1) 인수·합병 발표가 되기 전에 주식시장에서 거래되었던 주가와 (2) 인수·합병 시 거래된 주가와의 차

5) 지배지분 할증은 흔히 경영권프리미엄이라는 용어로 사용되기도 한다.

이를 지배지분 할증금액으로 보는 것이었다.

이러한 방식의 적정성에 대해서는 논란이 계속되고 있는 것으로 보인다. 과연 인수·합병 발표 전 주가와 인수·합병 시 거래주가는 분명 차이가 있지만, 그 차이 전체가 지배지분 할증을 의미하는 것인가? 아니면 차이 금액에는 지배지분 할증뿐만 아니라 시너지효과 등 다른 요소가 포함되어 있다고 보아야 할 것인가? 또한, 굳이 시너지효과를 제외시키려고 한다면, 거래대금에 시너지효과를 포함시킨 전략적 투자자가 인수한 경우는 제외하고, 재무적 투자자가 인수한 사례만을 대상으로 별도 산정할 수도 있지 않은가? 이러한 논란에도 불구하고 지배지분 할증과 관련된 대부분의 연구결과는 인수·합병 발표 전후의 주가차이 전체를 일단 지배지분 할증으로 간주하여 산출하는 것이 지금까지의 추세로 보인다. 다음 표는 경영권 프리미엄에 관한 미국의 대표적인 연구자료인 Control Premium Study에서 발표한 산업별 프리미엄에 대한 일부 자료를 정리한 것이다.

〈표 7.1〉 산업별 경영권프리미엄

산 업	1996	1997	1998	1999	2000
전 체	36.6	36.7	35.9	46.1	48.9
컴퓨터 소프트웨어 등	39.1	37.1	40.3	60.4	57.8
전 자	31.0	30.5	43.5	55.5	66.4

자료: Mergerstat Review 2001, Los Angeles, Applied Financial Information LP.

우리나라의 경우 경영권프리미엄에 대한 체계적이며 지속적인 연구는 아직 이루어지지 않고 있는 것으로 보이지만, 유사한 내용을 찾아보자면 상속세 및 증여세법상 최대주주 보유주식에 대한 할증평가규정이 지배지분 할증에 대한 내용에 해당한다고 볼 수 있을 것이다. 상속세 및 증여세법 제63조 제3항에서는 최대주주 및 그와 특수관계에 있는 주주의 주식 및 출자지분에 대하여는 평가한 가액에 20%를 가산하되, 최대주주 등이 발행주식총수 등의 과반수를 초과하여 보유하는 경우에는 30%를 가산하도록 규정하고 있다.[6]

2. 2 시장성 할인(Marketability discount)

일괄할인·일괄할증과 관련된 다음 주제는 시장성 할인과 관련된 내용이다. 우선 시장성(marketability)이라 함은 어떠한 재화를 최소한의 경비로 현금화시킬 수 있는 능력(the ability to quickly convert property to cash at minimal cost)이라고 정의한다. 가치평가에서는 시장성(marketability)과 유동성(liquidity)은 대부분 같은 개념으로 사용한다. 즉, 시장성 부족은 평가대상회사 지분의 유동성의 차이로 인해 발생한다고 보면 된다. 시장성 부족으로 인한 할인은 평가대상회사가 비상장회사일 경우에 특히 중요시 되는 주제이다.

한편, 시장성 할인을 적용하는 경우 이는 단순히 해당 주식의 시장성이 있느냐 없느냐 하는 존재(existence) 유무만의 문제가 아니라, 어느 정도의 시장성이 존재하느냐 하는 정도(degree)의 문제도 중요한 주제이다. 시장성의 정도에 영향을 미칠 수 있는 대표적인 항목들은 다음과 같다.

- 잠재적인 매수자의 수
- 기업공개나 인수·합병에 대한 가능성
- 주식매매에 대한 제한사항(주주 간 협약내용, 매매단위에 대한 제한 등)
- 상환옵션(상환우선주 등)의 존재
- 기타 시장성에 영향을 미칠 수 있는 일반사항(기업의 성장가능성에 대한 예상, 기업정보에 대한 신뢰성, 배당금 지급능력, 지배주주의 신뢰성 및 우호적 태도, 시장에서의 투자분위기 등)

2.2.1 지배주주·소수주주에 대한 시장성 할인

시장성 할인의 적용에 대해서는 여러 측면에서 현재도 활발한 논의가 진행되고 있는데, 특히 지배주주와 소수주주의 입장과 연계되는 내용에서는 입장차이가 큰 편이다. 뒷 절에서 살펴보겠지만, 미국시장을 대상으로

6) 자세한 내용은 본서 제11장 2.3.5절 참조.

진행되고 있는 IPO studies나 Restricted stock studies와 같은 대부분의 시장성 할인에 대한 연구자료는 소수주주 입장에서 이루어지고 있다. 지배주주지분에 대해서는 개념적으로 당연히 시장성 부족에 대한 할인이 존재함에도 불구하고, 실증적으로 사용할 수 있는 통계자료의 부족 등으로 인해 실제로 지배주주 입장에서 시장성 할인을 관찰한 직접적인 연구는 현재까지도 활발히 이루어지지 않고 있는 것으로 파악된다. 한편, 소수지분 할인과 시장성 할인을 모두 적용할 경우 합산하는 것이 아니라 다음 예에서와 같이 순차적으로 곱하여 적용하여야 한다.

예제 7-2

상장기업의 지배지분을 100이라고 하고, 소수지분 할인과 시장성 할인으로 적용할 수치가 각각 30%와 40%라고 하자. 두 가지의 일괄할인을 모두 적용하면 비상장 소수지분의 가치는 얼마가 되겠는가?

소수지분 할인 30%만을 적용한 상장기업 소수지분은 70의 값을 가질 것이고, 시장성 할인 40%만 적용된 비상장기업 지배지분의 경우는 60의 값을 가질 것이다. 그런데 이 두 가지 일괄할인이 모두 적용되는 비상장기업 소수지분의 경우 30%와 40%를 합산한 70%를 적용하여 30의 값을 가지는 것이 아니라, 다음과 같이 차례로 두 비율을 곱하여 계산하여야 한다.

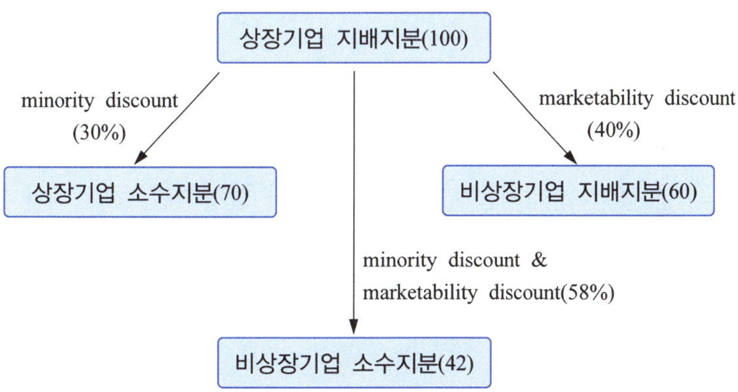

∴ 비상장기업 소수지분 = 상장기업 지배지분 × (1 − 30%) × (1 − 40%)

= 42

2.2.2 시장성 할인의 측정

앞 절에서도 언급하였듯이 시장성 할인에 대한 미국에서의 기존 연구는 대부분 소수지분을 대상으로 이루어졌는데, 대표적인 방식은 IPO studies와 Restricted stock studies가 있다.

〈표 7.2〉 IPO와 거래일 간의 간격별 시장성 할인

간격일수	평균치(Mean)	중간치(Median)	관찰치(Count)
0~30	30%	25%	18
30~60	40%	38%	72
60~90	42%	43%	162
90~120	49%	50%	161
120~153	55%	54%	130
평 균	46%	46%	(합계) 543

자료 : Emory, J. Sr., F. Dengel III, and J. Emory Jr., "Discounts for Lack of Marketability, Emory Pre IPO Discount Studies 1980, 2000, As Adjusted October 10, 2002", *Business Valuation Review*, December 2002.

IPO Studies

IPO(Initial Public Offering) studies는 기업공개 시의 주가와 기업공개 전 비공개시장에서 거래된 주가를 비교·분석하여 그 차이를 시장성 할인으로 적용하고 있다. 대표적인 연구로는 Emory Study 등이 있다.

Restricted Stock Studies

Restricted stock studies는 같은 상장주식을 대상으로 하여, 시장에서 제한 없이 거래되는 일반적인 물량과 일정기간 동안 매매가 제한된 특정한 물량(letter stock)과의 가격차이를 비교·분석하여 시장성 할인의 규모를 산출해내는 방식이다. 대표적인 연구로는 SEC institutional investor study 등이 있다.

한편 국내에서는 시장성 할인에 대한 체계적이고 지속적인 연구는 아직까지 미흡한 편으로 보이는데, 유사한 관련규정을 찾는다면 상장회사와의 합병 등에 아직 준용되고 있는 "증권 발행 및 공시 등에 관한 규정"

에서 상대가치에 적용하는 할인조항이 눈에 띈다. 동 규정의 시행세칙 제7조에서 정하고 있는 상대가치는 평가대상회사와 업종이 유사한 상장회사의 주가를 기준으로 유사회사의 주당법인세비용차감전계속사업이익과 주당순자산을 적용해 구한 유사회사별 비교가치의 평균가액에 30% 이상을 추가 할인하여 구해진다.7)

2.3 기타의 일괄할인·일괄할증

우리는 앞에서 대표적인 일괄할인·일괄할증인 소수지분 할인(지배지분 할증)과 시장성 할인에 대해서 살펴보았는데, 이외에도 다음과 같은 다양한 일괄할인·일괄할증이 존재할 수 있다.

핵심인물 할인(Key Person Discount)

대표이사 등의 갑작스런 사망이나 사고, 혹은 퇴사는 해당 기업의 영업활동에 직접적인 영향을 미칠 경우가 많다. 이러한 현상은 소규모 회사일수록 더 강하게 나타난다. 핵심인물 할인을 적용할 때에는 그 해당 경영자가 기존 구매처 및 판매처에 미친 영향, 직원의 충성심, 회사의 철학과 장기전략 수립에 대한 기여도 등을 고려한다.

거래제한 할인(Blockage Discount)

거래제한 할인은 주로 상장기업에 적용되는 개념인데 주식시장에서의 평균적인 거래량을 기준으로 보았을 때 해당 지분의 규모가 너무 커서 적정한 기한 내에 거래가 어려운 상황을 주식가치에 반영하여 할인하는 것이다. 이러한 거래제한 할인을 적용할 때는 비단 해당 지분의 규모뿐만 아니라, 해당 주식 자체의 특성과 평가기준일 현재의 주식시장 상황 등에 대한 분석이 필요할 것이다. 즉, 향후 해당 지분의 매매가능성과 관련된 주식시장 동향이 전반적으로 고려될 필요가 있다.

---

7) 자세한 내용은 제11장 1.2.2절 참조.

의결권 할인(Voting Right Discount)

회사가 의결권주식과 무의결권주식을 모두 발행한 경우에는 이러한 주주권리행사권의 존재 여부에 따라 주식의 가치가 달라질 것이다. 의결권주식의 가치는 무의결권주식의 가치보다 의결권의 가치만큼 높게 나타나야 할 것인데, 이러한 차이를 반영하는 것이 의결권 할인이다.

포트폴리오 할인(Portfolio Discount)

포트폴리오 할인은 평가대상회사가 이종(異種)의 다양한 사업부나 자산을 보유함에 따라 적용되는 일괄할인의 한 형태이다. 인수·합병의 경우 대부분의 매수자는 피인수기업의 핵심사업을 보고 의사결정을 하는데, 만약 피인수기업이 여러 가지 상이한 사업이나 자산으로 구성되어 있는 경우에는, 매수자가 굳이 필요로 하지 않는 부분에 대해서도 대가를 지불하여야 하는 경우가 발생한다. 이러한 경우 전체 기업가치에서 포트폴리오 할인이라는 일괄할인의 형태로 가치평가액을 조정해 줄 수 있을 것이다. 포트폴리오 할인은 이런 의미에서 비연관성자산 할인(Non homogeneous assets discounts)이라고도 불린다.

3. 사례종합 및 보고서

우리는 지금까지 소득·시장·자산접근법의 세 가지 평가접근법에 의한 개별적인 평가결과를 종합하여 최종 가치평가액을 구하는 과정에서 필요한 내용을 모두 살펴보았다. 이제 "가치주식회사"의 사례를 통해 이러한 과정이 실제로 어떻게 적용되는지 알아보도록 하자.

3.1 기본사례의 종합

개별 평가접근법에 의한 평가결과

지금까지 가치주식회사의 사례를 통해 소득·시장·자산접근법에 의한 개별적인 가치평가액을 구하였다. 앞의 각 사례의 경우 구체적으로 소득접근법에서는 현금할인방식을, 시장접근법에서는 유사상장회사방식과 유사인수·합병방식을 각각 적용하였고, 자산접근법의 경우에는 수정순자산방식을 적용하였다. 다음 표는 각각의 방식에 의해 앞에서 구한 주식가치와 주당가치를 다시 정리한 것이다.

(단위: 백만원)

가치평가접근법		주식가치	주당가치 (주식수 : 90,000주)
소득접근법	현금흐름할인방식	1,570	17,433
시장접근법	유사상장회사방식	1,450	16,108
	유사인수·합병방식	1,651	18,341
자산접근법	수정순자산방식	1,782	19,804
산술평균		1,613	17,924

한편 우리는 지금까지 비영업용 순자산은 각각의 접근법에서 이미 별도로 분리하여 미리 가산하는 방식을 취하였다. 따라서, 위 표에서 구해진 각각의 주식가치는 비영업용 순자산이 이미 고려된 후의 금액이다. 실무적으로는 개별 접근법에서 따로따로 가산하는 것보다 평가결과를 종합하는 이 단계에서 일괄적으로 가산하는 방식이 편리할 수도 있다.8)

평가방식별 가중치의 부여

각각의 평가방식에 의해 구해진 가치평가액을 최종적인 가치로 종합하기 위해서는 각 방식의 개별 평가액에 대해 평가자의 주관적인 가중치를 부여하여야 한다. 가치주식회사의 경우에는 회사의 특성과 평가방식의

8) 제8장 가치평가보고서 작성사례에서는 이러한 방식으로 비영업용 순자산을 일괄적으로 가산하는 방법을 취하였다.

부합도, 근거자료의 객관성과 신빙성 여부, 평가기법 간의 중복성과 상황 관련성 등을 고려하여 다음 표에서와 같이 가중치가 부여되었다.

(단위: 백만원)

가치평가접근법		조정 전 주식가치	가중치
소득접근법	현금흐름할인방식	1,570	50%
시장접근법	유사상장회사방식	1,450	25%
	유사인수·합병방식	1,651	15%
자산접근법	수정순자산방식	1,782	10%
조정 후 주식가치(주식수 : 90,000주)			1,573
조정 후 주당가치(원)			17,480

일괄할인·일괄할증의 적용

이제 최종적인 주식가치를 계산하기 위해서는 일괄할인(discounts)과 일괄할증(premiums)의 적용 여부와 크기를 마지막으로 검토하는 단계만 남았다. 본 사례에서는 여러 가지 일괄할인·일괄할증 중에서 시장성 할인과 소수주주 할인에 대해서만 검토되었다. 우선 위의 네 가지 접근방식 모두가 시장성 할인 고려 전의 금액으로 산출되므로 시장성 할인은 각 방식에 모두 적용되어야 한다. 반면, 소수주주 할인의 경우에는 유사인수·합병방식과 자산접근법(수정순자산방식)에만 적용되는데, 이 두 방식에 의해 구해진 값만은 지배주주 입장에서 구한 가치로 보기 때문이다. 현금흐름할인방식과 유사상장회사방식에서 구한 가치는 이미 소수주주 입장에서 구한 가치이기 때문에 이중으로 소수주주 할인을 적용해서는 안 된다. 이와 같이 일괄할인·일괄할증을 모두 고려한 후의 가치주식회사의 최종적인 주당가치는 11,573원으로 계산되었다.

(단위: 백만원)

가치평가접근법		가중치 부여 후 주식가치	일괄할인		일괄할인 조정 후 주식가치
			시장성 할인	소수지분 할인	
소득접근법	현금흐름할인방식	785	30%	0%	549
시장접근법	유사상장회사방식	362	30%	0%	254
	유사인수·합병방식	248	30%	20%	139
자산접근법	수정순자산방식	178	30%	20%	100
조정 후 주식가치(주식수 : 90,000주)					1,042
조정 후 주당가치(원)					11,573

위 표에서 구해진 11,573원이라는 값은 평가대상이 되는 가치주식회사의 주식이 비상장 소수지분이라는 가정하에서 구해졌다. 만약, 평가주식이 지배지분이라면 소수지분 할인을 적용하기 전의 금액이, 그리고 가치주식회사가 상장회사라면 시장성 할인도 적용하기 이전의 금액이 최종가치가 되었을 것이다.

3. 2 보고서의 작성

가치평가업무를 수행한 결과로서 가치평가보고서가 필요한 경우에는 앞에서 언급한 여러 단계를 거쳐 수행된 업무가 최종적으로 보고서에 모두 집약되어 정리되어야 한다. 특히 외부의 전문평가기관이 가치평가업무를 수행했을 때는 일정한 기준 및 양식에 의해 보고서가 정리되어 평가의뢰자에게 제출되어야 한다.

이러한 보고서는 대부분의 경우 일정한 기준에 따라 문서화되는데, 상황에 따라서 (1) 구체적인 내용이 전부 서술되는 정식보고서(full narrative report)가 될 수도 있고, (2) 결론만을 간단히 정리하는 요약보고서(summary report)가 될 수도 있다.[9] 격식을 갖춘 정식보고서의 경우 다음과

9) 경우에 따라서는 구두로만 평가업무의 결론을 보고하는 "oral report"도 가능할 수 있다.

같은 내용이 포함되는 것이 일반적이다.[10)]

- 평가대상이 되는 기업 혹은 기업소유권의 내용에 대한 설명
- 가치평가의 목적과 가치평가결과를 사용할 용도
- 가치의 기준(standard of value)
- 가치평가기준일과 보고서 작성일
- 해당 가치평가의 업무범위
- 평가대상에 대한 분석, 의견, 결론에 영향을 미칠 수 있는 일반가정 및 전제
- 평가에 사용된 자료, 분석절차의 내용, 평가결과를 뒷받침할 수 있는 논거
- 채택된 가치평가기법 및 평가절차에 대한 평가자의 설명과 의견
- 특정한 기준(예를 들면, 미국의 경우 USPAP)에 따라 이루어져야 하는 평가업무일 경우 해당 기준에서 벗어나는 예외적인 사항
- 가치평가보고서의 내용을 확인하는 평가자의 서명

우리는 지금까지 가치주식회사의 경우를 예로 들어 주로 가치평가기법의 실무적용과 관련된 내용을 살펴보았는데, 다음 제8장에서는 보다 현장감 있게 독자의 이해를 도모하고자 앞에서와 같은 내용이 모두 포함된 실제보고서의 사례를 통째로 수록하였다.

한편, 이와 같은 형태로 보고서 작성이 진행되는 경우에는 대부분 이해관계자에게 작성된 보고서가 제출되면서 가치평가업무는 종료하게 된다. 그러나 체계적인 가치평가업무의 지속성을 유지하기 위해서는 사후적으로 반드시 분석조서 및 관련자료를 보관·관리하는 절차를 수립하여 추후에 이를 참고자료로서 활용할 수 있는 시스템을 유지하는 것이 필요하다.

---

10) 위 내용은 USPAP Standard 10에서 규정하고 있는 Business Appraisal Reporting의 내용을 요약한 것이다.

보론 6 외부평가업무 가이드라인

자본시장법은 상장기업의 합병, 중요한 영업·자산의 양수도 등에 있어 대상자산 가액이 적정하지 않은 경우 상장기업의 재무구조 악화 및 투자자 등의 피해가 발생할 수 있어 상장기업의 자산관련 거래시에는 가액의 적정성에 대하여 외부평가기관의 평가를 받도록 하고 있다. 금융감독원은 해당 자산평가의 공정성을 확보하기 위하여 공인회계사회, 감정평가협회, 변리사회 등 외부전문가 등이 참여한 T/F팀 협의를 거쳐 외부평가기관이 준수하여야 할 「외부평가업무 가이드라인」을 2009년 6월에 제정·발표하였다. 해당 가이드라인 문단45에서는 평가의견서에 포함되어야 하는 내용으로 다음의 사항을 열거하고 있다.

가. 평가기관의 명칭
나. 평가의뢰인
다. 평가목적(주요사항보고서 등의 작성 및 공시첨부서류로 사용)
라. 평가에 사용된 가정과 제한 조건
마. 평가개요 및 평가대상자산
바. 정보의 원천
사. 평가대상회사, 관련 비재무적 정보 및 재무정보(재무제표 포함)의 분석내용
아. 사용가능한 가치평가접근법 및 방법
자. 평가에 사용된 가치평가접근법 및 세부평가방법, 사용한 방법의 타당성, 가중치부여 내용
차. 최종가치 산출시 적용된 할증이나 할인 등 가치조정사항 및 논리적 근거
카. 평가기준일과 결산일이 다를 경우 평가기준일과 결산일 사이에 발생한 중요한 거래나 사건
타. 외부전문가를 활용한 경우 그 내용
파. 평가가액의 산출근거
하. 평가가액과 평가의견
거. 평가기간, 평가기준일
너. 평가의견서 제출일까지 발생한 중요한 후속사건

Business Valuation

제 8 장 가치평가보고서 작성사례

1. 서 론
2. 거시경제 및 산업환경 분석
3. 회사현황 분석
4. 재무실적 분석
5. 가치평가기법의 적용
6. 수정사항
7. 결과의 종합 및 결론

다음은 "북극성 주식회사(가칭)" 보통주 10.42%에 대한 공정시장가치를 20x4년 12월 31일 기준으로 평가한 주식가치평가보고서 견본사례입니다. 이 보고서의 내용은 실제자료에 근거하여 작성된 것이 아니며, 이 책에서 설명한 가치평가이론과 실무내용을 가치평가보고서의 작성사례를 통해 보여주기 위한 목적으로 만들어졌습니다. 따라서 본 사례의 내용은 대부분이 가상의 내용을 이용하였거나, 실제자료를 이용한 경우에도 필요에 따라 수정·보완하여 사용되었음에 유의하시기 바랍니다.

1. 서 론

금성가치평가㈜(이하 "금성" 혹은 "당사")는 20×4년 12월 31일 기준으로 북극성 주식회사(이하 "북극성" 혹은 "회사")의 보통주 10.42%에 대한 공정시장가치를 산출하기 위해 외부전문기관으로서 독립적인 가치평가업무를 수행하였습니다.

1.1 평가대상

북극성은 다양한 애니메이션 및 컴퓨터그래픽(이하 "CG") 제품을 제작합니다. 애니메이션의 경우는 국내외 제작사와 공동제작 혹은 하청제작의 형태로 만들어지며, CG제품은 주로 영화, TV광고 등에 대한 제품입니다. 회사는 20××년에 설립되었으며, 비상장기업입니다.

본 용역의 대상이 되는 북극성의 10.42% 지분은 회사의 주요 주주인 김규연 씨가 소유하고 있습니다. 김규연 씨는 20×2년에 대상지분을 취득하였으며 현재 잠재적인 투자자에게 동 지분을 매각하기를 원하고 있습니다.

1. 2 평가의 성격과 목적

본 용역의 성격은 20×4년 12월 31일 기준으로 북극성의 보통주 10.42%에 대한 공정시장가치를 산출하기 위한 것입니다. 본 용역에서는 계속기업의 전제하에서 회사의 영업활동이 미래에도 지속된다고 가정합니다. 당사는 본 용역을 수행하는 과정에서 "가치평가에 관한 통일 기준(가칭)"[1)]에서 정하고 있는 제반 절차와 제한사항을 준수하였습니다.

본 용역의 목적은 계속기업의 전제하에서 산출된 평가대상지분에 대한 독립적인 평가의견을 김규연 씨에게 제공하는 데 있습니다. 본 용역의 결과물로 작성되는 평가보고서는 잠재투자자에게 평가대상지분을 매각하는데 참고자료로 사용될 것입니다. 추가적으로 회사의 경영진은 김규연 씨의 승락하에 잠재적 투자자 1인으로서 본 평가보고서를 제공받을 것입니다.

1. 3 가치의 기준

본 용역에 적용된 가치의 기준은 공정시장가치(fair market value)입니다. 공정시장가치는 "거래에 대한 강요가 없는 상황을 전제로 거래에 필요한 충분한 지식을 갖춘 자발적인 불특정 매수자와 자발적인 불특정 매도자가 합의하는 거래가격"을 말합니다. 본 용역에서는 공정시장가치를 정의하면서 (1) 잠재매수자는 신중하나 시너지효과를 누리지는 못하며, (2) 회사는 계속기업으로 존재하여 청산되지 않으며, (3) 향후 매매는 현금거래로 이루어지며, (4) 매매당사자는 매매에 대한 능력과 의지를 보유하고 있다고 가정합니다.

---

1) 해외의 경우 "International Valuation Standard" 등의 문서를 가치평가기준으로 삼는데, 국내에서도 향후 이러한 통일된 기준이 적용될 것을 기대하면서 가상의 기준을 적용하였다.

1.4 평가기준일

본 용역의 평가기준일은 최근일자 재무제표 작성기준일인 20×4년 12월 31일로 합니다. 평가기준일은 북극성 경영진에 의해 결정되었습니다. 이와는 별도로 본 평가보고서의 작성일은 20×5년 4월 25일이었습니다.

1.5 주요 주주 및 지분율

평가기준일 현재 북극성의 주요 주주 및 지분율은 다음과 같습니다.

(20×4년 12월 31일 기준)

주주명	주식수	백분율(%)
김지훈	120,000	50.00
한국창업투자	37,000	15.42
세계투자신탁	28,000	11.67
김규연	25,000	10.42
기 타	30,000	12.50
합 계	240,000	100.00

자료 : 북극성 20×4년 감사보고서

1.6 용역의 범위

당사는 회사가 제공한 재무자료 등을 검토하였고, 회사의 사업내용, 과거실적, 향후 전망 및 거시경제와 산업환경이 회사에 미치는 영향 등에 대해 경영진 및 실무담당자와 인터뷰를 거쳤습니다. 당사는 본 용역을 수행함에 있어 20×5년 4월 3일자 용역계약서에 명시된 대로 용역의 범위를 제한하였으므로 회사의 과거 재무자료에 대해서는 어떠한 검증절차도 실시하지 않았습니다.

1.7 평가시 사용된 주요 자료

본 용역에 사용된 주요 자료는 다음과 같습니다.

1. 북극성 경영진이 서명한 후 제공한 금성가치평가㈜의 표준설문지에 대한 회신내용 및 첨부서류
2. 20×0년에서 20×4년까지의 회사의 과거 재무제표(20×0년에서 20×1년까지는 감사받지 않은 재무제표, 20×2년에서 20×4년은 감사보고서 및 부속서류)
3. 20×5년에서 20×9년까지의 회사의 재무추정치
4. 20×5년 추정 예산자료 및 첨부서류
5. 20×4년 제품별, 사업부별 상세재무자료
6. 20×4년 12월말 기준 주주명세서
7. 한국경제에 대한 분석은 Economic Intelligence Unit 보고서
8. 산업자료는 "20×5년 문화콘텐츠산업 동향과 경기전망(한국콘텐츠진흥원)", "문화산업백서(문화관광부, 20×4)", "디지털콘텐츠백서(한국소프트웨어 진흥원, 20×4)" 및 당사가 보유하고 있는 관련산업자료
9. 회사 경영진과의 인터뷰 내용 및 전화통화 내용
10. 이외에 본 보고서에 명시된 회사담당자와의 토의내용

1.8 일반가정 및 제약조건

본 보고서는 20×5년 4월 3일자의 용역계약서 혹은 본 보고서 본문에 명시되어 있는 목적과 관련하여 사용되어야 하며, 법에 의해 요구되거나 사전에 당사가 문서에 의해 동의하지 않는 한 제3자에게 제공될 수 없습니다. 이를 어기고 본 보고서를 입수하여 사용한 제3자에게 당사는 어떠한 책임도 지지 않습니다.

또한, 본 보고서는 회사의 일부지분매각과 관련된 의사결정을 함에 있어

서 참고자료로 제공되는 것이므로, 본 보고서상의 내용으로 회사의 지분매각과 관련된 인수가액이나 조건을 제시하는 것은 아닙니다. 따라서, 당법인은 본 용역과 관련하여 회사가 경험할 수 있는 경제적, 재정적 결과 등에 대하여 어떠한 보증도 하지 않습니다.

가치평가업무를 수행하는 과정에서 당사는 회사가 제시한 과거 자료와 추정자료 및 일반적으로 입수 가능한 외부공개자료를 바탕으로 본 용역을 수행하였습니다. 특히, 소득접근법에서는 주식가치평가액을 추정손익 및 현금흐름을 바탕으로 산출하게 되는데, 동 추정손익 및 현금흐름은 회사와의 협의를 거친 추정자료 및 제반 가정에 따른 것입니다. 따라서, 이러한 추정자료 및 제반 가정이 경제적 상황의 변화에 따라 변할 경우 이에 따라 회사의 주식가치평가액도 중대하게 변할 수 있습니다. 당사는 이러한 향후 추정손익 및 현금흐름이 그대로 실현된다는 것을 어떠한 형태로든지 보증하거나 증명하지 아니합니다.

한편, 당사는 회사의 지분매각과 관련하여 가치평가에 필요하다고 판단되는 부분에 대해서 당사 자체적인 검토기준에 따라 예비적인 재무분석을 실시하였습니다. 그러나 당사는 회사의 재무제표나 내부통제의 효율성 등에 대하여 의견표명을 목적으로 하는 감사업무나 내부통제 검토업무 또는 부정, 오류, 불법행위의 적발업무를 수행하지는 아니하였습니다. 따라서 우리는 회사의 과거 재무제표 및 추정 재무제표에 대한 어떠한 의견도 표명하지 않습니다.

2. 거시경제 및 산업환경 분석

2. 1 국내경제 현황

국내경제의 현황 및 전망을 “Economic Intelligence Unit 보고서(20×5년 2월)”에 수록된 내용을 인용하여 정리하면 다음과 같습니다.

20×5년 2월자 EIU 보고서에 의하면 한국의 실질GDP증가율은 20×4년 5.7%(잠정치)에 이어 20×5년에는 4.6%, 20×6년에는 5.3%의 성장세를 이어갈 것으로 예측되었다. 내수의 경우에는 20×4년의 성장세가 꺾이면서 20×5년에는 완만한 성장세를 보일 것으로 예상된다. 원화는 미국달러화에 대해 평가절상이 지속되면서 물가상승을 억제하는 요인으로 작용할 것으로 보인다. 경상수지는 20×5년에도 흑자를 지속할 것으로 예상된다.

주요 지표	20×5	20×6	20×7	20×8	20×9
실질GDP 성장률(%)	4.6	5.3	4.1	4.0	3.9
소비자 물가상승률(%)	2.5	2.4	2.6	2.5	2.5
재정수지(% of GDP)	0.7	1.2	1.4	0.8	0.8
경상수지(% of GDP)	1.2	1.1	0.5	−0.3	−0.6
시중은행 우대금리(%)	7.9	7.7	7.6	7.5	7.4
기준환율(KRW : US$)	1,191.0	1,142.5	1,130.0	1,100.0	1,050.0
기준환율(KRW : ¥100)	954.7	921.4	918.7	901.6	867.8

자료 : EIU 보고서, 20×5년 2월

이외에 EIU 보고서에 수록된 향후 한국경제에 영향을 미칠 주요 내용을 정리하면 다음과 같습니다.

- 20×5년에서 20×9년까지의 기간에 걸쳐 한국의 실질GDP는 평균 4.4%의 성장률을 보일 것으로 예상된다. 한국은 대내외적인 수차례 금융위기 이후 경제시스템에 대한 구조조정의 결과로 향후 안정적인 경제성장률의 상승이 기대된다.

- 향후 한국의 GDP성장은 안정적인 내수기반을 바탕으로 질적인 개선도 이루어질 것으로 예상된다. 이는 현재 지나치게 수출의존적인 수요기반에서 내수와 조화를 이룬 보다 탄력적인 형태로 수요기반을 바꿀 수 있는 계기가 될 것으로 보인다. 따라서 향후에는 외부충격을 견뎌낼 수 있는 경제적인 자생력을 확충할 수 있을 것으로 기대된다.

- 20×5년에서 20×9년 기간에 물가상승률은 원화절상과 개별 기업 및 경제시스템에 대한 구조조정의 결과로 안정세를 이어갈 것으로 기대된다. 지속적인 경상수지흑자와 외국인 직접투자의 증가로 원화의 평가절상은 계속될 것으로 보인다. 한편, 경상수지는 20×8년에 이르면 적자로 반전될 것으로 예측된다.

- 대외채무 규모는 20×5년에서 20×9년 기간 동안 금액기준으로는 미화 1,250억 달러에서 1,300억 달러의 규모로 안정 유지될 것으로 보인다. 그러나 이러한 외채규모는 GDP 대비 백분율로 보면 20×5년 말 25%에서 20×9년 말에는 17% 수준으로 꾸준히 하락하는 수준이다. 동기간 중 단기외채의 규모는 전체 외채규모의 40%에 이를 것으로 보이나, 한국의 외환보유고 예상수준에 비추어 보면 우려할 수준은 아닐 것으로 보인다.

2. 2 산업분석

2.2.1 산업의 특성

애니메이션 산업은 다양한 소재와 기법에 의해 실사가 아닌 방법으로 영상작품을 제작하여 다양한 매체를 통해 배급하는 산업을 말합니다. 애니메이션 산업은 종합적인 예술산업으로 엔터테인먼트 산업이라 일컬어지는 모든 산업분야와 직간접적으로 연결되며 다음과 같은 특성을 지니고 있습니다.

다양한 관련제품이 개발 가능한 부가가치산업

애니메이션은 직접시장인 극장, 공중파 TV, 케이블 TV, 위성방송 이외에도 간접시장인 출판만화, 전자오락, 테마파크, 캐릭터 상품, 멀티미디어 등 다양한 경로를 통해 부가가치를 창출할 수 있습니다. 오히려 직접시장보다 간접시장의 규모가 더 커질 수 있어 산업연관효과가 매우 큽니다.

경기에 민감한 고위험 고수익산업

기본적으로 흥행산업적인 요소가 있어 경기변동에 민감한 특성을 지닙니다. 다만, 어린이와 마니아층 등 절대 수요층이 존재하므로 일정수준의 안정성은 확보되어 있습니다. 제작 측면에서는 노동집약적인 특성에 따라 장편의 막대한 제작물량에 과도한 인건비가 투여되는 위험성을 가지고 있습니다. 흥행 성공 시에는 큰 수익을 창출할 수 있으나, 흥행 여부에 따라 투자비용의 회수가 불분명한 경우가 많습니다.

어린이 산업에서 모든 연령층으로 고객층 확대

여전히 주 수요층은 어린이를 중심으로 형성되고 있으나 일본 저패니메이션(Japanimation)에서 볼 수 있듯이 일부 마니아층이 형성되면서 수요기반이 넓어지고 있습니다. 제작사들도 가족영화를 추구하며 어린이부터 어른까지 광범위한 연령층을 주요 타깃고객으로 삼아 기획, 제작하는 경우가 늘어가고 있습니다. 또한 최근에는 성인전용 애니메이션도 등장하고 있습니다.

문화적 차이를 극복할 수 있는 캐릭터

모든 영상산업 중에서도 문화적인 차이를 극복하기에 가장 쉬운 분야로 범세계적인 캐릭터의 창출이 가능합니다. 디즈니의 도날드 덕, 미키 마우스 등에서 볼 수 있듯이 일반 문화상품과는 달리 애니메이션은 문화와 인종의 장벽을 넘어 동일한 감성과 흥미를 유발하는 특성이 있습니다.

2.2.2 산업현황 및 규모

세계 애니메이션 산업은 디즈니와 워너브러더스, 드림웍스로 대변되는 미국 애니메이션의 일방적인 지배구조에서, 출판문화라는 강력한 연관산업을 보유한 일본 애니메이션이 독자적인 영역을 확보해 나가고 있는 상황입니다. 최근 프랑스, 영국 등 일부 유럽국가를 중심으로 애니메이션에 대한 정책적 지원이 활성화되고 있으나, 아직은 미국, 일본 중심으로의 시장구조를 크게 변화시키지는 못하고 있는 상황입니다.

한국의 애니메이션 산업은 최근에는 창작제작이 활성화되고 있으나, 초창기에는 미국의 하청제작을 수주하면서 시작되었습니다. 처음에는 단순 채색작업에 불과하다 값싼 노동력과 질적인 우수성을 인정받으면서 미국과 일본의 OEM 물량을 수주받기 시작했습니다. 그러나 관련 수요산업의 부진으로 도입기에는 국산 창작 애니메이션이 성장할 수 있는 기반이 마련되지 못하였습니다. 이에 따라 기획과 마케팅 부문에서 독자적인 노하우를 갖추지 못하였고, 또한 정부의 소극적인 대응, 어린이와 청소년만을 대상으로 한다는 산업에 대한 편견, 방송사의 수입방송에 대한 일방적인 의존 등이 국내 애니메이션 업체의 성장을 저해하는 요인이 되어왔습니다. 최근 업계는 지금까지의 제작경험을 바탕으로 기존의 OEM 제작에서 벗어나 창작애니메이션의 활성화를 도모하여 다양한 수출경로를 개척, 애니메이션 해외진출을 확대하고 있습니다. 최근 들어 몇몇 작품들은 세계시장에서도 흥행에 성공하고 있습니다.

20×4년을 기준으로 국내 애니메이션 전체 시장규모는 약 4,000억원으로 파악되고 있습니다. 업체수로는 200여 개사, 고용규모로는 2만 명 수준으로 추정되나, 경쟁력을 갖춘 대형 메이저업체는 10여 개사 정도인 것으로 파악됩니다. 이러한 어려운 환경 속에서도 꾸준히 제작기술을 발전시켜온 국내 애니메이션 전문업체들은 해외 애니메이션 제작배급사들에게 다양한 작품들을 제작, 납품하여 왔고, 최근에는 제작기술 면에서도

세계적인 수준임을 인정받기 시작한 상황입니다.

2.2.3 경쟁력 분석

애니메이션을 업무단계별로 세분하여 보면 Pre-production(기획), Production(제작), Post-production(음악과 대사 편집 등의 후반작업)으로 구분됩니다. 애니메이션의 경쟁력을 결정짓는 가장 중요한 단계는 Pre-production으로 현재 미국, 일본, 유럽 등 일부 국가에서 높은 경쟁력을 보유하고 있습니다.

국내 애니메이션은 Production(제작)부문에서 뛰어난 기술력을 인정받고 있습니다. 그러나 Pre-production부문에서는 미국, 일본, 유럽 등 선진국가에 비해 현저한 경쟁열위 상태입니다. 현재 미국, 일본 애니메이션에 비해 현저히 낮은 브랜드 인지도, 고품질 작품제작에 필수적인 자본력의 부족, 국내 배급망의 한계, 일천한 마케팅력 등으로 인해 상당기간 동안 현재의 시장구조를 변화시키기는 어려울 것으로 전망됩니다. 다만, 최근 TV시리즈물을 중심으로 일부 창작물이 제작되고 있고, 해외업체와의 공동제작도 점차 활발해지고 있어 중장기적으로 경쟁력을 확보해나갈 가능성이 있는 것으로 보입니다.

중국, 필리핀 등 후발 애니메이션 국가의 추격은 이들이 이미 일정한 기술수준을 확보하고 있다는 현실을 감안할 때 국내업계에 상당한 위협요인으로 작용하고 있습니다. 과거 전 세계 하청물량의 50% 내외를 장악하던 국내업계의 수주물량이 현재 30% 내외까지 축소되고 있다는 점은 이미 이러한 위협이 현실화되고 있다는 반증이며 이러한 추세는 지속될 가능성이 높은 것으로 예상됩니다.

국내 애니메이션 업체는 그동안 해외 OEM 물량을 중심으로 치열한 수주경쟁을 전개하여 왔습니다. 이 과정을 통해 지명도 있는 소수 애니메이션 업체의 제작독점현상이 나타나 상위 5개사가 전체물량의 과반수 이상을 독점하였고, 이들이 다시 군소업체에 재하청하는 이중 또는 다중하

청구조를 형성하고 있습니다.

국내 주요 업체로는 태양홀딩스, 수성엔터테인먼트, 토성엔터프라이즈, 화성코퍼레이션 등이 대표적인 업체로 이들은 코스닥시장에 등록되어 대내외적인 지명도가 높은 상황입니다. 그러나 매출액 100억 이상의 회사가 이들 4개 업체에 불과한 데서 알 수 있듯이, 아직까지 대부분 업체는 규모 면에서 영세하며 수익구조도 취약한 상황입니다.

2.2.4 최근 추세 및 특징

창작애니메이션 기획 및 제작 증가

한국애니메이션 제작자협회에 따르면, 20×4년 제작되었거나 제작 중인 창작애니메이션은 100여 편으로 추정됩니다. 창작애니메이션의 증가는 애니메이션 제작업체들이 OEM방식의 한계를 자각하고 창작애니메이션에 주력하는 것으로 전략을 수정한 데 기인합니다.

해외합작 애니메이션 제작붐

국내시장은 물론 해외시장을 겨냥하여 외국 애니메이션 업체들과 공동제작활동이 활발히 진행 중입니다. 자금력, 기획력, 해외 마케팅 능력부족 등으로 단독제작물이 기대만큼의 성과를 거두지 못했던 국내 애니메이션 업체들이 해외합작을 통해 활로를 모색하고 있는 것입니다. 미국, 일본 및 유럽지역과의 공동제작이 증가하고 있고, 자국 프로그램의 보호를 우선시 하는 중국과도 공동제작을 통해 돌파구를 마련하고 있습니다.

사업다각화 움직임 활발

협소한 내수시장, 높은 제작비용 등으로 인해 국내 애니메이션 업계의 단순한 기존사업구조로는 수익성을 확보하는 데 한계에 봉착하고 있습니다. 이에 따라 애니메이션 기반 “Once source, Mutli use” 개념을 바탕으로 게임, 모바일 산업 등과의 접목을 통해 사업다각화 움직임이 활발히 진행 중입니다.

방송법 개정 및 애니메이션 방영시간 조정

20×2년 방송위원회의 방송법 개정으로 기존의 국산 애니메이션 의무방영제가 총량제에서 할당(쿼터)제로 바뀌었습니다. 현재 전체 애니메이션 방영시간 중 45% 이상을 국산 애니메이션 방영으로 할당하고 있으며 향후 점진적으로 국산 애니메이션 편성비율이 확대될 것으로 기대됩니다.

2.2.5 전 망

향후 국내 애니메이션 시장은 일본 장편 애니메이션의 시장침투에 따라 디즈니, 드림웍스 등 미국업체의 시장지배력이 다소 약화될 것으로 전망되고 국내업체의 경우 3D 애니메이션을 중심으로 틈새시장을 형성할 것으로 전망됩니다.

최근 디지털 위성방송의 출범 등으로 인한 채널의 다양화, 방송사의 연차별 국산 애니메이션 편성비율 상향조정 등으로 일정수준의 성장세를 유지할 것으로 예상됩니다. 그러나 국내 애니메이션의 취약한 창작인력과 제작비의 대형화 및 저임금을 바탕으로 한 중국 및 동남아 국가의 등장으로 경쟁상황은 더욱 치열해질 것으로 보입니다.

사업성 측면에서는 다양한 수익원 확보를 위해 영상사업, 캐릭터를 통한 라이선싱사업, 출판사업, 교육사업, 음반사업 등으로 사업다각화를 시도할 것으로 보입니다. 동시에 활용매체 면에서 VCD, CD-ROM, DVD, 게임, 모바일 매체, 그리고 더 나아가서는 테마파크에 이르기까지 다양한 경로를 통한 수익원 확보를 시도할 것으로 예상됩니다.

2.3 회사의 사업에 미치는 영향

한국경제는 20×5년에 다소 완만한 성장세를 보일 것으로 예상됩니다. 거시경제 전반에 걸친 부진과 함께, 국제유가상승, 미국경기둔화, 북핵문제

등의 부정적 요인이 있습니다. 이러한 요인들은 20×5년 한국경제 전반에 걸쳐 부정적인 영향을 미칠 것으로 예상되며, 회사의 영업환경에도 역시 부정적인 영향을 미칠 것으로 예상됩니다. 그러나 장기적으로 보아서는 전반적인 한국경제는 거시경제시스템에 대한 구조조정을 통해 안정적인 내수시장을 형성하여 성장세를 지속할 것으로 예상되고 있습니다.

애니메이션 산업에 있어서는 향후 국내업체 간의 경쟁뿐만 아니라 한국시장에 진출하려는 해외업체와의 시장경쟁 가세로 상황이 더욱 치열해질 것으로 예상됩니다. 시장경쟁에서 이기기 위해서 회사는 해외업체와의 공동개발 혹은 독자개발을 통해 자체 프로젝트 비중을 증대시켜 나가야 할 것입니다. CG분야에서는 이미 중소업체들마저 시장경쟁 상황이 치열한 국면을 보이고 있어 향후 가격경쟁이 더욱 심해질 것으로 예상됩니다. 그러나 회사는 우수한 품질의 차별화된 3D 제품을 제작함으로써 추가성장을 지속해나갈 수 있을 것으로 기대됩니다.

3. 회사현황 분석

3.1 연 혁

회사는 현재 북극성 대표이사인 김지훈 씨에 의해 "북두칠성 애니메이션"으로 20××년에 설립되었습니다. 김지훈 씨는 북극성을 설립하기 전에 태양홀딩스에서 12년간 기획 및 영업부서에서 근무하였습니다. 이전 회사에 근무하면서 김지훈 씨는 애니메이션과 CG사업에 관한 실무경험을 쌓았으며, 기획 및 영업활동을 총괄할 수 있는 기회를 가질 수 있었습니다.

20×2년 상반기에 회사명을 "북극성"으로 변경하면서, 기존의 전통적인 2

차원제품에서 최신의 3차원 애니메이션 및 CG제품으로 무게중심을 옮기게 되었습니다. 20×2년에 회사는 12억 원으로 자본금을 증자하였습니다.

기존의 사업분야를 개선하려는 노력의 일환으로 회사는 일본에서 근무하던 한국인 전문인력 2명(문기찬, 신재섭)을 고용하였습니다. 이들은 모두 일본에서 컴퓨터 그래픽 관련 학과를 졸업하였습니다. 문기찬은 일본의 SCEI와 KOEI에서 6년간 근무하였으며, 신재섭은 SCEI에서만 6년간 근무하였습니다.

김지훈 사장의 기존 영업기반 및 고객 네트워크를 활용하면서 회사는 한동안의 침체상황을 탈피하여 20×2년부터 다시 정상적인 영업활동을 재개할 수 있었습니다. 회사는 국내 3차원 애니메이션과 CG분야에서 급속히 지명도를 확대해 나가고 있습니다.

3. 2 회사 형태

북극성은 주식회사로서 중소기업기본법상 중소기업으로 분류됩니다. 20××년 설립 이후 현재까지 비상장회사의 형태를 유지하고 있으며, 20×2년 이후부터 최근 3개년간은 자본유치 등의 필요에 의해 자체적으로 공인회계사에 의한 외부감사를 받고 있습니다.

3. 3 평가대상지분에 대한 제한사항

본 가치평가업무의 대상이 되는 10.42% 보통주의 거래를 제한하는 계약사항은 존재하지 않는 것으로 파악되었습니다. 이를 위하여 당사는 회사의 정관, 내규 및 각종 합의서를 검토하였고, 이러한 내용을 경영진과의 인터뷰를 통해 확인하였습니다.

3. 4 지배지분의 과거 거래실적

회사의 경영권과 관련된 지배지분의 이전사항은 존재하지 않았습니다. 한편, 20×2년 창업투자사로부터 자금유치를 받으면서 회사의 자본금은 7억 5천만 원에서 12억 원으로 증가되었습니다.

3. 5 관계회사·자회사

회사는 관계회사나 자회사를 두고 있지 않으며, 회사도 타회사의 관계회사나 자회사가 아닙니다.

3. 6 경영진

김지훈 사장은 전략기획, 프로젝트 개발 등 회사의 경영전반을 관장하는 대표이사 사장입니다. 그는 3차원 애니메이션이나 CG 기술자는 아닙니다. 그러나 태양홀딩스에서의 직장경력을 통해 쌓은 경영능력을 북극성에 접목시키는 것이 가능하였습니다. 회사의 대부분의 프로젝트는 회사의 영업담당이사인 김동찬과 함께 김사장이 직접 개발한 것입니다.

20×2년에 일본에서 합류한 2명의 3차원 CG 전문가가 회사제품의 기술적 공학적 측면을 담당하고 있는 핵심멤버입니다. 문기찬 이사는 제품의 예술성과 미학성에 대한 질적 수준을 책임지고 있고, 신재섭 이사는 직접 고객과 접촉하면서 고객이 원하는 제품을 완성하기 위한 기술적·공학적 측면의 요구사항을 점검합니다. 이들이 일본에서 학업과 실무경험을 통해 쌓은 전문성은 한국 내에서도 회사가 단기간에 인지도를 넓혀나가는 데 큰 기여를 하고 있는 것으로 보입니다.

3.7 종업원

20×4년 12월 말 현재로 회사는 38명의 정규직 종업원을 고용하고 있으며, 추가적으로 프로젝트에 따라 50~100명가량의 임시직 종업원을 고용합니다. 정규직원 중에서 30명은 기술직 전문직원이며, 나머지는 회계, 자금, 영업 및 총무기능을 담당하고 있습니다. 종업원의 이직률은 낮은 편이며, 급여수준은 업계평균수준을 상회하는 양호한 수준으로 보입니다.

3.8 제 품

회사의 애니메이션제품이 완성되기까지는 디자인, 데생, 채색, 최종구성, 편집 및 믹싱의 여러 단계를 거칩니다. 회사는 각 단계에 대해 엄격한 품질관리를 적용해 왔습니다. 특히 회사는 3차원 기술을 이용하여 각 단계의 시작시점에서 창의성과 기술적인 요소가 결합 가능할 것인지 확인해 봅니다.

한편, 하청계약의 경우에는 회사가 위의 모든 단계를 진행하는 것이 아니라, 고객의 요청에 따라 일부 단계의 업무만 담당합니다. 회사의 제품은 고객의 요구사항에 따라 제작되기는 하지만, 공통적으로 그간 개발된 회사의 디자인 및 기술력을 접목시켜 완성됩니다.

3.8.1 애니메이션 TV 시리즈

최근에 회사는 애니메이션 TV 시리즈물 제작에 참가하였는데, 이에는 "겨울만화", "대마도", "태권 W"와 같은 것이 있습니다.

"겨울만화" 시리즈는 일본의 TBS vision과 공동으로 제작한 3D 애니메이션 시리즈(30회×30분)로 20×3년 상반기에 제작된 것입니다. "겨울만화"는 20×3년 7월부터 국내유일의 애니메이션 전문 케이블채널인 투니

버스에서 방영되었습니다. "대마도"는 일본의 TOEI와 북극성이 공동으로 제작한 작품으로 13회(매회 30분) 분량의 3D CG 애니메이션 작품으로 20×2년 10월에 제작 착수하여 20×3년에 최초분이 완성되었습니다. "태권 W"시리즈는 한국의 CCC엔터테인먼트와 공동작업이 이루어졌는데 20×4년에 시작되었습니다. 이 시리즈는 45분 분량의 TV시리즈로 발주자는 미국의 DDD Animation입니다.

위에서 언급한 주요 프로젝트 이외에도 북극성이 하청업체로 참가한 프로젝트는 다수에 이릅니다. 현재 스튜디오에서 테스트단계인 작품 다수가 향후 몇 개월 내에 완성될 예정입니다. 특히, 회사가 진행 중인 "Rainmen & Snowmen"은 미국 EEE Entertainment사와 한국의 FFF company와 합작으로 진행 중인 작품으로 국내에서 본격적으로 미국시장에 진출하는 최초의 작품이 될 것입니다.

3.8.2 영화 및 광고 CG

북극성은 20×2년부터 각종 영화는 물론 TV 광고의 3D CG 프로젝트에 참가해 왔습니다. 영화에서는 주로 예고편, 에필로그, 프롤로그 등에서만 참가해 오다가, 20×3년에 이르러 "날으는 양탄자"에서 전체 CG 부분을 맡아 진행하게 되었습니다. 20×4년에는 80분짜리 단편애니메이션물인 "울릉도의 힘"을 통해 서울 국제애니메이션 센터로부터 올해의 CG상을 수상하기도 하였습니다. 20×4년 초반부터는 본격적인 영화CG에 참여하고 있는데, 이 작품들은 추석 개봉을 겨냥하고 있습니다.

회사는 20×2년에 NEC, 현대건설, 삼성애니콜 등의 TV 광고에 참가하였고, 20×3년에는 LG텔레콤, CJ 게토레이, 애경샴푸 등의 제작 시 CG 파트를 담당하였습니다. 20×3년에는 특히 "20×3 동경 모터쇼"에서 혼다와 닛산의 신제품에 대한 광고물 제작에 참가하였습니다. 20×4년에는 신한금융지주, 한국통신, SK텔레콤, 닛산자동차 등의 광고에 참여하였습니다.

3.8.3 상품매출

회사는 20×1년까지 비디오게임 소프트웨어 및 부속품을 수입판매하였습니다. 그러나 이러한 상품부분의 수익성은 극히 미미하였는데 20×1년에는 판매단가의 급격한 하락으로 적자가 발생되기까지 하였습니다. 회사는 20×2년부터 극히 일부 소프트웨어 제품을 제외하고는 상품매출사업을 중단하였습니다.

3.9 매출 및 고객기반

20×4년 12월 말 기준으로 회사의 매출은 3D TV애니메이션물이 69%, 영화 및 광고의 CG가 28%, 나머지는 기타 매출로 구성되어 있습니다.

3D 애니메이션 TV 시리즈물의 시장은 상당히 큰 편입니다. 이 분야에서 회사의 경험은 그리 길지 않은 편이기는 하지만, 성장속도는 무척 빠른 편입니다. 3D 애니메이션물의 경우 주요 고객은 국내고객과 해외고객을 나눌 수 있는데, 일본의 TBS vision, 미국의 DDD Animation이 최근 주요 고객입니다. 한편, CG 분야에서는 시장경쟁이 심화되고 있어 영업환경이 어렵다고 볼 수 있습니다. CG 부분은 일본의 SCEI, KOEI, Hakuhodo와 다수의 한국기업들이 있습니다.

3.10 경쟁상황

애니메이션시장 자체는 매우 빠르게 성장하고 있는데, 시장경쟁상황도 날로 치열해지고 있습니다. 새로운 경쟁자가 시장에 진입하기도 무척 어려운 편으로 진입장벽이 높은 편입니다.

회사는 업계의 다른 회사에 비해 우수한 3D 제작기술력을 바탕으로 탄탄한 품질경쟁력을 보유하고 있는 것으로 보입니다. 특히 타사들이 제작상 어려움을 겪고 있는 고난이도의 3D처리기법을 보유하고 있어, 독보적인 위치를 점하고 있다고 보입니다. 반면, 회사의 매출액 및 자산규모는 작은 편으로 규모의 경제에 따른 경쟁력에서는 열위에 있다고 할 수 있습니다.

3.11 위 치

회사는 서울시 강남구 강남동 123번지에 위치하고 있습니다. 회사의 위치는 회사의 영업활동에 미치는 영향은 거의 없고, 또한 10.41% 보통주 지분의 가치평가에 미치는 영향은 없습니다. 회사는 이외에 다른 영업장이나 공장을 가지고 있지 않습니다.

3.12 현장방문 및 경영진 인터뷰

본 용역의 수행과정에서 회사는 현장방문기회를 제공하였으며, 사업내용, 과거 영업실적, 미래 전망 및 산업현황 등과 관련해서 경영진 및 실무담당자와 인터뷰를 가질 수 있는 기회를 제공하였습니다. 또한, 현장방문 당시뿐만 아니라 추후의 Q&A과정 등을 통해 사후적으로 필요한 보충자료를 획득할 수 있었습니다.

4. 재무실적 분석

4.1 재무제표

회사의 경영진은 본 가치평가업무를 위해 당사에게 감사보고서 및 관련

부속서류를 제공하였습니다. 회사는 20×2년 이후부터는 목성회계법인에 의해 외부감사를 받았으나, 20×0년과 20×1년 재무제표는 외부감사를 받지 않은 것으로 주석사항과 부속명세서를 포함한 재무제표는 회사의 책임하에 작성된 것입니다. 당사는 감사받지 않은 재무제표에 대해서 별도의 감사절차를 실시하지는 않았습니다.

4. 2 재무제표 분석

4.2.1 손익계산서 분석

당사는 손익계산서 분석을 위해서 백분율 손익계산서를 작성하여 계정을 분석하였고, 이를 4.2.3절에서 산업평균과 비교하였습니다. 손익계산서 분석은 주로 매출액 대비로 이루어졌습니다. 분석기간은 과거 5개년 실적을 대상으로 하였는데, 주요 항목은 아래 표에 정리되었고, [별첨 1]에 상세한 내용이 첨부되어 있습니다.

■ 백분율 손익계산서(매출액 대비 백분율로 계산) (단위 : %)

(12월 31일 기준)	20×0	20×1	20×2	20×3	20×4	평균
매출액	100.0	100.0	100.0	100.0	100.0	100.0
매출원가	85.6	94.3	80.0	79.1	77.8	81.9
매출총이익	14.4	5.7	20.0	20.9	22.2	18.1
판매관리비	14.0	16.0	13.0	14.0	14.4	14.2
영업이익	0.4	−10.3	7.0	6.9	7.8	3.9
세전이익	0.6	−6.5	6.1	6.0	7.4	3.9
당기순이익	0.4	−6.5	5.6	4.4	5.0	2.8

자료 : 북극성 재무제표

회사의 매출은 애니메이션 제품, CG 제품, 기타매출로 구성되어 있습니다. 20×1년의 경우 매출액이 감소하였으나, 20×2년에는 일본으로부터 신규 전문인력이 영입되고 사업구조조정이 이루어져 매출정상화가 가능하게 되었습니다. 20×0년의 경우를 보면, 전체매출의 54%가 애니메이션 제품, 7%가 CG 제품, 39%가 기타 상품매출로부터 발생하였으나, 20×4년에 이르러서는 전체매출 중 애니메이션 제품이 69%, CG 제품이 28%로 비중이 증가한 반면, 기타매출은 3%에 머물렀습니다. 회사는 완성된 제품을 고객에게 전달한 후 제품에 대한 품질검사가 합격하였다고 통지받는 시점에서 매출을 계상하고 있습니다.

20×2년부터 회사의 애니메이션 및 CG 제품은 최신의 3D기법으로 제작되기 시작하였고, 이에 따라 수익성도 대폭 개선되었습니다. 매출총이익 측면에서 보면 20×0년 14.4%에서 20×4년에는 22.2%를 기록하게 되었습니다. 기타매출은 상품매출로서 20×1년까지는 기여도가 컸습니다.

제조원가는 재료비, 노무비, 제조경비로 나누어 보면, 전체 매출원가에서 차지하는 비율은 재료비 비중은 적은 반면, 노무비가 대단히 큰 편입니다. 회사는 고급인력을 확보하기 위해 급여 및 복리후생 수준은 업계 상위수준으로 유지되고 있는 것으로 보입니다. 한편, 20×2년에 전반적인 사업구조조정 작업을 수행했을 때, 기존인력 중 6명이 해고되었고 12명이 신규 채용되었습니다.

감가상각비는 건물에 대해서는 20년을 적용하여 정액상각하는 반면, 기계장치는 애니메이션 업계의 짧은 내용연수를 감안하여 5년을 기준으로 정률상각하고 있습니다.

20×1년의 경우, 회사는 판관비 감안 후 영업손실을 기록하였습니다. 회사는 이러한 현상이 기존사업구조의 시장경쟁력 상실에 따른 전반적인 매출감소와 불량한 수익구조에 기인한 것으로 판단하여 전반적인 사업구조조정을 실시하기에 이른 것입니다. 이러한 노력의 결과 20×2년에 이르러서는 영업이 정상화되면서 최근 3개년간 영업이익은 흑자구조가 정착되고 있습니다.

영업외손익에서 주요 항목은 이자수익과 이자비용입니다. 회사의 이자비용은 매출 및 손익 규모에 비교해 보았을 때 부담스러운 편은 아닌 것으로 판단됩니다. 다만, 20×1년에는 투자자산 처분이익이 발생하였는데, 이를 제외하면 여타의 예외적인 영업외손익이 발생된 연도는 없습니다.

4.2.2 재무상태표 분석

재무상태표 분석은 손익계산서 분석과 마찬가지로 총자산 대비 백분율 재무상태표를 작성하여 과거 자료를 분석한 후 4.2.3절에서 이를 산업평균치와 비교 분석하였습니다. 과거 5개년 자료가 사용되었고, 다음 표에서 간략하게 주요 항목이 정리되어 있는데, [별첨 2]에 상세자료가 첨부되어 있습니다.

■ 백분율 재무상태표(총자산 대비 백분율로 계산) (단위 : %)

(12월 31일 기준)	20×0	20×1	20×2	20×3	20×4	Avg.
유동자산	23.3	37.6	35.2	27.5	30.8	31.0
비유동자산	76.7	62.4	64.8	72.5	69.2	69.0
자산총계	100.0	100.0	100.0	100.0	100.0	100.0
유동부채	13.4	24.2	7.1	7.2	8.9	11.1
비유동부채	9.9	12.5	10.4	9.6	9.3	10.2
부채총계	23.3	36.7	17.4	16.8	18.3	21.3
자본총계	76.7	63.3	82.6	83.2	81.7	78.7
부채 및 자본총계	100.0	100.0	100.0	100.0	100.0	100.0

자료 : 북극성 재무제표

회사의 총자산은 20×0년 말 28억 6천7백만 원에서 20×4년 말 기준 50억 5천1백만 원으로 5년간 76.2% 증가하였습니다. 이러한 현상이 나타난 주요 원인은 20×2년과 20×4년에 이루어진 3차원 애니메이션 및 CG 제작설비에 대한 자본적 지출이었습니다.

회사의 유동자산은 20×1년과 20×2년에 큰 폭으로 증가하였는데, 이는 국내고객으로부터 매출채권의 회수가 지연된 것이 주요 원인으로 파악되었습니다. 이러한 매출채권 회수지연으로 동기간 중 회사의 유동성은 크게 저하되었는데, 회수지연된 매출채권은 대부분 20×3년에 이르러 회수되었습니다. 현재는 국내고객으로부터의 매출채권회수기일은 90일에서 180일 정도이고, 해외고객은 30일 정도로 유지되고 있는 것으로 파악되었습니다. 한편, 회사는 20×1년에 상품매출을 중단하였고, 20×2년에는 게임소프트웨어, 필름 등 대부분의 상품재고를 처분하였습니다.

20×4년 말 현재 회사의 단기매매증권은 3천2백만 원, 단기대여금은 9천8백만 원 규모입니다. 기타유동자산은 선급비용 등으로 구성되어 있습니다. 매도가능증권은 3억 5천만 원 규모입니다.

회사의 유형자산은 토지, 건물, 3D 제작기계 등으로 구성되어 있습니다. 회사는 워크스테이션 32대, 렌더링 팜 41대 및 편집 및 믹싱장비 등 첨단설비를 보유하고 있습니다. 회사가 3D장비에 투자한 금액은 20×2년에 12억 3천1백만 원, 20×4년에 9억 4천3백만 원 규모였습니다. 한편, 회사의 장부상 무형자산으로 계상된 항목은 없습니다.

20×1년까지 회사는 상품매출과 관련된 상당규모의 매입채무를 보유하고 있었으나, 평가기준일 현재 회사의 매입채무규모는 상대적으로 매우 적은 편입니다. 기타유동부채에는 미지급비용, 예수금 등이 포함되어 있습니다.

회사의 차입금은 20×4년 말 현재 5억 3천9백만 원인데 회사의 매출 및 자산규모에 미루어 볼 때 과다하지는 않은 것으로 판단됩니다. 현재 장부가액 기준 부채비율은 22.3% 수준으로 계산됩니다. 회사는 향후 회사의 재무위험을 감소시키기 위해서 프로젝트 착수 전에 미리 선자금을 확보하는 방식으로 계획하고 있습니다. 이러한 방식이 이루어질 경우 선확보되는 자금은 전체예산의 70~80%가량이 될 것입니다.

근로기준법에 따라 회사의 모든 임직원이 퇴직할 경우에 지급해야 하는 퇴직금 전체를 퇴직급여충당부채로 계상하고 있습니다. 이렇게 계상된 20×4년 말 현재 회사의 퇴직급여충당부채의 장부가액은 1억 3천1백만 원 규모입니다.

회사 담당자와의 인터뷰 등을 통해 파악한 바에 의하면 평가기준일 현재 회사가 관련된 소송사건은 없고 회사가 제공한 지급보증 등도 없습니다.

4.2.3 산업비율 분석

일반적으로 산업비율 분석은 평가대상회사와 산업평균치와의 차이를 밝혀 그 원인을 분석하거나 재무제표 해석상의 오류를 발견할 목적으로 수행됩니다. 또한 평가대상회사가 동종업체에 비교해서 우위에 있거나 열위인 항목들을 추출해 낼 수 있는 근거를 제공합니다.

당사는 북극성에 대한 재무분석결과를 동종업계의 유사기업과 비교분석하기 위해서 산업평균치 및 유사기업의 재무비율을 이용하였습니다. 먼저 한국은행의 산업구분에 따르면 북극성은 산업코드 Q87로 분류되는데, 이 산업군은 영화, 방송, 연극 등을 주요 사업으로 영위하는 업체들로 구성되어 있습니다. 당사의 판단으로는 이 산업군의 범위는 너무 넓어 추가적인 세부 구분이 필요하나, 한국은행의 분류체계로는 더 이상 세분화된 산업군을 추출하는 것은 불가능한 상황이었습니다. 차선책으로 당사는 5.4.3절에서 살펴볼 비교대상회사로 선정된 태양홀딩스와 수성엔터테인먼트를 비교기업으로 선정하였습니다. 당사의 분석에서 한국은행의 Q87 그룹은 단지 참고자료로만 사용되었습니다.

다음 표를 작성하면서 당사는 회사의 재고자산, 감가상각, 무형자산 등에 대한 주요 회계처리방식을 비교대상회사와 상호비교하였는데, 당사는 이 과정에서 회사 간의 비교를 저해시킬 만큼 중요한 차이는 발견하지 못하였습니다.

앞의 두 회사의 평균과 비교하면, 북극성의 수익성은 상대적으로 저조한 편으로 나타났습니다. 손익계산서상 대부분의 수익성지표는 비교기준회사의 수치보다 낮았고, 특히 Q87평균과 비교하면 무척 낮았습니다.

그러나 북극성의 외형을 감안하면 이러한 수익구조는 특별히 열악하다고 할 수는 없습니다. 예를 들어, 자기자본순이익률(ROE)과 총자산순이익률(ROA)의 경우에는 비교기준회사 중 상위에 있는 태양홀딩스의 수치와 비슷한 수준입니다. 활동성 비율의 경우에는 오히려 비교기준회사보

(단위 : 배, %)

	북극성	비교기준회사			한국은행
		평균	태양	수성	Q87
유동성 비율					
유동비율	345.02	359.01	345.14	372.87	147.98
당좌비율	301.34	343.57	316.66	370.48	141.46
활동성 비율					
총자산회전율	1.18	0.59	0.49	0.68	0.78
매출채권회전율	7.22	3.73	4.11	3.35	6.07
재고자산회전율	32.01	17.19	14.08	20.29	48.75
매입채무회전율	108.08	512.39	33.77	991.00	18.32
수익성 비율					
매출총이익률	22.16	32.21	38.00	26.41	37.17
영업이익률	7.78	11.03	15.03	7.04	11.15
당기순이익률	5.02	9.01	13.23	4.79	10.13
자기자본순이익률	7.49	5.84	7.48	4.20	13.05
총자산순이익률	6.18	4.84	6.43	3.24	7.35
안정성 비율					
부채비율	22.33	19.86	16.75	22.97	74.88
차입금 의존도	10.67	4.54	0.00	9.07	22.08

자료 : 한국은행, 비교기준회사 재무제표

다 북극성의 수치가 더 높게 나타나면서 규모에 비해 매우 활발한 회사의 영업활동상황을 보여주고 있습니다.

위 사항 이외의 다른 비율들로부터는 업종평균 등과 비교하더라도 북극성에게 특별히 부정적인 영향을 미칠 것으로 보이는 중요한 내용은 나타나지 않았습니다.

4.3 분석요약

당사는 20×0년에서 20×4년까지 과거 5개년에 대한 재무분석을 실시하였습니다. 당사는 동기간 중 회사의 실질적인 사업구조조정이 실시된 이후

인 최근 3개년의 실적이 보다 의미가 있다고 보고 분석의 비중을 높였습니다. 또한, 최근 3개년간의 외부감사를 받은 재무제표를 이용하는 것이 재무자료의 신뢰성 확보 측면에서도 장점이 있었습니다. 산업평균치와의 비교분석에서는 북극성의 영업위험 및 재무위험의 수준이 비교회사에 비해 비정상적으로 높다는 지표를 발견하지 못했습니다. 종합적으로 볼 때 북극성은 20×1년을 제외하고는 최근 5개년간 지속적으로 순이익을 창출해내는 양호한 수익구조를 유지하였습니다. 회사는 20×1년의 최악의 상황에서 탈출하여 이후 정상적인 영업활동궤도에 진입하였다고 보입니다.

4. 4 재무제표 수정사항

가치평가목적으로 재무제표를 사용하기 위해서는 적절한 수정 및 재분류가 필요합니다. 당사는 회사가 제공한 감사보고서 및 첨부서류를 검토하였는데, 아래와 같은 항목에 대해 수정이 필요한 것으로 파악되었습니다.

- 재무상태표 수정사항　　단기매매증권, 단기대여금, 매도가능증권 등의 비영업자산항목이 수정항목입니다. 평가기준일 현재로 북극성의 장부상 비영업용 자산총계는 480백만 원입니다. 이 중 대부분이 비상장기업에 대한 매도가능증권으로 구성되어 있습니다(별첨 10 참조). 비영업용 자산은 소득접근법과 자산접근법을 적용할 때 모두 제외되었다가, 평가결과를 종합하는 단계(6.1절)에서 일괄적으로 가산될 것입니다.

- 손익계산서 수정사항　　비영업용 자산에 대한 재무상태표의 수정과 일관성을 유지하기 위해서는 해당 비영업용 자산과 관련된 수익, 비용 항목을 손익계산서에서도 조정하여야 합니다. 20×4년 기준으로 회사는 단기대여금과 단기매매증권으로부터 670만 원의 이자수익이 발생하였고, 배당금 수익은 없습니다.

위의 사항 이외에는 특별히 가치평가에 영향을 미칠 수정사항은 발견하지 못하였습니다.

5. 가치평가기법의 적용

5.1 평가기법의 선정

당사는 회사 및 해당 산업의 특성과 입수 가능한 근거자료 등을 고려하여 북극성의 보통주에 대한 가치평가방식으로 소득접근법과 시장접근법을 최종적으로 채택하였습니다. 구체적으로는 다음과 같은 두 가지 방법을 주식평가기법으로 선정하였습니다.

- 현금흐름할인방식에 의한 소득접근법
- 유사상장회사방식에 의한 시장접근법

소득접근법은 다기간에 걸친 현금흐름할인방식을 채택하였는데 단일기간 자본화방식은 회사의 과거 5개년 재무실적을 분석한 결과 회사의 실정에 적절하지 않다고 판단되었습니다. 특히 회사는 20×2년에 구조조정을 통해 이전의 사업내용과는 매출구성 등에서 큰 차이를 보이고 있는 등 과거 실적의 평균치가 미래를 일괄적으로 추정하는 지표로서 적절하지 않을 것으로 예상되었습니다. 따라서 당사는 향후 5개년간 개별 연도별로 추정 현금흐름을 작성하는 다기간 할인방식을 채택하였습니다.

시장접근법에서는 유사상장회사방식을 채택하였습니다. 시장접근법의 또 다른 접근방식인 유사인수·합병방식의 경우에는 회사와 유사한 인수·합병사례에 대한 자료를 확보할 수 없어 채택되지 못하였습니다. 국내에서는 아직 인수·합병과 관련된 체계적인 데이터베이스가 마련되어 있지 못한 상황이라 MergerStat 등을 통해 해외자료를 검색하여 보았으나 애니메이션 및 CG사업 관련 인수·합병 사례는 대부분 거래내용이 미공개된 상황이거나 북극성과는 비교가능성이 떨어지는 자료였습니다.

개별 자산, 부채의 시장가치를 합산하는 방식인 자산접근법은 회사의 특성을 고려할 때 적절한 평가기법이 아닌 것으로 판단되어 채택하지 않았습니다. 회사의 경우 보유하고 있는 순유형자산의 가치보다는 첨단제작기법 및 노하우 등 무형자산의 가치에 대한 평가가 중요한 요소일 것입니다. 이를 위해서는 초과이익방식(excess earnings method)이 적용 가능할 것이나 이는 소득접근법이나 시장접근법의 다른 평가방식의 적용이 용이치 않을 경우 사용하는 것이 적절하다고 판단되어 본 평가업무에서는 적용하지 않았습니다.

5.2 현금흐름할인방식의 적용

5.2.1 기본 개념

본 용역에 적용된 소득접근법(income approach)은 미래에 예상되는 효익을 적절한 할인율로 할인하여 현재가치로 전환시키는 방법입니다. 소득접근법을 적용하는 데 있어서는 기본적인 구성요소는 소득흐름(income stream)과 자본비용(cost of capital)입니다.

본 용역에서 적용된 현금흐름할인방식(discounted cash flow method : DCF)에서는 투하자본 순현금흐름(invested capital net cash flow : NCF_{IC})을 소득흐름으로 사용하였습니다. 자본비용은 미래의 현금흐름을 현재가치로 전환하는 데 사용되는 할인율로서 가중평균자본비용(weighted average cost of capital)을 사용하였습니다. 이러한 적용방식은 영업활동으로부터 발생하는 현금흐름을 할인하여 기업가치를 구한 후 타인자본을 차감하여 자기자본가치를 산정하는 투하자본방식(invested capital basis)에 따른 것입니다.

본 용역에서 사용된 가치평가방식을 항목별로 다시 정리하면 다음과 같습니다.

- 소득흐름 : 투하자본 순현금흐름(invested capital net cash flow)
- 자본비용 : 가중평균 자본비용(weighted average cost of capital)
- 추정기간 : 다기간 할인방식(multi-period discounting method)

5.2.2 투하자본 순현금흐름

투하자본 순현금흐름(NCF_{IC})은 기업이 영업활동을 통해 창출한 순현금흐름이라는 의미로, 매출 등을 통해 유입된 현금 중에서 원재료 매입, 노무비, 제조경비 및 판관비와 순운전자본 및 비유동자산 투자 등에 지출되고 남은 잉여현금을 의미합니다. 이러한 순현금흐름은 투하자본제공자인 채권자와 주주에게 지급될 수 있는 가용현금이기도 합니다. 본 평가업무에서 산출된 NCF_{IC}는 다음과 같은 과정을 통해 구해졌습니다.

	영업이익(주)
(−)	영업이익에 대한 법인세
(±)	비현금항목
(±)	영업용 순운전자본 증감
(±)	영업용 순비유동자산의 증감
	투하자본 순현금흐름(NCF_{IC})

(주) 회계상 영업외손익으로 분류되어 있지만 실질적으로는 영업활동과 관련된 항목이 있을 경우에는 이를 수정한 후의 실질적인 영업이익을 의미함.

5.2.3 순현금흐름 추정

회사는 20×0년부터 20×4년까지의 과거 재무실적과 20×5년에서 20×9년까지의 추정 재무자료를 관련증빙서류와 함께 당사에 제공하였습니다. 추정자료의 경우 인플레이션이 감안된 명목변수를 이용하여 작성된 것이었습니다.

매출액

당사는 회사가 제시한 매출액 추정치에 대해 향후 시장수요, 회사의 설비능력, 각 매출지역에서의 가격경쟁상황 등을 고려하여 검토하였습니다. 주요 애니메이션과 CG제품에 대해서는 과거 및 미래의 계약상황과 재고상황을 토대로 검토하였고, 추정 계약조건 및 금액은 관련서류 및 회사 경영진과의 면담을 통해 검토하였습니다. 당사는 관련 산업전문지 등에서 예측된 향후 시장추정치를 바탕으로 회사의 미래 추정액을 회사와의 협의하에 일부 조정하였습니다.

회사의 차기 애니메이션 프로젝트는 현재 3개 프로젝트로 구성될 것으로 추정되는데, 이 중 "Rainmen and Snowmen"이 가장 대표적인 3D CG 애니메이션 TV시리즈물(11분 15초 × 52 episodes)로서 한국의 FFF company와 미국의 EEE Entertainment와 공동 제작될 예정입니다. "Rainmen and Snowmen"는 향후 수년간 회사매출의 큰 비중을 차지할 것으로 기대됩니다.

CG부문과 기타매출은 회사의 과거 실적을 검토한 후 향후 시장상황을 고려하여 조정된 성장률을 일괄 적용하여 추정하였습니다.

영업비용

제조원가의 경우 재료비, 노무비, 제조경비로 구분하여 추정하였습니다. 업종의 특성상 재료비의 비중은 상대적으로 매우 낮고, 노무비와 제조경비의 비중이 높습니다. 노무비 추정 시에는 회사가 제시한 장기 인력운영계획 및 임금성장률을 검토하였습니다. 제조경비는 대체로 변동비와 노무비로 구분하여 추정하였으나, 개별 항목별 회사의 과거 추세를 반영할 수 있도록 수정하여 적용하였습니다.

감가상각비는 회사가 제시한 감가상각스케줄을 적용하였는데, 이때 감가상각자산 항목별로 회사의 과거 상각률을 판단기준으로 하였습니다. 이는 회사가 추정기간 동안에 특별히 자본적 지출을 대폭 증가시킬 계획은 없기 때문에 과거 상각률이 미래에도 대체로 유효할 것으로 가정했기 때문입니다.

판관비의 경우에도 대부분의 항목에 대해 변동비와 고정비로 구분하여 추정하였는데, 급여, 감가상각비 등의 주요 항목에 대해서는 매출원가와 마찬가지로 별도로 검토하였습니다.

자본적 지출

회사의 자본적 지출에 대한 적정성을 검토하기 위해서 회사가 제시한 장기설비투자계획을 검토하였습니다. 동 계획의 작성책임자에 따르면, 회사의 향후 연간 자본적 지출의 규모는 회사의 과거 자본적 지출의 평균치를 근거로 작성된 것입니다. 당사는 회사제시 계획을 매출규모와 상호 비교하는 데 초점을 맞추어 검토하였습니다. 매출추정 시에 당사는 회사제시 매출규모를 수정하였으므로 자본적 지출의 규모도 수정된 매출규모에 연동하여 일정비율로 조정함을 원칙으로 하였습니다. 또한 당사는 감가상각대상 자산의 개별 내용연수를 근거로 자본적 지출규모를 건별로 조정하였습니다.

순운전자본

회사의 순운전자본은 매출채권, 재고자산 및 영업관련 유동자산에서 매입채무 및 영업관련 유동부채를 차감하여 구해집니다. 당사는 각 항목별 과거 회전율 및 산업평균치를 계산한 후 회사 담당자와의 인터뷰 등을 반영하여 추정치에 적용할 수정된 회전율을 산출해 내었습니다. 이렇게 산출된 회전율을 회사의 추정 매출액 및 매출원가에 적용하여 개별 순운전자본 항목을 추정하였습니다.

당사는 회사의 현재 순운전자본의 규모가 적정하다는 가정하에서 향후 매출액 대비 비율이 일정규모로 유지될 것이라는 관점에서 추정된 순운전자본의 규모를 검토하였습니다. 20×5년에서 20×9년의 5년간의 기간 동안 매출액 성장률은 57.2%이었고, 따라서 순운전자본의 규모도 이 비율 정도로 성장하는 것이 적정한 것으로 보았습니다.

앞의 사항을 감안하여 당사는 회사의 20×5년에서 20×9년까지의 추정 재무제표를 작성하였습니다. 당사가 작성한 추정치에 의하면 20×9년 회사의 매출은 93억 8천6백만 원에 이르고 있습니다. 매출증가 및 수익성개선으로 20×9년의 영업이익은 12.0%에 이를 것으로 예상됩니다. 20×9년의 경우 유동비율은 436%로 개선될 것으로 예상되는 반면, 부채비율은 현재 수준인 23.5%에 머무를 것으로 추정되었습니다.

(단위 : 백만 원)

구 분	20×5	20×6	20×7	20×8	20×9	평균
회계상 영업이익	551	688	785	997	1,125	829
수정영업이익(주1)	535	670	765	976	1,102	810
수정영업이익에 대한 법인세	−146	−186	−214	−277	−314	−227
감가상각비	578	412	506	409	445	470
자본적 지출	−333	−578	−633	−530	−646	−544
순운전자본의 증감	−85	−147	−145	−105	−78	−112
기 타(주2)	14	12	13	14	15	13
투하자본 순현금흐름	563	182	293	487	524	410

(주1) 회계상 영업외손익으로 계상되어 있으나 실질적으로는 영업활동에 속하는 항목을 수정.
(주2) 퇴직급여충당부채 등

5.2.4 자본비용

회사의 주식가치를 계산하기 위해서는 미래의 영업관련 순현금흐름을 가중평균자본비용(Weighted Average Cost of Capital : WACC)으로 할인하여야 합니다. 이때 가중평균자본비용은 자기자본비용과 타인자본비용을 각각 구한 후 회사가 장기적으로 지향하는 목표자본구조를 기준으로 가중평균하여 산출됩니다.

자기자본비용

당사는 자기자본비용의 산출을 위해서 자본자산가격결정이론(Capital Asset Pricing Model : CAPM)을 사용하였는데, 다음과 같이 회사의 고유위험(specific risk)을 추가적으로 고려한 CAPM응용모델을 적용하였습니다.

$$Re = Rf + \beta \times \text{Equity Risk Premium} + \text{Specific Risk Premium}$$

Re : 자기자본비용
Rf : 무위험수익률
β : Beta계수
Equity Risk Premium : 한국 주식시장에 대한 투자위험
Specific Risk Premium : 회사에 대한 고유위험

이러한 과정을 거쳐 당사가 산출한 회사의 자기자본비용은 16.91%인데, 평가기준일 현재 항목별로 적용된 구체적인 수치와 근거자료는 다음과 같습니다.

- 무위험수익률 : 평가기준일 현재 국고채 10년 금리로 5.16%를 적용하였습니다.
- 베타 : 비교기준 상장회사의 시장베타의 영업위험을 기준으로 회사의 목표자본구조 15%를 적용하여 구하였습니다. 이렇게 하여 조정된 회사의 베타는 1.01이었습니다.
- 한국 주식시장의 위험프리미엄 : 미국 주식시장의 위험프리미엄에 외평채 가산금리를 추가하는 Country Spread Model을 적용하여 구하였습니다. 미국 주식시장위험은 S&P 500지수와 Treasury Bond 20년물을 이용하여 장기시계열자료에서 계산된 6.97%(자료 : SBBI 20×5 Yearbook, Ibbotson Associates)를 적용하였고, 외평채 가산금리는 과거 10년간의 평균치인 1.2%를 가산하였습니다.
- 회사의 고유위험 : 회사의 고유위험은 다양한 요소를 감안할 수 있으나 북극성에 적용된 수치는 상장비교업체와의 규모차이에서 발생하는 추가위험을 주로 고려하였습니다. 한국 주식시장에서의 규모위험(size risk premium)에 대해서는 체계적인 실증분석자료를 입수할 수 없어 당사의 주관치인 3.5%를 적용하였습니다.[2)]

2) 참고로 미국시장의 경우 초소형(micro cap.) 회사에 대한 Size Risk Premium은 20×4년말 기준으로 3.53%임(SBBI 20×5 Yearbook, Ibbotson Associates).

타인자본비용

회사의 타인자본비용은 향후 회사의 이자비용을 추정하여 사용하여야 하나, 대용치로 회사가 제시한 20×4년도 가중평균차입률인 7.0%를 세전 이자비용(Rd)으로 사용하였습니다. 당사는 7.0%의 이자비용이 회사의 차입부채에 대한 향후 유효이자율의 근사치에 접근할 것으로 판단하였습니다. 타인자본비용은 다음 공식을 사용하여 세후이자비용(Rdt)으로 전환되었습니다.

$$Rdt = Rd \times (1-t)$$

Rdt : 세후 이자비용, Rd : 세전 이자비용, t : 법인세율

이때 법인세율은 평가기준일 현재 법정세율[3])을 적용하였고, 이러한 과정을 거쳐 당사가 산출한 회사의 세후 타인자본비용은 4.92%입니다.

가중평균자본비용

회사의 가중평균자본비용은 앞에서 산출한 자기자본비용과 타인자본비용을 회사의 목표자본구조로 가중평균하여 산출되었습니다.

$$WACC = Re \times [E/(D+E)] + Rd \times (1-t) \times [D/(D+E)]$$

Re : 자기자본비용 Rd : 타인자본비용
E : 자기자본의 시장가치 D : 타인자본의 시장가치
t : 법인세율

회사의 자본구조는 시가기준 부채비율(차입부채/자기자본)로 15%대를 유지하는 것으로 하였습니다. 이러한 회사 부채비율을 기준으로 상기 공식에 따라 가중평균자본비용이 산출되었는데, 당사가 산정한 회사의 가중평균자본비용은 15.35%이었습니다

3) 20×4년 말 기준 법정법인세율은 소득할 주민세 10%를 포함하여 29.7%(=27%×1.1)가 적용되었음.

5.2.5 영구가치

북극성은 20×5년부터 20×9년까지의 추정자료를 제공하였지만, 본 평가업무에서는 향후 5개년뿐만 아니라 계속기업의 전제를 적용하여 그 이후 무한대까지의 기간에 대해서도 모두 평가하여야 합니다. 당사는 이러한 영구가치를 계산함에 있어서 다음과 같은 영구성장모형을 사용하였습니다.

$$\text{영구가치} = NCF_{n+1}/(d-g)$$

NCF_{n+1} : $NCF_n \times (1+g)$ (이때 NCF는 투하자본 순현금흐름)
d : 할인율($WACC$)　　g : 영구성장률

위 공식에서 적용할 영구성장률을 산출하기 위해서 당사는 애니메이션 및 CG산업의 장기성장예상치, 동종업체의 예상성장률, 장기인플레이션 예상률 등을 검토하였고 또한 회사경영진과의 인터뷰를 통해 입수된 추가정보를 고려하였습니다.

이러한 과정을 거쳐 당사가 최종적으로 선택한 영구성장률은 5%입니다. 당사는 20×0년의 NCF를 계산하기 위해 20×9년의 NCF에 영구성장률을 곱하였습니다. 이때 20×9년의 NCF에 대해서는 별도의 정상화과정을 추가하지는 않았는데, 이는 연도별 NCF 추정 시에 이미 회사제시 자료에 대해 충분한 수정을 거쳐 정상화된 수치를 사용하였다고 판단되기 때문입니다.

5.2.6 결과요약

본 평가에서는 현금흐름할인방식에 의한 소득접근법을 사용하여 회사의 주식가치를 산정하였는데, 평가기준일인 20×4년 12월 31일 현재 회사의 주식가치 평가금액은 다음과 같습니다.

(단위: 백만 원)

구 분	평가금액
I. 영업가치	3,951
(1) 추정기간 가치(20×5~20×9년)	1,347
(2) 영구가치(20×0년 이후)	2,604
II. 타인자본	539
III. 주식가치(I − II)	3,412

당사는 상기 평가결과를 얻기 위해서 20×5년부터 20×9년을 추정기간으로 하여 회사의 영업활동으로부터 발생하는 현금흐름을 할인한 후 추정기간 이후의 영구가치를 합산하여 영업가치를 구하였습니다. 여기에 타인자본을 차감하여 최종적으로 주식가치를 구한 것입니다. 이러한 과정을 거쳐 현금흐름할인방식에 의한 계산된 회사의 주식가치는 3,412백만 원입니다. 한편, 위 과정에서 구한 주식가치는 비영업용 자산, 시장성 할인, 소수지분할인 등에 대한 추가조정은 이루어지기 이전의 금액입니다. 이러한 항목에 대한 조정은 개별 접근법의 가치평가를 최종적으로 종합하는 과정에서 일괄적으로 고려될 것입니다.

5. 3 유사상장회사방식의 적용

5.3.1 기본 개념

시장접근법은 비교대상이 되는 유사기업군으로부터 평가대상의 가치를 추정해내는 방법입니다. 비교대상 유사기업은 동일업종의 상장기업이나 최근의 인수·합병 사례로부터 구할 수 있는데, 일단 유사기업군이 선정되면 주가나 인수대금 등과 순이익, 현금흐름 등의 재무자료와의 비율을 구하여 이를 평가대상기업에 적용함으로써 가치를 측정하는 방법입니다. 이러한 시장접근법의 평가기법들은 매우 현실적이며 유용한 가치평가기법이기는 하지만, 평가대상과 유사한 기업군에 대한 자료가 충분치 않을 경우에는 적용하기가 어렵다는 한계가 있습니다.

위의 두 가지 방식 중에서 본 평가업무에서는 유사상장회사방식만을 적용하였는데, 유사인수·합병방식의 경우 국내외 데이터베이스를 검색해 본 결과 회사에 적용될 만한 적절한 사례가 발견되지 못하였기 때문입니다. 유사상장회사방식을 적용하면서는 동종업계 상장회사의 투하자본 시장가치(Market Value of Invested Capital : MVIC)를 비교대상회사의 EBITDA 등의 재무수치와 대비시켜 시장배수(market multiple)를 구한 후 이를 평가대상회사의 동일한 재무수치에 적용시켜 평가대상회사의 기업가치를 산출하였습니다. 이러한 방식은 소득접근법에서와 마찬가지로 투하자본방식(invested capital basis)을 적용한 것입니다. 최종적으로 주식가치를 구하기 위해서는 위와 같이 구해진 평가대상회사의 기업가치에서 타인자본가치를 차감하였습니다.

5.3.2 단계별 절차

[1단계] 비교기준회사(guideline companies)의 선정

평가기준일 현재 거래소 및 코스닥시장에서 거래되는 북극성과 유사한 사업을 영위하는 비교기준회사를 선정하였습니다. 이 과정에서 매출액, 총자산, 시가총액 등의 규모변수뿐만 아니라 성장률, 수익성 등의 변수도 비교검토하였습니다.

[2단계] 각종 시가배수(market multiple)의 검토

비교기준회사로부터 계산된 시가배수는 투하자본방식에서 사용되는 배수들인데, 이 과정에서 비영업용 자산, 부채 및 이와 관련된 수익비용은 제외시킴으로써 순수하게 영업활동과 관련된 시가배수로 조정하였습니다. 또한 비교기준회사의 주요한 회계처리 방식도 비교검토하였습니다.

[3단계] 실제 적용할 시가배수의 선정

비교기준회사로부터 계산된 시가배수 중에서 본 평가업무에 적용될 최종적인 시가배수를 선별하였는데, 당사가 선정한 시가배수는 MVIC/EBIT, MVIC/EBITDA, MVIC/REV의 세 가지였습니다. 이러한 배수는 추가적으로 비교기준회사와 평가대상회사의 규모차이에 대해서 적절히 조정되었습니다.

[4단계] 평가대상회사(subject company)에 시가배수 적용

최종적으로 선정된 시가배수에 대해서 각 배수의 분모와 동일한 재무수치를 북극성 재무자료에서 구하여 곱하였습니다. 이러한 방식으로 구해지는 가치는 유사상장회사방식에 의해서 산출되는 회사의 영업가치입니다.

5.3.3 유사상장회사의 선정

당사는 증권거래소 상장주식과 코스닥 등록주식 중에서 애니메이션 관련 4개 회사의 자료를 입수할 수 있었습니다. 그러나 이들 중 북극성과 사업 및 제품의 성격, 매출구성, 영업활동의 성격 등에서 차이가 나는 회사도 있었는데, 예를 들어 "토성엔터프라이즈" 및 "화성코퍼레이션"은 사업구조, 성장성, 수익구조, 자본구조 등에서 북극성과는 차이가 많았습니다. 이러한 점을 감안하여 당사는 다음 2개사를 시장접근법을 적용하기 위한 최종적인 유사상장회사로 선정하였습니다.

① 태양홀딩스
② 수성엔터프라이즈

당사는 위 2개사만을 최종적으로 선정하였기 때문에 유사상장회사의 수가 부족하여 평가결과에 대한 신뢰성이 저해될 수도 있다는 점을 인식하였습니다. 이러한 이유에 따라 차선책으로 해외의 유사기업을 선정할 것도 고려하였으나, 평가대상회사의 업종의 특성상 국가 간 영업환경 및 수익구조 등이 너무나 상이할 것으로 판단되어 해외기업을 유사기업으로 채택하지는 않았습니다.

한편, 유사상장회사방식을 적용할 경우 이는 소수지분의 입장에서 산정되는 가치인데, 이는 당사가 궁극적으로 구하고자 하는 가치와 동일한 것입니다.

5.3.4 시가배수의 선정

소득접근법과의 일관성을 유지하기 위해 시장접근법에서도 투하자본방식을 적용하였습니다. 따라서 당사는 투하자본시장가치(MVIC)를 기준으로 시가배수를 산정하였는데, MVIC를 사용함으로써 평가대상회사와 비교기준회사 간의 자본구조 차이에서 발생하는 영향을 고려할 수 있었습니다.

MVIC를 계산하는 과정에서는 비영업용 자산을 별도로 분리하였습니다. 위에서 선정된 2개의 유사상장회사는 20×4년 말 기준으로 상당규모의 비영업용 자산을 보유하고 있었습니다. 당사는 비영업용 자산에 대해서 별도로 시장가치를 산정한 후 차입부채와 자기자본의 시장가치 합계에서 차감시켰고, 또한 이와 관련된 수익비용을 조정함으로써 순수하게 영업과 관련된 시가배수를 구할 수 있었습니다(계산과정은 별첨 9 참조). 한편, 재고자산, 감가상각, 무형자산 등에 대한 회계처리방식을 비교하였는데, 이들 회사 간에 특별히 수정을 요하는 항목은 발견되지 않았습니다.

당사는 다음과 같은 시가배수를 일차적으로 고려하였습니다.

- MVIC/Earnings Before Interest and Taxes(EBIT)
- MVIC/Earnings Before Interest, Taxes, Depreciation and Amortization(EBITDA)
- MVIC/Book Value of Total Asset(BVTA)
- MVIC/Invested Capital Net Cash Flow(NCF_{IC})
- MVIC/Revenue(REV)

위의 시가배수 중에서 MVIC/BVTA와 MVIC/NCF_{IC}는 검토과정에서 기각되었는데, MVIC/BVTA의 경우 업종의 특성상 자산의 장부가액이 회사의 실질적인 가치를 판단하는데 의미 있는 지표로 사용하는데 한계가 있었고, MVIC/NCF_{IC}의 경우에는 계산상 음수로 나타나는 연도가 많았기 때문에 비교가능성과 일관성을 제공하는 지표로 사용할 수 없었습니다. 결과적으로 당사가 채택한 시가배수는 MVIC/EBIT, MVIC/EBITDA, MVIC/REV 세 가지입니다.

위의 시가배수는 최근 12개월 및 과거 3개년을 대상으로 작성되었습니다. 과거 평균치를 작성함에 있어서는 최근 3개년이 평가대상회사와 비교기준회사를 상호 비교함에 있어 가장 적절한 기간으로 판단되어 이 기간만을 대상으로 평균치를 작성하였습니다. 앞에서도 살펴보았듯이 북극성은 20×2년에 전사적인 구조조정을 단행하였기 때문에 비교기준회사와 매출 및 수익구조가 유사한 형태를 지니게 된 것은 20×2년 이후라고 보입니다. 특히 비교기준회사의 하나인 수성엔터테인먼트의 경우에는 20×1년에 관계회사와 합병을 통해 현재와 같은 형태의 사업조직을 정비하게 되었습니다. 이러한 이유로 인해 당사는 과거 3개년만을 사용하게 된 것입니다.

한편, 비교기준회사의 시가배수를 계산하는 과정에서는 평균값(mean)보다는 중간값(median)을 채택하는 것이 일반적인데 이는 예외변수(outlier)에 의해 대표값이 왜곡되는 단점을 피하기 위한 것입니다. 다만, 본 평가업무의 경우에는 비교기준회사가 2개사만 존재하였기 때문에 평균값과 중간값은 동일한 값으로 계산됩니다.

5.3.5 규모차이를 반영한 수정시가배수

비교기준회사가 규모 면에서 평가대상회사와 큰 차이가 나는 경우에는 규모차이에 대한 조정도 필요합니다. 특히 북극성과 같은 비상장 중소기업의 경우에는 유사상장회사에서 선발된 비교기준회사가 매출액이나 총자산 등의 규모면에서 큰 차이가 발생하는 경우가 많습니다. 본 평가업무에서도 최종적으로 선발된 2개 상장회사의 시가배수에 대해 다음과 같은 공식을 적용하여 수정시가배수를 계산하였습니다.

$$\text{Adjusted Multiple} = \frac{1}{(1/\text{Original Multiple}) + (\text{MVE/MVIC} \times \alpha)}$$

이때 MVE : Market Value of Equity
MVIC : Market Value of Invested Capital

위 식에서 α는 규모차이를 반영하기 위한 자기자본비용의 증가분인데, 이는 주주입장에서는 소규모 회사에 대한 투자위험을 반영하는 추가적인 요구수익률입니다. 당사는 소득접근법에서 적용한 규모위험에 대한 회사고유위험 반영치인 3.5%를 동일하게 적용하였습니다. 또한 α는 자기자본에 대해서만 발생하는 추가적인 요구수익률이므로, 위 산식에서 보듯이 MVE/MVIC를 곱하여 전체 시가배수 중 자기자본에 영향을 미치는 부분만을 조정해 주었습니다.

5.3.6 시가배수별 분석

MVIC/EBIT

다음 표에서는 북극성과 비교기준회사의 EBIT 실적치 및 MVIC/EBIT 배수의 내용을 정리하였습니다. 지난 3년간 북극성의 EBIT는 지속적으로 증가하여 20×4년에는 4억 7천5백만 원에 이르렀으나 여전히 절대금액은 비교기준회사에 비해 적은 편입니다.

(단위: 백만 원)

회사명	최근 12개월 EBIT	EBIT			과거 3개년 평균 EBIT	MVIC	MVIC/EBIT(주1)	
		20×2	20×3	20×4			최근 연도	3개년 평균
태 양	3,042.1	2,133.9	2,462.9	3,042.1	2,546.3	24,698	8.1	9.7
수 성	1,070.8	2,746.1	3,915.1	1,070.8	2,577.3	20,071	18.7	7.8
중간값							13.4	8.7
규모차이 수정 후 중간값(주2)							8.5	6.3
북극성	475.2	306.2	357.2	475.2	379.5	NA	NA	NA

(주1) MVIC와 EBIT은 모두 비영업활동 관련사항을 제외한 수정 후 값으로 산출하였음.
(주2) 비교기준회사와 평가대상회사의 규모차이를 반영하여 수정된 배수임.

- 최근 12개월 : 비교기준회사에 대한 최근 12개월간의 MVIC/EBIT 배수는 2개사 간에 큰 차이를 보여주었습니다. 태양은 8.1이며 수성은 18.7로 두 회사의 중간값은 13.4입니다. 이러한 두 회사 간의 큰 차이는 MVIC/EBIT가 북극성의 가치평가에 사용됨에 있어 신뢰성 있는 지표로서의 의미를 감소시킨다고 할 수 있을 것입니다. 북극성의 최근 12개월 매출액 대비 EBIT비율은 7.78%로 수성의 5.24%보다 높지만, 태양의 14.29%보다는 낮은 수치입니다.

또한, 앞에서 설명된 바와 같이 MVIC/EBIT배수는 비교기준회사와 평가대상회사 간의 규모차이에 대해 조정된 수정배수를 사용하였습니다. 이때 "α"는 자기자본비용에서 사용한 회사고유위험 증가치인 3.5%를 사용하였습니다. 이렇게 하여 구해진 8.5배수를 회사의 최근 12개월 EBIT인 4억 7천5백만 원에 적용하면, 회사의 영업가치는 40억 4천만 원으로 계산됩니다.

- 과거 3개년 평균치 : 과거 3개년 EBIT배수는 수성이 7.8이고 태양은 9.7로서 중간값은 8.7입니다. 최근 12개월 평균치와 비교하면 두 회사 간의 차이가 줄어들었는데, 이는 과거 3개년 평균치에 대한 신뢰도를 높여주는 요인으로 해석됩니다. 한편, 북극성의 매출액 대비 EBIT비율의 3개년 평균치는 7.2%로서 비교기준회사의 최저치보다 낮습니다. 최근 12개월 기준 EBIT배수와 마찬가지로 과거 3개년 EBIT배수도 규모차이를 감안하여 조정하였습니다. "α"로 3.5%를 사용하여 조정된 배수는 6.3배인데, 북극성의 3개년 평균 EBIT인 3억 7천9백만 원에 적용하여 구한 회사의 영업가치는 24억 9백만 원입니다.

MVIC/EBITDA

다음 표는 북극성과 비교기준회사의 EBITDA 실적치와 MVIC/EBITDA 배수를 정리한 것입니다. 일반적으로 감가상각비와 무형자산상각비에 대한 회계처리는 다양한 방식이 존재할 수 있는데, 이에 따라 회계적인 손익규모가 달라질 수 있습니다. 이러한 영향을 제거하여 보다 현실적인 현금주의 이익을 계산하기 위해 EBITDA 지표를 사용하였습니다. 지난 3년간 북극성의 EBITDA 역시 지속적으로 증가하였으며 20×4년에는 10억 1천2백만 원에 이르렀습니다. 그러나 절대금액 측면에서는 역시 비교기준회사에 비해 적습니다.

(단위: 백만 원)

회사명	최근 12개월 EBITDA	EBITDA			과거 3개년 평균 EBITDA	MVIC	MVIC/EBITDA(주1)	
		20×2	20×3	20×4			최근 연도	과거 3개년 평균
태 양	7,337.2	4,356.5	5,671.7	7,337.2	5,788.4	24,698	3.4	4.3
수 성	3,735.8	3,866.0	4,898.5	3,735.8	4,166.8	20,071	5.4	4.8
중간값							4.4	4.5
규모차이 수정 후 중간값(주2)							3.7	3.8
북극성	1011.7	650.7	708.4	1011.7	790.3	NA	NA	NA

(주1) MVIC와 EBITDA는 모두 비영업활동 관련사항에 대한 수정 후 수치를 사용하여 계산하였음.
(주2) 비교기준회사와 평가대상회사의 규모차이를 반영하여 수정된 배수임.

• 최근 12개월: 비교기준회사에 대한 최근 12개월간의 MVIC/EBITDA 배수는 태양이 3.4, 수성은 5.4로 두 회사의 중간값은 4.4입니다. 두 회사 간의 MVIC/EBITDA의 차이는 MVIC/EBIT의 차이와 비교하면 적습니다. 한편, 북극성의 최근 12개월 매출액 대비 EBITDA비율은 16.9%인데, 이는 비교기준회사 중 높은 수치를 보인 태양의 15.25%보다도 높은 수치입니다.

MVIC/EBITDA배수 또한 비교기준회사와 평가대상회사 간의 규모차이에 대해 조정된 배수를 사용하였습니다. 수정 후의 배수는 3.7로서 회사의 최근 12개월 EBITDA인 10억 1천2백만 원에 적용하면 회사의 영업가치는 37억 1천9백만 원으로 계산됩니다.

• 과거 3개년 평균치: 과거 3개년 EBITDA배수는 수성이 4.8이고 태양은 4.3으로 나타나 중간값이 4.5가 되었습니다. 과거 3개년 평균치로 계산된 시장배수는 최근 12개월 평균치에 비해서 비교회사 간의 차이를 더욱 줄이고 있습니다. 과거 3개년 평균치로 계산된 북극성의 매출액 대비

EBITDA비율은 15.1%로서 비교기준회사의 최저치인 수성의 18.5%보다 낮습니다. 마찬가지로 규모에 대한 차이를 조정하여 3.8배를 구하였고, 이를 북극성의 3개년 평균 EBITDA인 7억 9천만 원에 적용하여 30억 1백만 원의 영업가치를 구하였습니다.

MVIC/REV

마지막으로 비교기준회사의 MVIC/REV를 계산하여 북극성에 적용하였습니다. 아래 표는 비교기준회사와 평가대상회사의 MVIC/REV배수에 대한 과거 3개년 평균치와 최근 12개월 수치를 정리한 것입니다. 북극성의 EBIT는 지난 3년간 지속적으로 증가하였는데, 기하평균으로 볼 때 평균증가율은 11.7%입니다.

(단위: 백만 원)

회사명	최근 12개월 REV	매출액			과거 3개년 평균 REV	MVIC	MVIC/REV[주1]	
		20×2	20×3	20×4			최근 연도	과거 3개년 평균
태 양	21,283	19,779	20,493	21,283	20,518	24,698	1.16	1.20
수 성	20,451	21,966	25,019	20,451	22,479	20,071	0.98	0.89
중간값							1.1	1.0
규모차이 수정 후 중간값[주2]							1.0	1.0
북극성	5,970	4284	5492	5970	5,248	NA	NA	NA

(주1) MVIC는 비영업활동관련 항목을 조정한 후의 값임.
(주2) 비교기준회사와 평가대상회사의 규모차이를 반영하여 수정된 배수임.

- 최근 12개월: MVIC/REV배수는 최근 12월간의 비교기준회사 중 수성은 0.98 태양은 1.16을 보였고 두 회사의 중간값은 1.1로 나타났습니다. 북극성의 매출규모는 비교기준회사에 비해 적지만, 최근 12개월 기준으로 보면 비교기준회사에 비해 훨씬 높은 성장률을 보였습니다. 규모에 대한 수정 후 배수인 1.0을 회사의 최근 12개월 REV인 59억 7천만 원에 적용하면, 회사의 영업가치 상당액은 61억 6천1백만 원으로 계산됩니다.

- 과거 3개년 평균치: 과거 3개년 MVIC/REV배수는 수성이 0.89이고 태양

은 1.20으로 중간값은 1.0으로 계산되었습니다. 과거 3년 기간 동안에 북극성의 REV 평균성장률은 비교기준회사의 성장률보다 훨씬 높았습니다. 수정 시가배수인 1.0을 북극성의 3개년 평균 REV인 52억 4천8백만 원에 적용하였고 이렇게 구한 회사의 영업가치는 52억 6천4백만 원입니다.

5.3.7 결과요약 및 가치평가액

당사는 MVIC/EBIT, MVIC/EBITDA, MVIC/REV의 세 가지 시가배수를 사용하여 회사의 영업가치를 산정하였습니다. 당사는 이 과정에서 북극성이 속해 있는 애니메이션 및 CG산업의 특성과 시가배수 산정시의 기술적인 문제를 감안하였습니다. 이제 결과를 종합하기 위해서는 위 세 가지 시가배수로부터 구한 각각의 영업가치에 가중치를 부여하여 시장접근법의 최종적인 가치평가액을 산출하여야 합니다. 이를 위해 당사는 다음과 같은 사항을 고려하였습니다.

첫째, 이익(earning)을 기준으로 계산된 시가배수가 우선적으로 고려되고 수익(revenue)을 기준으로 계산된 시가배수는 차선책으로 고려되었습니다. 수익을 기준으로 하는 시가배수(예를 들면, MVIC/REV)는 비교대상이 되는 기업 간에 수익 대비 이익이 일정한 비율로 지속된다는 것을 전제로 하여야 합니다. 이러한 가정은 본 평가용역에는 적절하지 않은 것으로 보이며, MVIC/REV 배수를 적용한 결과는 북극성의 영업가치를 과대평가할 위험이 있는 것으로 판단됩니다.

둘째, MVIC/EBIT과 MVIC/EBITDA 사이에서는 MVIC/EBITDA에 높은 가중치를 부여하였습니다. EBITDA는 EBIT에 대표적인 비현금항목인 감가상각비와 무형자산상각비를 가산함으로써 발생주의 이익을 현금주의 이익에 가깝게 전환시켜 줍니다. 당사는 EBITDA를 사용함으로써 현금기준 영업가치에 보다 가깝게 접근할 수 있고, 비교기준회사와 평가대상회사 간의 비교가능성 또한 높여줄 수 있을 것으로 판단하였습니다.

셋째, 이러한 시가배수를 산출함에 있어 사용된 최근 12개월 실적자료와 과거 3개년 평균치 간의 가중치에 관한 내용입니다. 당사의 판단으로는 12개월 실적자료와 과거 3개년 평균치는 동일한 정도의 의미 있는 가치평가예측치를 제공하고 있다고 판단하여 두 수치를 산술평균한 값을 최종적인 평가액으로 채택하였습니다.

이러한 내용을 고려하여 최종적으로 적용된 가중치 및 가치평가액은 다음 표에 정리되었습니다. 결론적으로 유사상장기업방식에 의해 산출된 회사의 주식가치는 30억 1천3백만 원입니다.

(단위 : 백만 원)

	시가배수	최근연도	과거 3개년 평균	최근연도와 과거 3개년 평균의 산술평균	가중치
영업가치	MVIC/EBIT	4,040	2,409	3,225	30%
	MVIC/EBITDA	3,719	3,001	3,360	60%
	MVIC/REV	6,111	5,264	5,687	10%
				가중평균치	3,552
차입부채					539
주식가치					3,013

위의 과정에서 구한 주식가치는 비영업용 자산, 시장성 할인, 소수지분 할인 등에 대한 추가조정은 실시하기 이전의 금액이라는 점에 유의하여야 합니다. 이러한 항목에 대한 조정은 개별 접근법의 가치평가를 최종적으로 종합하는 과정에서 일괄적으로 고려될 것입니다.

6. 수정사항

6.1 비영업용 자산

지금까지 소득접근법과 시장접근법에 의해 구한 영업가치는 비영업용 자산을 포함하지 않았으므로 전체 기업가치를 구하기 위해서는 비영업용 자산에 대한 시장가치를 산출하여 이를 합산해 주어야 합니다.

평가기준일인 20×4년 12월 31일 현재 회사의 비영업용 자산은 단기매매증권, 단기대여금 및 매도가능증권으로 구성되어 있는데 장부가액 기준으로 총 4천8백만 원 정도입니다. 이 중 단기매매증권은 국고채로서 3천2백만 원이며, 단기대여금은 종업원 대여금 9천8백만 원 정도로 금액적으로 미미합니다. 반면 매도가능증권은 대부분 비상장주식으로 구성되어 있는데 장부가액 기준으로 3억 5천만 원에 달합니다.

단기매매증권과 단기대여금의 경우에는 금액적으로 중요성이 크지 않으며, 장부가액과 시장가치의 차이도 크지 않을 것으로 판단되어 장부가액을 그대로 인정하여 평가하였습니다. 그러나 매도가능증권의 경우에는 해당 비상장기업의 순자산가액을 시장가치 대용치로 사용하여 평가하였습니다. 이렇게 평가한 비영업용 자산의 시장가치 상당액은 총 2억 7천6백만 원으로 계산되었는데, 자세한 계산내역은 [별첨 10]을 참조하기 바랍니다.

6.2 일괄할인(Discounts) 및 일괄할증(Premiums)

6.2.1 시장성 할인

비상장기업의 경우 해당 주식이 거래되는 공개시장이 존재하지 않으므로 동일한 상장기업의 가치를 기준으로 시장성 할인(marketability discount)이라는 일괄할인을 적용하여야 합니다. 북극성의 경우도 비상장기업이므로 시장성 할인이 적용되어야 할 것인데, 이 경우 어느 정도의 시장성 할인을 적용할 것인가 하는 정도(degree)의 문제가 중요합니다. 시장성의 정도에 영향을 미칠 수 있는 대표적인 항목들은 다음과 같습니다.

- 잠재적인 매수자의 수
- 기업공개나 인수·합병에 대한 가능성
- 주식매매에 대한 제한사항(주주 간 협약내용, 매매단위에 대한 제한 등)
- 상환옵션(상환우선주 등)의 존재
- 기타 시장성에 영향을 미칠 수 일반사항(기업의 성장가능성에 대한 예상, 기업정보에 대한 신뢰성, 배당금 지급능력, 지배주주의 신뢰성 및 우호적 태도, 시장에서의 투자분위기 등)

이와 같은 시장성 할인의 규모는 여러 변수를 고려하여 개별 상황에 따라 상이한 일괄할인율이 적용되어야 할 것이나, 현재 국내에서는 본 평가업무에 적용할 만한 시장성 할인의 규모에 대한 체계적이고 실증자료는 부족한 실정입니다. 차선책으로 당사는 "유가증권의 발행 및 공시 등에 관한 규정 시행세칙 제8조"에서 규정하고 있는 최저 할인비율인 30%를 회사의 시장성 할인율로 채택하였습니다.

6.2.2 소수지분 할인

소수지분 할인(minority discount)은 평가대상지분이 소수지분인가 혹은 지배지분인가에 따라서 경영권에 대한 통제의 정도가 달라지는 상황을 반영하는 것입니다. 경영권에 대한 통제가능성은 지분율뿐만 아니라 해당 주식의 특성에 따라서 그 정도가 다르게 나타날 수 있는데, 그 주요 원인은 다음과 같습니다.

- 해당 주식의 전체주식에 대한 백분율
- 해당 주식의 주주구성 및 분산 정도

- 관련 법규에서 정하는 주식소유비율 한도
- 기업 자체의 정관이나 내규
- 관련 거래의 이해당사자 간의 계약

본 평가의 대상이 되는 주식은 북극성의 보통주 10.42%로 소수지분입니다. 우리는 앞에서 현금흐름할인방식에 의한 소득접근법과 유사상장기업방식에 의한 시장접근법을 사용해서 동 지분에 대한 가치평가를 실시하였습니다. 현금흐름할인방식에서 구해진 가치는 소수주주 기준의 가치입니다. 당사는 회사가 제시한 추정치에 대해 많은 수정을 가하였으나 이는 추정치를 보다 합리적으로 바꾼 내용이 대부분이지 지배주주 입장의 현금흐름으로 전환시킨 것은 아닙니다. 자본비용을 산출함에 있어서도 타인자본비용 및 자본자본비용과 목표자본구조를 지배주주 입장으로 전환시키지 않았습니다. 유사상장회사방식의 경우에는 주식시장에서 소수주주 간의 거래금액을 기준으로 시가배수가 산정되었으므로 당연히 이러한 시가배수를 적용하여 산출된 회사의 주식가치는 소수주주 입장의 가치입니다. 따라서 본 평가에서는 추가적인 소수주주할인을 적용하지 않습니다.

7. 결과의 종합 및 결론

당사는 20×5년 4월 3일자 계약서에서 정한 절차에 따라 회사의 지분에 대한 공정시장가치를 산정하였습니다. 당사가 본 평가업무에서 사용한 평가기법은 소득접근법과 시장접근법이었습니다. 구체적으로 소득접근법에서는 현금흐름할인방식이 적용되었으며, 시장접근법에서는 유사상장회사방식이 적용되었습니다. 당사의 판단으로는 현금흐름할인방식에 의해 산출된 결과에 상대적으로 높은 가중치를 부여하는 것이 합리적이라고 보여집니다. 현금흐름할인방식에서 사용된 추정치는 회사의 과거

자료, 산업자료, 회사 담당자 및 업계전문가 등과의 충분한 검토를 거쳐 조정된 바 있습니다. 반면, 유사상장회사방식에서는 유사기업의 선정에 어려움이 있어 최종적으로 2개사만이 선정되었으며, 또한 비교기준회사와 북극성 간의 규모에 대한 차이를 조정한 시가배수를 사용하였습니다.

위와 같은 내용을 고려한 결과 20×4년 12월 31일 기준으로 당사가 산정한 북극성 보통주 10.42%의 주당시장가치는 “10,290원”입니다. 각 평가접근법에 의한 평가액과 계산내역은 다음 표에 정리되었습니다.

(단위 : 백만 원)

가치평가 접근법	각 방식에 의한 평가액	비영업용 자산	소계	신뢰수준 (가중치)	가중치 적용 후 금액	일괄할인		일괄할인 적용 후 금액
						시장성 할인	소수지분 할인	
소득접근법	3,412	276	3,687	60%	2,212	30%	NA	1,549
시장접근법	3,013	276	3,289	40%	1,316	30%	NA	921
자산접근법	NA	NA	NA	NA	NA	NA	NA	NA
비상장 소수주주 기준의 공정시장가치								2,469
주식수								240,000
주당가치(단위 : 원)								10,290

[별첨 1] 북극성의 과거 손익계산서

(단위 : 백만 원)

	20×0	20×1	20×2	20×3	20×4	20×0	20×1	20×2	20×3	20×4
매출액	3,077	2,956	4,284	5,492	5,970	100.0%	100.0%	100.0%	100.0%	100.0%
매출원가	2,634	2,788	3,429	4,344	4,647	85.6%	94.3%	80.0%	79.1%	77.8%
감가상각비	76	79	296	307	460	2.5%	2.7%	6.9%	5.6%	7.7%
매출총이익	443	168	855	1,148	1,323	14.4%	5.7%	20.0%	20.9%	22.2%
판관비	431	473	557	769	858	14.0%	16.0%	13.0%	14.0%	14.4%
감가상각비	25	31	48	44	76	0.8%	1.0%	1.1%	0.8%	1.3%
영업이익	12	−305	298	379	464	0.4%	−10.3%	7.0%	6.9%	7.8%
영업외손익	6	−46	−39	−50	−20	0.2%	−1.5%	−0.9%	−0.9%	−0.3%
이자수익	4	1	4	6	6	0.1%	0.0%	0.1%	0.1%	0.1%
이자비용	4	64	50	34	38	0.1%	2.2%	1.2%	0.6%	0.6%
기타	6	17	8	−22	11	0.2%	0.6%	0.2%	−0.4%	0.2%
세전이익	19	−191	260	329	444	0.6%	−6.5%	6.1%	6.0%	7.4%
법인세비용	6	0	21	89	144	0.2%	0.0%	0.5%	1.6%	2.4%
당기순이익	13	−191	239	240	300	0.4%	−6.5%	5.6%	4.4%	5.0%

[별첨 2] 북극성의 과거 재무상태표

(단위: 백만 원)

	20×0	20×1	20×2	20×3	20×4	20×0	20×1	20×2	20×3	20×4
유동자산	668	1,191	1,572	1,278	1,556	23.3%	37.6%	35.2%	27.5%	30.8%
현금 및 현금성자산	72	18	64	160	293	2.5%	0.6%	1.4%	3.4%	5.8%
단기매매증권	12	12	23	23	32	0.4%	0.4%	0.5%	0.5%	0.6%
매출채권	267	645	1,212	774	879	9.3%	20.3%	27.2%	16.6%	17.4%
단기대여금	50	22	80	123	98	1.7%	0.7%	1.8%	2.6%	1.9%
재고자산	245	430	166	176	197	8.5%	13.6%	3.7%	3.8%	3.9%
기타유동자산	22	64	27	22	57	0.8%	2.0%	0.6%	0.5%	1.1%
비유동자산	2,199	1,980	2,888	3,377	3,495	76.7%	62.4%	64.8%	72.5%	69.2%
투자자산	282	54	54	760	350	9.8%	1.7%	1.2%	16.3%	6.9%
유형자산	2,393	2,442	3,623	3,681	4,657	83.5%	77.0%	81.2%	79.0%	92.1%
(감가상각누계액)	476	516	789	1,064	1,512	16.6%	16.3%	17.7%	22.9%	29.9%
순 액	1,917	1,926	2,834	2,617	3,145	66.9%	60.7%	63.5%	56.1%	62.2%
자산총계	2,867	3,171	4,460	4,655	5,051	100.0%	100.0%	100.0%	100.0%	100.0%
유동부채	384	767	315	335	451	13.4%	24.2%	7.1%	7.2%	8.9%
매입채무	189	320	26	32	54	6.6%	10.1%	0.6%	0.7%	1.1%
단기차입금	54	145	56	34	178	1.9%	4.6%	1.3%	0.7%	3.5%
유동성장기부채	20	34	18	25	21	0.7%	1.1%	0.4%	0.5%	0.4%
기타유동부채	121	268	215	244	198	4.2%	8.5%	4.8%	5.2%	3.9%
비유동부채	285	397	462	445	471	9.9%	12.5%	10.4%	9.6%	9.3%
장기차입금	200	310	345	320	340	7.0%	9.8%	7.7%	6.9%	6.7%
퇴직급여충당부채	85	87	117	125	131	3.0%	2.7%	2.6%	2.7%	2.6%
부채총계	669	1,164	777	780	922	23.3%	36.7%	17.4%	16.8%	18.3%
자본금	750	750	1,200	1,200	1,200	26.2%	23.7%	26.9%	25.8%	23.8%
자본잉여금	424	424	1,459	1,459	1,459	14.8%	13.4%	32.7%	31.3%	28.9%
이익잉여금	1,024	833	1,024	1,216	1,470	35.7%	26.3%	23.0%	26.1%	29.1%
자본총계	2,198	2,007	3,683	3,875	4,129	76.7%	63.3%	82.6%	83.2%	81.7%
부채 및 자본총계	2,867	3,171	4,460	4,655	5,051	100.0%	100.0%	100.0%	100.0%	100.0%

[별첨 3] 북극성의 과거 현금흐름표

(단위 : 백만 원)

	20×0	20×1	20×2	20×3	20×4
영업활동으로 인한 현금흐름	21	−411	4	1,064	661
당기순이익	13	−191	239	240	300
비현금항목 조정	103	105	349	348	541
감가상각비	101	110	345	351	537
기타	2	−5	4	−3	4
영업활동 자산·부채의 증감	−95	−325	−583	476	−179
매출채권	−139	−378	−567	438	−105
재고자산	128	−185	264	−10	−21
매입채무	−167	131	−294	6	22
기타유동자산	22	−42	37	5	35
기타유동부채	65	147	−53	29	−46
퇴직급여충당부채	−4	2	30	8	6
투자활동으로 인한 현금흐름	−72	142	−1,326	−880	−643
단기매매증권의 증감	−2	0	−11	0	−9
단기대여금의 증감	12	28	−58	−43	25
투자자산의 증감	−22	228	0	−706	410
유형자산의 증감	−58	−119	−1,250	−131	−1,066
무형자산의 증감	−2	5	−7	0	−3
재무활동으로 인한 현금흐름	67	215	1,367	−88	115
단기차입금의 증감	12	91	−89	−22	144
유동성 장기부채의 증감	10	14	−16	7	−4
장기차입금의 증감	45	110	35	−25	20
자본금의 증감	0	0	450	0	0
자본잉여금의 증감	0	0	1,035	0	0
이익잉여금(당기순이익 제외)의 증감	0	0	−48	−48	−45
현금의 증감	16	−54	45	96	133
기초현금	56	72	18	64	160
기말현금	72	18	64	160	293

[별첨 4] 북극성의 과거 재무비율분석

(회계연도 말 기준)

	20×0	20×1	20×2	20×3	20×4
유동성 비율					
유동비율	174.1%	155.3%	498.9%	381.4%	345.0%
당좌비율	110.3%	99.2%	446.2%	328.9%	301.3%
활동성 비율					
총자산회전율	1.1회	0.9회	1.0회	1.2회	1.2회
매출채권회전율	15.6회	6.5회	4.6회	5.5회	7.2회
재고자산회전율	9.6회	8.8회	14.4회	32.1회	32.0회
매입채무회전율	9.7회	11.0회	19.8회	149.8회	108.1회
수익성 비율					
매출총이익률	14.4%	5.7%	20.0%	20.9%	22.2%
영업이익률	0.4%	−10.3%	7.0%	6.9%	7.8%
순이익률	0.4%	−6.5%	5.6%	4.4%	5.0%
자기자본순이익률	0.1%	−9.1%	8.4%	6.4%	7.5%
총자산순이익률	0.0%	−6.3%	6.3%	5.3%	6.2%
안정성 비율					
부채비율	30.4%	58.0%	21.1%	20.1%	22.3%
차입금의존도	9.6%	15.4%	9.4%	8.1%	10.7%

[별첨 5] 북극성의 추정 손익계산서

(단위 : 백만 원)

	20×5	20×6	20×7	20×8	20×9	20×5	20×6	20×7	20×8	20×9
매출액	6,484	7,372	8,233	8,882	9,386	100.0%	100.0%	100.0%	100.0%	100.0%
매출원가	4,988	5,612	6,252	6,690	6,999	76.9%	76.1%	75.9%	75.3%	74.6%
감가상각비	502	358	440	355	387	7.7%	4.9%	5.3%	4.0%	4.1%
매출총이익	1,495	1,760	1,981	2,192	2,387	23.1%	23.9%	24.1%	24.7%	25.4%
판관비	944	1,072	1,196	1,195	1,262	14.6%	14.5%	14.5%	13.5%	13.5%
감가상각비	75	54	66	53	58	1.2%	0.7%	0.8%	0.6%	0.6%
영업이익	551	688	785	997	1,125	8.5%	9.3%	9.5%	11.2%	12.0%
영업외손익	−40	−43	−51	−43	−42	−0.6%	−0.6%	−0.6%	−0.5%	−0.4%
이자수익	19	21	18	25	33	0.3%	0.3%	0.2%	0.3%	0.3%
이자비용	42	46	50	47	52	0.6%	0.6%	0.6%	0.5%	0.6%
기타	−17	−18	−19	−21	−23	−0.3%	−0.2%	−0.2%	−0.2%	−0.2%
세전이익	512	645	733	954	1,083	7.9%	8.7%	8.9%	10.7%	11.5%
법인세비용	82	122	205	270	308	1.3%	1.6%	2.5%	3.0%	3.3%
당기순이익	430	523	529	684	774	6.6%	7.1%	6.4%	7.7%	8.2%

[별첨 6] 북극성의 추정 재무상태표

(단위 : 백만 원)

	20×5	20×6	20×7	20×8	20×9	20×5	20×6	20×7	20×8	20×9
유동자산	1,776	1,999	2,245	2,617	2,962	32.8%	34.1%	35.6%	38.1%	39.6%
현금 및 현금성자산	370	418	488	721	952	6.8%	7.1%	7.7%	10.5%	12.7%
단기매매증권	40	43	47	50	54	0.7%	0.7%	0.7%	0.7%	0.7%
매출채권	955	1,085	1,212	1,308	1,382	17.6%	18.5%	19.2%	19.1%	18.5%
단기대여금	132	143	154	166	180	2.4%	2.4%	2.4%	2.4%	2.4%
재고자산	214	243	272	293	310	3.9%	4.1%	4.3%	4.3%	4.1%
기타유동자산	65	67	72	78	84	1.2%	1.1%	1.1%	1.1%	1.1%
비유동자산	3,641	3,867	4,057	4,247	4,522	67.2%	65.9%	64.4%	61.9%	60.4%
투자자산	740	799	863	932	1,007	13.7%	13.6%	13.7%	13.6%	13.5%
유형자산	4,862	4,059	4,571	4,081	4,381	89.6%	69.1%	72.4%	59.3%	57.6%
(감가상각누계액)	1,961	992	1,377	766	806	36.2%	16.9%	21.9%	11.2%	10.8%
순 액	2,901	3,067	3,194	3,315	3,516	53.4%	52.2%	50.6%	48.2%	46.9%
자산총계	5,417	5,866	6,302	6,864	7,485	100.0%	100.0%	100.0%	100.0%	100.0%
유동부채	479	526	575	626	680	8.9%	9.0%	9.1%	9.1%	9.1%
매입채무	59	67	74	80	85	1.1%	1.1%	1.2%	1.2%	1.1%
단기차입금	196	215	237	261	287	3.6%	3.7%	3.8%	3.8%	3.8%
유동성장기부채	24	26	29	32	35	0.4%	0.5%	0.5%	0.5%	0.5%
기타유동부채	201	217	234	253	273	3.7%	3.7%	3.7%	3.7%	3.7%
비유동부채	519	568	622	680	745	9.6%	9.7%	9.9%	9.9%	10.0%
장기차입금	374	411	453	498	548	6.9%	7.0%	7.2%	7.3%	7.3%
퇴직급여충당부채	145	157	169	183	197	2.7%	2.7%	2.7%	2.7%	2.6%
부채총계	998	1,094	1,197	1,307	1,425	18.4%	18.6%	19.0%	19.0%	19.0%
자본금	1,200	1,200	1,200	1,200	1,200	22.2%	20.5%	19.0%	17.5%	16.0%
자본잉여금	1,459	1,459	1,459	1,459	1,459	26.9%	24.9%	23.2%	21.3%	19.5%
이익잉여금	1,759	2,114	2,447	2,899	3,401	32.5%	36.0%	38.8%	42.2%	45.4%
자본총계	4,418	4,773	5,106	5,558	6,060	81.6%	81.4%	81.0%	81.0%	81.0%
부채 및 자본총계	5,417	5,866	6,302	6,864	7,485	100.0%	100.0%	100.0%	100.0%	100.0%

[별첨 7] 현금흐름할인방식의 세부내역

• 투하자본 순현금흐름

(단위: 백만 원)

구 분	20×5	20×6	20×7	20×8	20×9
영업이익	551	688	785	997	1,125
수정영업이익	535	670	765	976	1,102
수정영업이익에 대한 법인세	−146	−186	−214	−277	−314
감가상각비	578	412	506	409	445
자본적 지출	−333	−578	−633	−530	−646
순운전자본의 증감	−85	−147	−145	−105	−78
기 타*	14	12	13	14	15
NCF_{IC}	**563**	**182**	**293**	**487**	**524**
NCF_{IC}의 현재가치	**488**	**137**	**191**	**275**	**257**

* 퇴직급여충당부채 등

• 가중평균자본비용

1. 무위험이자율

   국고채(5년물) 5.16% (한국은행)

2. Beta

비교회사	주식 시가총액	이자 발생부채	Beta	부채비율 (시가기준)	Levering Factor	가중평균 Unlevered Beta
태 양	32,718	0	1.10	0.00%	1.00	1.23
수 성	25,903	2,980	0.73	11.50%	1.08	0.60
평 균	29,310	1,490	0.92	5.75%	1.04	0.91

3. 주식시장위험

   ERP(US) 6.97% (SBBI 20×5 Year Book, Ibbotson Associates)

   외평채 가산금리 1.20% (Bloomberg)

   ERP(Korea) 8.17%

4. 회사고유위험

   규모위험 프리미엄 3.50%

5. 세전 부채비용 7.00%

6. 가중평균자본비용

목표 자본구조(D/E)	Unlevered BETA	Levering Factor	Levered BETA	자기자본 비용	세후 타인자본비용	WACC
15.0%	0.91	1.11	1.01	16.91%	4.92%	15.35%

• 주식가치

1. 영업가치

(단위: 백만 원)

WACC	추정기간	영구가치(성장률별)			영업가치(성장률별)		
	5년	4.00%	5.00%	6.00%	4.00%	5.00%	6.00%
15.35%	1,347	2,352	2,604	2,910	3,699	3,951	4,257

2. 기업가치 3,951
3. 차입부채 539
4. 자기자본가치 3,412

[별첨 8] 비교기준회사의 과거 재무실적

• 태 양

(단위 : 백만 원)

	20×0	20×1	20×2	20×3	20×4	20×0	20×1	20×2	20×3	20×4
매출액	6,926	12,900	19,779	20,494	21,283	100.0%	100.0%	100.0%	100.0%	100.0%
매출원가	6,609	9,007	14,767	15,299	13,197	95.4%	69.8%	74.7%	74.7%	62.0%
매출총이익	316	3,893	5,013	5,194	8,087	4.6%	30.2%	25.3%	25.3%	38.0%
판관비	1,179	1,591	1,748	1,432	4,889	17.0%	12.3%	8.8%	7.0%	23.0%
영업이익	−863	2,302	3,265	3,762	3,198	−12.5%	17.8%	16.5%	18.4%	15.0%
영업외손익	99	119	1,423	1,195	−79	1.4%	0.9%	7.2%	5.8%	−0.4%
(이자비용)	209	193	43	0	0	3.0%	1.5%	0.2%	0.0%	0.0%
세전이익	−1,193	3,477	3,557	3,658	2,963	−17.2%	27.0%	18.0%	17.8%	13.9%
법인세비용	0	873	703	20	147	0.0%	6.8%	3.6%	0.1%	0.7%
당기순이익	−1,193	2,604	2,854	3,638	2,815	−17.2%	20.2%	14.4%	17.7%	13.2%
수정전 EBIT	−984	2,201	3,600	3,658	2,963	−14.2%	17.1%	18.2%	17.8%	13.9%
수정전 EBITDA	−765	2,459	5,822	6,867	7,258	−11.0%	19.1%	29.4%	33.5%	34.1%
수정후 EBIT	−1,292	1,889	2,134	2,463	3,042	−18.7%	14.6%	10.8%	12.0%	14.3%
수정후 EBITDA	−1,073	2,148	4,356	5,672	7,337	−15.5%	16.7%	22.0%	27.7%	34.5%

• 수 성

(단위 : 백만 원)

	20×0	20×1	20×2	20×3	20×4	20×0	20×1	20×2	20×3	20×4
매출액	0	24,126	21,967	25,019	20,451	NA	100.0%	100.0%	100.0%	100.0%
매출원가	0	15,846	15,487	17,539	15,050	NA	65.7%	70.5%	70.1%	73.6%
매출총이익	0	8,280	6,480	7,480	5,401	NA	34.3%	29.5%	29.9%	26.4%
판관비	0	3,289	3,271	3,502	3,962	NA	13.6%	14.9%	14.0%	19.4%
영업이익	0	4,991	3,209	3,978	1,439	NA	20.7%	14.6%	15.9%	7.0%
영업외손익	0	−77	195	−482	91	NA	−0.3%	0.9%	−1.9%	0.4%
(이자비용)	0	205	215	279	201	NA	0.8%	1.0%	1.1%	1.0%
세전이익	0	4,626	2,941	3,433	1,162	NA	19.2%	13.4%	13.7%	5.7%
법인세비용	0	1,363	665	544	181	NA	5.7%	3.0%	2.2%	0.9%
당기순이익	0	3,263	2,276	2,889	980	NA	13.5%	10.4%	11.5%	4.8%
수정전 EBIT	0	4,831	3,155	3,712	1,362	NA	20.0%	14.4%	14.8%	6.7%
수정전 EBITDA	0	6,480	4,275	4,695	4,027	NA	26.9%	19.5%	18.8%	19.7%
수정후 EBIT	0	4,704	2,746	3,915	1,071	NA	19.5c	12.5%	15.6%	5.2%
수정후 EBITDA	0	6,352	3,866	4,899	3,736	NA	26.3%	17.6%	19.6%	18.3%

[별첨 9] 비교기준회사의 투하자본 시장가치(MVIC)

(단위: 백만 원)

회사명	기준일	장부가액			시장가치						
		차입부채	자기자본	비영업용자산	차입부채	주당가치	보통주식수	자기자본	수정전 투하자본	비영업용자산	수정후 투하자본
태 양	20×4년 12월 말	–	38,799	7,780	–	5,720	5,720,000	32,718	32,718	8,020	24,698
수 성	20×4년 12월 말	2,980	26,717	6,750	2,980	3,140	7,300,000	22,922	25,902	5,831	20,071

• 비교기준회사의 비영업용 자산

(단위: 백만 원)

회사명	구 분	장부가액	조정금액	시장가치
태 양	단기대여금	122	0	122
	단기매매증권	574	−139	435
	투자자산	7,084	379	7,463
	합 계	7,780	240	8,020
수 성	단기대여금	178	0	178
	단기매매증권	0	0	0
	투자자산	6,572	−919	5,653
	합 계	6,750	−919	5,831

[별첨 10] 북극성의 비영업용 자산

(단위: 백만 원)

	구 분	이자율	이자수익	장부가액	시장가치
단기대여금	종업원대여금	5.0%	4.9	98	98
단기매매증권	국고채	5.5%	1.76	32	32

	구 분	주식수	지분율	장부가액	순자산가치
매도가능증권	비상장주식 (투니버스)	30,000	0.51%	300	145.7
	비상장주식 (목성테크)	7,500	2.50%	50	−2.3*
	소 계			350	145.7
합 계				480	275.7

* 순자산가치가 음수일 경우에 주식가치는 실질적으로 ‘0’의 값을 가진다고 봄.

제 9 장

Business Valuation

가치평가기법의 응용

1 기업유형별 응용

2 무형자산 가치평가

3 부동산 가치평가

1. 기업유형별 응용

지금까지 살펴본 기업가치 평가기법은 "가치주식회사"와 같은 전형적인 제조업체를 중심으로 설명이 진행되었다. 이러한 제조업체의 경우가 현실적으로도 가장 일반적으로 존재하는 대표적인 기업의 형태가 될 것이다. 제조업체가 아닌 도·소매업체와 같은 유통업체나, 전문인력을 통해 서비스를 제공하는 서비스업체의 경우에도 기본적인 평가기법의 골격에는 변함이 없다고 보아도 무방하다. 평가기법의 차이보다는 오히려, 회사의 사업내용이나 업종별 재무제표를 얼마나 잘 이해하는가 하는 것이 가치평가업무를 적절히 수행하기 위한 기본요건으로 작용할 수 있다.

다음에서는 우선 벤처기업, 부실기업, 금융기관의 경우를 중심으로 소득·시장·자산접근법의 평가기법을 적용하는데 나타날 수 있는 한계점과 이를 극복할 수 있는 응용기법 등에 대해 살펴보기로 한다.

1.1 벤처기업

우리가 흔히 벤처기업이라 일컫는 기업들은 독창적인 기술력을 바탕으로 모험적인 기업가 정신을 가진 창업주에 의해 설립된 회사이다.[1)] 이들 벤처기업은 제품수명주기상 도입기에 해당되는 회사들로서 일반적으로 다음과 같은 특성을 가진다.

- 새로운 기술과 아이디어에 바탕을 둔 사업을 영위함.
- 수요 및 기술 측면에서 불확실성이 높은 고수익, 고위험 구조

1) 우리나라에서는 "벤처기업 육성에 관한 특별조치법 제2조의2"에 기술 및 경영혁신에 관한 능력이 우수한 중소기업 중 벤처확인유형별 요건을 갖춘 기업으로 정의하고 있다. 벤처확인유형은 (1) 벤처캐피털 투자기업, (2) 연구개발 투자기업, (3) 신기술 개발기업으로 구분한다.

• 기술에 바탕을 두므로 R&D 투자비율 및 무형자산의 비중이 큼.

소득접근법

벤처기업에 대해 DCF방식 등의 소득접근법을 적용할 때 가장 큰 애로사항은 추정치를 작성할 때 사용할 신뢰성 있는 근거자료를 마련하기가 힘들다는 것이다. 벤처기업은 그 특성상 설립한지 얼마 되지 않은 신생기업이므로 일단 과거 자료가 부족하다. 소득흐름의 합리적인 추정을 위해서는 무엇보다 과거 재무자료에 대한 충분한 분석이 바탕이 되어야 하는데 벤처기업에서는 이러한 자료 자체가 없다. 또한 외부감사 등의 검증과정을 거친 신뢰성 있는 재무제표의 확보는 더욱 힘든 경우가 많다. 이러한 상황에서 특정한 기술력을 바탕으로 설립되는 벤처기업이 향후 보유한 기술력을 바탕으로 상업화 단계를 거쳐 안정적인 소득흐름을 창출해 나가는 과정을 정확히 추정하는 것은 매우 힘든 작업이다. 벤처기업은 그 이름이 말하고 있듯이 미래상황이 매우 불확실한 모험성이 강한 기업인 것이다.

이렇게 미래의 상황에 대한 예측이 매우 가변적일 경우에는 보통 몇 가지의 시나리오를 가정하는 방식을 택하게 된다. 이러한 시나리오 방식은 가치평가의 결과를 검토하는 주체의 성격에 따라 스스로 결과를 재해석할 수 있는 유연함을 제공해 준다는 장점이 있다. 최종적으로 하나의 가치평가액을 구해야 하는 경우에는 각각의 시나리오에 가중치를 부여하여 가중평균액을 산정할 수도 있을 것이다. 즉, 발생 가능한 몇 가지 시나리오를 작성한 후 각 대안별 발생확률을 설정하고, 이러한 확률을 가중치로 한 가중평균기대치를 구하여 소득흐름을 추정하는 방식을 말한다. 한편, 가까운 미래의 불확실성이 매우 높으므로, 안정기에 접어드는 미래 일정기간 후의 추정을 먼저 진행하고 이로부터 현재까지 역추적(roll back)하는 방식을 택하는 것이 합리적일 수 있다.

벤처기업은 초기의 성장률이 대단히 높고 불안정한 특성을 보인다. 따라서 추정기간은 단일기간보다는 구체적인 수익, 비용을 개별 연도별로 추정하는 다기간 추정방식을 취해야 하며, 개별 추정기간 이후에도 단일 성장률에 의해 영구가치를 구하는 것이 비합리적일 경우에는 2기간방식[2] 등을 사용하여 영구가치를 구하여야 한다.

한편, 여러 가지 시나리오에 대한 기대치를 평균하는 방법 등을 통해 나름대로 미래 소득흐름의 추정이 이루어졌다 하더라도, 이러한 소득흐름에 대한 위험을 반영한 자본비용을 산정해내는 것은 또 다른 어려운 작업이 된다. 만약 실무형 응용 CAPM방식을 사용하는 경우라면 체계적인 위험(베타)과 회사고유위험(알파)의 조정을 통해서 이러한 위험을 반영하여야 할 것이다. 그런데 벤처기업의 경우 비상장회사가 대부분이므로 기업자산의 전체 혹은 일부가 시장에서 거래되지 않기 때문에 과거 가격자료가 존재하지 않거나 충분하지 않다. 따라서 하마다모형을 통해 유사상장기업의 베타의 재무위험을 unlevering한 후 회사의 목표자본구조로 re-levering하는 과정을 거쳐야 할 것인데, 벤처기업은 특성상 베타보다는 오히려 알파를 어떻게 조정해 주어야 할 것인가 하는 문제가 핵심사항이 될 경우가 더 많다.

이러한 이유로 해서 벤처기업의 경우 자본비용 산정방식 자체를 CAPM 방식이 아니라 벤처캐피털리스트들이 실무적으로 사용하는 요구수익률을 직접 적용하는 것이 오히려 더 현실적일 수 있다. 참고로 [그림 9. 1]은 일반적으로 적용되는 벤처캐피탈리스트의 단계별 요구수익률을 나타낸 것인데, 단계에 따라서 통상 30~60%의 높은 수익률이 요구된다. 주의할 점은 이러한 방식으로 벤처기업의 위험을 반영한 요구수익률을 현재가치할인율에 직접 사용해서 소득접근법을 적용하는 경우에는 중복적으로 시상성 할인(marketability discount)을 적용하여서는 안 된다는 것이다.[3]

---

2) 영구가치를 2기간방식으로 구하는 내용은 제4장 2.3절 참조.

3) 현재가치할인율과 시장성할인의 관계는 제7장 2절 참조.

[그림 9.1] 벤처캐피털 회사의 투자수익률(투자단계별 예시) (단위 : %)

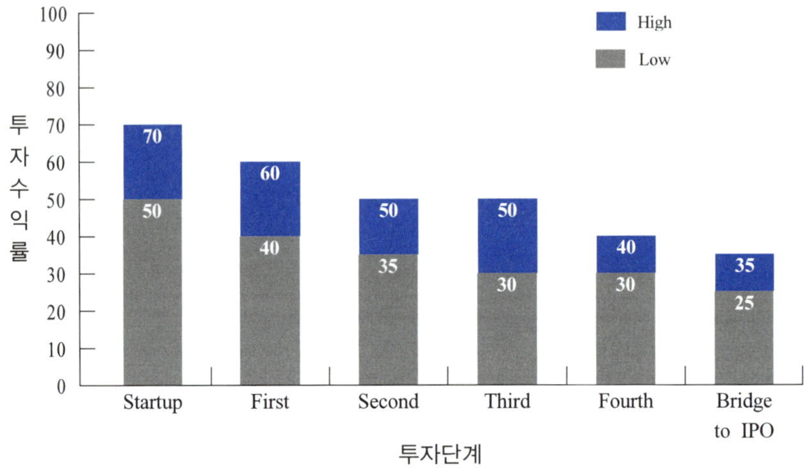

자료 : QED Venture Capital Report.

시장접근법

벤처기업에 시장접근법을 적용하고자 할 때 가장 어려운 문제는 유사기업을 찾아내기가 용이하지 않다는 점이다. 벤처기업은 그 자체가 다른 기업과는 차별화된 고유의 기술력을 보유하고 있는 경우가 많다. 극단적으로 어떤 유망한 벤처기업이 보유하고 있는 기술력은 세계에서 유일한 것이기 때문에 유사기업이라는 것이 존재할 수 없는 경우도 있다.

빈번하게 부딪히는 또 다른 문제는 비교기준회사의 시가배수나 평가대상회사의 이익측정치가 음수가 되어, 이를 그대로 적용하면 기업가치나 주식가치가 음의 값으로 계산되는 경우이다. 설립 초기의 벤처기업의 경우 본격적인 성장기에 돌입하기 이전까지 몇 년간은 대부분 적자상태를 벗어나기가 힘든데, 이러한 수익구조를 보이는 회사에게 수익성을 기준으로 산정된 시가배수를 적용하는 것은 무의미하다. 예를 들면, 비교기준회사로부터 구한 PER가 10이라고 하더라도, 평가대상회사의 EPS가 (−)10이라면, 주가는 (−)100원이 되어야 하는데 음수의 주가라는 것이 존재할 수는 없을 것이다. 이런 한계점으로 인해 벤처기업의 경우에도 감가상각 등을 감안한 EBITDA 등 양의 값을 가질 수 있는 지표나 매출액 대비 배수를 적용하는 것이 보다 효과적일 경우가 많다. 그러나 EBITDA의 경우에도 음수가 나오는 경우가 있고, 매출액 대비 배수는 비교기준회사와 평가대상회사의 이익구조가 매우 유사하다는 전제에서만 사용되어야 하므로 문제점은 여전히 남는다.

한편, 벤처기업에 대해서는 일반적으로 사용되는 "재무적인 지표" 대비 시가배수뿐만 아니라, "비재무지표"를 이용한 다양한 배수의 개발과 응용이 적절할 수 있다. 예를 들면, 어떤 인터넷기업의 경우 Page view 수, 유료사용자수 등을 사용하여 배수를 구성하는 것이 적절할 수 있다.

자산접근법

일반적으로 벤처기업은 전체자산의 가치에서 기술력 등 무형자산의 가치가 차지하는 비중이 무척 큰 특성을 가진다. 그런데 개별 자산에 대한 시가를 구하여 이를 합산하는 자산접근법 방식으로 기업가치를 구하는 경우 시장가치를 계산하기 가장 힘든 항목이 무형자산이라는 점은 이미 앞에서 강조한 바 있다. 따라서 벤처기업에 대해서 자산접근법을 적용시키는 것은 적절하지 않은 경우가 일반적이다. 그럼에도 불구하고 자산접근법을 적용시키기 위해서는 벤처기업의 무형자산에 대한 적절한 평가가 반드시 병행되어야 하는데, 특허권 등 기술가치와 관련된 지적재산권의 무형자산평가는 개별 무형자산별로 별도의 평가기법을 적용해 볼 수 있을 것이다. 그러나 실무적으로는 소득접근법과의 혼합방식인 초과이익방식(excess earnings method)을 통해 일괄계산하는 방식이 보다 효과적인 접근방식일 수 있다. 무형자산에 대한 평가는 본 장 제2절에서 별도로 다룬다.

1. 2 부실기업

우리는 흔히 재무적인 곤경을 겪고 있는 기업을 부실기업이라는 범주로 묶어서 얘기하는데, 이는 구체적 유형으로 볼 때 기업구조조정의 일환으로 법정관리, 화의, 워크아웃 등의 상태에 있는 기업을 의미한다. 워크아웃의 경우는 IMF 사태 이후 채권단이 주도가 된 기업구조조정의 일환으로 실시되었으나, 이후 실시에 따른 효과가 불확실하다고 간주되면서 신규로 개시되는 업체는 매우 적은 상황이다. 과거에는 법정관리는 회사정리법에서, 화의는 화의법에서 각각 규정하고 있었으나, 기업의 도산법 체계를 간소화하고 업무절차를 간소화하기 위하여 회사정리법, 화의법, 파산법을 통합한 「채무자회생및파산에관한법률」('통합도산법'이라고도 한다)을 제정하여 2006년 4월부터 시행하고 있다. 해당 법률은 기존의 회사정리법 등과 비교하여 다음과 같은 특징을 가지고 있다.[4)]

〈표 9.1〉 회사정리법 등과 통합도산법의 주요 차이

	구 회사정리법 등	신 통합도산법
범위와 효율성을 확대	회사정리법은 주식회사만을 적용대상으로 하며, 화의제도는 대기업이 이용하기 곤란한 측면이 존재	개인법인의 구분 없이 모든 채무자를 대상으로 하여 하나의 회생절차를 적용함으로써 절차적 효율성을 향상시킴
필요적 파산제도의 축소	회사정리계획이 폐지되거나 불인가된 경우 법원이 반드시 파산선고를 하여야 함	회생계획 인가 후에 회생절차폐지를 하는 경우에만 필요적 파산선고를 하고 나머지는 임의적 파산선고를 함
청산가치의 보장	정리계획이 정리채권 등의 청산가치를 보장하여야 한다는 규정이 없음	회생계획에 의한 변제방법이 채무자의 사업을 청산할 때 각 채권자에게 변제하는 것보다 불리하지 아니한다는 점을 명시
부인권대상의 확대	특수관계인과의 거래를 제3자와의 거래와 동일하게 취급하여 실질적인 형평성을 저해	특수관계인에게 담보의 제공이나 채무소멸행위 등 채권자를 해하는 행위를 한 경우 부인권대상행위를 지급정지전 1년 이내의 행위로 소급
채권자협의회의 권한 강화	채권자들의 이해를 조정하여 법원에 의견을 제시하는데 불과하여 채권자의 권리보호에 취약	중소기업·개인을 제외하고는 채권자협의회의 구성을 의무화하고, 법인 채무자의 감사선임에 대한 의견을 제시하고 회생계획인가 후 채무자의 경영상태에 대한 실사를 청구할 권리를 부여

4) 본 절에서 언급되는 통합도산법과 관련한 사항은 『회생사건실무』(서울중앙지방법원 파산부 실무연구회, 박영사, 3판)를 참조하였다.

이하에서는 부실기업에 대한 가치평가를 수행할 경우 소득접근법, 시장접근법, 자산접근법에서 추가로 고려하여야 할 요소와 관련 법률에서 규정하고 있는 가치평가방법과의 차이에 대하여 살펴보기로 한다.

소득접근법

소득접근법은 기본적으로 계속기업을 전제로 하여 논리를 전개하는데, 부실기업의 경우에는 파산가능성이 높아서 기업이 영구히 존재할 것이라는 계속기업의 전제가 성립되지 않을 가능성이 매우 높다. 따라서 상황에 따라 일정기간 후에 청산을 가정하고 청산시점 이전까지만 기업이 존재한다는 가정을 도입하는 경우도 있다. 특정 연도에 청산이 된다고 가정한다면, 그 시점까지는 개별 연도별로 추정을 하고 청산시점에서는 자산접근법에 의해 청산가치를 산정하는 것이 합리적일 것이다.[5] 한편, 개별 추정기간 동안에는 이러한 청산상황이 도래하지 않는다고 하더라도 영구가치를 산정하면서 일정한 성장률로 무한대까지 영구히 성장한다고 가정하는 것은 무리가 있다고 하겠다.

소득흐름의 추정과 관련해서는 부실기업도 미래상황이 불확실한 경우이므로 시나리오별 발생확률을 가중치로 해서 기대소득흐름을 작성할 수 있을 것이다. 자본비용의 경우에는 재무적 곤경(financial distress)에 대한 위험을 반영해주어야 하는데, 이는 자기자본비용과 타인자본비용 산정 시에 각각 고려해주어야 할 것이다.

타인자본비용의 경우 정상기업에 대해서는 부채비율이 변동하더라도 일정하게 유지된다고 가정하는 경우가 대부분이다. 그러나 부실기업에 대해서도 이와 같은 가정을 동일하게 적용하는 것은 불합리하다. 부실기업에 대해서는 일정수준 이상의 부채비율이 될 경우에는 재무적 곤경을 예상하여 차입비용을 상향 조정해 줄 필요가 있을 것이다.

자기자본비용은 CAPM을 사용하는 경우 체계적 위험(베타)과 비체계적

5) 개별적인 부실채권(non-performing loan : NPL)을 평가하는 경우에도 기본적으로 이와 유사한 가정을 적용한다.

인 위험(알파)에 이러한 재무적인 곤경을 반영시켜 주어야 하는 어려운 문제가 있다. 평가대상회사가 상장기업이라 하더라도 회사 자체의 베타를 그대로 사용해서는 안 될 것이다. 왜냐하면 과거 기간의 자료로부터 구하는 베타는 최근 단기간에 발생한 재무적 곤경의 상황을 반영하지 못하기 때문이다. 또한 회사고유위험인 알파를 얼마로 적용할 것인가 하는 문제는 더욱 어려운 과제로 남는다.

그런데 이렇게 자본비용을 통해 부실기업의 위험을 조정하는 방식은 여전히 부분적인 조정으로 그칠 가능성이 높다. 왜냐하면 부실기업이 미래에 실제로 파산이 되면 그 시점에서 모든 상황은 종료되므로 이후에는 소득흐름이 전혀 발생하지 않게 될 것이기 때문이다.

시장접근법

부실기업에 시장접근법을 적용하는 것은 정상적 기업에 비해 제약사항이 많다. 예를 들어, 유사상장회사방식을 적용하는 경우 정상기업일 경우에는 시장에서 형성된 주가를 기준으로 유사기업을 선정하여 시가배수를 계산할 수 있겠지만, 부실기업의 경우에는 부실기업이면서도 여전히 주식시장에서 거래되고 있는 특수한 유사기업을 찾아 비교하여야 한다. 이러한 기업을 찾아낸다는 것 자체가 무척 어려운 작업이며, 비록 관리종목 등으로 편입되어 시장에서 거래는 이루어지고 있다고 하더라도, 그러한 회사의 시장주가가 대표성을 가지고 있다고 보는 것은 무리이다.

유사인수·합병방식을 사용하는 경우에도 평가대상회사와 유사한 정도의 재무적 곤경에 처한 부실기업의 사례를 구한 것은 매우 힘든 일이 될 것이다. 만약 유사한 부실기업에 대한 인수·합병 사례가 전혀 없는 경우라면, 정상기업의 거래대금을 기준으로 해서라도 평가대상회사를 평가할 수는 있을 것이지만, 이 경우 부실의 정도에 대해 적용할 적절한 일괄할인(discount) 비율을 산출해내야 하는 어려운 문제가 남는다.

자산접근법

청산을 전제로 한 가치평가에서는 자산접근법이 가장 적절한 방법이다.

〈표 9. 2〉 통합도산법상의 청산가치 및 계속기업가치

청산가치의 산정	계속기업가치의 산정
• 청산가치란 채무자가 파산적 청산을 통하여 해체·소멸되는 경우에 기업을 구성하는 개별 재산을 분리하여 처분할 때의 가액을 합산한 금액을 말한다. • 청산가치는 청산대차대조표상의 개별자산의 가액을 기준으로 하여 산정한다. 다만, 유형고정자산은 법원의 부동산입찰절차의 평균 낙찰률을 적용하여 할인한 가액을 기준으로 산정한다. • 부동산의 평균 낙찰률은 지역별·용도별 낙찰가율을 적용하고, 매출채권, 장·단기대여금, 미수금, 선급금·선급비용, 재고자산, 무형자산, 보증금, 자회사 투자자산 등은 자산의 유형과 성질에 따라 회수 또는 청산비용, 현실적 회수가능성 등을 감안하여 산정한다.	• 계속기업가치란 채무자의 재산을 해체·청산함이 없이 이를 기초로 하여 기업활동을 계속할 경우의 가치를 말한다. • 계속기업가치는 기업의 미래수익흐름을 현재가치로 할인하는 현금흐름할인법에 의하여 산정한다. • 현금흐름할인법에 의한 가치는 '미래현금흐름의 현재가치'와 '비영업용 자산의 처분대금'을 합한 것으로 한다. 이 경우 '미래현금흐름의 현재가치'는 회생절차기간 동안 현금흐름의 현재가치와 회생절차 종료 후 현금흐름의 현재가치를 합한 것이다.

자료 : 회생실무준칙 제2호 '조사위원의 선정, 보수기준 및 조사·보고 사항' 7. 채무자에 관한 청산가치와 계속기업가치의 산정.

부실기업이 더 이상 영업을 지속할 수 없다고 판단되는 경우에는 현재시점을 기준으로 자산접근법을 적용하면 된다. 만약, 일정기간 후에 청산이 된다고 가정하여야 할 경우에는 청산시점까지는 소득접근법을 적용한 후 청산시점에서 자산접근법을 통해 구한 청산가치를 현재가치화하여 합산하는 방법을 취하면 된다.

또한 실제로 청산이 이루어지지 않는다고 하더라도 계속기업의 전제와 청산기업의 전제하에서 구해지는 기업가치를 비교할 목적으로 적용될 경우도 있다. 국내에서는 회사정리절차와 관련된 규정에서 <표 9. 2>와 같이 계속기업가치와 청산가치라는 개념과 산정방식을 규정하고 있다.

해당 규정에서 말하고 있는 청산가치와 계속기업가치라고 하는 것은 이 책 제1장 2. 2절 "가치의 전제(premise of value)"에서 설명한 계속기업과 청산기업의 전제를 의미하는 것이다. 그런데 앞의 규정의 내용을 그대로

따르자면 계속기업가치는 계속기업의 전제하에서 소득접근법(구체적으로는 현금흐름할인방식)을 사용하여 구하라는 의미로 해석하여야 할 것이며, 청산가치는 청산기업을 전제로 자산접근법(구체적으로는 수정순자산방식)을 사용하여 구하라는 것으로 해석할 수 있을 것이다.

1. 3 금융기관

금융업은 일반적인 제조업과는 영업행태가 상이하므로 가치평가기법을 적용하는 경우에도 주의를 요한다. 우선, 금융기관의 재무제표는 일반적인 제조업체와는 내용이 매우 다르다. 대표적인 금융기관인 은행의 예를 들면 자금의 수요자에 대한 대출금이 자산이 되고, 자금의 공급자로부터 제공받은 예금이 부채가 된다. 이러한 구조에서 은행의 부채계정에 계상되는 예금은 일반적인 제조업체와 비교할 때 차입부채보다는 오히려 영업부채와 유사한 특성을 가진다. 즉, 은행은 예금에 대한 이자비용 및 예금유치에 대한 비용관리 등 부채관리의 측면이 영업비용적인 성격을 가진다. 은행업의 경우 대출금으로부터 발생하는 수입이자에서 예금에 대한 지급이자를 차감한 "예대마진"이 영업활동으로부터 창출되는 손익흐름이 되는 것이다.

금융업은 일반적인 제조업에서처럼 기계장치 등의 순영업자산의 운영을 통해 수익을 발생시키는 것이 아니라, 금융서비스를 원하는 자금의 수요자와 잉여자금을 제공하는 자금의 공급자 간의 금융중개를 통해 수익을 창출한다. 금융업의 본질은 금융중개기능이고, 따라서 채권자와 주주가 모두 자금제공자라 할지라도 금융중개기능의 영업위험을 안고 투자하는 주주에게 초점을 맞추어 가치평가를 실시하는 경우가 많다. 이러한 특수한 성격으로 말미암아 은행업을 비롯한 대부분의 금융업종에 대해 주식가치를 구하는 경우, 투하자본적용방식을 적용하기보다는 자기자본적용방식을 직접 적용하는 것이 일반적이다.

금융기관에 대한 구체적인 가치평가를 위해서는 은행업, 증권업, 보험업 등의 업종별 특성과 회계처리방식 등에 대한 심층적인 검토가 필요할 것이다. 여기에서는 소득·시장·자산접근법에 따라 금융기관의 가치평가를 실시할 때 반드시 유의해야 할 특징적인 사항에 대해서만 간략히 정리해 보기로 한다.

소득접근법

금융업의 경우에도 소득흐름과 자본비용을 추정하여야 하는 기본원리는 동일하다. 다만, 평가기법의 적용방식에 있어서는 투하자본방식(invested capital basis)보다는 주주에 대한 소득흐름을 직접 구한 후 자기자본비용으로 할인하는 자기자본방식(equity basis)을 취하는 것이 일반적이다.

우선 소득흐름의 추정을 위해서는 영업이익을 추정하여야 하는데, 다음 <표 9. 3>에서 보듯이 은행업, 증권업, 보험업 등 금융업의 손익계산서의 구조는 영업수익에서 영업비용을 차감하여 영업이익을 구하는 구조로 되어 있다. 은행업의 영업수익은 일반적인 여수신업무에서 발생하는 이자수익 이외에도 신탁업무, 신용카드업무, 외국환업무 등에서 발생하는 다양한 수수료수익 등으로 구성되어 있다. 증권업의 경우에는 고유영역인 유가증권 중개업무에서 발생하는 수수료수익 이외에도 유가증권의 매매와 관련된 신용대출업무, 기업금융업무, 자산운영업무 등에서 발생하는 다양한 수익원천을 구비하고 있다. 보험업의 경우에는 보험가입자로부터 수취하는 보험료수익을 기반으로 하여 자산운영수익, 재보험금수익 등이 첨가되는 형태로 구성된다. 이러한 영업수익에서 영업이익을 산출하기 위해서는 영업비용을 차감하여야 하는데, 여기에는 영업수익을 발생시키는 직접적인 비용(은행업의 경우 예금에 대한 이자비용) 이외에도 판매관리비와 같은 간접비용이 포함된다.

일반적인 제조업체의 경우 영업활동을 통해 발생한 회계적인 소득흐름인 영업이익은, 다른 측면에서 타인자본제공자인 채권자와 자기자본제공자인 주주 모두에게 귀속될 수 있는 회계적인 소득흐름의 합으로 해석할 수도 있다. 그러나 금융업종의 손익계산서상 영업이익은 일반적인 제조

〈표 9. 3〉 금융업종 요약재무제표

주요 계정	은 행	증 권	보 험
재무상태표			
Ⅰ. 자 산	1. 현금 및 예치금 2. 유가증권 3. 대출채권 4. 유형자산	1. 현금 및 예치금 2. 유가증권 3. 투자자산 4. 유형자산	1. 현금 및 예치금 2. 유가증권 3. 대출채권 4. 비운용자산
Ⅱ. 부 채	1. 예수부채 2. 차입부채 3. 사채	1. 예수부채 2. 차입부채 3. 기타부채	1. 책임준비금 2. 계약자 지분조정 3. 특별계정부채
Ⅲ. 자 본	1. 자본금 2. 자본잉여금 3. 이익잉여금	1. 자본금 2. 자본잉여금 3. 이익잉여금	1. 자본금 2. 자본잉여금 3. 이익잉여금
손익계산서			
Ⅰ. 영업수익	1. 이자수익 2. 수수료수익 3. 기타 영업수익	1. 수수료수익 2. 증권평가및처분이익 3. 기타 영업수익	1. 보험료수익 2. 재보험금수익 3. 기타 영업수익
Ⅱ. 영업비용	1. 이자비용 2. 수수료비용 3. 기타 영업비용 4. 판매비와관리비	1. 수수료비용 2. 증권평가및처분손실 3. 기타 영업비용 4. 판매비와관리비	1. 지급보험금 2. 재보험비용 3. 기타 영업비용 4. 사업비
Ⅲ. 영업이익	영업이익	영업이익	영업이익

자료 : 금융통계월보, 금융감독원, 2012년 1월.

업체의 경우와는 달리 자기자본의 제공자인 주주에만 귀속되는 소득흐름으로 보는 것이 대체로 정확하다. 예를 들어, 이자비용의 경우 제조업체의 손익계산서에서는 영업외비용에 계상되어 타인자본의 제공자인 채권자에게 지급되는 부분이 확실하게 구분되지만, 은행업의 경우에는 이자비용이 영업비용의 주요 항목으로 계상되므로 이러한 구분이 모호해진다.

영업이익이 구해지면 여기에 비현금항목과 영업자산(은행의 경우 대출금 및 예금 등)의 증감을 감안하여 발생주의에 의한 영업이익을 현금주의로 바꿔주는 과정을 거쳐야 할 것이다. 이런 과정을 거쳐 주주에게 귀속되는 현금흐름인 NCF_{Eq}가 구해지면 가중평균자본비용이 아닌 자기자본비용으로 직접 할인하는 자기자본적용방식을 적용하여 주식가치를 산출하게 된다. 물론, 금융업의 경우에도 비영업용 순자산가치는 별도로 고려해 주어야 할 것이며, 일괄할인·일괄할증 등의 적용여부를 검토하는 과정도 거쳐서 최종적인 가치평가액을 산출해내야 할 것이다.

시장접근법

금융기관의 경우에도 유사상장회사방식이나 유사인수·합병방식에 의한 시장접근법은 모두 적용 가능하다. 우선 금융업은 은행업, 증권업, 보험업 등과 같이 비교적 업종의 구분이 확실하고, 또한 금융상품 간의 비교가능성도 대체로 높은 편이어서 유사기업의 판단이 비교적 용이할 수 있다. 물론, 구체적인 업무의 세부내용과 손익 및 자산구조 등을 자세히 살펴보면 각각의 금융기관마다 고유의 특성이 존재할 것이므로, 비교가능업체수가 대단히 많은 경우에는 매출구성, 규모, 성장률 등의 추가요인을 감안하여 유사기업 및 사례를 선별하여야 할 것이다.

소득접근법과 마찬가지로 시장접근법에서도 주식가치를 구하는 경우 투하자본방식의 시가배수보다는 자기자본방식의 시가배수를 적용하는 것이 바람직하다. 이는 타인자본제공자인 채권자에게 귀속되는 소득흐름이 영업비용과 구별하기가 용이하지 않고, 따라서 타인자본가치를 영업가치에서 분리시키는 것이 불합리한 경우가 많기 때문이다. 유사상장회사방식을 적용하는 경우에는 자기자본 시가배수인 PER, PBR, PCR 등을 적용시켜 바로 주식가치를 산정하면 될 것이다. 유사인수·합병방식의 경우에도 사례별로 세부자료가 입수 가능하면 주식거래대금(equity price)을 이용한 배수를 산정하는 것이 보다 효과적일 것이다.

한편, 이러한 배수를 정확히 산정하고 적용하기 위해서는 금융업의 회계처리를 정확히 이해하고 있는 것이 무엇보다 중요하다. 금융업 재무제표는 소득접근법을 설명하면서 간단히 살펴본 손익계산서의 구조와 함께 재무상태표 항목에 대해서도 충분한 이해가 선행되어야 할 것이다. 특히 금융업종의 경우 부채항목에 나타나는 각종 준비금, 적립금, 충당금의 경우는 해당 항목의 성격에 대한 이해와 함께 관련법규의 기본적인 내용에 대한 검토도 필요하다.[6)]

자산접근법

금융기관이 보유하고 있는 금융상품은 대부분 시장가치 상당액을 구할 수 있는 경우가 많다. 이렇게 금융기관의 개별 자산, 부채에 대해서 적정한 시가평가가 가능하다면 자산접근법은 금융기관에 대한 유용한 평가기법이 될 수 있다. 그런데 앞에서도 살펴보았듯이 자산접근법을 적용함에 있어 가장 난해한 부분은 무형자산에 대한 평가인데, 금융서비스업을 영위하는 업종도 예외가 될 수 없다. 따라서 해당 금융기관이 내부적으로 창출해낸 영업권의 가치 등 무형자산에 대한 가치평가를 어떻게 할 것인가 하는 문제는 여전히 남는다.

이러한 문제가 해결될 수 있다면 자산접근법은 금융업의 가치평가 시에 대단히 유용한 접근방식이 될 수 있을 것이다. 자산접근법을 적용하기 위해서는 우선 영업순자산에 대한 역사적 원가에 과소평가자산 혹은 과대평가부채에 대한 평가조정액을 가산한 후, 부외자산의 시장가치를 산정하여 가산해야 한다. 반면, 과대평가자산 혹은 과소평가부채에 대한 평가조정액을 차감하고, 부외부채는 시장가치를 계산하여 차감하여야 할 것이다. 여기에 추가적으로 무형자산(영업권)의 가치를 별도로 구하여 가산해 주면 전체 기업가치가 산출될 것이다.

한편, 자산접근법은 기업의 청산 시에는 대부분 가장 효과적인 평가기법이며, 금융기관의 경우에도 청산의 전제하에서 이루어지는 가치평가에서는 예외가 될 수 없을 것이다.

---

6) 관련법규에 대한 보다 자세한 내용은 강병호·김대식·박경서 공저, 『금융기관론』(제18개정판, 박영사, 2012)의 제8장~제12장을 참조할 것.

2. 무형자산 가치평가

일반적으로 무형자산 가치평가는 기업가치평가의 범주에 포함시키고는 있지만, 기술가치평가, 브랜드 가치평가, 인적자본 가치평가, 콘텐츠 가치평가 등 평가대상의 특성에 따라 기업가치평가와 구별된 방식으로 접근해야 할 내용들이 많이 존재한다.

2. 1 무형자산의 개요

개 념

무형자산(intangible assets)은 물리적 형태가 없어 눈에 보이지는 않지만, 미래에 경제적인 효익을 발생시켜 기업의 수익창출에 기여할 것으로 예상되는 자산이다. 이러한 무형자산이 전체 기업가치에서 차지하는 비중은 갈수록 증대되고 있는데, 특히 이러한 비율은 첨단기술과 노하우를 경쟁력으로 삼고 있는 기업이나 전문서비스업을 제공하는 기업의 경우에 더욱 확대될 것이다. 이러한 상황을 고려할 때, 무형자산에 대한 정확한 가치평가액의 산정은 기업가치평가에 있어서 필수적인 요건으로 부각되고 있다.

분 류

일반기업회계기준[7)]에서는 무형자산을 식별가능성(identifiability)에 따라 구분하고 있는데, 식별가능성은 분리가능성(separability)의 여부와 함께 판단하도록 하고 있다. 자산이 분리가능하다는 것은 그 자산과 함께 동일

---

7) 국내에서는 일반기업회계기준 제11장에서 무형자산에 대한 내용을 다루고 있다. 미국의 경우에는 SFAS 141(Business Combinations)과 SFAS 142(Goodwill and Other Intangible Assets)에서 관련내용이 다루어지고 있다.

〈표 9. 4〉 회계기준상 무형자산의 분류

구 분		대표적인 예
식별가능 무형자산	법률상의 권리	산업재산권, 저작권, 신지식재산권, 광업권, 어업권
	계약상의 권리	라이선스 계약, 프랜차이즈 계약
	경제적 실질	개발비, 소프트웨어
식별불능 무형자산	내부 개발	내재 영업권
	외부 취득	매수 영업권

한 수익창출활동에 사용되는 다른 자산의 미래 경제적 효익을 희생하지 않고 그 자산을 임대, 매각, 교환 또는 분배할 수 있다는 것을 말한다. 이러한 기준에 따라 식별가능 무형자산과 식별불능 무형자산은 <표 9. 4>와 같이 구분할 수 있다.

한편, 일반기업회계기준상 식별가능한 무형자산으로 분류된 산업재산권, 저작권, 신지식재산권은 "지적재산권(intellectual property)"이라고 불리는 법률상의 권리로서 법적인 보호를 받고 있는 무형자산이다.

위와 같은 분류를 통해 살펴보면 무형자산평가의 범주에는 다양한 내용이 포함될 수 있다. 우선 회사의 보유기술력을 평가하는 기술가치평가가 대표적인 무형자산평가의 예가 될 것이다. 기술가치평가는 특허권 등 지적재산권의 형태가 갖추어진 경우를 대상으로 하는 경우가 많지만, 반드시 법률상의 권리를 획득한 기술만을 대상으로 하는 것은 아니다. 특허의 출원, 등록 이전의 연구개발단계에 있는 기술의 경우에도 필요에 따라서 얼마든지 가치평가가 이루어질 수 있다. 이외에도 기업의 브랜드에 대한 가치평가, 영업권 평가, 인적자본 평가, 콘텐츠 평가, 라이선스 및 프랜차이즈 등 특정한 계약에 대한 평가 등 다양한 형태의 가치평가 영역이 존재할 수 있다.

다양한 목적과 용도

무형자산의 평가도 기업가치나 주식가치와 마찬가지로 다양한 목적과 용도하에서 이루어질 수 있다. 다음은 무형자산평가의 대표적인 경우인 기술가치평가가 이루어지는 다양한 경우의 예이다.

■ **예(example)** :

- 기술에 대한 라이선스 계약 시
- 기업의 인수·합병, 분할, 조인트 벤처, 전략적 제휴 시
- 연구개발 프로젝트에 대한 계속·중지 의사결정 시
- 지적자산관리 시스템 구축 시
- 기술담보가치 평가 시
- 특허권 침해소송 등 법적인 사유
- 상속세 및 증여세 계산 등 세무적인 사유

보론 7 기술평가항목

기술에 대한 가치평가를 실시하기 위한 전단계로서 기술 자체에 대한 평가가 필요한데, 이때에는 대체로 기술성, 권리성, 시장성, 사업성이라는 네 가지 항목으로 구분하여 분석이 이루어진다. 그런데 이러한 항목에 대한 심층적인 분석이 이루어지기 위해서는 각 항목별로 별도의 전문지식을 갖춘 평가자에 의해 분석되는 것이 타당할 것이다. 예를 들면, 기술성의 경우에는 해당 기술 자체에 대한 이공계 전문가에 의해 이루어져야 할 것이고, 권리성에 대해서는 해당 기술에 대한 특허분석 등의 경험이 있는 변리사 등이 분석하는 것이 적절할 것이다. 시장성의 경우에는 해당 기술에 대한 영업상황을 잘 파악하고 있는 기술영업전문가가 필요할 것이고, 사업성에 대해서는 재무적인 분석이 가능한 상경계 전문가가 적절하다고 볼 수 있다

위에서 살펴본 네 가지 항목에 대한 구분은 경우에 따라서 세 가지 혹은 두 가지 항목으로 통합되기도 한다. 예를 들면, 권리성은 기술성의 하위항목으로 포함되는 경우도 있고, 시장성이 사업성에 포함되어 분석이 이루어지기도 한다. 그러나 가치평가의 전단계로서 기술평가를 하기 위해서는 최소한 첫째로 기술력 자체에 대한 평가인 기술타당성과, 둘째로 이러한

기술을 과연 사업화하는 데 어떠한 상황인가를 가름하는 사업타당성에 대한 분석이 이루어져야 한다. 다음에서는 국내에서 공공기술 등에 대한 기술평가가 이루어질 때 적용되는 평가항목 및 내용에 대해 실제로 기술평가가 어떠한 형태로 진행되는지 살펴보도록 하자.

(1) 기술타당성 평가항목 및 내용

평가대상기술에 대한 기술 및 권리분석과 평가를 통해 경쟁기술 대비 기술적 경쟁력 및 타당성이 어느 정도 수준인가를 평가한다.

대항목	중항목	소항목	평 가 내 용
기술성	기술 구현성	기술개발 완성도	평가대상기술의 기술적 완성도가 어느 단계에 있는지에 대해서 평가
		추가 기술개발	상용화 수준의 신뢰성 및 완성도를 구현하는 데 필요한 추가 기술개발내용 및 기간에 대해서 평가
	기술 경쟁성	기술의 차별성	경쟁기술 대비 평가대상기술의 차별적 특징 등 우위적 요소에 대해서 평가
		대체기술 출현가능성	평가대상기술을 대체할 수 있는 기술의 존재 여부 및 출현 가능성에 대해서 평가
		모방 난이도	평가대상기술의 모방이나 유출로 초래될 수 있는 위험의 정보에 대해서 평가
	기술 활용성	기술수명주기상 위치	평가대상기술의 수명주기상 위치를 파악하여 향후 활용 가능성의 정도를 평가
		기술의 확장성	평가대상기술이 타제품, 타기술분야로의 확장 적용 가능성의 정도를 평가
권리성	기술 보호	권리구성의 적절성	평가대상기술과 관련하여 관련 특허풀을 적절히 구성하고 있는지 평가
	권리 범위	권리범위의 광협	평가대상기술 관련 특허풀의 권리범위가 얼마나 포괄적인지에 대해서 평가
		권리의 안정성	평가대상기술 관련 특허풀 권리들의 법적 안정성의 정도에 대해서 평가

자료 : 공공기술 상세평가 매뉴얼, 한국발명진흥회, 2006년.

(2) 사업타당성 평가항목 및 내용

평가대상기술을 기술이전을 통해 사업화함에 있어 관련제품(서비스) 및 시장, 그리고 관련업체들의 사업현황을 분석함으로써, 해당 기술을 사업화하는 경우에 대한 사업적 경쟁력 및 타당성을 분석평가한다.

대항목	중항목	소항목	평 가 내 용
시장성	시장 환경성	시장의 성장성	평가대상기술 적용시장의 성장주기상 위치 및 향후 성장가능성에 대해서 평가
		시장 경쟁도	평가대상기술 적용시장의 지배구조, 지배자의 유형, 독과점 여부, 경쟁제품의 과다 여부 등에 대해서 평가
	시장 경쟁성	시장진입 장벽	시장진입을 위해서 극복해야만 하는 장벽 중 외적·환경적 측면의 장벽 또는 장려요인의 존재 여부 및 내용에 대해서 평가
		수요 가능성	평가대상기술 적용시장에서 수요가 발생할 가능성의 정도에 대해서 평가
		시장지위 확보 가능성	평가대상기술을 적용함으로 인해 해당 시장에서 확보 가능한 위치에 대해서 평가
사업성	생산성	생산 용이성	평가대상기술의 상용화시 생산설비의 활용성과 원부자재 조달의 용이성에 대해서 평가
	수익성	사업 수익성	평가대상기술 관련제품에 대한 사업을 수행하고 있는 업체들의 수익성의 정도를 영업이익률을 토대로 평가
		매출 성장성	평가대상기술 관련제품에 대한 사업을 수행하고 있는 업체들의 매출액 성장성의 정도에 대해서 평가
	마케팅	마케팅 용이성	평가대상기술 관련사업을 수행하고 있는 업체들이 마케팅을 수행함에 따른 인프라 및 환경에 대해서 평가
	소요 자금	상용화 필요 자금 규모	기술이전에서 상용화에 이르기까지 평가대상기술의 상용화에 필요한 자금규모에 대해서 평가

자료: 공공기술 상세평가 매뉴얼, 한국발명진흥회, 2006년

* 상기의 공공기술 상세평가 매뉴얼 이외에 비전밸류경영개발원은 특허법인 다나와 공동으로 기술평가표를 자체적으로 개발하였고, 이는 본서 "[별첨 4] 기술평가표(Scoring Board) 사용자 매뉴얼"에 수록되어 있다.

2. 2 가치평가방법론

기본적으로 소득·시장·자산접근법의 세 가지 기법을 사용하는 것은 동일하나 평가대상 무형자산의 특성에 따라 다양한 평가기법이 존재한다. 다음에서는 주로 기술가치평가의 경우를 위주로 하여 소득·시장·자산접근법별로 주요 내용을 살펴보기로 하고, 특별히 기술 이외의 다른 무형자산에 대한 설명이 필요한 경우에는 추가적인 설명을 붙이기로 한다.

소득접근법

소득접근법의 가장 전형적인 형태인 현금흐름할인방식은 무형자산의 평가 시에도 가장 일반적으로 적용되는 기법이다. 무형자산에 대한 현금흐름할인방식에서도 현금흐름과 자본비용의 추정이 가장 중요한 문제이다. 반면, 해당 무형자산의 특성을 고려하기 위해서는 추가로 고려해야 할 사항들이 존재하는데, 예를 들면 기술가치평가에서는 기술의 내용연수를 고려해야 한다. 우리가 기업가치나 주식가치 평가 시에 추정기간을 무한대로 가정하고 영구가치를 구했던 것과는 달리, 대부분의 기술가치평가의 경우에는 해당 기술의 유한한 내용연수를 가정하고 평가를 실시하여야 한다.

첫째, 소득흐름의 추정과 관련된 사항을 살펴보자. 전통적으로 무형자산은 다음과 같은 방식으로 각각 직접적인 수익, 비용을 산출하여 미래의 소득흐름을 추정한다.

- 로열티 절감방식(royalty saving method) : 특정 무형자산에 대한 사용료를 기준으로 기회비용의 관점에서 절감 가능한 소득흐름을 추정하는 방식
- 증분소득방식(incremental income method) : 특정 무형자산이 공헌한 증분소득을 기준으로 소득흐름을 추정하는 방식
- 이익분할방식(profit splitting method) : 기업의 총이익 중 특정 무형자산에 일정비율을 배분하는 방식으로 추정함.

- 초과이익방식(excess earning method) : 기업의 유형자산의 가치를 먼저 구한 후 이를 초과하는 이익으로 무형자산가치를 산출함.

상기 전통적인 방법 중 로열티 절감방식, 증분소득방식 및 이익분할방식은 소득흐름을 추정하는 과정에서 기술이 기여한 부분을 직접적으로 추출해 내는 방법이다. 반면, 초과이익방식은 기업의 전체가치 중 유형자산의 가치를 먼저 구하고 나서, 정상소득흐름을 초과하는 이익을 할인하여 무형자산가치를 별도로 구하는 방법이다. 따라서 초과이익방식은 자산접근법과 소득접근법을 혼합한 형태로 볼 수 있는데, 이는 본서 제6장 제3절에서 자세히 다루고 있다.

한편, 국내에서는 기술가치평가를 위해 기업 전체에 대한 사업가치를 일반적인 현금흐름할인방식에 의한 기업가치평가방법과 동일한 과정을 통해 구하고, 여기에 기술의 가치가 차지하는 부분을 “기술기여도”라는 기술변수를 곱하여 분리해내는 소위 “기술기여도방식”을 주로 쓰고 있다.

기술가치 = 사업가치 × 기술기여도

이러한 방식은 앞에서 살펴본 전통적인 소득흐름 추정방식 중 이익분할방식의 적용순서를 변형한 형태로 볼 수 있는데, 이익분할방식에서는 소득흐름 자체에서 해당 기술에 대한 부분을 일정한 방식으로 분리해낸 후 이를 직접 현가계산하여 기술가치를 구하는 방식인 반면, 기술기여도방식에서는 일단 소득흐름 전체에 현가를 적용해서 사업가치 전체를 구한 후 사후적으로 기술이 기여한 부분만을 일정비율로 분할해내는 방식이다. 이러한 방식은 기업가치평가의 방법론을 대부분 활용할 수 있다는 장점이 있지만, 결국 사업가치에서 기술가치를 정확히 분리해내기 위해서는 기술기여도를 대단히 정교하게 산출해내야만 한다는 태생적인 어려움이 역시 존재한다.

둘째, 자본비용의 추정은 무형자산 자체의 위험을 고려하여 수익률을 측정하는 방법과 회사전체의 위험을 고려하여 회사의 자본비용을 사용하는 방법이 있다. 무형자산 자체의 위험을 반영하기 위해서는 기술개발의 단계, 신시장 개발 가능성, 라이선스 체결 가능성, 기술보호수단 등의 위험요인을 감안하는 요소가산방식(build-up method)[8] 등을 통해 계산한다. 그러나 이러한 방식은 해당 요인에 대한 객관적인 위험프리미엄(risk premium)을 구하기 쉽지 않으므로, 실무적으로는 회사의 전체위험을 고려한 가중평균자본비용 등을 사용하는 경우가 많다. 그러나 이 경우에도 해당 기술 고유위험을 반영하도록 반드시 일정한 조정절차를 거쳐야 할 것이다.

일반적으로 기술가치평가에는 많은 경우에 벤처기업에 적용되는 높은 할인율[9]을 기준점으로 삼는 것이 보다 현실적일 것이다. 가령, 평가대상이 되는 기술이 아직 연구개발 중이거나 상용화 준비단계에 있다고 한다면, 이는 해당 기술을 상용화하기 위해 창업한 벤처기업에 적용되는 할인율보다 더 높아야 하는 것이 논리적으로 타당하다. 왜냐하면 해당 기술은 현시점에서 아직 본격적인 상용화가 시작조차 되지 못한 상태이므로 창업과정, 양산체제 구축, 이후 본격적인 매출이 성공적으로 발생할 가능성 등 여러 가지 상황을 고려해 볼 때 미래 소득흐름의 변동성은 창업 초기의 기업에 비해 클 수밖에 없을 것이기 때문이다. 물론, 대기업 등에서 개발한 기술이 평가대상이 될 수 있기도 하겠지만, 이 경우에도 역시 해당 기술 자체에 대한 미래 소득흐름은 대기업 자체의 기존 소득흐름보다는 훨씬 위험이 큰 특성을 가지게 될 것이다.

셋째, 예상소득기간의 추정에 관한 문제인데, 기업가치평가의 경우에는 일반적으로 계속기업을 가정하나, 무형자산 가치평가 중 특히 기술가치평가와 같은 경우에는 평가대상이 되는 기술의 경제적 수명(economic life)의 분석결과에 따라 예상소득기간을 설정하여야 한다. 해당 기술의 실질적인 경제적 수명(economic life)을 반영하는 것이 가장 합리적인 방

---

8) 무형자산에 적용하는 Build-up method는 제4장 4.3절에서 살펴본 자기자본비용을 구하는 Build-up method와 기본논리만 비슷할 뿐 구체적으로 가산되는 개별 항목은 다른 항목들로 구성된다.

9) 벤처캐피털리스트가 벤처기업에 적용하는 할인율은 본 장 1.1절 참조.

법이지만, 현실적으로 기술의 경제적 수명을 정확히 추정하기는 결코 쉽지 않은 일이므로 [보론 8]에서 설명되고 있는 관련법규 및 계약상의 내용연수를 적용하기도 한다.

한편, 기술의 잔여내용연수는 비단 소득접근법뿐만 아니라, 시장접근법과 원가접근법에서도 활용되기 때문에 정확한 추정이 필요하다. 즉, 시장접근법에서는 비교대상기술의 선별 및 조정과정에서 활용되며, 원가접근법에서는 진부화의 정도를 측정하는 데 활용된다.

보론 8 무형자산의 내용연수

1. 관련법규상의 내용연수

무형자산의 내용연수를 규정하고 있는 국내의 관련법규는 대표적으로 기업회계기준, 법인세법, 그리고 지적재산권 관련법이 있다.

① 일반기업회계기준

일반기업회계기준 제11장 "무형자산"에서는 정상적인 영업과정에서 판매를 위하여 보유하고 있는 무형자산(제7장 "재고자산"과 제16장 "수익"), 제13장 "리스"의 적용범위에 해당하는 리스, 사업결합으로 취득하는 영업권(제12장 "사업결합")을 제외한 무형자산과 관련한 내용을 다루고 있다.

- 영업권을 제외한 무형자산 : 독점적, 배타적인 권리를 부여하고 있는 관계법령이나 계약에 정해진 경우를 제외하고는 20년을 초과하지 않는 범위 내에서 합리적인 기간 동안 상각한다(일반기업회계기준 제11장 "무형자산" 문단11.26~문단11.31의2).
- 영업권 : 영업권의 내용연수는 미래에 경제적 효익이 유입될 것으로 기대되는 기간으로 하며 20년을 초과하지 못한다(일반기업회계기준 제12장 "기업결합" 문단12.32).

② 법인세법

법인세법상에서는 법인세법 시행령(대통령령) 제28조 제1항 1호와 법인세법 시행규칙 제15조 제2항 및 [별표 3]에서 다음과 같이 무형자산의 내용연수를 특정하고 있다.

- 영업권, 디자인권, 실용신안권, 상표권 : 5년
- 특허권, 어업권, 「해저광물자원 개발법」에 의한 채취권, 유료도로관리권, 수리권, 전기가스공급시설이용권, 공업용수도시설이용권, 수도시설이용권, 열공급시설이용권 : 10년
- 광업권, 전신전화전용시설이용권, 전용측선이용권, 하수종말처리장시설관리권, 수도시설관리권 : 20년
- 댐사용권 : 50년

한편, 법인세법에서는 "개발비"에 대해서는 해당 업종에 따라 내용연수를 선택 가능하도록 규정하고 있는데, 법인세법 시행령 제28조 제1항 2호와 법인세법 시행규칙 제15조 제3항 및 [별표 6]의 해당 업종에 따라 기준내용연수 5년(4~6년)부터 기준내용연수 20년(15~25년)을 적용한다.

③ 지적재산권 관련법

특허권, 실용신안권, 상표권, 디자인권, 저작권과 관련해서는 지적재산권에서 규정하는 내용이 보다 직접적일 수 있는데, 내용연수가 규정되어 있는 각 항목별 관련조항은 다음과 같다.

- 특허권 : 특허권의 존속기간은 특허권의 설정등록이 있는 날부터 특허출원일 후 20년이 되는 날까지로 한다(특허법 제88조 제1항). 한편, 특허발명을 실시하기 위하여 다른 법령의 규정에 의하여 허가를 받거나 등록 등을 하여야 하고, 그 허가 또는 등록 등을 위하여 필요한 활성·안전성 등의 시험으로 인하여 장기간이 소요되는 발명으로서, 특허발명을 실시하기 위하여 「약사법」 제26조 제1항 또는 제34조 제1항의 규정에 의하여 품목허가를 받아야 하는 의약품의 발명 및 특허발명을 실시하기 위하여 「농약관리법」 제8조 제1항·제16조 제1항·제17조 제1항의 규정에 의하여 등록하여야 하는 농약 또는 원제의 발명인 경우에는 그 실시할 수 없었던 기간에 대하여 5년의 기간 내에서 당해 특허권의 존속기간을 연장할 수 있다(특허법 제89조, 특허법 시행령 제7조 각호).

- 실용신안권 : 실용신안권의 존속기간은 실용신안권의 설정등록을 한 날부터 실용신안등록출원일 후 10년이 되는 날까지로 한다(실용신안법 제22조).
- 상표권 : 상표권의 존속기간은 상표권의 설정등록이 있는 날부터 10년으로 한다(상표법 제42조 제1항). 한편, 상표권의 존속기간은 상표권의 존속기간갱신등록출원에 의하여 10년간씩 갱신할 수 있다(동조 제2항).
- 디자인권 : 디자인권의 존속기간은 디자인권의 설정등록이 있는 날부터 15년으로 한다. 다만, 유사디자인의 디자인권의 존속기간 만료일은 그 기본디자인의 디자인권의 존속기간 만료일로 한다(디자인보호법 제40조).
- 저작권(저작재산권) : 저작재산권은 특별한 규정이 있는 경우를 제외하고는 저작자의 생존하는 동안과 사망 후 50년간 존속한다. 다만, 저작자가 사망 후 40년이 경과하고 50년이 되기 전에 공표된 저작물의 저작재산권은 공표된 때부터 10년간 존속한다(저작권법 제36조 제1항). 한편, 공동저작물의 저작재산권은 맨 마지막으로 사망한 저작자의 사망 후 50년간 존속한다(동조 제2항).

2. 계약상의 내용연수

위에서 살펴본 각종 법규상에 나타난 내용연수는 다양한 기술의 특성과 시장상황을 개별적으로 모두 반영할 수는 없을 것이다. 그런데 만약 해당 기술에 대한 기술이전 등 구체적인 계약사항이 존재한다면 이를 근거로 해당 기술의 내용연수를 반영할 수 있을 것이다. 이는 해당 계약체결 시에 이해당사자 간에 협의를 통해 기술의 실질적인 내용연수에 대한 검토가 이루어졌다는 전제를 통해 가능하다. 이 경우 일괄적으로 관련법규상의 내용연수를 적용하는 것보다는 계약상 나타난 개별 기술에 대한 내용연수를 적용하게 되므로 한 단계 발전된 보다 현실적인 방법이 될 것이다.

3. 실질적인 경제적 수명의 추정

만약 해당 기술이 아직 개발단계에 있어 특허 등 지적재산권을 확보하지 못한 상태이거나, 계약상으로도 내용연수에 대한 자료가 특별히 존재하지 않는 경우에는 실질적인 경제적 수명을 추정하는 방법을 택해야 할 것이다. 그러나 개별 기술에 대한 실질적인 경제적 수명을 정확히 추정하는 것은 현실적으로 대단히 어려운 작업이어서, 대부분의 경우 광범위한 관련자료를 수집하고 통계적인 기법을 동원하여야만 추정치를 계산해 낼 수 있다. 이 중 가장 대표적인 방법의 하나는 인간의 수명을 추정하기 위해 의학분야에서 개발되었고 보험계리분야에서도 널리 활용되고 있는 생존곡선(survivor curve)에 의한 수명주기 추정방식[10)]이 있다.

시장접근법

대부분의 무형자산의 경우 주식이나 부동산에 비해 유사한 무형자산이 거래된 사례를 찾기가 힘들고, 그러한 거래가 있었다고 하더라도 거래조건을 명확하게 알아내기 힘든 경우가 대부분이다. 비교가능성 측면에서 무형자산에 대해 시장접근법을 적용하는 데에는 여러 가지 어려움이 존재한다.

이러한 어려움을 극복하고 시장접근법을 적용할 수 있는 사례가 구해진 경우에는 유사한 무형자산에 대해서 (1) 시장에서 실제 매매된 가격을 비교(market transaction method)하거나, (2) 시장에서 형성되고 있는 기술사용료 등 라이선스 비용을 비교(market royalty method)하는 방법을 사용할 수 있을 것이다. 유사매매 사례를 기준으로 시장접근법을 적용하는 것은 일반적인 기업가치나 주식가치를 산정할 때의 절차와 유사하다. 즉, 실제로 발생한 유사한 무형자산의 매매계약으로부터 시가배수를 산정한 후, 평가대상 무형자산에 선정된 시가배수를 적용하면 된다. 그런데 기술거래의 경우에는 매매거래보다는 기술사용료를 지불하는 라이선스 계약의 형태가 일반적이다.

---

10) 생존곡선을 이용해 예상소득기간을 추정하는 대표적인 기법은 아이오아 생존곡선(Iowa type survival curve) 방식이 있다. Reilly, R. and R. Schweihs, *Valuing Intangible Assets* (McGraw-Hill, 1998), pp. 216~236 참고.

이 경우 시장접근법을 적용하기 위해서는 기술라이선스 계약의 내용을 모아놓은 다양한 데이터베이스를 이용하여야 할 것인데 비교선별과정을 통하면 유사기술에 대한 기술사용료는 구할 수 있을 것이다. 그러나 궁극적으로 해당 기술의 가치를 산정하기 위해서는 매출액이나 영업이익 등에 대한 시가배수를 별도로 산정해내어 이를 적용시키거나, 혹은 매출액 등의 소득흐름을 추정하여 기술사용료를 곱한 후 이를 자본화하는 방식(소득접근법과의 결합) 등의 추가적인 과정을 통해야 할 것이다.

원가접근법

무형자산에 대한 가치평가 시에는 자산접근법(asset approach)이라는 용어보다는 원가접근법(cost approach)이라는 용어가 보다 일반적으로 사용된다. 개별 무형자산에 대한 가치평가에 원가접근법을 적용하기 위해서는 해당 무형자산에 대한 (1) 원가(cost)와 (2) 진부화(obsolescence)를 어떻게 측정할 것인가 하는 문제를 해결해야 한다. 원가의 측정을 위해서는 재생산원가 혹은 대체원가 등을 개별적으로 계산하는 방식을 취하여야 하고, 진부화의 측정 시에는 물리적 감소(physical deterioration), 기능적 진부화(functional obsolescence), 기술적 진부화(technological obsolescence), 경제적 진부화(economic obsolescence) 등을 감안하여야 할 것이다. 이 두 가지 요소가 측정되면 해당 무형자산의 가치는 원가에서 진부화 요인을 차감하는 방식으로 구한다.

이러한 방식은 대부분의 기술의 경우 시간이 경과하면서 기술의 가치가 감소하는 현상을 적절히 반영하는 방법이 될 것이다. 그러나 경우에 따라서는 기술의 수명주기상 개발 초기에는 시장여건이 조성되지 않다가 시간이 흐르면서 오히려 가치가 증가하는 경우도 있을 수 있다. 보다 근본적으로는 원가접근법에서는 미래에 발생할 상황을 가치평가과정에 반영하지 못하고 있기 때문에 소득접근법과 시장접근법의 보완적인 평가기법으로 사용되는 것이 바람직할 것이다.

3. 부동산 가치평가

일반적으로 부동산이라 함은 민법 제99조에 의해 "토지와 그 정착물"로 정의하는데, 이때 정착물이란 주로 건물을 의미한다. 경우에 따라서는 토지와 건물에 정착되어 있는 설비를 포함하기도 한다.[11] 부동산에 대한 가치평가[12]를 실시할 때 평가대상은 크게 토지와 건물로 나눌 수 있는데 이들 두 항목의 가장 큰 차이는 감가상각의 적용 여부일 것이다. 즉, 토지는 기업활동에 지속적으로 사용하더라도 경제적 가치가 감소하지 않는다고 보지만, 건물의 경우에는 감가상각을 통해 경제적 가치가 감소하는 현상을 반영해 주어야 한다. 다음의 부동산평가에서는 기업가치평가의 유사점과 차이점에 초점을 맞추어 살펴보기로 한다.

3. 1 기업가치평가와의 비교

부동산에 대한 가치평가는 기업가치평가와 유사한 면이 존재하는가 하면, 또 확연하게 차이가 나는 부분이 있다. 우선, 가치평가를 실시하는 일반적인 업무단계는 기업의 경우나 부동산의 경우나 유사하다. 기업가치평가의 경우 거시경제 및 해당 산업에 대한 외부환경 분석과 평가대상인 기업 혹은 주식에 대한 분석을 거쳐 본격적인 가치평가를 실시한다. 분석의 대상과 범위에서 차이는 있지만 부동산 가치평가에 있어서도 시장의 지역성과 변동성 등에 대한 외부환경 분석과 함께 평가대상 부동산의 특성을 예비적으로 분석한 후 이를 바탕으로 본격적인 가치평가를 실

11) 광의로 부동산을 정의할 때에는 물권변동을 등기나 등록으로 공시하고 있는 준(準)부동산도 포함한다. 이에는 특정한 조건을 갖춘 입목, 공장재산, 광업재단, 어업권, 선박, 건설기계, 자동차, 비행기 등이 해당된다.

12) 부동산에 대한 가치평가는 국내에서는 감정평가라는 용어로 더 익숙하게 사용되고 있다.

시하게 된다.

"가치의 전제"와 "가치의 기준"의 적용은 기업가치평가나 부동산가치평가나 동일한 구조이다. 부동산의 경우 계속사용 혹은 청산의 전제를 바탕으로, 공정시장가치 혹은 투자가치 등의 가치의 기준을 정할 수 있을 것이다. 또한 가치평가의 방법론도 소득, 시장, 원가(혹은 비용) 접근법을 적용하는 점은 유사하다. 그러나 구체적으로 이러한 평가기법을 적용하는 데 있어서는 평가대상의 특성에 따른 차이점이 존재하게 된다.

기업가치평가와 부동산가치평가의 가장 근본적인 차이점은 당연히 평가대상의 차이에서 기인한다. 기업가치평가에서는 평가과정을 거쳐 궁극적으로 우리가 구하고자 하는 값은 기업가치 혹은 주식가치였다. 만약 평가대상이 되는 어떤 부동산을 기업이 보유하고 있는 경우에는 그 부동산의 가치는 전체기업가치의 일부분이라고 볼 수 있다.[13] 기업가치평가에서 다루는 평가대상은 기업전체나 기업에 대한 소유권인 주식의 가치인 반면, 부동산 가치평가에서는 특정한 부동산에 대한 평가인 것이다.

이러한 평가대상의 특성에서 발생하는 차이점은 여러 가지가 있을 수 있는데, 우선 부동산의 경우 소유권, 저당권, 전세권, 지역권, 지상권, 임차권 등의 법적 권리와 관련된 계약사항이 대부분 등기되어 있어 평가업무를 수행하기가 용이한 측면이 있다. 반면, 기업가치평가의 경우에는 각종 영업 및 재무활동과 관련된 매우 다양한 계약이 존재하고 이러한 사항이 가치평가에 상당히 복잡한 형태로 직·간접적인 영향을 미치고 있다. 기업가치평가의 경우 영업권이 항상 고려되어 이를 기업가치의 일부로 포함시켜야 하는 문제가 있는데, 부동산의 경우에는 이러한 문제와는 관련이 없다고 볼 수 있다.

또한 기업가치의 경우 동일산업 내의 주식이라 하더라도 소득흐름과 위험이 다르게 나타날 수 있으나, 부동산의 경우에는 동일지역 내에 위치하는 유사한 부동산일 경우 비교적 소득흐름과 위험의 정도가 비슷하다

13) 물론 개인이 보유하고 있는 부동산의 경우에는 기업가치라는 개념과는 별개이다.

〈표 9. 5〉 기업가치평가와 부동산가치평가의 비교

구 분	기업가치평가	부동산가치평가
평가대상	기업 전체	특정 부동산
지분	지배지분, 소수지분	해당 부동산에 대한 권익
제약사항	사업계약의 복잡성	권리계약의 파악이 비교적 용이
영업권	영업권이 기업가치의 일부	영업권과는 별개
유사성 및 비교가능성	동일업종에 있는 업체라 하더라도 상대적으로 유사성이 낮음	동일지역 내에 있는 유사한 부동산은 비교가능성이 상대적으로 높음

고 볼 수 있을 것이다. 시장가치의 변화도 주식가치가 부동산가치보다 심하게 나타나는 것이 일반적이다.

한편, 부동산의 가치평가 시에는 일반적으로 최유효이용(highest and best use)의 가정이라는 개념을 평가과정에 적용하게 된다. 최유효이용의 가정이라는 것은 "어떤 부동산의 가치는 그 부동산의 유용성이 최고로 발휘될 상황을 전제로 파악되는 가격을 표준으로 하여 결정된다"는 원칙을 말한다. 이러한 가정은 물리적인 가능성(physical possibility), 법적인 허용성(legal permissibility), 재무적 타당성(financial feasibility), 최대수익성(maximum profitability) 등의 제약조건을 만족시키는 범위 내에서 수립되어야 한다.

이러한 차이점과 특성으로 말미암아 부동산 가치평가 시에 기업가치평가와는 구별되는 특유의 평가기법을 적용할 필요가 있는데, 이에 대한 구체적인 내용은 다음에서 소득·시장·원가접근법별로 살펴보기로 한다.

3. 2 가치평가방법론

지금부터 우리는 부동산 평가에서 소득접근법, 시장접근법, 원가접근법이 어떻게 적용되는지를 살펴볼 것이다. 먼저 이론적인 측면에서 각 방법의 타당성 및 적용 방식을 살펴보고, 국내에서 운영되고 있는 「감정평가에 관한 규칙」(이하 감정평가규칙)[14]의 적용방식을 살펴보기로 한다. 우리가 앞서 살펴본 일반적인 기업가치평가에서도 이론적인 측면의 평가방법이 존재하고, 관련 법규상에서 다양한 목적에 의하여 변형된 평가방법을 자본시장법 및 상속증여세법 등에서 규정하고 있다. 이와 마찬가지로 부동산 평가도 정부의 과세목적 및 기타 다양한 목적에 대한 객관성을 담보하기 위하여 관련 법률에서 평가 방법을 규정하고 있는 것이다.

3.2.1 소득접근법

기업가치평가의 소득접근법은 해당 기업으로부터 발생하는 현금흐름을 적절한 자본비용으로 할인한 금액을 평가금액으로 도출하도록 하고 있다. 반면 부동산 평가에서는 순영업소득을 적절한 자본환원율을 적용하여 대상 부동산의 가치를 측정하는 전통적인 소득접근법에서부터 기업가치평가 방식에서 사용하는 현금흐름할인방식과 유사한 형태인 세후현금수지모형까지 다양한 방식의 소득접근법이 존재한다. 우리가 본 절에서 다루고자 하는 평가 방식은 세후현금수지모형으로써 다른 모든 형태의 소득접근법은 본 방식의 특수한 형태에 불과하다. 다양한 형태의 소득접근법의 특징에 대해서 정리하면 <표 9. 6>과 같다.

부동산 평가에 사용하는 세후현금수지모형은 할인현금수지분석법의 한 방식으로 기업가치평가의 현금흐름할인방식과 거의 동일한 형태로 구성되어 있다. 다만, 부동산은 기업과 구별되는 특성을 가지고 있어 기업가치평가 방법을 그대로 적용하기 보다는 부동산의 특성에 맞게 변형되어 적용된다.

---

14) 우리나라 “감정평가에 관한 규칙 제4조 및 제10조”에서는 이 책에서 소개하는 소득접근법(수익방식), 시장접근법(비교방식), 원가접근법(원가방식)을 각각 두 가지씩의 총 여섯 가지의 세부적인 평가방법(소위 3방식 6방법)으로 나누어 정의하고 있다. 동 규칙은 “지가공시 및 토지 등의 평가에 관한 법률 제22조”에 의해 건설부령으로 제정된 규칙이다.

〈표 9. 6〉 소득접근법의 다양한 형태

구 분	주요 특징
전통적 소득접근법	대상 부동산에서 발생하는 순영업소득을 적절한 자본환원율을 적용하여 시장가치를 산출
잔여환원법	순영업소득을 건물소득과 토지소득으로 나눈 후 건물소득은 다시 자본수익분과 자본회수분으로 구분하여 대상 부동산의 시장가치를 산출
저당지분 환원법	투자자는 경제적수명 동안 부동산을 보유하지 않으며, 금융기관의 저당대부를 이용한다는 점을 고려하여 대상 부동산의 시장가치를 산출
순영업 소득모형	대상 부동산에서 발생하는 매 기간의 순영업소득과 투자기간 말의 잔여가치를 할인하여 시장가치를 산출
할인현금 수지분석법	대상 부동산에서 발생하는 매 기간의 현금수지(부채서비스액 차감후)와 투자기간 말의 잔여가치를 현재가치로 할인한 후 저당대부금액을 합산하여 시장가치를 산출

자료 : 안정근, 『부동산평가이론』(5판, 양현사, 2009).

• 가치의 전제 및 추정기간 대부분의 경우 기업가치평가에서는 기업의 지속적인 성장을 가정하여 일정한 예측기간 동안의 현금흐름을 추정하고 이후 현금흐름에 대해서는 영구성장모형을 이용하게 된다. 반면, 부동산에 대한 투자는 이와 대조적으로 영구적인 임대수익 등을 얻기보다는 일정기간 이후 시세차익 목적이 더욱 강조된다. 따라서, 부동산 가치평가에서는 사전에 결정된 투자기간 동안 발생하는 현금흐름과 투자기간 말 시점에 해당 부동산의 처분에 따른 현금흐름을 고려하는 것이 일반적이다. 또한, 토지를 제외한 부동산은 계속기업의 전제가 적용되는 기업가치평가의 경우와는 달리 물리적 감가상각에 따른 경제적 내용연수가 존재하기 때문에 해당 내용연수를 투자기간 산정 시 고려하게 된다.

• 순현금흐름 우리는 제4장 3.2절에서 기업가치평가에 사용되는 순현금흐름은 투하자본방식과 자기자본방식에 의하여 산출할 수 있으며, 기업가치평가에서는 투하자본방식을 적용하는 것이 실무적으로 보다 일반적인 경우라는 것을 살펴보았다. 즉, 투하자본방식에 의한 순현금흐름을 이용하여 기업가치를 산출한 후 부채를 차감하여 주식가치를 도출하는 것이다. 부동산 평가의 경우에도 두 가지 방식을 모두 사용할 수 있으나 투

하자본방식보다는 자기자본방식에 의하여 도출된 순현금흐름을 더욱 빈번하게 사용하고 있다. 왜냐하면, 부동산 투자자에게는 부동산 매입과정에서 발생하는 금융기관 대출금의 상환금액과 이자비용을 제외한 순현금흐름 정보가 유익한 경우가 더욱 많기 때문이다.

세후현금수지모형에 의한 소득접근법을 적용하기 위해서는 (1) 대상기간 동안 발생하는 세후현금흐름, (2) 대상기간 말 시점에 회수될 것으로 기대되는 부동산 처분금액 및 (3) 해당 현금흐름을 현재가치로 변환하는데 필요한 할인율 및 (4) 저당대부금액을 알아야 한다.

세후 현금흐름의 추정

부동산으로부터 발생하는 세후현금흐름은 해당 부동산을 임대할 경우 발생하는 임대료의 합계에서 다양한 형태의 관련비용을 차감하여 도출할 수 있다.

	가능조소득	×××
−	공실 관련 비용	(×××)
=	유효조소득	×××
−	영업경비	(×××)
−	저당대부 관련 비용	(×××)
=	세전현금흐름	×××
−	관련 세금	(×××)
=	세후현금흐름	×××

앞의 식에서 가능조(粗)소득(potential gross income : PGI)은 해당 부동산의 임대로부터 얻을 수 있는 최대의 임대료수입을 말한다. 일반적으로 임대부동산이 100% 임대되는 경우는 희박하기 때문에 일정한 수준의 공실률(vacancy rate)을 반영하여 임대료수입을 추정하는데 이때의 금액을 유효조소득이라고 한다. 유효조소득에서 차감하는 영업비용은 해당 부동산을 유지하기 위한 재산세, 보험료, 유지비용, 광고료 등의 고정비용과 전기료 등의 변동비용이 포함된다. 또한, 부동산 관리를 위하여 사용되는

비품 등에 대한 감가상각비는 관련비용에 포함되지만, 해당 부동산에 대한 감가상각은 관련비용에 포함하지 않는다는 것을 주의하여야 한다. 또한, 대부분의 부동산은 저당대부가 존재하기 때문에 관련 이자비용을 차감하여야 한다. 마지막 단계에서 소득에 따른 세금을 산출하는 경우 관련 법규상 인정·불인정되는 비용 내역에 대한 검토가 필요할 것이다.

부동산처분에 따른 현금흐름 추정

대상기간 말 시점에는 해당 부동산을 매각하여 발생한 현금흐름을 현재가치로 환산하게 된다. 이 경우 부동산처분에 따른 현금흐름 추정은 미래시점에 형성될 해당 부동산에 대한 시장가치를 예측하여야 하는 문제점에 직면하게 된다. 매각예상금액은 과거 부동산시장의 추세나 현재의 시장자료에 근거하여 추정할 수 있는데, 가장 많이 사용되는 방법으로는 앞서 언급된 세후현금흐름 추정방식으로 매각시점의 현금흐름을 추정하고 자본환원율[15]을 적용하여 예상매각금액을 도출하는 방식이다. 이 경우 매각시점에 존재하는 저당대부의 미상환금액과 매도관련비용을 고려하여야 한다.

할인율 추정

부동산에 대한 할인율은 실무상 대개 실제거래사례나 부동산전문가들의 추정치로부터 적정한 요구수익률을 수집하여 계산하는 서베이방식(survey method)을 따른다. 기업가치평가의 경우에는 상장기업의 주가자료로부터 CAPM 등을 적용하기가 비교적 용이하였으나, 상대적으로 거래가 활발히 이루어지지 않는 부동산의 경우에는 CAPM 등의 금융자산에 대한 가격결정모형을 그대로 적용하는 데 한계가 있다.[16] 한편, 부동산에

---

15) 부동산 평가에서 사용되는 자본환원율은 우리가 제4장 2.1절에서 살펴본 자본화율과 동일한 개념이다. 다만, 영구모형이 적용되는 기업가치평가에서 적용되는 자본화율은 할인율과 동일하지만, 투자기간이 한정되어 있는 부동산평가에서의 자본환원율은 할인율과는 다르다는 점을 주의하여야 한다.

16) 상장된 REITS 등을 사용하여 CAPM을 활용하는 경우도 있으나(Damodaran, A., *Investment Valuation* (2nd Edition, Wiley), pp. 730~737), 국내 주식시장에서는 리츠시장이 활성화되지 못하고 있기 때문에 상장기업수, 거래량, 주가의 기초자산가치 반영

적용되는 할인율은 대개 기업가치평가시에 적용되는 할인율보다 낮은데, 이는 부동산에 대한 투자위험이 기업에 대한 투자위험보다 낮게 나타나는 경우가 대부분이기 때문이다.

저당대부금액

일반적으로 대부분의 부동산은 저당대부가 존재하기 때문에, 저당대부에 대한 상환금액 혹은 이자비용을 순현금흐름에서 차감하는 방식으로 계산한다. 그런데 이러한 방식으로 산출된 해당 부동산의 평가 금액은 자기자본방식에 의한 부동산에 대한 지분가치이다. 따라서, 평가대상 부동산의 시장가치 전체를 구하기 위해서는 평가시점 현재의 저당대부금액을 다시 가산하여야 하는 것이다.

한편, 국내 감정평가규칙에서는 소득접근법의 적용방식을 (1) 내용연수 전기간을 통하여 발생할 수익을 기준으로 하여 교환의 대가인 "가격"을 구하는 방법을 "수익환원법"이라 하고, (2) 일정기간 동안의 사용수익을 통하여 얻는 효익의 대가인 "임대료"를 구하는 방법인 "수익분석법"으로 나누어 다음과 같이 정의하고 있다.

수익환원법	수익분석법
• 대상물건이 장래 산출할 것으로 기대되는 순수익 또는 미래의 현금흐름을 적정한 율로 환원 또는 할인하여 가격시점에 있어서의 평가가격을 산정하는 방법	• 일반기업경영에 의하여 산출된 총수익을 분석하여 대상물건이 일정한 기간에 산출한 것으로 기대되는 순수익을 구한 후 대상물건을 계속하여 임대차하는 데 필요한 경비를 가산하여 대상물건의 임료를 산정하는 방법

3.2.2 시장접근법

부동산의 경우 시장접근법은 최근에 거래된 유사한 부동산의 실제매매자료에서 비교대상 부동산을 찾아내어 평가대상 부동산의 가치를 산출

정도 등에서 리츠 주가가 부동산가치를 반영한다고 보기는 어려운 상태로 파악된다.

해내는 방식을 말한다. 부동산의 경우 해당 부동산의 위치가 중요하므로 지리적으로 인접하면서 유사한 특성을 지니고 있는 비교대상 부동산을 찾아내는 것이 중요하다. 이외에도 해당 부동산의 규모, 건물의 연수, 질적 상태 등이 추가로 고려되어야 할 것이다.

부동산의 경우 실제매매가 되지 않았다 하더라도 인근지역에서 형성되고 있는 매매호가를 사용할 수 있다. 이러한 요인으로 인해 부동산 가치평가 시에는 기업가치평가와 비교해 볼 때 상대적으로 비교대상 부동산을 찾기가 용이하다고 할 수 있을 것이다.

시장접근법을 적용하여 대상 부동산을 평가하기 위해서는 유사한 매매사례를 수집한 모집단에서 비교대상 부동산을 추출하고, 해당 비교대상 부동산의 매매사례가액을 일정한 조건하에서 수정한 금액을 평가액으로 확정하는 절차를 거치게 된다. 독자는 이러한 절차가 기업가치평가의 시장접근법과 유사한 절차임을 알 수 있지만, 부동산의 특성에 기인하여 몇 가지 차이점을 가지게 된다는 점에 주의할 필요가 있다.

유사 매매사례의 수집

시장접근법을 적용하기 위해서는 평가대상 부동산이 소재한 지역의 매매사례를 수집하는 것이 가장 중요한데, 기업가치평가와 비교할 경우 상대적으로 많은 사례를 수집할 수 있어 기업가치평가에 비해 본 방법을 적용하기 수월한 측면이 존재한다. 이는 부동산 매매중개업이 오랜 시간에 걸쳐 수행되어온 관계로 매매사례정보를 제공할 수 있는 다양한 출처가 존재하기 때문이다. 물론 부동산의 종류에 따라 해당 자료를 얻을 수 있는 출처는 달라질 수 있다. 예를 들면, 아파트를 포함한 거주목적의 부동산은 부동산중개업소 등을 통해 쉽게 얻을 수 있으며, 공장부지와 같은 산업목적의 부동산은 해당 부동산의 중개를 전문적으로 하는 부동산 중개사나 관련 기관으로부터 매매사례를 확보할 수 있을 것이다. 매매사례 수집에서 주의할 것은 특수한 조건하에서 이루어진 거래인 경우 정상적인 시장가격을 반영하지 못할 위험성을 내포하고 있을 가능성이 있다는 점이다. 이러한 특수한 조건에 해당하는 거래는 일반적으로 (1) 특수관계자 간의 거래, (2) 매도자 혹은 매수자의 특수한 상황에 의한 거래, (3) 거래당사자 중 일방이 정부인 거래[17]를 들 수 있다. 이러한 유형의 거래는 특별한 경우가 아닐 경우에는 평가자가 매매사례의 수집단계에서 우선적으로 제거하여, 향후 비교 매매사례에 선정되지 않도록 하여야 한다.

비교매매사례의 선정

부동산을 평가하기 위하여 해당 부동산이 소재하는 지역의 매매사례에서 시장가격을 반영하지 못할 가능성이 높은 특수한 조건하에서의 매매사례를 일차적으로 제외하였다. 그 다음 단계로 수집된 매매사례에서 평가대상부동산과 가장 유사한 비교매매사례를 선정하게 된다. 일반적으로 부동산은 다양한 특성을 가지고 있어 완벽하게 동일한 형태의 비교대상을 찾기에는 어려움이 있다. 이러한 점들을 보완하기 위하여 부동산 자체가 가지는 개별적 특성과 해당 거래와 관련된 특성을 고려하여 비교매매사례를 선정하여야 한다. 비교매매사례를 선정하기 위하여 일반적으로 다음의 10대 항목을 비교 분석한다.[18]

① 해당 부동산의 권익
② 자본조달조건
③ 매매조건
④ 매수 직후의 지출액
⑤ 시장상황
⑥ 위치
⑦ 물리적 특성
⑧ 경제적 특성

---

17) 정부가 거래의 일방인 경우에는 해당 거래의 성격상 정책목적 달성을 위한 강제성이 개입될 여지가 높은 것이 현실이다. 이러한 거래의 예로 세금체납 회수를 위한 매매사례, 법원의 경매처분, 수용에 의한 매매가 있다.

18) 미국의 대표적인 부동산평가협회인 Appraisal Institute가 발행한 *The Appraisal of Real Estate* (12th ed), p. 426을 참조할 것.

⑨ 용도
⑩ 부동산 외적인 가치구성요소

매매사례가액의 수정

모든 부동산은 개별적인 고유의 특성을 가지고 있어 아파트와 같은 공동주택을 제외하고는 비교매매사례의 선정 결과를 그대로 사용하여 평가대상 부동산의 시장가치를 도출할 수는 없다. 이러한 이유로 평가자는 평가대상 부동산 및 비교매매사례의 특성을 고려한 주요 항목에 대하여 상대적인 평가를 실시하게 되는데, 이 경우 사용하는 방법으로는 비율수정법, 금액수정법 및 연속수정법이 있다.[19] 상대적 평가는 평가대상 부동산을 기준으로 비교대상 부동산의 상대적 우위·열위를 주요 항목별로 평가한 결과를 이용하여 평가대상 부동산의 시장가치를 산출하게 된다.

한편, 국내 감정평가규칙에서는 시장접근법의 적용방식을 (1) "가격"을 구하는 "거래사례비교법"과 (2) "임대료"를 구하는 "임대사례비교법"으로 나누어 다음과 같이 정의하고 있다.

거래사례비교법	임대사례비교법
• 대상물건과 동일성 또는 유사성이 있는 물건의 거래사례와 비교하여 대상물건의 현황에 맞게 사정보정 및 시점수정을 가하여 가격을 산정하는 방법	• 대상물건과 동일성 또는 유사성이 있는 다른 물건의 임대사례와 비교하여 대상물건의 현황에 맞게 사정보정 및 시점수정 등을 가하여 임료를 산정하는 방법

3.2.3 원가접근법

기업가치평가의 자산접근법(asset approach)에 해당하는 평가기법을 부동산 가치평가의 경우에는 일반적으로 원가(혹은 비용)접근법(cost approach)이라는 용어를 사용하여 부른다. 부동산의 경우에도 전체적인 구조는 기업가치평가에서 자산접근법을 적용할 때 살펴보았던 방식과 대체

19) 평가과정에서 우위·열위 정도를 비율로 표시하면 비율수정법, 금액으로 표시하면 금액수정법, 비율과 금액을 동시에 적용하여 표시하면 연속수정법이 되는 것이다.

로 유사한데, 해당 부동산의 재생산원가(reproduction cost)나 대체원가(replacement cost)를 추정한 후 이에 진부화 요인 등을 감안하여 시장가치 상당액을 계산하는 방식으로 진행된다. 원가접근법은 접근방식의 특성상 감가대상인 건물에 적합한 방법이기 때문에 비감가대상인 토지를 포함하여 평가하는 경우에는 토지가치 산정을 위하여 시장접근법을 적용할 필요가 있다. 결국, 시장접근법하에서는 토지와 건물을 일괄평가할 수 있으나 원가접근법하에서는 건물에 대해서만 평가하고 토지에 대해서는 매매사례를 이용하여 가치를 추정할 수 밖에 없어 다른 두 가지 방식인 소득접근법과 시장접근법의 보완적인 평가기법으로 사용되는 것이 일반적인 추세이다.

비용접근법은 평가담당자가 재생산원가를 추계하는데 많은 비용과 시간이 소비되고 감가상각 추계액의 산정에 주관성이 개입된다는 단점에도 불구하고 매매사례가 많지 않은 특수목적의 부동산이나, 감가상각 추계액이 큰 비중을 차지하지 않는 신축건물의 평가에 많이 사용되고 있는 접근방식이다.

재생산원가의 측정

원가접근법은 평가대상건물을 평가시점에 현행가격으로 신규로 만들 경우에 소요되는 비용에서 감가액을 차감하여 산정하는 방식이기 때문에 재생산원가를 측정하는 것에서부터 평가업무가 시작된다.[20] 일반적으로 재생산원가는 건설과 관련하여 지출하는 원자재와 인건비와 같은 직접비용, 직접비용에 부가하여 발생하는 관리업무에 소요되는 간접비용, 개발업자에게 귀속되는 개발이윤[21]으로 구성된다. 대부분의 경우 직접비용을 추정한 결과에 일정비율의 간접비용과 개발이윤을 가산하는 방식으로 재생산원가를 측정하게 된다. 재생산비용을 추정하는 방식에는 건물

20) 재생산원가를 사용하는 대신 대체원가를 측정할 수도 있을 것이나 이 경우 동일한 효용을 금액적으로 측정해야 하는 또 다른 어려움이 발생한다.

21) 개발이윤이 재생산원가에 포함하는 것에는 이론의 여지가 없으나 어느 정도 수준을 인정할 것인지에 대한 기준은 존재하지 않는다. 신규 건물 건설 당시의 부동산시장 상황에 따라 개발업자의 개발이윤은 달라질 수 있기 때문이다.

을 신축할 경우 작성되는 시방서에 기재된 모든 항목에 대하여 개별적인 소요 비용을 추계하여 결정하는 총량조사법, 건물을 골격, 벽, 지붕, 배관 시설 등과 같이 몇 개의 주요 구성부분으로 나누고 해당 측정단위별로 소요 비용을 추계하여 결정하는 구성단위법, 평방미터나 입방미터와 같은 총량적 단위를 기준으로 소요 비용을 추계하여 결정하는 단위비교법, 평가대상건물의 최초 소요 비용에 시간지수와 위치지수를 고려하여 소요 비용을 추계하는 비용지수법이 있다. 이러한 각 방법은 기술한 순서대로 가장 정확한 방법인 동시에 시간과 비용이 가장 많이 소요되는 방법이다. 따라서, 평가자는 평가대상부동산의 가격 및 특성을 고려하여 적합한 방법을 선정하여 평가하여야 할 것이다.

감가상각 추계치의 산정

재생산원가는 평가대상건물을 현재 시점에 재취득하는데 소요되는 현재의 비용이므로 건축 후 일정한 시간이 경과한 내용연수에 대한 감가상각을 추계하여 차감하여야 한다. 평가대상 부동산의 가치가 재생산원가에 비하여 얼마나 감소하였는지를 확인하기 위해서는 여러 가지 요인을 복합적으로 고려하여야 한다. 평가대상 부동산의 가치손실은 대부분 마모, 훼손등과 같은 사유로 발생하는 물리적 감소, 시간의 경과에 따라 선호하는 기능적 효용이 변화함에 따라 나타나는 기능적 진부화 및 평가대상 부동산과 직접적인 관계가 없는 외부적인 환경에 의하여 발생하는 경제적 진부화로 이루어진다. 이러한 가치손실을 도출하기 위하여 해당 건물의 경제적 내용연수와 비교하기 위한 다양한 내용연수를 이용하여 감가상각 추계치를 측정하게 된다. 이 때 실제 사용 내용연수를 적용하게 되면 실제연수법, 건물의 개량 등과 같은 사항을 반영하여 유효연수를 적용하게 되면 유효연수법이 된다. 이 두 가지 방법은 경제적 내용연수를 사전에 파악할 수 있다는 전제하에서 적용되는 방법인데, 평가시점에서 해당 건물의 잔여 사용내용연수를 정확하게 측정할 수 있다면 실제사용내용연수와 잔여 사용내용연수를 합산하여 전체수명을 측정할 수 있기 때문에 전체수명과 실제사용연수를 이용하여 감가상각액을 추계할 수 있다. 이러한 방법은 미래수명법이라고 한다.

한편, 국내의 감정평가에 관한 규칙에서는 원가접근법의 적용방식을 (1) “가격”을 구하는 “원가법”과 (2) “임대료”를 구하는 “적산법”으로 나누어 다음과 같이 설명하고 있다.

원 가 법	적 산 법
• 가격시점에서 대상물건의 재조달원가에 감가수정을 하여 대상물건이 가지는 현재의 가격을 산정하는 방법	• 가격시점에 있어서 대상물건의 가격을 기대이율로 곱하여 산정한 금액에 대상물건을 계속하여 임대차하는 데 필요한 경비를 가산하여 임료를 산정하는 방법

Business Valuation

제 10 장

재무보고목적에 의한 평가

1. 개 요
2. 자산 항목별 평가
3. 부채 및 자본 항목별 평가

1. 개 요

우리는 지금까지 소득접근법, 시장접근법 및 자산접근법에 의하여 보편적으로 기업가치를 측정하는 방법을 살펴보았다.[1] 평가대상회사의 적정한 가치는 이러한 세 가지 방법에 의하여 도출된 평가금액을 평가대상회사의 특성을 고려하여 적정한 비율로 가중평균한 금액으로 측정하는 것을 원칙으로 하고 있다. 이러한 기업가치평가 결과는 지분인수, 합병, 분할 등과 같은 경영활동의 의사결정과정에서 경영진이 최적의 결정을 도출할 수 있도록 도와준다. 평가자는 최적의 의사결정에 부합하기 위하여 평가대상회사 및 평가시점의 제반 상황을 고려하여 다양한 평가방법론을 수립할 수 있다. 따라서 동일한 평가대상회사를 복수의 평가자가 평가업무를 수행할 경우 평가 결과가 반드시 일치하는 것은 아니다. 기업가치평가 결과의 차이는 평가자가 평가시점의 거시경제상황, 평가대상회사의 향후 사업계획에 대한 타당성, 평가에 적용되는 주요 변수 등과 같은 항목에서 어떠한 판단을 하는가에 따라 발생하게 된다.

본서에서 지금까지 살펴본 보편적인 가치평가가 대부분 경영진, 투자자 혹은 특정한 이해관계자가 평가결과를 활용하는 것과는 대조적으로, 재무보고목적이라는 특수성을 가지고 재무제표 작성을 위해 수행하는 자산·부채의 평가 결과는 보다 넓은 의미의 불특정다수의 이해관계자가 이용하게 된다는 특징이 있다. 이와 같이 재무제표 작성에 사용되는 자산·부채의 평가는 재무제표 이용자 모두에게 유용한 정보를 제공하여야 하기 때문에 일반적으로 인정된 회계원칙에서 평가방법을 정하고 있다. 일반적으로 인정된 회계원칙에서는 자산·부채 평가에 보편적인 가치평가 방법을 그대로 적용하거나 일부 변형하여 적용하게 되는데, 이는 논리적

1) 본 장에서 설명하는 "재무보고목적에 의한 가치평가"와 구분하기 위해서 지금까지 본서의 대부분에서 일반적인 상황을 전제로 설명한 기업가치평가 방법론을 본 장에서는 "보편적인 기업가치평가"라고 지칭하겠다.

으로 검증된 평가방식을 재무보고 목적에 적합하도록 일정한 기준을 제시한 것이지 별도의 평가방식을 언급하고 있는 것은 아니다. 그리고, 만약 자산·부채의 측정방식이 동일하지 않다면 재무제표를 이용하는 이해관계자는 이용하고자 하는 모든 재무제표상의 자산·부채 평가에 적용된 논리적 모델에 대한 검증을 수행해야 한다. 이 경우 재무제표 이용자는 많은 시간과 비용을 투자하여 재무제표의 차이내역을 파악하여야 하지만, 재무제표 작성자가 평가과정에서 적용한 모든 가정과 자료를 입수할 수 없는 현실적인 제약이 존재하게 된다. 이러한 문제점들을 방지하기 위하여 모든 회사의 재무제표는 동일한 자산·부채 평가기준을 적용하여 작성하도록 하고 있는 것이다.

결국, 재무보고목적의 평가도 우리가 앞서 살펴본 보편적인 세 가지 방식의 평가방법과 동일한 논리적 근거에 기반을 두고 있기는 하지만, 재무제표의 정보제공 목적에 부합되도록 회계기준에서 정하는 방식으로 평가가 수행되는 것이다. 이후 살펴볼 재무보고 목적하에서의 주요 항목에 대한 평가방법이 보편적인 기업가치평가 방식과 어떻게 연결되는지를 독자들은 주의 깊게 살펴볼 필요가 있다. 특히 재무보고목적에서의 개별자산·부채에 대한 평가결과가 시장가치를 적절하게 반영하는 경우에는, 보편적인 기업가치평가 방식 중 자산접근법을 선택한 경우 그 평가결과를 아무런 수정없이 그대로 활용할 수 있다는 장점이 있다. 소득접근법이나 시장접근법을 적용하는 경우에도 추정이나 비교분석과정에서 개별 계정과목의 장부가액에 대한 별도의 수정 없이 이를 활용할 수 있을 것이다.

1.1 재무보고 기준

일반적으로 인정된 회계원칙(Generally Accepted Accounting Principles : GAAP)이란 불특정 다수의 이해관계자에게 기업들이 정기적으로 재무정보[2)]를 산출하여 제공하는 데 사용하는 사회적 합의에 따라 수용된 회계기준을 말한다. 이러한 회계기준은 다양한 이해관계자가 존재하기 때문에 단일의 기준을 적용하는 것이 일반적이나 현재 우리나라에서는 국제회계기준과 일반기업회계기준으로 이원화되어 적용되고 있다.

국제회계기준

자본시장의 세계화 추세로 인하여 개별 국가에서 별도로 이루어지고 있는 회계기준은 재무정보에 대한 통일성을 확보할 수가 없어 국제적으로 통용되는 통일된 회계기준의 필요성이 증대하였다. 이러한 요구에 부응하여 회계감독기구와는 별도로 운영되는 국제회계기준위원회(International Accounting Stadards Board : IASB)[3]가 1973년에 설립되었으며, 본 위원회에서 제정하는 국제회계기준서 및 국제회계기준해석서를 통칭하여 국제회계기준(International Financial Reporting Standards : IFRS)[4]이라고 말한다. 2011년 말 현재 38개의 기준서와 29개의 해석서가 제정되었으며 150여 개의 국가에서 국제회계기준을 적용하고 있다. 이러한 세계적인 회계기준 단일화 추세에 부응하고, 해외진출 기업들의 재무정보 생산의 비용 절감 및 국가 회계투명성에 대한 신뢰도를 향상시키기 위하여 2011년부터 우리나라에서도 한국채택국제회계기준을 전면적으로 도입하게 되었다.

---

2) 이를 일반목적의 재무보고라 한다. 특수목적의 재무보고는 관리회계의 영역으로 내부경영자의 의사결정에 유용한 정보를 제공하는 것을 주요 목적으로 한다. 일반목적의 재무보고는 불특정 다수의 이해관계자가 있다는 측면을 고려하여 통일된 작성기준이 제정되어 있으나, 특수목적의 재무보고는 주요 경영진의 의사결정에 사용하기 위한 것이기 때문에 통일된 작성기준은 존재하지 않으며 개별 기업별로 작성기준을 마련하고 있다.

3) 1973년 설립 시에는 IASC(International Accounting Standards Committee)였으나, 2002년 현재의 IASB(International Accounting Standards Board)로 명칭 변경하였다. 이와 더불어 국제회계기준서의 명칭을 IAS(International Accounting Standards)에서 IFRS로 변경하였다.

4) 국제회계기준을 도입하면서 회계기준위원회는 '한국채택국제회계기준'이라는 용어를 사용하였다. 이에 따라 본 저서에서도 국제회계기준을 한국채택국제회계기준으로 표기하였다.

일반기업회계기준

일반기업회계기준은 「주식회사의 외부감사에 관한 법률」의 적용대상 기업 중에서 한국채택국제회계기준에 따라 회계처리하지 않는 기업의 회계처리와 감사인의 감사에 통일성과 객관성을 부여하기 위하여 해당 기업의 회계처리 및 보고기준을 정한 회계기준을 말한다. 일반기업회계기준은 주제별로 별도의 장을 구성하고 있으며, 2011년 말 현재 32장의 회계기준이 제정·적용되고 있다. 이와 별도로 적용 및 해석의 일관성을 위하여 필요한 경우 일반기업회계기준해석 등을 제정할 수 있도록 하고 있다.

적용범위

2011년을 기점으로 한국채택국제회계기준과 일반기업회계기준의 전면적인 도입에 따라 향후에는 두 가지의 회계기준이 상존하는 상황이 발생하였다. 이에 따라 기업이 어떤 기준을 적용하는지에 따라 해당 기업이 생산하는 재무정보의 특성이 달라지기 때문에 평가에 앞서 평가대상기업이 어떤 회계기준에 의하여 재무정보를 생산하는지를 반드시 살펴보아야 할 것이다.

(1) IFRS 의무적용기업 : 상장회사(코스닥 포함), 비상장금융회사(은행, 증권, 보험) 등

(2) IFRS 적용 선택기업 : IFRS 의무적용기업 중에서 2009년부터 조기적용을 선택한 기업 혹은 IFRS 의무적용이 아닌 기업 중에서 IFRS를 선택한 기업

(3) IFRS 미적용 기업 : IFRS 의무적용기업이 아니거나 IFRS를 선택하지 아니한 기업

구 분	~2008년	2009~2010년	2011년~
IFRS 적용 선택기업	종전의 기업회계기준	한국채택국제회계기준	한국채택국제회계기준
IFRS 의무적용기업	종전의 기업회계기준	종전의 기업회계기준	한국채택국제회계기준
기타 기업	종전의 기업회계기준	종전의 기업회계기준	일반기업회계기준

1.2 재무보고기준별 차이내역

한국채택국제회계기준과 일반기업회계기준이 병행 적용되고 있는 우리나라 현실을 고려할 때 두 회계기준의 중요한 차이점을 파악할 필요가 있다. 일반기업회계기준은 한국채택국제회계기준을 기본 모델로 하여 비상장 중소기업의 회계처리 부담완화를 주목적으로 제정된 것이기 때문에 많은 영역에서 유사한 회계처리를 규정하고 있다. 반면, 한국채택국제회계기준과 일반기업회계기준은 종전의 기업회계기준서와 비교할 경우 많은 면에서 차이가 발생하지만 2011년부터 전면적인 변화가 이루어진

〈표 10.1〉 한국채택국제회계기준과 일반기업회계기준의 주요 차이

구 분	한국채택국제회계기준	일반기업회계기준
주 재무제표	연결재무제표	개별재무제표
금융자산의 양도규정	위험과 보상, 통제, 지속적 관여의 순차적 적용	위험과 보상모형과 통제모형의 순차적 적용
재고자산 단위원가결정	후입선출법은 허용하지 않음	후입선출법 허용
무형자산 인식요건	경제적 효익의 유입가능성이 높음	경제적 효익의 유입가능성이 매우 높음
무형자산 평가모형	원가모형 또는 재평가모형 인정	원가모형만 인정
매년 손상검사 요구하는 자산	내용연수가 비한정인 무형자산, 아직 사용할 수 없는 무형자산, 사업결합으로 취득한 영업권	아직 사용가능하지 않은 무형자산
충당부채 인식요건	자원이 유출될 가능성이 높은 경우 충당부채를 인식	자원의 유출가능성이 매우 높은 경우 충당부채를 인식
충당부채에 적용할 할인율	재무보고일마다 충당부채에 대해 검토하고, 재무보고일 현재의 최선의 추정치를 반영하여 조정	충당부채의 현재가치 평가에 최초 할인율 또는 보고기간말의 할인율 중 한 가지를 선택하여 계속 적용
퇴직급여충당부채 측정	확정급여채무의 현재가치와 당기근무원가를 결정하기 위해서는 예측단위적립방식을 사용함	보고기간말 현재 전 종업원이 일시에 퇴직할 경우 지급하여야 할 퇴직금에 상당하는 금액으로 함
현금결제형 주식기준보상거래 부채 측정	공정가치 측정의 예외규정이 없으므로 일반원칙 적용	내재가치로 측정 가능

시점에서 종전의 회계기준과 현재의 회계기준을 비교하는 것은 큰 의미가 없다고 판단된다. <표 10. 1>에서는 일반기업회계기준과 한국채택국제회계기준의 차이점 중에서 자산·부채의 평가와 관련한 부분에 대하여 정리하였다.

2. 자산 항목별 평가

2.1 개 요

앞서 살펴본 한국채택국제회계기준과 일반기업회계기준의 상세 회계처리 방법과 두 회계기준의 모든 차이에 대하여 본 저서에서 언급할 필요는 없을 것이다. 이러한 영역은 재무회계 차원에서 접근하여야 하는 부분이며 우리가 알고자하는 기업가치평가 방법과는 직접적인 관련성이 낮기 때문이다. 우리는 이번 장에서 재무보고 목적 아래에서 어떤 방법을 적용하여 자산·부채를 공정가치로 평가하는지를 살펴보고자 한다.

이하에서는 자산·부채의 측정방식으로 공정가치를 선택하고 있는 국제회계기준의 평가방법에 대하여 살펴보고, 이러한 평가방법이 적용된 자산·부채의 금액을 우리가 제6장에서 살펴본 자산접근법을 적용할 경우 평가금액으로 사용가능한지에 대하여 기술하였다. 만약, 한국채택국제회계기준의 평가방법이 일반기업회계기준과 상이한 경우에는 비교 목적으로 해당 내용에 대해 기술하였으며, 대동소이한 항목의 경우에는 별도로 언급하지 않았다는 점을 주지하기 바란다.

보론 9 한국채택국제회계기준의 공정가치

우리는 한국채택국제회계기준에서는 자산부채를 공정가치로 측정하도록 기술하고 있다는 것을 앞서 살펴보았다. 과거에는 공정가치 측정과 관련하여 개별 기준서에서 측정방식에 대하여 기술하였으나, 이 경우 기준서별로 통일되지 않는 공정가치 측정지침이 발생할 수 있어 기업회계기준서 제1113호 "공정가치측정"을 2011년 11월 18일 의결하였다. 이하에서는 해당 기준서에서 기술하고 있는 주요 개념에 대하여 알아본다.

해당 기준서에서는 공정가치를 "측정일에 시장참여자 사이의 정상거래에서 자산을 매도하면서 수취하거나 부채를 이전하면서 지급하게 될 가격"으로 정의하고 있다.

시장참여자

시장참여자는 거래대상 자산이나 부채에 대하여 시장에서 가장 유리한 매수자 또는 매도자를 의미하며, 해당 거래의 상대방과 독립적이며 특수관계자가 아니어야 한다. 또한, 시장참여자는 해당 거래를 성립하기 위한 거래의사가 분명히 존재하며, 관련된 이용 가능한 모든 정보에 근거하여(정보의 비대칭성이 존재하지 않음) 합리적인 수준에서 공정가치를 측정하게 된다.

정상적인 거래

자산을 매도하거나 부채를 이전하는 거래는 측정일 시점에서 가상의 거래를 전제로 하며, 반드시 측정일 시점에 기업이 거래에 참여할 의도가 있어야 하거나 능력이 있을 필요는 없다. 이때 거래가 발생하는 시장은 거래원가나 운송비용을 고려했을 때 부채를 이전하면서 지급해야 할 금액을 최소화하고 자산을 매도하면서 수취하는 금액을 최대화할 수 있는 가장 유리한 시장을 의미하며, 반드시 시장의 존재 여부가 관측 가능할 필요는 없으며 자산 혹은 부채에 대한 체계화된 거래가 있을 필요도 없다. 이는 기업이 일반적으로 거래하는 시장은 가장 유리한 시장이라고 판단할 수 있으며, 더 유리한 시장이 존재한다는 명백한 증거가 존재하지 않는 한 해당 시장을 주된 시장으로 이용할 수 있는 것이다.

자산

자산의 공정가치는 가장 효율적이고 효과적인 사용을 반영하여야 한다. 시장참여자의 가장 효율적이고 효과적인 사용은 그 자산이 사용되는 자산이나 자산 집합의 가치를 최대화하는 것을 의미하며, 이는 측정일에 물리적으로 가능할 뿐만 아니라 법적으로 허용되어 재무적으로 실행 가능해야 하는 것이다. 이러한 특성을 가진 자산을 평가하기 위한 방법은 사용가치와 교환가치 전제를 충족시켜야 한다.

(1) **사용전제** : 자산이 다른 자산의 일부를 구성하거나 부채와 결합하여 시장참여자에게 가치를 제공한다면 해당 자산의 공정가치는 계속 사용한다는 전제하에서 측정되어야 한다.

(2) **교환전제** : 자산이 단독으로 시장참여자에게 가치를 제공할 수 있다면 해당 자산은 정상적인 거래 과정을 통하여 그 자산을 이용하고자 하는 시장참여자에게 매도할 수 있으며, 이때 측정되는 교환가격은 공정가치를 의미한다.

부채

부채는 공정가치 측정기준일에 시장참여자에게 이전된다고 가정한다. 또한, 해당 부채와 관련한 미이행 위험은 측정기준일의 공정가치에 이미 반영되어 있으며, 이전이라는 행위로 인하여 해당 부채가 가지고 있는 위험이 변동되는 것은 아니다.

공정가치서열체계

자산과 부채의 공정가치를 측정하는 데 있어 유의적인 최하위의 투입변수에 따라 공정가치 측정의 수준을 결정하여 3 level 수준으로 정의하고 있다.

(1) 1 level : 공정가치 측정일 시점에 시장참여자가 접근가능한 동일 자산 혹은 부채에 대한 활성화된 시장 및 조정되지 않은 공시가격이 존재한다.

(2) 2 level : 공정가치 측정을 위하여 시장에서 직접 관측가능하지는 않지만 관측가능한 시장 자료에 근거하거나 뒷받침되는 시장과 연계된 투입변수를 이용한다.

(3) 3 level : 공정가치 측정을 위하여 관측가능한 시장자료에 근거를 두지 않는 자산·부채에 대한 투입변수를 이용한다.

2. 2 주요 항목별 평가

본 장에서는 대부분의 기업이 가장 많이 보유하고 있는 항목인 매출채권, 재고자산. 유형자산, 투자부동산, 유가증권 및 무형자산에 대한 한국채택국제회계기준의 공정가치 평가방법에 관하여 알아보고, 자산접근법을 사용할 경우 해당 항목을 어떤 형태로 이용할 수 있는지에 대해 살펴본다. 추가적으로 모든 자산 항목에 공통적으로 적용되는 손상차손 검토에 대하여 알아보기로 한다.

2.2.1 매출채권

매출채권은 기업이 주요 영업활동을 영위하는 과정에서 재화나 용역의 공급에 따른 대가를 현금으로 수령하지 않고 미래에 수취할 권리를 획득하게 되는 경우에 발생하게 된다. 이는 주요 영업활동과 무관하게 타인에게 자금을 대여하고 미래에 일정한 금액을 수취할 수 있는 권리를 갖게 되는 단기대여금과는 다른 성격으로 구분된다.

한국채택국제회계기준에서는 매출채권과 기타채권에 대하여 구분하여 기술하지 않고 거래당사자 일방에게 금융자산을 발생시키고 동시에 다른 거래상대방에게 금융부채나 지분상품을 발생시키는 모든 계약을 금융상품으로 정의하고 있다. 매출채권은 금융상품의 정의에 따라 금융자산에 포함되는 것으로 거래 상대방에게 현금 등 금융자산을 수취할 계약상 권리로 정의된다. 매출채권은 한국채택국제회계기준에서 기술한 다음의 2가지 조건을 충족시키기 때문에 대여금 및 수취채권 항목으로 분류된다.

조건 1 : 지급금액이 확정되었거나 확정될 수 있으며
조건 2 : 활성거래시장에서 가격이 공시되지 않는 비파생금융자산

상기 조건 충족에 따라 대여금 및 수취채권으로 분류된 금액은 최초 인

식시점에서 다음과 같은 방법에 의하여 산출된 상각후원가에 따라 측정하게 된다.

	최초 발생시점의 측정금액
(±)	유효이자율법에 의한 현재가치할인(증)차금
(−)	손상차손 또는 대손상각액
=	측정시점의 매출채권 공정가치

이 경우 유효이자율법에 따른 상각누계액은 최초 발생시점에 장기성 매출채권으로 분류되는 금액에 대하여 적용되는 것인데, 일반적인 경우 1년 이내에 만기가 도래하는 매출채권에 대해서는 단기의 시간가치의 중요성을 고려하여 계산하지 않는 항목이다. 결국, 매출채권에 대한 상각후원가 측정은 개별 채권에 대한 회수가능성을 도출하여 설정한 손상차손 또는 대손상각액 설정에 따라 결정된다.

한국채택국제회계기준에서는 금융자산(또는 금융자산의 집합)의 손상 발생에 대한 객관적인 증거가 있는지를 매 보고기간 말에 평가하고, 그러한 증거가 있는 경우 상각후원가를 장부금액으로 하는 금융자산, 원가를 장부금액으로 하는 금융자산 및 매도가능금융자산에 대하여 손상차손[5]을 인식하도록 하고 있다. 금융자산에 대한 최초 인식 후 하나 이상의 손상사건이 발생한 결과 해당 금융자산이 손상되었다는 객관적인 증거가 있으며, 그 손상사건이 신뢰성 있게 추정할 수 있는 금융자산의 추정미래현금흐름에 영향을 미친 경우에만 손상차손이 발생한 것이다. 그러나 미래사건의 결과로 예상되는 손상차손은 아무리 발생가능성이 높다하더라도 인식하지 않는다. 한국채택국제회계기준에서는 금융자산 보유자의 주의를 끄는 다음과 같은 손상사건이 발생한 경우 금융자산이 손상되었다는 객관적인 증거로 예시하고 있다.

---

5) 모든 자산에 적용되는 자산손상에 대한 자세한 내용은 "2.2.7 자산손상"을 참고하기 바란다.

(1) 금융자산의 발행자나 지급의무자의 유의적인 재무적 어려움
(2) 이자지급이나 원금상환의 불이행이나 지연과 같은 계약 위반
(3) 차입자의 재무적 어려움에 관련된 경제적 또는 법률적 이유로 인한 당초 차입조건의 불가피한 완화
(4) 차입자의 파산이나 기타 재무구조조정의 가능성이 높은 상태
(5) 재무적 어려움으로 당해 금융자산에 대한 활성시장의 소멸
(6) 금융자산의 집합에 포함된 개별 금융자산의 추정미래현금흐름의 감소를 식별할 수는 없지만, 최초 인식 후 당해 금융자산 집합의 추정미래현금흐름에 측정가능한 감소가 있다는 것을 시사하는 관측가능한 자료. 이러한 자료의 예는 다음과 같다.
   (가) 금융자산의 집합에 포함된 차입자의 지급능력의 악화. 예를 들면, 연체횟수가 증가하거나, 신용한도에 도달하고 매월 최소 금액을 상환하는 신용카드 차입자의 수가 증가한 경우
   (나) 금융자산의 집합에 포함된 자산에 대한 채무불이행과 상관관계가 있는 국가나 지역의 경제상황(예 : 차입자 거주지역의 실업률 증가, 관련 지역의 담보 자산가격 하락, 석유생산자에게 제공한 대여금의 경우 석유가격의 하락, 차입자에게 영향을 미치는 산업 상황의 악화 등)

대여금 및 수취채권의 경우 상기에서 언급한 상황이 발생하면 개별 채권에 대하여 1차적으로 손상검토를 수행하고, 손상검토에서 제외된 채권에 대해서는 2차적인 집합 손상검토를 수행하여야 한다. 여기에서 주의해야 할 점은 1차 개별 손상검토에 해당하여 손상검토를 수행하였으나 손상이 확실하지 않다고 판단된 경우에도 2차적인 집합 손상검토를 수행하여야 한다는 것이다(그림 10. 1 참조).

[그림 10. 1] 절차에서 개별평가와 그룹별 평가에 어떤 대손율을 적용할 것인지는 실무적으로 가장 신중하게 접근하여야 할 문제이다. 그룹별 평가의 경우에는 연령분석법을 이용하여 과거 대손경험률을 구간별로 도출할 수 있어 적용하는 데 큰 어려움이 없지만 개별평가인 경우에는 특

[그림 10.1] 매출채권 손상검토 순서도

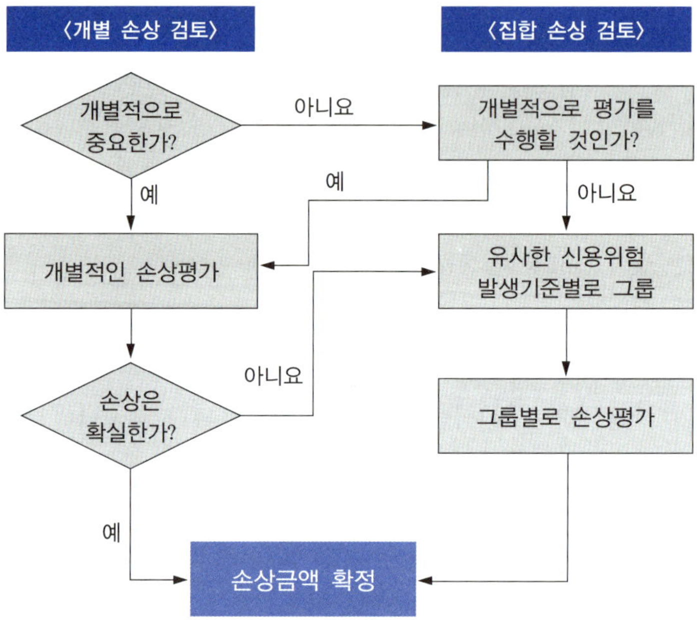

정한 상황별로 사전에 설정된 대손율을 적용하게 된다. 이 경우 개별 평가에 적용되는 상황이 사전에 설정된 대손율 중에서 어디에 해당하는지를 판단하는 것은 회사 업무담당자별로 차이가 날 수 있어 대손율 기준을 수립할 때 세부적으로 작성할 필요가 있다.

예제 10-1

가치주식회사는 별도의 평가절차 없이 매출채권 잔액에 대하여 1%의 대손충당금을 설정하고 있으며, 평가기준일 현재 매출채권 및 대손충당금 설정내역은 다음과 같다.6)

6) 과거 대손실적이 없는 일부 기업의 경우 법인세 절감 목적으로 세법상 설정 한도액인 1%를 대손충당금으로 계상하고 있는 경우가 있는데, 이러한 대손충당금 설정금액은 평가과정에서 조정하는 것이 바람직할 것이다.

매출채권잔액	대손충당금설정액	순장부가액
100억원	1억원	99억원

평가자는 과거 매출채권 회수내역 검토 결과 다음과 같은 구간별 대손율을 확인할 수 있었으며, 이에 따라 1억원으로 계상된 대손충당금을 2억원으로 변경하기 위하여 1억원에 대한 차감 수정분개를 반영하였다.

구 분	채권잔액	대손율	설정액
회수기간내	88억원	-	-
6개월 이내	3.5억원	2%	0.07억원
1년 이내	2.4억원	6%	0.14억원
2년 이내	4억원	18%	0.72억원
2년 초과	2.1억원	51%	1.07억원
합계	100억원		2억원

한국채택국제회계기준에 의하여 측정된 매출채권 금액은 회수가능성 및 시간가치를 고려한 것이므로 보편적인 기업가치평가 입장에서도 재무제표상의 금액을 그대로 활용할 수 있을 것이다.[7] 다만, 평가자 입장에서는 (1) 평가대상기업이 파악한 개별적인 대손사유의 타당성 검토, (2) 평가자가 추가적으로 파악한 개별적인 대손사유의 존재 여부에 대한 검토, (3) 평가대상기업이 설정한 대손충당금 설정기준의 타당성에 대한 검토를 추가적으로 수행할 필요는 있을 것이다.

2.2.2 재고자산

재고자산은 기업이 주요 영업활동과 관련하여 판매 또는 생산을 목적으로 보유하고 있는 재화를 의미한다. 이러한 재고자산은 영업활동과 관련이 있다는 점에서 유형자산과 동일하지만, 외부의 제3자에게 판매할 목적으로 보유한다는 점에서 사용 목적으로 보유하고 있는 유형자산과는

7) 특히 자산접근법을 적용하는 경우 장부가액을 그대로 시장가치로 간주할 수 있을 것이다.

다르다. 재고자산의 측정과 관련하여 한국채택국제회계기준에서는 취득원가와 순실현가능가치 중에서 낮은 금액으로 하도록 하고 있다.

〈표 10. 2〉 재고자산 측정금액

구 분	측정금액
취득원가 ≥ 순실현가능가치	순실현가능가치
취득원가 < 순실현가능가치	취득원가

• **취득원가 측정** 재고자산의 취득원가는 매입원가, 전환원가 및 재고자산을 현재의 장소에 현재의 상태에 이르게 하는데 발생한 기타원가 모두를 포함한다. 여기에서 중요한 것이 전환원가인데 이는 원재료를 완제품으로 전환하는데 발생하는 고정 및 변동 제조간접원가의 체계적인 배부액을 포함한다. 이중 고정제조간접원가는 생산설비의 정상조업도에 기초하여 전환원가에 배부하는데, 실제조업도가 정상조업도와 유사한 경우에는 실제조업도를 사용할 수 있다. 취득원가 산정 시 추가적으로 고려하여야 하는 것은 단위원가 결정방법인데 이는 총 취득원가는 확정된 상태에서 합리적인 가정에 의하여 재고자산단위별로 어떻게 취득단가를 결정하는냐의 문제이다. 한국채택국제회계기준에서는 단위원가 결정방법으로 개별법, 선입선출법, 가중평균법을 제시하고 있다.[8)]

• **순실현가치 측정** 취득원가 산정 이후 기업은 매 보고기간 말 시점에 재고자산의 순실현가치에 대하여 평가하고 취득원가보다 순실현가치가 낮은 경우에는 순실현가치로 측정하도록 하고 있다. 한국채택국제회계기준에서는 다음과 같은 경우에 재고자산의 원가를 회수하기 어려울 것이라고 판단한다.

(1) 물리적으로 손상된 경우
(2) 완전히 또는 부분적으로 진부화된 경우

---

8) 일반기업회계기준의 경우에는 후입선출법도 고려하고 있는 것이 가장 큰 차이점이다. 또한 재고자산에서 단위원가 결정방법은 매우 중요한 영역이기는 하나 해당 내용에 대한 상세 설명은 본 저서의 목적과 부합하지 않아 구체적인 설명은 생략하였다.

(3) 판매가격이 하락한 경우
(4) 완성하거나 판매하는 데 필요한 원가가 상승한 경우

재고자산을 취득원가 이하의 순실현가능가치로 감액하는 저가법은 자산의 장부금액이 판매나 사용으로부터 실현될 것으로 기대되는 금액을 초과하여서는 아니된다는 견해와 일관성이 있다.

한국채택국제회계기준에서 측정된 재고자산 금액은 순실현가치를 반영하고 있으나, 순실현가치가 취득원가보다 높은 경우에는 취득원가로 반영되고 있어 보편적인 기업가치평가 방법으로 특히 자산접근법을 적용하는 경우에는 해당 재고자산의 측정금액을 그대로 사용하기에는 무리가 있을 것이다. 이러한 문제점 해결을 위해서는 (1) 저가법 적용을 위하여 측정된 순실현가치로 재고자산을 평가하거나 (2) 원재료의 경우에는 현행대체원가를 사용하는 것을 고려할 수 있을 것이다.

보론 10 정상조업도

매출원가 및 재고자산 금액을 확정하는 원가계산에서 실무적으로 혼란스러운 부분이 흔히 제조간접비라고 불리는 비용을 생산된 혹은 생산중인 재고자산에 배부하는 절차이다. 제조간접비 배부에서 가장 중요한 것은 기준조업도를 어느 수준에서 설정하는지이다. 한국채택국제회계기준에서는 고정제조간접비를 생산설비의 정상조업도에 기초하여 제품에 배부하며, 실제 생산수준이 정상조업도와 유사한 경우에는 실제조업도를 사용하도록 하고 있다. 이에 따라 단위당 고정제조간접비 배부액은 비정상적인 낮은 조업도나 유휴설비로 인하여 증가하지 않고, 배부되지 않은 고정제조간접비는 당기 비용으로 인식하게 된다.

〈사례〉
가치주식회사의 과거 5개년도의 조업도 결과에 근거하여 당해연도에 적용할 정상조업도에 따른 제품생산량은 1,000개 수준으로 파악되었다. 당

해연도 중 세계적인 경제위기로 인하여 실제 제품생산량은 500개에 불과하였으며, 당해연도 말 100개의 완성품 재고가 존재한다. 가치주식회사가 당해연도 중 제품 제조에 지출한 금액은 다음과 같다.

구분	금액
단위당 변동비	@ 100원
고정제조간접비	200,000원

상기의 고정제조간접비를 실제조업도와 정상조업도 수준에서 배부한 결과는 다음과 같다.

구분	단위당 제조경비			매출원가	기말재고
	고정비	변동비	합계		
실제	400원[주1)]	100원	500원	200,000원	50,000원
정상	200원[주2)]	100원	300원	270,000원	30,000원

주1) 200,000원÷500개, 주2) 200,000원÷1,000개

계산결과에 나타나듯이 고정제조간접비의 배부에 사용되는 조업도 수준을 어떻게 결정하는가에 따라 손익계산서상의 매출원가와 재무상태표상의 재고금액에 차이가 발생하게 된다. 이와 같은 원가계산의 왜곡을 방지하기 위하여 한국채택국제회계기준에서는 정상조업도에 따라 고정제조간접비를 배부하도록 하고 있는 것이다. 정상조업도에 따라 배부할 경우 그 결과는 다음과 같이 변하게 된다.

단위당 제조경비			매출원가	기말재고
고정비	변동비	합계		
200원	100원	300원	220,000원	30,000원

주1) 200,000원÷1,000개(실제조업도가 아닌 정상조업도 적용)
주2) 300원×400개+{200,000원−(200원×500개)}

고정제조간접비 중 미배부된 금액 100,000원은 매출원가에 직접 반영되어 당기 비용으로 인식하게 된다. 정상조업도를 사용하는 경우 실제조업도가 정상조업도에 미달하더라도 기말재고금액은 동일하게 계상되어 재무상태

표가 과대계상되는 것을 방지할 수 있다.[9] 결과에서 나타나듯이 자본투자가 최초 발생하는 시점에서는 일시적으로 조업도 수준이 정상조업도보다 낮을 가능성이 있으므로 원가구조에 대한 이해가 필요한 것이다.

2.2.3 유형자산

한국채택국제회계기준 제1016호 "유형자산"에서는 유형자산으로 인식되기 위한 조건으로 다음의 두 가지 요건을 제시하고 있다.

(1) 자산으로부터 발생하는 미래 경제적 효익이 기업에 유입될 가능성이 높다.
(2) 자산의 원가를 신뢰성 있게 측정할 수 있다.

유형자산은 외부로부터 구입한다는 거래 조건이 존재하기 때문에 최초 취득 시점의 원가는 취득 이후의 평가보다는 상대적으로 간단한데, 한국채택국제회계기준에서는 유형자산의 최초 취득원가를 구성하는 요소로 다음의 3가지를 제시하고 있다.

(1) 관세 및 환급 불가능한 취득 관련 세금을 가산하고 매입할인과 리베이트 등을 차감한 구입가격
(2) 경영진이 의도하는 방식으로 자산을 가동하는데 필요한 장소와 상태에 이르게 하는데 직접 관련되는 원가
(3) 자산을 해체, 제거하거나 부지를 복구하는데 소요될 것으로 최초에 추정되는 원가. 회사가 자산을 해체, 제거하거나 복구할 의무는 해당 유형자산을 취득한 시점에 또는 해당 유형자산을 특정기간 동안 재고자산 생산 이외의 목적으로 사용한 결과로서 발생한다.

9) 한국채택국제회계기준에서는 조업도손실을 당기 비용으로 처리하도록 규정하고 있을 뿐 해당 금액이 매출원가 혹은 영업외손익에 속하는지는 언급하고 있지 않다. 다만, 과거 기업회계기준에서는 조업도손실을 영업외비용으로 처리하도록 하였다.

상기의 조건을 충족한 유형자산의 취득에 대한 최초 측정이후 매 보고기간 말 유형자산의 금액을 측정하는 것은 상대적으로 어려운데 이와 관련하여 한국채택국제회계기준에서는 다음의 2가지 방법 중 선택하여 재무제표에 계상하도록 하고 있다.

(1) 최초 인식 후에 유형자산은 원가에서 감가상각누계액과 손상차손누계액을 차감한 장부금액으로 한다.
(2) 최초 인식 후에 공정가치를 신뢰성 있게 측정할 수 있는 유형자산은 재평가일의 공정가치에서 이후의 감가상각누계액과 손상차손누계액을 차감한 재평가금액을 장부금액으로 한다. 재평가는 보고기간 말에 자산의 장부금액이 공정가치와 중요하게 차이가 나지 않도록 주기적으로 수행한다.

'(1)'의 방법을 채택하는 것은 역사적 원가로 측정된 금액을 수익·비용 대응의 원칙에 근거하여 기간별로 합리적인 기준에 의하여 배부한다는 의미이므로 취득 시 정해진 감가상각방법과 내용연수에 의하여 상각을 수행하게 된다.[10] 기업이 '(2)'의 재평가법을 적용하는 경우에는 재평가 기준일의 공정가치 측정이 중요한 문제로 대두하게 되는데 이를 위하여 한국채택국제회계기준에서는 자산의 종류에 따라 다음과 같이 공정가치를 결정하도록 하고 있다.

〈표 10. 3〉 유형자산별 공정가치 결정방법

구 분	공정가치 결정방법
토지와 건물	시장에 근거한 증거를 기초로 수행된 평가에 의해 결정 (이 경우 평가는 보통 전문적 자격이 있는 평가인[11]에 의해 이루어진다.)
설비장치와 기계장치	감정에 의한 시장가치

10) 이와 관련하여 종전의 기업회계기준서와 비교하여 검토할 필요가 있는데, 종전에는 감가상각방법은 회계원칙, 내용연수는 회계추정으로 규정되었으나, 한국채택국제회계기준에서는 감가상각방법 및 내용연수가 모두 회계추정으로 분류될 뿐만 아니라 매 보고기간 말 시점에 검토하여 변경할 수 있도록 한 것이 가장 큰 차이점이라고 할 수 있다.

만약, 해당 유형자산의 특수성으로 인하여 공정가치에 대해 시장에 근거한 증거가 없고, 해당 자산이 계속 사업의 일부로서 거래되는 경우를 제외하고는 거의 거래되지 않는다면, 이익접근법[12]이나 상각후 대체원가법을 사용해서 공정가치를 측정하도록 하고 있다.

마지막으로 공정가치에 의한 재평가방법을 선택하게 되는 경우에는 매 보고기간 말에 공정가치로 평가하여야 하는지 아니면 일정기간마다 평가하여야 하는지가 중요한 문제로 대두되게 된다. 이와 관련하여 한국채택국제회계기준에서는 해당 자산에 대한 재평가 빈도는 재평가되는 유형자산의 공정가치 변동에 따라 달라진다고 하였는데, 유의적이고 급격한 공정가치의 변동 때문에 매년 재평가가 필요한 유형자산이 있는 반면에 공정가치의 변동이 미미하여 빈번한 재평가가 필요하지 않은 유형자산이 있다고 규정하고 있다. 즉, 매 3년이나 5년마다 재평가하는 것으로 충분한 유형자산도 있기 때문에 일괄적인 기준을 적용하는 것이 아니라 유형자산의 특성을 고려하도록 하고 있다.

이러한 점을 고려할 때 한국채택국제회계기준에서 (1) 유형자산에 대하여 재평가모형을 채택하고 (2) 재평가일이 평가기준일과 근접한 경우에는 장부금액을 보편적인 기업가치평가에서도 특히 자산접근법에 의한 평가금액에 대체 사용할 수 있을 것이다.

11) "전문적 자격이 있는 평가인"이란 자산평가업무에 대한 전문지식, 경험 및 평가대상 자산과 관련된 시장에 대한 충분한 지식을 보유하고 있는 자를 의미하는 것으로 이러한 지식과 경험의 보유 여부는 경영자 및 감사인이 판단하여야 한다고 관련 질의회신(GKQA 09-003, 2009.2.17)에서 규정하고 있다.

12) 한국채택국제회계기준에서 언급하는 이익접근법은 우리가 앞서 살펴본 소득접근법과 동일한 방식이다.

보론 11 유형자산에 대한 재평가 모형 적용

종전 기업회계기준서에서 유형자산에 대한 재평가모형을 도입하면서 공시지가와 과세시가표준액이 주기적으로 발표되는 토지와 건물에 대하여 별도로 감정평가사에 의한 감정평가를 받아야 하는지에 대하여 실무적인 혼란이 있었다. 이에 따라 금융감독원에서는 재평가모형 적용과 관련하여 유형자산의 공정가치로 인정할 수 있는 범위에 대하여 실무의견서를 제시하였으며(2009.1.30) 그 내용은 다음과 같다.

1. 토지에 대한 개별공시지가 또는 건물 등에 대한 지방세 과세시가표준액 등 정부의 고시가액이 공정가액과 대체로 유사하다고 판단되는 경우 동 정부의 고시가액을 재평가액으로 사용할 수 있음.
2. 정부 고시가액이 공정가액과 대체로 유사하다고 판단할 수 있는 사례(예시)는 다음과 같음.
   ① 정부 고시가액 기준일 전후 1년 이내 인근 유사지역의 유사한 용도를 가진 부동산에 대한 거래실적이 있어 이를 기초로 회사가 보유한 부동산에 대해 조정한 가액이 정부 고시가액과 대체로 유산한 경우
   ② 정부 고시가액 기준일 전후 1년 이내 전문적 자격이 있는 평가인에 의한 감정가액이 정부 고시가액과 대체로 유사한 경우
   ③ 결산일 이전 3년 이내 전문적 자격이 있는 평가인에 의한 감정가액이 있거나 또는 결산일 이전 3년 이내 인근 유사지역의 유사한 용도를 가진 부동산에 대한 거래실적이 있는 경우에는 국토의 계획 및 이용에 관한 법률에 따라 정부가 발표한 지가변동률 등 해당 자산의 가격변동률 등을 반영한 가액이 정부 고시가액과 대체로 유산한 경우
   ④ 정부 고시가액이 공정가액과 대체로 유사하다는 것을 기타 합리적인 방법으로 검토하여 입증한 경우

상기 실무의견서의 내용은 실무적 부담을 경감시키기 위한 것으로 판단되며, 정확한 가치평가를 위해서는 평가기준일 시점의 공정가치를 측정하는 것이 타당할 것이다. 또한, 정부에서 발표하는 개별공시지가와 지방세 과

세시가표준액도 실제 시장가치와는 일정 정도의 괴리가 발생하고 있기 때문에 정부 발표 자료를 이용하더라도 시장가치와의 차이를 조정하여 사용하여야 할 것이다.

2.2.4 투자부동산

투자부동산은 임대수익이나 시세차익을 얻기 위하여 보유하는 부동산으로 기업이 보유하고 있는 다른 자산과 거의 독립적으로 현금흐름을 창출한다. 이러한 투자부동산은 최초인식시점에 원가로 측정하며, 부동산 구입관련 세금, 전문가에게 지급하는 수수료 및 그 밖의 거래원가는 구입에 직접 관련 있는 지출로 구분하여 취득원가에 포함하게 된다. 최초 취득 이후의 측정과 관련하여 기업은 공정가치모형과 원가모형 중 하나를 선택하여 모든 투자부동산에 적용한다.

〈표 10. 4〉 투자부동산 측정모형

구 분	측정방법
원가모형	유형자산의 원가모형에 근거하여 측정
공정가치모형	보고기간말 현재의 시장상황을 반영하여 공정가치를 측정하며,[13)] 공정가치의 변동으로 발생하는 손익은 발생한 기간의 당기손익에 반영

원가모형을 채택하는 경우에는 앞서 살펴본 유형자산의 원가모형과 동일하게 측정하기 때문에 추가적인 검토사항은 발생하지 않는다. 투자부동산에 대하여 공정가치모형을 선택하는 경우에는 최초인식 후 모든 투자부동산을 공정가치로 측정하여야 하는데 이러한 방식은 기업이 투자

13) 유형자산의 경우에는 자산별 특성에 따라 3년 내지 5년마다 평가하는 것이 가능하다고 되어 있으나, 투자부동산의 경우에는 보고기간 말 현재의 공정가치로 규정하여 매 보고기간 말 시점에 공정가치를 산정하도록 하고 있다. 이는 투자부동산이 시세차익 혹은 임대수익을 목적으로 하고 있어 영업활동에 사용하고자 하는 유형자산과는 그 성격이 다르다는 점을 고려한 것으로 해석할 수 있다.

부동산의 공정가치를 계속하여 신뢰성 있게 결정할 수 있다고 추정하는 것에 의존한다. 만약, 기업이 투자부동산의 공정가치를 계속하여 신뢰성 있게 결정할 수 없다고 결정되면 투자부동산에 대한 평가는 유형자산의 원가모형을 적용하여야 한다.

한국채택국제회계기준에서는 투자부동산의 보유한 모든 기업은 측정(공정가치모형을 사용하는 기업)이나 공시(원가모형을 사용하는 기업)를 위하여 공정가치를 산정하도록 하고 있다. 이 경우 평가 대상 투자부동산의 소재 지역에서 최근에 유사한 부동산을 평가한 경험이 있고 전문적 자격이 있는 독립된 평가인의 가치평가에 기초하여 공정가치를 산정할 것을 권고하고 있다.

결국, 한국채택국제회계기준이 적용된 투자부동산의 경우에는 공정가치로 측정된 금액이 장부금액이거나, 공정가치가 주석사항에 기재되기 때문에 해당 기업에 대한 보편적인 가치평가 과정에서도 장부금액을 그대로 사용할 수 있을 것이다.

2.2.5 유가증권

기업은 장·단기 자금운용목적으로 투자부동산 이외에 다양한 유가증권을 보유하고 있는데 한국채택국제회계기준에서는 유가증권에 대한 별도의 기준서를 채택하지 않고 금융상품 관련 기준서에서 해당 내용을 기술하고 있다. 한국채택국제회계기준 제1039호 "금융상품: 인식과 측정"에서는 금융상품을 네 가지 범주로 구분하고 있어 유가증권도 해당 구분기준을 따라 분류하게 된다. 다만, 유가증권은 특성상 대여금및수취채권에는 포함되지 아니한다.

<표 10. 5> 분류표를 적용할 경우 시세차익을 위하여 단기간 내에 매각할 목적으로 취득하는 상장주식은 당기손익인식금융자산으로, 안정적인 이자수익을 위하여 만기까지 보유할 목적으로 취득하는 채권은 만기보유금융자산으로, 이 외의 유가증권은 매도가능금융자산으로 분류할 수

〈표 10. 5〉 금융상품 분류

구 분	내 용
당기손익인식 금융자산[14]	다음 중 하나의 조건을 충족하는 금융자산 (1) 단기매매항목으로 분류 (2) 최초인식시점에서 당기손익인식항목으로 지정
만기보유금융자산	만기가 고정되었고 지급금액이 확정되었거나 결정가능한 비파생금융자산으로서 만기까지 보유할 적극적인 의도와 능력이 있는 경우의 금융자산
대여금 및 수취채권	지급금액이 확정되었거나 결정가능하며 활성시장에서 가격이 공시되지 않는 비파생금융자산
매도가능금융자산	매도가능항목으로 지정한 비파생금융자산 또는 다음으로 분류되지 않는 비파생금융자산 (1) 대여금 및 수채채권 (2) 만기보유금융자산 (3) 당기손익인식금융자산

있을 것이다.

한국채택국제회계기준에서는 금융자산을 최초 인식 시 공정가치로 측정하도록 하고 있다. 이때 측정되는 공정가치의 최선의 추정치는 활성시장에서 공시되는 가격이며, 해당 금융상품에 대한 활성시장이 없다면 공정가치는 평가기법을 사용하여 결정하도록 하고 있다. 평가기법은 합리적인 판단력과 거래의사가 있는 독립된 당사자 사이의 최근 거래를 사용하는 방법, 실질적으로 동일한 다른 금융상품의 현행 공정가치를 이용할 수 있다면 이를 참조하는 방법, 현금흐름할인방법과 옵션가격결정모형을 포함하고 있다. 따라서, 상장주식과 같이 활성화된 시장이 있는 경우에는 해당 시장의 시세를 적용하고, 활성화시장이 없는 경우에는 인급된 평가기법을 이용하여 공정가치를 추정하여야 한다. 최초 인식 후 만기보유금융자산으로 분류된 유가증권의 경우에는 유효이자율법을 사용하여 상각후원가로 측정하고, 활성시장에서 공시되는 시장가격이 없고 공정가치를 신뢰성 있게 측정할 수 없는 지분상품에 대해서는 원가로 측정하도록 하

14) 해당 기준서에서는 당기손익인식금융자산 또는 당기손익인식금융부채로 기술하고 있으나 투자 목적의 유가증권을 설명하는 관계로 당기손익인식금융부채는 제외하였다.

고 있다.

한국채택국제회계기준이 적용된 유가증권은 지분상품 중 활성화 시장이 있는 경우에는 공정가치 금액으로, 지분상품 중 활성시장이 존재하지 않는 경우에는 취득원가로, 유효이자율법을 사용하여 상각후원가로 측정되는 경우에는 상각후금액으로 계상되게 될 것이다. 따라서, 보편적인 기업가치평가에서도 공정가치 및 상각후금액으로 측정되는 유가증권은 장부금액을 그대로 사용할 수 있을 것이나, 취득원가로 계상된 지분상품에 대해서는 시장가치를 측정하여야 하는 문제가 발생하게 된다.

2.2.6 무형자산

무형자산은 물리적 실체는 없지만 식별가능한 비화폐성자산을 말하며, 다음의 조건을 모두 충족하는 경우에만 무형자산으로 인식한다.

(1) 자산으로부터 발생하는 미래 경제적 효익이 기업에 유입될 가능성이 높다.
(2) 자산의 원가를 신뢰성 있게 측정할 수 있다.

상기의 조건을 충족하는 무형자산의 종류에는 영업권,[15] 산업재산권, 광업권, 어업권, 차지권, 개발비 등이 있으며, 최초로 인식할 시점에서 원가로 측정한다. 대부분의 무형자산은 외부 취득과정에서 발생하기 때문에 취득원가는 명확하게 구분되지만, 내부적으로 창출되는 개발비의 경우에는 무형자산의 인식기준을 충족하는지를 평가하기 위하여 연구단계와 개발단계로 구분하게 된다. 연구단계의 경우에는 발생시점에 비용처리하고 개발단계에 해당하는 경우에는 무형자산으로 인식하는데, 한국채택국제회계기준에서는 자산으로 인식하기 위한 6가지 조건을 제시하고 있다.

(1) 무형자산을 사용하거나 판매하기 위해 그 자산을 완성할 수 있는

15) 한국채택국제회계기준 제1038호 "무형자산"에서는 사업결합으로 취득하는 영업권은 인정하나 내부적으로 창출한 영업권은 자산으로 인식하지 않고 있다.

기술적 실현가능성
(2) 무형자산을 완성하여 사용하거나 판매하려는 기업의 의도
(3) 무형자산을 사용하거나 판매할 수 있는 기업의 능력
(4) 무형자산이 미래경제적 효익을 창출하는 방법. 그 중에서도 특히 무형자산의 산출물이나 무형자산 자체를 거래하는 시장이 존재함을 제시할 수 있거나 또는 무형자산을 내부적으로 사용할 것이라면 그 유용성을 제시할 수 있다.
(5) 무형자산의 개발을 완료하고 그것을 판매하거나 사용하는데 필요한 기술적, 재정적 자원 등의 입수가능성
(6) 개발과정에서 발생한 무형자산 관련 지출을 신뢰성 있게 측정할 수 있는 기업의 능력

〈표 10. 6〉 연구·개발단계별 활동 예시

구 분	단계별 활동 예시
연구단계	• 새로운 지식을 얻고자 하는 활동 • 연구결과나 기타 지식을 탐색, 평가, 최종선택, 응용하는 활동 • 재료, 장치, 제품, 공정, 시스템이나 용역에 대한 여러 가지 대체안을 탐색하는 활동 • 새롭거나 개선된 재료, 장치, 제품, 공정, 시스템이나 용역에 대한 여러 가지 대체안을 제안, 설계, 평가, 최종 선택하는 활동
개발단계	• 생산이나 사용 전의 시제품과 모형을 설계, 제작, 시험하는 활동 • 새로운 기술과 관련된 공구, 지그, 주형, 금형 등을 설계하는 활동 • 상업적 생산 목적으로 실현가능한 경제적 규모가 아닌 시험공장을 설계, 건설, 가동하는 활동 • 신규 또는 개선된 재료, 장치, 제품, 공정, 시스템이나 용역에 대하여 최종적으로 선정된 안을 설계, 제작, 시험하는 활동

무형자산은 최초 인식 시점 이후에는 원가모형이나 재평가모형 중 선택하여 회계처리한다. 만약, 재평가모형을 채택하는 경우에는 같은 분류의 기타 모든 자산도 그에 대한 활성시장이 없는 경우를 제외하고는 동일한 방법을 적용하여야 한다.[16]

16) 어떠한 방법을 선택하더라도 잔존가치를 고려한 상각기간과 상각방법에 대한 검토가 필요하게 된다. 이는 앞서 살펴본 유형자산의 방식과 유사하며, 상각기간과 상각방법

〈표 10. 7〉 무형자산 평가방법

구 분	회계처리 방법
원가모형	최초 취득원가에서 상각누계액과 손상차손누계액을 차감한 금액을 장부금액으로 한다.
재평가모형	재평가일의 공정가치에서 이후의 상각누계액과 손상차손누계액을 차감한 재평가금액을 장부금액으로 한다. 재평가 목적상 공정가치는 활성시장을 기초로 하여 결정하며, 보고기간말에 자산의 장부금액이 공정가치와 중요하게 차이가 나지 않도록 주기적으로 재평가를 실시한다.

무형자산에 대한 재평가모형을 적용할 때 공정가치는 활성시장을 기초로 하게 되어 있는데, 한국채택국제회계기준에서는 활성시장은 다음의 조건을 모두 충족하는 시장이라고 정의한다.

(1) 거래되는 항목들이 동질적이다.
(2) 일반적으로 거래의사가 있는 구매자들과 판매자들을 언제든지 찾을 수 있다.
(3) 가격이 공개되어 이용가능하다.

상기와 같은 무형자산의 활성화 시장은 자유롭게 양도가 가능한 택시 라이선스, 어업권이나 생산할당량에 대하여 존재할 수 있다. 그러나 브랜드, 신문 제호, 음악과 영화 출판권, 특허권이나 상표는 성격상 독특하기 때문에 활성시장이 존재하기는 힘들 것이다. 또한, 해당 무형자산이 매매되더라도 계약은 개별 매수자와 매도자가 간에 협상이 되고 상대적으로 거래는 자주 일어나지 않는다. 이러한 이유로 어떤 자산에 대하여 지급한 가격이 다른 자산의 공정가치에 대한 충분한 증거를 제공하지 않을 수도 있기 때문에 대부분의 기업이 보유한 무형자산에 대한 재평가는 이루어지 어려운 점이 존재한다.

결국, 한국채택국제회계기준에서는 (1) 무형자산에서 제일 중요한 내부적으로 창출된 영업권 등을 인정하지 않고, (2) 실제적으로 재평가모형을

에 대해서는 매 회계연도 말 검토하여야 하며 변경이 필요한 경우에는 회계추정의 변경으로 회계처리한다.

적용할 수 있는 무형자산이 극히 일부이기 때문에 보편적인 가치평가에 필요한 가치금액을 구하기 위해서는 별도의 평가절차가 필요하게 된다.

2.2.7 자산손상

우리는 지금까지 자산 항목 중에서 큰 비중을 차지하는 항목의 공정가치 측정에 관하여 살펴보았다. 한국채택국제회계기준 제1035호 "자산손상"에서는 모든 자산에 대하여 손상에 관한 검토를 수행하도록 하고 있다. 다만, 개별 기준에서 손상에 관한 검토를 규정하고 있거나, 공정가치로 측정하는 항목의 경우에는 해당 기준서에서 언급하고 있는 손상 검토를 수행할 필요가 없다. 모든 자산에 대하여 매 보고기간말마다 자산손상을 시사하는 징후가 있는지를 검토하고, 그러한 징후가 있다면 해당 자산의 회수가능가액을 추정하여야 한다. 만약, 해당 자산의 회수가능가액이 장부가액에 미달한다면 손상이 발생한 것이며, 그 차이 금액은 당기손익으로 인식하여야 한다.

손상의 징후

모든 자산에 대하여 손상을 시사하는 징후가 있는지를 검토할 때는 최소한 다음의 사항을 고려하여야 한다.

외부정보

(1) 회계기간 중에 자산의 시장가치가 시간의 경과나 정상적인 사용에 따라 하락할 것으로 기대되는 수준보다 유의적으로 더 하락하였다.
(2) 기업 경영상의 기술·시장·경제·법률 환경이나 해당 자산을 사용하여 재화나 용역을 공급하는 시장에서 기업에 불리한 영향을 미치는 유의적 변화가 회계기간 중에 발생하였거나 가까운 미래에 발생할 것으로 예상된다.
(3) 시장이자율이 회계기간 중에 상승하여 자산의 사용가치를 계산하는데 사용되는 할인율에 영향을 미쳐 자산의 회수가능액을 중요하게 감소시킬 가능성이 있다.

(4) 기업의 순자산 장부금액이 당해 시가총액보다 크다.

내부요인

(1) 자산이 진부화되거나 물리적으로 손상된 증거가 있다.
(2) 회계기간 중에 기업에 불리한 영향을 미치는 유의적 변화가 자산의 사용범위 및 사용방법에 발생하였거나 가까운 미래에 발생할 것으로 예상된다.
(3) 자산의 경제적 성과가 기대수준에 미치지 못하거나 못할 것으로 예상되는 증거를 내부보고를 통해 얻을 수 있다.

회수가능액의 측정

한국채택국제회계기준에서는 회수가능액을 자산 또는 현금창출단위의 순공정가치와 사용가치 중에서 큰 금액으로 정의하고 있지만 순공정가치나 사용가치 중 하나의 금액이 장부금액을 초과한다면 자산이 손상되지 않았으므로 다른 금액을 추정할 필요는 없다. 순공정가치는 일반적으로 활성시장이 존재하지 않는 경우에는 결정하기 어렵기 때문에 사용가치를 측정하여 자산의 회수가능가액으로 사용한다.

• 순공정가치 순공정가치의 가장 객관적인 예는 합리적인 판단력과 거래의사가 있는 독립된 당사자 사이의 거래에서 구속력 있는 매매계약을 통해 합의된 가격에서 자산의 처분에 직접 귀속되는 증분원가를 조정한 금액일 것이나, 구속력 있는 매매계약이 없더라도 자산이 활성시장에서 거래된다면 순공정가치는 시장가격에서 처분부대원가를 차감한 금액이 될 것이다. 만약, 구속력 있는 매매계약이나 활성시장이 없는 경우에는 합리적인 판단력과 거래의사가 있는 독립된 당사자 사이의 거래에서 자산의 매각으로부터 수취할 수 있는 금액에서 처분부대원가를 차감한 금액이 반영될 수 있도록 이용가능한 최선의 정보에 근거하여 순공정가치를 결정하여야 한다.

• 사용가치 순공정가치는 외부 거래에서 도출되는 결과를 이용하는 것이기 때문에 수월한 측면이 있으나, 사용가치는 해당 자산을 이용하여

내부적으로 창출할 수 있는 미래현금흐름에 기초하기 때문에 상대적으로 고려하여야 할 요소들이 많다. 이에 따라 한국채택국제회계기준에서는 손상검토 대상이 되는 자산의 사용가치 계산에서는 다음의 내역을 반영하도록 하고 있다. 개별 사항에 대한 구체적인 내용은 보론을 참고하기 바란다.

(1) 자산에서 창출될 것으로 기대되는 미래현금흐름의 추정치
(2) 미래현금흐름의 금액 및 시기의 변동가능성에 대한 기대치
(3) 현행 무위험시장이자율로 표현되는 화폐의 시간가치
(4) 자산의 본질적 불확실성에 대한 보상가격
(5) 자산에서 창출될 것으로 기대되는 미래현금흐름의 가격을 결정할 때 시장참여자들이 반영하는 비유동성과 그 밖의 요소들

현금창출단위

자산손상을 시사하는 징후가 있다면 개별 자산별로 회수가능가액을 추정하여야 하지만, 개별 자산의 회수가능가액을 추정할 수 없다면 그 자산이 속하는 현금창출단위(자산의 현금창출단위)의 회수가능가액을 결정하여야 한다. 예를 들면 광업기업은 채광활동을 지원하기 위해 사설철로를 소유하고 있는데 이러한 사설철로는 고철로만 매각될 수 있고 외부에 임대를 통한 사용료 징수를 할 수 없다. 이 경우 사설철로의 사용가치를 개별적으로 결정할 수 없고 그 사용가치가 폐기물가치와는 다를 가능성이 높기 때문에 사설철로의 회수가능가액을 추정할 수 없다. 따라서, 사설철로에 대한 손상검토는 개별 자산에 대해 수행하는 것이 아니라 사설철로를 포함하는 현금창출단위인 광산 전체의 회수가능가액을 추정하게 되는 것이다. 이렇게 결정된 현금창출단위는 동일 자산이나 동일 유형의 자산에 대해서는 변경할 정당한 사유가 없는 한 매 회계기간마다 일관되게 적용하여야 한다.

보론 12 사용가치

한국채택국제회계기준에서는 자산의 사용가치를 추정할 때 (1) 자산의 계속적인 사용과 최종 처분에서 기대되는 미래 현금유입과 현금유출을 추정하고 (2) 이러한 현금흐름을 적절한 할인율로 할인하게 되는 단계를 거치도록 하고 있다.

1. 미래 현금유입과 현금유출의 추정

자산손상 검토를 위한 미래현금흐름 추정 시 다음과 같은 가정을 수립하여 적용하여야 한다.

(1) 현금흐름은 내부증거보다 외부증거에 큰 비중을 두고 자산의 잔여내용연수 동안의 경제상황에 대한 경영진의 최선의 추정치가 반영된 합리적이고 객관적인 가정을 기초로 추정한다.
(2) 현금흐름은 경영진이 승인한 최근의 재무예산/예측을 기초로 추정한다. 이러한 재무예산/예측에 기초한 추정 대상기간은 정당한 사유가 없는 한 최장 5년으로 한다.
(3) 최근 재무예산/예측 대상기간 후의 성장률은 고정되거나 계속 감소한다고 가정하여 현금흐름을 추정하며, 이러한 성장률은 기업의 제품, 기업이 속한 산업, 기업이 영업을 하는 국가 및 자산이 사용되는 시장의 장기평균성장률을 초과할 수 없다.

상기의 가정에 따라 추정되는 미래현금흐름은 계속사용에 따른 현금유입과 유출 외에 내용연수 말에 당해 자산의 처분으로 수취될 순현금흐름을 포함하여야 한다. 이러한 현금흐름의 추정은 현재 상태를 근거로 추정하여야 하는 것이지 아직 확약되지 않은 미래의 구조조정이나 자산성능의 향상을 고려하여서는 아니된다. 또한, 재무활동으로부터의 현금 유입이나 유출, 법인세환급액 또는 법인세납부액은 포함하지 아니한다.

2. 할인율

미래현금흐름 할인에 적용되는 할인율은 (1) 화폐의 시간가치 (2) 미래현금흐름을 추정할 때 조정되지 아니한 자산의 특유위험에 대한 현행 시장의 평가를 반영한 세전할인율을 적용한다.

3. 부채 및 자본 항목별 평가

3.1 개 요

재무상태표에서 재고자산, 유형자산처럼 실물자산이 많은 비중을 차지하는 자산항목과는 달리, 부채 항목은 금융부채가 대부분을 차지하고 있어 측정의 문제는 상대적으로 수월한 측면이 있다. 금융부채는 대부분의 경우 현금으로 결제되는 특성을 가지고 있어 최초 인식한 금액이 공정가치이거나 유효이자율을 적용한 상각후원가가 공정가치인 경우가 대부분이기 때문이다. 따라서 일반적인 상거래에서 발생하는 매입채무와 금융기관에 대한 차입금에 대해서는 별도의 측정이 필요하지 않는 경우가 많이 발생하게 된다. 반면, 종업원 퇴직시에 지급하는 퇴직급여충당부채, 그 외의 다양한 충당부채 및 우발부채, 종업원 등에게 부여한 주식선택권에 대한 측정 등이 주요 문제로 부각된다.

부채 및 자본영역에서 중요한 부분은 현재의 계약으로 인하여 향후 미래의 경제적 효익의 유출이 발생할 수 있는 항목을 현재시점에서 측정하여 보고하는 것이다. 일반적인 금융부채는 발생시점에서 측정이 가능하지만 앞서 언급한 퇴직급여충당부채, 그 외의 충당부채 및 우발부채, 그리고 주식선택권의 경우에는 계약상의 의무에 대한 파악이 우선시 되어야 하기 때문에 다른 부채 평가와 달리 다양한 요소를 고려하여야 한다.

3.2 주요 항목별 평가

본 장에서는 대부분의 기업에서 가장 많이 발생하고 있는 부채인 차입부채, 종업원급여, 그리고 충당부채와 우발부채에 대한 측정방법을 살펴보고, 종업원에 대한 성과보상제도로 많이 활용되고 있는 주식선택권에 대해서도 한국채택국제회계기준에 의한 평가방법을 살펴보기로 한다.

3.2.1 차입부채

한국채택국제회계기준 제1039호 "금융상품: 인식과 측정"에서는 차입금, 회사채 등의 이자발생부채에 대하여 발생시점의 역사적 이자율로 현재가치를 계산하여 액면가액과의 차이를 현재가치할인(할증)차금의 형태로 계상해 준 다음, 이를 정액법이나 유효이자율법에 따라 상각하도록 하고 있다. 대부분의 금융기관 차입금은 액면이자율이 시장이자율을 반영하고 있으므로 현재가치 계산에 따른 현재가치할인(할증)차금은 발생하지 않기 때문에 차입금액으로 측정되어 재무제표에 반영되게 된다. 다만, 예외적으로 금융기관 혹은 정부에서 제공하는 정책자금의 경우에는 시장이자율보다 낮은 경우가 빈번하게 발생하는데 이 경우에는 한국채택국제회계기준 제1020호 "정부보조금[17]의 회계처리와 정부지원의 공시"에 따라 시장이자율보다 낮은 이자율의 효익은 최초 인식 장부금액과 수취한 대가의 차이로 측정하며, 그 결과 발생한 차이금액을 정부보조금으로 처리하도록 하고 있다. 이 경우 시장이자율을 무엇으로 할 것인지가 문제

17) 일반적으로 정부보조금은 기업의 자산취득을 보조하기 위하여 혹은 특정 비용에 충당하기 위하여 정부에서 지급하는 것으로 이해되고 있다. 과거 기업회계기준서에서는 상기 두 가지의 경우를 정부보조금으로 정의하였고, 자산의 차감계정 혹은 비용과 상계처리하도록 규정하였지만 정부정책에 의한 저리의 자금대여는 정부보조금으로 인식하지 않았다. 하지만 한국채택국제회계기준에서는 직접적인 자금보조뿐만 아니라 상대적인 저리의 차입금도 이자율 차이만큼 간접적으로 정부가 지원한 것으로 판단하여 정부보조금으로 분류하였다. 본 절의 사례에서 기술하고 있는 정부보조금은 기존의 정부보조금 형태가 아니라 한국채택국제회계기준에서 추가로 규정하고 있는 간접지원 형태의 정부보조금이라는 것을 주지할 필요가 있다.

될 수 있는데 실무적으로는 차입을 수행하는 기업의 해당 차입금을 제외한 차입금의 가중평균이자율을 사용하는 것이 타당할 것이다.

예제 10-2

가치주식회사는 금융기관으로부터 정책자금을 다음과 같이 차입하였다.

- 차입금액 : 100억원
- 이 자 율 : 2%(이자 연 1회 후급조건)
- 차입기간 : 차입일로부터 3년간
- 차 입 일 : 20×1년 12월 31일

상기 차입금을 제외한 가치주식회사의 가중평균차입이자율은 6%라고 할 경우 20×1년 말 차입금에 대한 공정가치 측정은 다음과 같이 이루어진다.

$$2억 \div (1+0.06) + 2억 \div (1+0.06)^2 + 102억 \div (1+0.06)^3 = 89.3억원$$

액면금액 100억원에서 공정가치 89.3억원을 제외한 금액은 정부보조금으로 인식하여 차입기간 동안 체계적인 방법에 따라 당기손익으로 인식한다.

상기 사례에서 나타나듯이 한국채택국제회계기준에서의 금융기관 차입금의 공정가치는 89.3억원으로 평가되었지만 액면금액과의 차이금액 10.7억원은 정부보조금이라는 부채로 신규 계상됨에 따라 액면금액 100억원의 부채는 공정가치 평가전과 동일하게 결국 100억원으로 평가되어 공정가치 평가 전후의 순자산에 미치는 영향은 없게 된다. 따라서, 시장이자율보다 낮은 금융기관 차입금이 장부상 계상되어 있더라도 차입한 액면금액을 그대로 사용하여도 무방할 것이다.

3.2.2 종업원급여

종업원급여는 종업원이 제공한 근무용역과 교환하여 기업이 제공하는 모든 종류의 대가를 말하며, 한국채택국제회계기준 제1019호 “종업원급여"에서는 다음과 같은 4가지 영역으로 구분하여 기술하고 있다.

(1) 단기종업원급여 : 임금, 사회보장분담금(예 : 국민연금), 유급연차휴가·병가, 이익분배금·상여금(회계기간말로부터 12개월 이내에 지급되는 것에 한함), 현직 종업원을 위한 비화폐성 급여(예 : 의료, 주택, 자동차, 무상 또는 일부 보조로 제공되는 재화나 용역) 등
(2) 퇴직급여 : 퇴직연금, 그 밖의 퇴직 후 급여, 퇴직 후 생명보험, 퇴직 후 의료급여 등
(3) 기타장기종업원급여 : 장기근속휴가, 안식년휴가, 그 밖의 장기근속급여, 장기장애급여, 회계기간말로부터 12개월 이내에 전부나 일부가 지급되지 않는 이익분배금, 상여금 및 이연보상 등
(4) 해고급여

상기에서 언급된 4가지 종업원급여 중에서 단기종업원급여와 해고급여는 사건 발생시점에 비용 처리[18]가 이루어지기 때문에 회계기간 말 시점에 별도의 공정가치 평가를 수행하는 대상은 아니다. 이 두 가지를 제외한 퇴직급여와 기타종업원급여에 대한 공정가치 평가에 대하여 살펴보기로 한다.

퇴직급여

한국채택국제회계기준에서는 제도의 주요 규약에서 도출되는 경제적 실질에 따라 확정기여제도 또는 확정급여제도로 퇴직급여제도를 분류하여 기술하고 있는데 그 특성은 다음 <표 10. 8>과 같다.

확정기여제도는 각 회계기간에 대하여 보고기업이 부담하는 채무가 당해 기간의 기여금으로 결정되기 때문에 채무나 비용을 측정하기 위해 보험수리적 가정을 세울 필요가 없고 그 결과 보험수리적손익이 발생할 가능성도 없다.[19] 이에 따라 일정기간 종업원이 근무용역을 제공하였을 때

18) 대부분의 경우 발생기간의 비용으로 처리되지만 제조원가를 구성하는 급여는 기말시점의 판매 여부에 따라 재고자산으로 처리될 수 있으며, 연구소 인력의 급여는 개발비로 처리될 수 있다.

〈표 10. 8〉 확정기여제도와 확정급여제도의 주요 차이

구 분	확정기여제도 (Defined Contribution)	확정급여제도 (Defined Benefit)
기업의 의무	• 기업의 법적 의무나 의제의무는 기업이 기금에 출연하기로 약정한 금액으로 한정	• 기업의 의무는 약정한 급여를 전·현직 종업원에 지급하는 것
투자위험 부담	• 보험수리적위험과 투자위험은 종업원이 부담	• 기업이 보험수리적위험과 투자위험을 실질적으로 부담 • 보험수리적 실적이나 투자실적이 예상보다 저조하다면 기업의 의무는 증가
종업원 수령금액	• 종업원이 수령할 퇴직급여액은 기업과 종업원이 퇴직급여제도나 보험회사에 출연하는 기여금과 그 기여금에서 발생하는 투자수익에 따라 결정	• 종업원이 수령할 퇴직급여액은 약정에 의하여 정해진 금액으로 결정

기업은 그 근무용역과 교환하여 확정기여제도에 납부해야 할 기여금을 비용으로 인식한다. 이에 따라 기업의 보고기간말 시점에 부채로 인식하여야 할 금액이 존재하지 않기 때문에 기업이 종업원 퇴직급여와 관련하여 확정기여제도를 채택한 경우에는 해당 회계기간에 지급하여야 할 기여금을 미납부하였거나, 초과 납부한 경우를 제외하고는 추가적인 고려사항이 존재하지 않는다.

확정급여제도의 경우 채무와 비용의 측정에 보험수리적 가정이 요구되기 때문에 보험수리적손익이 발생할 수 있어 확정기여제도에 비하여 복잡한 측면이 존재한다. 또한, 퇴직급여채무에 대한 지급은 종업원이 관련 근무용역을 제공한 후 오랜 기간이 지나서야 결제될 수 있으므로 시간가치를 고려한 할인된 금액으로 측정하게 된다. 한국채택국제회계기준에서는 재무보고기준일에 인식하여야 하는 확정급여채무를 다음과 같이 기술하고 있다.

19) 보험수리적손익에 대한 상세한 설명은 [보론 13] "보험수리적 가정의 적용"을 참조하기 바란다.

	확정급여채무의 현재가치	×××
+	미인식 보험수리적이익	×××
−	미인식 보험수리적손실	(×××)
−	미인식 과거근무원가	(×××)
−	사외적립자산의 공정가치	(×××)
=	확정급여채무	×××

• 확정급여채무의 현재가치 한국채택국제회계기준에서는 예측단위적립방식을 사용하여 확정급여채무의 현재가치를 결정하도록 기술하고 있는데, 예측단위적립방식('근무기간에 비례하는 발생급여방식' 또는 '급여/근무연수방식'이라고도 한다)에서는 매 근무기간에 추가적인 급여수급권단위(퇴직급여를 수령할 수 있는 권리)가 발생한다는 가정하에 궁극적인 확정급여 채무액을 결정하기 위하여 각 급여수급권단위를 별도로 측정하는 것이다. 한국채택국제회계기준에서는 예측단위적립방식에 대하여 다음과 같은 사례를 제시하고 있다.

예제 10-3

가치주식회사는 종업원이 퇴직한 시점에 일시불급여를 지급하며, 일시불급여는 종업원의 퇴직전 최종임금의 1%에 근무연수를 곱하여 산정된다. 종업원의 연간 임금은 1차연도에 10,000원이며 향후 매년 7%(복리)씩 상승하는 것으로 가정한다. 또한 연간 할인율은 10%라고 가정한다. 아래 표에서는 보험수리적 가정에 변화가 없다고 할 때 5차년도말에 퇴직하는 종업원과 관련하여 확정급여채무가 결정되는 방식을 보여주고 있다. 편의상 이 사례에서는 종업원이 당초 예상보다 일찍 또는 늦게 퇴직할 가능성을 반영하기 위해 필요한 추가적인 조정은 없다고 가정한다.

미래추정연도	1	2	3	4	5
퇴직급여귀속연도					
과거연도귀속분	−	131	262	393	524
당해연도귀속분(주1)	131	131	131	131	131

당해연도와 과거연도	131	262	393	524	655
기초 확정급여채무(주2)		89	196	324	476
이자원가(할인율 10%)		9	20	33	48
당기근무원가(주3)	89	98	108	119	131
기말 확정급여채무(주4)	89	196	324	476	655

(주1) 퇴직전 최종임금의 1% (10,000×(1+0.07)^4×1%)
(주2) 과거연도에 귀속되는 급여의 현재가치 (131÷(1+0.1)^4, 262÷(1+0.1)^3……)
(주3) 당해연도에 귀속되는 급여의 현재가치
(주4) 당해연도와 과거연도에 귀속되는 급여의 현재가치

본 사례는 5차년말 지급하는 확정퇴직급여 655원을 근무기간별로 인식하여야 하는 비용(이자원가와 당기근무원가의 합계)과 매 보고기간말 부채로 계상되어야 하는 퇴직급여채무를 나타내고 있다.

• 과거근무원가　기업이 급여를 과거근무용역에 귀속시키는 확정급여제도를 새로 도입하거나 기존의 확정급여제도에서 과거근무용역에 대하여 지급해야 하는 급여를 변경하는 경우 과거 근무원가가 발생한다. 이러한 변경은 관련 급여가 가득되기까지의 기간에 걸친 종업원 근무용역에 대한 대가이므로, 기업은 과거근무원가가 종업원의 과거근무용역에 대한 것이라는 사실에도 불구하고 가득되기까지의 기간에 걸쳐 인식한다. 한편, 확정급여제도를 새로 도입하거나 개정하는 즉시 관련 급여가 가득된다면, 해당 과거근무원가는 즉시 인식한다. 이와 관련하여 한국채택국제회계기준에서는 다음의 사례를 제시하고 있다.

예제 10-4

가치주식회사는 각 근무기간에 대하여 퇴직 전 최종임금의 2%에 해당하는 연금을 제공하는 연금제도를 갖고 있다. 연금급여는 근무기간이 5년을 경과할 때 가득된다. 기업은 20×5년 1월 1일자로 제도를 개정하였고, 이 개정으로 20×1년 1월 1일 이후 근무기간에 대하여 최종임금의 2.5%에 해당하는 연금을 지급한다. 제도개정일 현재 20×1년 1월 1일부터 20×5년 1월 1일

까지 제공된 근무용역에 대하여 기업이 추가로 부담하여야 하는 연금급여의 현재가치는 다음과 같다.

20×5년 1월 1일 현재 5년 이상 근무한 종업원에 대한 급여	150
20×5년 1월 1일 현재 5년 미만 근무한 종업원에 대한 급여 (가득일까지의 평균잔여근무연수 = 3년)	120
	270

이미 가득된 150원은 즉시 인식하고, 아직 가득되지 않은 120원은 20×5년 1월 1일부터 3년 동안 정액법으로 상각하여 인식한다.

• 사외적립자산의 공정가치　기업이 종업원의 퇴직급여 지급을 위하여 사외적립자산을 보유하고 있는 경우, 해당 자산의 공정가치에 해당하는 금액을 확정급여부채에서 차감하여야 한다. 만약, 기업이 보유한 사외적립자산에 대한 시장가격을 이용할 수 없는 경우에는 사외적립자산의 만기(사외적립자산의 만기가 없다면 관련 채무가 결제되기까지의 예상 기간)나 예상처분일과 사외적립자산에 관련된 위험을 모두 반영하는 할인율로 기대미래현금흐름을 할인함으로써 공정가치를 측정하여야 한다.

기타장기종업원급여

기타장기종업원급여의 대부분은 장기근속자에 대한 유급휴가, 장기근무수당 등과 같은 것으로 퇴직급여를 측정할 때 나타나는 불확실성에 비하여 크지 않다. 이는 기타장기종업원급여를 새로 도입하거나 변경하더라도 중요한 수준의 과거근무원가가 발생하지 않는다는 것을 의미하는 것이다. 따라서 한국채택국제회계기준에서는 기타장기종업원급여에 대하여 퇴직급여의 처리와 다른 다음의 방법을 제시하고 있다.

(1) 보험수리적손익을 즉시 인식하고 '범위'를 적용하지 아니한다.
(2) 모든 과거근무원가를 즉시 인식한다.

상기와 같은 처리방법은 퇴직급여에서 언급하고 있는 회계처리 방법과는 다를 수 있으나, 앞서 살펴본 것과 같이 평가목적에서 접근할 경우 보험수리적손익에 대한 범위 인식과 과거근무원가의 이연 인식에 대하여 즉시 인식하는 것은 동일한 것으로 나타난다. 즉, 범위인식과 이연인식은 퇴직급여의 급격한 변동을 완화한다는 측면에서 받아들여지는 것이지 특정시점의 퇴직급여에 대한 공정가치를 나타내기 위한 방법은 아닌 것이다.

한국채택국제회계기준에 의한 퇴직급여충당부채의 측정은 보험수리적 가정에 근거하여 이루어지기 때문에 전 임·직원의 보고기간말 일시 퇴직시에 지급하여야 할 금액으로 측정하는 종전의 기업회계기준서보다는 공정가치에 근접한 방법일 것이다. 또한, 2011년부터 적용하고 있는 일반기업회계기준도 종전 기업회계기준서 방식을 따르고 있는데 이는 청산가치에 근거한 것이기 때문에 계속기업에 대한 평가에 적용하기에는 논리적인 모순이 발생하게 된다. 만약, 일반기업회계기준을 적용하는 기업에 대한 평가를 수행하게 될 경우에는 한국채택국제회계기준에 의하여 퇴직급여충당부채를 측정하면 될 것이다.[20]

보론 13 보험수리적 가정의 적용

퇴직급여채무에 대한 공정가치 측정에 적용되는 보험수리적평가방법에 적용되는 가정은 퇴직급여의 궁극적인 원가를 결정하는 여러 가지 변수들에 대한 최선의 추정을 반영하는 것이기 때문에 편의가 없어야 하며 서로 양립 가능해야 한다. 이에 따라 한국채택국제회계기준에서는 보험수리적 가정에 대하여 다음과 같이 정의하고 있다.

(1) 급여를 수령할 권리를 갖는 전·현직 종업원의 미래 특성에 관한 다음과 같은 인구통계적 가정
- 퇴직 전이나 퇴직 후의 사망률
- 이직률, 신체장애율 및 조기퇴직률

20) 한국채택국제회계기준이 전면적으로 도입됨에 따라 대부분의 금융기관에서는 퇴직급여충당부채를 보험수리적 가정에 근거하여 평가할 수 있는 시스템을 구축하고 있다. 이에 따라 유형자산에 대한 공정가치 측정시 감정인의 보고서를 이용하듯이 금융기관의 평가보고서를 이용하면 될 것이다.

- 급여수령권을 갖는 피부양자가 있는 종업원의 비율
- 의료급여제도의 경우 의료원가청구율

(2) 재무적 가정
- 할인율
- 미래의 임금과 급여수준
- 의료급여의 경우 미래 의료원가
- 사외적립자산의 기대수익률

보험수리적손익은 확정급여채무 현재가치의 증감이나 사외적립자산 공정가치의 증감이 있을 때 발생하는데 그 구체적인 원인의 예는 다음과 같다.

(1) 종업원의 이직률, 조기퇴직률, 사망률, 임금상승률, 급여(제도의 공식적 규약이나 의제의무에 따라 물가상승률에 연동하며 급여가 증액되는 경우) 또는 의료원가가 실제로는 당초 예상보다 높거나 낮은 경우
(2) 종업원의 이직률, 조기퇴직률, 사망률, 임금상승률, 급여(제도의 공식적인 규약이나 의제의무에 따라 물가상승률에 연동하여 급여가 증액되는 경우) 또는 의료원가에 대한 추정치가 변경됨에 따른 효과
(3) 할인율의 변경에 따른 효과
(4) 사외적립자산의 실제수익과 기대수익의 차이

상기의 원인에 의하여 보험수리적손익이 발생하였을 경우 다음의 두 가지 방법 중에서 선택하여 적용할 수 있다.

구분	특 징
당기손익 반영	직전 회계연도말 현재 인식되지 않은 보험수리적손익의 순누계액이 다음 중 큰 금액을 초과하는 경우 (1) 직전 회계연도말 현재 사외적립자산 차감 전 확정급여채무의 현재가치에 10%를 곱한 금액 (2) 직전 회계연도말 현재 사외적립자산의 공정가치에 10%를 곱한 금액 상기 조건에 의하여 초과하는 금액을 확정급여제도에 가입한 종업원의 예상평균 잔여근무시간으로 나눈 금액을 당기비용 혹은 당기수익으로 인식
포괄손익 반영	기업이 보험수리적손익을 발생한 기간에 즉시 인식하고자 하는 경우에는 기타포괄손익으로 인식

3.2.3 충당부채 및 우발부채

부채는 현재 이전의 사건의 결과로서 향후 미래기간 동안 경제적 효익을 유출하여야 하는 의무로 정의할 수 있다. 대부분의 부채는 관련 금액의 지출시기와 지출금액이 확정되는 형태로 나타나게 되며, 이는 앞서 살펴본 영업활동에서 나타나는 매입채무 등과 재무활동에서 나타나는 차입금 등을 예로 제시할 수 있으며, 우리는 이러한 부채를 확정부채라고 지칭한다. 이와 반대로 충당부채와 우발채무는 관련 금액의 지출시기 및 지출금액이 불확실한 경우에 발생하는 것이다.

충당부채

한국채택국제회계기준에서는 다음의 요건을 모두 충족하는 경우에 충당부채를 인식하도록 하고 있다.21)

(1) 과거 사건의 결과로 현재의무(법적 의무 또는 의제의무)가 존재한다.
(2) 당해 의무를 이행하기 위하여 경제적 효익을 갖는 자원이 유출될 가능성이 높다.
(3) 당해 의무의 이행에 소요되는 금액을 신뢰성 있게 추정할 수 있다.

상기 조건을 충족할 경우 기업은 해당 금액에 대하여 충당부채를 설정하여야 하는데, 이 경우 인식하는 금액은 현재의무를 보고기간 말에 이행하기 위하여 소요되는 최선의 추정치이어야 한다. 이러한 추정방식에 대하여 한국채택국제회계기준에서는 충당부채로 인식하여야 하는 금액과 관련된 불확실성은 상황에 따라 판단하도록 하고 있다. 측정하고자 하는 충당부채가 다수의 항목과 관련되는 경우에 당해 의무는 모든 가능한 결과와 그와 관련된 확률을 가중평균하여 추정하여야 하는데 이러한 통계적 추정방식을 "기대가치"라 한다. 따라서 특정금액의 손실이 발생할 확

21) 한국채택국제회계기준과 일반기업회계기준에서는 상기와 같은 조건을 충족하는 경우 충당부채로 설정하여야 한다. 하지만 비외감대상인 기업의 대부분은 충당부채 회계처리를 수행하지 않고 있으며, 외감대상인 경우에도 금액적 중요성 등을 이유로 충당부채 회계처리를 하지 않는 경우가 있다.

률(예를 들어, 60% 또는 90%)에 따라 충당부채로 인식하는 금액은 다르게 된다. 가능한 결과가 연속적인 범위 내에 분포하고 각각의 발생확률이 동일할 경우에는 당해 범위의 중간값을 사용하여야 한다.

기업에서 계상할 수 있는 가장 많은 유형이 제품 판매 후 발생하는 수선비용을 인식하는 판매보증충당부채이다. 이와 관련하여 한국채택국제회계기준에서는 다음의 사례를 제시하고 있다.

예제 10-5

구입 후 첫 6개월 이내에 제조상 결함으로 인하여 발생하는 수선비용을 보장하는 보증서와 함께 재화를 판매하는 기업이 있다. 판매한 모든 생산품에서 사소한 결함이 발생할 경우에는 1백만원의 수선비용이 발생한다. 판매한 모든 생산품에서 중요한 결함이 발생할 경우에는 4백만원의 수선비용이 발생한다. 기업의 과거경험 및 미래예상에 따르면 내년도에 판매될 재화 중에서 75%는 전혀 결함이 발생하지 아니하는 반면, 20%는 사소한 결함, 나머지 5%는 중대한 결함이 발생할 것으로 예상된다. 이럴 경우 기업은 제품보증 의무이행과 관련한 충당부채를 다음과 같이 인식한다.

$$(75\% \times 0) + (20\% \times 1\text{백만원}) \times (5\% \times 4\text{백만원}) = 400{,}000\text{원}$$

판매보증충당부채와 더불어 많이 발생하는 것이 판매된 제품의 반품과 관련된 충당부채인데, 이러한 반품충당부채는 판매보증충당부채와 동일한 추정방식에 의하여 측정한다.

예제 10-6

가치주식회사는 가정용 전화기 판매를 주요 영업으로 하고 있다. 회사는 판매된 제품에 대하여 판매일로부터 3개월 이내에 반품조건을 충족하는 경우 반품을 허용하고 있다. 이 경우 20×1년 말 기준으로 설정하여야 하는 반품충당부채는 다음과 같이 계산할 수 있다.

(1) 3개월 이내에 반품을 허용하는 조건이므로 과거 3개년 최종 3개월(10월~12월) 동안의 매출을 집계한다.
(2) 과거 3개년 최초 3개월(1월~3월) 동안의 반품액을 집계한다.
(3) 반품액이 매출액에서 차지하는 비율을 산출한다.
(4) 과거 3개년 동안의 반품비율을 가중평균한다.
(5) 20×1년도의 매출총이익률을 산출한다.
(6) 최종 3개월의 매출액, 반품비율 및 매출총이익률을 이용하여 반품충당부채를 계산한다.

	20×1년-3	20×1년-2	20×1년-1	20×1년
매출액(주1)	100억	108억	117억	125억
반품액(주2)	2.7억	3.4억	3.1억	
연도별 반품비율[22]	2.7%	3.15%	2.65%	
추정반품율(주3)				2.825%
매출총이익률(주4)				27%
반품충당부채(주5)				0.95억

(주1) 해당연도의 10월부터 12월까지의 매출액
(주2) 익년 1월부터 3월까지의 실제 발생한 반품액
(주3) (2.6%×3+3.15%×2+2.7%)÷6 = 2.825%
(주4) 20×1년 결산 종료후 도출된 매출총이익을 적용하여 비율을 산출
(주5) 125억×2.825%×27%

22) 20×1년에 적용할 추정반품률 계산을 위하여 과거 3개년 동안 발생한 반품비율은 3개월 자료를 일괄적으로 적용하였다. 원칙적으로는 반품이 발생하는 시점마다 최초 발생 매출액을 추적하여 반품비율을 도출하는 것이 이상적인 방법이나, 동일 거래처에 대하여 매출과 반품이 지속적으로 발생할 경우 건별로 추적하는 것은 실무적으로 번거로움을 초래한다. 따라서 기말 시점에서 소급하여 3개월간 발생한 매출액과 익년초 3개월 동안 발생한 반품액을 비교하여 반품비율을 산출하고 과거 3개년 동안의 결과를 가중평균할 경우 합리적인 수준에서 반품비율을 도출할 수 있는 것이다.

상기 예시의 경우 반품허용기간이 3개월 이내의 단기이기 때문에 해당 부채를 현재가치로 평가하지 않지만, 화폐의 시간가치 효과가 중요한 경우에는 의무를 이행하기 위하여 예상되는 지출액의 현재가치로 평가하는 것이 타당하다. 이 경우 적용하는 할인율은 충당부채의 특유위험과 화폐의 시간가치에 대한 현행 시장의 평가를 반영한 세전 이자율이다. 이 경우 실무적으로 적용할 수 있는 이자율은 (1) 회사 이자부차입금(정책차입금 제외)에 대한 가중평균이자율, (2) 받을어음 등의 채권을 금융기관에 할인하는 경우 적용되는 할인율 중에서 선택하여 적용할 수 있을 것이다. 이 할인율에 반영되는 위험에는 미래현금흐름을 추정할 때 고려된 위험은 반영하지 아니한다.

국내 기업의 경우 관계회사 간 금융기관의 차입금에 대하여 지급보증을 제공하는 경우가 많이 발생하고 있는데, 이러한 지급보증의 경우도 기업 입장에서는 향후 경제적 자원의 유출가능성이 존재하는 것이라 할 수 있다. 종전의 기업회계기준서에서는 이러한 지급보증에 대하여 주석으로만 기재하도록 하였으나 한국채택국제회계기준에서는 금융보증계약(financial guarantee)도 채무불이행시 보증대상 차입금을 대지급해야 하는 계약상의 의무이므로 보증인의 입장에서는 금융부채에 해당된다고 명시하였다. 따라서 한국채택국제회계기준을 적용하는 기업이 지급보증을 제공하는 경우에는 해당 금융부채의 금액을 추정하여 재무상태표에 반영하여야 하는 것이다. 이 경우 지급보증을 제공한 회사 입장에서 인식하여야 하는 금융보증채무는 다음과 같이 도출한다.

예제 10-7

가치주식회사는 20×1년 12월 31일에 현대주식회사의 금융기관 차입금에 대하여 경기주식회사와 함께 지급보증을 제공하였다. 현대주식회사가 금융기관으로부터 차입한 차입금의 세부내역은 다음과 같다.

- 차입금액 : 100억원
- 차입기간 : 20×1년 12월 31일부터 20×4년 12월 30일까지
- 이자지급조건 : 연1회 후급지급
- 지급이자율 : 6%
- 시장이자율 : 8%

가치주식회사의 지급보증에 따라 시장에서 형성된 시장이자율보다 2% 낮게 차입이 이루어졌으므로 해당 이자율 차이만큼 금융보증채무가 발생하였다. 이에 따라 향후 3개년 동안 부담하여야 하는 이자율 차이를 유효이자율로 할인한 금액 5.15억원이 20×1년말 시점에 가치주식회사가 인식하여야 하는 금융보증채무이다.[23)]

$$\text{계산근거 : } 2\text{억} \div (1+0.08) + 2\text{억} \div (1+0.08)^2 + 2\text{억} \div (1+0.08)^3$$

우발부채 및 우발자산

충당부채와 유사한 상황에서 발생하는 우발부채가 존재할 수 있는데 한국채택국제회계기준에서는 다음과 같은 이유를 근거로 해당 상황에 대하여 부채로 인식하지 않도록 하고 있다.

(1) 경제적 효익을 갖는 자원의 유출을 초래할 현재의무가 있는지의 여부가 확인되지 아니한 잠재적 의무이다.

(2) 현재의무이지만 당해 의무를 이행하기 위하여 경제적 효익을 갖는

---

23) 사례에서는 지급보증을 해당 기업만 제공하였지만, 특수관계자를 포함한 복수의 기업이 지급보증을 제공한 경우 금융보증채무 전액을 인식하여야 하는지 아니면 균등하게 안분한 금액을 인식하여야 하는지에 대한 논란이 있을 수 있다. 일반적인 경우 균등하게 안분한 금액을 사용하는데, 지급보증이 전체금액에 대한 점을 고려한다면 안분하기 전의 금액을 사용하는 것도 타당할 것이다.

자원이 유출될 가능성이 높지 아니하거나 당해 금액을 신뢰성 있게 추정할 수 없다.

또한, 한국채택국제회계기준에서는 사전에 계획되지 아니하거나 기타 예기하지 못한 사건으로부터 발생하는 경제적 효익의 유입가능성에 대해서는 우발자산으로 인식하지 않도록 하고 있다. 그러한 예로는 기업이 제기하였으나 그 결과가 불확실한 소송을 들 수 있다. 결국, 충당부채, 우발부채 및 우발자산에 대한 재무제표 계상여부는 (1) 자원유출가능성, (2) 금액추정가능성에 근거하여 결정되는 것이다.

〈표 10. 9〉 상황별 재무제표 계상 여부

자원유출가능성[24]	금액추정가능성	
	신뢰성있게 추정가능	추정불가능
가능성이 매우 높음	충당부채로 인식	우발부채로 주석공시
가능성이 어느 정도 있음	우발부채로 주석공시	
가능성이 거의 없음	공시하지 않음	

한국채택국제회계기준에 의한 충당부채와 우발부채에 대한 측정기준은 재무보고 목적 하에서는 타당할 수 있지만, 기업가치평가 측면에서 볼 때 충당부채는 인식하지만, 우발자산과 우발부채는 인식하지 않는 방식은 기업가치평가를 왜곡시킬 가능성이 있다. 평가자는 평가대상기업에 대한 우발자산과 우발부채도 평가시점에서 수집된 최선의 정보에 근거하여 적절한 확률을 적용하여 인식하는 것이 타당할 것이다.

---

24) 자원의 유출가능성이 80% 이상으로 판단되는 경우에는 가능성이 매우 높은 것으로, 유출가능성이 50~80% 사이로 판단되는 경우에는 가능성이 어느 정도 있는 것으로 판단한다. 이러한 확률을 이용한다면 우발부채로 주석 기재되는 가능성이 어느 정도 있는 사건에 대해서는 추정된 금액의 50%를 적용하는 것을 고려해 볼 수 있을 것이다. 또한 가능성이 거의 없는 경우는 50% 미만의 확률인데 이 경우에는 중간값인 25%를 적용하여 우발부채 금액을 추정할 수 있다.

보론 14 의사결정도

한국채택국제회계기준 제1037호 "충당부채, 우발부채 및 우발자산" 부록에서는 해당 기준서에서 요구하고 있는 주요 인식사항에 대한 의사결정도를 제시하고 있어 혼동되기 쉬운 개념 정리를 명확하게 하고 있다. 또한, 드문 경우지만 현재의무 존재 여부가 불분명한 경우가 있을 수 있는데 이러한 경우, 이용할 수 있는 모든 증거를 고려하여 보고기간말에 현재의무가 존재할 가능성이 존재하지 아니할 가능성 보다 높은 경우에는 과거사건이 현재의무를 발생시킨 것으로 간주한다.

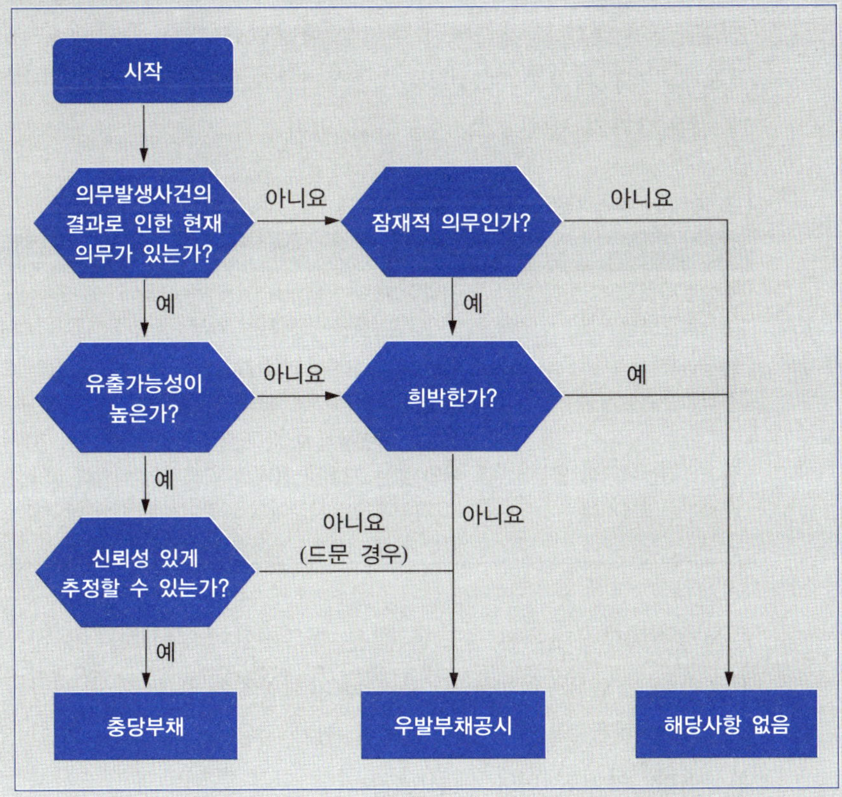

3.2.4 주식선택권

기업은 종업원 및 유사용역제공자로부터 재화나 용역을 제공받는 대가로 기업의 지분상품을 부여하거나 기업의 주식이나 다른 지분상품의 가치에 기초하여 현금이나 기타자산으로 결제하는 거래를 하게 되는데 이를 주식기준보상거래라 한다. 여기에서 기업의 지분상품이란 주식 혹은 주식선택권을 의미한다. 주식선택권은 보유자에게 특정기간 고정가격 또는 결정 가능한 가격으로 기업의 주식을 취득할 수 있는 권리를 부여하는 계약을 말한다.

종업원등에 대한 주식선택권 부여는 다양한 형태로 존재할 수 있는데 한국채택국제회계기준 제1102호 "주식기준보상"에서는 조건에 따라 다음과 같은 3가지 방식으로 기술하고 있다.

〈표 10.10〉 주식기준보상 방식별 특징

구 분	특 징
주식결제형 주식기준보상거래	기업이 재화나 용역을 제공받는 대가의 결제방식으로, 기업의 지분상품을 발행하는 거래
현금결제형 주식기준보상거래	기업이 재화나 용역을 제공받는 대가의 결제방식으로 현금(또는 그 밖의 자산)으로 지급하는 거래
현금결제선택권이 있는 주식기준보상거래	기업이 제공받는 재화나 용역에 대한 대가의 결제방식으로, 기업 또는 재화나 용역의 공급자가 약정에 따라 현금(또는 그 밖의 자산) 지급이나 지분상품발행 중 하나를 선택할 수 있는 거래

주식기준보상거래에서 중요한 점은 재무제표에 계상하여야 하는 금액을 확정하는 것인데 종업원 및 유사 용역제공자와의 거래시 제공받는 용역의 공정가치를 일반적으로 신뢰성 있게 추정할 수 없는 것이 일반적인 현상이다. 이러한 이유 때문에 부여한 지분상품의 공정가치에 기초하여 측정하게 되는데 이 경우 주식결제형과 현금결제형에 따라 공정가치에 대한 측정 및 인식을 다르게 수행하여야 한다.

〈표 10.11〉 주식결제형과 현금결제형의 주요 차이

구 분	측 정	인 식
주식결제형 주식기준보상거래	부여한 지분상품의 공정가치는 부여일 기준으로 측정	공정가치에 해당하는 금액을 자본의 증가로 인식
현금결제형 주식기준보상거래	매 보고기간말 시점에서 부채의 공정가치를 재측정	공정가치에 해당하는 금액을 부채의 증가로 인식

종업원등에게 부여한 주식선택권은 시장에서 거래되는 옵션이 아니기 때문에 해당 공정가치는 재무관리영역에서 다루어지고 있는 옵션가격결정모형을 사용하여야 하며, 한국채택국제회계기준에서도 주식선택권의 공정가치 평가에 옵션가격결정모형을 적용하도록 하고 있다. 옵션가격결정모형을 적용한 공정가치 측정에 대해서는 [보론 15]를 참고하기 바라며, 이하에서는 앞서 언급된 주식기준보상거래 별로 주식선택권을 재무제표에 계상하는 방법에 대해서 알아본다.

• 주식결제형 주식기준보상거래　주식결제형의 경우 제공받는 재화나 용역과 그에 상응하는 자본의 증가를 제공받는 재화나 용역의 공정가치로 직접 측정하고, 제공받는 재화나 용역의 공정가치를 신뢰성 있게 추정할 수 없다면, 제공받는 재화나 용역과 그에 상응하는 자본의 증가는 부여한 지분상품의 공정가치에 기초하여 간접 측정하여야 한다. 이와 관련하여 한국채택국제회계기준에서는 주식기준보상거래 대상자에 따라 다음과 같이 구분하여 공정가치를 측정하도록 기술하고 있다.

〈표 10.12〉 대상자별 공정가치 측정기준

대상자		측정기준
종업원 및 유사 용역제공자		일반적으로 신뢰성있게 추정할 수 없기 때문에 부여한 지분상품의 공정가치에 근거하여 측정
종업원이 아닌 거래상대방	제공받는 재화나 용역의 공정가치는 신뢰성있게 추정할 수 있는 경우	공정가치는 재화나 용역을 제공받는 날을 기준으로 측정
	제공받는 재화나 용역의 공정가치를 신뢰성있게 추정할 수 없는 경우	제공받는 재화나 용역과 그에 상응하는 자본의 증가는 부여된 지분상품의 공정가치에 근거하여 간접 측정

주식기준보상거래의 결과 각 대상자별로 인식하는 보상원가를 언제 얼마만큼 인식할 것인지에 대한 문제에 대하여 한국채택국제회계기준에서는 가득조건[25]에 따라 다음과 같이 기술하고 있다.

〈표 10.13〉 보상원가 가득기준

구 분		측정기준
부여한 지분상품이 즉시 가득되는 경우		지분상품의 대가에 해당하는 용역을 이미 제공한 것으로 판단하여 제공받은 용역 전부를 부여일에 인식하고 그에 상응하여 자본의 증가를 인식
종업원이 아닌 거래 상대방	용역제공기간 조건부여시	종업원에게 3년간 근무하는 조건으로 주식선택권을 부여하는 경우, 주식선택권의 대가에 해당하는 근무용역을 미래 3년의 가득기간에 걸쳐 보상원가를 인식
	성과조건이 비시장조건인 경우	부여일 시점에 추정된 기대가득기간에 걸쳐 보상원가를 인식하고, 후속정보 변경시 기대가득기간을 수정
	성과조건이 시장조건인 경우	부여일 시점에 추정된 기대가득기간에 걸쳐 보상원가를 인식하고, 후속정보 변경하더라도 최초 기대가득조건은 수정불가

예제 10-8

기업은 종업원 500명에게 각각 주식선택권 100개를 부여하였다. 각 주식선택권은 종업원이 앞으로 3년간 근무할 것을 조건으로 한다(즉, 가득조건은 3년간의 용역제공조건이며, 용역제공조건은 시장조건이 아님). 부여일 현재 주식선택권의 단위당 공정가치는 15원으로 추정되었다. 가중평균확률에 기초하여, 기업은 종업원 중 20%가 부여일로부터 3년 이내에 퇴사하여 주식선택권을 상실할 것으로 추정하였다.

〈상황 1〉

실제 결과가 추정가 일치한다면 기업이 가득기간에 주식선택권의 대가로

25) 가득조건이란 어떠한 결과 혹은 자격을 획득할 수 있는 상황을 말하는 것으로, 주식기준보상거래에서 가득조건이란 주식선택권 부여시 해당 권리를 행사하기 위하여 대상자가 사전적으로 충족시켜야 하는 조건을 말한다.

제공받는 근무용역에 대하여 인식할 금액은 다음과 같다.

연도	계산근거	당기보상비용	누적보상비용
1	50,000개 × 80% × 15원 × 1/3	200,000	200,000
2	(50,000개 × 80% × 15원 × 2/3) − 200,000원	200,000	400,000
3	(50,000개 × 80% × 15원 × 3/3) − 400,000원	200,000	600,000

〈상황 2〉

1차연도 중에 20명이 퇴사하였고, 기업은 가득기간(3년)에 퇴사할 것으로 기대되는 종업원의 추정비율을 20%(100명)에서 15%(75명)로 수정하였다. 2차연도에 22명이 더 퇴사하였고, 기업은 가득기간(3년) 전체에 걸쳐 퇴사할 것으로 기대되는 종업원의 추정비율을 다시 15%에서 12%(60명)로 변경하였다. 3차연도에는 15명이 더 퇴사하였다. 결국, 3차연도 말 현재 총 57명이 퇴사하여 주식선택권을 상실하였고, 총 44,300개(443명×100개)의 주식선택권이 가득되었다.

연도	계산근거	당기보상비용	누적보상비용
1	50,000개 × 85% × 15원 × 1/3	212,500	212,500
2	(50,000개 × 88% × 15원 × 2/3) − 212,500원	227,500	440,000
3	(44,300개 × 15원) − 400,000원	224,500	664,500

• **현금결제형 주식기준보상거래** 현금결제형의 경우 제공받는 재화나 용역과 그 대가로 부담하는 부채를 부채의 공정가치로 측정한 후 부채가 결제될 때까지 매 보고기간말과 결제일에 부채의 공정가치를 재측정하고, 공정가치의 변동액은 당기손익으로 인식하도록 하고 있다.

종업원에게 제공받는 근무용역과 그 대가로 부담하는 부채는 근무용역을 제공받는 기간에 인식한다. 예를 들어, 부여되는 즉시 가득되는 주가차액보상권의 경우, 종업원이 현금에 대한 자격을 획득하기 위해 특정 용역제공기간을 근무해야 할 의무가 없으므로 반증이 없는 한 종업원에게서 이미 근무용역을 제공받은 것으로 본다. 따라서 제공받는 용역과 그 대가 지급에 관한 부채를 즉시 인식한다. 만약, 종업원이 특정 용역제공기간을 근무해야만 주가차액보상권이 가득된다면, 제공받는 근무용역과 그 대가로 부담되는 부채는 그 용역제공기간 동안 종업원이 근무용역을 제공할 때 인식한다. 한국채택국제회계기준에서는 이와 관련하여 다음의 사례를 예시하고 있다.

예제 10-9

가치주식회사는 종업원 500명에게 앞으로 3년간 근무할 것을 조건으로 각각 현금결제형 주가차액보상권을 100개씩 부여하였다.

1차연도 중에 35명이 퇴사하였으며, 기업은 2차연도와 3차연도에는 추가로 60명이 퇴사할 것으로 추정하였다. 2차연도에 40명이 퇴사하였고, 기업은 3차연도에 추가로 25명이 퇴사할 것으로 추정하였으며 3차연도에 22명이 퇴사하였다. 3차연도 말에 150명이 주가차액보상권을 행사하였고, 4차연도 말에 140명이 주가차액보상권을 행사하였으며, 나머지 113명은 5차연도 말에 주가차액보상권을 행사하였다.

기업이 매 회계연도 말에 추정한 주가차액보상권의 공정가치는 아래 표와 같다. 3차연도 말에 계속 근무자는 부여받았던 주가차액보상권을 모두 가득하였다. 3, 4 및 5차연도말에 행사된 주가차액보상권의 내재가치(현금지급액과 일치)는 아래 표와 같다.

연도	공정가치	내재가치
1	14.40	–
2	15.50	–
3	18.20	15
4	21.40	20
5	–	25

상기 조건에 따라 기업이 매 회계기간 동안 인식하여야 하는 보상원가 및 회계기간말 부채 계상금액은 다음과 같다.

연도	계산근거	비용	부채
1	(500명 − 95명)×100개×14.40×1/3	194,400	194,400
2	(500명 − 100명)×100개×15.50×2/3 − 194,400	218,933	413,333
3	(500명 − 97명 − 150명)×100개×18.20 − 413,333 + 150명×100개×15.00	272,127	460,460
4	(253명 − 140명)×100개×21.40 − 460,460 + 140명 ×100개×20.00	61,360	241,820
5	0원 − 241,820 + 113명×100개×25.00	40,680	−
합계		787,500	

• 현금결제선택권 있는 주식기준보상거래 일부 종업원 주식기준보상 약정에서는 종업원이 현금으로 받을지 지분상품으로 받을지를 선택할 수 있다. 이 경우에는 복합금융상품, 즉 부채요소와 자본요소가 혼합된 금융상품을 부여한 것으로 판단한다. 한국채택국제회계기준에서는 기업이나 거래상대방이 결제방식으로 현금(또는 그 밖의 자산) 지급이나 기업의 지분상품발행을 선택할 수 있는 주식기준보상거래의 경우 해당 거래나 거래의 일부 요소에 대하여, 기업이 현금이나 그 밖의 자산으로 결제해야 하는 부채를 부담하는 부분만큼만 현금결제형 주식기준보상거래로 회계처리하고, 그러한 부채를 부담하지 않는 부분은 주식결제형 주식기준보상거래로 회계처리하도록 규정하고 있다.

기업이 거래상대방에게 주식기준보상거래를 현금이나 지분상품발행으로 결제받을 수 있는 선택권을 부여한 경우에는, 부채요소(거래상대방의 현금결제요구권)와 자본요소(거래상대방이 지분상품 결제요구권)가 포함된 복합금융상품을 부여한 것으로, 부여 대상자와 공정가치 측정 가능성에 따라 다음과 같이 측정한다.

〈표 10. 14〉 복합금융상품 측정기준

<table>
<tr><th colspan="2">구 분</th><th>측정기준</th></tr>
<tr><td rowspan="2">공정가치를 직접 측정하는 경우</td><td>종업원이 아닌 경우</td><td>복합금융상품 중 자본요소는 재화나 용역이 제공되는 날 현재 재화나 용역의 공정가치와 부채요소의 공정가치의 차이로 측정</td></tr>
<tr><td>종업원인 경우</td><td rowspan="2">현금이나 지분상품에 부여된 권리의 조건을 고려하여 측정기준일 현재 복합금융상품의 공정가치를 측정(부채요소의 공정가치를 측정한 다음 자본요소의 공정가치를 측정)</td></tr>
<tr><td colspan="2">공정가치를 직접 측정할 수 없는 경우</td></tr>
</table>

기업이 현금이나 지분상품발행으로 결제할 수 있는 선택권을 갖는 조건이 있는 주식기준보상거래의 경우에는 현금을 지급해야 하는 현재의무가 있는지 여부를 결정하고 그에 따라 주식기준보상거래를 결정한다. 다음의 조건을 충족하는 경우에는 현금을 지급해야 하는 현재의무가 있는 것으로 보아 현금결제형으로 회계처리하고, 충족하지 못하는 경우에는 주식결제형으로 판단하여 회계처리한다.

(1) 지분상품을 발행하여 결제하는 방식에 상업적 실질이 결여된 경우 (예 : 법률에 의한 주식발행의 금지)
(2) 현금으로 결제한 과거의 실무 관행이 있거나 현금결제정책이 명백히 규정되어 있는 경우
(3) 거래상대방이 현금결제를 요구할 때마다 일반적으로 기업이 이를 수용하는 경우

이러한 현금결제선택권이 있는 주식기준보상거래와 관련하여 한국채택국제회계기준의 실무적용지침에서는 다음과 같은 사례를 제시하고 있다.

예제 10-10

기업은 종업원에게 가상주식 1,000주(주식 1,000주에 상당하는 현금지급에 대한 권리)와 주식 1,200주를 선택할 수 있는 권리를 부여하였다. 각 권리는 종업원이 3년간 근무할 것을 조건으로 한다. 종업원이 주식 1,200주를 제공받는 결제방식을 선택하는 경우에는 주식을 가득일 이후 3년간 보유하여야 하는 제한이 있다.

부여일에 기업의 주가는 단위당 50원이다. 1, 2 및 3차연도 말의 주가는 각각 52원, 55원 및 60원이다. 기업은 부여일 이후 3년 동안 배당금을 지급할 것으로 예상하지 않는다. 기업은 가득 이후 양도제한의 효과를 고려할 때 주식 1,200주를 제공받는 결제방식의 부여일 공정가치가 주당 48원이라고 추정하였다. 3차연도 말에 종업원은 다음을 선택할 수 있다.

(상황 1) : 현금결제방식
(상황 2) : 주식결제방식

주식결제방식의 공정가치는 57,600원(1,200주×48원)이고, 현금결제방식의 공정가치는 50,000원(1,000주×50원)이다. 따라서, 복합금융상품 내 자본요소의 공정가치는 7,600원(57,600원−50,000원)이다.

상기 조건에 의하여 기업이 매 회계기간 동안 인식하여야 할 보상원가 및 회계기간말 자본, 부채 계상 금액은 다음과 같다.

연도	계산근거	비용		부채
1	부채 : (1,000원×52원×1/3)	17,333	−	17,333
	자본 : (7,600원×1/3)	2,533	2,533	−
2	부채 : (1,000원×55원×2/3)−17,333원	19,333	−	19,333
	자본 : (7,600원×1/3)	2,533	2,533	−
3	부채 : (1,000원×60원)−36,666원	23,334	−	23,334
	자본 : (7,600원×1/3)	2,534	2,534	−
3차 연도말	상황 1 : 현금지급 60,000원			(60,000)
	합계	67,600	7,600	−
	상황 2 : 주식 1,200주 발생		60,000	(60,000)
	합계	67,600	67,600	−

한국채택국제회계기준에서의 주식선택권의 공정가치 측정은 옵션가격결정모형에 따라 이루어지기 때문에 기업가치평가 측면에서도 해당 결과를 사용할 수 있을 것이다. 다만, 주식보상거래의 형태에 따라 자본 혹은 부채로 계상되기 때문에 평가자는 계약조건을 명확하게 검토할 필요가 있는데 주식결제형일 경우에는 순자산가치에는 영향이 없지만, 현금결제형일 경우에는 순자산의 감소가 발생하기 때문이다. 특히, 현금결제선택형의 경우에는 한국채택국제회계기준에서 정한 조건에 부합하는지를 세밀하게 검토하여야 할 것이다.

보론 15 옵션가격결정모형(Option Pricing Model)

옵션가격결정모형(Option Pricing Model : OPM)은 투자에 대한 확률적 기대값을 기초로 하여 파생상품의 하나인 옵션에 대한 가치평가도구로 개발되었다. 그러나 OPM은 파생상품으로서의 옵션에 대한 평가에 국한된 것이 아니라 조건부 청구권의 성격을 띠는 다양한 자산, 부채, 주식 등의 평가에 새로운 시각을 제공하면서, 재무관리 분야의 중심적인 이론 중의 하나로 자리잡고 있다. 아래에서는 OPM의 기초이론과 함께 한국채택국제회계기준에서의 주식선택권 평가에 적용되는 내용을 간단히 살펴보도록 하자.

(1) 옵션가격결정요인

파생상품으로서의 옵션은 사전에 정해진 가격(exercise price)에 따라 일정기간 동안에 특정한 증권을 사거나, 팔 수 있는 권리를 의미한다. 이러한 옵션의 가격을 결정하는 요인은 다음과 같다.

- 기초자산의 현재가치
- 기초자산가치의 변동성
- 기초자산의 배당지급
- 옵션의 행사가격
- 옵션의 만기
- 만기 동안의 무위험이자율

(2) 옵션가치평가모형

• 블랙-숄즈 가격결정모형(Black and Sholes Model)

$$C = S \cdot N(d1) - X \cdot e - RfT \cdot N(d2)$$
$$d1 = [1n(S/X) + (Rf + \sigma 2/2)T] \ \sigma\sqrt{T}$$
$$d2 = [1n(S/X) + (Rf - \sigma 2/2)T] \ \sigma\sqrt{T} = d1 - \sigma\sqrt{T}$$

C : 콜옵션(주식매입선택권)의 가치
S : 기초자산인 주식의 현재가격
X : 옵션의 행사가격
e : 2.71828…로 표시되는 자연대수의 밑
Rf : 무위험이자율
T : 만기까지의 기간(연 단위)
σ : 예상주가변동성
$N(d)$: d값까지의 정규분포의 누적확률

블랙-숄즈 가격결정모형은 주가 수익률이 정규분포를 가지고 있음을 가정한다. 이 모형에서는 거래가 연속적으로 이루어지며, 옵션의 행사가 만기에 한 번 이루어질 수 있는 유로피언 옵션을 가정하며, 또한 잔존기간 중 중간 현금흐름이 없음을 가정하고 있다. 위의 공식에서 사용되는 변수들과 관련하여 일반기업회계기준에서는 다음과 같이 기술하고 있다.

(1) **행사기간** : 주식선택권을 부여받은 종업원 등은 다양한 이유에 의하여 해당 권리를 조기행사할 가능성이 존재한다. 따라서, 모형에 적용되는 행사기간은 최초 부여된 행사기간이 아니라 주식선택권을 부여받은 집단의 기대행사기간을 적용하여야 한다.

(2) **예상주가변동성** : 예상주가변동성이란 일정기간 동안의 주가가 등락하는 정도에 대한 추정치이며, 기대행사기간 동안 예상되는 주식의 연속복리투자수익률의 연환산 표준편차를 말한다. 이론적으로는 미래의 주가변동성을 예측하여야 하지만, 이는 실무적으로 불가능하기 때문에 주식선택권의 기대 존속기간에 상응하는 최근 과거기간 동안의 주가자료를 이용한 주가변동성을 사용하게 된다. 비상장기업의 경우에는 과거의 주가자료가 존재하지 않기 때문에 ① 유사한 상장기업의 주가정보를 이용하거나 ② 해당 산업을 대표할 수 있는 적절한 산업

주가지수를 이용하여 예상주가변동성을 추정하여야 한다.

(3) **무위험이자율** : 무위험이자율로는 잔여만기가 주식선택권의 기대존속 기간과 같거나 비슷한 무이표국공채의 유통수익률을 사용하여야 한다. 만약, 적절한 국공채가 존재하지 않거나 국공채 수익률이 무위험이자율로 적절하지 않다고 판단되는 경우(예 : 초인플레이션 상황)에는 대체이자율을 사용할 필요가 있다.

(4) **기대배당금** : 해당 모형에 사용하는 기대배당금은 행사기간 동안 발생할 것으로 예상되는 배당금 규모를 반영하여야 한다. 과거의 배당경험이 있다면 배당금 추세를 고려할 수 있는데, 예를 들면 과거 배당정책이 3%씩 매년 증가시키는 것이었다면 향후의 배당금도 해당 추세를 적용할 수 있을 것이다. 그러나 설립초기단계에 있는 기업의 경우에는 과거 배당경험이 존재하지 않으므로 비교가능한 적절한 기업들의 평균배당수익률을 평균한 값을 사용할 수 있다.

(5) **기초주식의 현재가격** : 비상장기업의 경우 현재주가가 존재하지 않으므로 비슷한 상장기업의 주가를 이용하거나 적절한 평가방법을 이용하여 기초주식의 가격을 측정할 수 있다. 이 경우 기초주식의 평가방법과 기대주가변동성은 일관되게 추정하는 것이 타당하나 객관적이고 합리적인 방법을 이용하는 한 기초주식의 가격을 추정하는 방법과 기대주가변동성을 추정하는 방법이 반드시 일관될 필요는 없다. 예를 들어, 기초주식의 가격을 순자산이나 순이익에 기초하여 추정하더라도 예상주가변동성은 적절한 산업주가지수의 역사적 변동성에 기초하여 추정할 수 있다.

- 이항옵션 가격결정모형(Cox and Rubinstein Model)

$$C = [Cu(1+Rf-d)/(u-d)+Cd(u-1-Rf)/(u-d)]/(1+Rf)$$

C : 콜옵션(주식매입선택권)의 가치
Cu : 주가상승시의 콜옵션의 가치
Cd : 주가하락시의 콜옵션의 가치
u : 주가상승배수(u≥1)
d : 주가하락배수(d≤1)
Rf : 무위험이자율

위 모델은 OPM 중 가장 단순한 형태로 옵션가격을 결정하는 주가의 변동이 이항분포(binominal distribution)를 따른다고 가정하는 모형이다. 앞의 모형을 사용하면 주가 자체의 등락확률과는 관계없이 옵션가치를 평가할 수 있다. 이항옵션모형에서 옵션의 가격을 결정하는 유일한 확률변수는 미래의 주식가격뿐이다. 블랙-숄즈모형은 주가가 연속적으로 변하는 것을 가정하지만, 이항옵션모형은 이산적으로 발생한다고 가정하고 있기 때문에 블랙-숄즈모형에 비하여 논리적 타당성이 떨어진다는 단점이 존재한다. 이러한 단점은 주가의 변동주기를 무수히 많은 수로 나눌 경우 극복할 수 있지만 계산의 현실적인 어려움으로 인하여 실무적으로는 블랙-숄즈모형을 더 많이 쓰고 있다.

(3) 기업가치평가에의 적용(실물옵션)

OPM의 논리는 파생상품인 옵션에 대한 평가뿐만 아니라 주식과 회사채 등의 부채를 설명할 수도 있다. 예를 들면, 주주는 콜옵션의 매수자 입장과 같다. 즉, 기초자산을 기업 자체로 보면 회사채 소유자에게 행사가격을 지불하고 기업을 살 수 있는 콜옵션을 보유하고 있는 경우로 볼 수 있다. 반면, 채권자는 콜옵션 매도자의 입장으로 볼 수 있는데, 기업을 기초자산으로 소유하고 있는 상태에서 주주에게 일정 행사가격으로 콜옵션을 매도한 경우로 볼 수 있을 것이다.[26)]

이렇게 OPM의 기본논리는 다양한 응용이 가능한데, 실물자산이나 투자안 등에 대해 적용되는 경우를 실물옵션(real option)이라 한다. 실물옵션은 성장옵션(growth option), 포기옵션(abandonment option), 확장옵션(option to expand), 축소옵션(option to contract), 스위칭옵션(option to switch), 시기결정옵션(timing option) 등 여러 형태로 응용될 수 있다.

그러나 이러한 실물옵션을 실무적으로 적용하는 데는 다음과 같이 OPM의 기본가정을 충족할 수 없는 제한사항이 존재한다.

- 기초자산이 거래되지 않는다.
- 자산의 가격이 연속적으로 변하지 않는다.
- 변동성을 알고 있고 또한 옵션의 만기 동안 변동성이 변하지 않는다.

• 옵션의 권리를 순간적으로 행사할 수 없다.

우리가 널리 사용하고 있는 DCF방식에 의한 가치평가기법은 투자안의 유연성(flexibility)에 대한 고려를 하지 않음으로써 투자안의 가치를 과소평가할 수 있다. OPM에서는 이러한 의사결정의 유연성을 고려할 수 있는 장점이 존재하나, 위와 같은 제한사항으로 실무에서 바로 적용되기에는 한계가 있다.

26) 주주와 채권자에 대한 이러한 구조는 풋옵션을 이용하여서도 설명이 가능하다.

Business Valuation

제 11 장

국내 관련법규의 검토

1 자본시장법 및 관련규정

2 상속증여세법 및 관련규정

지금까지 살펴본 가치평가이론과 기법들은 기업 혹은 주식의 거래에 있어서 실질적인 가치를 측정할 목적으로 사용되어야 한다. 실질적인 가치를 측정하기 위해서는 평가과정에서 평가대상기업의 특성에 따라 소득·시장·자산접근법의 선택과 가중치 부여 등 많은 부분에서 평가자의 주관적인 선택이 불가피하다. 이렇게 선택적인 평가기법을 허용하는 것은 실질가치를 측정하기 위해서는 불가피한 사항이지만, 다른 한편으로는 지나치게 주관적인 판단이 평가결과에 개입될 여지를 남기게 된다.

그런데 현실적으로 대부분의 법률이나 규정에서는 이러한 주관적인 요소가 개입될 여지가 클 경우, 해당 법규의 자의적인 해석과 적용으로 말미암아 적지 않은 부작용이 나타나게 된다. 기업가치나 주식가치의 가치평가방법에 대해서 규정하고 있는 현행 국내 관련법규에서도 이러한 상황은 마찬가지여서 공식화된 일정한 계산방식만을 적용하도록 규정하고 있다.[1] 그러나 이러한 공식화된 평가방식은 주관성을 배제한다는 장점이 있는 반면, 해당 기업 혹은 주식의 실질가치를 충분히 반영하지 못한 채 지나치게 획일적으로 적용될 위험성이 커지게 된다는 단점이 있다.

해당 법규에서 정하고 있는 가치평가방식은 분명 이 책에서 지금까지 설명한 가치평가방식과는 차이가 있다. 그러나 현실적으로 이러한 법규에 의한 평가결과를 무시하고는 관련 이해당사자의 합의를 도출해 낼 수 없다. 이 장에서는 지금까지 설명한 본서의 이론적인 내용을 바탕으로 법규상의 내용을 재음미해 본다는 의미에서, 현행 법규 중 본서에서 다룬 가치평가의 여러 주제와 가장 관련성이 높은 자본시장법 및 상속증여세법상의 관련규정에 대한 내용을 정리하여 보았다.

---

1) 본서 제1장 2.2.2절에서 살펴본 "가치의 기준(standard of value)"의 관점에서 보면 이렇게 국내 관련법규에 의해 산출되는 가치는 "규정상의 가치(regulated value)"의 범주에 해당된다.

1. 자본시장법 및 관련규정

1. 1 자본시장법 개요

자본시장법은 자본시장에서의 금융혁신과 공정한 경쟁을 촉진하고 투자자를 보호하며 금융투자업을 건전하게 육성함으로써 자본시장의 공정성·신뢰성 및 효율성을 높여 국민경제의 발전에 이바지함을 목적으로 한다(자본시장과 금융투자업에 관한 법률 제1조). 자본시장법의 하위법령으로는 대통령령인 자본시장법 시행령과 총리령인 자본시장법 시행규칙이 있다.

자본시장법에서 규정하는 "증권"이라 함은 다음 중 하나에 해당하는 것을 말한다. 이 장에서는 이러한 다양한 증권 중 본서의 내용과 부합되는 주권을 표시하는 증서인 주식의 경우에 국한하여 살펴보도록 하겠다.

- 채무증권
- 지분증권
- 수익증권
- 투자계약증권
- 파생결합증권
- 증권예탁증권

자본시장법은 증권시장[2](유가증권시장 및 코스닥시장) 상장법인에 대한 관계법령으로 구성되어 있다. 그러나 증권 발행의 공정과 기업의 공시를 위하여 상장법인과 비상장법인이 함께 관여되는 합병 등에 있어서는 비상장법인도 이 법의 적용을 받는다.

---

2) 증권의 매매를 위하여 거래소가 개설하는 시장으로서 유가증권시장 및 코스닥시장을 의미하며, 현행 법규상의 용어를 그대로 사용한다(자본시장법 제9조 제13항).

1.2 합 병

1.2.1 개 요

기업의 합병에는 신설합병과 흡수합병의 두 가지가 있다. 신설합병은 합병할 때 모든 기존회사가 해산하고 동시에 새로운 회사를 설립하는 것이며, 흡수합병은 한 기존기업만이 존속하고 다른 기존기업은 해산하여 존속기업에 흡수되는 것이다. 실제의 합병에는 흡수합병이 많으며, 합병 후의 상호에 기존기업의 상호를 조합한 것을 사용할 경우에도 흡수합병인 경우가 많다.[3)]

합병에 관한 규정

자본시장법은 '제3편 증권의 발행 및 유통'에서 상장법인이 따라야 할 규정에 관하여 설명하고 있다. 주권상장법인[4)]과 주권비상장법인이 합병하고자 하는 경우에는 금융감독위원회와 거래소에 신고하여야 하며, 이 경우 주권상장법인은 자본시장법시행령에서 규정하는 합병요건·방법 등 합병기준에 따라 합병관련사항을 신고하여야 한다(제176조의5).

합병비율

기업합병 시 피합병법인의 주주는 보유주식을 반납하고 그에 대한 대가로 합병교부금이나 합병법인의 주식을 교부받는다. 이때 발생하는 것이 합병비율의 문제이며 이는 교환비율을 의미한다. 즉, 합병법인과 피합병법인의 주식가치의 비율을 계산하여 반납주식수량에 대한 교부주식수량의 비율을 구하는 것이다.

---

3) 합병에 관한 보다 자세한 내용은 본서 제5장 3.2절 참조.

4) 증권시장에 상장되거나 주권과 관련한 증권예탁증권이 증권시장에 상장된 경우 그 주권을 발행한 법인을 의미하며 현행 법규상의 용어를 그대로 사용함(자본시장법 제9조 제15항 제3호).

1.2.2 합병가액

개 요

자본시장법 시행령 제176조의5 제1항에서는 주권상장법인이 다른 법인과 합병하고자 하는 경우 합병대상법인이 주권상장법인인 경우와 주권비상장법인인 경우로 구분하여 합병가액을 산정하는 방법을 규정하고 있다.

〈표 11. 1〉 합병가액 산정방법

구 분	자본시장법의 내용	
상장법인 간 합병	모두 기준주가	
상장법인과 비상장법인의 합병	상장법인 : 기준주가가 원칙 (단, 기준주가가 자산가치에 미달하는 경우 자산가치)	비상장법인 : 자산가치, 수익가치, 상대가치의 조합
비상장법인 간 합병	자본시장법상으로는 평가방법에 제한 없음	

상장법인 간의 합병

상장법인의 주식가치는 유가증권시장 혹은 코스닥시장에서 거래되는 가격이 객관성을 지니고 있어 그 평가가 용이한 편이다. 그러나 그 가격이 시간에 따라 등락을 거듭할 뿐만 아니라 그 등락폭이 매우 큰 경우도 있다는 점은 평가를 위한 구체적 기준이 필요함을 시사한다.

상장법인 주식의 기준주가 계산방법은 자본시장법시행령에 상세히 규정되어 있다. 즉, 주권상장법인 간의 합병가액은 합병을 위한 이사회결의일과 합병계약을 체결한 날 중 앞서는 날의 전일을 기산일로 하여 다음 (1), (2), (3)의 종가를 산술평균한 가액과 다시 (3)의 종가 중 낮은 가액으로 한다. 이 경우 (1) 및 (2)의 평균종가는 종가를 거래량으로 가중산술평균하여 산정한다(자본시장법시행령 제176조의5 제1항 제1호).

(1) 최근 1월간의 평균종가, 다만 산정대상 기간 중에 배당락 또는 권리락이 있는 경우로서 배당락 또는 권리락이 있은 날부터 기산일

까지의 기간이 7일 이상이 되는 경우에는 그 기간의 평균종가로 한다.

(2) 최근 1주일간의 평균종가

(3) 최근일의 종가

- 상장법인에 적용하는 합병가액

기준주가[5] = MIN{산술평균(1개월 평균종가, 1주일 평균종가, 기산일 종가), 기산일 종가}

상장법인과 비상장법인의 합병

주권상장법인과 주권비상장법인 간 합병의 경우에는 다음 기준에 따른 가격에 의한다(자본시장법시행령 제176조의5 제1항 제2호).

- 주권상장법인의 경우에는 기준주가(자본시장법시행령 제176조의5 제1항 제1호의 가격) 다만, 기준주가로 산정한 가격이 자산가치에 미달하는 경우에는 자산가치로 할 수 있다.
- 주권비상장법인의 경우에는 자산가치와 수익가치를 가중산술평균한 가액과 상대가치의 가액을 산술평균한 가액. 다만, 상대가치를 산출할 수 없는 경우에는 자산가치와 수익가치를 가중산술평균한 가액으로 한다.

상기 가격 산정에 사용되는 자산가치·수익가치 및 그 가중산술평균방법과 상대가치의 산출방법은 금융위원회가 정하여 고시하도록 하고 있는데 이와 관련된 규정이 「증권의발행및공시등에관한규정」이다. 동 규정 제5-13조(합병가액의 산정기준) 제1항에서는 해당 방법에 관하여 감독원장이 정하도록 하고 있으며, 이에 따라 금융감독원은 「증권의발행및공시등에관한규정시행세칙」(이하 "시행세칙")을 제정하였다.

---

5) 기준주가를 구할 때 최근 1개월 평균종가와 최근 1주일 평균종가는 거래량으로 가중평균하여 산정한다. 이는 합병의 경우뿐만 아니라 자본시장법의 다른 관련 조항에서도 대부분 동일하다.

시행세칙 제4조(합병가액의 산정)에서는 자산가치와 수익가치의 가중산술평균은 자산가치와 수익가치를 1과 1.5로 가중산술평균하여 구하도록 하고 있다.[6] 이에 따라 비상장법인에 적용하는 합병가액은 상대가치를 산출할 수 있는 경우와 산출할 수 없는 경우로 나누어지는데 각각의 경우 합병가액을 산정하는 방식은 다음과 같다.

- 상대가치를 산출할 수 있는 경우

$$\text{합병가액} = \{(\text{자산가치} \times 0.4 + \text{수익가치} \times 0.6) + \text{상대가치}\} / 2$$

- 상대가치를 산출할 수 없는 경우

$$\text{합병가액} = (\text{자산가치} \times 0.4) + (\text{수익가치} \times 0.6)$$

앞에서 상대가치를 고려하지 않은 자산가치와 수익가치의 가중평균가액으로 구한 합병가액을 "본질가치"라고 부르기도 하는데 이는 종전의 "유가증권인수업무에관한규정"에서 사용한 용어로서, 현행 "증권의발행및공시등에관한규정"에서는 사용하지 않지만 실무적으로는 여전히 쓰이고 있다.

이하에서는 시행세칙에서 규정되어 있는 자산가치, 수익가치, 상대가치에 대하여 알아본다.

① 자산가치

자산가치라 함은 분석기준일 현재의 평가대상회사의 주당 순자산가액으로서 다음 산식에 의하여 산정한다.

---

6) 2012년 1월 3일 개정된 증권의발행및공시등에관한규정 제5-13조(합병가액의 산정기준)에서는 기업인수목적회사가 주권비상장법인과 합병하는 경우에는 감독원장이 정하는 시행세칙을 따르지 않고, 자산가치·수익가치의 가중산술평균방법, 수익가치와 상대가치의 산출방법, 수익가치에 사용되는 자본환원율 및 상대가치에 사용하는 할인율에 대하여 당사자 간의 협의에 의하여 결정할 수 있도록 하였다. 이는 비상장기업의 가치평가에 관련해서는 자율성을 제고하기 위하여 도입된 것이다.

자산가치 = 순자산 / 발행주식의 총수

이 경우에 발행주식의 총수는 분석기준일 현재의 총발행주식수로 한다(시행세칙 제5조 제1항).

순자산은 합병신고서를 제출하는 날이 속하는 사업연도의 직전 사업연도(직전 사업연도가 없는 경우에는 최근 감사보고서 작성대상시점으로 한다. 이하 "최근 사업연도"라 한다) 말의 재무상태표상의 자본총계에서 다음의 금액을 가감하여 산정한다(시행세칙 제5조 제2항).

- 분석기준일 현재 실질가치가 없는 무형자산 및 회수가능성이 없는 채권을 차감한다.
- 분석기준일 현재 투자주식 중 취득원가로 평가하는 시장성 없는 주식의 순자산가액이 취득원가보다 낮은 경우에는 순자산가액과 취득원가와의 차이를 차감한다.
- 분석기준일 현재 퇴직급여채무 혹은 퇴직급여충당부채의 잔액이 회계처리기준에 따라 계상하여야 할 금액보다 적을 때에는 그 차감액을 차감한다.
- 최근사업연도말 이후부터 분석기준일 현재까지 손상차손이 발생한 자산의 경우 동 손상차손을 차감한다.
- 분석기준일 현재 자기주식은 가산한다.
- 최근사업연도말 이후부터 분석기준일 현재까지 유상증자, 전환사채의 전환권행사 및 신주인수권부사채의 신주인수권 행사에 의하여 증가한 자본금을 가산하고, 유상감자에 의하여 감소한 자본금 등을 차감한다.
- 최근사업연도말 이후부터 분석기준일 현재까지 발생한 주식발행초과금등 자본잉여금 및 재평가잉여금을 가산한다.
- 최근사업연도말 이후부터 분석기준일 현재까지 발생한 전기오류수정손실등을 차감한다.
- 기타 최근사업연도말 이후부터 분석기준일 현재까지 발생한 거래 중 이익잉여금의 증가를 수반하지 않고 자본총계를 변동시킨 거래로 인한 중요한 순자산 증감액을 가감한다.

〈표 11. 2〉 자산가치

Ⅰ. 자산총계
Ⅱ. 부채총계
Ⅲ. 자본총계(Ⅲ = Ⅰ − Ⅱ)
Ⅳ. 가산항목
  1. 자기주식
  2. 최근사업연도말 이후 유상증자금액
  3. 최근사업연도말 이후 자본잉여금, 재평가잉여금 증가액
  4. 최근사업연도말 이후 중요한 순자산 증가액
Ⅴ. 차감항목
  1. 실질가치가 없는 무형자산
  2. 회수불능채권
  3. 투자주식 평가감
  4. 퇴직급여충당금 부족액
  5. 자산의 손상차손액
  6. 최근사업연도말 이후 유상감자액
  7. 최근사업연도말 이후 전기오류수정손실액
  8. 최근사업연도말 이후 중요한 순자산 감소액
Ⅵ. 순자산(Ⅵ = Ⅲ + Ⅳ − Ⅴ)
Ⅶ. 발행주식총수
Ⅷ. 주당 자산가치(Ⅷ = Ⅵ ÷ Ⅶ)

이와 같이 자본시장법에 따라 구해지는 자산가치는 단순히 장부상에 기록된 자본총계를 실질적인 순자산가액으로 어느 정도 전환시킨다는 점에서는 의미가 있다. 그러나 위에서 살펴본 가치평가목적에 적합한 진정한 시장가치(market value)를 기준으로 한 자산가치와는 거리가 있음에 유의해야 할 것이다. 무엇보다 앞의 계산구조에서는 장부상에 포함되지 않은 내재적으로 개발된 미기록영업권(unrecorded goodwill)에 대한 고려가 없는데, 가치평가목적에서는 이를 초과이익방식(excess earnings method)[7] 등을 적용하여 위에서 구해지는 자본시장법상의 자산가치에 추가로 가산되어야 한다. 또한 개별 자산, 부채의 경우에도 본서 제6장 1. 2절에서 설명한 바와 같이 장부가액이 아닌 중고가액, 대체원가, 재생산원가 등의

7) 초과이익방식은 본서 제6장 제3절을 참조할 것.

방식으로 시장가치로 적절한 전환이 필요할 것이다.

② 수익가치

수익가치는 향후 2사업연도(합병신고서를 제출하는 날이 속하는 사업연도와 그 다음 사업연도를 말한다)의 추정 재무제표를 기준으로 다음 산식에 의하여 산정한다(시행세칙 제6조 제1항).

> 수익가치 = 주당추정이익 / 자본환원율

이 경우에 자본환원율은 분석기준일 현재 다음의 이자율 중에서 큰 이자율을 적용한다(시행세칙 제6조 제2항).

> 자본환원율 = Max (평가대상회사가 상환하여야 할 모든 차입금의 가중평균이자율의 1.5배, 상속세및증여세법시행령 제54조 제1항에 따라 기획재정부장관이 정하여 고시하는 이자율[8])

주당추정이익은 다음 산식에 의하여 산정한 제1차 사업연도(합병신고서를 제출하는 날이 속하는 사업연도를 말한다. 이하 같다) 및 제2차 사업연도(합병신고서를 제출하는 날이 속하는 사업연도의 그 다음 사업연도를 말한다)의 주당추정이익을 각각 3과 2로 하여 가중산술평균한 가액으로 한다. 다만, 제2차 사업연도의 주당추정이익이 제1차 사업연도의 주당추정이익보다 적을 때에는 단순평균한 가액으로 한다(시행세칙 제6조 제3항).

> 주당추정이익 = (추정법인세비용차감전계속사업이익 − 우선주배당조정액 − 법인세등) ÷ 사업연도말 현재 발행주식수

이하 세부항목을 설명한다.

---

8) 금융기관이 보증한 3년만기회사채의 유통수익률을 감안하여 기획재정부장관이 고시하는 이자율이며, "순손익가치환원율"이라고 한다. 2011년 10월말 현재 고시된 순손익가치환원율은 10%이다.

- 우선주배당조정액은 평가대상회사가 배당에 관하여 우선적 내용이 있는 주식을 발행한 경우 보통주배당을 초과하는 우선배당예정액으로 한다(시행세칙 제6조 제5항).
- 법인세등 산정시 한시적인 법인세등의 감면사항은 고려하지 아니한다(시행세칙 제6조 제4항).

〈표 11. 3〉 수익가치

Ⅰ. 추정 2개년 법인세비용차감전계속사업이익
Ⅱ. 우선주배당조정액
Ⅲ. 법인세등
Ⅳ. 각 사업연도 추정이익(Ⅳ = Ⅰ − Ⅱ − Ⅲ)
Ⅴ. 발행주식총수(예정공모주식수 반영 후)
Ⅵ. 각 사업연도 주당 추정이익(Ⅵ = Ⅳ ÷ Ⅴ)
Ⅶ. 추정연도별 가중치(주1)
Ⅷ. 각 사업연도 주당 추정이익
Ⅸ. 자본환원율
Ⅹ. 주당 수익가치(Ⅹ = Ⅷ ÷ Ⅸ)

(주1) "추정1차연도 주당추정이익 < 추정2차연도 주당추정이익" → 1차연도와 2차연도를 0.6과 0.4로 가중평균
"추정1차연도 주당추정이익 > 추정2차연도 주당추정이익" → 1차연도와 2차연도를 0.5와 0.5로 가중평균

앞에서와 같이 자본시장법의 방식에 따라 구해지는 수익가치는 가치평가 시에 과거실적이 아닌 미래추정실적을 고려한다는 점에서는 진일보한 방법이나 여전히 추정연도를 2개년치로 제한한다는 결함이 있다. 계속기업의 전제하에 정확한 기업가치를 산정하기 위해서는 추정기간은 무한대로 설정하여야 하는 것이 옳다는 것은 이제 이 책의 독자라면 누구나 이해하고 있는 바일 것이다. 물론, 실무적으로 개별 추정기간을 무한대까지 확대할 수는 없을 것이지만, 자본시장법에서와 같이 2년 정도의 개별 추정기간을 설정하더라도 그 이후 기간을 무시할 것이 아니라 영구성장모형 등을 사용하여 일괄계산한 후 합산하는 방식을 취하여야 할 것이다. 자본환원율의 경우 평가대상회사가 상환하여야 할 모든 차입금의 가중평균이자율의 1.5배와 금융기관이 보증한 3년만기 회사채의 유

통수익률을 감안하여 기획재정부장관이 고시하는 순손익가치환원율 중 큰 이자율을 선택하도록 하고 있는데, 이 또한 개별 기업의 자본구조를 감안하여 타인자본비용과 자기자본비용을 목표자본구조로 가중평균하는 구조가 검토되어야 한다. 자본환원율을 이와 같이 획일적으로 적용할 경우 대부분 실질적인 자본비용보다 낮은 값이 적용되어 결과적으로 수익가치를 과대평가하는 현상이 나타날 수 있다.

③ 상대가치

상대가치는 유사회사별 비교가치와 분석기준일 이전 1년 이내의 자본거래가액을 산술평균한 가액으로 한다. 다만, 분석기준일 1년 이내에 자본거래가액이 없거나 거래가액이 유사회사별 비교가치보다 큰 경우에는 유사회사별 비교가치를 상대가치로 하며, 유사회사별 비교가치를 산출할 수 없는 경우에는 상대가치를 적용하지 아니한다(시행세칙 제7조 제1항).

상대가치 = (유사회사별 비교가치 + 분석기준일 이전 1년 이내의 자본거래가액 주가) ÷ 2

상기 절차에 의하여 산정한 가액이 유사회사의 주가의 평균치를 초과하는 경우에는 유사회사의 주가의 평균치를 상대가치로 한다(시행세칙 제7조 제5항).

유사회사별 비교가치는 평가대상회사와 한국거래소 업종분류에 따른 소분류 업종이 동일한 주권상장법인(이하 "유사회사"라 한다)의 주가를 기준으로 다음 산식에 의하여 산출한 유사회사별 비교가치를 평균한 가액의 30%를 할인한 가액으로 한다. 다만, 유사회사가 3사 미만인 경우에는 유사회사별 비교가치를 산출하지 아니한다(시행세칙 제7조 제1항 1호).

유사회사별 비교가치 = 유사회사의 주가 × {(평가대상회사의 주당법인세비용차감전계속사업이익 ÷ 유사회사의 주당법인세비용차감전계속사업이익) + (평가대상회사의 주당순자산 ÷ 유사회사의 주당순자산)} ÷ 2

유사회사는 다음의 모든 조건을 충족시키는 법인으로 한다(시행세칙 제7조 제6항).

- 주당법인세비용차감전계속사업순이익이 액면가액의 10% 이상일 것
- 주당순자산이 액면가액 이상일 것
- 상장일이 속하는 사업연도의 결산을 종료하였을 것
- 최근사업연도의 재무제표에 대한 감사인의 감사의견이 "적정" 또는 "한정"일 것

유사회사의 주가는 당해 기업의 보통주를 기준으로 분석기준일의 전일부터 소급하여 1월간의 종가를 산술평균하여 산정하되 그 산정가액이 분석기준일의 전일종가를 상회하는 경우에는 분석기준일의 종가로 한다. 이 경우 계산기간 내에 배당락 또는 권리락이 있을 때에는 그 후의 가액으로 산정한다(시행세칙 제7조 제2항).

평가대상회사와 유사회사의 주당법인세비용차감전계속사업이익은 다음의 산식에 의하여 산정하며, 이 경우에 발행주식의 총수는 분석기준일 현재 당해회사의 총발행주식수로 한다(시행세칙 제7조 제3항).

> 주당법인세비용차감전계속사업이익 =
> {(최근사업연도의 법인세비용차감전계속사업이익 ÷ 발행주식의 총수) + (최근사업연도의 직전사업연도 법인세비용차감전계속사업이익 ÷ 발행주식의 총수)} ÷ 2

평가대상회사의 주당순자산은 앞서 설명한 자산가치 산정방법에 의하지만, 유사회사의 주당순자산은 분석기준일 또는 최근 분기말을 기준으로 평가대상회사의 주당순자산에 가감한 다음의 두 요소를 제외하여 산정한다(시행세칙 제7조 제4항).

- 최근사업연도말 이후부터 분석기준일 현재까지 발생한 전기오류수정손실 등을 차감한다.

- 기타 최근사업연도말 이후부터 분석기준일 현재까지 발생한 거래 중 이익잉여금의 증가를 수반하지 않고 자본총계를 변동시킨 거래로 인한 중요한 순자산 증감액을 가감한다.

분석기준일 이전 1년 이내에 다음의 거래가 있는 경우 그 거래가액 중 최근가액을 100분의 10 이내로 할인 또는 할증한 가액으로 한다(시행세칙 제7조 제1항 2호).

가. 유상증자의 경우 주당 발행가액
나. 전환사채 또는 신주인수권부사채의 발생사실이 있는 경우 주당 행사가격

분석기준일은 주요사항보고서를 제출하는 날의 5영업일 전으로 한다. 다만, 분석기준일 이후에 분석에 중대한 영향을 미칠 수 있는 사항이 발생한 경우에는 그 사항이 발생한 날로 한다(시행세칙 제8조).

〈표 11. 4〉 상대가치

Ⅰ. 발행회사의 주당법인세비용차감전이익
Ⅱ. 유사회사의 주당법인세비용차감전이익
Ⅲ. 비교 주당법인세비용차감전이익(Ⅲ = Ⅰ ÷ Ⅱ)
Ⅳ. 발행회사의 주당순자산
Ⅴ. 유사회사의 주당순자산
Ⅵ. 비교 주당순자산(Ⅵ = Ⅳ ÷ Ⅴ)
Ⅶ. 주당법인세비용차감전이익과 주당순자산의 평균값
[Ⅶ = (Ⅲ + Ⅵ) ÷ 2]
Ⅷ. 유사회사의 주가(1개월 종가평균)
Ⅸ. 유사회사의 비교가치(Ⅸ = Ⅶ × Ⅷ)
Ⅹ. 유사회사들의 평균비교가치
Ⅺ. 할인율(30% 이상)(주)
Ⅻ. 상대가치(Ⅻ = Ⅹ × Ⅺ)

(주) 본서에서 설명한 시장성 할인(marketability discount)과 유사한 개념으로 유사회사들의 평균비교가치에서 30% 이상을 할인하도록 규정함.

이와 같이 비상장주식의 가치를 시장에서 주가가 형성되어 있는 유사상장회사로 구하는 이러한 방식은 유사기업 간의 직접적인 비교가 가능하기 때문에 비상장회사와 유사한 상장기업을 구할 수 있는 경우에는 대단히 효과적인 방법이 될 것이다. 그러나 실무적으로 아무리 비상장회사와 유사한 회사라 하더라도 완전히 동일한 회사는 존재하지 않을 것이므로, 보다 정교하고 실질적인 가치평가액을 구하기 위해서는 비교대상이 되는 회사 간의 적절한 조정이 반드시 필요하다. 우리는 이 책의 제5장 시장접근법에서 이러한 내용을 자세히 살펴본 바 있다.

진정한 의미에서의 상대가치를 구하기 위해서는 자본시장법에서와 같이 단순히 주당법인세비용차감전계속사업이익과 주당순자산의 평균을 획일적인 시가배수로 선정하는 것만으로 부족하다. 당연히 개별 상황에 맞는 다양한 배수를 검토한 후 이 중 최종적인 배수를 취사선택하는 과정을 거치는 것이 필요하다. 또한 비영업자산, 부채의 존재, 회계처리방식의 차이 등에서 배수가 왜곡되는 경우에는 이러한 사항을 수정한 후의 수정배수를 적용하여야 한다. 유사상장회사가 비상장회사와 규모나 성장률에서 큰 차이가 발생하는 경우에는 이들을 바로 비교할 수는 없고 구해진 배수를 규모와 성장률의 차이만큼 적절히 수정하여 적용하여야 한다.

자본시장법에서는 마지막으로 이렇게 구해진 유사상장회사의 평균비교가치에 30% 이상의 일괄할인을 적용하도록 되어 있는데, 이는 본서 제7장 2. 2절에서 살펴본 시장성 할인(marketability discount)의 개념을 적용시킨다는 것과 동일한 개념이다. 그러나 시장성 할인은 상대가치뿐만 아니라 자산가치나 수익가치에도 공통적으로 적용될 수 있는 개념이라는 점은 앞에서 충분히 강조한 바 있다. 또한 시장성 할인의 규모도 단순히 30% 이상으로만 정하고 있어 개별 상황에 적절한 할인규모에 대한 보다 세밀한 보완이 필요할 것이다.

비상장법인 간의 합병

비상장법인 간의 합병에 대해서는 자본시장법상에서 별도로 규정하고 있지 않으므로, 합병당사자 간에 합의하는 방법에 따르면 된다. 다만, 세법상 증여의제 등의 불이익이 적용되지 않는 범위 내에서 회사 간 실질을 반영할 수 있는 방법에 따라야 할 것이다.

1.3 유상증자

1.3.1 개 요

유상증자란 주주로부터 증자납입금을 직접 징수하는 증자로서 무상증자와 구별되는데, 유상증자의 형태에는 주주배정방식, 주주우선공모방식, 일반공모방식, 제3자배정방식이 있다.

주주배정방식

가장 일반적인 유상증자의 형태로 신주인수권을 기존주주에게 부여하는 방식이다. 정관에 주주의 신주인수권을 제한한다는 규정이 있거나 주주총회의 특별결의로써 제3자에게 신주인수권을 부여한다는 결의가 없는 한, 회사의 기존주주에게 각자가 가진 주식수에 비례하여 신주의 배정을 받을 권리를 인정하는 방식이다.

주주우선공모방식

기존주주에게 우선적으로 청약의 기회를 부여하고 기존주주가 청약하지 아니 한 주식을 다시 모집하는 방법이다. 실권주에 대한 최종처리방식에 따라 ① 최종실권주를 주관회사[9]가 모두 인수하는 총액인수방식과 ② 최종실권분에 대해 일정액 또는 일정비율만을 주관회사가 납입책임을 지는 모집주선방식으로 나눌 수 있다.

---

9) 주식을 공모하려는 기업을 대신하여 관련된 모든 업무를 대행해주는 금융기관으로서, 공모하려는 기업의 공모예정가격 결정, 수요예측, 청약 및 납입절차, 회사내용소개서에 이르는 모든 관련 업무를 대신한다.

일반공모방식

일반 불특정다수인을 대상으로 공개모집방식에 의하여 유상증자를 실시하는 방식이다. 일반공모에 의한 주식발행은 정관에 구주주의 신주인수권에 대한 제한규정이 있어야 가능하며 그러한 규정이 없으면 주주총회의 특별결의에 의하여 정관변경을 하여야 한다.

제3자배정방식

회사의 정관에 주주의 신주인수권 배제에 관한 별도의 규정이 있거나 주주총회의 특별결의에 의하여 특정의 제3자에게 신주인수권을 부여하는 방식이다. 이 방식은 회사의 경영권이나 기존주주의 이해관계에 영향을 미칠 수 있으므로 회사의 정관에 특별히 규정하거나 주주총회의 특별결의를 거쳐야 시행할 수 있도록 엄격히 제한하는 것이다.

1.3.2 유상증자의 발행가액

주권상장법인이 일반공모증자방식 및 제3자배정증자방식으로 유상증자를 하는 경우 그 발행가액은 청약일전 제3거래일부터 제5거래일까지의 가중산술평균주가를 기준 주가로 하여 주권상장법인이 정하는 할인율을 적용하여 산정한다. 이때 적용하는 할인율은 일반공모방식으로 하는 유상증자의 경우에는 100분의 30 이내로 정하여야 하며, 제3자배정증자방식으로 하는 유상증자의 경우에는 100분의 10 이내로 정하여야 한다(증권의발행및공시등에관한규정 제5-18조 제1항). 다만, 제3자배정증자방식의 경우 신주 전체에 대하여 제2-2조 제2항 1호 전단의 규정[10)]에 따른 조치이행을 조건으로 하는 때에는 유상증자를 위한 이사회결의일(발행가액을 결정한 이사회결의가 이미 있는 경우에는 그 이사회결의일로 할 수 있다) 전일을 기산일로 하여 과거 1개월간의 가중산술평균주가, 1주일간의 가중산술평균주가 및 최근일 가중산술평균주가를 산술평균한 가격과 최근일

10) 증권을 발행한 후 지체없이 한국예탁결제원에 예탁하고 그 예탁일로부터 1년간 해당 증권을 인출하거나 매각하지 않기로 하는 내용의 예탁계약을 예탁결제원과 체결한 후 그 예탁계약을 이행하는 경우

가중산술평균주가 중 낮은 가격을 기준주가로 하여 주권상장법인이 정하는 할인율을 적용하여 산정할 수 있다(동규정 동조 제2항).[11)]

1. 4 기업공개

1.4.1 개 요

넓은 의미에서 기업공개는 개인이나 가족 등 소수의 주주에 의해 폐쇄적으로 경영되던 기업의 주식을 다수의 대중에게 분산하는 것이라고 할 수 있다. 따라서 엄밀하게 말하면 "기업공개(going public)"는 유가증권시장 또는 코스닥시장의 일정한 기준을 충족하여 집단적·대량적으로 매매거래될 수 있도록 하는 "상장(listing)"과는 구별되어야 한다.

우리나라에서는 이와 같이 기업공개와 상장의 개념이 다름에도 불구하고 오랫동안 동일한 개념으로 사용되고 있다. 또한 증권관련법규에서도 기업공개를 유가증권시장 또는 코스닥시장에 상장하기 위하여 주식을 투자자에게 분산(매도)하는 것을 가리키기도 한다. 따라서 본 장에서는 기업공개는 상장의 과정을 거쳐 이루어지는 것으로 가정하고 설명을 진행하기로 한다.

기업은 기업공개를 통해 ① 주주의 분산투자 촉진 및 소유분산, ② 자금조달능력의 증가, ③ 주식가치의 공정한 결정, ④ 세제상의 혜택 등을 볼 수 있다. 공모주식의 인수 및 평가 등에 대해서는 자본시장법에서 위임한 증권인수업무에관한규정[12)]에 의하도록 되어 있다.

---

11) 기준주가는 앞 절에서 소개한 바와 마찬가지로 제1호에서 합병가액 산정방법을 계산하는 방법(자본시장법시행규칙 제176조의5 제1항)에서도 규정되어 있는데, 유상증자 발행가액에 대해서도 증권의 발행 및 공시 등에 관한 규정(제5-18조 제1항)에서 유사한 형태로 규정하고 있다.

12) 「증권인수업무에관한규정」은 「자본시장과 금융투자업에 관한 법률」 제286조 제1항 제1호에 의하여 금융투자회사가 증권을 인수하거나 모집 또는 매출의 주선 업무를 함

[그림 11.1] 기업공개시 주식가치 산정단계

유가증권신고서에 기재되는 주관회사의 평가액

↓

기관투자가 등의 수요예측에 의한 공모희망가격

↓

인수회사와 발행회사가 합의하는 최종공모가격

↓

주식의 청약 및 배정

1.4.2 공모가액의 결정절차

유가증권시장 혹은 코스닥시장에 기업공개를 위한 주식의 공모가격은 수요예측의 결과를 감안하여 인수회사와 발행회사가 협의하여 정한 가격으로 한다(증권인수업무에관한규정 제5조). 즉, 기업공개과정에서 공모가 이루어지면 주관회사는 ① 공모주식의 가치를 분석하여 유가증권신고서에 주식가치평가의견을 기재하게 되고, ② 기관투자가 등을 대상으로 수요예측을 실시한 후 ③ 최종적으로는 인수회사와 발행회사가 협의하여 최종공모가격을 결정하게 되는 것이다.

한편, 앞의 규정에서 '주관회사'라 함은 증권을 인수함에 있어서 인수회사를 대표하여 발행회사와 인수조건 등을 결정하고 인수 및 청약업무를 통할하며, 기타 이 규정에서 정하는 업무를 수행하는 자를 말하며(동 규정 제2조 제5항), '수요예측(book building)'이라 함은 주식을 공모함에 있어 공모가격을 결정하기 위하여 대표주관회사가 공모예정기업의 공모희망가격을 제시하고, 그에 대한 수요상황(가격 및 수량)을 파악하는 것을 말한다(동 규정 제2조 제7항). 즉, 수요예측과정에서는 대표주관회사로 선정된 증권사(book runner)가 기관투자가들을 상대로 공모주 청약예정가격과 수량

에 있어 필요한 사항을 정함을 목적으로 제정된 규정이다(증권인수업무에관한규정 제1조).

을 제출받아 이를 집계하여 공모희망가격을 산정하게 되는 것이다.

1.4.3 공모주식의 평가

앞 절에서 살펴본 바와 같이 기업공개와 관련에서는 주관회사가 유가증권신고서에 기재하는 최초평가액을 비롯하여 수요예측에 의한 공모희망가 및 최종공모가격이 각 단계에서 산정될 수 있다. 그런데 수요예측가는 기관투자가 등이 제시하는 가격에 따라 결정될 것이고, 최종공모가격은 인수회사와 발행회사의 협의에 따라 정해질 것이므로 이들과 관련해서는 주식가치 평가방법을 별도로 규정할 필요는 없다.

이러한 맥락에서 자본시장법 이전의 증권거래법에서도 공모주식의 평가에 대해서는 주관회사가 산정하는 최초평가액을 위주로 규정이 마련되어 왔다. 즉, 유가증권시장 또는 코스닥시장에 주식을 상장할 때 종전에는 증권의발행및공시등에관한규정시행세칙에서 규정하는 '본질가치' 또는 '본질가치와 상대가치의 산술평균'을 기준으로 공모가액을 산정하였다. 그러나 2002년 종전 규정은 폐지되고 현재는 공개회사가 주관회사와 협의하여 자율적인 방법으로 평가할 수 있도록 되어 현재 공모주식의 평가에 대해서는 특별한 제한사항이 없는 상태이다. 이 책에서 설명하고 있는 소득접근법, 시장접근법 또는 자산접근법 등 어느 방법이라도 사용할 수 있다.

그런데 현실적으로 대부분의 주관회사들은 시장접근법에 의한 평가방식을 선택하고 있다. 이러한 경향은 시장접근법에 의할 경우 기존의 유사상장업체의 자료를 근거로 평가액을 결정하기 때문에, 타 방식에 의한 결과보다 이해당사자 간에 객관성을 확보하기가 보다 용이하기 때문일 것이다. 즉, 소득접근법의 경우 추정을 위한 가정치와 할인율 산정 등에 있어 주관성이 개제될 위험이 크고, 자산접근법은 무형자산의 가치를 산정하기 힘든 단점이 있다. 시장접근법이 선호되고 있는 또 다른 이유로는 공개기업에 투자하는 사람들의 관심사가 평가대상기업의 상장 후의 시장가치에 집중되고 있어, 시장접근법이 타 방식에 비해 보다 직접적인 평가자료를 제시할 수 있다는 점일 것이다.

1. 5 주식매수청구권

1.5.1 개 요

주권상장법인이 상법에서 규정하는 합병 등의 의결사항에 관하여 이사회의 결의가 있는 때에는 그 결의에 반대하는 주주는 주주총회 전에 해당 법인에 대하여 서면으로 그 결의에 반대하는 의사를 통지한 경우에 한하여 자기가 소유하고 있는 주식을 당해 법인에 대하여 주주총회의 결의일부터 20일 이내에 주식의 종류와 수를 기재한 서면으로 매수를 청구할 수 있다(자본시장법 제165조의5 제1항). 이때 당해 법인은 매수의 청구기간이 종료하는 날부터 1월 이내에 당해 주식을 매수하여야 한다(동조 제2항).

이러한 주식매수청구권은 기업의 인수·합병, 영업의 양도 또는 양수, 경영위임 등 주주총회의 특별한 의결을 필요로 하는 사안을 대주주가 일방적으로 결정하는 경우 소수주주를 보호함에 그 제도적 취지가 있다. 이러한 취지를 살려 실제적으로 소수주주의 이익을 보호해 줄 수 있기 위해서는 주식매수청구권을 행사할 경우 매수가격을 공정하게 평가하는 것이 가장 큰 관건이 될 것이다.

1.5.2 매수가격

주식의 매수가격은 주주와 당해 법인 간의 협의에 의하여 결정한다. 다만, 협의가 이루어지지 아니하는 경우의 매수가격은 이사회의 결의일 이전에 증권시장에서 거래된 당해 주식의 거래가격을 기준으로 다음과 같이 자본시장법시행령이 정하는 방법에 따라 산정된 금액으로 한다(동조 제3항 전단).

유가증권시장 또는 코스닥시장 상장주식

증권시장에서 거래가 형성된 주식은 다음의 방법에 따라 산정된 가격의 산술평균가격을 매수가격으로 한다(자본시장법시행령 제176조의7 제2항 제1호).

- 이사회 결의일 전일부터 과거 2개월(동 기간 중에 배당락 또는 권리락으로 인하여 매매기준가격의 조정이 있는 경우로서 배당락 또는 권리락이 있은 날부터 이사회 결의일 전일까지의 기간이 7일 이상이 되는 경우에는 그 기간)간 공표된 매일의 증권시장에서 거래된 최종시세가격을 실물거래에 의한 거래량을 가중치로 한 가중산술평균가격
- 이사회 결의일 전일부터 과거 1개월(동 기간 중에 배당락 또는 권리락으로 인하여 매매기준가격의 조정이 있는 경우로서 배당락 또는 권리락이 있은 날부터 이사회 결의일 전일까지의 기간이 7일 이상이 되는 경우에는 그 기간)간 공표된 매일의 증권시장에서 거래된 최종시세가격을 실물거래에 의한 거래량을 가중치로 한 가중산술평균가격
- 이사회 결의일 전일부터 과거 1주간 공표된 매일의 증권시장에서 거래된 최종시세가격을 실물거래에 의한 거래량을 가중치로 한 가중산술평균가격

> 매수가격 = 산술평균(2개월 평균종가, 1개월 평균종가, 1주일 평균종가)
> * 단, 주주와 당해 법인 간의 협의에 의하여 결정될 경우 그 가격이 우선한다.

한편, 해당 법인이나 매수를 청구한 주주가 이와 같이 정하여진 매수가격에 반대하는 경우에는 법원에 매수가격 결정을 청구할 수 있다(자본시장법 제165조의5 제3항 후단).

비상장주식

비상장주식의 경우에도 주식매수청구권의 행사에 따른 주식의 매수가격은 주주와 당해 법인 간의 협의에 의하여 결정한다는 원칙은 동일하게 적용된다. 다만, 협의가 이루어지지 아니한 경우에는 별도로 매수가격을

산정하여야 할 것이나, 위에서 살펴본 기준주가 등에 의해 상장주식에 적용되는 규정을 적용할 수는 없다.

현행 자본시장법에서는 증권시장에서 거래가 형성되지 아니한 주식은 자본시장법시행령 제176조의5 제1항 제2호 나목에 따라 주권비상장법인의 합병가액 절차에 따라 가격을 산정한다(자본시장법시행령 제176조의7 제2항 제2호)라고 규정되어 있다.

2. 상속증여세법 및 관련규정[13)]

2. 1 상속증여세법의 개요

상속세는 자연인의 사망에 의하여 상속되는 재산에 과세하는 조세이고, 증여세는 타인의 증여로 재산을 무상으로 취득하는 경우에 그 재산을 취득하는 자에게 부과하는 조세인데, 이러한 상속세와 증여세는 부의 무상이전에 대하여 과세하는 조세라고 할 수 있다.

부의 무상이전은 ① 증여, ② 유증, ③ 사인증여, ④ 상속 등 크게 네 가지 형태를 취하는데, 현행 세법은 이러한 부의 무상이전의 유형 중 유증, 사인증여, 상속은 자연인의 사망으로 인하여 그 효력이 발생하기 때문에 상속세를 과세하고 있으며, 증여는 자연인이 생존하는 동안에 부의 무상이전이 이루어지므로 증여세를 과세하고 있다.

상속세 및 증여세의 과세대상은 상속재산 또는 증여재산이므로 그 재산가액의 평가라는 문제가 제기되는데, 상속세및증여세법(이하 "상증법"이라 한다)은 상속 및 증여재산의 평가를 위하여 별도의 규정을 두고 있다.

---

13) 상속세및증여세법에서도 2011년부터 적용되는 일반기업회계기준상의 새로운 용어 등이 반영되지 않고 있으나, 별도로 이를 수정하지는 않았다.

2.2 평가원칙

상증법상의 재산평가 원칙은 시가주의이다. 상속세 또는 증여세가 부과되는 재산의 가액은 상속개시일 또는 증여일(평가기준일) 현재의 시가에 의하도록 하고 있다. 시가는 불특정다수인 간에 자유로운 거래가 이루어지는 경우 통상적으로 성립된다고 인정되는 가액을 말한다(상증법 제60조 제1항, 제2항).

그러나 현실적으로 각각의 개별 재산에 대하여 평가기준일 현재의 객관적인 교환가치를 측정하는 것은 쉽지 않으므로 평가기준일 전·후로 매매 등의 거래가 이루어지고 그 거래를 전후하여 가격변동이 없다면 이를 시가로 보도록 하고 있다. 즉 평가기준일 전후 각각 6월(증여재산은 3월) 이내에 매매·감정·수용·경매(「민사집행법」에 의한 경매) 또는 공매 등이 있어서 그 가액이 확인되는 경우에 이를 시가로 본다. 그리고 시가로 보는 가액이 2 이상인 경우에는 평가기준일을 전·후하여 가장 가까운 날에 해당하는 가액에 의한다(상증법시행령 제49조 제1항).

시가를 산정하기 어려운 경우에는 당해 재산의 종류·규모·거래상황 등을 감안하여 규정한 보충적 평가방법에 의하여 평가한 평가방법에 의한다(상증법 제60조 제3항).

2.3 주식가치평가

앞에서 설명한 바와 같이 상증법에서는 평가대상이 되는 재산의 가액은 상속개시일 또는 증여일(평가기준일) 현재의 시가에 의하는 것을 기본원칙으로 하고 있다. 이 경우 유가증권시장에서 거래되는 주식 및 출자지분과 코스닥시장의 주식 및 출자지분에 대하여는 거래가액을 기준으로 상증법상 유가증권 등의 평가방법에 의하여 평가한 가액을 시가로 본다. 그러나 비상장주식의 경우에는 시가를 산정하기 어려운 경우이므로 상증법에서 정하는 보충적 평가방법에 의하여 평가한 가액에 의한다.

2.3.1 유가증권시장 상장주식

평가원칙

평가기준일 이전·이후 각 2월(총 4월) 동안 공표된 매일의 한국거래소 최종시세가액(거래실적 유무를 따지지 아니한다)의 평균액으로 평가한다(상증법 제63조 제1항 제1호 가목).

1주당가액 = 평가기준일 이전·이후 각 2월간 종가 평균액

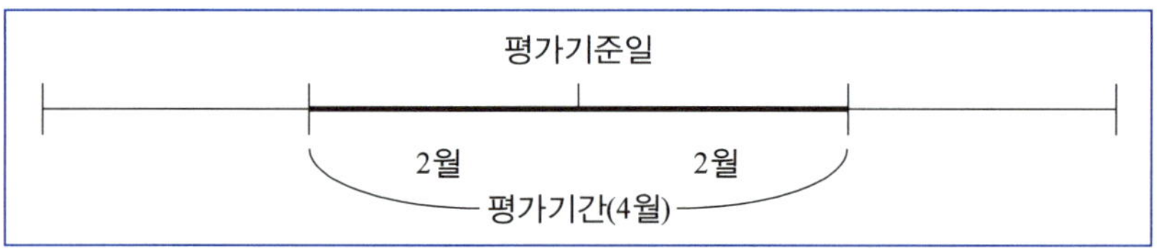

증자·합병 등의 사유가 발생한 경우의 평가

상장주식 등을 평가함에 있어서 평가기준일 전·후 2월간의 종가평균액으로 평가하여야 하지만 평가기준일 전·후 2월의 기간 중에 증자·합병 등의 사유가 발생한 경우에는 아래와 같이 계산한 기간의 평균액에 의한다(상증법 제63조 제1항 제1호 가목 단서, 상증법시행령 제52조의2).

- 평가기준일 이전에 증자·합병 등의 사유가 발생한 경우에는 동 사유가 발생한 날(증자·합병의 사유가 2회 이상 발생한 경우에는 평가기준일에 가장 가까운 날을 말한다)의 다음날부터 평가기준일 이후 2월이 되는 날까지의 기간
- 평가기준일 이후에 증자·합병 등의 사유가 발생한 경우에는 평가기준일 이전 2월이 되는 날부터 동 사유가 발생한 날의 전일까지의 기간
- 평가기준일 이전·이후에 증자·합병 등의 사유가 발생한 경우에는 평가기준일 이전 동 사유가 발생한 날의 다음날부터 평가기준일 이후

동 사유가 발생한 날의 전일까지의 기간

기업공개 준비 중인 법인의 주식평가

기업공개를 위하여 금융위원회에 유가증권신고를 한 법인의 주식 및 출자지분으로서 평가기준일 현재 유가증권신고 직전 6월(증여세가 부과되는 주식등의 경우에는 3개월로 한다)부터 유가증권시장에 최초로 주식 및 출자지분을 상장하기 전까지의 기간인 경우에는 다음의 금액으로 평가한다(상증법 제63조 제2항 제1호, 상증법시행령 제57조 제1항).

평가액 = MAX(①, ②)
① 자본시장법에 의하여 금융위원회가 정하는 기준에 따라 결정된 공모가격
② 코스닥시장 상장주식 혹은 비상장주식의 평가방법에 의한 평가액

위 식에서 보는 바와 같이 기업공개를 준비 중인 법인의 경우 원칙적으로 공모가격을 기준으로 평가한다. 다만, 코스닥 상장법인이 유가증권시장에 상장할 경우에는 코스닥시장 상장주식에 대해 상증법에서 정하는 방식에 의해 산정된 값과 비교하여 큰 값으로 하고, 비상장법인의 경우에는 비상장주식의 보충적 평가방법과 비교하여 큰 값으로 평가한다.

2.3.2 코스닥시장 상장주식

평가원칙

코스닥시장 상장법인의 주식가치평가는 기본적으로 유가증권시장 상장법인의 주식가치평가와 동일하다. 따라서 평가기준일 이전·이후 각 2월간(총 4월)에 공표된 한국거래소 최종시세가액의 평균액으로 평가하고, 증자 합병 등의 사유가 발생한 경우에도 유가증권시장 상장법인의 경우를 준용하면 된다.

1주당가액 = 평가기준일 이전·이후 각 2월간 종가 평균액

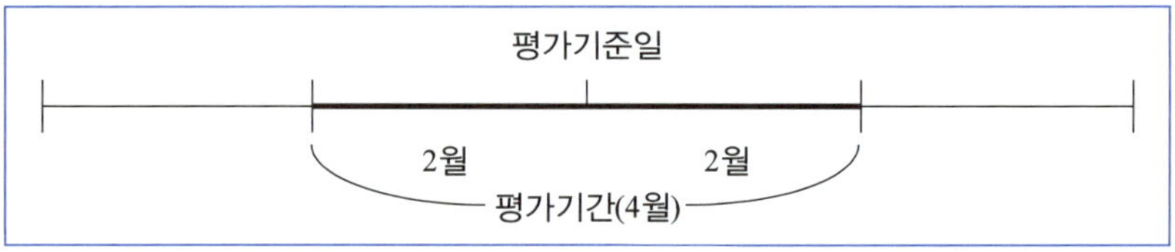

다만, 코스닥시장 상장법인의 주식 및 출자지분에 대한 예외규정으로 평가기준일 전후 6월(증여세는 3월) 이내에 한국거래소가 정하는 기준에 따라 매매거래가 정지되거나 관리종목으로 지정·고시된 경우(기획재정부령으로 정하는 경우를 제외한다)는 상증법 제63조 제1항 다목의 비상장주식 평가방법으로 평가하게 규정되어 있다(상증법시행령 제53조).

코스닥시장 상장 준비 중인 법인의 주식평가

비상장법인의 주식 및 출자지분 중 자본시장법에 의한 코스닥시장에서 주식 등을 거래하고자 평가기준일 현재 유가증권신고 직전 6월(증여세는 3월)부터 한국금융투자협회에 등록하기 전까지의 기간에 코스닥시장에 신청한 법인의 주식 등은 다음과 같이 평가한다(상증법 제63조 제2항 제2호, 상증법시행령 제57조 제2항).

평가액 = MAX(①, ②)

① 자본시장법에 의하여 금융위원회가 정하는 기준에 따라 결정된 공모가격

② 비상장주식의 평가방법에 의한 평가액

2.3.3 비상장주식

평가원칙

비상장주식에 대한 평가는 당해 법인의 자산 및 수익 등을 감안하여 평가하도록 규정하고 있다. 구체적으로는 비상장법인 주식의 1주당 순손익가치와 1주당 순자산가치를 각각 3 : 2의 비율로 가중평균한 가액으로 평가하도록 하고 있다. 다만, 부동산과다보유법인의 경우에는 1주당 순손익가치와 1주당 순자산가치에 대하여 각각 2 : 3의 비율로 가중평균하여

평가한다. 여기서 부동산과다보유법인(소득세법시행령 제158조 제1항 제1호 가목)은 당해 법인의 자산 중 토지, 건물 및 부동산에 관한 권리의 합계액이 자산총액의 50% 이상을 차지하는 법인을 말한다(상증법 제63조 제1항 제1호 다목, 상증법시행령 제54조 제1항).

① 일반적인 경우
1주당 평가액 = (1주당 순손익가치 × 3 + 1주당 순자산가치 × 2) ÷ 5
② 부동산과다보유법인의 경우
1주당 평가액 = (1주당 순손익가치 × 2 + 1주당 순자산가치 × 3) ÷ 5

다만, 다음의 경우에 해당하는 경우에는 순자산가치에 의한 가액을 평가금액으로 한다(상증법시행령 제54조 제4항).

- 상속세 및 증여세 과세표준신고기한 이내에 평가대상 법인의 청산절차가 진행중이거나 사업자의 사망 등으로 인하여 사업의 계속이 곤란하다고 인정되는 법인의 주식 또는 출자지분
- 사업개시전의 법인, 사업개시 후 3년 미만의 법인과 휴·폐업중에 있는 법인의 주식 또는 출자지분
- 평가기준일이 속하는 사업연도전 3년내의 사업연도부터 계속하여 「법인세법」상 각 사업연도에 속하거나 속하게 될 손금의 총액이 그 사업연도에 속하거나 속하게 될 익금의 총액을 초과하는 결손금이 있는 법인의 주식 또는 출자지분

이러한 비상장주식의 평가는 상기의 방법을 체계화한 비상장주식 평가조서(운영규정[14] 별지서식 부표5)에 따라 평가를 수행하게 된다. 해당 조서에는 각 항목에 대한 작성 방법을 세세하게 기술하고 있는데, 이에 대한 검토를 통하여 비상장주식의 평가방법체계를 이해할 수 있을 것이다.

---

14) 상증법상 비상장주식의 평가에 사용되는 주요 서식(비상장주식 평가조서, 순손익계산서, 순자산가액계산서 등)은 후술하는 비상장주식 평가심의위원회의 설치 및 운영에 관한 규정(제1882호, 2011년 1월 10일)의 별지서식에 규정되어 있다.

[평가심의위원회 운영규정 별지서식 부표5] (앞면)

비 상 장 주 식 평 가 조 서

1. 평가대상 비상장법인			
① 법 인 명		② 대 표 자	
③ 대 표 자		④ 1주당액면가액	
⑤ 발행주식총수		⑥ 자 본 금	
⑦ 사업 개시일	. . .	⑧ 휴·폐 업 일	. . .
⑨ 해산합병등기일	. . .	⑩ 평가 기준일	. . .

2. 1주당 가액 평가	
⑪ 순 자 산 가 액	
⑫ 1주 순 자 산 가 액(⑪ ÷ ⑤)	
⑬ 최근 3년간 순손익액의 가중평균액에 의한 1주당 가액 또는 2 이상의 신용평가전문기관(회계법인 포함)이 산출한 1주당 추정이익의 평균액	
⑭ 1주 당 평 가 액 [{(⑫×2)+(⑬×3)} ÷ 5] *자산가액중 부동산가액의 50% 이상인 법인 [{(⑫ × 3)+(⑬ × 2)} ÷ 5]	
⑮ 최대주주 소유주식의 1주당 평가액 : ⑭ ×할증률	

3. 상속세및증여세법시행령 제54조 제4항 제1호 내지 제3호에 해당되는 경우					
⑯ 사업의 계속이 곤란하다고 인정되는 법인		⑰ 사업개시 전 법인		⑱ 사업개시 후 3년 미만 법인	
⑲ 휴·폐업 중에 있는 법인		⑳ 평가기준일 전 3년 내 계속 결손인 법인			

(뒷면)

비상장주식 평가조서 작성요령
1. 법인명 등(①~④) : 평가기준일 현재 평가대상 비상장법인의 기본사항을 기재합니다. 2. 발행주식총수(⑤) : 평가대상 비상장법인의 평가기준일 현재 발행주식총수를 기재합니다. 3. 사업개시일(⑦) : 부가가치세법시행규칙 제3조의 규정에 의한 사업개시일을 말합니다. 4. 휴·폐업일(⑧) : 휴업기간은 시작하는 연월일과 종료하는 연월일을 기재하며, 폐업일은 그 사업을 실질적으로 폐업하는 날을 기재합니다. 5. 해산(합병)등기일(⑨) : 법인등기부상 해산(합병)등기한 날을 기재합니다. 6. 평가기준일(⑩) : 상속개시일 또는 증여일을 기재합니다. 7. 순자산가액(⑪) : 순자산가액계산서의 ⑳란의 금액을 기재합니다. 8. 1주당 순자산가액(⑫) : 순자산가액(⑪)을 발행주식총수 (⑤)로 나눈 금액을 기재합니다. 9. 최근 3년간 1주당 순손익액의 가중평균액에 의한 1주당가액(⑬) : 순손익액계산서의 ㉒란의 금액을 기재하며, (⑯~⑳에 해당하는 법인인 경우에는 기재하지 않습니다) 10. 1주당평가액(⑭) : ⑫와 ⑬의 가중평균액을 기재합니다. (⑯~⑳에 해당하는 법인인 경우에는 ⑫란의 금액이 그대로 기재합니다) 11. 최대주주 소유주식의 1주당 평가액(⑮) : 상속세및증여세법 제63조 제3항 및 동법시행령 제53조 제3항의 규정에 의한 할증평가율을 적용하여 산출합니다. 12. ⑯~⑳ : ⑦~⑨란 등을 참고하여 해당란에 "○"로 표시합니다.

순손익가치

상증법에서 정의하고 있는 순손익가치는 이 책의 제1장에서 살펴본 가치의 전제(premise of value)[15]를 계속기업 전제로 하여, 최근의 순손익의 평균액이 영구히 발생한다는 가정하에서 적용되는 가액으로 볼 수 있다. 즉, 1주당 순손익가치는 최근 3년간 1주당 순손익액의 가중평균액을 금융기관이 보증한 3년만기 회사채의 유통수익률을 감안하여 기획재정부장관이 고시하는 이자율(순손익가치 환원율)로 나누어 계산한다(상증법시행령 제54조 제1항).

1주당 순손익가치 = 1주당 최근 3년간 순손익액의 가중평균액 ÷ 순손익가치환원율

최근 3년간의 순손익액 가중평균액은 최근의 1주당 순손익액에 큰 가중

15) 가치의 전제에 대해서는 본서 제1장 2.2절 참조.

치를 두고 계산한 금액으로 하며, 그 가액이 0 이하인 경우에는 0으로 한다(상증법시행령 제56조 제1항 제1호).

최근 3년간 순손익액의 가중평균액 =

$$\left\{\left[\begin{array}{c}\text{평가기준일 이전}\\ \text{3년이 되는 사업}\\ \text{연도의 1주당}\\ \text{순손익액}\end{array}\times 1\right]+\left[\begin{array}{c}\text{평가기준일 이전}\\ \text{2년이 되는 사업}\\ \text{연도의 1주당}\\ \text{순손익액}\end{array}\times 2\right]+\left[\begin{array}{c}\text{평가기준일 이전}\\ \text{1년이 되는 사업}\\ \text{연도의 1주당}\\ \text{순손익액}\end{array}\times 3\right]\right\}\times \frac{1}{6}$$

또한 위 산식에서 각 사업연도의 1주당 순손익액은 각 사업연도의 순손익액을 각 사업연도 종료일 현재의 발행주식총수로 나누어 계산한다(상증법시행령 제56조 제3항).

각 사업연도의 1주당 순손익액 =
각 사업연도의 순손익액 ÷ 발행주식총수

다만, 평가기준일이 속하는 사업연도전 3년 이내에 증자 또는 감자한 사실이 있는 경우에는 증자 또는 감자전의 각 사업연도 종료일 현재의 발생주식총수는 다음의 산식에 의하여 환산한 주식수에 의한다(상증법 시행규칙 제17조의3 제5항).

- 증자의 경우

환산주식수 = 증자전 각사업연도말 주식수 × {(증자직전 사업연도말 주식수 + 증자주식수) ÷ 증자직전 사업연도말 주식수}

- 감자의 경우

환산주식수 = 감자전 각사업연도말 주식수 × {(감자직전 사업연도말 주식수 −감자주식수) ÷ 감자직전 사업연도말 주식수}

각 사업연도 순손익액은 순손익액계산서(평가심의위원회 운영규정 별지서식 부표6)에 기술된 방식에 따라 계산되는데 각 사업연도소득금액에서 법인세법상 수입배당금액 중 익금불산입액 및 그 밖에 기획재정부령이 정하는 금액을 가산하고 당해 사업연도의 법인세액 등과 기타 기획재정부령이 정하는 금액을 차감하여 계산한다(상증법시행령 제56조 제4항).

[평가심의위원회 운영규정 별지서식 부표6] (앞면)

순 손 익 액 계 산 서					
평가대상 법인명 :				평가기준일 :	
① 사 업 연 도 소 득		계			
소득에 가산할 금 액	② 국세, 지방세 과오납에 대한 환급금이자				
	③ 수입배당금중 익금불산입한 금액				
	④ 비업무용토지에 대한 취득세 환급액				
(A) 합계(①+②+③+④)					
소득에서 공제할 금액	⑤ 벌금, 과료, 과태료 가산금과 체납처분비				
	⑥ 손금용인되지 않는 공과금				
	⑦ 업무에 관계없는 지출				
	⑧ 비업무용 토지에 대한 취득세(중과세분)				
	⑨ 각 세법에 규정하는 징수 불이행 납부세액				
	⑩ 기부금 한도초과액				
	⑪ 접대비 한도초과액				
	⑫ 과다 경비등의 손금불산입액				
	⑬ 지급이자의 손금불산입 액				
	⑭ 법인세 총결정세액				
	⑮ 농어촌특별세 총결정세액				
	⑯ 주민세 총결정세액				
(B) 공제할 금액 합계(⑤…⑯)					
⑰ 순 손 익 액(A-B)					
⑱ 사업연도말주식수 또는 환산주식수					
⑲ 주당순손익액(⑰÷⑱)			ⓐ	ⓑ	ⓒ
⑳ 가 중 평 균 액 {(ⓐ×3+ⓑ×2+ⓒ)/6}					
㉑ 기획재정부장관이 고시하는 이자율					
㉒ 최근 3년간 순손익액의 가중평균액에 의한 1주당가액 (⑳÷㉑)					

(뒷면)

순손익액 계산서 작성요령

1. 각사업연도소득(①) : 법인세법 제14조의 규정에 의한 각사업연도 소득금액 [법인세과세표준 및 세액조정계산서(별지 제3호 서식) ⑩⑥의 금액]을 말합니다.
2. 국세, 지방세 과오납에 대한 환급금이자(②) :
   법인세법 제18조제4호의 규정에 의한 국세·지방세의 과오납에 대한 환급금 이자로서 각사업연도 소득금액계산상 익금에 산입하지 아니한 금액을 말합니다.
3. 기관투자자, 지주회사등의 수입배당금 중 익금불산입액(③) :
   법인세법 제18조의2와 제18조의3에 의한 수입배당금중 익금불산입액을 말합니다.
4. 비업무용 토지에 관한 취득세 환급액(④)
   지방세법 제112조제2항의 규정에 의한 법인의 비업무용 토지에 대한 취득세(동법 동조 제1항의 규정에 의한 세액을 초과하는 금액에 한한다)의 환급금으로 각사업연도 소득금액계산상 익금에 산입하지 아니한 금액을 말합니다.
5. 벌금, 과료, 과태료, 가산금과 체납처분비(⑤) :
   법인세법 제21조제4호의 규정에 의한 벌금·과료·과태료·가산금 및 체납처분비로서 각사업연도 소득금액계산액 손금에 산입하지 아니한 금액을 말합니다.
6. 손금 용인되지 않는 공과금(⑥) : 법인세법 제21조제5호에 규정된 공과금 이외에 공과금으로서 각 사업연도 소득금액계산상 손금용인되지 아니한 금액을 말합니다.
7. 업무에 관련없는 지출(⑦) : 법인세법 제27조의 규정에 의하여 법인이 각 사업연도에 지출한 비용중 법인의 업무와 직접관련이 없다고 정부가 인정하는 금액으로 각사업연도 소득금액계산상 손금용인되지 아니한 금액을 말합니다.
8. 비업무용 토지에 대한 취득세(⑧) :
   지방세법 제112조제2항의 규정에 의한 법인의 비업무용 토지에 대한 취득세(동법 동조 제1항의 규정에 의한 세액을 초과하는 금액에 한함)을 말합니다.
9. 각 세법에 규정하는 징수불이행 납부세액(⑨) :
   법인세법 제21조제1호 및 동법시행령 제21조의 규정에 의하여 각 세법에 규정하는 의무 불이행으로 인하여 납부하였거나 납부하여야 할 세액(가산세포함)으로 각 사업연도소득금액 계산상 손금에 산입하지 아니한 금액을 말합니다.
10. 기부금 한도초과액(⑩) : 법인세 제24조의 규정에 의한 기부금 한도초과액(별지 제2호서식 ⑩⑤란의 금액) 및 비지정기부금(별지 제6호서식 소득금액조정 합계표에 계상되어 비지정기부금으로 손금불산입된 금액)
11. 접대비 한도초과액(⑪) : 법인세법 제25조 규정에 의한 접대비한도 초과액을 기재합니다.
12. 과다경비 등의 손금불산입액(⑫) :
    법인세법 제26조 규정에 의하여 각 사업연도 소득금액 계산상 손금에 산입하지 아니한 금액을 말합니다.
13. 지급이자의 손금불산입(⑬) : 법인세법 제28조 규정에 의한 지급이자 손금불산입액을 말합니다.
14. 법인세액(⑭), 농어촌특별세액(⑮), 주민세액(⑯) :
    평가대상 각 사업연도의 소득에 대하여 납부하였거나 납부하여야 할 법인세, 농어촌특별세 및 주민세의 총결정세액을 기재합니다.
15. 순 손익액(A-B)(⑰) : 평가대상 기준이되는 사업연도별로 (A)합계에서 (B)공제할금액 합계를 차감하여 기재합니다.
16. 사업연도말 주식수 또는 환산주식수(⑱) :
    평가대상 각사업연도 종료일 현재의 발행주식총수를 기재함.
    다만, 평가기준일전 3년 이내에 무상주를 발행한 사실이 있는 경우 무상주발행전 각사업연도종료일 현재의 총발행주식수는 다음 산식에 의하여 환산한 주식수로 합니다.

$$\text{무상주발행전 각사업연도말 주식수} \times \left(\frac{\text{무상주발행 직전 무상주발행 주식수} + \text{사업연도말 주식수}}{\text{무상주발행 직전사업연도말 주식수}} \right) = \text{환산주식수}$$

17. 주당 순손익액(⑲) : 해당 사업연도별로 각각 순손익액(⑰)을 사업연도말 주식수 또는 환산주식수(⑱)로 나누어 계산합니다.
18. 가중 평균액(⑳) :
   - 평가기준일전 1년이되는 사업연도의 주당순손익액을 당해사업연도란 ⓐ에, 2년이 되는 사업연도분은 ⓑ에, 3년이 되는 사업연도 분을 ⓒ에 기재하여 가중평균액을 계산함.
   - 상속세및증여세법시행규칙 제17조의3 제1항 각호의 사유가 있는 경우에는 신용평가 전문기관(한국신용평가주식회사, 한국기업평가주식회사, 한국신용정보주식회사)이 평가기준일 전후 6개월 이내에 증권개래법에 의하여 증권관리위원회가 정하는 공모주식의인수가액결정에관한 기준에 따라 산출한 1주당 추정이익(상속세 및 증여세 과세표준 신고기한내에 신고한 경우에 한함)에 의할 수 있습니다.
19. 기획재정부장관이 고시하는 이자율(㉑)
20. 최근 3년간 순손익액의 가중평균액에 의한 1주당 가액(㉒) :
   ⑳가중평균액을 ㉑란의 이자율로 나눈 금액을 기재합니다. 이 경우 계산된 1주당 가중평균액이 "0"이하인 경우에는 "0"으로 기재합니다.

한편, 순손익을 계산할 때 평가기준일 속하는 사업연도 전 3년이내에 해당 법인의 자본을 증가시키기 위하여 새로운 주식 또는 지분을 발행하거나 해당 법인의 자본을 감소시키기 위하여 주식 등을 소각한 사실이 있는 경우에는 유상증자 또는 유상감자를 한 사업연도와 그 이전 사업연도의 순손익액은 상기의 산식에 따라 계산한 금액에 아래의 금액을 가감한 금액으로 한다. 이 경우 유상증자 또는 유상감자를 한 사업연도의 순손익액은 사업연도 개시일로부터 유상증자 또는 유상감자를 한 날까지의 기간에 대하여 월할로 계산하며, 1개월 미만은 1개월로 계산한다(상증법 시행령 제56조 제5항).

- 가산 : 유상증자한 주식등 1주당 납입금액 × 유상증자에 의하여 증가한 주식등 수 × 기획재정부령으로 정하는 율
- 차감 : 유상감자 시 지급한 1주당 금액 × 유상감자에 의하여 감소된 주식등 수 × 기획재정부령으로 정하는 율

상기 산식에서 기획재정부령으로 정하는 율은 순손익가치환원율을 말한다(상증법시행규칙 제17조의3 제6항).

그런데 상증법에서 이와 같은 방식으로 구한 순손익가치는 기업의 과거 재무실적에 의존한 값으로 계속기업의 공준하에서 중요시되어야 할 기업의 미래상황을 고려하지 못하는 단점이 당연히 존재한다.

현행 세법은 이러한 불합리한 점을 인식하고, 해당 법인이 일시우발적 사건으로 해당 법인의 최근 3년간의 순손익액이 비정상적으로 증가하여 과거 손익자료를 이용하는 것이 불합리하다고 인정되는 경우에는 자본시장법에 따라 금융위원회가 정한 1주당 추정이익을 산출하기 위한 기준을 적용할 수 있도록 하고 있다(상증법시행령 제56조 제1항, 상증법시행규칙 제17조의3 제4항).

과거 손익자료를 이용하는 것이 불합리하다고 인정되는 경우는 다음과 같다(상증법시행규칙 제17조의3 제1항).

- 기업회계기준의 자산수증이익, 채무면제이익, 보험차익 및 재해손실의 합계액에 대한 최근 3년간 가중평균액이 법인세차감전손익에서 해당 금액을 뺀 금액에 대한 최근 3년간 가중평균액의 50%를 초과하는 경우
- 평가기준일전 3년이 되는 날이 속하는 사업연도 개시일부터 평가기준일까지의 기간 중 합병·분할·증자 또는 감자를 하였거나 주요 업종이 바뀐 경우
- 상증법 제38조의 규정에 의한 증여받은 이익을 산정하기 위하여 합병당사법인의 주식가액을 산정하는 경우
- 최근 3개 사업연도 중 1년 이상 휴업한 사실이 있는 경우
- 기업회계기준상 유가증권유형자산의 처분손익과 자산수증이익등의 합계액에 대한 최근 3년간 가중평균액이 법인세차감전손익에 대한 최근 3년간 가중평균액의 50%를 초과하는 경우
- 주요 업종(당해 법인이 영위하는 사업중 직접 사용하는 유형고정자산의

가액이 가장 큰 업종을 말한다)에 있어서 정상적인 매출발생기간이 3년 미만인 경우

상증법상 1주당 추정이익은 둘 이상의 평가기관이 산출한 가액의 평균가액으로 하도록 하고 있다(상증법시행령 제56조 제1항).

- 자본시장법 제176조의5 제6항 제2호에 따른 신용평가전문기관[16)]
- 공인회계사법에 따른 회계법인
- 세무사법에 따른 세무법인

그러나 이 경우에도 추정기간을 향후 2년으로 국한하고 있어 계속기업의 공준에 의해 무한대까지의 기간을 추정기간에 포함해야 하는 기본적인 가치평가의 원칙을 만족시키고 있지는 못하다. 또한 할인율을 일률적으로 규정함으로써 해당 기업의 영업위험과 재무위험을 고려한 적절한 현재가치 할인율이 산정되지 못한다는 문제점도 여전히 존재한다.

순자산가치

상증법상 순자산가치는 평가기준일 현재의 당해 법인의 순자산가액을 평가기준일 현재의 발행주식총수로 나누어 계산한다(상증법시행령 제54조 제2항, 제5항).

$$\text{1주당 순자산가치} = \frac{\text{평가기준일 현재 당해 법인의 순자산가액}}{\text{평가기준일 현재의 발행주식총수}}$$

$$\text{순자산가액} = \text{자산총액} - \text{부채총액} + \text{영업권평가액}$$

위 산식에서 순자산가액은 자산총액에서 부채총액을 차감하고 영업권평가액을 가산하여 산출하는데, 이 경우 자산, 부채의 가액 및 영업권의 평가액은 상증법의 규정에 의하여 평가하여야 한다. 자산총액과 부채총액의 세부내용을 포함한 순자산가액의 계산은 순자산가액계산서(운영규정 별지서식 부표7)에 따라 계산한다.

---

16) 「신용정보의 이용 및 보호에 관한 법률」에 따라 허가받은 신용평가회사를 말한다.

한편, 상증법에 따라 위 산식에서 구해지는 순자산가액에는 영업권을 포함하도록 되어 있는데, 이는 일종의 내재영업권으로서 최근 3년간 순손익액의 가중평균액의 50%에서 자기자본에 대한 일정수익률(현재 10%)을 차감한 값을 국세청장 고시이자율로 할인하는 방식으로 구하도록 되어 있다.

이와 같이 상증법상 순자산가액에는 외관상으로 내재영업권을 포함하도록 구성되어 있으나 경제적인 실질이 충분히 고려된 내재영업권을 구하는 것과는 여전히 거리가 있다.[17] 상증법상 영업권에 대한 보다 자세한 계산방식은 본장 2.4.4절에서 다시 설명하기로 한다.

17) 본서 제6장 제3절에서 다룬 "초과이익"이라는 개념이 보다 실질적인 내재영업권의 의미와 부합됨.

[평가심의위원회 운영규정 별지서식 부표7]　　(앞면)

순 자 산 가 액 계 산 서

평가대상 법인명 :

구 분 \ 평가기준일				
① 대차대조표상의 자산가액				
자산에 가산	② 평가차액			
	③ 법인세법상 유보금액			
	④ 유상증자 등			
	⑤ 기타			
자산에서 제외	⑥ 선급비용 등			
	⑦ 증자일 전의 잉여금의 유보액			
가. 자산총계(①+…⑤)-(⑥+⑦)				
⑧ 대차대조표상의 부채액				
부채에 가산	⑨ 법인세			
	⑩ 농어촌특별세			
	⑪ 주민세			
	⑫ 배당금·상여금			
	⑬ 퇴직급여추계액			
	⑭ 기타			
부채에서 제외	⑮ (제준비금)			
	⑯ (제충당금)			
	⑰ (기타)			
나. 부채총계(⑧+…⑭)-(⑮+…⑰)				
⑱ 영업권 포함전 순자산가액(가-나)				
⑲ 영업권				
⑳ 순자산가액(⑱+⑲)				

(뒷면)

순자산가액 계산서 작성요령

1. 대차대조표 상의 자산가액(①) : 평가기준일 또는 직전사업연도말 현재 대차대조표상의 자산총액을 기재합니다.
2. 평가차액(②) : 대차대조표 상의 자산종류별로 상속세및증여세법 제60조 내지 제66조 규정에 의하여 평가액 가액과 대차대조표상 금액과의 차액(평가차액계산명세서에서 옮겨 적음)을 기재합니다.
3. 법인세법상의 유보금액(③) : 법인세결의서 「자본금과 적립금조서(을)」의 ⑤란 기말잔액의 합계액에서 ㉠~㉢을 차감한 금액을 기재합니다.
   ㉠ 보험업법에 의한 책임준비금과 비상위험준비금을 부인한 유보액
   ㉡ 제충당금 및 제준비금을 부인한 유보액
   ㉢ 상속세및증여법시행령에 의하여 평가한 자산의 가액에 포함된 부인 유보액
4. 유상증자 등(④) :
   직접사업연도말 현재의 대차대조표를 기준으로 하여 순자산가액을 계산하는 경우 직전사업연도 종료일로부터 평가기준일까지 유상증자한 금액(유상감자한 경우에는 △로 차감으로 표시)을 기재하되, 유상증자등의 내용이 반영된 평가기준일 현재 대차대조표를 기준으로 하는 경우에는 그러하지 아니합니다.
5. 평가기준일 현재 지급받을 권리가 확정된 금액은 이를 자산에 가산을 기재합니다.
6. 선급비용(⑥) : 평가기준일 현재 비용으로 확정된 선급비용을 말합니다.
7. 증자일전의 잉여금의 유보액(⑦) : 증자일전의 잉여금의 유보액을 신입주주 또는 신입사원에게 분배하지 아니한다는 것을 조건으로 증자한 경우 신입주주 또는 신입사원의 출자지분을 평가함에 있어 분배하지 아니하기로한 잉여금에 상당하는 금액을 말합니다.
8. 자산총계(가) : [①+②+③+④+⑤]-⑥-⑦
9. 대차대조표상의 부채액(⑧) : 평가기준일 또는 직전사업연도말에 현재 대차대조표상의 부채총액을 기재합니다.
10. 법인세(⑨), 농어촌특별세(⑩), 주민세(⑪) :
    부채로 계상되지 아니한 평가기준일까지 발생된 소득에 대한 법인세, 농어촌특별세 및 주민세로서 납부할 세액을 말합니다.
11. 배당금, 상여금(⑫) : 평가기준일현재 주주총회에서 처분결의된 주주에 대한 배당금 및 임원에 대한 상여금을 말합니다.
12. 퇴직급여추계액(⑬) : 평가기준일 현재 재직하는 사용인(임원포함)의 전원이 퇴직할 경우 지급하여야 할 퇴직금추계액을 기재합니다.
13. 기타(⑭) : 피상속인의 사망에 따라 상속인과 그외의 사람에게 지급하는 것이 확정된 퇴직수당금, 공로금, 기타 이에 준하는 금액을 기재합니다.
14. 제준비금(⑮) : 비상장법인인 보험회사주식평가시 보험업법의 규정에 의한 책임준비금과 비상위험준비금으로서 법인세법시행령 제57조 제1항 내지 제3항에 준하는 금액을 제외한 대차대조표상의 제준비금의 합계액을 기재합니다.
15. 제충당금(⑯) : 퇴직급여충당금, 단체퇴직급여충당금, 대손충당금 등 대차대조표상의 제충당금의 합계액(평기준일 현재 비용 확정분 제외)을 기재합니다.
16. 부채총계(나) : [⑧+⑨+⑩+⑪+⑫+⑬+⑭]-⑮-⑯-⑰
17. 영업권(⑲) : 영업권평가조서 ⑳란의 영업권평가액을 옮겨 기재합니다.
18. 순자산가액(⑳) : ⑱란에 ⑲란의 평가액을 가산한 금액을 말하며, 이 경우 평가액이 "0"이하인 경우에는 "0"으로 기입합니다.

[평가심의위원회 운영규정 별지서식 부표8] (앞면)

평 가 차 액 계 산 명 세 서							
평가대상 법인명 :						평가기준일 : 년 월 일	
자 산 금 액				부 채 금 액			
계정과목	상증법에 따른 평가액	대차대조표상 금액	차액	계정과목	상증법에 따른 평가액	대차대조표상 금액	차액
합계			A	합계			B
비고							

※ 기재요령

평가기준일 또는 직전사업연도말 현재의 대차대조표상의 자산 또는 부채금액을 기준으로 하여 순자산가액을 계산시 대차대조표상 미계상된 경우를 포함한 평가차액을 계산하는 경우에 사용합니다.

1. 계정과목란에는 평가대상 자산 또는 부채를 대차대조표에 기재된 계정명으로 기입하며 대차대조표상 미계상된 경우에는 추가로 기재합니다.
2. 평가차액란 A(자산)에서 B(부채)를 차감한 잔액을 순자산가액계산서의 ②평가차액란에 옮겨 기재합니다.

2.3.4 비상장주식 평가심의위원회의 주식평가

비상장주식 평가심의위원회가 다루는 주식평가를 이해하기 위해서는 우선 지금까지 살펴본 상증법상의 평가방식을 정리해 볼 필요가 있는데, 앞에서 보았듯이 상증법에서는 보충적 방법에 의해 순손익가치와 순자산가치를 가중평균하여 평가하는 방법을 취하도록 하고 있다. 이때 순손익가치라 함은 이 책에서 소개한 소득접근법에 의해 구해진 가치를 의미하고, 순자산가치는 자산접근법에 의해 구해진 가치를 의미한다. 물론 상증법의 계산구조를 따라 구해진 평가액은 본서에서 논의한 실질적인 가치금액과는 많은 괴리가 있을 것이다.

그런데 이 책에서 소개하고 있는 가치평가의 세 가지 접근방식은 위와 같은 소득접근법과 자산접근법 이외에도 시장접근법이 있다는 사실은 이제 이 책의 독자라면 누구나 익히 알고 있어야 한다. 여기에서 소개하는 비상장주식 평가심의위원회에서 다루는 주식가치평가는 바로 이러한 시장접근법(상대가치)에 의한 평가를 통해 비상장주식에 대한 보다 다각적이며 종합적인 가치평가를 시도해보고 있다.

비상장주식평가심의위원회

비상장주식 평가심의위원회는 상증법시행령 제56조의2 및 제49조 제1항에 따라 국세청훈령 제1882호 "비상장주식 평가심의위원회의 설치 및 운영에 관한 규정"(2011.1.10)에 의하여 설치되어 2006년부터 비상장주식의 실질가치를 평가하기 위하여 운영되고 있다.

비상장주식 평가심의위원회는 상증법상 비상장주식의 보충적 평가방법이 중소기업의 비상장주식의 실질가치를 반영하지 못하고 있는 사례를 시정하여, 보다 공정하고 객관적인 평가를 시도할 목적으로 다음과 같은 업무를 수행한다.

- 비상장주식의 평가신청기준, 평가방법 등 훈령규정의 적정성 여부를 심의하고 개정사항을 국세청장에게 요청
- 지방국세청장이 훈령의 평가방법 적용이 불합리하다고 판단하여 위원회에 평가 의뢰하는 경우에는 위원회에서 주식평가전문기관으로부터 평가가액을 제출받아 납세자에게 제시
- 상속, 증여 재산평가규정에 관한 중요한 유권해석에 대하여 국세청장의 자문이 있는 경우 자문업무 수행

적용대상 및 방법

비상장주식을 평가함에 있어 평가심의위원회에 의한 비상장주식 평가대상이 되는 법인의 발행 주식은 다음과 같다.

- 「중소기업기본법」에 의한 중소기업
- 당해 법인의 자산·매출규모 및 사업의 영위기간 등을 감안하여 동종의 업종을 영위하고 있는 다른 법인(주권상장법인 등을 말한다)의 주식가액과 비교할 때 상증법시행령 제54조 내지 제56조의 규정에 의하여 평가하는 것이 불합리하다고 인정되는 법인

상기의 조건을 모두 충족하는 법인이 발행한 주식과 관련하여 상속세 또는 증여세 납무의무가 있는 자가 상속세과세표준신고기한 만료 4개월 전(증여의 경우 증여세과세표준신고기한 만료 70일전)까지 상증법시행령 제54조 내지 제56조의 규정에 의하여 평가한 가액 및 그 평가부속서류와 함께 국세청평가심의위원회 또는 지방청평가심의위원회에 신청하는 경우에는 평가심의위원회가 심의하여 제시하는 평가가액에 의하거나 동 위원회가 제시하는 평가방법 등을 감안하여 계산한 평가가액에 의할 수 있다(상증법시행령 제56조의2 제1항).

국세청평가심의위원회가 상기의 신청을 받은 때에는 당해 상속세과세표준신고기한 만료 1월전(증여의 경우에는 증여세과세표준신고기한 만료 2일전)까지 그 결과를 납세자에게 서면으로 통지하여야 한다(상증법시행령 제56조의2 제4항).

평가신청 및 업무절차

위와 같은 방식으로 비상장주식을 평가받기 위해서는 납세자가 '유사상장법인 비교요소표'를 이용하여 평가할 중소기업과 업종, 매출 등이 유사한 상장법인(2개 이상)을 찾아 위 산식에 의해 주식평가액을 계산하여 지방국세청장에게 제출하여야 한다.

이때 지방국세청장은 납세자가 제출한 주식평가액이 훈령의 평가방법에

의해 적정하다고 인정하는 경우에는 이를 승인하여 결과를 통보하면 되지만, 훈령의 평가방법 적용이 불합리하다고 판단되면 평가심의위원회에 평가의뢰를 하게 된다. 의뢰를 받은 평가건에 대해 평가심의위원회에서 주식평가전문기관으로부터 평가가액을 제출받아 최종적인 심의를 거쳐 납세자에게 주식평가액을 제시하게 되는 것이다. 이때 평가심의위원회는 재적의원 과반수의 찬성으로 개의하고, 출석위원 과반수의 찬성으로 안건을 결정한다.

이하에서는 비상장주식 평가심의위원회의 설치 및 운영에 관한 규정(이하 "훈령"이라 한다)상의 평가방법에 대하여 살펴보기로 한다.

유사상장법인에 의한 주식평가

• 유사상장법인의 선정기준

유사상장법인은 평가기준일 현재 다음 각호의 요건에 모두 해당하는 상장법인 또는 코스닥상장법인이어야 한다(훈령 제15조).

(1) 일반기준

가. 상장일로부터 6개월이 경과할 것
나. 최근 2년간의 감사의견이 적정의견에 해당할 것
다. 최근 2년간 경영에 중대한 영향을 미칠 수 있는 합병, 영업의 양수도, 분할 등이 없을 것
라. 최근 2년간 기업회계기준 위배로 인한 조치를 받은 사실이 없을 것
마. 최근 6개월 이내에 투자유의종목 또는 관리종목으로 지정된 사실이 없을 것

(2) 업종기준

소득세법시행령 제145조 제1항의 기준경비율, 단순경비율상 업종분류를 기준으로 하여 평가대상 비상장 중소기업과 같은 중분류 이내에 해당하는 업종을 영위하되, 도·소매 및 소비자용품 수리업의 경우에는 소분류 이내에 해당하는 업종을 영위할 것. 이 경우 당해 비상장 중소기업 및 유

사상장법인이 2 이상의 업종을 영위하는 경우에는 매출의 비중이 가장 높은 업종을 주업종으로 한다.

(3) 규모기준

가. 유사상장법인의 총자산가액이 평가대상 비상장 중소기업의 총자산가액의 5배를 초과하지 않을 것

나. 유사상장법인의 매출액이 평가대상 비상장 중소기업의 매출액의 5배를 초과하지 않을 것

이 경우 나목의 매출액은 해당 법인이 법인세법 제60조(과세표준 등의 신고)에 따라 제출한 평가기준일 속하는 사업연도의 직전 사업연도의 손익계산서에 기재된 매출액을 말한다.

• 유사상장법인의 선정방법

비상장 중소기업과 비교할 유사상장법인은 위 세 가지 기준에 해당하는 법인으로서, 업종분류를 기준으로 하여 세세분류가 동일한 2 이상의 법인으로 하며, 세세분류가 동일한 법인이 2개에 미달하는 경우에는 세분류, 소분류, 중분류까지 순차로 적용하여 2개 이상의 유사상장법인을 선정한다(훈령 제16조 제1항).

이렇게 선정된 유사상장법인 중에서 자본이익률이 평가대상 비상장 중소기업의 자본이익률이 평가대상 비상장 중소기업의 자본이익률과 가장 근접한 상위 2개 법인과 하위 2개 법인을 유사상장법인으로 선정한다. 다만, 유사상장법인의 수가 각각 2개에 미달하는 경우에는 그 미달하는 법인을 유사상상법인으로 선정한다(훈령 제16조 제2항).

이는 유사상장법인의 수가 2개 미만인 경우 중분류 수준까지 순차적으로 확대 적용하여 유사상장법인을 찾아야 하며, 그래도 유사상장법인의 수가 2개 미만이 될 때에는 당해 비상장중소기업은 위원회의 평가대상이 아닌 것으로 판정한다. 이는 1개 이하의 유사상장법인으로는 적절한 수준의 비교가 불가능하다고 판단하기 때문이다.

이때 자본이익률은 평가기준일이 속하는 사업연도의 직전 사업연도의 대차대조표 및 손익계산서를 기준으로 하여 다음 산식에 의하여 계산한다(훈령 제16조 제3항).

> 자본이익률 = 당기순이익 ÷ 자산총계

자본이익률을 산정함에 있어서 1년 미만의 사업연도가 있는 경우에는 해당 사업연도의 자본이익률은 다음 산식에 의하여 연으로 환산한 가액으로 한다. 이 경우, 월수의 계산은 달력에 따라 계산하되, 평가기준일이 속하는 달의 일수가 1개월 미만인 경우에는 1개월로 본다(훈령 제16조 제4항).

> 환산자본이익률 = 1년 미만 사업연도의 자본이익률 × (12월 ÷ 월수)

• 1주당 비교가액 산정방법

평가대상 비상장주식의 1주당 가액은 다음의 ①에 의한 가액으로 하되, 그 가액이 ②에 의한 가액보다 적은 경우에는 ②에 의한 가액으로 한다(훈령 제17조 제1항).

> 1주당가액 = MAX(①, ②)
>
> ① 유사상장법인별로 제2항의 규정에 의하여 계산한 유사법인의 주가 비교평가액의 단순평균값
>
> ② 상속세및증여세법시행령 제54조 제2항의 규정에 의하여 계산한 당해 비상장주식의 1주당 순자산가치의 100분의 70

위의 계산방식에서 비교기준으로 사용하는 1주당 순자산가치는 앞서 살펴본 순자산가액계산 방식을 그대로 사용하게 된다. 따라서, 우리는 유사상장법인으로 선택된 기업의 주가자료를 이용하여 비교평가액을 산출하는 과정만을 살펴보면 될 것이다.

유사상장법인의 주가 비교평가액은 다음 산식에 의하여 계산되는데, 이를 위해서는 주가산출방식과 경상이익산출방식을 살펴볼 필요가 있다(훈령 제17조 제2항).

> 유사상장법인의 주가 비교평가액
> = 유사상장법인의 1주당 가액 × [{(비상장 중소기업의 1주당 경상이익 ÷ 유사상장법인의 1주당 경상이익)×3 + (비상장 중소기업의 1주당 총자산가액 ÷ 유사상장법인의 1주당 총자산가액)×2} ÷ 5]

• 적용 비교주가 산정방법

유사상장법인의 1주당 가액은 해당 유사상장법인의 평가기준일 이전 2개월간의 보통주의 종가평균액을 말한다. 다만, 2개월간의 기간 중에 증자·감자·주식의 액면분할 또는 액면병합 등의 사유가 발생하여 해당 평균액에 의하는 것이 부적당한 경우에는 그 사유가 발생한 날의 다음 날부터 평가기준일까지의 종가평균액에 의한다. 이 경우 평가기준일 현재 유사상장법인의 주식액면가액이 평가기준일이 속하는 사업연도의 직전 사업연도말의 액면가액과 다른 경우에는 제3항에 따른 유사상장법인의 1주당가액은 다음 산식에 의하여 환산한 1주당 가액에 의한다(훈령 제17조 제3항, 제5항).

> 유사상장법인의 환산 1주당 가액
> = 제3항에 따른 유사상장법인의 1주당 가액 × (직전사업연도말의 액면가액 ÷ 평가기준일 현재의 액면가액)

• 경상이익 산정방법

유사상장법인의 주가 비교평가액을 산출하는 산식에서 사용하는 경상이익은 법인세차감전손익에서 자산수증익, 채무면제익, 보험차익, 재해손실을 차감하여 계산한다. 또한, 1주당 경상이익은 다음 산식에 의하여 계산한 가액에 의하되, 1년 미만의 사업연도가 있는 경우에는 당해 사업연도의 경상이익은 연으로 환산한 가액에 의한다(훈령 제17조 제2항, 제5항, 제6항).

1주당 경상이익
= {(평가기준일이 속하는 사업연도의 직전사업연도의 경상이익 ÷ 평가기준일이 속하는 사업연도의 직전사업연도말 현재 발행주식총수) + (평가기준일이 속하는 사업연도의 직전전사업연도의 경상이익 ÷ 평가기준일이 속하는 사업연도의 직전전사업연도말 현재 발행주식총수)} ÷ 2

만약, 상기 산식에 의하여 1주당 경상이익을 산정함에 있어서 평가기준일이 속하는 사업연도 직전사업연도 개시일부터 평가기준일까지의 기간 중에 무상증자 또는 무상감자를 한 사실이 있는 경우에는 무상증자 또는 무상감자 전의 각 사업연도 종료일 현재의 발행주식총수는 다음 각 호의 산식에 의하여 환산한 주식수에 의한다(훈령 제17조 제7항).

1. 무상증자의 경우 환산주식수
   = 무상증자 전 각 사업연도말 주식수 × [(무상증자 직전사업연도말 주식수 + 무상증자주식수) ÷ 무상증자 직전사업연도말 주식수]
2. 무상감자의 경우 환산주식수
   = 무상감자 전 각 사업연도말 주식수 × [(무상감자 직전사업연도말 주식수 − 무상감자주식수) ÷ 무상감자 직전사업연도말 주식수]

1주당 총자산가액은 평가기준일이 속하는 사업연도의 직전 사업연도말의 대차대조표를 기준으로 다음 산식에 의해 계산한다(훈령 제17조 제9항).

1주당 총자산가액 = 자산총계 ÷ 발행주식 총수

보론 16 유사상장법인 비교요소일람표의 이용

유사상장법인에 의한 주식 평가를 하고자 하는 자는 비상장주식의 평가신청자격 해당여부 판정, 유사상장법인의 선정 및 비상장중소기업의 유사상장법인 주가 비교평가액의 계산 등을 위하여 유사상장법인 비교요소열람표를 이용하게 되는데, 이러한 유사상장법인 비교요소일람표는 주권상장법인 및 코스닥상장법인으로부터 법인세법에 따라 제출받은 대차대조표 및 손익계산서 및 부속서류를 기준으로 하여 국세청장이 매년 1회 이상 작성하여 발표하게 된다(훈령 제19조).

이 경우 신청인이 적용하는 비교요소일람표는 국세청장이 평가기준일이 속하는 사업연도의 직전 사업연도의 재무제표를 기준으로 작성하여 발표한 자료를 말하며, 해당 비교요소일람표가 발표되지 아니한 경우에는 평가기준일이 속하는 사업연도의 직전전 사업연도의 재무제표를 기준으로 작성하여 발표된 유사상장법인 비교요소일림표를 사용한다. 만약, 비교요소일람표의 비교요소 중에서 평가기준일이 속하는 사업연도 중에 실시한 무상증자 또는 무상감자 등의 사실과 같이 직전 사업연도말의 재무제표에 의하여 파악할 수 없는 비교요소에 대하여는 납세자가 유사상장법인, 한국거래소에서 자료를 수집하여 이용하여야 한다.

가장 최근의 비교요소일람표는 2011년 5월 31일 현재 기준으로 고시되어 있는데 해당 자료에는 한국거래소에서 거래되는 1,712개사의 개업일, 직전사업연도기준, 1주당가액(총자산가액, 경상이익), 업종코드, 규모기준(총자산가액, 매출액), 발행주식총수, 액면가액, 자본이익률이 포함되어 있다. 해당 정보이용자는 1차적으로 고시된 엑셀파일 자료를 이용하되, 앞서 언급하였듯이 식선 사업연도말의 재무제표에 의하여 파악할 수 없는 비교요소에 대해서는 관련 자료를 수집하여 수정·사용하여야 한다.

[평가심의위원회 운영규정 별지서식 부표2] (2010.6.10 개정) (앞면)

	유사상장법인 주가 비교평가액 계산서	년

1. 평가대상 비상장중소기업의 기본사항

① 업 태	② 종 목	③ 기준경비율 코드번호	④ 매출액 (수입금액)	⑤ 자산총액
기 타				
⑥ 주 업 종 코 드 번 호 및 매 출 액 합 계				

2. 평가대상 비상장중소기업의 보충적 평가가액

⑦ 1주당 순자산가치	⑧ 1주당 순손익가치	⑨ 1주당 보충적 평가가액	⑩ 최대주주 할증평가액

3. 유사상장법인별 비교평가액

⑪ 법인명	⑫ 2월간 종가평균액	⑬자본 이익률	⑭ 1주당 경상이익	⑮ 1주당 총자산	⑯ 비교 평가비율	⑰ 비교 평가액 (⑫×⑯)
평가대상 법인						
⑲ 평 균 값 (⑱÷유사상장법인수)					⑱ 합계액	

4. 유사상장법인 주가 비교평가액

⑳ 최소 평가액 (⑦란의 가액 × 70%)		㉑ 유사상장법인 주가 비교평가액 (⑲, ⑳ 중 큰 금액)		㉒ 최대주주 할증평가액 (㉑× 110%~130%)	

(뒷면)

※ 작성요령

1. ④란 및 ⑤란은 평가기준일이 속하는 사업연도의 직전 사업연도 매출액 및 대차대조표상 자산총액을 기재합니다.
2. ⑥란의 주업종코드번호는 기준경비율상 업종분류에 의한 주업종(매출액이 가장 큰 업종)을 기준으로 작성합니다.
3. ⑦란, ⑧란, ⑨란 및 ⑩란은 별지서식 부표5(비상장주식 평가조서)의 ⑫란, ⑬란, ⑭란 및 ⑮란의 가액을 기재합니다.
4. ⑪란 및 ⑬란은 별지서식 부표4(유사상장법인 선정기준 검토서)에서 유사상장법인으로 선정된 법인중 자본이익률이 평가대상법인의 자본이익률 보다 높은 법인은 평가대상법인의 상단에, 낮은 법인은 하단에 법인명과 자본이익률을 기재하며, ⑫란은 별지서식 부표3(유사상장법인 종가명세서)에 의한 유사상장법인별 종가평균액을 기재합니다.
5. ⑭란 및 ⑮란은 평가기준일 이전 1년이 되는 사업연도를 기준으로 발표(미발표시 2년이 되는 사업연도를 기준으로 함)된 "유사상장법인 비교요소일람표"상 당해 유사상장법인의 1주당의 경상이익과 1주당 총자산을 기재합니다.
6. ⑯란은 "{(평가대상법인의 1주당 경상이익÷유사상장법인의 1주당 경상이익) × 3 + (평가대상법인의 1주당 총자산가액÷유사상장법인의 1주당 총자산가액) × 2} ÷ 5"에 의하여 계산한 비율을 기재합니다.
7. ⑰란은 유사상장법인별로 (⑫ × ⑯)하여 계산하고, ⑱란은 유사상장법인별 비교평가액을 합산한 가액을 기재하며, ⑲란은 ⑱란의 합계액을 유사상장법인의 숫자로 나누어서 원단위 이하는 절사한 금액을 기재합니다.
8. ⑳란은 평가기준일 현재 1주당 순자산가치의 100분의 70(최소평가액)을 기재하며, 유사상장법인의 주가 비교평가액이 동 가액에 미달하는 경우에는 동 가액을 비상장 중소기업의 주식 평가액으로 하는 것입니다.
10. ㉒란은 평가신청을 한 납세자가 당해 비상장중소기업의 최대주주에 해당하는 경우에는 상속세및증여세법 제63조제3항에 의한 할증률을 ㉑란의 가액에 적용하여 계산한 평가액을 기재합니다.

[평가심의위원회 운영규정 별지서식 부표3]

	유사상장법인 종가명세서									年
평가기준일		년 월 일						(금액단위 : 원)		
일련번호	② 법인명 ① 일 자		③ 종 가 명 세							
1										
2										
3										
4										
5										
6										
7										
8										
9										
10										
11										
12										
13										
14										
15										
16										
17										
18										
19										
20										
21										
22										
④ 합 계										
⑤ 종가평균액 (④÷일자수합계)										

※ 작성요령
1. 별지서식 부표4(유사상장법인 선정기준 검토서)에서 유사상장법인으로 선정된 법인에 대하여 평가기준일 이전 2개월간의 종가를 기재하여 합계액과 종가평균액을 작성합니다.
2. "종가"라 함은 한국거래소에서 거래되는 주식 또는 출자지분의 1주당 가액에 대하여 매일 공표되는 최종시세가액을 말한다.

[평가심의위원회 운영규정 별지서식 부표4] (2010.6.10 개정) (앞면)

	유사상장법인 선정 검토서	년

① 유사상장법인명	② 종목명	③ 업종코드	④ 매출 액	⑦ 일반기준 적정여부				규모기준		⑩ 유사상장해당여부
	세 세 분 류		⑤ 자산총계	항목별 일반기준에 부합한 경우 "○", 부적정시 "×"을 표시				⑧ 자산총계		
	세 분 류									
	소 분 류		⑥자본이익률					⑨ 매출액		
	중 분 류									
				㉮		㉱		⑧		
				㉯		㉲		⑨		
				㉰						
				㉮		㉱		⑧		
				㉯		㉲		⑨		
				㉰						
				㉮		㉱		⑧		
				㉯		㉲		⑨		
				㉰						
				㉮		㉱		⑧		
				㉯		㉲		⑨		
				㉰						
				㉮		㉱		⑧		
				㉯		㉲		⑨		
				㉰						

(뒷면)

※ 작성요령

1. ②란 및 ③란은 기준경비율상 업종분류에 의한 주업종(매출액이 가장 큰 업종)을 기준으로 하여 세세분류, 세분류, 소분류 및 중분류를 기재합니다.
2. ④란, ⑤란 및 ⑥란은 평가기준일 이전 1년이 되는 사업연도를 기준으로 하여 작성된 "유사상장법인 비교요소일람표"상 매출액과 자산총계 및 자본이익률(당기순이익÷자산총계)에 의하되, 당해 비교요소일람표가 발표되지 아니한 경우에는 평가기준일 이전 2년이 되는 사업연도의 "유사상장법인 비교요소일람표"에 의하여 작성합니다.
3. ⑦란의 일반기준 적정여부는 아래 항목별(㉮~㉶)로 부합되는 경우에는 "○"로 표시하고 부합되지 아니한 경우는 "×"로 표시합니다.
   ㉮ 상장일로부터 6월이 경과할 것

㉯ 최근 2년간의 감사의견이 적정의견에 해당할 것
㉰ 최근 2년간 경영에 중대한 영향을 미칠 수 있는 합병, 영업의 양수도, 분할 등이 없을 것
㉱ 최근 2년간 기업회계기준위배로 인한 조치를 받은 사실이 없을 것
㉲ 최근 6월이내에 투자유의종목 또는 관리종목으로 지정된 사실이 없을 것

4. ⑧란 및 ⑨란은 유사상장법인의 자산총계와 매출액이 평가대상 비상장중소기업의 자산총계와 매출액(별지서식 부표2 "유사상장법인 주가와의 비교평가액 계산서"상 ④란과 ⑤란의 가액을 말함)의 5배이내인 경우에는 "적정"으로 표시하고, 5배를 초과하는 경우에는 "부적정"으로 표시합니다.
5. ⑩란은 일반기준과 규모기준을 모두 충족하는 유사상장법인 중 평가대상법인의 세세분류 업종과 동일한 법인을 유사상장법인으로 선정합니다. 다만, 세세분류가 동일한 법인이 2개에 미달하는 경우에는 2 이상의 법인이 선정될 때까지 세분류→ 소분류→ 중분류의 순서에 의해 유사상장법인을 선정하되, 도·소매 및 소비자용품수리업의 경우 소분류 이내로 하고, 선정된 법인중 평가대상 법인의 자본이익률과 가장 근접한 상위 2개 법인과 하위 2개 법인을 유사상장법인으로 최종 확정하여 당해 법인의 ⑩란에 "해당"으로 표시합니다.
(상위 또는 하위의 법인이 각각 2개에 미달하는 경우 그 미달하는 법인을 유사상장법인으로 선정가능하나, 2개를 초과하여 선정하여서는 안됨)

* 유사상장법인은 최대 4개에서 최소 2개까지 선정되며, 2개에 미달하면 평가신청 대상에 해당하지 아니합니다.

2.3.5 최대주주 등의 할증평가

경영권의 양도를 수반하는 지분거래에서는 주식가치에 부가하여 경영권의 양도에 따른 프리미엄이 추가되기 때문에 이와 같은 주식거래에서는 경영권 프리미엄과 관련한 초과금액이 발생하게 된다. 상증법은 경영권 프리미엄과 관련하여 최대주주 또는 최대출자자 및 그와 특수관계에 있는 주주 또는 출자자(이하 "최대주주 등"이라 한다)의 주식 및 출자지분에 대해서는 앞서 살펴본 평가방법에 의하여 산정된 금액에 일정률을 할증하여 평가하도록 하고 있다(상증법 제63조 제3항).

최대주주 등

주식 및 출자지분의 할증평가가 적용되는 최대주주 등은 상증법시행령 제19조 제2항 각 호 외의 부분에 따른 주주 등 1인과 같은 항 각 호의 어느 하나에 해당하는 자를 말한다(상증법시행령 제53조 제3항). 이 경우 최대주주 등의 지분율 산정은 평가기준일로부터 소급하여 1년 이내에 양도하거나 증여한 주식 등을 최대주주 등이 보유하는 주식 등에 합산하여

계산한다(상증법시행령 제53조 제4항).

할증률

최대주주 등이 보유한 주식 및 출자지분에 적용하는 할증률은 중소기업과 대기업으로 구분하여 다음과 같이 차등 적용된다(상증법 제63조 제3항).

최대주주 지분율	할 증 률	
	대기업	중소기업
50% 이하	20%	10%
50% 초과	30%	15%

할증평가대상 제외

상기의 할증평가 규정은 모든 주식 및 출자지분에 적용되는 것이 아니라 일부 조건을 충족시키는 경우 할증평가대상에서 제외시키고 있다(상증법 제63조 제3항, 상증법시행령 제53조 제5항).

- 평가기준일이 속하는 사업연도 전 3년 이내의 사업연도부터 계속하여 「법인세법」 제14조 제2항에 따른 결손금이 있는 법인의 주식
- 평가기준일 전후 6월(증여재산의 경우 3월) 이내의 기간중 최대주주 등이 보유하는 주식 등이 전부 매각된 경우
- 합병·증자·감자·현물출자 또는 전환사채 등의 주식전환 등으로 인하여 이익을 계산하는 경우(상증법 제28조, 제29조, 제30조)
- 평가대상인 주식 등을 발행한 법인이 다른 법인(이하 "1차 출자법인"이라 한다)이 발행한 주식 등을 보유하고 있고, 1차 출자법인이 또 다른 법인(또 다른 법인이 1차 출자법인 외의 법인에 출자한 경우의 법인을 포함하며, 이하 "2차 출자법인"이라 한다)이 발행한 주식 등을 보유함으로써 1차 출자법인 및 2차 출자법인이 최대주주 등에 해당하는 경우에 1차 출자법인 및 2차 출자법인의 주식 등을 평가하는 경우
- 합평가기준일로부터 소급하여 3년 이내에 사업을 개시한 법인으로서 사업개시일이 속하는 사업연도부터 평가기준일이 속하는 사업연도의

직전사업연도까지 각 사업연도의 기업회계기준에 의한 영업이익이 모두 영 이하인 경우

- 상속세과세표준신고기한 또는 증여세과세표준신고기한 이내에 평가대상 주식 등을 발행한 법인의 청산이 확정된 경우
- 최대주주 등이 보유하고 있는 주식 등을 최대주주 등외의 자가 상증법 제47조 제2항에서 규정하고 있는 기간 이내에 상속 또는 증여받은 경우로서 상속 또는 증여로 인하여 최대주주 등에 해당되지 아니하는 경우
- 중소기업 최대주주 등의 주식 등을 2012년 12월 31일 이전에 상속·증여받는 경우

이와 같이 상증법상에서 규정하고 있는 경영권 프리미엄은 본서 제7장 2. 1절에서 설명한 바 있는 지배지분할증(control premium)의 개념을 도입하고 있다는 점에서 의미가 크다. 그러나 이러한 지배지분할증을 제대로 적용하기 위해서는 할증 적용 전의 기준값(base value)이 반드시 소수주주 입장에서 구해진 가치여야 한다는 점을 명심할 필요가 있다. 또한 보다 정교하게 실질이 반영된 지배지분할증을 적용시키기 위해서는 상증법에서와 같이 일률적으로 20% 혹은 30%의 할증률을 적용시킬 것이 아니라, 회사 및 주식의 특성을 감안하여 적절한 할증률(혹은 할인율)을 별도로 산정해내는 과정이 필요하다는 점도 다시 한 번 상기할 필요가 있다.

2. 4 기타재산의 보충적 평가방법

2.4.1 국·공채 등 기타유가증권의 평가

한국거래소에서 거래되는 국채 등

한국거래소에서 거래되는 국채 등은 다음의 평가액 중 큰 금액으로 하되, 평가기준일 이전 2개월의 기간 중 거래실적이 없는 국채 등은 한국

거래소에서 거래되지 않는 국채등의 평가방법에 따라 평가한다(상증법시행령 제58조 제1항 제1호).

평가액 = MAX(①, ②)
① 평가기준일 이전 2개월 동안 공표된 매일의 한국거래소 최종시세가액의 평균액
② 평가기준일 이전 최근일의 최종 시세가액

한국거래소에서 거래되는 않는 국채 등(전환사채 등 제외)

한국거래소에서 거래되지 않는 국채 등에 대해서는 다음의 평가 방법에 의한 가액으로 한다(상증법시행령 제58조 제1항 제2호, 상증법시행규칙 제18조의2 제1항).

(가) 타인으로부터 매입한 국채 등(국채 등의 발행기관 및 발행회사로부터 액면가액으로 직접 매입한 것을 제외한다)은 매입가액에 평가기준일까지의 미수이자상당액을 가산한 금액
(나) 위 (가) 외의 국채 등은 평가기준일 현재 이를 처분하는 경우에 받을 수 있다고 예상되는 금액(이하 "처분예상금액"이라 한다). 다만, 처분예상금액을 산정하기 어려운 경우에는 「자본시장법」에 따라 인가를 받은 투자매매업자, 투자중개업자, 「공인회계사법」에 따른 회계법인 또는 「세무사법」에 따른 세무법인 중 둘 이상의 자가 상환기간·이자율·이자지급방법 등을 감안하여 평가한 금액의 평균액으로 할 수 있다.

전환사채등 및 신주인수권증서

한국거래소에서 거래되는 않는 전환사채등 및 신주인수권증서는 다음의 방법 중 어느 하나에 따라 평가한 가액으로 한다(상증법시행령 제582조의2 제2항). 다만, 처분예상금액을 산정하기 어려운 경우에는 「자본시장법」에 따라 인가를 받은 투자매매업자, 투자중개업자, 「공인회계사법」에 따른 회계법인 또는 「세무사법」에 따른 세무법인 중 둘 이상의 자가 상환기간·이자율·이자지급방법 등을 감안하여 평가한 금액의 평균액이 있는

경우에는 해당 가액으로 할 수 있다.

1. 주식으로의 전환등이 불가능한 기간중인 경우에는 다음 각 목의 구분에 따라 평가한 가액으로 한다.
   가. 신주인수권증권 : 신주인수권부사채의 만기상환금액(만기 전에 발생하는 이자상당액을 포함한다)을 사채발행이자율에 따라 발행 당시의 현재가치로 할인한 가액에서 그 만기상환금액을 금융기관이 보증한 3년만기회사채의 유통수익률을 고려하여 기획재정부장관이 정하여 고시하는 이자율(적정이자율)에 따라 발행 당시의 현재가치로 할인한 가액을 뺀 가액, 이 경우 그 가액이 0원 이하인 경우에는 0원으로 한다.
   나. 가목외의 전환사채등 : 만기상환금액을 사채발행이율과 적정할인율중 낮은 이율에 의하여 발행 당시의 현재가치로 할인한 가액에서 발행후 평가기준일까지 발생한 이자상당액을 가산한 가액
2. 주식으로의 전환등이 가능한 기간중인 경우에는 다음 각 목의 구분에 따라 평가한 가액으로 한다.
   가. 전환사채 : 제1호 나목의 규정에 의하여 평가한 가액과 당해 전환사채로 전환할 수 있는 주식가액에서 제57조 제3항의 규정에 의한 배당차액을 차감한 가액 중 큰 가액
   나. 신주인수권부사채 : 제1호 나목의 규정에 의하여 평가한 가액과 동가액에서 동호 가목의 규정을 준용하여 평가한 신주인수권가액을 차감하고 다목의 규정을 준용하여 평가한 신주인수권가액을 가산한 가액 중 큰 가액
   다. 신주인수권증권 : 제1호 가목의 규정에 의하여 평가한 가액과 당해 신주인수권 증권으로 인수할 수 있는 주식가액에서 제57조 제3항의 규정에 의한 배당차액과 신주인수권가액을 차감한 가액중 큰 금액
   라. 신주인수권증서 : 당해 신주인수권증서로 인수할 수 있는 주식의 권리락전 가액에서 제57조 제3항의 규정에 의한 배당차액과 신주인수가액을 차감한 가액. 다만, 당해 주식이 주권상장법 등의 주

식인 경우로서 권리락후 주식가액이 권리락전 주식가액에서 배당차액을 차감한 가액보다 적은 경우에는 권리락후 주식가액에서 신주인수가액을 차감한 가액으로 한다.

마. 기타 : 가목 내지 다목의 규정을 준용하여 평가한 가액

상증법시행령 제57조 제3항에서 "기획재정부령으로 정하는 배당차액"이란 다음의 산식에 의하여 계산한 금액을 말한다.

> 주식 1주당 액면가액 × 직전기 배당률 × (신주발행일이 속하는 사업연도 개시일부터 배당기산일 전일까지의 일수 ÷ 365)

다만, 당해 법인의 정관에 의하여 당해 법인의 증자로 인하여 취득한 새로운 주식 또는 출자지분에 대한 이익을 배당함에 있어서 평가기준일 현재 상장되어 있는 당해 법인의 주식 또는 출자지분과 배당기산일을 동일하게 정하는 경우를 제외한다(상증법시행규칙 제18조).

2.4.2 부동산 등의 평가

토지의 평가

토지의 평가는 「부동산 가격공시 및 감정평가에 관한 법률」에 의한 개별공시지가에 의하여 평가한다. 개별 공시지가는 평가기준일 현재 고시되어 있는 금액을 적용한다. 다만, 개별 공시지가가 없는 토지의 가액은 납세지관할 세무서장이 인근 유사토지의 개별 공시지가를 참작하여 대통령령이 정하는 방법에 의하여 평가한 금액으로 하고, 지가가 급등하는 지역으로서 대통령령이 정하는 지역의 토지에 대하여는 배율방법에 의하여 평가한 가액으로 한다(상증법 제61조 제1항 제1호).

건물의 평가(오피스텔 및 상업용 건물, 주택 제외)

건물에 대한 객관적인 시가의 산정은 어려우므로 기준시가에 의하여 평가한다. 기준시가는 건물의 신축가격·구조·용도·위치·신축연도 등을 참

작하여 매년 1회 이상 국세청장이 산정·고시한다(상증법 제61조 제1항 제2호).

오피스텔 및 상업용 건물

건물에 딸린 토지를 공유로 하고 건물을 구분·소유하는 것으로서 건물의 용도·면적 및 구분·소유하는 건물의 수 등을 고려하여 대통령령으로 정하는 오피스텔 및 상업용 건물에 대해서는 건물의 종류, 규모, 거래 상황, 위치 등을 고려하여 매년 1회 이상 국세청장이 토지와 건물에 대하여 일괄하여 산정 고시한 가액으로 한다(상증법 제61조 제1항 제3호).

주 택

부동산 가격공시 및 감정평가에 관한 법률에 따른 개별주택가격 및 공동주택가격으로 평가한다. 다만, 개별 주택가격 및 공동주택가격이 없는 주택의 가격은 납세지 관할세무서장이 인근 유사주택의 개별주택가격 및 공동주택가격을 고려하여 대통령령으로 정하는 방법에 따라 평가한 금액으로 한다(상증법 제61조 제1항 제4호).

2.4.3 선박 등 기타유형재산의 평가

선박·항공기·차량·기계장비 및 입목

선박·항공기·차량·기계장비 및 「입목에 관한 법률」의 적용을 받는 입목을 처분할 경우 다시 취득할 수 있다고 예상되는 가액(재취득가액)[18]으로 평가하며, 재취득가액이 확인되지 아니하는 경우에는 장부가액 및 지방세법 시행령 제4조 제1항의 시가표준액에 따른 가액을 순차로 적용한 가액으로 평가한다(상증법시행령 제52조 제1항).

상품·제품 등의 평가

상품·제품·반제품·재공품·원재료 기타 이에 준하는 동산 및 소유권의

---

18) 제6장 자산접근법 1.2 시장가치 상당액 참조.

대상이 되는 동산의 평가는 그것을 처분할 때에 취득할 수 있다고 예상되는 가액으로 평가한다. 다만, 그 가액이 확인되지 아니하는 경우에는 장부가액으로 한다(상증법시행령 제52조 제2항 제1호).

주요 영업활동에 소요되는 재고자산의 경우에는 시장에 판매하였을 경우 소유자가 얻을 것으로 기대되는 금액으로 평가하도록 하고 있는데, 이러한 평가방법은 앞서 살펴본 NRV와 동일한 개념으로 이해하면 된다.

또한, 판매용이 아닌 서화·골동품 등 예술적 가치가 있는 유형자산의 평가는 해당 자산에 대한 전문분야별로 2인 이상의 전문가가 감정한 가액의 평균액으로 한다. 다만, 그 가액이 국세청장이 위촉한 3인 이상의 전문가로 구성된 감정평가심의회에서 감정한 감정가액에 미달하는 경우에는 그 감정가액에 의한다(상증법시행령 제52조 제2항 제2호). 이는 해당 재산에 대한 고의적인 저가 감정으로 인하여 조세를 회피하고자 하는 유인을 차단하기 위한 방편이다.

2.4.4 무체재산권(무형자산) 등의 평가

상증법에서 평가방법을 열거하고 있는 무체재산권 중 외부에서 매입한 무체재산권을 제외하고는 우리가 앞서 살펴본 소득접근법에 의한 평가방법을 견지하고 있다. 다만, 조세징수의 목적에 입각하여 평가자의 주관성을 배제하기 위하여 소득흐름을 추정하는 내용연수기간, 적용하는 할인율 등에 관하여 개별 무체재산권별로 별도로 정하고 있다는 것이 이론적인 소득접근법과의 가장 큰 차이점이다.

매입한 무체재산권

외부로부터 매입한 무체재산권은 매입 시점에서 적정한 금액으로 거래가격이 형성되었다는 가정아래 최초 취득가액이 해당 재산의 시가를 가장 잘 나타내고 있다고 판단하여 매입한 무체재산권의 경우에는 다른 무체재산권에 비하여 평가 방법이 상대적으로 수월하게 규정되어 있다. 외부로부터 매입한 무체재산의 평가액은 매입가액에서 평가기준일까지의 법인세법상 감가상각비를 차감한 금액으로 평가한다(상증법시행령 제59조 제1항).

영업권(어업권 포함)

초과이익금액을 평가기준일 이후의 영업권지속연수(원칙적으로 5년으로 한다)를 감안하여 현재가치로 환산한 가액으로 평가한다. 다만, 매입한 무체재산권으로서 그 성질상 영업권에 포함시켜 평가되는 무체재산권의 경우에는 이를 별도로 평가하지 아니하되, 당해 무체재산권의 평가액이 환산한 가액보다 큰 경우에는 당해 가액을 영업권의 평가액으로 한다(상증법시행령 제59조 제2항, 상증법시행규칙 제19조 제2항).

$$\text{영업권평가액} = \sum_{n=1}^{t} \left\{ \frac{\text{각 연도 초과이익금액}}{\left(1+\frac{10}{100}\right)^{n}} \right\}$$

t : 영업권지속연수

여기서 초과이익금액은 아래의 산식에 의하여 계산하는 데 최근 3년간의 순손익액의 가중평균액은 비상장주식의 순손익가치 평가에 대한 규정(상증법시행령 제56조 제1항)을 준용하여 평가한다(상증법시행령 제59조 제2항, 상증법시행규칙 제19조 제1항).

$$\text{초과이익금액} = \left(\text{최근 3년간의}^{19)}\ \text{순손익액가중평균액} \times \frac{50}{100}\right) - \left(\text{평가기준일 현재 자기자본} \times \frac{10}{100}\right)$$

이와 같이 영업권을 평가함에 있어서 제시한 증빙에 의하여 자기자본을 확인할 수 없는 경우에는 아래의 금액 중 큰 금액으로 한다(상증법시행령 제59조 제7항).

---

19) 3년에 미달하는 경우에는 당해 연수로 한다.

자기자본 = MAX(①, ②)
① 사업소득금액 ÷ 자기자본이익률
② 수입금액 ÷ 자기자본회전율

상기 산식에 사용되는 자기자본이익률 및 자기자본회전율은 각각 소득세법 시행령 제165조 제10항 제1호 및 제2호에 규정되어 있으며, 해당 비율은 한국은행이 업종별, 규모별로 발표한 자기자본이익률 및 자기자본회전율을 말한다(상증법시행령 제59조 제7항).

[운영규정 별지서식 부표9]

영 업 권 평 가 조 서

평가대상 법인명 :

① 평가기준일	평가기준일 전 3년간 순손익액 가중평균액			
	② 평가기준일 이전 1년이 되는 사업연도 순손익액	③ 평가기준일 이전 2년이 되는 사업연도 순손익액	④ 평가기준일 이전 3년이 되는 사업연도 순손익액	⑤가중평균액 $\frac{(②\times3+③\times2+④)}{6}$

⑥ 3년간 순손익액의 가중평균액의 50% (⑤×50/100)	⑦평가기준일 현재의 자기자본	⑧기획재정부령 이 정하는 이자율	⑨영업권 지속년수
		10%	

⑩ 영업권 계산액(5년 현재가치 할인액의 합계액 $\left[\frac{⑥-(⑦\times⑧)}{(1+0.1)^n}\right]$ n : 평가기준일부터의 경과연수	⑪ 영업권 상당액에 포함된 매입한 무체재산권가액 중 평가기준일까지의 감가상각비를 공제한 금액	⑫영업권평가액 (⑩ - ⑪)

특허권, 실용신안권, 상표권, 디자인권 및 저작권 등

특허권, 실용신안권, 상표권, 디자인권 및 저작권 등은 그 권리에 의하여 장래에 받을 각 연도의 수입금액을 현재가치로 환산한 금액으로 평가한다(상증법시행령 제59조 제5항, 상증법시행규칙 제19조 제2항).

$$\text{특허권 등의 평가액} = \sum_{n=1}^{t} \left\{ \frac{\text{각 연도의 수입금액}}{\left(1+\frac{10}{100}\right)^{n}} \right\}$$

t : 평가일로부터의 경과연수

각 연도의 수입금액이 확정되지 않은 때에는 평가기준일 전 최근 3년간의 각 사업연도 수입금액의 합계액의 평균액을 각 연도의 수입금액으로 하되, 최근 3년간의 수입금액이 없거나 저작권으로서 평가기준일 현재 장래에 받을 각 연도의 수입금액이 하락할 것이 명백한 경우에는 상증법 제6조 제1항에 따른 세무서장등이 2 이상의 공신력 있는 감정기관[20] 또는 전문가의 감정가액 및 해당 권리의 성질 기타 제반사정을 감안하여 적정한 가액으로 평가할 수 있다(상증법시행령 제59조 제5항, 상증법시행규칙 제19조 제4항). 또한, 평가기준일로부터의 최종 경과연수는 당해 권리의 존속기간에서 평가기준일 전일까지 경과된 연수를 차감하여 계산한다. 이 경우 평가기준일로부터의 최종 경과연수가 20년을 초과하는 때에는 20년으로 한다(상증법시행규칙 제19조 제3항).[21]

광업권 및 채석권

광업권 및 채석권 등은 평가기준일 이후의 채굴가능연수에 대하여 평가기준일 전 3년간의 평균소득(실적이 없는 경우에는 예상순소득)을 각 연도마다 아래의 산식에 의하여 환산한 금액의 합계액으로 평가한다. 다만

20) 「부동산 가격공시 및 감정평가에 관한 법률」에 의한 감정평가법인을 말한다.

21) 일반기업회계기준 제11장(무형자산) 문단11.26에서는 무형자산의 내용연수와 관련하여 "무형자산의 상각기간은 독점적·배타적인 권리를 부여하고 있는 관계 법령이나 계약에 정해진 경우를 제외하고는 20년을 초과할 수 없다."라고 기술하고 있다.

조업할 가치가 없는 경우에는 설비 등에 의하여만 평가한 가액으로 한다(상증법시행령 제59조 제6항, 상증법시행규칙 제19조 제5항).

$$\text{광업권 및 채석권평가액} = \sum_{n=1}^{t} \left\{ \frac{\text{평가기준일 전 3년간 평균소득}}{\left(1+\frac{10}{100}\right)^{n}} \right\}$$

t : 평가기준일로부터의 경과연수(채굴가능연수)

2.4.5 기타 권리 등의 평가

조건부권리 등의 평가

상증법에서는 조건부권리 등에는 권리의 행사에 관한 조건이 명확하게 정의된 경우, 해당 권리에 대한 존속기간이 명확하지 않은 경우 및 소송에 의하여 향후 배상받을 권리가 발생하는 경우로 구분하여 평가 방법을 기술하고 있다.

조건부권리는 본래의 권리의 가액을 기초로 하여 평가기준일 현재의 조건 내용을 구성하는 사실, 조건성취의 확실성, 기타 제반사정을 감안한 적정가액으로 하도록 하고 있으며, 존속기간이 불확정한 권리의 가액은 평가기준일 현재의 권리의 성질, 목적물의 내용연수 기타 제반사항을 감안한 적정한 가액으로 평가한다. 또한, 소송중인 권리의 가액은 평가기준일 현재의 분쟁관계의 진상을 조사하고 소송진행의 상황을 감안한 적정가액으로 한다(상증법 제65조 제1항, 상증법시행령 제60조).

신탁의 이익을 받을 권리의 평가

원본과 수익에 의한 이익의 수익자가 동일한 경우에는 상증법에 의하여 평가한 신탁재산가액에 대하여 수익시기까지의 기간 및 수익의 이익에 대한 원천징수세액상당액을 감안하여 평가한 금액으로 한다. 원본과 수익에 의한 이익의 수익가 다른 경우에는 두 가지 형태로 구분되는데, 원본의 이익을 수익하는 경우에는 평가기준일 현재의 원본의 가액에 수익시기까지의 기간에 대하여 현재가치로 환산한 금액으로 하고 수익의 이익을 수익하는 경우에는 평가기준일 현재 추산한 장래에 받을 각 연도의 수익금을 원천징수세액 상당액 등을 감안하여 현재가치로 환산한 금액으로 평가한다. 다만, 평가기준일 현재 신탁재산의 수익에 대한 수익률이 확정되지 아니한 경우 원본의 가액에 100분의 10을 곱하여 계산한 금액으로 한다(상증법 제65조 제1항, 상증법시행령 제61조, 상증법시행규칙 제19의2 제1항).

2.4.6 저당권 등이 설정된 재산의 평가의 특례

상증법상의 재산의 평가 원칙은 앞서 살펴보았듯이 시가를 원칙으로 하나 시가를 산정할 수 없는 경우 각 재산에 대하여 다양한 보충적인 평가방법을 제시하고 있다. 지금까지 살펴본 각 재산의 평가방법과는 별개로 해당 재산에 대하여 아래와 같은 저당권 등이 설정되어 있는 경우에는 그 재산이 담보하는 채권액 등을 고려하여 평가한 금액과 시가 혹은 보충적 평가방법에 의하여 평가한 금액 중 큰 금액을 그 재산의 가액으로 하도록 하고 있다(상증법 제66조).

1. 저당권, 동산채권 등의 담보에 관한 법률에 따른 담보권 또는 질권이 설정된 재산
2. 양도담보재산
3. 전세권이 등기된 재산(임대보증금을 받고 임대한 재산을 포함한다)

평가액 = MAX(①, ②)
① 시가 혹은 보충적 평가방법에 의하여 평가한 금액
② 저당권 등이 담보하는 채권액

이러한 평가방법은 저당권 등이 담보하는 금액이 가장 시기적절하게 해당 자산의 공정가치를 나타낸다는 가정에 근거한 것이다. 즉, 보충적 평가방법 혹은 시가는 여러 가지 조건에 의하여 실제 가치와 왜곡될 가능

성이 존재하게 되는데 이러한 불완전한 평가를 방지하기 위하여 추가적으로 저당권 등이 담보하는 채권액을 고려하도록 하고 있는 것이다.

평가대상 자산에 저당권 등이 설정되어 있는 경우에는 다음 각 호의 어느 하나에 해당하는 금액을 평가금액으로 한다(상증법시행령 제63조 제1항).

1. 저당권(공동저당권 및 근저당권을 제외한다)이 설정된 재산의 가액은 당해 재산이 담보하는 채권액
2. 공동저당권이 설정된 재산의 가액은 당해 재산이 담보하는 채권액을 공동저당된 재산의 평가기준일 현재의 가액으로 안분하여 계산한 가액
3. 근저당권이 설정된 재산의 가액은 평가기준일 현재 당해 재산이 담보하는 채권액
4. 질권이 설정된 재산 및 양도담보재산의 가액은 당해 재산이 담보하는 채권액
5. 전세권이 등기된 재산의 가액은 등기된 전세금(임대보증금을 받고 임대한 경우에는 임대보증금)

다만, 해당 재산에 설정된 근저당의 채권 최고액이 담보하는 채권액보다 적은 경우에는 채권 최고액으로 하고, 당해 재산에 설정된 물적담보 외에 신용보증기관의 보증이 있는 경우에는 담보하는 채권액에서 당해 신용보증기관이 보증한 금액을 차감한 가액으로 하며, 동일한 재산이 다수의 채권(전세금채권과 임차보증금채권을 포함한다)의 담보로 되어 있는 경우에는 그 재산이 담보하는 채권액의 합계액으로 한다(상증법시행령 제63조 제2항).

제 12 장

Business Valuation

결 론

가치라는 것은 매우 주관적인 개념일 수 있지만 또한 객관화가 필요한 개념이다. 어떤 객체에 대해서 개인이 느끼는 가치는 비슷할 수도 있고 매우 다를 수도 있을 것이다. 이러한 주관적인 측면이 강한 가치라는 어려운 내용을 객관화시켜야 하는 것이 바로 가치평가라는 업무이다. 또한, 가치평가라는 것은 주관적인 가치가 객관화된 금액으로 전환되는 것이기 때문에 그 과정 및 결과에 대하여 합리적인 정보이용자들이 납득할 수 있어야 할 것이다.

우리는 지금까지 가치평가에 사용되는 소득·시장·자산접근법을 주요한 세 가지 방법론으로 살펴보았는데, 이러한 평가방식은 학자들의 오랜 연구와 실무자들의 현장 적용과정에서 그 타당성을 인정받고 있다. 그리고 이러한 세 가지 방식은 서로의 문제점을 보완해주는 역할도 수행하기 때문에 특정 평가방식을 고집하기보다는 평가대상의 특성과 근거자료의 확보가능성 등 상황을 고려하여 적절하게 활용될 필요가 있다.

- 소득접근법의 경우, 미래에 대한 추정은 완벽할 수는 없다. 그러나 주어진 제약조건 내에서 최선의 추정은 언제나 가능하다.
- 시장접근법의 경우, 평가대상회사와 완전히 동일한 비교기준회사를 찾을 수는 없다. 그러나 비교되는 회사의 모양을 최대한 일치시킬 수는 있다.
- 자산접근법의 경우, 개별 자산, 부채의 시장가치를 모두 정확하게 산출할 수는 없다. 무형자산의 가치평가 등 어려운 과제가 있지만 평가가 불가능한 것은 아니다.

이와 같이 우리는 가치평가라는 업무가 가지고 있는 태생적인 한계를 극복하고, 보다 합리적으로 기업가치평가라는 과제를 훌륭하게 해결하기 위해서 다음과 같은 사항을 반드시 명심할 필요가 있다.

첫째, 기업가치평가를 성공적으로 수행하기 위해서는 우선 기업 자체에 대한 이해뿐만 아니라 해당 산업에 대한 충분한 이해가 선행되어야 한다. 저자는 앞에서 가치평가기법을 사용하여 본격적인 가치평가업무를 수행하기에 앞서서 기업 내·외부요인분석 및 재무분석 등을 통해 기업에 대한 사전적인 분석 및 이해가 필요함을 강조하였다. 정확하고 현실적인 가치평가결과를 도출하는 것은 평가기법을 적용하여 평가금액을 산정하는 기술적인 계산과정보다는 기업 및 해당 산업에 대해서 얼마나 정확하고 심도 있는 분석을 하느냐에 달려 있다고 해도 과언이 아니다.

둘째, 가치평가 전 과정에 걸쳐 수미일관된 논리를 전개하는 것이 필요하다. 먼저 거시경제 및 산업분석으로 파악된 회사를 둘러싸고 있는 환경적인 요소에 부합하도록 기업에 대한 재무추정 및 평가기법의 적용도 일관성을 가지고 이루어져야 한다. 주식가치평가의 경우 소수주주의 입장과 지배주주의 입장에 따라서 각각의 평가방식에서 구해지는 가치평가액의 성격도 일관성을 지니게 하여야 한다. 또한, 최종적인 가치평가액을 구하는 과정에서는 평가업무 전 과정에서 적용되었던 논리의 연장선상에서 개별 평가기법에서 구해진 금액에 가중치를 부여해야 한다.

셋째, 가치평가는 적절하고 신뢰성 있는 근거자료를 사용하여야 한다. 소득접근법에서 매출액 등에 대한 추정의 경우나 시장접근법에서 비교대상기업의 정보를 이용하는 경우 등에서는 해당 항목의 성격에 따라 적절하고 신뢰성 있는 외부자료 혹은 회사의 작성 자료를 근거로 해야 한다. 특히, 자본비용을 구하는 과정에서나 일괄할인·일괄할증을 적용하는 경우에는 자료의 신빙성이 중요한 문제가 된다. 유사상장기업이나 인수·합병 사례를 수집하는 경우에도 공신력 있는 데이터베이스 등을 통해 정확한 내용이 포함되어 있는 자료를 이용하여야 한다.

넷째, 최종적인 가치평가액에 대한 결론을 위해서는 항상 현실적이고 합리적인 균형감각을 유지하는 것이 중요하다. 가치평가업무는 특성상 평가방식에 사용되는 변수들을 충분히 고려하면 할수록 더욱 정확한 평가결과에 근접할 가능성이 높다. 하지만, 가치평가결과는 궁극적으로 평가결과를 이용하는 정보이용자의 의사결정에 도움을 주기 위한 것이기 때문에 반드시 절대적인 수준의 결과를 요구하는 것은 아니다. 경우에 따라서는 모든 변수를 너무 자세히 고려하다 보면 전체적인 균형 감각이 결여된 비정상적인 결론이 도출될 위험도 있는 것이다. 평가자는 가치평가결과를 최종적으로 확정하기 위해서 때로는 단순하고 직관적인 논리에 의해 자신의 평가 결과를 다시 한 번 되돌아 볼 필요가 있다.

국내에서는 IMF 사태를 겪으면서 글로벌 컨설팅회사와 대형 회계법인을 중심으로 인수·합병 및 구조조정 등의 업무수행과정에서 해외에서 사용하는 선진 가치평가 실무기법을 도입하여 적용하고 있다. 그러나 이러한 선진기법들을 국내기업에 적용하기 위해서는 산업별, 지역별 특수성을 반영한 우리 고유의 방법론 개발과 함께 이를 실증적으로 뒷받침할 수 있는 체계적인 통계자료의 수집과 축적이 반드시 병행되어야 한다. 이러한 맥락에서 향후 국내에서도 제대로 기업가치평가가 이루어지기 위해서 업계종사자 및 관련기관이 힘을 모아 우선적으로 해결해야 할 과제로서 다음의 몇 가지를 꼽아보았다.

- 추정치에 사용할 각종 지표의 객관성을 부여할 수 있는 통계자료의 확보
- 비교가능성을 증대시킬 수 있는 각종 사례에 대한 데이터베이스의 구축
- 일괄할인(discount)과 일괄할증(premium)에 대한 정확한 이해와 적용사례 확산
- 벤처기업, 부실기업, 금융기관, 무형자산 등 특수한 사례에 대한 심도 있는 평가기법 및 지표에 대한 연구개발
- 가치평가의 응용분야로서 가치경영(value-based management), 가치투자(value-based investment) 분야로의 확장
- 가치평가 전문가 집단을 양성하고, 이들이 독립적이고 합리적인 평가를 수행해 나갈 수 있는 제도적 기반의 조성

국제금융시장에서는 한국기업의 가치평가액에 "코리아 디스카운트"가 존재하고 있다는 시각이 여전히 팽배하다. 우리 기업의 가치를 제대로 파악하고 국제시장에서도 제대로 평가받는 것은 우리 스스로가 먼저 주장하고 만들어나가야 할 과제이다. 또한 기업과 기술에 대한 정확한 가

치평가는 정부예산 및 민간자본을 효율적으로 배분하기 위한 가장 밑거름이 되는 작업이며, 이를 통해 바로 차세대 국가경쟁력을 제고시키는데 초석을 마련할 수 있을 것이다. 이 책이 기업가치평가에 대한 이론과 실무지식을 다져나가면서 이러한 과제들을 해결해 나가는 데 튼튼한 밑거름이 될 수 있었으면 하는 바람이다.

Business Valuation

별 첨

1. ValueSearch™ 사용자 매뉴얼
2. 가치평가보고서 검토용 체크리스트
3. International Glossary of Business Valuation Terms
4. 기술평가표(Scoring Board) 사용자 매뉴얼

별첨 1

ValueSearch™

Version 2.0

사용자 매뉴얼

가치분석용 웹기반 소프트웨어
(투자안분석, 재무추정, 기업가치평가, 기술가치평가)

(주)비전밸류컨설팅

차 례

제 1 편 ValueSearch™ 소개 / 576
1. ValueSearch™의 구조와 개념
2. ValueSearch™의 특징 및 이용방법
3. 분석의 절차

제 2 편 ValueSearch™ 시작하기 / 588
1. 사전 자료준비
2. ValueSearch™의 시작(공통부분)

제 3 편 모듈별 분석 / 593
1. 프로젝트 정보입력(M1 ~ M4 공통)
2. M1 투자안분석 모듈
3. M2 재무추정 모듈
4. M3 기업가치평가 모듈
5. M4 기술가치평가 모듈

제 4 편 교육프로그램 소개 / 631
1. 목적 및 용도
2. 온/오프라인 통합 교육프로그램
3. 이수 프로세스

제1편 ValueSearch™ 소개

1. ValueSearch™의 구조와 개념

가. 개 요

ValueSearch™는 실무밀착형 솔루션을 지향하며, (1) M1 투자안분석 모듈(Feasibility analysis module), (2) M2 재무추정 모듈(Financial forecasting module), (3) M3 기업가치평가 모듈(Business valuation module), (4) M4 기술가치평가 모듈(Technology valuation module)의 4가지 모듈로 구성되어 있습니다. 또한 각각의 모듈은 기본형, 상세형, 맞춤형의 세 가지 유형으로 구분되어 분석을 수행합니다.

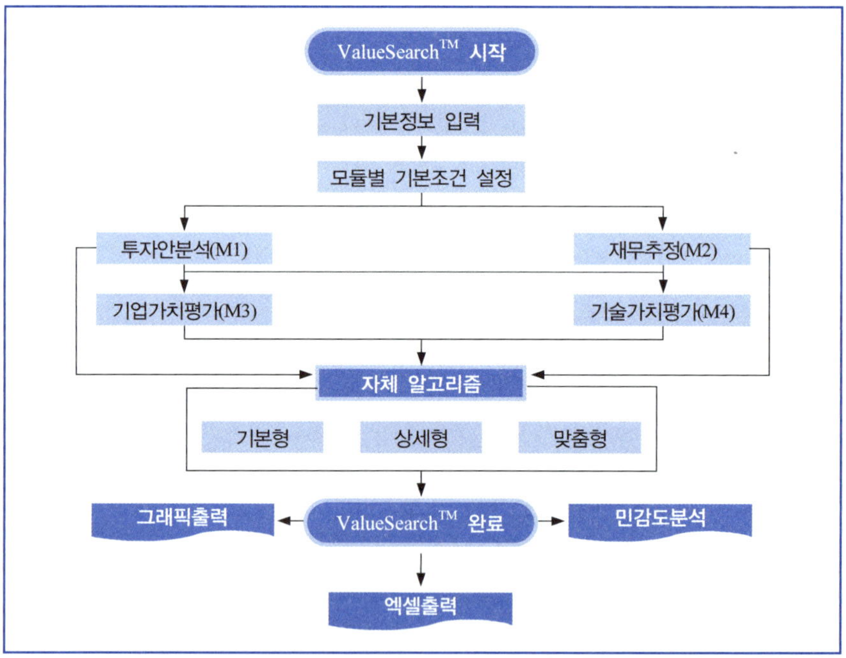

- 기본형 : 웹상에 탑재된 추정방식에 따라 간단한 분석을 수행
- 상세형 : 기본형을 바탕으로 상세추정을 위해 엑셀 템플릿을 활용
- 맞춤형 : 고객의 요구에 따라 컨설팅형태의 맞춤형 분석을 수행

1) M1 투자안분석 모듈(Feasibility Analysis Module)

가) 목 적

계획된 투자안에 대한 타당성 검토

나) 개념도

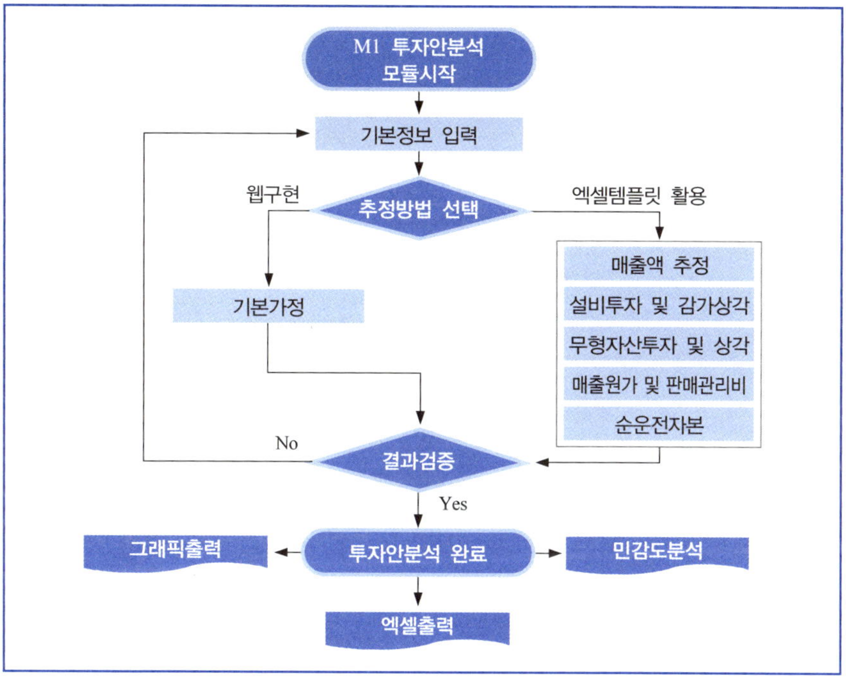

다) 응 용

- 신규사업의 타당성 분석에 활용
- 사업확장의 적정성에 대한 재무적 분석
- 기존사업에 대한 예비적 재무추정에 활용
- 회수기간, 순현재가치, 내부수익률 및 수익성지수 산정
- 적정투자액의 판단 및 추정에 활용
- 기업가치평가 및 기술가치평가의 전단계에 응용

2) M2 재무추정 모듈(Financial Forecasting Module)

가) 목 적

과거 재무실적에 근거한 미래 재무제표의 추정

나) 개념도

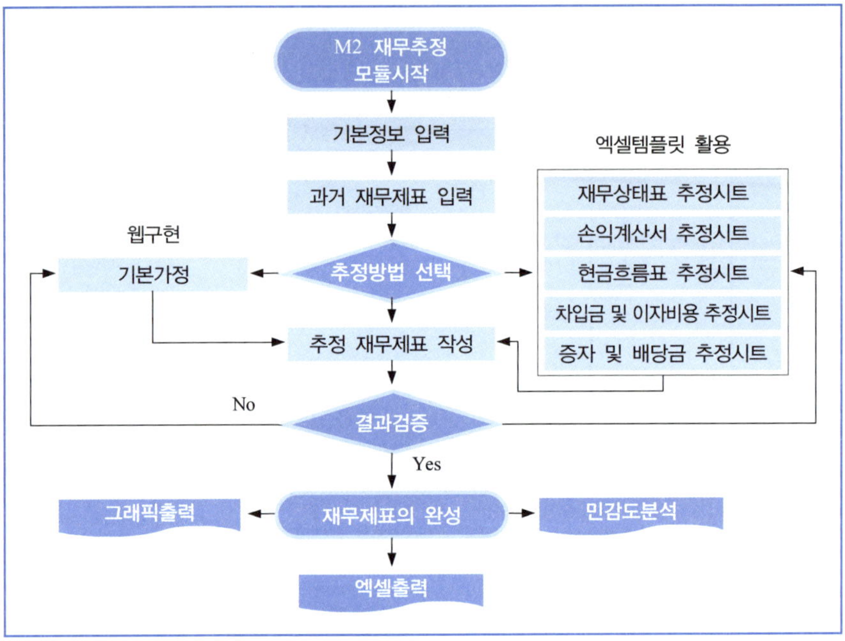

다) 응 용

- 기업의 장단기 재무전략 수립에 활용
- 정밀한 사업타당성분석을 통한 수익성 평가
- 고급 재무분석을 위한 재무제표 추정
- 현금흐름분석을 통한 자금수지분석에 활용
- 기업의 종합예산 수립과정에 활용
- 기업가치평가 및 기술가치평가의 전 단계에 응용

3) M3 기업가치평가 모듈(Business Valuation Module)

가) 목 적

계속기업을 전제로 현금흐름할인방식을 적용한 기업가치의 평가

나) 개념도

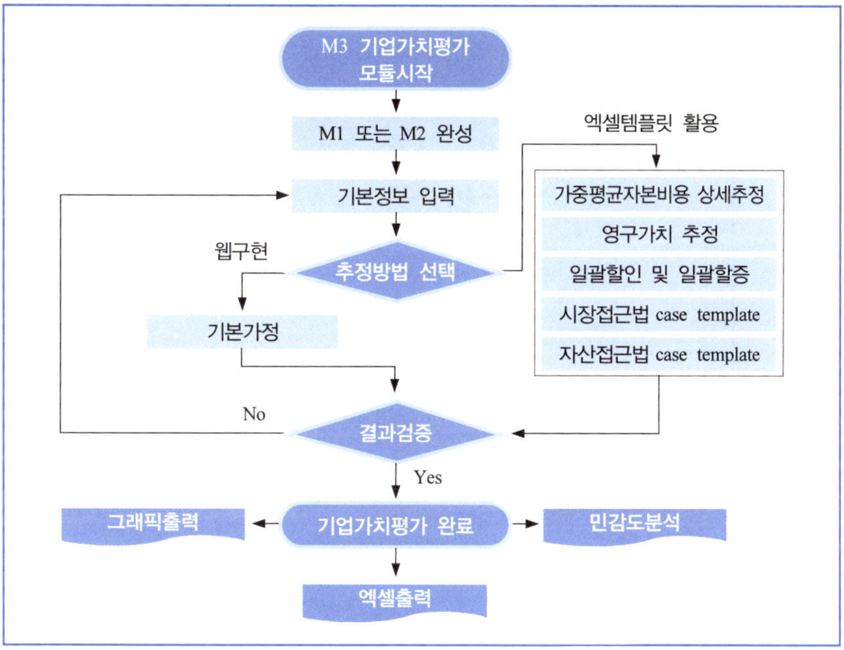

다) 응 용

- M&A 거래 시 최종적인 매매가격 산정
- 벤처기업의 자본유치 혹은 투자결정에 활용
- 기업공개(IPO) 시 최초주식가치평가액 산정
- 가치투자를 위한 상장회사의 적정주가 산정
- 기업 및 사업부 분할을 위한 가치평가액 산정
- 가치경영을 위한 기업경영전략 수립에 활용

4) M4 기술가치평가 모듈(Technology Valuation Module)

가) 목 적

무형자산인 기술가치를 소득접근법 및 기술기여도를 적용하여 평가

나) 개념도

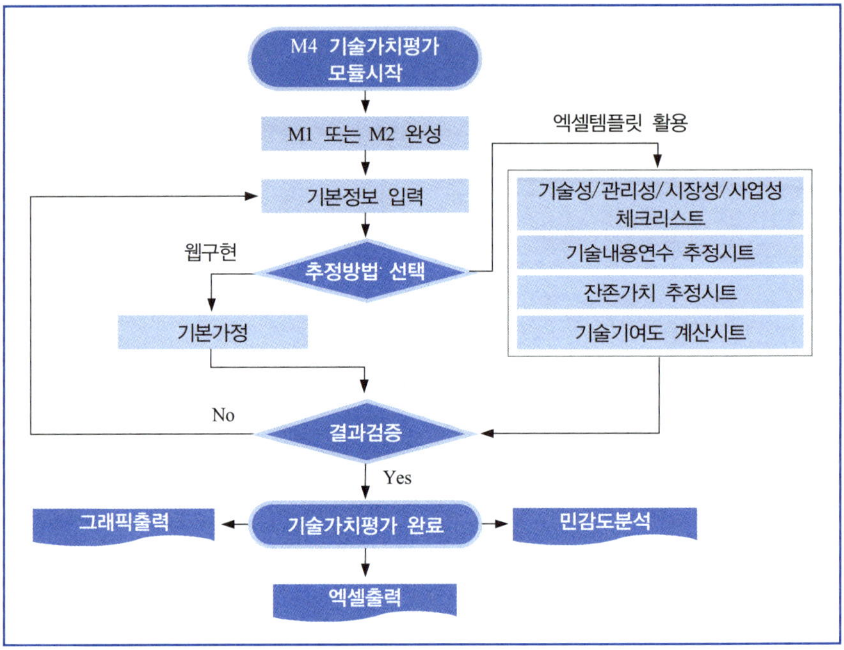

다) 응 용

- 기술거래 시 기준가격을 산정할 때 활용
- 특허권 침해 등으로 인한 손해액 산정
- 현물출자를 위한 산업재산권의 가치평가액 산정
- 법인청산 시 기업이 소유한 기술가치를 산정
- 기술집약적 벤처기업의 자본유치 혹은 투자결정시 활용
- M&A 추진 시 해당 기업의 기술가치를 산정할 때 활용

나. 프로세스의 조합

ValueSearch™은 M1～M4의 네 가지 모듈로 구성되는데, 각 모듈이 결합하여 독자적인 프로세스를 만들어냅니다.

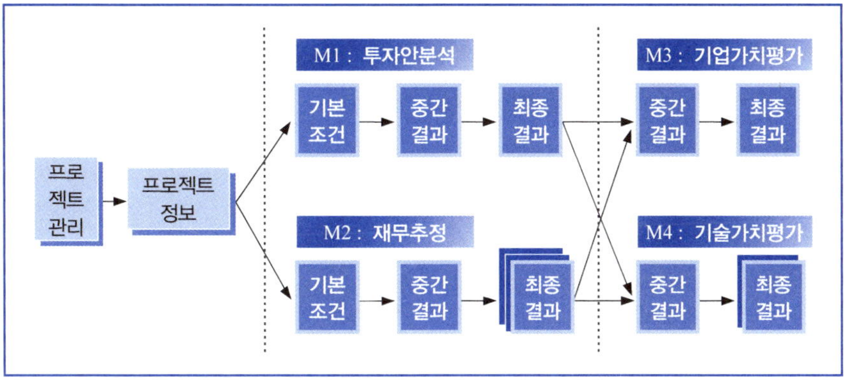

위의 그림에서 볼 수 있듯이 다음의 여섯 가지 프로세스 조합이 가능합니다.

- M1 (투자안분석)
- M2 (재무추정)
- M1 → M3 (기업가치평가)
- M2 → M3 (기업가치평가)
- M1 → M4 (기술가치평가)
- M2 → M4 (기술가치평가)

2. ValueSearch™의 특징 및 이용방법

가. 특 징

1) 편리한 사용자 위주의 인터페이스

가) 모듈별로 특화된 설계로 사용자가 원하는 분석을 사용자의 편의성에 맞추어 서비스합니다.

[모듈 1] 투자안분석
- 기본적인 가정을 바탕으로 신규사업 등에 대한 사업타당성 분석에서 최적의 투자대안을 선택할 수 있습니다.

[모듈 2] 재무추정
- 재무제표의 구성과 개별 항목에 대한 기초적인 지식만 있으면 누구나 손쉽게 과거 재무제표를 이용하여 미래의 재무제표를 추정할 수 있습니다.

[모듈 3] 기업가치평가
- M1 투자안분석 모듈 또는 M2 재무추정 모듈에 의해 추정된 결과를 바탕으로 현금흐름할인방식을 적용하여 편리하게 기업의 가치를 평가할 수 있습니다.

[모듈 4] 기술가치평가
- M1 투자안분석 모듈 또는 M2 재무추정 모듈에 의해 추정된 결과를 이용하여 사업가치를 평가하고, 기술기여도를 적용하여 무형자산인 기술의 가치를 도출합니다.

나) M1 투자안분석 모듈, M2 재무추정 모듈, M3 기업가치평가 모듈, M4 기술가치평가 모듈을 분리하여 서비스함으로써 사용자의 사용목적과 용도에 따른 빠른 접속과 결과 확인이 가능하도록 하였습니다.

다) 데이터 입력과 결과 확인의 간단한 프로세스로 구성되어 누구나 이해하기 쉽게 만들었습니다.

라) 분석결과물은 Excel 형태로도 다운로드가 가능하도록 하였습니다.

2) 초급사용자, 실무자 및 전문가 모두를 위한 분석모형 제공

가) 기본형, 상세형, 맞춤형의 3가지 유형으로 세분화된 4개의 모듈(총 12가지 이상의 방식)은 초급사용자를 위한 기본분석부터 컨설팅수준의 맞춤분석까지 제공합니다.

나) 기본형은 기본가정을 바탕으로 웹기반의 분석모형을 제공하고, 상세형은 기본형에 덧붙여 별도 제공되는 상세추정 엑셀 템플릿을 이용한 전문가수준의 분석모형이며, 맞춤형 분석은 실전 프로젝트의 분석요구에 적합하게 설계되어 컨설팅형태로 제공됩니다.

3) 정교한 엑셀 템플릿의 제공

가) ValueSearch™의 상세형에서는 엑셀 템플릿을 이용하여 보다 정확하고 객관적인 추정을 하게 됩니다.

나) 이러한 추정작업을 위해 다음과 같은 템플릿이 제공됩니다.

모 듈	엑셀 템플릿
M1 투자안분석	매출액 상세추정 sheet 설비투자 및 감가상각 상세추정 sheet 무형자산 투자 및 상각 상세추정 sheet 매출원가 및 판관비 상세추정 sheet 순운전자본 상세추정 sheet
M2 재무추정	재무상태표 추정 sheet 손익계산서 추정 sheet 현금흐름표 추정 sheet 차입금 및 이자비용 상세추정 sheet 증자 및 배당금 상세추정 sheet
M3 기업가치평가	가중평균자본비용 상세추정 sheet 영구가치 추정 sheet 일괄할인 및 일괄할증 checklist 시장접근법 case template 자산접근법 case template
M4 기술가치평가	기술성, 권리성, 시장성, 사업성 checklist 기술내용연수 추정 sheet 잔존가치 추정 sheet 기술기여도 계산 sheet

4) 그래픽을 이용한 분석결과 제공

가) 다양한 chart와 그래프를 이용하여 결과에 대한 입체적 분석이 가능하도록 하였습니다.

나) 사용자가 직접 chart와 그래프의 항목을 선택하여 결과물을 바로 실무에서 이용할 수 있도록 하였습니다.

나. 서비스 이용방법

1) 회원제 서비스

가) ValueSearch™의 기능은 정회원 및 특별회원에 한해서만 지원됩니다.

- 정회원: 회원가입기간 동안 ValueSearch™가 제공하는 모든 서비스를 이용할 수 있습니다.
- 특별회원: (주)비전밸류컨설팅의 자체 교육과정을 수강하시게 되면 교육기간 동안 ValueSearch™를 이용할 수 있습니다.
- 준회원: 무료 가입회원으로서 (주)비전밸류컨설팅이 홈페이지를 통해 제공하는

일부 정보를 이용할 수 있습니다.

나) 서비스요금은 (주)비전밸류컨설팅의 규정에 따릅니다.

다) 회원 가입절차

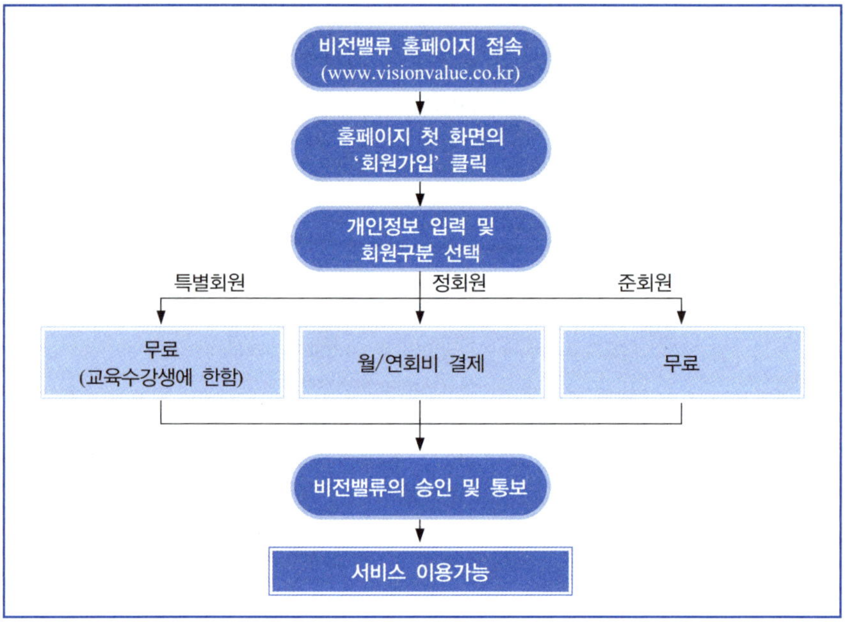

2) 웹 접속방법

가) 인터넷 브라우저를 열고 (주)비전밸류컨설팅 홈페이지(www.visionvalue. co.kr)로 접속합니다.

나) ID와 비밀번호를 입력하여 로그인합니다.

다) 상단의 배너에서 'ValueSearch™' 아래의 'ValueSearch™ 바로가기'를 클릭하여 ValueSearch™의 초기화면(프로젝트관리)으로 이동합니다.

3) 멘토링 서비스

비전밸류의 정회원으로 가입하면 ValueSearch™의 이용과 함께 web-based interactive 방식에 의한 개별적인 Mentoring 서비스를 일정기간 이용할 수 있습니다. 뿐만 아니라 회원토론실을 이용하여 다른 회원의 다양한 의견 및 조언을 청취할 수도 있습니다.

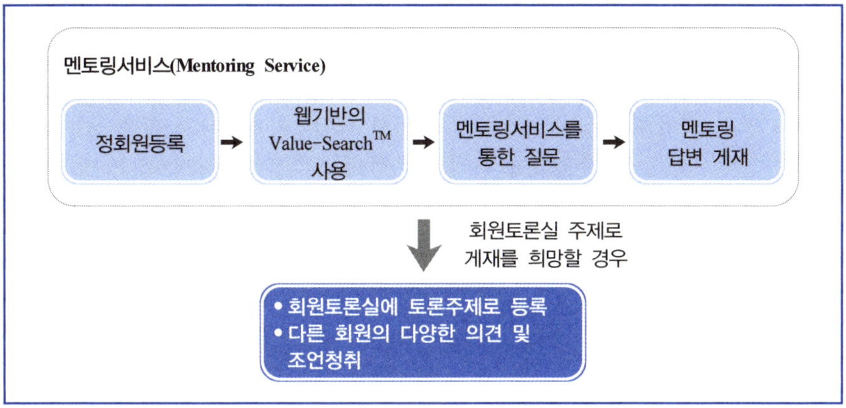

접속에 문제가 있을 경우
먼저 인터넷 옵션 창에서 [개인정보] 탭을 선택합니다.
[고급]을 클릭해서 자동쿠키처리 덮어쓰기와 모든 세션에서 쿠키허용을 활성화합니다.

3. 분석의 절차

가. M1 투자안분석절차

1) 투자안에 대한 미래 현금흐름의 추정은 사업계획을 통한 미래 매출수익과 비용에 대한 가정에서 출발합니다.
2) 투자안분석은 기본정보 입력, 중간결과 확인 및 수정, 최종결과 출력 등의 3단계로 재무추정보다 매우 간단한 단계를 따릅니다.

구분	내 용	해당 화면
1단계	• 투자안분석 기본정보 입력 • 추정을 위한 가정치 입력	M1 기본조건
2단계	• 추정 현금흐름 중간결과 출력 • 수정이 필요한 항목은 결과치 직접 수정	M1 중간결과
3단계	• 추정 현금흐름 및 경제성 분석지표 최종결과 출력 • 그래프출력, 민감도분석, Excel파일 출력	M1 최종결과

나. M2 재무추정절차

1) 미래 재무제표의 추정은 과거 재무실적에 대한 분석에서 출발합니다.
2) 과거 재무실적 분석에서 기업의 영업활동과 재무상황을 설명할 수 있는 주요 동인들을 추출하여 미래 재무제표의 추정에 적용합니다.
3) 단순히 과거 자료를 연장시키는 것이 아니라 거시경제 추정지표나 정보를 활용해 추정의 신뢰도와 정밀도를 향상시킵니다.
4) 재무제표의 추정은 다음의 각 단계를 통하여 진행됩니다.

구분	내 용	해당 화면
1단계	• 재무추정 기본정보 입력 • 과거 재무제표 입력 • 추정을 위한 가정치 입력	M2 기본조건
2단계	• 추정 재무상태표 및 손익계산서 중간결과 출력 • 수정이 필요한 항목은 결과치 직접 수정	M2 중간결과
3단계	• 추정 재무상태표, 손익계산서, 현금흐름표 및 재무비율분석 최종결과 출력 • 그래프출력, 민감도분석, Excel파일 출력	M2 최종결과

다. M3 기업가치평가의 절차

1) ValueSearch™의 기업가치평가 모듈은 투자안분석 또는 재무추정 모듈과 함께 진행되어 계속기업을 전제로 한 기업가치를 평가합니다. 최종적으로 주식의 주당가치를 제시합니다.
2) 기업가치평가 수행절차

구분	내 용	해당 화면
1단계	• M1 혹은 M2를 활용하여 현금흐름 추정	M1 혹은 M2 해당 화면
2단계	• 기업가치평가 기본정보 입력 • 가치평가를 위한 추가적인 가정치 입력	M3 기본조건
3단계	• 추정 현금흐름 최종결과 출력(M2 활용 시 해당) • 기업가치평가 최종결과 추력 • 그래프출력, 민감도분석, Excel파일 출력	M3 최종결과

라. M4 기술가치평가의 절차

1) ValueSearch™ 기술가치평가 모듈은 무형자산인 기술의 가치를 소득접근법의 관점에서 평가합니다.
2) 기술을 보유한 기업의 가치를 바탕으로 기술기여도를 반영하여 기술의 가치를 산정합니다.
3) 기술가치평가 수행절차

구분	내 용	해당 화면
1단계	• M1 혹은 M2를 활용하여 현금흐름 추정	M1 혹은 M2 해당 화면
2단계	• 기술가치평가 기본정보 입력 • 가치평가를 위한 추가적인 가정치 입력	M4 기본조건
3단계	• 추정 현금흐름 최종결과 출력(M2 활용 시 해당) • 기술가치평가 최종결과 출력 • 그래프출력, 민감도분석, Excel파일 출력	M4 최종결과

제2편 ValueSearch™ 시작하기

1. 사전 자료준비

- ValueSearch™를 시작하기 전 사용자는 다음의 자료들에 대한 사전준비를 하도록 권장합니다. 잘 준비된 자료들은 결과의 신뢰성을 향상시킬 수 있으며, 사전 자료준비는 합리적인 가정을 설정하는 데 많은 도움이 됩니다.
- 아래 사전 자료준비로 제시된 항목은 권장사항일 뿐 필수항목은 아닙니다.

가. 공통자료

1) 경제 일반

가) 국내경제의 현황 및 전망보고서(공공 및 민간 경제연구소의 보고서 등)
나) 거시경제지표에 대한 통계자료
다) 공신력 있는 기관의 경기예측지표 검토

2) 해당 산업

가) 분석대상 사업, 기업 또는 기술이 속한 산업군의 특성
나) 최근 해당 산업의 추세
- 산업의 라이프사이클 현황
- 산업의 국내외 경쟁력 현황
- 참여기업 경쟁상황
- 산업평균 기업경영지표나 재무비율 검토 비교

다) 해당 산업의 향후 전망

나. 모듈별 자료

1) M1 투자안분석 모듈

가) 해당 투자안에 대한 사업계획서
나) 투자안의 수익성을 평가하기 위한 시장성, 기술성, 경제성, 위험요인 등에 대한 자료

2) M2 재무추정 모듈

가) 해당 기업의 과거 재무제표(과거 5개년 재무제표 준비 권장)
나) 사업계획서(매출계획 및 시설투자계획 등) 등 각종 관련자료
- 기업안내서, 홈페이지, 경영진 현황, 조직 및 인력구성 등
- 영업 및 구매현황 자료, 재고자산 및 비유동자산 현황 등

다) 인터넷 등에 공개된 기업정보 자료
라) 해당 기업의 현장방문 보고서 또는 경영진 인터뷰 자료

3) M3 기업가치평가 모듈

가) M1 또는 M2를 통한 추정 현금흐름표
나) 표준산업분류표에 의한 산업별 분석자료
다) 회사의 CEO, 내외부 관련 전문가들과의 인터뷰자료
라) 해당 기업의 산업 및 업종 분석자료
마) 해당 기업의 수익창출력 분석자료
- 마케팅 및 영업전략, 시장 및 관련 법적 규제현황 등 매출실현능력 분석
- 고정비와 변동비 구조파악

4) M4 기술가치평가 모듈

가) M1 또는 M2를 통한 추정 현금흐름표
나) 과학기술분류체계에 따른 기술분석 자료
- 해당 기술이 속한 기술군의 수명주기 검토
- 보완기술 현황 검토

다) 회사의 CTO, 내외부 관련 전문가들과의 인터뷰 자료
라) 경제신문, 학술지 등 해당 기술관련 외부평가 자료

2. ValueSearch^{TM}의 시작(공통부분)

가. 화면구성

1) (주)비전밸류컨설팅 홈페이지

ValueSearch^{TM}의 접속은 (주)비전밸류컨설팅 홈페이지를 통하여 이루어집니다. 로그인 후 홈페이지에서 상단 배너의 'ValueSearch^{TM}' 아래에 있는 'Value Search^{TM} 바로가기'를 클릭하면 ValueSearch^{TM} 화면으로 연결됩니다.

2) ValueSearch™ 소개

ValueSearch™ 소개화면에서는 ValueSearch™ 전체 및 각 모듈별 플로우차트 등을 통하여 ValueSearch™의 서비스 개요를 확인하실 수 있습니다. 개별 모듈 등에 대한 세부내용은 하단의 버튼을 클릭하면 나타납니다.

3) 프로젝트 관리

'ValueSearch™ 바로가기' 버튼을 클릭하시면 앞에서와 같은 화면이 나타나며 여기서는 이전에 작성하였던 프로젝트의 목록을 확인하실 수 있습니다.

나. 프로그램의 구동

프로그램의 구동을 위하여 사전에 웹 브라우저의 옵션 메뉴에서 다음 사항을 점검하여야 합니다.

- 보안 설정
  도구-인터넷 옵션 → 개인정보 보안수준을 '보통'으로 설정하십시오.
- 팝업 설정
  ValueSearch™에서의 팝업 설정을 '항상 허용'으로 하십시오.

[Active X 콘트롤]
먼저 인터넷 옵션 창에서 [보안] 탭을 선택합니다.
[보안수준설정]을 클릭해서 허가된 Active X 콘트롤의 실행을 허용합니다.

제3편 모듈별 분석

1. 프로젝트 정보입력(M1~M4 공통)

가) 프로젝트관리 화면의 우측 중간에 위치한 '프로젝트 작성' 버튼을 누르면 다음과 같은 화면이 나타납니다.

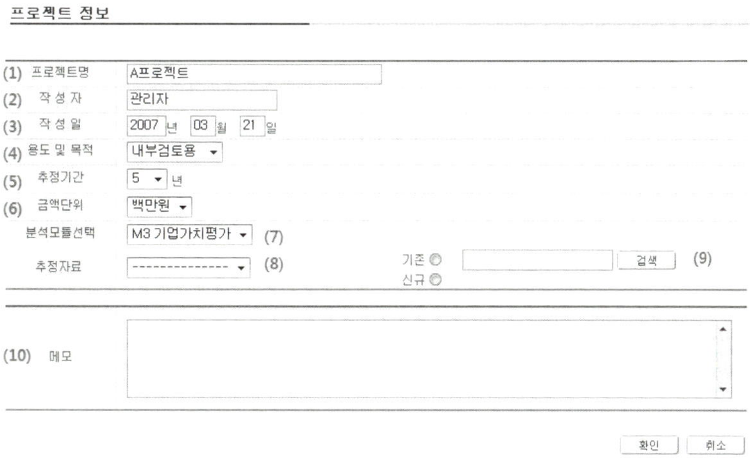

나) 각 입력창을 아래 내용을 참조하여 입력합니다.

- 프로젝트명 : 수행하고자 하는 업무의 특징을 잘 나타내는 이름을 기록합니다. ⇨ (1)
- 작성자 : ① default로 회원의 이름을 표시, ② 상이한 경우 직접 입력합니다. ⇨ (2)
- 작성일 : 00년 00월 00일의 형태로 ① default로 접속일이 표시, ② 상이한 경우 직접 입력합니다. ⇨ (3)
- 용도 및 목적 : 외부제출용, 내부검토용, 교육용, 기타로 구분된 용도 및 목적 중 하나를 선택합니다. ⇨ (4)
- 추정기간 : 1년에서 10년까지 분석기간을 선택합니다. ⇨ (5)
- 금액단위 : 백만 원과 십억 원의 단위 중 선택합니다. ⇨ (6)
- 모듈선택
  - M1 투자안분석, M2 재무추정, M3 기업가치평가, M4 기술가치평가 중 하나의 모듈을 선택합니다. ⇨ (7)

- M3 기업가치평가와 M4 기술가치평가를 선택하면 추정자료 선택부분이 활성화되면서 M1 투자안분석 또는 M2 재무추정 중 하나를 선택합니다. ⇨ (8)
- 선택한 추정자료 모듈에서 기존 프로젝트를 선택하거나 신규작성을 선택합니다. ⇨ (9)

• 메모 : 해당 프로젝트의 업무특징과 내용을 기록합니다. ⇨ (10)

다) 프로젝트 정보를 입력하고 '확인'버튼을 누르면 선택한 모듈의 기본조건 설정 화면으로 이동합니다.

2. M1 투자안분석 모듈

가. 기본조건설정

1) 개 요

가) M1 기본조건설정 화면은 아래와 같습니다.

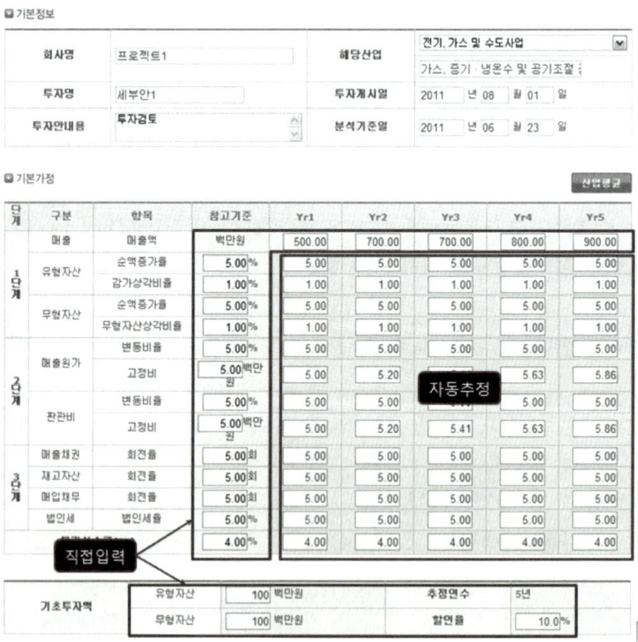

나) 화면구성

• 투자명과 투자 개시일, 투자안의 내용 등을 설정합니다. ⇨ (1)

- 기본가정 : 투자안분석의 기본가정 설정단계는 3단계로 재무제표 추정의 각 단계를 축약한 형태로 매출액의 추정으로부터 시작합니다. ⇨ (2)
- 참고기준치 : 사용자가 각 항목별로 참고하고자 하는 기준값을 설정하고 '계산'을 누르면, 입력칸에 default값이 자동으로 입력합니다. ⇨ (3) 단, 감가상각비율과 무형자산상각비율은 내용연수로부터 자동계산됩니다.
- 기초투자액, 내용연수, 할인율 등의 기초자료를 입력합니다. ⇨ (4)

2) 기본정보 입력

기본정보

투자명 (1)		투자개시일 (2)	년 월 일
투자안 내용 (3)		분석기준일 (4)	2007 년 03 월 21 일

가) 투자명 : 투자안의 이름을 입력합니다. ⇨ (1)
나) 투자개시일 : 00년 00월 00일의 형태로 입력합니다. ⇨ (2)
다) 투자안내용 : 투자안의 내용과 분석이유 등을 입력합니다. ⇨ (3)
라) 분석기준일 : 00년 00월 00일의 형태로 입력합니다. ⇨ (4)

3) 기본가정 입력

가) 공통사항

- 위 그림에 나타난 바와 같이 적색 테두리 부분은 사용자가 직접 입력해야 하는 부분이며, 청색 테두리 부분은 적색 테두리 값을 바탕으로 일괄 추정 입력되는 부분입니다.
- 청색 테두리 부분 일괄 입력 후 특정 연도의 값을 직접 수정할 수 있습니다.

나) 매출, 유형자산, 무형자산

기본가정

단계	구분	항목	참고기준	Yr1	Yr2	Yr3	Yr4	Yr5
	(1) 매 출	매 출 액	백만원	0.0	0.0	0.0	0.0	0.0
단계	(2) 유형자산	순 액 증 가 율	0.0%	0.0	0.0	0.0	0.0	U.U
		감 가 상각비율	0.0%	0.0	0.0	0.0	0.0	0.0
	(3) 무형자산	순 액 증 가 율	0.0%	0.0	0.0	0.0	0.0	0.0
		무형자산상각비율	0.0%	0.0	0.0	0.0	0.0	0.0

- 매출액 ⇨ (1)
  - 매출액의 추정은 별도의 사업계획에 따라 추정된 금액을 이용합니다.
- 유형자산 ⇨ (2)
  - 유형자산의 1차년도 예상 순액증가율을 입력합니다. 여기서 순액이라 함은 기

초투자금액에 자본적 지출을 가산한 후 이에 대한 감가상각누계액을 차감한 금액을 의미합니다.

- 감가상각비율은 내용연수로부터 자동계산된 순액 대비 비율이 되어 나타납니다.

• 무형자산 ⇨ (3)

- 무형자산의 1차년도 예상 순액증가율을 입력합니다. 여기서 순액이라 함은 기초투자금액에 자본적 지출을 가산한 후 이에 대한 감가상각누계액을 차감한 금액을 의미합니다.
- 무형자산 상각비율은 내용연수로부터 자동계산된 순액 대비 비율이 되어 나타납니다.

다) 매출원가, 판관비

2단계	(1) 매출원가	변동비율	20.0 %	20.0	20.0	20.0	20.0	20.0
		고정비	100.0 백만원	100.0	102.5	105.1	107.7	110.4
	(2) 판관비	변동비율	20.0 %	20.0	20.0	20.0	20.0	20.0
		고정비	150.0 백만원	150.0	153.8	157.6	161.5	165.6

• 매출원가 ⇨ (1)

- 청색 셀에 매출액 대비 변동비율을 입력합니다.
- 청색 셀에 고정비의 금액을 입력합니다.
- 참고기준 셀에 입력되는 값은 1차년도의 고정비 금액이며, 이후 연도에는 물가상승률에 따라 자동추정된 값이 제공됩니다.

• 판관비 ⇨ (2)

- 청색 셀에 매출액 대비 변동비율을 입력합니다.
- 청색 셀에 고정비의 금액을 입력합니다.

  참고기준 셀에 입력되는 값은 1차년도의 고정비 금액이며, 이후 연도에는 물가상승률에 따라 자동추정된 값이 제공됩니다.

라) 매출채권, 재고자산, 매입채무, 법인세

3단계	(1) 매출채권	회전율	5.0 회	5.0	5.0	5.0	5.0	5.0
	(2) 재고자산	회전율	10.0 회	10.0	10.0	10.0	10.0	10.0
	(3) 매입채무	회전율	3.0 회	3.0	3.0	3.0	3.0	3.0
	(4) 법인세	법인세율	30.0 %	30.0	30.0	30.0	30.0	30.0

• 매출채권 ⇨ (1)

- 매출채권의 매출액 대비 회전율을 청색 셀에 입력합니다.
- 회전율은 '회'로 표시됩니다(예, 매출채권액이 100만 원이고, 매출액이 1,000만 원이면 회전율은 10회)

• 재고자산 ⇨ (2)

- 재고자산의 매출액 대비 회전율을 청색 셀에 입력합니다.
- 회전율은 '회'로 표시됩니다.

• 매입채무 ⇨ (3)
- 매입채무의 매출액 대비 회전율을 청색 셀에 입력합니다.
- 회전율은 '회'로 표시됩니다.

• 법인세 ⇨ (4)
- 영업이익 대비 법인세율을 청색 셀에 입력합니다.

마) 물가상승률 입력

년도	Yr1	Yr2	Yr3	Yr4	Yr5
물가상승률 (%)	2.5	2.5	2.5	2.5	2.5

• 물가상승률은 사용자가 직접 입력합니다. 물가상승률에 관한 참고자료는 '정보광장'의 '전문자료실'의 자료를 참조하시기 바랍니다(초기값은 0으로 주어집니다).

바) 기초투자액 및 내용연수/추정연수/할인율

(1) 기초투자액	유형자산	300 백만원
	무형자산	50 백만원
(2) 내용연수	유형자산	5 년
	무형자산	20 년

(3)	추정연수	5 년
(4)	할인율	15.0 %

계산 이전 다음

• 기초투자액 및 내용연수 ⇨ (1), (2)
- 투자안에 대한 초기 투자비를 설정합니다.
- 초기 투자비는 유형자산과 무형자산으로 구분합니다.
- 유형자산과 무형자산의 내용연수를 설정합니다.

• 추정연수 ⇨ (3)
- 투자안에 대한 분석 추정연수를 확인합니다. 추정연수는 프로젝트 정보설정에서 결정된 값을 사용합니다.

• 할인율 ⇨ (4)
- 투자안의 시장성, 기술성, 수익성, 위험요소 등을 고려한 할인율을 설정합니다. 기본형 분석에서는 기존에 산정된 할인율을 사용합니다.
- 상세형 분석에서는 별도의 할인율 산정 템플릿을 활용하여 할인율을 결정합니다.

사) 일괄 입력값의 수정

• 청색 셀에 값을 입력한 후 '계산'버튼을 누르면 연도별 추정값이 황색 셀에 나타납니다.

- 특정 연도의 추정값은 사용자가 직접 수정하실 수 있습니다.
- 모든 입력 및 수정이 완료되면 '다음'버튼을 누릅니다.

[주의] 만약 작성하고 있는 프로젝트가 이전에 저장한 파일을 불러와서 수정하고 있는 경우에는 다음과 같은 pop-up 화면이 나타나게 됩니다. 이때 아래 두 가지의 선택사항 중 해당 사항을 바르게 선택하여야 다음 화면인 중간결과에서 원하는 값이 적용되므로 주의하시기 바랍니다.

- 현재의 기본가정치를 새롭게 적용 ⇨ 이전 작업의 중간결과 화면에서 조정한 적이 있는 개별 셀의 값은 무시하고 현재의 기본가정치가 다시 새롭게 적용됩니다.
- 이전 작업의 중간결과를 그대로 적용 ⇨ 현재 화면의 기본가정치는 무시하고 이전 작업에서 개별 셀을 조정한 값이 그대로 유지되면서 다음의 중간결과 화면이 나타납니다.

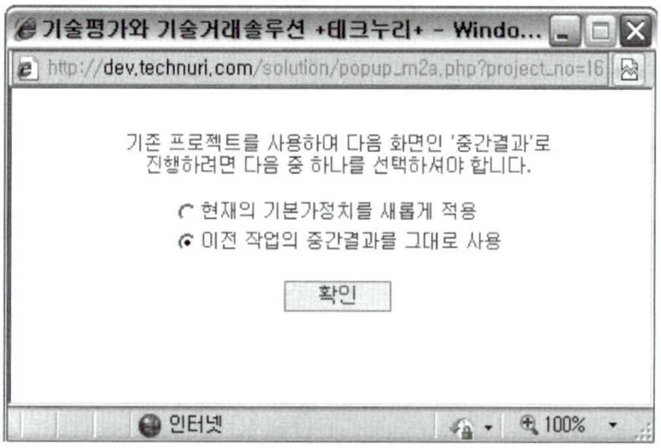

나. 중간결과 검토

1) 개 요

- 기본조건 설정화면에서 모든 값을 입력하고 '다음'버튼을 누르면 아래와 같은 중간결과 화면이 나타납니다.

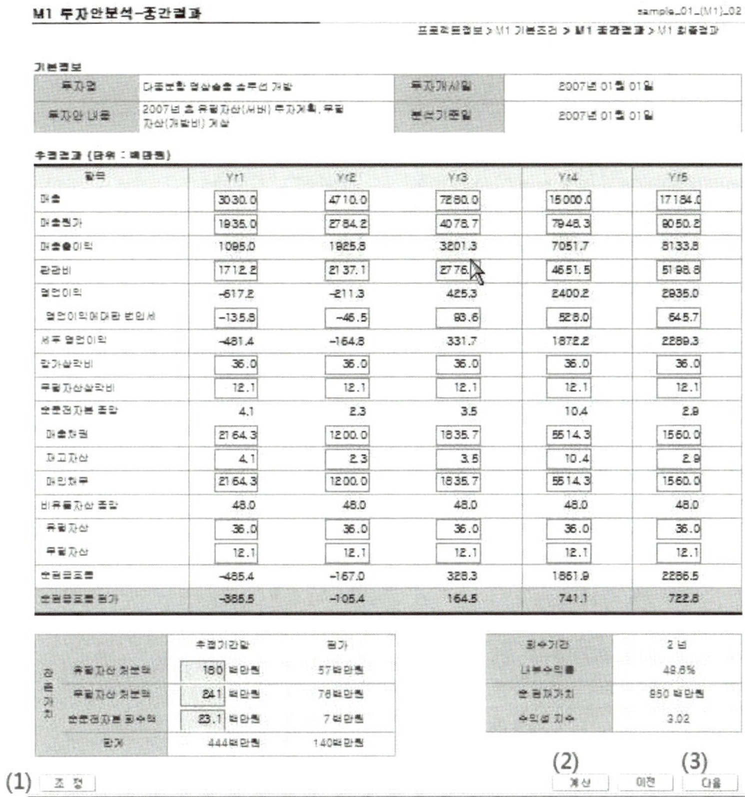

2) 검토 및 수정

- 기본조건설정단계에서 입력한 값에 의해 자동추정된 결과 값을 검토합니다.
- 보다 현실성 있는 추정을 위해 직접 값을 입력할 수 있으며 이 경우 활성화된 입력창에 원하는 값을 입력합니다.
- 잔존가치부문을 수정할 경우에는 값을 기입하고 '조정'버튼을 누릅니다. ⇨ (1)
- 모든 입력을 마친 후 '계산'버튼을 누르고, 다시 '다음'버튼을 눌러 다음 단계로 진행합니다. ⇨ (2), (3)

다. 최종결과의 확인

1) 개 요

- 최종결과는 아래 화면과 같이 나타납니다.

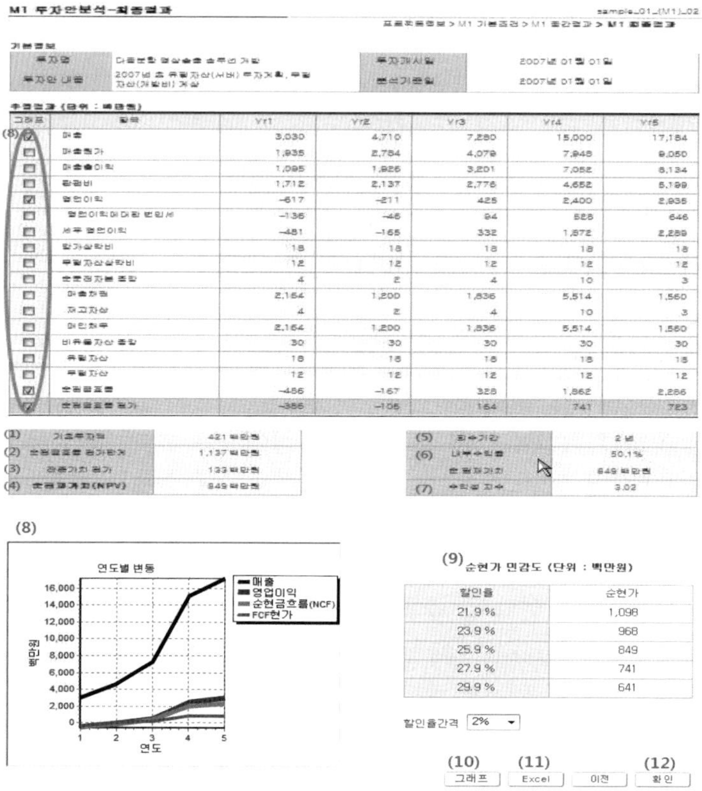

- 화면구성
  - 추정결과 : 매출 등 각 계정과목별 추정결과를 확인하실 수 있습니다.
  - 기초투자액 : 투자안에 대한 초기 투자비를 표시합니다. 유형자산과 무형자산을 모두 포함합니다. ⇨ (1)
  - 순현금흐름의 현가 : 기본가정에서 입력된 값을 이용하여 산정된 순현금흐름의 현재가치의 합계입니다. ⇨ (2)
  - 잔존가치 현가 : 투자안 마지막 해의 잔존가치를 현가화한 값입니다. ⇨ (3)
  - 순현재가치(NPV) : 순현금흐름 현가합계와 잔존가치 현가의 합에서 기초투자액을 차감한 값입니다. ⇨ (4)
  - 회수기간(Payback Period) : 투자비용이 회수되는 기간입니다. ⇨ (5)
  - 내부수익률(IRR) : 투자비용과 순현금흐름의 현가가 같아지는 경우에 사용된 할인율입니다. ⇨ (6)
  - 수익성 지수 (PI) : 투자비 대비 순현금흐름 현가 합계의 비율입니다. ⇨ (7)
  - 그래프 : 투자안분석 현금흐름표 각 항목별로 그래프 작성 체크박스를 이용하

여 원하는 항목에 대한 꺾은선 그래프를 작성할 수 있습니다. ⇨ (8) (해당 박스에 체크 후 아래의 '그래프'버튼을 누르시면 이를 확인하실 수 있습니다. ⇨ (10))

- 순현가 민감도 테이블: 사용자가 지정한 할인율 간격에 따라 순현가 민감도 테이블이 작성됩니다. ⇨ (9)

2) 검토 및 종료

- 결과를 확인 후, 기본조건설정 화면으로 돌아가 분석을 다시 수행하거나, 직접 입력값을 수정하여 재계산할 수도 있습니다.
- 본 결과를 엑셀파일로 저장하고자 할 경우에는 아래의 'Excel'버튼을 누르시고 파일을 다운로드하십시오. ⇨ (11)
- 모든 검토가 끝난 후 '확인'버튼을 누르시면 프로젝트가 저장되며 추후 다시 열람 및 수정하실 수 있습니다. ⇨ (12)

3. M2 재무추정 모듈

가. 기본조건설정

1) 개 요

- 앞서 설명한 바와 같이 프로젝트정보 입력을 마친 후에는 기본조건 설정화면으로 이동합니다.
- 기본조건 설정단계에서는 기본정보 및 과거 재무제표, 기본가정 자료를 입력합니다.

2) 기본정보 입력

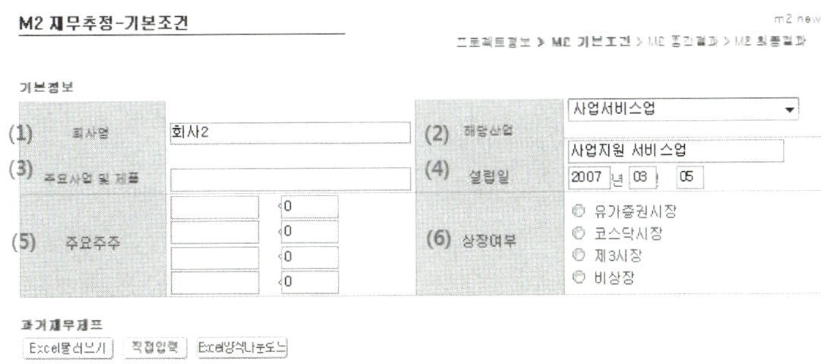

• 아래의 사항을 참고하여 각 입력창에 자료를 입력합니다.
  - 회사명 : 분석대상 기업의 이름을 입력합니다. ⇨ (1)
  - 해당 산업 : 업종 및 1차 분류를 선택합니다. ⇨ (2)
  - 주요 사업 및 제품구성 : 내용을 입력합니다. ⇨ (3)
  - 설립일 : 00년 00월 00일의 형태로 입력합니다. ⇨ (4)
  - 주요 주주 : 주요 주주와 지분율(%)을 설정합니다. ⇨ (5)
  - 상장 여부 : 유가증권시장, 코스닥시장, 제3시장, 비상장으로 구분하여 해당 기업의 상장 여부를 선택합니다. ⇨ (6)

3) 과거 재무제표 입력

가) 추정의 기본 데이터가 되는 과거 재무제표를 입력합니다.

나 엑셀 파일로 작업 후 불러오기 기능을 사용하거나, 웹 화면에서 직접입력을 실행합니다.

• 직접입력방식 ⇨ (1)
  - 과거 재무실적을 웹에서 직접 입력하고 '다음'버튼을 누릅니다. ⇨ (2)
  - '다음'버튼을 누르면 기본조건설정 화면으로 이동하고, 기본가정 입력에 과거 기준값이 입력됩니다. ⇨ (3)

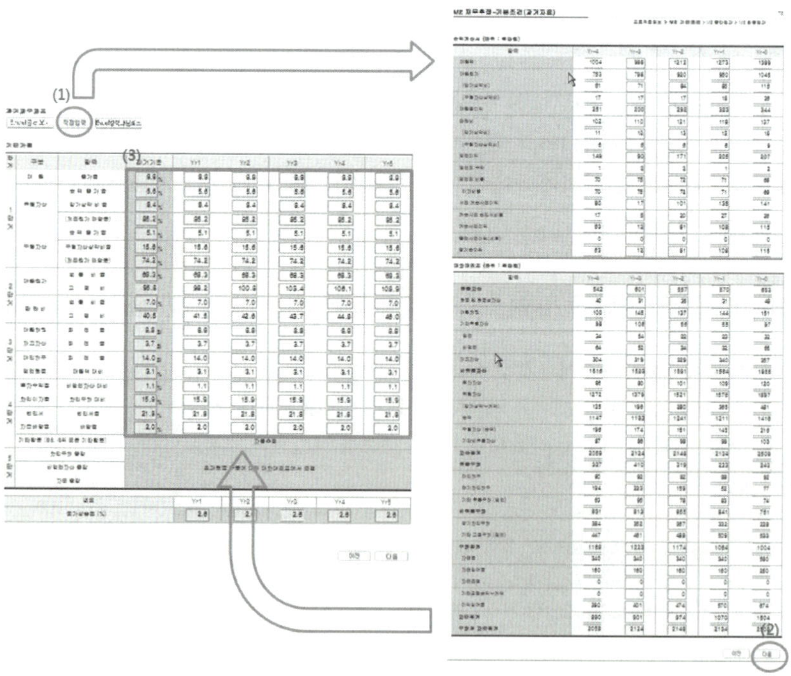

• 엑셀 파일 업로드방식

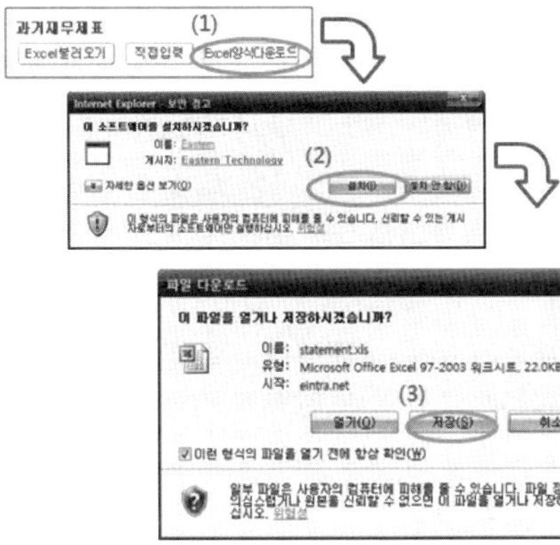

- 업로드를 위한 양식을 'Excel 양식 다운로드'버튼을 클릭하여 다운로드 합니다. ⇨ (1)
- 이때 ActiveX 프로그램 설치 여부를 묻는 메시지 창이 나타나면 '설치'버튼을 눌러 설치합니다. ⇨ (2)
- 파일 다운로드 창에서 '저장'버튼을 클릭하고 파일을 저장하십시오.
- 다운로드한 양식을 이용하여 과거 재무실적을 입력합니다.

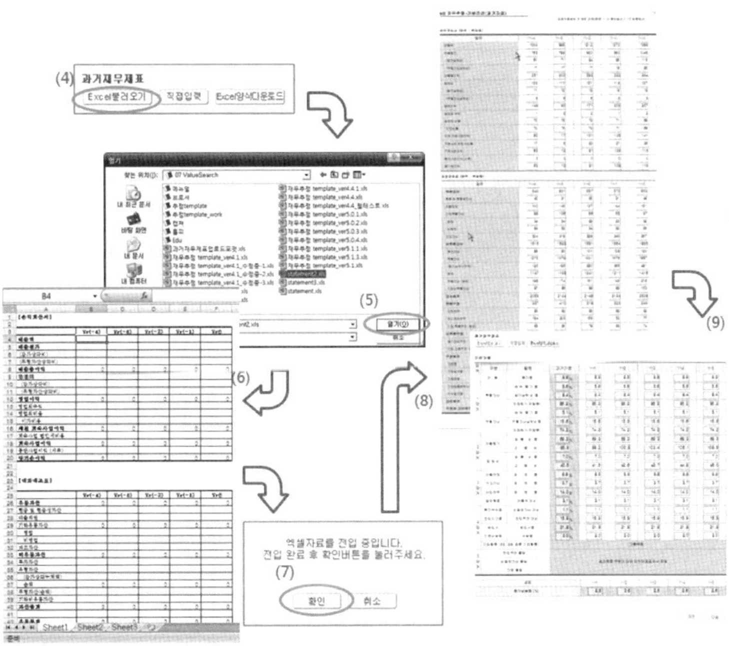

- 'Excel 불러오기'버튼을 클릭하고 작성한 엑셀 파일을 선택하여 업로드합니다. ⇨ (4)
- 작성하신 파일을 찾아 '열기'버튼을 누릅니다. ⇨ (5)
- 선택한 엑셀파일이 열리고 동시에 ValueSearch™ 화면에는 "엑셀자료 전입 중입니다. 전입완료 후 확인버튼을 눌러주세요"라는 메시지가 나오는데 이때 '확인'버튼을 누릅니다. ⇨ (6), (7)
- 엑셀에 입력한 자료는 앞서 설명한 직접입력 창에 입력됩니다. ⇨ (8)
- '다음'버튼을 누르면 기본조건 설정단계로 되돌아갑니다. 이때 과거 자료 기준으로 계산되어 입력된 값을 확인하실 수 있습니다.

4) 기본가정 입력

가) 공통사항

- 과거재무제표가 입력되면 재무추정 모듈의 자체 로직(logic)에 의해 산정된 defalut 값이 '과거기준' 열에 일괄입력 됩니다.
- 청색 셀은 과거재무자료로부터 자동 계산되는 부분이며 황색 셀은 이를 바탕으로 자동 추정되는 부분입니다.
- 이러한 default값은 우측상단의 '산업평균' 버턴을 누르면 나타나는 통계자료를 활용하거나 사용자의 판단에 따라 별도 추정치로 수정할 수 있습니다.

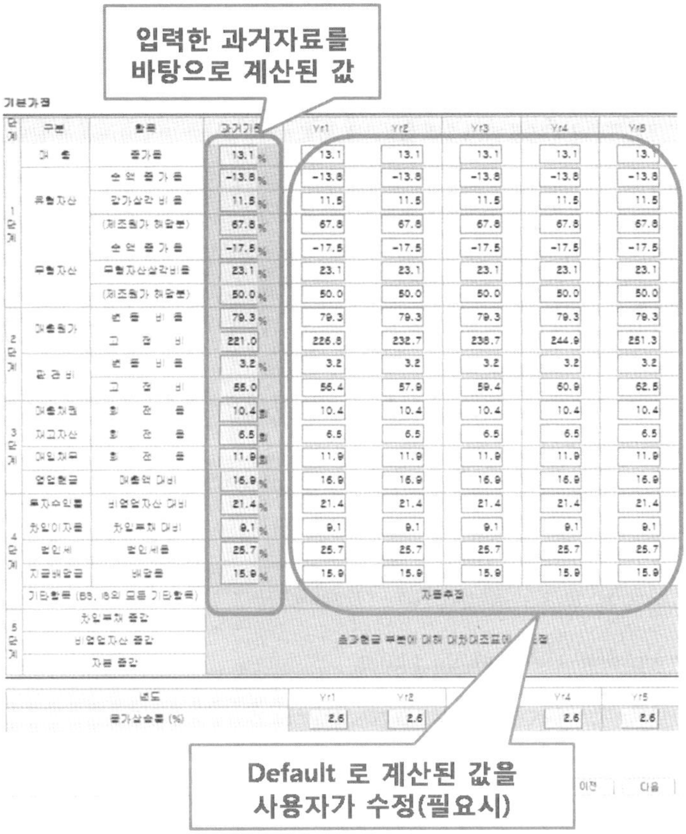

나) 매출 및 유/무형자산 데이터

단계	구분	항목	과거기준	Yr1	Yr2	Yr3	Yr4	Yr5
1단계	매 출	(1) 증가율	11.3%	11.3	11.3	11.3	11.3	11.3
	유형자산	(2) 순 액 증 가 율	-2.2%	-2.2	-2.2	-2.2	-2.2	-2.2
		(3) 감가상각 비 율	6.8%	6.8	6.8	6.8	6.8	6.8
		(4)(제조원가 해당분)	67.7%	67.7	67.7	67.7	67.7	67.7
	무형자산	(5) 순 액 증 가 율	5.7%	5.7	5.7	5.7	5.7	5.7
		(6) 무형자산상각비율	22.4%	22.4	22.4	22.4	22.4	22.4
		(7)(제조원가 해당분)	0.0%	0.0	0.0	0.0	0.0	0.0

• 매출액

- 매출액의 추정은 매출액 증가율을 바탕으로 자동 추정됩니다. ⇨ (1)
  매출액 증가율에 의한 추정방법은 과거 매출액의 증가율을 참고로 하여 추정년도 직전 매출액에 예상증가율을 곱하여 매출액을 계산합니다.

• 유형자산

- 유형자산의 순액증가율이 계산되어 나타납니다. ⇨ (2)

과거 평균 순액증가율을 참고하여 default로 증가율이 주어집니다.

- 감가상각비율에는 감가상각비의 순액 대비 비율이 계산되어 나타납니다. ⇨ (3)
  과거 순액 대비 비율의 평균을 이용하는 방법이 사용됩니다.
- 제조원가 해당분의 비율이 표시됩니다. ⇨ (4)
  감가상각비를 제조원가와 판관비로 배분하기 위해 과거 제조원가 해당분 비율의 평균이 default로 주어집니다.

• 무형자산

- 무형자산의 증가율이 계산되어 나타납니다. ⇨ (5)
  과거 평균 순액 증가율을 이용하는 방법이 사용됩니다.
- 무형자산 상각비율에는 무형자산상각비의 순액 대비 비율이 표시됩니다. ⇨ (6)
  과거 순액 대비 비율의 평균을 이용하는 방법이 사용됩니다.
- 제조원가 해당분의 비율이 표시됩니다. ⇨ (7)
  무형자산 상각비를 제조원가와 판관비로 배분하기 위해 과거 제조원가 해당분 비율의 평균이 이용됩니다.

다) 매출원가 및 판관비 데이터

2단계	매출원가	(1) 변동비율	79.3%	79.3	79.3	79.3	79.3	79.3
		(2) 고정비	221.0	226.8	232.7	238.7	244.9	251.3
	판관비	(3) 변동비율	3.2%	3.2	3.2	3.2	3.2	3.2
		(4) 고정비	55.0	56.4	57.9	59.4	60.9	62.5

• 매출원가

- 변동비의 비율이 표시됩니다. ⇨ (1)
  과거 매출액과 매출원가의 회귀분석을 통하여 계산된 기울기가 매출액 대비 매출원가 변동비 비율의 default 값으로 주어집니다.
- 고정비의 금액이 표시됩니다. ⇨ (2)
  과거 매출액과 매출원가의 회귀분석을 통하여 도출된 과거 변동비율을 직전 연도의 매출원가에 적용하여 그 차액을 1차년도 매출원가 고정비로 한 후, 주어진 물가상승률에 따라 자동 추정된 금액이 default 값으로 제공됩니다.

• 판관비

- 변동비의 비율이 표시됩니다. ⇨ (3)
  과거 매출액과 판관비의 회귀분석을 통하여 기울기가 매출액 대비 판관비 변동비 비율의 default 값으로 주어집니다.
- 고정비의 금액을 입력합니다. ⇨ (4)
  과거 매출액과 판관비의 회귀분석을 통하여 도출된 과거 변동비율을 직전 연

도의 판관비에 적용하여 그 차액을 1차년도 판관비 고정비로 한 후, 주어진 물가상승률에 따라 자동 추정된 금액이 default 값으로 제공됩니다.

라) 운전자본 및 재고자산 데이터

(1) 매출채권	회 전 율	7.8	회	7.8	7.8	7.8	7.8	7.8
(2) 재고자산	회 전 율	7.1	회	7.1	7.1	7.1	7.1	7.1
(3) 매입채무	회 전 율	22.3	회	22.3	22.3	22.3	22.3	22.3
(4) 영업현금	매출액 대비	0.3	%	0.3	0.3	0.3	0.3	0.3

- 매출채권 ⇨ (1)
  - 매출채권의 추정은 매출액과 대비한 과거의 매출채권 회전율 평균을 입력하는 방법이 사용됩니다.
    매출채권 회전율의 역수에 매출액을 곱하여 추정 매출채권액이 계산됩니다.
- 재고자산 ⇨ (2)
  - 재고자산의 추정은 매출액과 대비한 과거의 재고자산 회전율 평균을 입력하는 방법이 사용됩니다.
    재고자산 회전율의 역수에 매출액을 곱하여 추정 재고자산액이 계산됩니다.
- 매입채무 ⇨ (3)
  - 매입채무의 추정은 매출액과 대비한 과거의 매입채무 회전율 평균을 입력하는 방법을 사용합니다.
    매입채무 회전율의 역수에 매출액을 곱하여 추정 매입채무액이 계산됩니다.
- 영업현금 ⇨ (4)
  - 영업현금의 추정은 과거 매출액 대비 영업현금 비율평균을 사용하는 방법이 default로 주어집니다.

마) 차입부채, 비영업 투자자산, 법인세, 지급배당금 등 기타 항목 데이터

(1) 비영업수익률	비영업자산 대비	103.00	%	103.00	103.00	103.00	103.00	103.00
(2) 차입이자율	차입부채 대비	0.00	%	0.00	0.00	0.00	0.00	0.00
(3) 법인세율	세전이익 대비	0.00	%	0.00	0.00	0.00	0.00	0.00
(4) 배당율	자본금 대비	97.95	%	97.95	97.95	97.95	97.96	97.95
(5) 기타항목 (FP, IS의 모든 기타 항목)		자동추정						

- 비영업수익률 ⇨ (1)
  - 과거 자료로부터 계산된 비영업수익률을 통해 비영업수익을 추정하게 됩니다.
    Default 값으로는 과거 비영업수익률 평균이 주어집니다.
- 차입이자율 ⇨ (2)
  - 과거 자료로부터 계산된 차입이자율을 이용하여 이자비용을 추정합니다. Default 값으로는 과거 차입이자율 평균이 주어집니다.

- 법인세 ⇨ (3)
  - 과거 자료로부터 계산된 법인세율을 통해 법인세를 추정합니다. Default 값으로는 과거 세전 이익 대비 법인세율 평균이 주어집니다.
- 지급배당금 ⇨ (4)
  - 과거 자료로부터 계산된 배당률을 이용하여 지급배당금을 추정합니다. Default 값으로는 과거 배당률 평균이 주어집니다.
- 기타 항목 ⇨ (5)
  - 자체 알고리즘에 의해 손익계산서와 재무상태표의 기타 항목들에 대한 자동 추정이 실행됩니다.

바) 물가상승률

년도	Yr1	Yr2	Yr3	Yr4	Yr5
물가상승률 (%)	2.6	2.6	2.6	2.6	2.6

이전 다음

- 물가상승률은 사용자가 직접 입력합니다. 물가상승률에 관한 참고자료는 '정보광장'의 '전문자료실'의 자료를 참조하시기 바랍니다(초기값은 0으로 주어집니다).

사) 자동추정값의 수정

- 황색 셀에 나타난 특정 연도 추정값은 보다 현실에 맞게 사용자가 직접 수정하실 수 있습니다.
- 모든 입력 및 수정이 완료되면 '다음'버튼을 누릅니다.

[주의] 만약 작성하고 있는 프로젝트가 이전에 저장한 파일을 불러와서 수정하고 있는 경우에는 다음과 같은 pop-up 화면이 나타나게 됩니다. 이때 아래 두 가지의 선택사항 중 해당사항을 바르게 선택하여야 다음 화면인 중간결과에서 원하는 값이 적용되므로 주의하시기 바랍니다.

- 현재의 기본가정치를 새롭게 적용 ⇨ 이전 작업의 중간결과 화면에서 조정한 적이 있는 개별 셀의 값은 무시하고 현재의 기본가정치가 다시 새롭게 적용됩니다.
- 이전 작업의 중간결과를 그대로 적용 ⇨ 현재 화면의 기본가정치는 무시하고 이전 작업에서 개별 셀을 조정한 값이 그대로 유지되면서 다음의 중간결과 화면이 나타납니다.

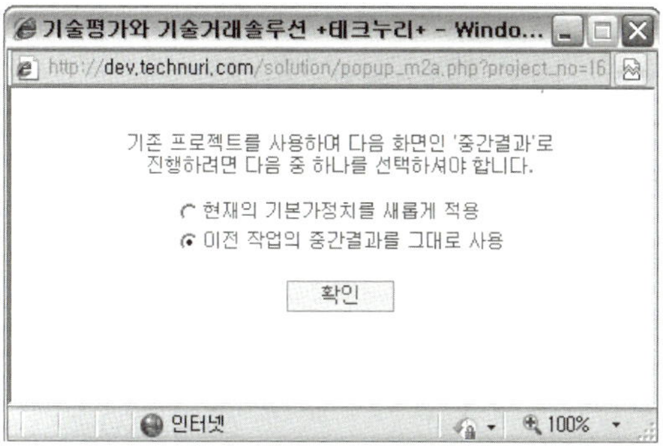

나. 중간결과 검토

1) 개 요

- 기본조건설정 화면에서 모든 값을 입력하고 '다음'버튼을 누르면 중간결과 단계로 진행합니다.
- 자체 알고리즘에 의해 추정 손익계산서와 추정 재무상태표가 1차 완성됩니다.
- 녹색 셀은 과거 자료 입력값이며 황색 셀은 추정된 자료입니다. 황색 셀 부분 중 활성화된 입력창은 사용자가 직접 값을 수정입력할 수 있습니다.
- 또한 본 단계에서 재무상태표상의 초과현금에 대한 배분작업을 수행하게 됩니다.

2) 추정 손익계산서 및 추정 재무상태표

- 기본조건 설정에 따라 추정 손익계산서의 각 항목들이 추정됩니다.
- 추정 재무상태표에서는 초과현금 항목을 통해 대차균형이 이루어집니다.
- 추정된 값을 직접 입력한 값으로 수정하여 재계산할 수도 있습니다.
- 추정 손익계산서 및 재무상태표 수정
  - 설정된 기본조건에 의해 추정된 손익계산서와 재무상태표 화면입니다.
  - 추정결과를 검토한 후 기본조건 설정화면으로 되돌아가서 다시 추정을 하거나, 수정화면에서 직접입력을 통하여 수정한 후 재계산을 수행할 수도 있습니다.

M2 재무추정-중간결과

sample_02_(M2)

프로젝트정보 > M2 기본조건 > **M2 중간결과** > M2 최종결과

손익계산서 (단위 : 십억원)

항목	Yr-4	Yr-3	Yr-2	Yr-1	Yr-0	Yr1	Yr2	Yr3	Yr4	Yr5
매출액	1736.0	2058.0	2086.0	2479.0	2630.0	2927.2	3258.0	3626.1	4035.9	4491.9
매출원가	1136.0	1292.0	1317.0	1677.0	1735.0	1947.3	2182.6	2444.8	2737.1	3062.8
(감가상각비)	31.0	31.0	31.0	33.0	33.0	29.0	28.3	27.7	27.1	26.5
(무형자산상각비)	0.0	0.0	0.0	0.0	0.0	0.0	0.0	0.0	0.0	0.0
매출총이익	600.0	766.0	769.0	802.0	895.0	979.9	1075.4	1181.3	1298.8	1429.1
판관비	423.0	557.0	605.0	657.0	702.0	785.8	878.6	981.9	1097.0	1225.2
(감가상각비)	15.0	14.0	14.0	16.0	17.0	13.8	13.5	13.2	12.9	12.6
(무형자산상각비)	18.0	16.0	15.0	14.0	12.0	18.7	19.8	20.9	22.1	23.3
영업이익	177.0	209.0	164.0	145.0	193.0	194.1	196.8	199.4	201.8	203.9
영업외 수익	32.0	36.0	46.0	49.0	68.0	91.2	103.7	114.0	124.0	133.6
영업외 비용	127.0	93.0	112.0	63.0	60.0	83.2	148.4	166.0	186.4	209.9
이자비용	60.0	38.0	32.0	23.0	15.0	28.1	50.1	56.1	63.0	70.9
세전 계속사업이익	82.0	152.0	98.0	131.0	201.0	202.1	152.1	147.4	139.4	127.5
계속사업 법인세비용	23.0	42.0	23.0	39.0	49.0	53.9	40.6	39.3	37.2	34.0
계속사업이익	59.0	110.0	75.0	92.0	152.0	148.2	111.6	108.1	102.3	93.5
중단사업이익(세후)	0.0	0.0	0.0	0.0	0.0	0.0	0.0	0.0	0.0	0.0
당기순이익	59.0	110.0	75.0	92.0	152.0	148.2	111.6	108.1	102.3	93.5

대차대조표 (단위 : 십억원)

항목	Yr-4	Yr-3	Yr-2	Yr-1	Yr-0	Yr1	Yr2	Yr3	Yr4	Yr5
유동자산	674.0	656.0	651.0	685.0	778.0	1145.9	1280.4	1418.9	1561.0	1706.8
현금 및 현금성자산	8.0	13.0	5.0	1.0	5.0	124.7	146.7	166.7	183.1	195.8
영업현금	0.0	0.0	0.0	0.0	0.0	8.8	9.8	10.9	12.1	13.5
초과현금	0.0	0.0	0.0	[illegible]	[illegible]	[illegible]	[illegible]	[illegible]	[illegible]	[illegible]

3) 초과현금의 조정

> "초과현금의 조정은 ValueSearch™의 강력한 추정을 가능하게 하는 핵심기능 중 하나입니다."

- '초과현금'이란 각 추정년도의 현금에서 적정 영업현금을 차감한 금액을 의미합니다.
- 자동추정에 의한 결과에서 초과현금이 과대 또는 과소할 경우 사용자가 직접 조정이 가능하도록 합니다.
- 추정 재무상태표에서의 직접 입력작업 또는 자동조정 입력창에 비율을 입력하여 초과현금을 조정합니다.

[1단계] 자동조정

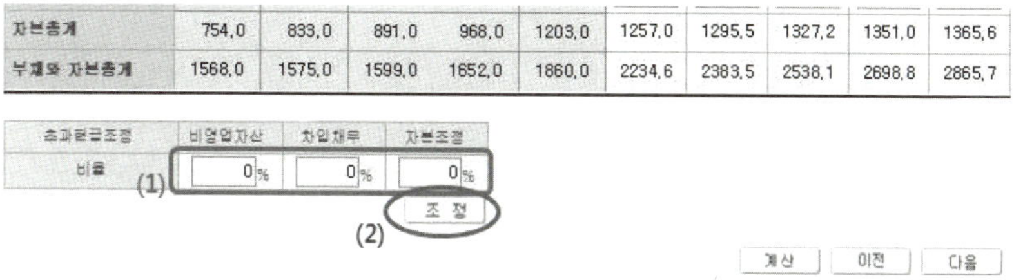

- 초과현금 항목에 배분은 각 추정 연도별로 직접 입력할 수 있으며, 하단의 자동조정 기능창을 통해 비율을 부여함으로써 일괄 배분할 수 있습니다.
- 초과현금은 비영업자산의 매입, 차입채무의 상환, 자본조정 항목으로 분산시킴으로써 영업현금의 수준에 근접하도록 합니다.
- 이때 배분할 금액은 조정창에 백분율을 입력함으로써 정하게 됩니다. ⇨ (1)
- 비영업자산, 차입채무 및 자본조정의 세항목은 각각 다음과 같은 형태로 조정됩니다. 이때 이들 세 항목에 대하여 부여한 백분율의 합은 -100%~100%의 범위를 벗어나서는 안 됩니다.

입력치	투자자산	차입채무	자본조정
양의 백분율 값	취득	상환	감자
음의 백분율 값	처분	차입	증자

[주의] 위 표의 내용은 조정전의 초과현금이 플러스인 경우에 해당됨. 따라서 마이너스 초과현금(현금부족)일 경우에는 위와는 정반대로 조정됨.

- 각 백분율을 입력한 후 그 아래에 있는 '조정' 버튼을 클릭합니다. ⇨ (2)

[2단계] 개별조정

항목	Yr-4	Yr-3	Yr-2	Yr-1	Yr-0	Yr1	Yr2	Yr3	Yr4	Yr5
유동자산	674,0	656,0	651,0	685,0	778,0	1176,7	1293,5	1412,4	1533,3	1656,1
현금 및 현금성자산	8,0	13,0	5,0	1,0	5,0	313,6	332,9	343,2	343,3	331,6
영업현금	0,0	0,0	0,0	0,0	0,0	8,8	9,8	10,9	12,1	13,5
초과현금	0,0	0,0	0,0	0,0	0,0	304,8	323,1	332,3	331,2	318,2
매출채권	357,0	287,0	282,0	281,0	318,0	375,3	417,7	464,9	517,4	575,9
기타유동자산	67,0	46,0	40,0	41,0	86,0	75,5	84,1	93,6	104,2	115,9
영업	63,0	43,0	38,0	37,0	83,0	71,2	79,2	88,2	98,1	109,2
비영업	4,0	3,0	2,0	4,0	[illegible]	4,4	4,9	5,4	6,0	6,7
조정사항	0,0	0,0	0,0	0,0	0,0	0,0	0,0	0,0	0,0	0,0
재고자산	242,0	310,0	324,0	362,0	369,0	412,3	458,9	510,7	568,4	632,7
비유동자산	893,0	919,0	948,0	967,0	1082,0	987,9	1020,0	1055,7	1095,5	1139,6
투자자산	126,0	143,0	181,0	214,0	360,0	264,1	293,9	327,1	364,1	405,2
유형자산	1051,0	1070,0	1099,0	1115,0	1151,0	1178,2	1184,1	1190,0	1196,0	1201,9
(감가상각누계액)	349,0	351,0	395,0	427,0	437,0	460,6	462,9	465,3	467,6	469,9
순액	702,0	719,0	704,0	688,0	714,0	717,6	721,2	724,8	728,4	732,0
[illegible]	65,0	57,0	63,0	[illegible]						
[illegible]					[illegible]	[illegible]	[illegible]	[illegible]	[illegible]	[illegible]
매입채무	84,0	98,0	97,0	103,0	159,0	131,3	146,1	162,6	181,0	201,4
단기차입채무	101,0	95,0	200,0	182,0	[illegible]	168,7	187,8	209,0	232,6	258,9
조정사항	0,0	0,0	0,0	0,0	0,0	0,0	0,0	0,0	0,0	0,0
기타 유동부채(영업)	290,0	355,0	250,0	214,0	276,0	379,5	422,4	470,1	523,2	582,3
비유동부채	339,0	194,0	161,0	185,0	182,0	298,1	331,8	369,3	411,0	457,5
장기차입부채	154,0	85,0	9,0	0,0	0,0	78,3	87,1	97,0	107,9	120,1
기타 고정부채(영업)	185,0	109,0	152,0	185,0	182,0	219,8	244,7	272,3	303,1	337,3
부채총계	814,0	742,0	708,0	684,0	657,0	977,6	1088,0	1211,0	1347,8	1500,1
자본금	250,0	250,0	250,0	250,0	250,0	250,0	250,0	250,0	250,0	250,0
자본잉여금	431,0	431,0	431,0	431,0	431,0	431,0	431,0	431,0	431,0	431,0
자본조정	-18,0	-16,0	-15,0	-13,0	[illegible]	-11,0	-11,0	-11,0	-11,0	-11,0
조정사항	0,0	0,0	0,0	0,0	0,0	0,0	0,0	0,0	0,0	0,0
기타포괄손익누계액	-75,0	-80,0	-71,0	-57,0	55,0	0,0	0,0	0,0	0,0	0,0
이익잉여금	166,0	248,0	296,0	357,0	478,0	576,0	614,5	646,2	670,0	684,6
자본총계	754,0	833,0	891,0	968,0	1203,0	1257,0	1295,5	1327,2	1351,0	1365,6
부채와 자본총계	1568,0	1575,0	1599,0	1652,0	1860,0	2234,6	2383,5	2538,1	2698,8	2865,7

- [1단계] 자동조정 입력창을 통한 조정을 거쳤으나 개별 계정과목이 원하는 추정 값으로 생성되지 않은 경우에는, 위와 같이 추정 재무상태표의 해당계정 셀에 개별적으로 금액을 직접 입력하여 조정할 수 있습니다.
- 개별 셀에 원하는 금액을 입력한 후 하단 계산 버턴을 누르면 가치평가솔루션은 내부 Logic에 따라 상호 연결된 계정과목의 조정을 통해 일괄적으로 재무상태표를 재조정하게 됩니다.
- 개별 조정은 위와 같이 재무상태표 항목을 통해 조정하는 것이 일반적이지만, 필요한 경우 손익계산서 항목을 조정하여 반영할 수도 있을 것입니다.

4) 수정사항의 반영

- 본 단계에서의 초과현금 및 추정손익계산서와 추정재무상태표에 대한 조정은 다음과 같이 원하는 결과를 얻을 때까지 Flow Chart에 나타난 순서대로 반복해서 수행할 수 있습니다.

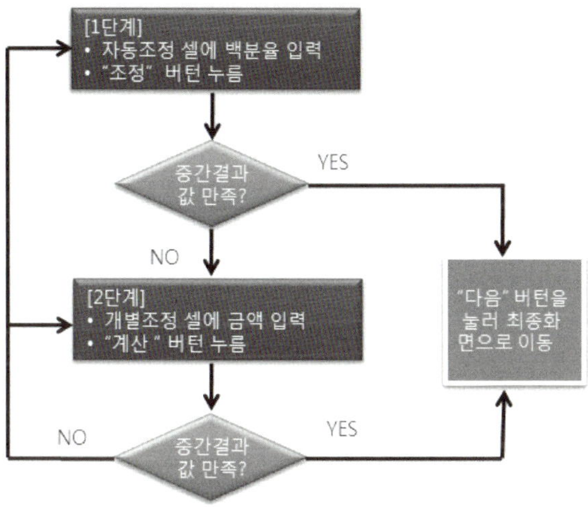

- 모든 조정이 끝나면 '다음' 버튼을 누르시면 최종결과 화면으로 진행합니다.

다. 최종결과의 확인

1) 개 요

- 최종결과단계에서는 추정 손익계산서, 추정 재무상태표, 추정 현금흐름표 및 비율분석 결과를 확인하실 수 있습니다.
- 또한 각 결과자료의 변화추이를 그래프를 통하여 보다 편리하게 분석하실 수 있습니다.

2) 추정 손익계산서

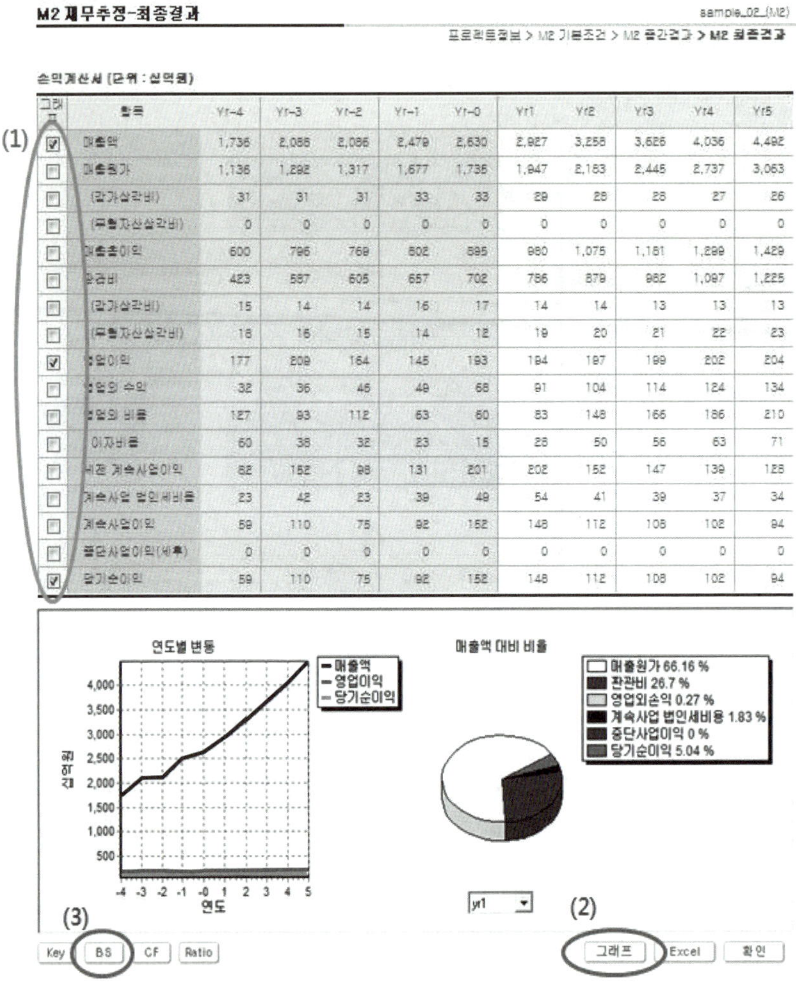
M2 재무추정-최종결과 sample_02_(M2)

프로젝트정보 > M2 기본조건 > M2 중간결과 > M2 최종결과

손익계산서 [단위 : 십억원]

그래프	항목	Yr-4	Yr-3	Yr-2	Yr-1	Yr-0	Yr1	Yr2	Yr3	Yr4	Yr5
☑	매출액	1,736	2,086	2,086	2,479	2,630	2,927	3,258	3,626	4,036	4,492
☐	매출원가	1,136	1,292	1,317	1,677	1,735	1,947	2,183	2,445	2,737	3,063
☐	(감가상각비)	31	31	31	33	33	29	28	28	27	26
☐	(무형자산상각비)	0	0	0	0	0	0	0	0	0	0
☐	매출총이익	600	796	769	802	895	980	1,075	1,181	1,299	1,429
☐	판관비	423	587	605	657	702	786	879	982	1,097	1,225
☐	(감가상각비)	15	14	14	16	17	14	14	13	13	13
☐	(무형자산상각비)	18	16	15	14	12	19	20	21	22	23
☑	영업이익	177	209	164	145	193	194	197	199	202	204
☐	영업외 수익	32	36	46	49	68	91	104	114	124	134
☐	영업외 비용	127	93	112	63	60	83	148	166	186	210
☐	이자비용	60	38	32	23	15	26	50	56	63	71
☐	세전 계속사업이익	82	152	98	131	201	202	152	147	139	128
☐	계속사업 법인세비용	23	42	23	39	49	54	41	39	37	34
☐	계속사업이익	59	110	75	92	152	148	112	108	102	94
☐	중단사업이익(세후)	0	0	0	0	0	0	0	0	0	0
☑	당기순이익	59	110	75	92	152	148	112	108	102	94

- 이전 단계인 중간결과 화면에서 수정한 사항이 추정결과에 이상 없이 반영되었는지 확인합니다.
- 각 항목별 그래프 작성 체크박스에 체크하고 아래의 그래프버튼을 누르시어 원하는 항목들의 연도별 변동상황을 그래프로 작성할 수 있습니다. ⇨ (1), (2)
- 각 연도별 매출액 대비 주요 항목의 구성비율을 그래프로 확인할 수 있습니다.
- 아래의 'FP', 'CF', 'Ratio' 버튼을 누르시어 다른 결과자료도 같은 방법으로 확인하실 수 있습니다. ⇨ (3)

3) 추정 재무상태표

M2 재무추정-최종결과 sample_02_(M2)

프로젝트정보 > M2 기본조건 > M2 중간결과 > **M2 최종결과**

대차대조표 (단위 : 십억원)

그래프	항목	Yr-4	Yr-3	Yr-2	Yr-1	Yr-0	Yr1	Yr2	Yr3	Yr4	Yr5
☐	**유동자산**	674	656	651	685	778	1,146	1,280	1,419	1,561	1,707
☑ (1)	현금 및 현금성자산	8	13	5	1	5	125	147	167	183	196
☐	영업현금	0	0	0	0	0	9	10	11	12	14
☐	초과현금	0	0	0	0	0	116	137	156	171	182
☐	매출채권	357	287	282	281	318	375	418	465	517	576
☐	기타유동자산	67	46	40	41	86	234	257	277	292	302
☐	영업	63	43	38	37	83	71	79	88	98	109
☐	비영업	4	3	2	4	3	162	178	188	194	193
☐	조정사항	0	0	0	0	0	158	173	183	188	186
☐	재고자산	242	310	324	362	369	412	459	511	568	633
☐	**비유동자산**	894	919	948	967	1,082	976	997	1,022	1,051	1,085
☑	투자자산	126	143	181	214	360	264	294	327	364	405
☐	유형자산	1,051	1,070	1,099	1,115	1,080	[illegible]	[illegible]	[illegible]	[illegible]	[illegible]
☐	이익잉여금	166	248	296	357	478	597	679	758	831	896
☐	**자본총계**	754	833	891	968	1,203	1,235	1,283	1,325	1,361	1,388
☐	**부채와 자본총계**	1,568	1,575	1,599	1,652	1,860	2,181	2,337	2,500	2,671	2,850

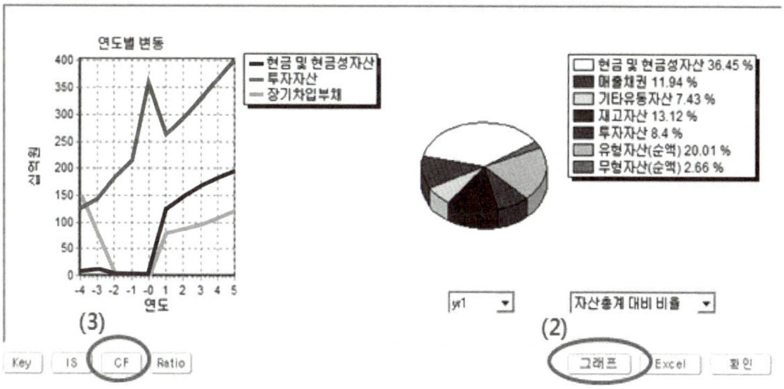

- 중간결과 검토단계에서 수정된 추정결과와 초과현금의 조정결과를 확인합니다.
- 각 항목별 그래프 작성 제크박스에 체크하고 아래의 그래프버튼을 누르시어 원하는 항목들의 연도별 변동상황을 그래프로 작성할 수 있습니다. ⇨ (1), (2)
- 각 연도별 자산총계 대비 구성비율 또는 부채 및 자본총계 대비 구성비율을 그래프로 확인할 수 있습니다.
- 아래의 'IS', 'CF', 'Ratio' 버튼을 누르시어 다른 결과자료도 같은 방법으로 확인하실 수 있습니다. ⇨ (3)

4) 추정 현금흐름표

M2 재무추정-최종결과 sample_02_(M2)

프로젝트정보 > M2 기본조건 > M2 중간결과 > **M2 최종결과**

현금흐름표(GAAP) (단위 : 십억원)

(1)

그래프	항목	Yr-3	Yr-2	Yr-1	Yr-0	Yr1	Yr2	Yr3	Yr4	Yr5
☑	**영업활동 현금흐름**	196	68	122	239	234	159	154	146	136
☑	당기순이익	110	75	92	152	148	112	108	102	94
☐	비현금항목조정	61	60	63	62	62	62	62	62	62
☐	감가상각비	45	45	49	50	43	42	41	40	39
☐	무형자산상각비	16	15	14	12	19	20	21	22	23
☐	순운전자본 증감	-101	110	66	-28	13	39	44	49	54
☐	매출채권	-70	-5	-1	37	57	42	47	52	58
☐	재고자산	68	14	38	7	43	47	52	58	64
☐	매입채무	14	-1	6	56	-28	15	16	18	20
☐	기타유동자산(영업)	-20	-5	-1	46	-12	8	9	10	11
☐	기타유동부채(영업)	65	-105	-36	62	104	43	48	53	59
☑	현금의 증감	8	-18	-20	-110	234	22	20	16	13
☐	**기초현금**	8	13	5	1	-109	125	147	167	183
☑	**기말현금**	16	-5	-15	-109	125	147	167	183	196

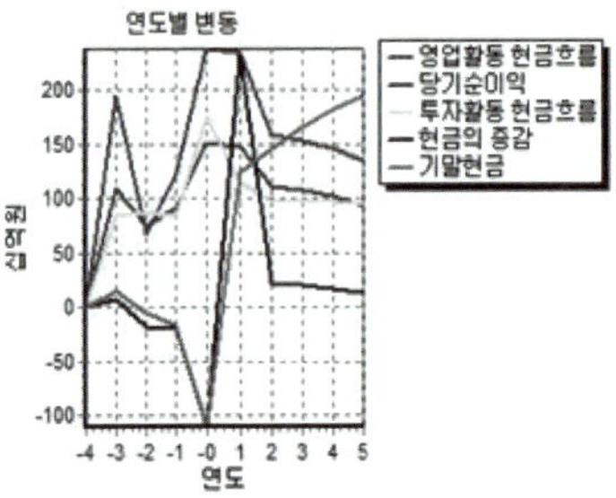

Key | IS | BS | Ratio (3)   (2) 그래프 | Excel | 확인

- 기본조건 설정과 배분비율에 따라 추정된 손익계산서와 재무상태표와의 상호작용을 통해서 추정 현금흐름표의 각 항목들이 결정됩니다.
- 각 항목별 그래프 작성 체크박스에 체크하고 아래의 그래프버튼을 누르시어 원하는 항목들의 연도별 변동상황을 그래프로 작성할 수 있습니다. ⇨ (1), (2)
- 아래의 'FP', 'IS', 'Ratio' 버튼을 누르시어 다른 결과자료도 같은 방법으로 확인하실 수 있습니다. ⇨ (3)

5) 비율분석

M2 재무추정-최종결과 sample_02_(M2)

프로젝트정보 > M2 기본조건 > M2 중간결과 > **M2 최종결과**

비율분석 (단위 : 십억원)

(1)

수익성(%)	Yr-3	Yr-2	Yr-1	Yr-0	Avg	Yr1	Yr2	Yr3	Yr4	Yr5	Avg	Diff
매출총이익률	38.1	36.9	32.4	34.0	35.4	33.5	33.0	32.6	32.2	31.8	32.6	-2.8
영업이익률	10.0	7.9	5.8	7.3	7.8	6.6	6.0	5.5	5.0	4.5	5.5	-2.3
세전이익률	7.3	4.7	5.3	7.6	6.2	6.9	4.7	4.1	3.5	2.8	4.4	-1.8
순이익률	5.3	3.6	3.7	5.8	4.6	5.1	3.4	3.0	2.5	2.1	3.2	-1.4
총자산 순이익률	7.0	4.7	5.7	8.7	6.5	7.4	5.1	4.6	4.0	3.5	4.9	-1.6
자기자본 순이익률	13.9	8.7	9.9	14.0	11.6	12.2	8.9	8.3	7.6	6.8	8.8	-2.8

성장성(%)	Yr-3	Yr-2	Yr-1	Yr-0	Avg	Yr1	Yr2	Yr3	Yr4	Yr5	Avg	Diff
매출액 증가율	20.3	-0.1	18.8	6.1	11.3	11.3	11.3	11.3	11.3	11.3	11.3	0.0
영업이익 증가율	18.1	-21.5	-11.6	33.1	4.5	0.6	1.4	1.3	1.2	1.0	1.1	-3.4
세전이익 증가율	85.4	-35.5	33.7	53.4	34.3	0.5	-24.7	-3.1	-5.4	-8.5	-8.2	-42.5
순이익 증가율	86.4	-31.8	22.7	65.2	35.6	-2.5	-24.7	-3.1	-5.4	-8.5	-8.8	-44.4
자산증가율	0.4	1.5	3.3	12.6	4.4	14.1	7.3	7.2	7.0	6.9	8.5	4.1

매출채권회전율	6.5	7.3	8.8	8.8	7.9	8.4	8.2	8.2	8.2	8.2	8.2	0.3
재고자산회전율	7.6	6.6	7.2	7.2	7.2	7.5	7.5	7.5	7.5	7.5	7.5	0.3
매입채무회전율	22.9	21.4	24.8	20.1	22.3	20.2	23.5	23.5	23.5	23.5	22.8	0.5

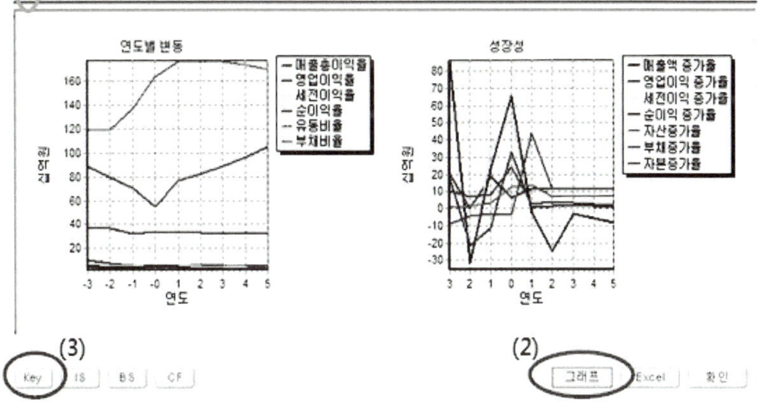

- 재무제표 추정작업을 통해 도출된 각종 재무비율들을 추출해내는 한편, 예측의 합리성 여부를 검증하는 단계입니다.
- 수익성, 성장성, 유동성, 안정성, 활동성에 대한 재무비율이 산정되어 표시됩니다. 과거 비율과 추정 비율의 비교분석 역시 가능합니다.
- 우측의 산업평균 버튼을 누르면 산업평균값을 그래프와 표로 보실 수 있습니다.
- 각 항목별 그래프 작성 체크박스에 체크하고 아래의 그래프버튼을 누르시어 원하는 항목들의 연도별 변동상황을 그래프로 작성할 수 있습니다. ⇨ (1), (2)
- 수익성, 성장성, 유동성, 안정성, 활동성 비율분석 그룹별로 비율들의 연도별 변

동상황을 그래프로 작성할 수 있습니다.

- 제공되는 재무비율

  수익성 비율 : 매출총이익률, 영업이익률, 세전이익률, 순이익률, 총자산순이익률, 자기자본순이익률

  성장성 비율 : 매출액증가율, 영업이익증가율, 세전이익증가율, 순이익증가율, 자산증가율, 부채증가율, 자본증가율

  유동성 비율 : 유동비율, 당좌비율, 현금비율

  안정성 비율 : 부채비율, 차입금 의존도, 이자보상비율, 자기자본비율, 비유동비율, 비유동장기적합률

  활동성 비율 : 총자산회전율, 비유동자산회전율, 매출채권회전율, 재고자산회전율, 매입채무회전율

6) 검토 및 종료

- 결과를 확인한 후, 기본조건설정 화면으로 돌아가 분석을 다시 수행하거나, 직접 입력값을 수정하여 재계산할 수도 있습니다.
- 본 결과를 엑셀파일로 저장하고자 할 경우에는 아래의 'Excel'버튼을 누르시고 파일을 다운로드하십시오.
- 모든 검토가 끝난 후 '확인'버튼을 누르시면 프로젝트가 저장되며 추후 다시 열람 및 수정하실 수 있습니다.

4. M3 기업가치평가 모듈

가. 들어가기 전에

- M3 기업가치평가 모듈은 현금흐름의 추정을 필요로 합니다.
- 따라서 본 모듈은 'M1 투자안분석' 또는 'M2 재무추정'의 추정모듈의 실행을 수반합니다. ⇨ (1)
- 이때 기존 M1 투자안분석 모듈 또는 M2 재무추정 모듈 결과를 사용하거나 신규로 M1 투자안분석 모듈 또는 M2 재무추정 모듈을 작성할 수 있습니다. ⇨ (2)

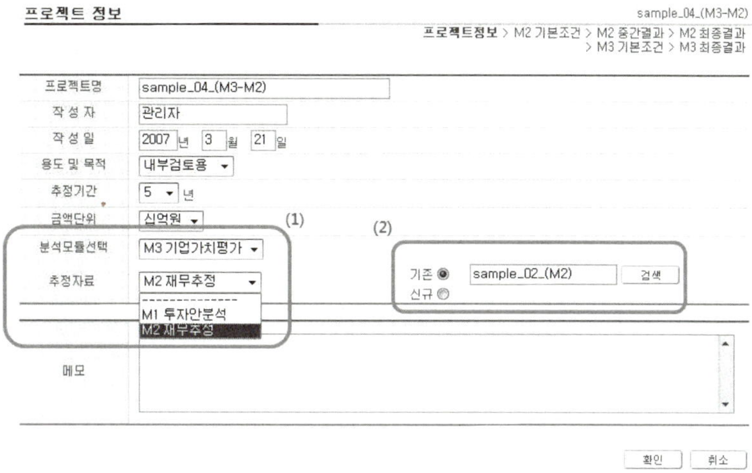

- 기존 M1이나 M2의 결과를 사용할 경우 바로 M3 기업가치평가 모듈의 기본조건 설정화면으로 이동합니다. 신규로 M1과 M2의 작성이 필요할 경우에는 M1 또는 M2로 이동하여 작업 후 M3 기업가치평가 모듈로 이동합니다.
- 이때 투자안분석에만 사용되는 M1 모듈과 기업가치 및 기술가치 평가를 위해 사용하는 M1 모듈에는 차이가 있습니다.
  - 투자안분석용 M1 모듈에는 '기초투자액'을 입력하는 반면, 기업 및 기술 가치 평가용 M1 모듈에는 '기초금액'을 입력하게 되어 있습니다. 전자는 분석대상 투자안과 직접관련되는 투자금액이지만, 후자는 평가대상 기업이나 기술과는 직접관련성이 없으며 추정을 위한 기초설정에 해당합니다.
  - 투자안분석용 M1 모듈은 기본조건 입력 시 할인율을 입력하나, 기업 및 기술 가치평가용 M1 모듈에서는 할인율을 입력하지 않으며 대신 M3 또는 M4모듈의 기본조건입력 시 WACC를 계산하여 입력하게 됩니다.
- 'M1 투자안분석' 또는 'M2 재무추정'에 관하여 앞서 설명한 내용과 중복되는 사항은 설명을 생략합니다.

나. 기본조건설정

1) 개 요

- 해당 기업에 대한 정보와 평가에 관한 기본조건 설정이 이루어지는 초기 화면입니다.

2) 기본정보 입력

- 분석대상 회사의 기본정보는 M2 재무추정 모듈을 거쳐서 올 경우에는 M2 재무추정 모듈의 기본정보 자료가 default로 주어지지만, M1 투자안분석 모듈을 거쳐서 올 경우에는 직접 입력하여야 합니다.
- 평가대상, 가치의 기준, 평가기준일 등의 기업가치평가를 위한 기본정보를 입력하고, 추정을 위해 사용한 자료의 내용을 확인합니다.

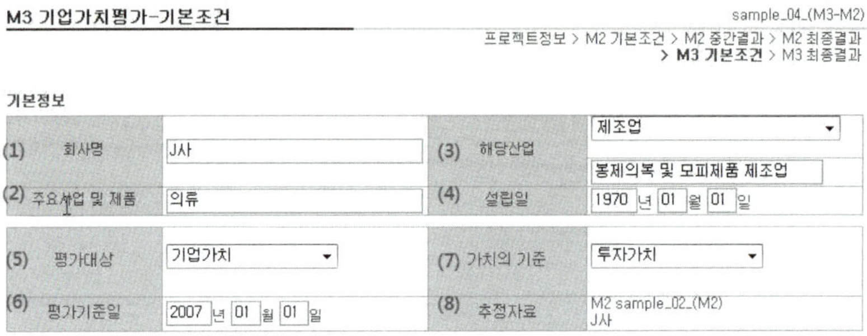

- 아래의 내용을 참고하여 입력합니다.
  - 회사명 : 분석대상 기업의 이름을 입력합니다(M2를 거칠 경우 default로 주어짐). ⇨ (1)
  - 주요 사업 및 제품구성 : 내용을 입력합니다(M2를 거칠 경우 default로 주어짐). ⇨ (2)
  - 해당 산업 : 업종 및 1차 분류를 선택합니다(M2를 거칠 경우 default로 주어짐). ⇨ (3)
  - 설립일 : 00년 00월 00일의 형태로 입력합니다(M2를 거칠 경우 default로 주어짐). ⇨ (4)
  - 평가대상 : 기업가치, 주식가치(보통주/우선주, 지분율), 기타(직접 입력)로 구분하여 평가대상을 선택합니다. ⇨ (5)
  - 평가기준일 : 00년 00월 00일의 형태로 입력합니다. ⇨ (6)
  - 가치의 기준 : 공정시장가치, 투자가치, 기타(직접 입력)로 구분하여 가치의 기준을 설정합니다. ⇨ (7)
  - 추정자료 : M3 기업가치평가를 위해 사용한 추정자료(M1 또는 M2의 결과자료)를 확인합니다. ⇨ (8)

3) 할인율

기업가치평가 모듈에서 할인율은 가중평균자본비용을 이용합니다. 가중평균자본비용의 구성항목별 계산(WACC 방식) 또는 직접입력의 두 가지 방식을 지원합니

다. WACC 방식을 선택하면 WACC 계산을 위한 개별 항목 입력창이 활성화됩니다. ⇨ (1)

기본가정

구분	항목	가정치	
할인율	(1) 가중평균자본비용	◎ WACC ◉ 직접입력	6.8 %
	(2) 타인자본비용		0.0 %
	(3) 세전 부채비용	0.0 %	
	(4) 법인세율	0.0 %	
	(5) 자기자본비용	◉ CAPM ◎ 직접입력	0.0 %
	(6) 무위험수익률	0.0 %	
	(7) 베타값	0	
	(8) 주식시장 위험프리미엄	0.0 %	
	(9) 개별 조정치	0.0 %	
	(10) 목표자본구조		0.0 %

- 타인자본비용 ⇨ (2)
  - 세전 부채비용 ⇨ (3)
    사용자는 현재의 이자율 수준, 기업의 채무불이행위험 등을 종합적으로 고려하여 타인자본비용을 결정해야 합니다.
  - 법인세율 ⇨ (4)
    재무추정 모듈에서 사용된 법인세율이 default로 제시됩니다. 사용자는 사전분석에 의해 입력값을 수정할 수 있습니다.
- 자기자본비용 ⇨ (5)
  - 기업가치평가 모듈에서 자기자본비용은 default로 CAPM에 의한 계산값을 이용합니다. 자기자본비용의 구성항목별 계산(CAPM 방식) 또는 직접 입력 두 가지 방식을 지원합니다. CAPM 버튼을 클릭하면 계산을 위한 개별 항목이 활성화됩니다.
  - 무위험수익률 ⇨ (6)
    위험이 없는 자산에 투자했을 경우 투자자가 얻을 수 있는 수익률을 입력합니다. '정보광장'의 '전문자료실'에 있는 관련 자료를 참조하십시오.
  - 베타값 ⇨ (7)
  - 베타추정 시 유사한 기업들의 베타를 대용치로 사용할 수 있습니다.
  - 주식시장 위험프리미엄 ⇨ (8)
    사용자가 직접 입력합니다. '정보광장'의 '전문자료실'에 있는 관련 자료를 참조하십시오.
  - 개별 조정치 ⇨ (9)
    산업별, 업종별, 회사별로 추가로 반영하여야 할 위험에 대한 개별 조정치(알파값)를 입력합니다.
- 목표자본구조 ⇨ (10)

- 사용자는 향후 기업의 목표 레버리지 비율을 고려하여 default 값을 변경하여 입력할 수 있습니다.

4) 기타 주요 항목

기타주요항목	(1)	영구성장률	1.5	%	
	(2)	주식수	50000000	주	
	(3)	일괄할증	0.0	%	
	(4)	일괄할인	0.0	%	
		비영업자산	363.0	십억원	
		부채가치	40.0	십억원	

M2 이전 다음

- 영구성장률 ⇨ (1)
  - 계속기업의 전제에 따라 현금흐름 예측기간 이후에 발생한 가치를 구하는 데 사용됩니다.
  - 해당 기업이 무한대의 기간까지 평균적으로 성장할 수 있는 일정한 성장률의 기대치입니다.
- 주식수 ⇨ (2)
  - 주당 가치산정을 위한 주식의 수를 입력합니다.
- 일괄할증/할인 ⇨ (3), (4)
  - 해당 기업에 존재하는 특정한 유형의 위험수준을 고려하여 이를 가치평가액에 일괄적으로 추가반영하는 비율입니다.
  - 대표적인 예로는 소수지분할인(지배지분할증)과 시장성할인이 있습니다.

다. 최종결과의 확인

1) 현금흐름표(가치평가용)

- 추정방법으로 M2를 선택할 경우에만 현금흐름표(가치평가용)의 확인을 거치게 됩니다.
- 기본조건 설정과 초과현금 배분비율에 따라 추정된 손익계산서와 재무상태표와의 상호작용을 통해서 추정 현금흐름표의 각 항목들이 결정됩니다.

그래프	항목	Yr-3	Yr-2	Yr-1	Yr-0	Yr1	Yr2	Yr3	Yr4	Yr5
	영업현금흐름(NCF Ic)	163	76	87	198	173	138	137	137	135
	영업이익	209	164	145	193	194	197	199	202	204
	영업이익에 대한 법인세	58	38	43	47	52	52	53	54	54
	세후 영업이익	151	126	102	146	142	144	146	148	150
	감가상각비	45	45	49	50	43	42	41	40	39
	무형자산상각비	16	15	14	12	19	20	21	22	23
	영업용 순 운전자본 증감	-96	102	62	-24	17	40	45	50	56
	영업현금	5	-8	-4	4	4	1	1	1	1
	매출채권	-70	-5	-1	37	57	42	47	53	59
	재고자산	68	14	38	7	43	47	52	58	64
	매입채무	14	-1	6	56	-28	15	17	18	20
	기타유동자산(영업)	-20	-5	-1	46	-12	8	9	10	11
	기타유동부채(영업)	65	-105	-36	62	104	43	48	53	59
	영업용 순 비유동자산 증감	145	8	16	34	14	28	26	23	21
	유형자산	61	30	33	5	29	28	27	27	26
	무형자산	8	21	16	26	23	25	26	27	29
	기타 영업용 자산부채	76	-43	-33	3	-38	-25	-28	-31	-34
	기타 비유동자산(영업)	0	0	0	0	0	0	0	0	0
	기타 비유동부채(영업)	-76	43	33	-3	38	25	28	31	34
	재무현금흐름	-223	-83	-100	-216	54	-148	-158	-170	-182
	차입부채 변동분	-75	29	-27	-142	175	25	29	34	39
	단기차입부채	-6	105	-18	-142	97	16	19	23	27
	장기차입부채	-69	-76	-9	0	78	9	10	11	12

• 위 화면에서 나타나는 순현금흐름은 다음과 같이 계산된 값입니다.

－투하자본 순현금흐름(NCF_{IC})

	영업이익
(−)	영업이익에 대한 법인세
(±)	비현금항목
(±)	영업용 순 운전자본 증감
(±)	영업용 순 비유동자산의 증감
=	투하자본 순현금흐름(NCF_{IC})

－자기자본 순현금흐름(NCF_{Eq})

	투하자본 순현금흐름(NCF_{IC})
(−)	세후이자비용
(±)	차입금 등 변동액
=	자기자본 순현금흐름(NCF_{Eq})

2) 기업가치평가 결과(Chart 및 그래프)

- 영업가치, 기업가치, 부채가치, 주식가치 등의 가치평가표와 조정 전후 주당가치가 산정됩니다.
- 그리고 그래프 화면을 제공하여 분석의 편의를 제공합니다.
  - 기업가치의 산정
    영업가치와 비영업자산 가치를 합산한 금액이 기업가치가 됩니다.
    기업가치에서 부채가치를 차감한 금액이 주식가치가 됩니다.

기업가치평가 결과 (단위 : 십억원)

항목	금액	백분율
영업가치	2,459	87%
추정기간의 현가 (A)	598	21%
영구가치의 현가 (B)	1,861	66%
비영업자산 (C)	363	13%
기업가치	2,822	100%
부채가치 (D)	40	1%
주식가치 (E)	2,782	99%

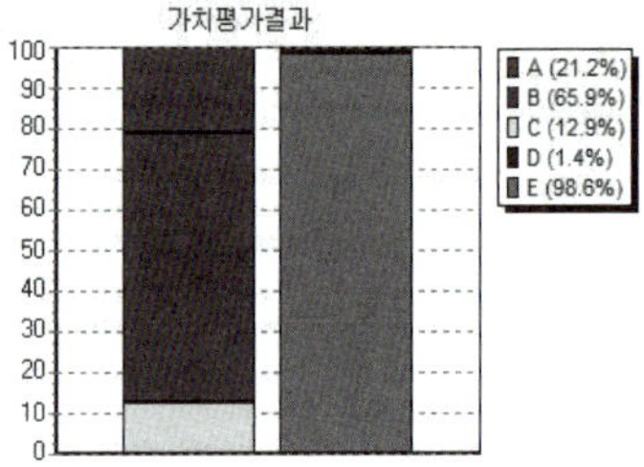

- 주당가치의 산정
  - 주당가치는 주식가치를 주식수로 나누어 계산됩니다.
  - 일괄할증 또는 일괄할인 전, 후의 주당가치를 확인하실 수 있습니다.

[조정 전 주당가치] 55,631 원

할인율	영구성장률 0.5%	1.5%	2.5%
4.8%	50,060	56,275	65,382
5.8%	49,731	55,946	65,053
6.8%	49,416	55,631	64,737
7.8%	49,114	55,329	64,435
8.8%	48,824	55,039	64,145

할인율 간격 1% 성장률 간격 1%

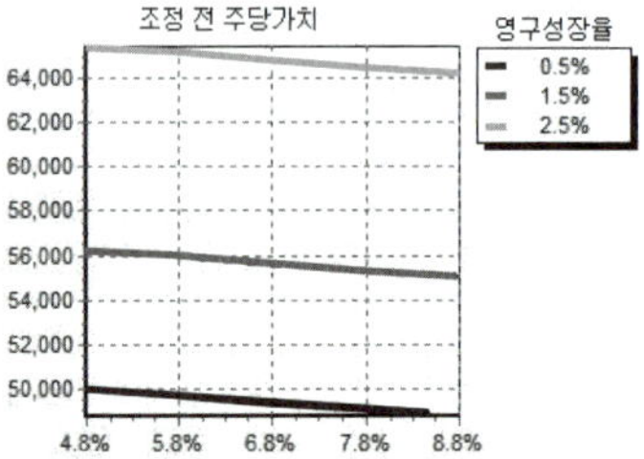

[조정 후 주당가치] 55,631 원

할인율	영구성장률 0.5%	1.5%	2.5%
4.8%	50,060	56,275	65,382
5.8%	49,731	55,946	65,053
6.8%	49,416	55,631	64,737
7.8%	49,114	55,329	64,435
8.8%	48,824	55,039	64,145

일괄할인 : 0% 일괄할증 : 0%

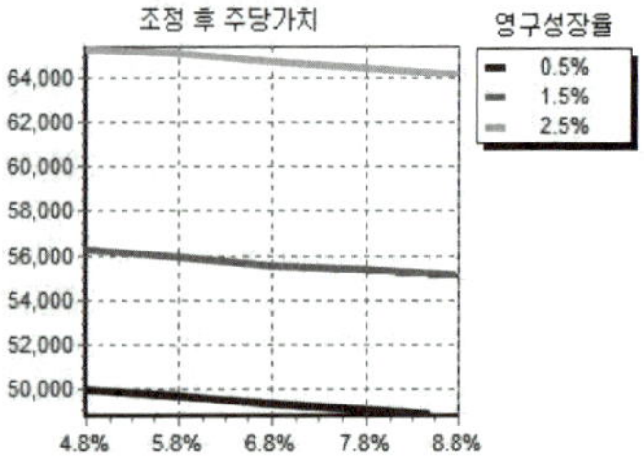

3) 검토 및 종료

- 결과를 확인 후, 기본조건설정 화면으로 돌아가 분석을 다시 수행하거나, 직접

입력값을 수정하여 재계산할 수도 있습니다.

- 본 결과를 엑셀파일로 저장하고자 할 경우에는 아래의 'Excel'버튼을 누르시고 파일을 다운로드 하십시오.
- 모든 검토가 끝난 후 '확인'버튼을 누르시면 프로젝트가 저장되며 추후 다시 열람 및 수정하실 수 있습니다.

5. M4 기술가치평가 모듈

가. 들어가기 전에

- M3 기업가치평가 모듈과 마찬가지로 M4 기술가치평가 모듈 역시 현금흐름의 추정을 필요로 합니다.
- 따라서 본 모듈도 M3의 경우와 마찬가지로 'M1 투자안분석' 또는 'M2 재무추정'의 추정모듈의 실행을 수반합니다.
- 프로젝트 정보화면에서 프로젝트 기본정보를 설정하고 나서 M4 기술가치평가 모듈을 선택하면 기존 M1 투자안분석 모듈 또는 M2 재무추정 모듈 결과를 사용하거나 신규로 M1 투자안분석 모듈 또는 M2 재무추정 모듈을 작성할 수 있습니다(⇨'M3 기업가치평가 모듈'의 프로젝트정보화면 그림 참조).
- 기존 M1이나 M2의 결과를 사용할 경우 바로 M4 기술가치평가 모듈의 기본조건 설정화면으로 이동합니다. 신규로 M1과 M2의 작성이 필요할 경우 M1 또는 M2로 이동하여 작업 후 M4 기술가치평가 모듈로 이동합니다.

나. 기본조건설정

1) 개 요

- 해당 기업에 대한 정보와 대상기술에 관한 정보를 입력하는 초기화면입니다.

2) 기본정보입력

- 분석대상 회사의 기본정보는 M2 재무추정 모듈을 거쳐서 올 경우에는 M2 재무추정 모듈의 입력값이 default로 주어지지만, M1 투자안분석 모듈을 거쳐서 올 경우에는 위의 해당 기업정보를 직접 입력하여야 합니다.
- 기술명, 기술 및 제품군, 특허 여부, 가치의 기준, 평가기준일 등 대상 기술 관련정보를 입력합니다.
- 기본가정은 기술가치평가를 위한 할인율, 잔존가치, 기술기여도에 대한 추정데

이터를 입력하는 표입니다. 초기투자비와 잔존가치는 M1을 거쳐서 올 경우에는 default로 주어집니다. 수정을 원하면 직접입력도 가능합니다.

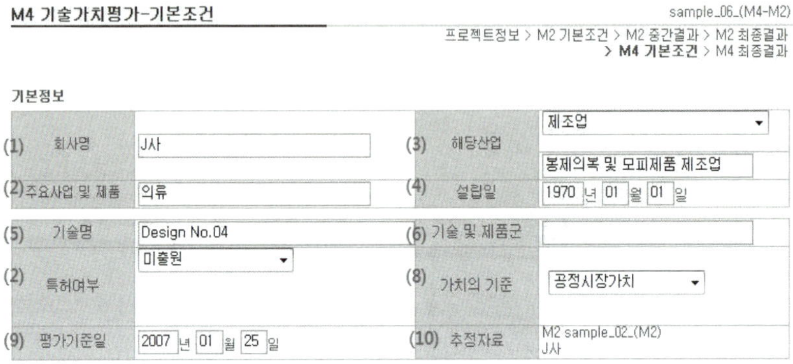
M4 기술가치평가-기본조건

sample_06_(M4-M2)

프로젝트정보 > M2 기본조건 > M2 중간결과 > M2 최종결과 > **M4 기본조건** > M4 최종결과

기본정보

(1) 회사명	J사	(3) 해당산업	제조업 / 봉제의복 및 모피제품 제조업
(2) 주요사업 및 제품	의류	(4) 설립일	1970 년 01 월 01 일
(5) 기술명	Design No.04	(6) 기술 및 제품군	
(2) 특허여부	미출원	(8) 가치의 기준	공정시장가치
(9) 평가기준일	2007 년 01 월 25 일	(10) 추정자료	M2 sample_02_(M2) J사

- 아래의 내용을 참고하여 입력합니다.
  - 회사명: 평가대상 기업의 이름을 입력합니다(M2를 거칠 경우 default로 주어짐).
  - 주요 사업 및 제품구성: 내용을 입력합니다(M2를 거칠 경우 default로 주어짐).
  - 해당 산업: 업종 및 1차 분류를 선택합니다.
  - 설립일: 00년 00월 00일의 형태로 입력합니다(M2를 거칠 경우 default로 주어짐).
  - 기술명 : 평가대상 기술의 이름을 입력합니다.
  - 기술 및 제품군: 평가대상 기술의 분야 및 제품군의 대분류 항목을 선택합니다.
  - 특허 여부: 출원, 등록, 미출원으로 구분하여 특허 여부를 설정합니다.
  - 가치의 기준: 공정시장가치, 투자가치, 기타(직접 입력)로 구분하여 가치의 기준을 설정합니다.
  - 평가기준일: 00년 00월 00일의 형태로 입력합니다.
  - 추정자료: M4 기술가치평가를 위해 사용한 추정자료(M1 또는 M2의 결과 자료)를 확인합니다.

3) 할인율

기업가치평가 모듈에서 할인율은 가중평균자본비용을 이용합니다. 가중평균자본비용의 구성항목별 계산(WACC 방식) 또는 직접입력의 두 가지 방식을 지원합니다. WACC 방식을 선택하면 WACC 계산을 위한 개별 항목 입력창이 활성화됩니

다. ⇨ (1)

구분	항목		가정치	
할인율	(1)	가중평균자본비용	◎ WACC ◉ 직접입력	6.8 %
	(2)	타인자본비용		0.0 %
	(3)	세전 부채비용	0.0 %	
	(4)	법인세율	0.0 %	
	(5)	자기자본비용	◉ CAPM ◎ 직접입력	0.0 %
	(6)	무위험수익률	0.0 %	
	(7)	베타값	0	
	(8)	주식시장 위험프리미엄	0.0 %	
	(9)	개별 조정치	0.0 %	
	(10)	목표자본구조		0.0 %

- 타인자본비용 ⇨ (2)
  - 세전 부채비용 ⇨ (3)
    사용자는 현재의 이자율 수준, 기업의 채무불이행위험 등을 종합적으로 고려하여 타인자본비용을 결정해야 합니다.
  - 법인세율 ⇨ (4)
    재무추정 모듈에서 사용된 법인세율이 default로 제시됩니다. 사용자는 사전분석에 의해 입력값을 수정할 수 있습니다.
- 자기자본비용 ⇨ (5)
  - 기술가치평가 모듈에서 자기자본비용은 default로 CAPM에 의한 계산값을 이용합니다. 자기자본비용의 구성항목별 계산 또는 직접입력의 두 가지 방식을 지원합니다. CAPM 버튼을 클릭하면 계산을 위한 개별 항목이 활성화됩니다.
  - 무위험수익률 ⇨ (6)
    위험이 없는 자산에 투자했을 경우 투자자가 얻을 수 있는 수익률을 입력합니다. '정보광장'의 '전문자료실'에 있는 관련자료를 참조하십시오.
  - 베타값 ⇨ (7)
    베타 추정 시 유사한 기업들의 베타를 대용치로 사용할 수 있습니다.
  - 주식시장 위험프리미엄 ⇨ (8)
    사용자가 직접 입력합니다. '정보광장'의 '전문자료실'에 있는 관련 자료를 참조하십시오.
  - 개별 조정치 ⇨ (9)
    산업별, 업종별, 회사별로 추가로 반영하여야 할 위험에 대한 개별 조정치(알파값)를 입력합니다.
- 목표자본구조 ⇨ (10)
  - 사용자는 향후 기업의 목표 레버리지 비율을 고려하여 default 값을 변경하여 입력할 수 있습니다.

4) 기타 주요 항목

기타주요항목	(1) 잔존가치	◉ 처분액 ◎ 직접입력	십억원
	유형자산	729.1 십억원	
	무형자산	2.4 십억원	
	순운전자본	555.6 십억원	
	(2) 기술 기여도	◉ 산업&개별 ◎ 직접입력	56.0 %
	산업기술요소	70.0 %	
	개별기술강도	80.0 %	

M2 이전 다음

- 잔존가치
  - 평가년도 마지막 해에 남아 있을 것으로 예상되는 비유동자산 처분액과 운전자본회수액의 가치입니다.
  - M1을 거쳐서 M4를 수행할 경우 잔존가치는 M1의 값이 default로 주어집니다. 사용자의 수정은 가능합니다.
  - M2를 거쳐서 올 경우 사용자가 직접 입력하는 것을 default로 합니다.
  - 상세한 잔존가치의 산정은 별도로 수행한 후, 결과 값만을 이용합니다.
- 기술기여도
  - 기술기여도란 기술도입 또는 사용에 따른 경제적 이익의 창출에 기여한 무형자산 기술요소, 경영(브랜드 포함)요소, 인적 요소 등의 무형자산 중 기술무형자산이 경제적 이익에 공헌한 상대적인 비율을 의미합니다.
  - 산업 & 개별 버튼을 클릭하여 산업기술요소와 개별 기술강도를 이용하는 2단계 접근방식의 입력 또는 사용자의 직접적인 자료분석에 의한 결과 입력을 선택합니다.
  - 2단계 접근방식일 경우 산업기술요소(%)에 개별 기술강도(%)를 곱하여 기술기여도(%)를 산출합니다. 산업기술요소는 산업업종별 무형자산이 차지할 수 있는 최대비율에 기술자산이 차지하는 비율을 결합하여 산출한 것이고, 개별 기술강도는 법적인 보호정도와 상업적 우위성으로 구성되어 있습니다.

다. 최종결과의 확인

1) 최종결과(현금흐름)

- 추정방법으로 M2를 선택할 경우에만 최종결과(현금흐름)의 확인을 거치게 됩니다.
- 기본조건 설정과 초과현금 배분비율에 따라 추정된 손익계산서와 재무상태표와의 상호작용을 통해서 추정 현금흐름표의 각 항목들이 결정됩니다.

M4 기술가치평가 - 최종결과(현금흐름) sample_06_(M4-M2)

프로젝트정보 > M2 기본조건 > M2 중간결과 > M2 최종결과 > M4 기본조건 > **M4 최종결과**

현금흐름표(가치평가용) (단위 : 십억원)

그래프	항목	Yr-3	Yr-2	Yr-1	Yr-0	Yr1	Yr2	Yr3	Yr4	Yr5
☐	**영업현금흐름 (NCF ic)**	163	76	87	198	162	126	125	124	122
☐	영업이익	209	164	145	193	193	195	197	198	199
☐	영업이익에 대한 법인세	58	38	43	47	52	52	52	53	53
☐	세후 영업이익	151	126	102	146	142	143	144	145	146
☐	감가상각비	45	45	49	50	48	48	48	49	49
☐	무형자산상각비	16	15	14	12	2	1	1	1	1
☐	영업용 순 운전자본 증감	-96	102	62	-24	17	40	45	50	56
☐	영업현금	5	-8	-4	4	4	1	1	1	1
☐	매출채권	-70	-5	-1	37	57	42	47	53	59
☐	재고자산	68	14	38	7	43	47	52	58	64
☐	매입채무	14	-1	6	56	-28	15	17	18	20
☐	기타유동자산(영업)	-20	-5	-1	46	-12	8	9	10	11
☐	기타유동부채(영업)	65	-105	-36	62	104	43	48	53	59
☐	영업용 순 비유동자산 증감	145	8	16	34	13	26	24	21	17
☐	유형자산	61	30	33	76	51	51	51	51	52
☐	무형자산	8	21	[illegible]						

2) 최종결과(Chart 및 그래프)

M4 기술가치평가-최종결과 sample_06_(M4-M2)

프로젝트정보 > M2 기본조건 > M2 중간결과 > M2 최종결과 > M4 기본조건 > **M4 최종결과**

(1)
기술가치평과 결과 (단위 : 십억원)

항목	금액	백분율
사업가치	1,474	100 %
추정기간의 현가 (A)	548	37 %
잔존가치의 현가 (B)	926	63 %
기술가치 (C)	826	56 %

가치평가결과

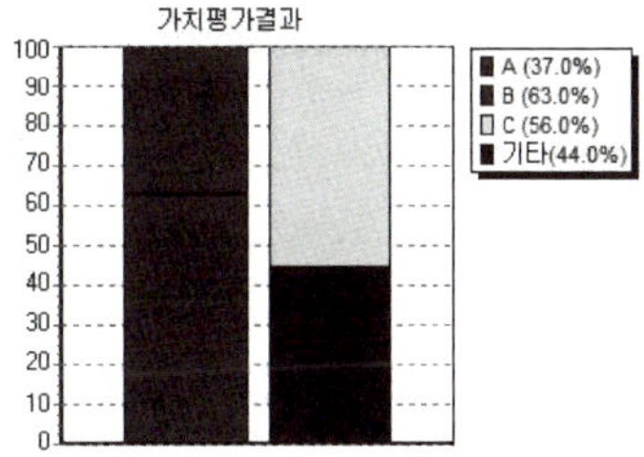

(2)
민감도 분석 (단위:십억원)

할인율	사업가치	기술가치
2.8 %	1,730	969
4.8 %	1,595	893
6.8 %	1,474	826
8.8 %	1,365	764
10.8 %	1,267	709

할인율 간격 2% ▾

민감도 분석

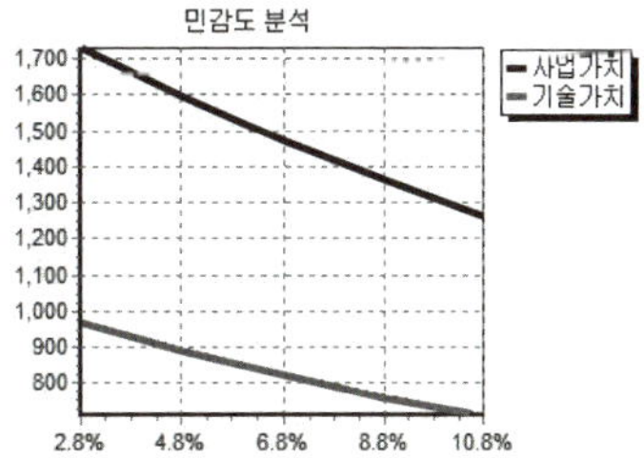

Key M2 Excel 확인

- 사업가치, 잔존가치, 기술가치 등의 가치평가표가 표시됩니다. ⇨ (1)
- 할인율에 대한 기술가치 민감도 분석표가 제공됩니다. ⇨ (2)
- 기술가치 산정결과에 대한 차트 및 그래프가 제공됩니다.
  - 사업가치의 산정
    추정기간의 현가와 잔존가치의 현가의 합이 사업가치가 됩니다.
  - 기술가치의 산정
    사업가치의 추정결과에 기술기여도를 반영한 기술가치가 산정되어 나타납니다.
  - 기술가치의 개념
    기술성, 권리성, 시장성, 사업성 등을 종합 고려한 기술의 가치를 금액으로 환산한 값입니다.
    기본가정 입력항목에 대한 검증이 필요하며, 기술기여도를 구성하는 세부항목에 대한 검토를 통해 기술가치의 객관성과 현실성을 높일 수 있습니다.

3) 검토 및 종료

- 결과를 확인 후, 기본조건설정 화면으로 돌아가 분석을 다시 수행하거나, 직접 입력값을 수정하여 재계산할 수도 있습니다.
- 본 결과를 엑셀파일로 저장하고자 할 경우에는 아래의 'Excel'버튼을 누르시고 파일을 다운로드하십시오.
- 모든 검토가 끝난 후 '확인'버튼을 누르시면 프로젝트가 저장되며 추후 다시 열람 및 수정하실 수 있습니다.

제4편 교육프로그램 소개

1. 목적 및 용도

비전밸류의 교육과정은 기업의 사업전략을 실제 행동으로 옮기고 그 결과를 창출하는 과정에서 주요활동인 사업타당성분석, 재무제표추정, 기업가치평가, 기술가치평가 분야의 교육을 목적으로 합니다. 특히 오프라인 정규과정은 단순한 교육과정의 차원을 넘어 웹&엑셀 기반의 ValueSearch™을 활용하여 개인별로 실무에서 바로 활용할 수 있는 완벽한 Excel Template을 교육과정을 통해 완성해 보도록 구성되어 있습니다.

2. 온/오프라인 통합 교육프로그램

비전밸류의 정규 교육과정은 온라인과 오프라인 과정이 결합된 Blended Training 프로그램으로 진행될 수 있는데, 먼저 온라인 강의에서는 다양한 이론적인 내용과 사례를 학습한 후 이를 바탕으로 오프라인 과정에서는 웹 상에 구현된 ValueSearch™의 4가지 모듈을 활용하여 (1) 사업타당성분석, (2) 재무제표추정, (3) 기업가치평가, (4) 기술가치평가의 4가지 주제에 대한 Excel Modeling 과정을 선택할 수 있습니다.

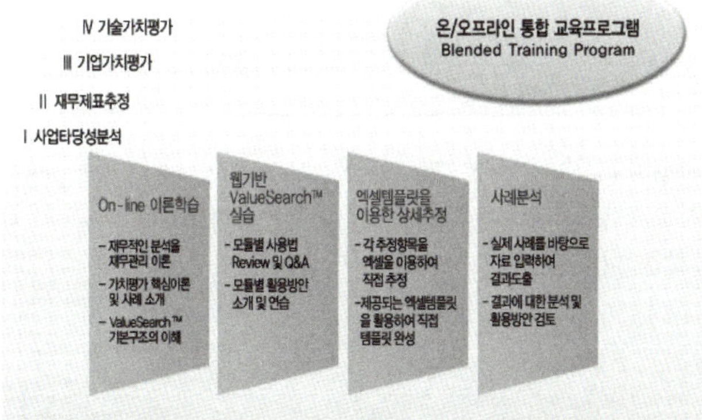

※ **맞춤형 교육과정**: 비전밸류의 자체교육 프로그램은 위와 같이 모듈별로 정형화 되어 있지만, Needs에 따라 산업별, 업종별, 기업별 특성에 따른 맞춤형 교육프로그램도 개설 가능합니다.

가. 온라인 과정

온라인 과정에서는 향후 오프라인 정규과정에서 Excel Template 완성을 수강하기 위해 온라인 강의를 통해 기초적인 이론을 미리 준비하거나, 웹 기반 솔루션인 ValueSearch™의 기본구조 및 내용을 간단히 이해할 수 있도록 마련된 온라인 소개과정 등으로 구성되어 있습니다. 그리고 사업타당성분석, 재무제표추정, 기업가치평가, 기술가치평가 등과 관련된 최근의 심층적이고 시사적인 주제를 다루는 Webinar 과정 등도 제공될 예정입니다.

나. 오프라인 과정

오프라인 과정에서는 단순한 교육의 차원을 넘어 실무에 바로 활용할 수 있는 완벽한 엑셀기반 모델을 구축하는 과정입니다. 본 과정에서는 먼저 i) 각 모듈과 관련된 기초이론을 Review하고, ii) 웹 기반 ValueSearch™의 활용방법을 학습하게 됩니다. 이를 바탕으로 iii) ValueSearch™의 각 모듈별로 별도의 Excel Template을 각각 Modeling하는 과정을 거친 후 iv) 최종적으로는 이러한 모듈별 Excel Template을 전부 하나로 조립하여 완성하는 통합 과정을 거침으로써 향후 실무에서 바로 활용할 수 있는 완벽한 Excel Template Tool을 완성하게 됩니다.

다. 맞춤형 특강

비전밸류컨설팅은 상기한 온/오프라인 정규과정 이외에도 수강생의 Needs에 따라 다양한 형태의 맞춤형 특강을 제공합니다. 이러한 맞춤형 특강은 산업별, 업종별, 기업별 특성에 따라 별도의 커리큘럼을 구성하여 개설됩니다.

3. 이수 프로세스

비전밸류컨설팅의 오프라인 과정은 ValueSearch™의 “M1 → M2 → M3 → M4”의 순서로 모두 수강하는 “가치평가 통합완성형 Excel 모델링” 과정 및 개인별 Needs에 맞는 다양한 개별 모듈과정을 선택할 수 있습니다

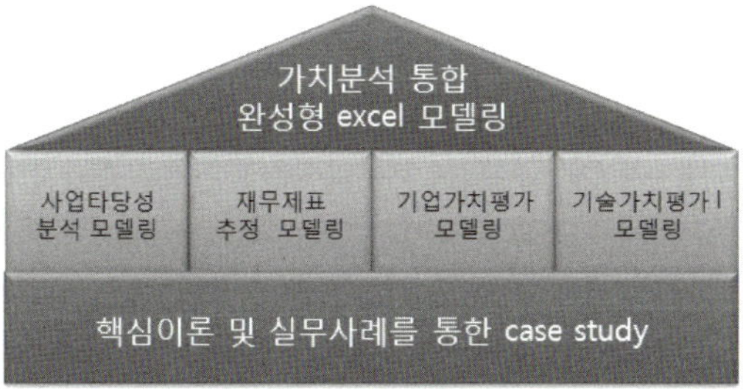

[TYPE 1] 가치평가 통합완성형 Excel 모델링

기업가치평가 및 기술가치평가를 통합하는 완성형 엑셀 모델을 작성하기 위해 "M1 → M2 → M3 → M4"의 순서대로 모든 개별 모듈을 수강하는 방식임. 비전밸류컨설팅의 오프라인 과정의 효과를 100% 거두기 위해서는 개별 모듈에서 제공되는 Excel template을 빠짐없이 조합하여 최종적인 모델을 구성하는 것이 매우 필요함.

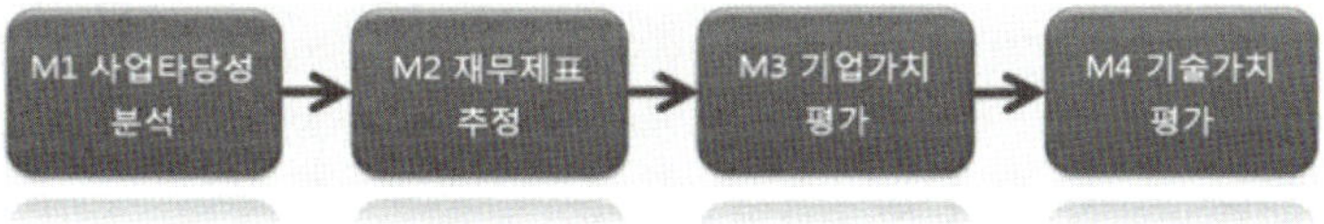

[TYPE 2] 기업가치평가 Excel 모델링

기술가치평가에 대한 모델은 필요하지 않고 기업가치평가에 대한 모델만을 원하는 경우에는 "M1 사업타당성 분석" 및 "M2 재무제표 추정" 과정에서 완성되는 Excel Template을 활용하여 "M3 기업가치평가"을 완성할 수 있음. 그러므로 "M4 기술가치평가"은 수강하지 않아도 됨.

[TYPE 3] 기술가치평가 Excel 모델링

기업가치평가 보다는 기술가치평가 모델을 완성하고 싶은 경우에는 "M1 사업타당성 분석" 및 "M3 기업가치평가"에서 완성된 Excel template은 필수사항임. 그러나 보다 정교한 모델을 원하는 경우에는 "M2 재무제표 추정"의 Template도 필요하므로 [Type 1]에 따라 모든 과정을 수행하는 것이 바람직함.

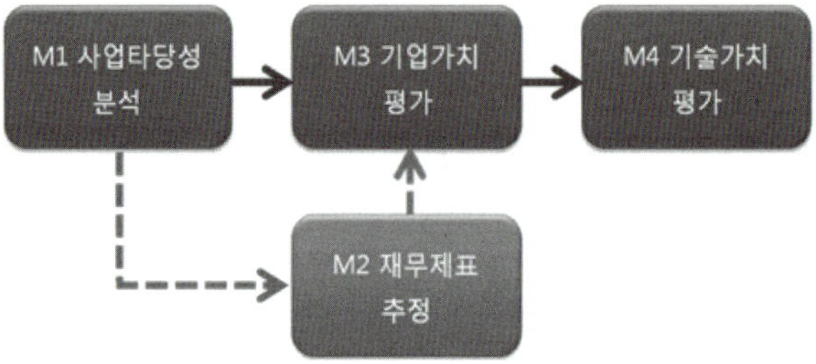

[TYPE 4-1] 사업타당성 분석 Excel 모델링

기업가치평가 혹은 기술가치평가의 모델링은 필요하지 않고, 사업타당성 분석과 관련된 모델만을 원하는 경우에는 "M1 사업타당성 분석"의 개별 과정을 수강하여 별도의 Excel template 완성한 후 활용 가능함.

[TYPE 4-2] 재무제표 추정 Excel 모델링

기업가치평가 혹은 기술가치평가의 모델링은 필요하지 않고, 재무제표 추정과 관련된 모델만을 원하는 경우에는 "M2 재무제표 추정"의 개별 과정을 수강하여 별도의 Excel template 완성한 후 활용 가능함.

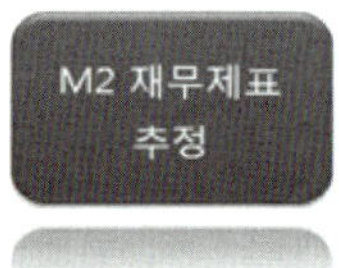

별첨 2

가치평가보고서 검토용 체크리스트[1)]

아래 각 항목에 대해서 "해당란(□)"에 체크 표시 혹은 "예/아니오"를 선택하십시오. 경우에 따라 간략하게 내용을 기술해야 하는 경우도 있으며, 또한 추가적인 설명이 필요한 사항에 대해서는 "[별첨] 예외사항 목록"에 그 내용을 기술하여 주십시오.

Ⅰ. 일반사항

업 무 명 ____

고 객 명 ____

보고서 작성일 : ________년 ____월 ____일

평가담당자 ____________(인)　　　　최종검토자 ____________(인)

Ⅱ. 평가작업의 정의

1. 평가대상에 대한 정의

(1) 평가대상회사

평가대상회사의 명칭 : ____

기업체의 형태 : □ 주식회사, □ 유한회사, □ 합자회사, □ 합명회사,
□ 기타 ____________

1) 본 체크리스트는 American Society of Appraisers의 "BV report review checklist" 등을 참고로 하여 국내실무용으로 수정 보완된 것인데, 주로 주식가치평가에 적합하도록 구성되어 있습니다.

(2) 평가대상의 성격

☐ 보통주식, ☐ 우선주식, ☐ 유한회사 지분

☐ 기타 (例: 기업전체, 특정 사업부, 특정 자산 부채 등)

____

(3) 평가대상 주식의 지분율 : ______%

2. 평가기준일 및 보고서 작성일

- 평가기준일 (가치평가의 기준이 되는 일자) : ____________________
- 보고서작성일 (최종보고서 완성일 또는 완성예정일) : ______________

3. 평가의 목적

- 가치평가의 목적 및 사용처에 대해 간단히 언급할 것 (例: 매각 또는 매입, 외자유치, 상속/증여세 등)

____

4. 평가대상 지분의 성격

(1) 지배 또는 소수지분

☐ 100% 지배지분, ☐ 과반수 지배지분, ☐ 50% 지배지분,

☐ 50% 미만 지배지분, ☐ 소수지분, 경영참여 가능,

☐ 소수지분, 경영참여 불가능

- 일부 지분의 경우 전체 지분과의 관계 (例: 발행 보통주식 1,000주 중 250주 등)가 보고서에 나타나 있는가? (예/아니오)
- 특별한 권리 또는 제약조건 (例: 권리행사가 제한되는 주식 등)에 대해 설명되어 있는가? (예/아니오)
- 지분율과 경영참여 가능성 등에 대해 추가적인 설명이 필요한 경우 간단히 언급할 것.

____

____

(2) 시장성(marketability)

☐ 유가증권시장 상장주식
☐ 코스닥시장 상장주식
☐ 유가증권시장 · 코스닥시장 주식이지만 매매 제한된 지분
☐ 비상장주식
☐ 기타 ______________________________

5. 가치의 기준

☐ 공정시장가치
☐ 투자가치
☐ 규정상의 가치 (규정내용 요약) ______________________
☐ 기타 ______________________________

- 가치평가업무가 관련 법규, 매입-매각 협정, 중재협정 등에 의한 법적인 제약을 받은 경우 해당 법적 제약에 대해 기술되어 있는가? (예/아니오)

6. 가치의 전제

☐ 계속기업, ☐ 자발적 청산, ☐ 강제적 청산,
☐ 기타 ____________

III. 자료수집의 적정성

1. 방문조사 및 인터뷰

- 평가담당자의 기업체 방문일자 : ______________________
- 주요 인터뷰 대상자 : ______________________

2. 재무제표

- 회사는 회계연도 말 결산자료를 포함하여 평가에 필요한 모든 재무제표를 제공하였는가? (예/아니오)
- 회사는 재무제표는 외부감사를 받은 것인가? (예/아니오)

- 평가보고서에는 회사의 재무제표가 외부감사를 받은 것인지 아닌지를 적절히 나타내고 있는가? (예/아니오)
- 외부감사의 경우 회계법인 혹은 감사반의 명칭은? ________________

3. 외부참고자료

- 평가보고서의 이용자가 해당 참고자료를 찾아서 자료를 확인할 수 있도록 사용된 참고자료들은 적절히 표시되어 있는가? (예/아니오)
- 정기간행물의 경우 발간일자를 표시하고 있는가? (예/아니오)

4. 사용된 자료의 적정성

- 모든 자료들은 평가기준일 현재를 기준으로 작성된 자료인가? (예/아니오)
- 평가기준일 현재를 기준으로 작성되지 않은 자료가 있다면 그 내용 및 원인이 충분히 기술되어 있는가? (예/아니오)
- 내부작성자료를 사용한 경우 그 자료의 적정성에 대해 충분히 신뢰할 수 있는가? (예/아니오)

5. 과거의 거래

- 과거 일정기간 동안 평가대상과 동일한 종류의 회사주식 등의 변동이 있었는가? (예/아니오)
- 과거 주식 등의 변동이 있었던 경우 그 거래에 대한 내용이 충분히 나타나 있는가? (예를 들면, 거래일자, 거래 주식수, 거래가격, 거래 당사자 및 당사자 간 관계, 다른 계약에 의한 거래 여부 등) (예/아니오)

Ⅳ. 회사에 대한 설명

1. 자본구성 및 주요주주

- 발행된 주식 등의 총수와 종류가 명확히 설명되어 있는가? (예/아니오)
- 주식의 소유구조가 명확히 설명되어 있는가? (일반적으로 10% 이상의 지분을 가진 주요 주주명단을 포함하여야 함) (예/아니오)

2. 회사의 배경 및 영업상황

다음은 평가보고서 이용자가 회사에 대한 이해를 하기 위해 필요한 주요 사항이다. 이들 중 평가보고서에 포함되어 있는 항목에 체크표시 하시오.

☐ 회사의 주요 연혁
☐ 회사형태(대기업/중소기업, 상장/비상장, 외감/비외감)
☐ 관계회사 및 자회사
☐ 주요 품목 및 업종
☐ 주요 판매시장 및 고객층
☐ 경쟁사 현황
☐ 산업 내에서 평가대상 업체의 위치
☐ 경쟁상 강점 및 약점(제품의 특성, 품질, 가격, 서비스 등)
☐ 생산설비(사업장, 공장, 장비 등)
☐ 경영진 및 임직원 인력구성
☐ 노동조합의 구성 여부 및 형태

V. 경제/산업 자료 및 분석

- 거시경제분석이 평가기준일을 기준으로 하여 평가대상회사에 대해 적절하게 이루어졌는가? (예/아니오)
- 거시경제분석에 사용된 근거자료는 적절히 나타나 있는가? (예/아니오)
- 산업분석이 평가기준일을 기준으로 하여 평가대상회사에 대해 적절하게 이루어졌는가? (예/아니오)
- 산업분석에 사용된 근거자료는 적절히 나타나 있는가? (예/아니오)
- 이러한 경제/산업 분석의 결과가 평가대상회사에 미치는 영향에 대해서 충분히 검토되었는가? (예/아니오)

VI. 평가대상회사 재무제표의 분석 및 조정

1. 일반사항

- 회사의 재무제표에 대해 충분한 과거기간을 대상으로 분석이 이루어졌는가?

(예/아니오)

- 재무제표 수정사항이 발견되었고 이를 적절하게 반영하였는가? (예/아니오)
- 재무제표 수정사항은 그 구체적인 내용과 금액이 나타나 있는가? (예/아니오)

2. 계정과목별

다음 항목에 대해 분석과정에서 고려되었으나 실제로 수정사항이 이루어지지 않았거나, 또는 수정이 이루어졌으나 이론적으로나 수치상 적절성 여부가 의심되는 항목이 있으면 체크표시하시오. 체크된 항목에 대해서는 별첨 "예외사항목록"에 그 내용을 기술할 것.

☐ 현금 및 현금성자산
☐ 매출채권 및 대손상각
☐ 재고자산
☐ 장단기 투자자산
☐ 유형자산 및 감가상각
☐ 무형자산 및 상각
☐ 매입채무
☐ 장단기 차입채무
☐ 부채성 충당부채
☐ 자본계정
☐ 우발자산 및 부채의 적정성
☐ 매출액의 구성 및 인식시점
☐ 매출원가 및 판관비
☐ 영업외손익
☐ 중단사업손익
☐ 영업 및 비영업 항목의 구분 및 처리
☐ 계열사 지분의 처리
☐ 경영진의 보수 및 특권
☐ 회사의 내부자와 관련된 거래
☐ 기타 주요 항목 ______________________________

VII. 산업비율분석

- 산업비율분석에 사용된 산업군은 어떤 방식으로 구해졌으며 그 자료의 출처는 어디인가?

  ___

- 적절한 산업군에 대한 자료를 구할 수 없어 개별 회사를 산업비율분석에 사용되었다면 최종적으로 선정된 회사는 어떤 회사들인가?

  ___

- 평가보고서 이용자가 회사의 재무제표를 이용하여 동일한 비율을 얻을 수 있을 정도로 비율들이 명확히 정의되고 계산되었는가? (예/아니오)
- 규모 면에서 적절한 산업 또는 비슷한 업체와 비교되었는가? (예/아니오)
- 성장률 면에서 적절한 산업 또는 비슷한 업체와 비교되었는가? (예/아니오)
- 비교시점 면에서 적절하게 비교 가능한 자료를 이용하여 계산되었는가? (예/아니오)

VIII. 소득접근법

- 소득접근법이 사용되었는가? (예/아니오)
- 소득접근법이 사용되지 않았다면 정당한 이유가 설명되어 있는가? (예/아니오)
- 소득접근법이 사용된 경우 다음 중 어느 접근법을 사용하였는가?
  - ☐ 단일기간 자본화방식(single period capitalization method)
  - ☐ 다기간 할인방식(multi period discounting method)
- 어떤 적용방식으로 소득흐름이 자본화 혹은 할인되었는가?
  - ☐ 투하자본 적용방식(invested capital basis)
  - ☐ 자기자본 적용방식(equity basis)
- 투하자본 혹은 자기자본 적용방식을 사용한 경우 그 방식을 채택한 이유에 대해서 설명되어져 있는가? (예/아니오)
- 투하자본 적용방식을 사용한 경우 투하자본에 대한 정의가 명확하게 나타나 있는가? (예/아니오)
- 다음 중 어떠한 소득흐름이 자본화 혹은 할인되었는가?
  - ☐ 순현금흐름(net cash flow)
  - ☐ 순이익(net income)
  - ☐ 기타 ___

- 추정된 순현금흐름 또는 다른 소득흐름에 대한 분석이 정확하며, 그 분석이 가치의 전제 및 가치의 기준에 부합하는가? (예/아니오)
- 자본화 또는 할인된 소득흐름이 합리적인 미래에 대한 기대치를 대표하는 것으로 볼 수 있는가? (예/아니오)
- 타인자본비용은 어떠한 방식으로 산출되었는가?
  - □ 현재의 실제 가중평균차입비용
  - □ 회사채 기준수익률
  - □ 미래의 추정 가중평균차입비용
  - □ 기타 ______________________________
- 자기자본비용은 어떠한 방식으로 산출되었는가?
  - □ 자본자산가격결정모형(Capital Asset Pricing Model)
  - □ 재정가격결정모형(Arbitrage Pricing Model)
  - □ 요소가산방식(Build-up Method)
  - □ 기타 ______________________________
- 자본비용의 계산에 사용된 모델이 적절하고 각 모델에 사용된 변수들에 대한 근거자료가 충분히 설명되어 있는가? (예/아니오)
- 자본화율이 사용된 경우 이는 할인율에서 영구성장률을 차감한 비율로 계산되었는가? (예/아니오) (아닐 경우 계산방식을 간략히 기술할 것)

  ____

- 자본화율 계산시에 사용된 영구성장률에 대한 근거는 충분히 설명되어 있는가? (예/아니오)
- 가중평균자본비용(WACC)이 사용된 경우, 그 가중치는 다음 중 어디에 근거하고 있는가?
  - □ 평가대상기업의 시장가치에 의한 목표자본구조
  - □ 해당 산업의 시장가치에 의한 평균자본구조
  - □ 기타 ______________________________
- 현재가치 할인율 또는 자본화율은 할인 또는 자본화의 대상이 되는 경제적 소득의 정의와 부합하는가? (예/아니오)

IX. 시장접근법

- 시장접근법이 사용되었는가? (예/아니오)

- 시장접근법이 사용되지 않은 경우 적절한 이유가 설명되어 있는가? (예/아니오)
- 어떠한 방식의 시장접근법이 사용되었는가?
  - ☐ 유사상장회사방식
  - ☐ 유사인수합병방식
  - ☐ 기타 ________________________________
- 비교기준회사를 선정하는데 고려된 기업군이 명확히 규정되어 있는가? (예/아니오)
- 비교기준회사의 선정기준이 명확히 설명되어 있는가? (예/아니오)
- 비교기준회사의 선정기준에 부합함에도 불구하고 비교대상에서 제외된 업체가 있는 경우, 그에 대한 설명이 있는가? (예/아니오)
- 비교기준회사의 자료의 출처가 명확히 나타나 있는가? (예/아니오)
- 유사상장회사방식의 경우 비교기준회사의 주가는 평가기준일 현재의 가격을 사용하였는가? (예/아니오)
- 유사인수합병방식의 경우 거래대금에 포함된 내용을 정확히 구분하여 밝히고 있는가? (예/아니오)
- 시가배수를 계산하기에 앞서 비교기준회사 및 평가대상회사의 재무제표에 필요한 수정이 적절히 이루어졌는가? (예/아니오)
- 비교기준기업의 분석에 자료의 기간은 과거 (혹은 추정) 얼마 동안의 자료인가? ________________________________
- 비교기준회사와 평가대상회사 간의 상대적인 장점과 약점에 대하여 적절한 설명이 되어 있고, 그러한 상대적인 장점 및 약점이 가치평가에 적절히 반영되어 있다고 판단되는가? (예/아니오)
- 각종 시가배수의 계산시 비교기준회사 및 평가대상회사에 동일한 산술적인 계산방법이 적용되고 있는가? (예/아니오)
- 여러 가지 시가배수 중 특정한 배수가 선택된 이유가 명확히 설명되어 있는가? (예/아니오)
- 각각의 시가배수에 의해 산출된 값에 주어지는 가중치에 대하여 적절한 설명이 있는가? (예/아니오)
- 만약 소수지분이 가치평가대상일 경우, 지배지분할증에 대한 일괄할증이 필요한 상황인가? (예/아니오)
- 만약 지배지분이 가치평가대상일 경우, 소수지분할인에 대한 일괄할인이 필요한 상황인가? (예/아니오)

X. 자산접근법

- 자산접근법이 사용되었는가? (예/아니오)
- 자산접근법이 사용되지 않았다면 그 이유가 설명되어 있는가? (예/아니오)
- 재무상태표상의 모든 자산 및 부채가 적절히 시장가치로 재평가되었으며 그 근거가 적절히 설명되어 졌는가? (예/아니오)
- 재무상태표상에 나타나지 않는 모든 자산 및 부채에 대해서도 확인되고 평가되었는가? (예/아니오)
- 가치의 기준 및 가치의 전제 등에 비추어 이루어지지 않았어야 할 조정이 이루어진 것이 있는가? (예/아니오)
- 무형자산에 대한 평가방법은 다음 중 어떤 것이었나?

  □ 개별 무형자산별 평가

  □ 초과이익방식

  □ 기타 ______________________________
- 무형자산평가에 사용된 각종 변수 및 그 계산내용이 적절히 설명되어 졌는가? (예/아니오)

XI. 일괄할인(discount) 및 일괄할증(premium)

- 각각 접근법에 의해서 산출되는 가치가 일괄할인이나 일괄할증을 적용하기 이전에 어떠한 기준값(base value)을 의미하는지가 명확한가? (예/아니오)
- 본 가치평가업무에서 궁극적으로 구하고자 하는 목표값(target value)을 구하기 위하여 각 접근법에서 도출된 가치에 일괄할인 혹은 일괄할증을 사용하고 있는가? (예/아니오)
- 이때 사용된 일괄할인 혹은 일괄할증은 각 접근법에 의하여 평가된 기준값을 개별적으로 조정하는데 적절하게 사용되었는가? (예/아니오)
- 본 가치평가업무에서 산정하려고 하는 가치는 지배지분의 가치인가 소수지분의 가치인가?

  □ 지배지분의 가치

  □ 소수지분의 가치
- 만약 소수지분 할인이나 지배지분 할증이 적용되었다면, 어떤 자료들에 근거하였는가?

  ____

- 본 가치평가업무에서 산정하려고 하는 가치는 비상장주식으로 시장성할인이 적용되었는가? (예/아니오)
- 만약 시장성 할인이 적용되었다면, 어떤 자료들에 근거하였는가?

____

- 이외의 일괄할인 및 일괄할증이 적용되었다면 이에 대한 내용을 간단히 기술할 것

____

XII. 결론의 도출

- 최종 가치평가결과는 어떤 접근법 및 접근방식에 의하여 구해졌는가?

____

____

- 각 접근방식을 종합할 때 사용된 가중치 산출방식은 어떤 방식이었는가?
  - ☐ 산술적으로 각각의 접근방식에 %를 부과하여 산출됨.
  - ☐ 주관적으로 산출됨. (간단히 기술할 것)

____

- 각 접근방식에 대한 상대적 가중치에 대한 근거가 명확하게 나타나 있는가? (예/아니오)
- 평가접근법 및 접근방식의 선택이 가치평가계약서에서 정한 가치평가의 내용 및 사용 가능한 자료를 근거로 볼 때 적합하게 이루어졌는가? (예/아니오)

XIII. 보고서에 대한 평가자의 검증

평가자 스스로 다음과 같은 취지의 내용에 대해 확인을 할 수 있는가?

- 보고서의 내용이 사실이고 정확함 (예/아니오)
- 보고서의 분석, 의견 및 결론은 보고서에서 설명한 가정 및 제약 조건에 의해서만 제약되며 검토자 자신의 개인적인 편견에 의존하지 않는 전문적인 분석, 의견 및 결론임 (예/아니오)
- 검토자 자신은 보고서의 평가대상이 된 자산에 대해서 현재나 미래에 특정한 이해관계가 없으며, 또한 본인은 이 평가보고서와 관계된 당사자들에 대해서도

특정한 이해관계가 없음 (예/아니오)

- 검토자 자신의 보수는 보고서의 내용 및 결론 또는 이 보고서의 유용성 여부에 의해서 영향을 받지 않음 (예/아니오)
- 보고서의 평가담당자 및 최종검토자에게 특별한 전문적인 조언을 한 사람은 없음 (예/아니오). 그렇지 않은 경우에는 전문적인 조언을 한 사람들의 이름을 기재할 것.

____

XIV. 제약조건 및 가정

- 제약조건 및 가정에 대한 충분한 설명이 되어 있는가? (예/아니오)
- 가치평가의 결론이 보고서상에 명시되어 있는 평가의 목적과 평가기준일에서만 유효하다는 내용이 명시되어 있는가? (예/아니오)
- 외부자료를 인용한 경우 독립적인 입장에서 해당 자료에 대한 검증을 재차 실시하지는 않았다는 내용이 명시되어 있는가? (예/아니오)
- 매우 특이한 제약조건이 있는 경우, 그 제약조건의 내용 및 그것이 가치평가결과에 미치는 영향에 대하여 설명되어 있는가? (예/아니오)
- 위에서 언급한 매우 특이한 제약조건이 있는 경우 해당 내용을 간단히 언급하시오.

____

____

[별 첨] 예외사항 목록

항 목	내 용	비 고

별첨 3

International Glossary of Business Valuation Terms

To enhance and sustain the quality of business valuations for the benefit of the profession and its clientele, the below identified societies and organizations have adopted the definitions for the terms included in this glossary.

American Institute of Certified Public Accountants
American Society of Appraisers
Canadian Institute of Chartered Business Valuators
National Association of Certified Valuation Analysts
The Institute of Business Appraisers

The performance of business valuation services requires a high degree of skill and imposes upon the valuation professional a duty to communicate the valuation process and conclusion, in a manner that is clear and not misleading. This duty is advanced through the use of terms whose meanings are clearly established and consistently applied throughout the profession.

If, in the opinion of the business valuation professional, one or more of these terms needs to be used in a manner that materially departs from the enclosed definitions, it is recommended that the term be defined as used within that valuation engagement.

This glossary has been developed to provide guidance to business valuation practitioners by further memorializing the body of knowledge that constitutes the competent and careful determination of value and, more particularly, the communication of how that value was determined.

Departure from this glossary is not intended to provide a basis for civil liability and should not be presumed to create evidence that any duty has been breached.

Adjusted Book Value Method a method within the asset approach whereby all assets and liabilities(including off-balance sheet, intangible, and contingent) are adjusted to their fair market values(NOTE : In Canada on a going concern basis).

Adjusted Net Asset Method see Adjusted Book Value Method.

Appraisal see Valuation.

Appraisal Approach see Valuation Approach.

Appraisal Date see Valuation Date.

Appraisal Method see Valuation Method.

Appraisal Procedure see Valuation Procedure.

Arbitrage Pricing Theory a multivariate model for estimating the cost of equity capital, which incorporates several systematic risk factors.

Asset(Asset-Based) Approach a general way of determining a value indication of a business, business ownership interest, or security using one or more methods based on the value of the assets net of liabilities.

Beta a measure of systematic risk of a stock ; the tendency of a stock's price to correlate with changes in a specific index.

Blockage Discount an amount or percentage deducted from the current market price of a publicly traded stock to reflect the decrease in the per share value of a block of stock that is of a size that could not be sold in a reasonable period of time given normal trading volume.

Book Value see Net Book Value.

Business see Business Enterprise.

Business Enterprise a commercial, industrial, service, or investment entity (or a combination thereof) pursuing an economic activity.

Business Risk the degree of uncertainty of realizing expected future returns of the business resulting from factors other than financial leverage. See **Financial Risk**.

Business Valuation the act or process of determining the value of a business enterprise or ownership interest therein.

Capital Asset Pricing Model(CAPM) a model in which the cost of capital for any stock or portfolio of stocks equals a risk-free rate plus a risk premium that is proportionate to the systematic risk of the stock or portfolio.

Capitalization a conversion of a single period of economic benefits into value.

Capitalization Factor any multiple or divisor used to convert anticipated economic benefits of a single period into value.

Capitalization of Earnings Method a method within the income approach whereby economic benefits for a representative single period are converted to value through division by a capitalization rate.

Capitalization Rate any divisor(usually expressed as a percentage) used to convert anticipated economic benefits of a single period into value.

Capital Structure the composition of the invested capital of a business enterprise, the mix of debt and equity financing.

Cash Flow cash that is generated over a period of time by an asset, group of assets, or business enterprise. It may be used in a general sense to encompass various levels of specifically defined cash flows. When the term is used, it should be supplemented by a qualifier(for example, "discretionary" or "operating") and a specific definition in the given valuation context.

Common Size Statements financial statements in which each line is expressed as a percentage of the total. On the balance sheet, each line item is shown as a percentage of total assets, and on the income statement, each item is expressed as a percentage of sales.

Control the power to direct the management and policies of a business enterprise.

Control Premium an amount or a percentage by which the pro rata value of a controlling interest exceeds the pro rata value of a non-controlling interest in a business enterprise, to reflect the power of control.

Cost Approach a general way of determining a value indication of an individual asset by quantifying the amount of money required to replace the future service capability of that asset.

Cost of Capital the expected rate of return that the market requires in order to attract funds to a particular investment.

Debt-Free *we discourage the use of this term.* See **Invested Capital**.

Discount for Lack of Control an amount or percentage deducted from the pro rata share of value of 100% of an equity interest in a business to reflect the absence of some or all of the powers of control.

Discount for Lack of Marketability an amount or percentage deducted from the value of an ownership interest to reflect the relative absence of marketability.

Discount for Lack of Voting Rights an amount or percentage deducted from the per share value of a minority interest voting share to reflect the absence of voting rights.

Discount Rate a rate of return used to convert a future monetary sum into present value.

Discounted Cash Flow Method a method within the income approach whereby the present value of future expected net cash flows is calculated using a discount rate.

Discounted Future Earnings Method a method within the income approach whereby the present value of future expected economic benefits is calculated using a discount rate.

Economic Benefits inflows such as revenues, net income, net cash flows, etc.

Economic Life the period of time over which property may generate economic benefits.

Effective Date see **Valuation Date**.

Enterprise see **Business Enterprise**.

Equity the owner's interest in property after deduction of all liabilities.

Equity Net Cash Flows those cash flows available to pay out to equity holders(in the form of dividends) after funding operations of the business enterprise, making necessary capital investments, and increasing or decreasing debt financing.

Equity Risk Premium a rate of return added to a risk-free rate to reflect the additional risk of equity instruments over risk free instruments(a component of the cost of equity capital or equity discount rate).

Excess Earnings that amount of anticipated economic benefits that exceeds an appropriate rate of return on the value of a selected asset base(often net tangible assets) used to generate those anticipated economic benefits.

Excess Earnings Method a specific way of determining a value indication of a business, business ownership interest, or security determined as the sum of a) the value of the assets derived by capitalizing excess earnings and b) the value of the selected asset base. Also frequently used to value intangible assets. See **Excess Earnings**.

Fair Market Value the price, expressed in terms of cash equivalents, at which property would change hands between a hypothetical willing and able buyer and a hypothetical willing and able seller, acting at arms length in an open and unrestricted market, when neither is under compulsion to buy or sell and when both have reasonable knowledge of the relevant facts. (NOTE: In Canada, the term "price" should be replaced with the term "highest price")

Fairness Opinion an opinion as to whether or not the consideration in a transaction is fair from a financial point of view.

Financial Risk the degree of uncertainty of realizing expected future returns of the business resulting from financial leverage. See **Business Risk**.

Forced Liquidation Value liquidation value, at which the asset or assets are sold as quickly as possible, such as at an auction.

Free Cash Flow *we discourage the use of this term*. See **Net Cash Flow**.

Going Concern an ongoing operating business enterprise.

Going Concern Value the value of a business enterprise that is expected to continue to operate into the future. The intangible elements of Going Concern Value result from factors such as having a trained work force, an operational plant, and the necessary licenses, systems, and procedures in place.

Goodwill that intangible asset arising as a result of name, reputation, customer loyalty, location, products, and similar factors not separately identified.

Goodwill Value the value attributable to goodwill.

Guideline Public Company Method a method within the market approach whereby market multiples are derived from market prices of stocks of companies that are engaged in the same or similar lines of business, and that are actively traded on a free and open market.

Income(Income-Based) Approach a general way of determining a value indication of a business, business ownership interest, security, or intangible asset using one or more methods that convert anticipated economic benefits into a present single amount.

Intangible Assets non physical assets such as franchises, trademarks, patents, copyrights, goodwill, equities, mineral rights, securities and contracts(as distinguished from physical assets) that grant rights and privileges, and have value for the owner.

Internal Rate of Return a discount rate at which the present value of the future cash flows of the investment equals the cost of the investment.

Intrinsic Value the value that an investor considers, on the basis of an evaluation or available facts, to be the "true" or "real" value that will become the market value when other investors reach the same conclusion. When the term applies to options, it is the difference between the exercise price or strike price of an option and the market value of the underlying security.

Invested Capital the sum of equity and debt in a business enterprise. Debt is typically a) all interest bearing debt or b) long-term interest-bearing debt. When the term is used, it should be supplemented by a specific definition in the given valuation context.

Invested Capital Net Cash Flows those cash flows available to pay out to equity holders(in the form of dividends) and debt investors(in the form of principal and interest) after funding operations of the business enterprise and making necessary capital investments.

Investment Risk the degree of uncertainty as to the realization of expected returns.

Investment Value the value to a particular investor based on individual investment requirements and expectations. (NOTE: in Canada, the term used is "Value to the Owner").

Key Person Discount an amount or percentage deducted from the value of an ownership interest to reflect the reduction in value resulting from the actual or potential loss of a key person in a business enterprise.

Levered Beta the beta reflecting a capital structure that includes debt.

Limited Appraisal the act or process of determining the value of a business, business ownership interest, security, or intangible asset with limitations in analyses, procedures, or scope.

Liquidity the ability to quickly convert property to cash or pay a liability.

Liquidation Value the net amount that would be realized if the business is terminated and the assets are sold piecemeal. Liquidation can be either "orderly" or "forced".

Majority Control the degree of control provided by a majority position.

Majority Interest an ownership interest greater than 50% of the voting interest in a business enterprise.

Market(Market-Based) Approach a general way of determining a value indication of a business, business ownership interest, security, or intangible asset by using one or more methods that compare the subject to similar businesses, business ownership interests, securities, or intangible assets that have been sold.

Market Capitalization of Equity the share price of a publicly traded stock multiplied by the number of shares outstanding.

Market Capitalization of Invested Capital the market capitalization of equity plus the market value of the debt component of invested capital.

Market Multiple the market value of a company's stock or invested capital divided by a company measure(such as economic benefits, number of customers).

Marketability the ability to quickly convert property to cash at minimal cost.

Marketability Discount see **Discount for Lack of Marketability**.

Merger and Acquisition Method a method within the market approach whereby pricing multiples are derived from transactions of significant interests in companies engaged in the same or similar lines of business.

Mid-Year Discounting a convention used in the Discounted Future Earnings Method that reflects economic benefits being generated at midyear, approximating the effect of economic benefits being generated evenly throughout the year.

Minority Discount a discount for lack of control applicable to a minority interest.

Minority Interest an ownership interest less than 50% of the voting interest in a business enterprise.

Multiple the inverse of the capitalization rate.

Net Book Value with respect to a business enterprise, the difference between total assets(net of accumulated depreciation, depletion, and amortization) and total liabilities as they appear on the balance sheet(synonymous with Shareholder's Equity). With respect to a specific asset, the capitalized cost less accumulated amortization or depreciation as it appears on the books of account of the business enterprise.

Net Cash Flows when the term is used, it should be supplemented by a qualifier. See **Equity Net Cash Flows** and **Invested Capital Net Cash Flows**.

Net Present Value the value, as of a specified date, of future cash inflows less all cash outflows(including the cost of investment) calculated using an appropriate discount rate.

Net Tangible Asset Value the value of the business enterprise's tangible assets(excluding excess assets and non-operating assets) minus the value of its liabilities.

Non Operating Assets assets not necessary to ongoing operations of the business enterprise. (NOTE: in Canada, the term used is "Redundant Assets").

Normalized Earnings economic benefits adjusted for non-recurring, non economic, or other unusual items to eliminate anomalies and/or facilitate comparisons.

Normalized Financial Statements financial statements adjusted for non-operating assets and liabilities and/or for non-recurring, non-economic, or other unusual items to eliminate anomalies and/or facilitate comparisons.

Orderly Liquidation Value liquidation value at which the asset or assets are sold over a reasonable period of time to maximize proceeds received.

Premise of Value an assumption regarding the most likely set of transactional circumstances that may be applicable to the subject valuation; e.g. going concern, liquidation.

Present Value the value, as of a specified date, of future economic benefits and/or proceeds from sale, calculated using an appropriate discount rate.

Portfolio Discount an amount or percentage deducted from the value of a business enterprise to reflect the fact that it owns dissimilar operations or assets that do not fit well together.

Price/Earnings Multiple the price of a share of stock divided by its earnings per share.

Rate of Return an amount of income(loss) and/or change in value realized or anticipated on an investment, expressed as a percentage of that investment.

Redundant Assets see **Non-Operating Assets**.

Report Date the date conclusions are transmitted to the client.

Replacement Cost New the current cost of a similar new property having the nearest equivalent utility to the property being valued.

Reproduction Cost New the current cost of an identical new property.

Required Rate of Return the minimum rate of return acceptable by investors before they will commit money to an investment at a given level of risk.

Residual Value the value as of the end of the discrete projection period in a discounted future earnings model.

Return on Equity the amount, expressed as a percentage, earned on a company's common equity for a given period.

Return on Investment see **Return on Invested Capital** and **Return on Equity**.

Return on Invested Capital the amount, expressed as a percentage, earned on a company's total capital for a given period.

Risk-Free Rate the rate of return available in the market on an investment free of default risk.

Risk Premium a rate of return added to a risk-free rate to reflect risk.

Rule of Thumb a mathematical formula developed from the relationship between price and certain variables based on experience, observation, hearsay, or a combination of these; usually industry specific.

Special Interest Purchasers acquirers who believe they can enjoy post acquisition economies of scale, synergies, or strategic advantages by combining the acquired business interest with their own.

Standard of Value the identification of the type of value being used in a specific engagement; e.g. fair market value, fair value, investment value.

Sustaining Capital Reinvestment the periodic capital outlay required to maintain operations at existing levels, net of the tax shield available from such outlays.

Systematic Risk the risk that is common to all risky securities and cannot be eliminated through diversification. The measure of systematic risk in stocks is the beta coefficient.

Tangible Assets physical assets(such as cash, accounts receivable, inventory, property, plant and equipment, etc.).

Terminal Value see **Residual Value**.

Transaction Method see **Merger and Acquisition Method**.

Unlevered Beta the beta reflecting a capital structure without debt.

Unsystematic Risk the risk specific to an individual security that can be avoided through diversification.

Valuation the act or process of determining the value of a business, business ownership interest, security, or intangible asset.

Valuation Approach a general way of determining a value indication of a business, business ownership interest, security, or intangible asset using one or more valuation methods.

Valuation Date the specific point in time as of which the valuator's opinion of value applies(also referred to as "Effective Date" or "Appraisal Date").

Valuation Method within approaches, a specific way to determine value.

Valuation Procedure the act, manner, and technique of performing the steps of an appraisal method.

Valuation Ratio a fraction in which a value or price serves as the numerator and financial, operating, or physical data serves as the denominator.

Value to the Owner see **Investment Value**.

Voting Control *de jure* control of a business enterprise.

Weighted Average Cost of Capital(WACC) the cost of capital(discount rate) determined by the weighted average, at market value, of the cost of all financing sources in the business enterprise's capital structure.

별첨 4

기술평가표
(Scoring Board)
Version 1.0

사용자 매뉴얼

TECHNURI™

(주)비전밸류컨설팅

차 례

제 1 편 TECHNURI™ 소개 / 660
1. TECHNURI™의 구조와 개념
2. TECHNURI™의 특징 및 이용방법

제 2 편 기술평가표 시작하기 / 671
1. 사전 자료준비
2. 기술평가표의 시작(공통 부분)

제 3 편 지표별 설명 / 675
1. 기술성 지표
2. 권리성 지표
3. 시장성 지표
4. 사업성 지표

제 4 편 최종결과 화면 / 692
1. 화면 구성
2. 결과보고서 출력

제1편 TECHNURI™ 소개

1. TECHNURI™의 구조와 개념

가. 개 요

TECHNURI™는 웹상으로 신속하고 정확한 기술평가와 기술거래를 구현하기 위해 특허법인 다나와 비전밸류컨설팅이 공동으로 개발한 웹기반 솔루션입니다.

TECHNURI™는 다음과 같이 기술평가표(Scoring Board), 가치평가솔루션(Valuation Solution), 그리고 기술거래장터(Technology Market)의 세 가지 영역으로 구성되어 있습니다.

기술평가표	가치평가솔루션	기술거래장터
• 기술성, 권리성, 시장성, 사업성의 네 가지 영역에 대한 다양한 지표로 구성 • 기술별, 산업별로 차별화된 데이터베이스와 평가지표를 사용하여 평가 • 권리화 유무, 제품화 정도, 수요시장 형성, 사업화주체 선정 등의 다양한 변수로 추가적인 조정	• 기술 및 기업의 가치평가를 주요 가정치 입력을 통해 도출해내는 웹 기반 소프트웨어 • 투자안 분석, 재무추정, 기업가치평가, 기술가치평가의 4가지 모듈로 구성 • 각각의 모듈은 서로 연관성을 가지고 있어 통합적인 가치분석 수행 가능	• 다양한 특허권 등에 대한 잠재적인 수요자가 기술사업화 과정에서 활용할 수 있는 깊이 있는 기술정보를 제공 • 기술분야 및 기관유형별로 분류되어 있고, 웹상으로 제공되는 정보 이외에 별도의 계약을 통해 심층적인 정보도 제공

이러한 TECHNURI™의 세 가지 영역은 각각 독립적으로 이용할 수 있지만, 각 기능을 서로 유기적으로 결합하여 활용할 경우 보다 입체적으로 기술평가 및 기술거래에 대한 one-stop service를 제공받을 수 있습니다.

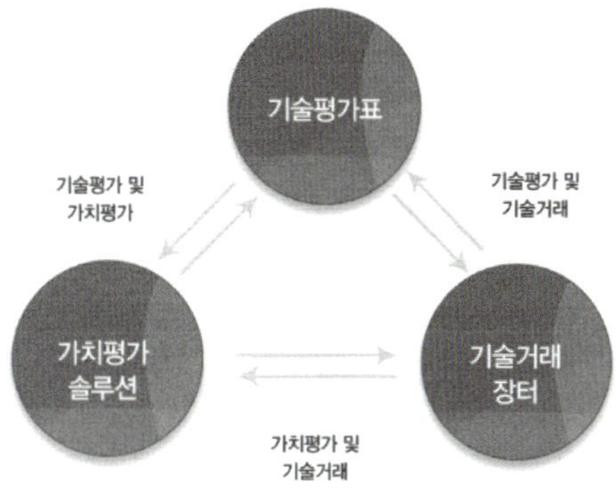

1) 기술평가표(Scoring Board)

TECHNURI™의 기술평가표(Scoring Board)는 사용자 스스로가 평가하고자 하는 기술의 내용을 "기술성, 권리성, 시장성, 사업성"이라는 네 가지 영역에서 각각 제공되는 개별 지표를 선택하면, 이를 바탕으로 평가대상 기술의 상황을 종합적으로 점수화시켜 결과치로 보여주는 자가진단 솔루션입니다.

TECHNURI™의 기술평가표는 기술별, 산업별로 차별화된 평가지표를 사용하며, 이외에도 권리화 유무, 제품화 정도, 수요시장 형성, 사업화주체 선정 등의 다양한 변수에 따라 평가지표를 추가적으로 조정함으로써 평가의 정확성을 높일 수 있도록 개발되어 있습니다. TECHNURI™에서 사용하는 주요 지표는 다음과 같습니다.

기술성	권리성	시장성	사업성
• 기술수명주기상의 위치 • 기술동향과의 부합성 • 선행기술 대비 기술의 차별성 • 추가 기술개발 필요성 • 연구자 수행능력 • 기술의 확장성	• 권리의 안정성 • 권리구성의 적절성 • 침해확인 용이성 • 권리존속기간 • 청구범위의 광협 • 영업비밀 요건 • 비밀관리성	• 산업수명주기 • 현재 시장규모 • 시장형성 가능성 • 경쟁 상황 • 진입장벽 • 성장 가능성	• 경영자 능력 • 사업화 전략 • 생산 용이성 • 자금조달력 • 판매 가능성 • 수익 실현성 • 사업주체 선정 • 매출 및 수익성 추정

기술평가표를 통해 최종적으로 도출되는 평가결과는 다음과 같이 시각적인 그래프로 구현되므로 매우 손쉽게 평가대상기술의 상태를 한눈에 파악할 수 있습니다.

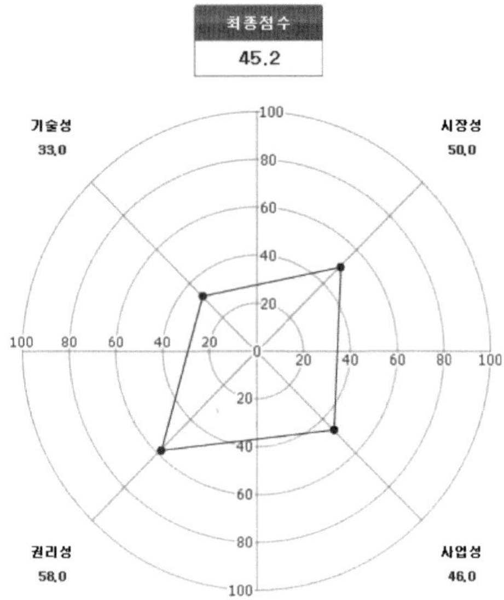

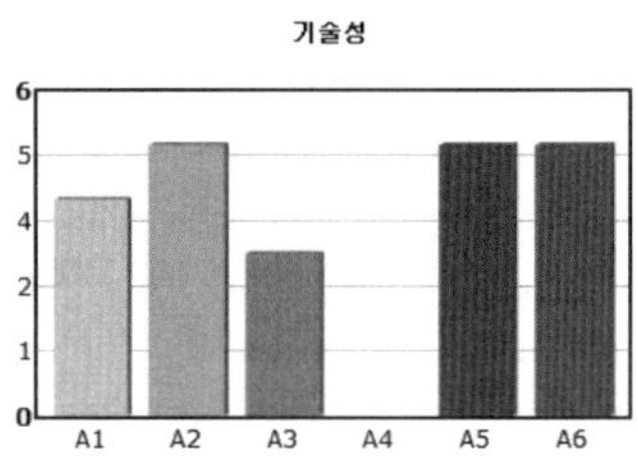

A1 기술수명주기상의 위치
A2 기술동향과의 부합성
A3 선행기술 대비 기술의 차별성
A4 추가 기술개발 필요성
A5 연구자 수행능력
A6 기술의 확장성

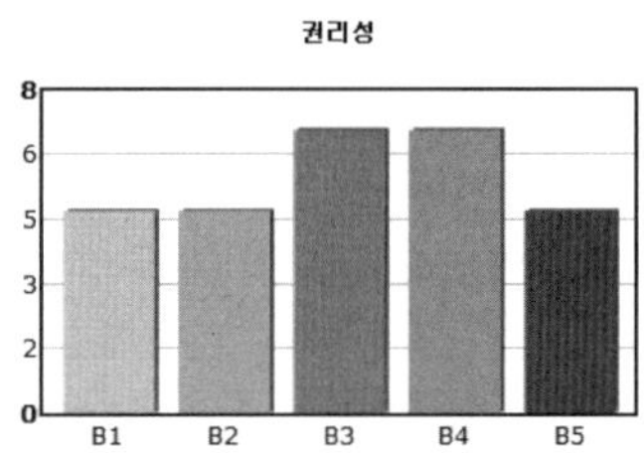

B1 권리의 안정성
B2 권리구성의 적절성
B3 침해확인용이성
B4 권리존속기간
B5 청구범위의 광협

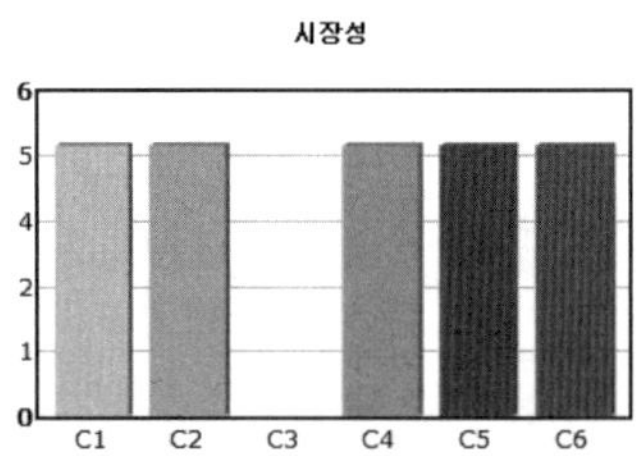

C1 산업 수명주기
C2 현재 시장규모
C3 시장 형성 가능성
C4 경쟁 상황
C5 진입장벽
C6 성장가능성

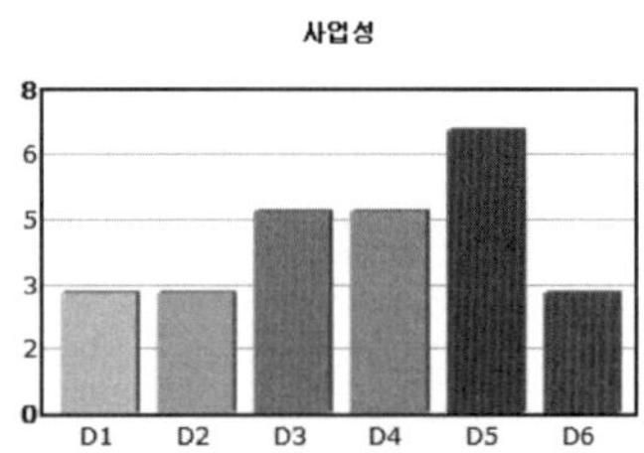

D1 경영자 능력
D2 사업화 전략
D3 생산 용이성
D4 자금 조달력
D5 판매 가능성
D6 수익 실현성

2) 가치평가솔루션(Valuation Solution)

TECHNURI™의 가치평가솔루션은 실무밀착형 솔루션을 지향하며, (1) M1 투자안분석 모듈(Feasibility analysis module), (2) M2 재무추정 모듈(Financial forecasting module), (3) M3 기업가치평가 모듈(Business valuation module), (4) M4 기술가치평가 모듈(Technology valuation module)의 4가지 모듈로 구성되어 있습니다. 또한 각각의 모듈은 기본형, 상세형, 맞춤형의 세 가지 유형으로 구분되어 분석을 수행합니다.

- 기본형 : 웹상에 탑재된 추정 방식에 따라 간단한 분석을 수행
- 상세형 : 기본형을 바탕으로 상세 추정을 위해 엑셀 템플릿을 활용
- 맞춤형 : 고객의 요구에 따라 컨설팅 형태의 맞춤형 분석을 수행

3) 기술거래장터(Technology Market)

TECHNURI™에서 제공되는 기술거래장터(Technology Market)는 특허법인 다나와 비전밸류컨설팅이 관리하고 있는 다양한 특허권 등을 잠재적인 수요자가 기술사업화 과정에 활용할 수 있도록 해당 기술에 대한 심층적인 정보를 제공하는 장소입니다.

기술거래장터에서 제공하고 있는 정보는 기술분야 및 기관유형별로 다음과 같이 분류되어 있는데, 웹상으로 제공되는 기본정보 이외에도 상세문의를 통해 요청할 경우 해당 기술에 대한 보다 심층적인 정보가 별도로 제공됩니다(단, 요청내용에 따라 별도의 계약을 통해 수수료가 청구될 수 있습니다.

나. 사용 시스템 및 환경

1) 사용시스템

가) 본 소프트웨어는 인터넷 환경을 기반으로 구현하여, 웹상에서 모든 프로그램을 수행할 수 있는 시스템입니다.

나) 다양한 데이터 호환성 및 애플리케이션 신뢰성 강화를 위하여 웹 기반의 자료구조를 활용합니다.

2) 지원환경

가) Windows XP 이상의 환경에서 가장 최적화되어 있습니다.

나) 웹브라우저는 Internet Explorer version 7 이상에서 최적화하여 구동하도록 구성되어 있습니다.

[팝업 창의 활성화]
☞ 웹 소프트웨어를 구동하기 전에 웹 브라우저의 옵션에서 팝업을 허용하여야 합니다.

2. TECHNURI™의 특징 및 이용방법

가. 특 징

1) 기술평가 및 기술거래를 위한 통합시스템

기술평가표, 가치평가솔루션 및 기술거래장터의 3가지 부분을 한 곳에 모아 기술평가 및 거래를 통합적으로 진행할 수 있는 웹솔루션입니다.

• 기술평가표

기술성, 권리성, 시장성, 사업성이라는 일반적인 지표를 바탕으로 기술별, 산업별, 권리화 유무, 제품화 정도, 수요시장 형성, 사업화주체 선정 등에 따라 차별화된 분석이 가능하도록 구성되어 있습니다.

• 가치평가솔루션

M1 투자안분석 모듈, M2 재무추정 모듈, M3 기업가치평가 모듈, M4 기술가치평가 모듈을 분리하여 서비스함으로써 사용자의 사용 목적과 용도에 따른 분석이 가능하도록 하였습니다.

• 거술거래장터

기술평가표 및 가치평가솔루션과 결합하여 잠재적인 수요자가 기술사업화 과정에 활용할 수 있도록 해당 기술에 대한 심층적인 정보를 기술분야 및 기관유형별로 분류하여 제공합니다.

2) 특허정보 및 산업정보 DB의 제공

TECHNURI™에서는 사용자가 참고자료로 활용할 수 있도록 기술평가표에서는 국제특허분류(IPC)에 의한 기술별 출원건수 등의 자료가 제공되고, 가치평가솔루션에서는 한국표준산업분류(KSIC)에 의한 산업별 재무자료가 제공됩니다.

• 기술평가표의 IPC 자료

기술평가표에서는 사용자가 기술성 및 권리성 지표를 선택하는 데 참고자료로 활용할 수 있도록 IPC 분류에 의한 특허출원 건수 등을 제공하고 있습니다. 개별지표의 제목 부분을 클릭하면 각 지표에 대한 보다 자세한 설명이 제공되는데, 이때 이와 같은 특허자료가 그래프 및 테이블 형태로 추가 제공됩니다.

• 가치평가솔루션의 KSIC 자료

가치평가솔루션의 경우에도 사용자가 시장성 및 사업성 지표를 선택하는데 참고자료로 활용할 수 있도록 KSIC 분류에 의한 산업평균자료 등을 제공하고 있습니다. 역시, 개별지표의 제목 부분을 클릭하면 각 지표에 대한 보다 자세한 설명이 제공되고, 산업별 재무비율 등의 자료가 그래프 및 테이블 형태로 추가 제공됩니다.

3) 자가진단 혹은 전문가 분석용으로 활용이 모두 가능한 모델 제공

가) TECHNURI™의 기술평가표와 가치평가솔루션은 사용자가 직접 데이터 입력한 후 바로 결과를 확인할 수 있는 간단한 프로세스로 구성되어 있습니다.

나) 이와 같이 TECHNURI™는 기본적으로 사용자가 스스로 변수 입력 및 결과 확인을 진행할 수 있는 자가진단용으로 개발되었습니다.

다) 그러나 사용자가 원하는 경우에는 해당 기술 및 산업별 전문가를 통해 기술평가표 및 가치평가솔루션의 분석내용을 점검받을 수 있습니다(이 경우 별도의 자문수수료가 발생합니다).

라) 또한 기술거래장터에 게재되어 있는 특허권의 상세내용에 대해서도 추가적인 정보를 제공받을 수 있습니다.

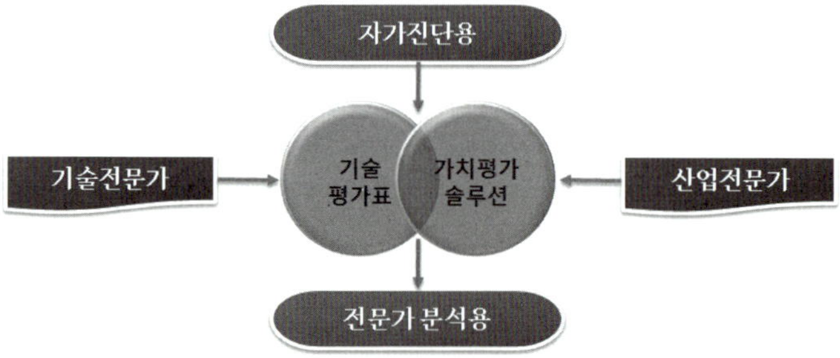

4) 다양한 그래픽 및 엑셀자료의 제공

가) TECHNURI™의 분석결과는 다양한 chart와 그래프를 이용하여 결과에 대한 입체적 분석이 가능하도록 하였습니다.

나) 사용자가 직접 chart와 그래프의 항목을 선택하여 결과물을 바로 실무에서 이용할 수 있도록 하였습니다.

다) 기술평가표의 평가결과는 웹상에서 확인할 수 있지만 간단한 보고서 형태로 별도 출력이 가능합니다.

라) 또한 가치평가솔루션의 결과물은 Excel 형태로도 다운로드가 가능하도록 하여 편리성을 더했습니다.

[M2 재무비율 그래프 예]

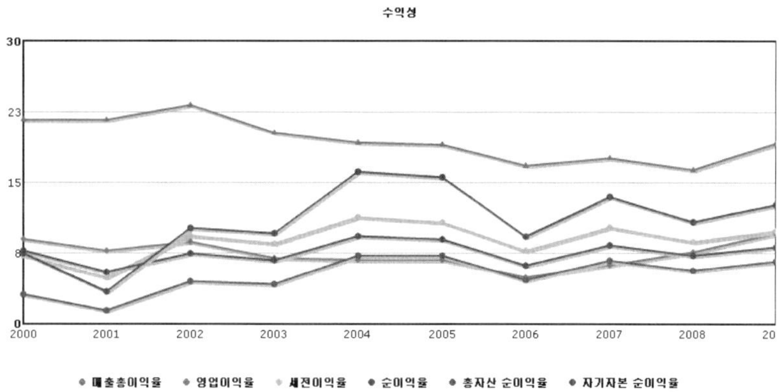

단위 : %

구분	2000	2001	2002	2003	2004	2005	2006	2007	2008	2009
매출총이익율	21.67	21.62	23.20	20.26	19.23	18.98	16.77	17.58	16.35	19.15
영업이익율	9.00	7.75	8.69	6.98	6.80	6.81	4.92	6.25	7.63	9.61
세전이익율	7.25	4.92	9.38	8.54	11.34	10.78	7.77	10.24	8.73	9.88
순이익율	7.76	5.49	7.48	6.74	9.30	8.96	6.18	8.35	7.25	8.17

[Excel 다운로드 예]

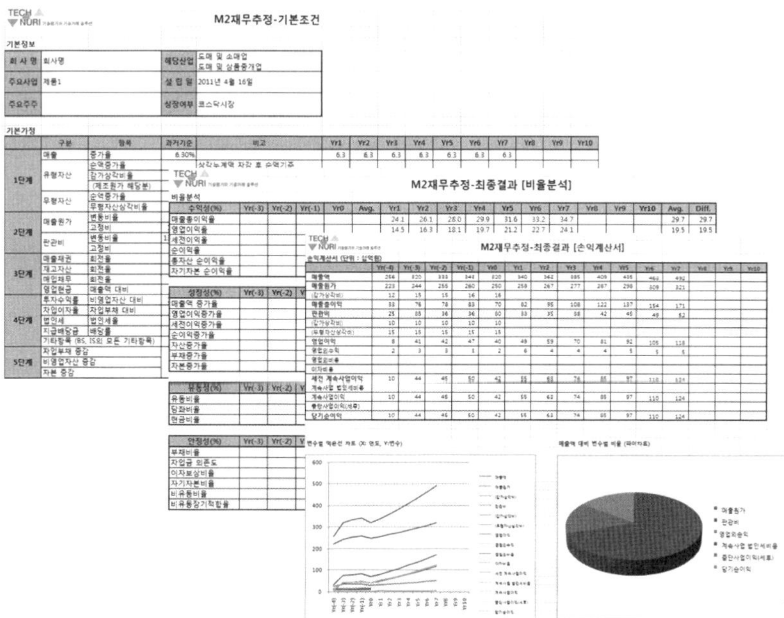

나. 서비스 이용방법

1) 회원제 서비스

TECHNURI™는 사용자가 홈페이지에 한 번의 회원등록으로 기술평가표, 가치평가솔루션, 기술거래장터를 일괄적으로 이용할 수 있는 통합시스템입니다.
TECHNURI™는 아래와 같이 회원 등급에 따라 무료 혹은 유료로 제공되는 기능이 차별화됩니다.

구분	사용기간	회비(VAT포함)	기술평가표	가치평가솔루션	기술거래장터
골드회원	1년	550,000원	연간 무제한	연간 무제한	무제한
정회원	1개월	77,000원	월간 무제한	월간 무제한	무제한
일반회원	무제한	무료	10회	3회	무제한

* 웹상에서 제공되는 서비스 이외에 추가적인 컨설팅을 요구하는 경우에는 별도의 계약에 의해 진행됨.

TECHNURI™는 본인이 필요한 정보를 직접 입력한 후 결과를 바로 확인해 볼 수 있는 매우 편리한 웹 솔루션입니다. TECHNURI™가 제공하는 다양한 기능은 아래와 같은 방법으로 회원으로 등록하여 사용하실 수 있습니다.

[회원 가입절차]

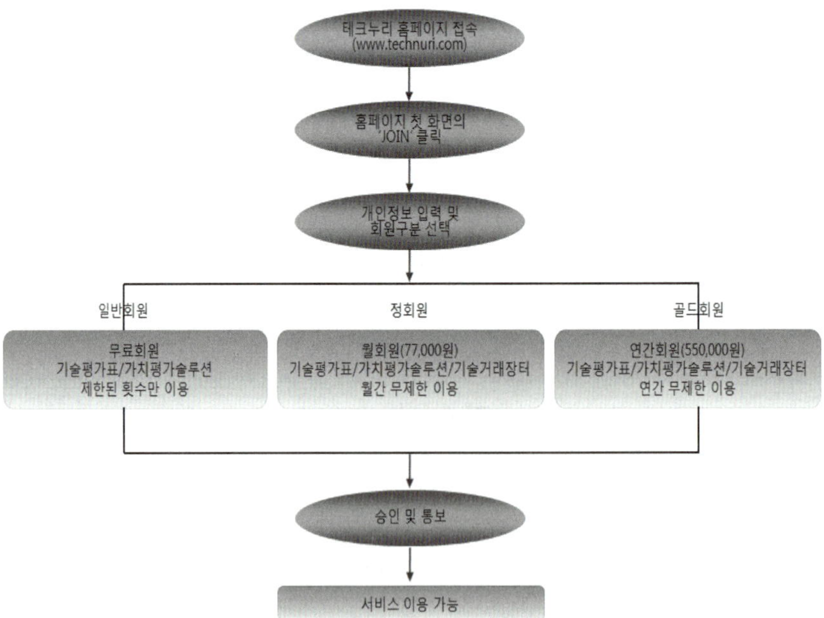

2) 로그인 및 프로젝트 개시

가) 인터넷 브라우저를 열고 테크누리 홈페이지(www.technuri.com)로 접속합니다.

나) 최초에 회원가입을 한 후에는 ID와 비밀번호를 입력하여 로그인합니다.

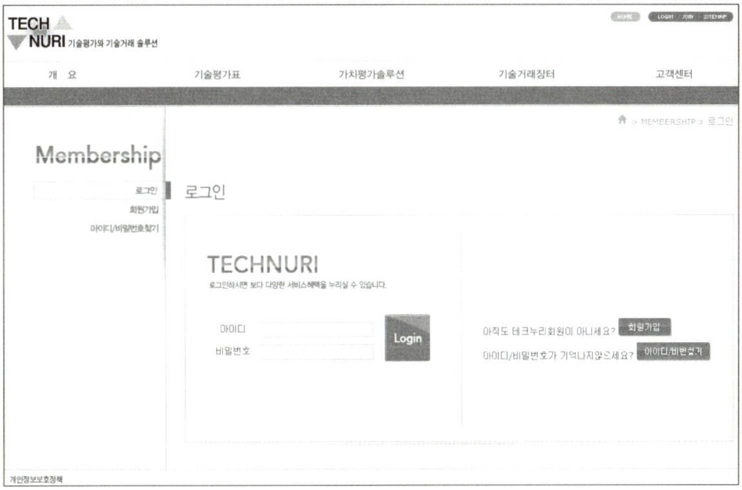

다) 기술평가표 및 가치평가솔루션은 프로젝트 목록으로 들어가서 우측상단에 있는 'Project 추가' 버튼을 클릭하여 각각의 초기화면으로 이동합니다.

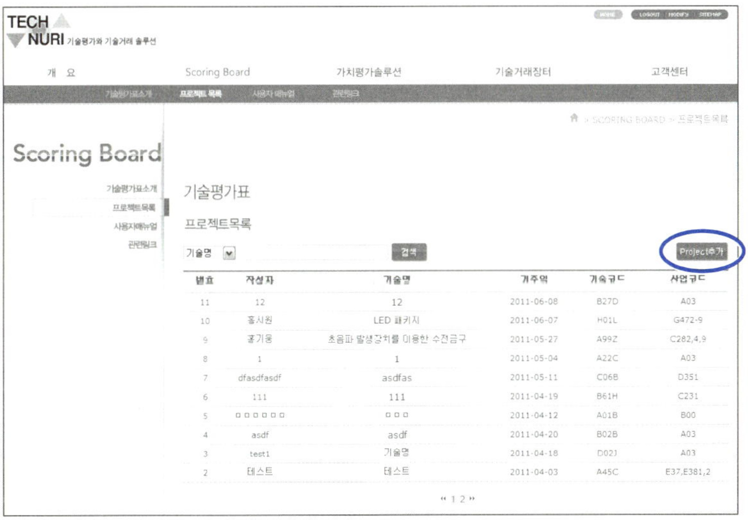

라) 가치평가솔루션 'Project 추가'는 기술평가표와 동일한 방법으로 구동됩니다.

마) 기술거래장터는 별도의 프로젝트 목록이 존재하는 것은 아니고, 개별 특허내용을 기술분야별 혹은 기관유형별로 search 할 수 있습니다.

바) 기술거래장터에서는 필요한 경우 '상세문의' 창을 통해 추가적인 정보를 요구할 수 있습니다.

제2편 기술평가표 시작하기

1. 사전 자료준비

TECHNURI™의 기술평가표를 시작하기 전에 사용자는 다음의 자료들에 대한 사전 준비를 하도록 권장합니다. 잘 준비된 자료들은 결과의 신뢰성을 향상 시킬 수 있으며, 사전 자료준비는 합리적인 가정을 설정하는 데 많은 도움이 됩니다.

특히, 본 기술평가표를 사용자의 자가진단 목적이 아니라 특허법인 다나와 비전밸류컨설팅의 전문가과 함께 객관적으로 진행하고자 하는 경우에는 이러한 자료가 평가결과에 직접적인 영향을 미칩니다(아래 사전 자료준비로 제시된 항목은 권장사항일 뿐 필수항목은 아닙니다).

가. 공통 자료

1) 해당 기술의 국제특허분류(IPC)에 의한 분류번호
2) 해당 산업의 한국표준산업분류(KSIC)에 의한 분류번호
3) 국내외에 특허 출원된 경우 출원/ 공개/ 등록 공보
4) 평가대상 기술의 기술성, 권리성, 시장성, 사업성과 관련하여 기존에 실시된 평가자료

나. 지표별 자료

1) 기술성 지표

가) 해당 기술 분야의 동향자료

- 해당 기술의 발전 동향
- 해당 기술의 기술동향과의 부합성

나) 해당 기술의 특징자료

- 종래 기술과 대비 해당 기술의 차별성
- 해당 기술의 연구 단계
- 해당 기술의 사용 용도의 다양성

다) 연구자의 연구수행능력 관련자료

2) 권리성 지표

가) 해당 기술이 특허 출원된 경우 특허 출원 관련 자료

- 해당 기술의 특허 출원 경과(특허청의 의견제출통지서 등)
- 해당 기술의 관련 특허 출원 건수(국내 및 해외 출원)
- 해당 기술의 특허 공개공보 또는 등록공보

나) 해당 기술이 특허 출원되지 않은 경우 영업 비밀 관련 자료

- 해당 기술의 경제적 가치 유무
- 해당 기술의 비밀 유지 관련 자료

3) 시장성 지표

가) 해당 기술의 사업화와 관련된 산업 및 업종에 관한 분석자료

나) 최근 해당 산업의 현황 및 추세 정보

- 산업의 라이프사이클 현황
- 산업의 현재 국내외 시장규모 및 경쟁상황
- 산업의 진입장벽과 관련된 법적 제도적 규제/지원

다) 해당 산업의 향후 전망자료

- 산업의 향후 국내외 시장규모
- 산업의 향후 성장가능성

4) 사업성 지표

가) 사업화 주체가 정해진 경우 해당 기업 정보

- 인터넷 등에 공개된 기업정보 자료
- 대표이사 경력, 경영진 현황, 조직 및 인력구성 등
- 영업전담 부서 및 인력, 보유설비 및 외주가공 현황
- 해당 기업의 과거 재무제표

나) 기술의 투자안에 대한 사업계획서

- 매출 계획, 원가 및 비용계획, 시설투자 계획 등 관련자료
- 투자안의 경제성과 관련된 위험요인에 대한 자료

다) 사업화 주체가 미정인 경우 사업화 진행 정도와 관련된 자료

- 기술이전, Spin-off, Joint Venture 등 사업화 관련 계약진행 현황
- 동종업종의 매출 및 수익성 추정자료

2. 기술평가표의 시작(공통 부분)

가. 화면 구성

프로젝트 목록 화면의 우측 중간에 위치한 'Project추가' 버튼을 누르면 다음과 같은 화면이 나타납니다.

1) 기술정보 기본내용 기재(기술명, 작성자, 작성일, 용도 및 목적, 평가기준일, 메모)
2) G1. 기술분류 기술코드 대분류 및 중분류 선택 후 팝업내용 선택
3) G1. 기술분류 산업코드 대분류 및 중분류 선택
4) G2. 권리현황 진행사항 선택

("미출원" 선택한 경우는 세부셀 내용이 N/A로 표시되고, "출원, 공개, 등록"을 선택한 경우는 세부셀에서 "국내출원, PCT출원, 해외출원" 추가 선택)

5) G3. 제품화진행단계는 "연구개발, 시제품, 출시" 중에서 선택
6) G4. 사업화 주체는 "확정, 미확정" 중 선택

- 프로젝트 정보를 입력하고 '확인' 버튼을 눌러 입력된 내용을 확인한 후 좌측하단의 "기술성, 권리성, 시장성, 사업성" 버턴 중 "기술성" 버턴을 눌러 화면 이동한 후 개별지표를 선택하기 시작합니다.

나. 프로그램의 구동

프로그램의 구동을 위하여 사전에 웹 브라우저의 옵션 메뉴에서 다음 사항을 점검하여야 합니다.

- 보안 설정

도구 → 인터넷 옵션 → 개인정보 보안 수준을 '보통'으로 설정하십시오.

- 팝업 설정

도구 → 팝업 차단 → "팝업 차단 설정 안함"으로 설정하십시오.

[Active X 콘트롤]
☞ 먼저 인터넷 옵션 창에서 [보안] 탭을 선택합니다.
☞ [보안수준설정]을 클릭해서 허가된 Active X 콘트롤의 실행을 허용합니다.

제3편 지표별 설명

1. 기술성 지표

가. 화면 구성

기술평가표

기술성

*아래 지표의 제목 부분을 누르면 각 지표에 대한 보다 자세한 설명이 나타납니다.
또한 평점 좌우 측의 (-), (+) 버턴을 눌러 점수를 추가적으로 조정할 수 있습니다

구분	지표	점수	평가내용	평점
일반사항	A1. 기술수명주기상의 위치	9	도입기의 기술로 상당기간 활용 가능함	- 9 +
		7	성장기의 기술로 활용 검증됨	
		5	성숙기의 기술로 활용도 약해지고 있음	
		3	도입기 또는 성장기의 기술로 활용 검증 필요함	
		1	쇠퇴기의 기술이고 활용이 제한적임	
	A2. 기술동향과의 부합성	9	기술군의 발전방향에 부합되며 선도기술임	- 5 +
		7	기술군의 발전방향에 부합되지만 경쟁기술 존재함	
		5	기술군의 발전방향에 부합되지만 대체기술이 일부(3개 이하) 존재함	
		3	기술군의 발전방향에 부합되지만 대체기술이 다수(3개 이상) 존재함	
		1	기술군의 발전방향에 배치되기는 하나 활용을 기대할 수 있음	
	A3. 선행기술 대비 기술의 차별성	9	새로운 개념을 제시한 기본발명으로 경쟁기술 없음	- 7 +
		7	경쟁기술 대비 기능 및 성능이 우수함	
		5	경쟁기술 대비 기능 및 성능이 유사함	
		3	경쟁기술 대비 기능 및 성능이 다소 미흡하나 보완 가능함	
		1	경쟁기술 대비 기능 및 성능이 미흡하여 차별적 장점이 실질적으로 없음	
	A4. 추가 기술개발 필요성	9	상용화에 6개월 정도의 추가 기술개발이 필요	- 1 +
		7	상용화에 1년 정도의 추가 기술개발이 필요	
		5	상용화에 3년 정도의 추가 기술개발이 필요	
		3	상용화에 5년 정도의 추가 기술개발이 필요	
		1	상용화에 5년 이상의 추가 기술개발이 필요	

기술평가표의 기술성 지표는 다음과 같은 방법을 통해서 평점을 선택합니다.

- 개별 지표의 제목부분을 누르면 각 지표에 대한 보다 자세한 설명이 나타납니다. 필요한 경우 지표의 설명과 함께 IPC 출원건수 등 과거자료가 테이블 및 그래프 형태로 지원됩니다.
- 지표 설명을 참조하여 해당기술의 평가내용에 적절하다고 판단되는 지문을 클릭하여 1점에서 9점까지 점수를 선택합니다.

- 평점 좌우 측의 (−), (+) 버턴을 눌러 평점을 추가적으로 조정할 수 있습니다.
- 이와 같은 방법으로 모든 지표의 평점을 선택하면 기술성 합계가 TECHNURI™의 자체 로직에 따라 계산되어 최종점수로 하단에 나타나게 됩니다.

나. 지표설명

A1. 기술수명주기상의 위치

기술수명주기상의 위치는 평가대상기술이 속하는 기술군의 발전단계를 "도입기 → 성장기 → 성숙기 → 쇠퇴기" 중 어디에 해당하는지를 선택하는 것임. 여기서 "활용 검증" 이라 함은 기술군에서 제품화 사례가 있는 경우를 의미합니다. 상당 기간 활용 가능한 것은 기술분야 별로 다르며 화학, 바이오, 기계 분야의 기술인 경우 대체로 15년 이상, IT 분야의 경우에는 5년 정도 활용 가능하다는 것을 의미합니다.

평가대상기술이 속하는 기술군의 발전단계를 정하기 어려운 경우 다음의 IPC 서브클래스별 특허출원의 연평균증가율 참조하세요.

- 도입기의 기술은 특정 IPC 서브클래스(예를 들면 항체치료제인 경우 A61K, 바이오칩은 C12Q)의 특허출원건수(PCT출원 기준)의 연평균증가율이 5~10%
- 성장기의 기술은 특정 IPC 서브클래스의 특허출원건수(PCT출원 기준)의 연평균증가율이 10% 이상
- 성숙기의 기술은 특정 IPC 서브클래스의 특허출원건수(PCT출원 기준)의 연평균증가율이 1~5%
- 쇠퇴기의 기술은 특정 IPC 서브클래스의 특허출원건수(PCT출원 기준)의 연평균증가율이 1% 미만

(예를 들어 바이오칩의 경우 IPC 서브클래스는 C12Q로서 PCT 출원건수는 2005년 3,061건, 2006년 3,147건(연증가율 2.8%), 2007년 3,414건(연증가율 8.4%), 2008년 3,156건(-7.6%)이나, 2008년은 세계경제위기로 인해 출원건수가 全기술분야별로 감소추세를 나타냄. 따라서 2006년 및 2007년 연평균증가율을 고려할 때 바이오칩 기술은 제품화 사례가 있으면서 도입기 및 성장기 사이의 기술에 해당)

A2. 기술동향과의 부합성

평가대상기술이 관련 기술이 속하는 기술군의 발전방향에 맞고 선도기술인지의 여부는 다음의 특성을 고려하여 선택합니다. 이때 기술군의 정의는 예를 들면 바

이오칩, 항체치료제로 특정될 수 있으나 이의 상위개념인 IPC 서브클래스 수준으로 정할 수도 있습니다.

- 기술의 발전방향에 부합되는 것은 평가대상기술이 속하는 IPC 서브클래스(예: C12Q)의 특허출원의 연평균증가율이 앞의 서브클래스가 속하는 상위분류인 IPC 서브섹션(예: C12)의 특허출원의 연평균증가율을 앞서거나 대등한 수준이면 이에 해당함. → 특허출원건수 자료제공

(예를 들면 서브클래스 C12Q의 2007년 기준 연평균 증가율이 8.4%이었으며, 서브섹션 C12의 2007년 기준 연평균 증가율은 10.9%를 나타냄)

- 선도기술은 경쟁 또는 대체기술이 없는 것을 의미하며, 경쟁기술은 평가대상기술과 기술적 경쟁관계에 있는 기술을 의미함. 경쟁기술의 선정기준은 용도, 목적, 효과 등에서 유사성 및 관련성을 갖는 기술임.

(예를 들어 점착제 조성물 관련 기술이라도 디스플레이 장치의 편광판과 LCD 모듈을 접착시키기에 특이적인 기술은 선도기술에 해당될 것이며, 이와 같은 특정용도에 특이적인 기술이라도 경쟁제품이 있는 경우에는 경쟁기술이 존재하는 것에 해당됨. 대체기술은 현재는 타 분야에서 사용되고 있거나 제시된 기술이나 응용을 통해 평가기술과 유사한 용도, 목적 효과를 실현할 수 있는 기술임)

A3. 선행기술 대비 기술의 차별성

평가대상기술이 원천기술에 해당하는지의 여부를 판단하는 것으로 새로운 개념을 제시한 기본발명은 원천기술을 의미합니다. 경쟁기술은 A2.지표에서 정의한 바와 같이 평가대상기술과 기술적 경쟁관계에 있는 기술을 의미합니다. 이때 평가대상기술과 경쟁기술 간의 대비하는 시점은 평기시점 기준입니다.

(경쟁기술 대비 성능이 우수한 경우는 예를 들어 점착제 조성물의 경우 점착력이 종래기술 대비 10% 이상의 효과를 나타내는 경우이며, 성능 유사한 경우는 종래기술 대비 9~0%의 효과를 나타내는 경우, 다소 미흡한 경우는 종래기술 대비 -1~-9%, 미흡한 경우는 종래기술 대비 -10% 이하인 경우임. 다만 점착력 이외에 다양한 물성, 예를 들어 내열성, 내흡습성이 요구되는 경우 이와 같은 물성을 종합적으로 고려하여 판단함)

A4. 추가 기술개발 필요성

현재 기술개발 수준 및 완성도를 기준으로 평가하고 상용화 수준의 신뢰성 및 안정성을 확보하는 것을 전제로 평가합니다. 추가기술개발 기간은 예를 들면 기술이전 후 추가 연구개발을 시작하는 시점부터 어느 정도의 기간이 소요될 것인지를 평가합니다.

(화학발명의 경우 발명의 내용 및 연구개발 상태에 따라 상품화될 때까지 소요되는 기간이 달라질 수 있으므로 이를 종합적으로 고려하여 판단함. 연구개발 단계는 시제품 테스트 결과 기술 실현성 입증 → 시제품 제작 → 연구개발 완료 → 연구개발 진행 중 → 아이디어 단계로 구분하여 선택하고 여기에 발명의 내용이 상당한 scale-up에 필요한 시간 등을 고려하여 판단함)

A5. 연구자 수행능력

평가대상기술을 개발한(할) 연구자의 수행능력을 평가하는 항목으로서, 평가대상기술을 개발한 연구자 및 추가기술개발이 필요한 경우 이를 수행할 연구자가 동종업종 근무경력 일정 기간을 보유하고 있는지에 따라 판단합니다. 이때 동종업종의 해당여부는 A2.의 기술군에 해당하는지의 여부에 따라 판단합니다.

- 학력의 경우 해당 전공학과의 석사의 경우 1년, 박사의 경우 3년의 근무경력에 해당하는 것으로 가산함
- 변리사 또는 기술사자격증을 소지한 경우 2년의 근무경력으로 인정함

다만, 근무경력이 다소 미진하나 첨단분야에 종사하는 젊은 연구자의 역량을 반영하기 위해 박사학위 이상의 최종학위 및 발표한 논문/특허의 건수를 기준으로 평가합니다.

A6. 기술의 확장성

평가대상기술의 응용범위에 대한 판단을 하는 지표로서 평가대상기술에 대해 복수의 IPC 부여 여부, 새로운 용도(타 질환 포함)의 적용 가능성, 특허의 독립청구항수 등을 참고하여 선택합니다.

원천기술인 기본기술에 가까울수록 그 적용범위가 넓어지는 것이 일반적이므로 바이오, 화학 관련 기술인 경우 의약, 식품, 의료기기 등 여러 용도를 갖는 물질특허의 경우 최상위 점수를 부여합니다. 따라서 물건, 물질 또는 조성물 자체에

대한 기술로서 한 가지 이상의 용도를 갖는 경우 최상위 점수를 부여합니다. (예를 들어 혈압을 낮추는 기능을 갖는 신규한 성분 X는 고혈압치료제로서 사용될 수 있으면서도 기능성 식품으로 사용 가능하므로 최상위 점수 부여)

2. 권리성 지표

가. 화면 구성

기술평가표

권리성 ; 출원

*아래 지표의 제목 부분을 누르면 각 지표에 대한 보다 자세한 설명이 나타납니다.
또한 평점 좌우 측의 (-), (+) 버튼을 눌러 점수를 추가적으로 조정할 수 있습니다

구분	지표	점수	평가내용	평점
권리성	B1. 권리의 안정성	9	유사 선행기술이 없으며, 권리 무효화 가능성 낮음	- 3 +
		7	유사 선행기술 소주 존재하나, 권리 무효화 가능성 낮음	
		5	유사 선행기술 존재하며, 권리 제한 가능성 있음	
		3	유사 선행기술 다수 존재하여 권리 유지 불확실	
		1	동일 또는 유사 선행기술 존재하며 권리 무효화 가능성 높음	
	B2. 권리구성의 적절성	9	핵심과 주변 모두에 대해 특허풀이 충실히 구성	- 9 +
		7	핵심과 주변 일부에 대해서만 특허풀이 충실히 구성	
		5	핵심에 대해서만 특허풀이 충분히 구성	
		3	핵심에 대해서만 특허풀이 구성되어 있으나 불충분	
		1	특허풀이 구성되어 있지 않음	
	B3. 침해확인용이성	9	별도의 시험 분석 없이 침해여부 용이 파악	- 9 +
		7	간단한 시험 분석에 의해 침해여부 용이 파악	
		5	복잡한 시험 분석에 의해 침해여부 파악	
		3	매우 정교한 시험 분석에 의해 침해여부 파악	
		1	침해 여부 파악 불가능	
	B4. 권리존속기간	9	권리 만료시까지의 기간이 15년 이상 남은 경우	- 9 +
		7	권리 만료시까지의 기간이 10~15년 남은 경우	
		5	권리 만료시까지의 기간이 5~10년 남은 경우	
		3	권리 만료시까지의 기간이 3~5년 남은 경우	
		1	권리 만료시까지의 기간이 3년 미만 남은 경우	

기술평가표의 권리성 지표는 다음과 같은 방법을 통해서 평점을 선택합니다.

- 개별 지표의 제목부분을 누르면 각 지표에 대한 보다 자세한 설명이 나타납니다.
- 기본정보의 G2 지표에서 "미출원"을 선택한 경우와 나머지 "출원, 공개, 등록"을 선택한 경우에는 각각 다른 지표가 나타납니다. "미출원"의 경우에는 "B6

~B8", 나머지 "출원, 공개, 등록"의 경우에는 "B1~B5"의 지표로 평가합니다.

- 지표 설명을 참조하여 해당기술의 평가내용에 적절하다고 판단되는 지문을 클릭하여 1점에서 9점까지 점수를 선택합니다.
- 평점 좌우 측의 (−), (+) 버턴을 눌러 평점을 추가적으로 조정할 수 있습니다.
- 이와 같은 방법으로 모든 지표의 평점을 선택하면 권리성 합계가 TECHNURI™의 자체 로직에 따라 계산되어 최종점수로 하단에 나타나게 됩니다.

나. 지표설명

B1. 권리의 안정성

평가대상기술 관련 권리의 법적 안정성을 평가합니다. 보유특허가 등록되었다고 하더라도 그 권리의 무효 가능성은 존재하기 때문에 이를 살펴볼 필요가 있습니다.

권리의 안정성에 대하여 정확한 판단을 위해서는 특허법률사무소 등의 전문조사기관에 관련 특허의 선행기술조사를 의뢰하여 조사 결과를 참조하여 동일 또는 유사 선행기술에 대한 차별성을 검토하여 평가합니다. 여기서 동일 선행기술이란 출원된 발명의 내용과 동일하여 신규성을 부정할 수 있는 선행기술을 의미하고, 유사 선행기술이란 출원된 발명의 내용과 동일하지는 않으나 일부 중복되는 내용이 기재되어 있어 진보성을 부정할 수 있는 선행기술을 의미합니다.

만일 별도의 선행기술조사를 의뢰하지 않은 경우 약식으로 하기 내용을 검토하여 평가합니다.

- 선행기술과 관련 없는 거절이유는 명세서 및 청구범위의 기재와 관련된 거절이유로 특허법 제42조 제3항 또는 제4항, 제45조와 관련된 거절이유로 특허청에서 송달받은 의견제출기회통지서에서 확인함.
- 선행기술과 관련 있는 거절이유는 신규성 또는 진보성 관련 거절이유로 특허법 제29조 제1항 또는 제2항과 관련된 거절이유로 특허청에서 송달받은 의견제출기회통지서에서 확인함.
- 등록이 유지 중이라는 것은 특허청으로부터 등록결정서를 받았거나, 등록료 또는 년차료를 납부하여 등록이 유효한 상태로 존재하는 경우임.

B2. 권리구성의 적절성

평가대상기술과 관련하여 관련 특허풀을 적절히 구성하고 있는지를 평가합니다. 개발기술의 일부분에 해당하는 핵심에 대해서만 권리를 확보하고 있고, 그 주변 기술에 대하여 권리를 확보하지 못하고 있는 경우에는 권리가 기술을 충분히 뒷받침하지 못합니다. 평가대상기술에 대한 권리공백이 생기지 않도록 다양한 측면에서 특허출원 또는 등록 권리를 확보하고 있는지 여부와 해외 출원을 통해 권리를 확보하고 있는지 등을 종합적으로 고려하되 하기 예시를 참조하여 평가합니다.

- 핵심과 주변 모두에 대하여 특허풀이 충실히 구성되었다는 것은 핵심적 요소에 대해서 2건 이상, 관련 주변 기술에 대해서 적어도 3건 이상의 국내특허출원을 확보하고, 관련 해외출원(PCT출원 포함)을 3건 이상 확보하고 있다는 것을 의미함.
- 핵심과 주변 일부에 대하여 특허풀이 충실히 구성되었다는 것은 핵심적 요소에 대해서 1건 이상, 관련 주변 기술에 대해서 적어도 2건 이상의 국내특허출원을 확보하고, 관련 해외출원(PCT출원 포함)을 2건 이상 확보하고 있다는 것을 의미함.
- 핵심에 대해서만 특허풀이 충분히 구성되었다는 것은 핵심적 요소에 대해서 2건 이상의 국내특허출원을 확보하고, 관련 해외출원(PCT출원 포함)을 1건 이상 확보하고 있다는 것을 의미함.
- 핵심에 대해서만 특허풀이 구성되었으나 불충분하다는 것은 관련 기술에 대하여 2건 이하의 국내 출원만 확보하고 있다는 것을 의미함.
- 특허풀이 구성되어 있지 않다는 것은 국내 특허출원 1건만이 출원된 경우임.

B3. 침해확인 용이성

특허권 침해를 이유로 권리를 행사하기 위해서는 특허권자가 제3자의 실시 제품 또는 방법이 자신의 특허권의 권리범위에 속한다는 것을 입증하여야 하므로 침해확인의 용이성은 권리 행사에 중요한 의미를 가집니다. 제3자의 실시 제품 또는 방법이 자신의 특허권의 권리범위에 속하기 위해서는 청구범위에 기재된 모든 내용이 제3자의 실시제품 또는 방법에 포함되어 있어야 합니다. 이와 같은 내용을 고려하여 자신의 청구범위에 기재되어 있는 내용이 제3자 실시 제품 또는 방법에 포함되는지 여부를 판단하는 것이 용이한지 여부를 기준으로 판단합니다.

- 청구범위에 한정되어 있는 발명의 구성이 예를 들어 물품의 외관에 있어서, 물건의 외관 형상만으로도 쉽게 침해여부를 확인할 수 있는 경우가 별도의 시험 분석 없이 침해 여부 용이 파악한 경우에 해당함.
- 청구범위에 한정되어 있는 발명의 구성이 예를 들어 A와 B성분을 포함하는 조성물이면 침해 대상품의 A와 B를 포함하는지 여부는 시험 분석에 의하여 파악할 수 있으며, 이 경우 시험 분석의 방법의 용이성에 따라 간단, 복잡 및 정교한

시험으로 구분하여 판단함.

- 청구범위에 한정되어 있는 발명의 구성이 예를 들어 제조방법의 특정 조건에 존재하나, 최종 제품만으로는 그 특정 조건하에서 제조되었는지 여부를 확인할 수 없는 경우 침해 여부 파악이 불가능한 경우에 해당함.

B4. 권리 존속기간

특허권은 유한한 권리로서, 특허권은 설정등록일로부터 발생되어, 출원일로부터 20년이 되는 시점에 만료합니다. 권리를 행사할 수 있는 기간이 길수록 권리성은 우수하다고 평가할 수 있습니다. 따라서 출원일자를 확인하고 출원일자로부터 20년이 되는 시점까지의 기간을 설정하여 평가합니다.

- 권리존속기간은 일반사항의 "G2. 권리현황"에서 입력한 출원일로부터 자동계산되어 자료제공(의약품 등의 경우에는 5년 연장되는 경우 별도로 감안하여야 함)

B5. 청구범위의 광협

기술 자체가 뛰어난 기술이라고 하여도 해당 기술을 한정적으로 청구범위에 기재한 경우 권리 행사가 제한될 수 있습니다. 청구범위가 잘 기재되었는지 여부는 변리사 등의 자문을 구하여 판단하는 것이 원칙이며, 일반적으로 하기와 같은 내용으로 판단합니다.

- 매우 잘 기재된 경우(예: 핵심내용을 포함한 구성요소가 포괄적으로 잘 설정되어 있으며, 실시예에 대한 충분한 기재, 다양한 형태의 청구항 기재 등 최적의 상태로 청구항이 기재된 경우)
- 잘 기재된 경우(예: 핵심내용을 잘 반영하고는 있으나, 최적의 상태에 비해 부분적으로 미진한 측면이 있는 경우)
- 핵심내용은 반영하고 있으나 미진한 경우(예: 특허기술의 핵심 내용을 반영하고 있으나 전체적으로 미진한 측면이 있는 경우)
- 청구항을 제한적으로 기재한 경우(예: 청구항에 핵심내용을 기재하고는 있으나 제한적으로 기재하여 회피가 용이한 경우)
- 핵심 내용이 빠져 있는 경우(예: 발명 명세서 작성시 청구항에 특허기술의 핵심 내용이 빠진 상태로 출원 등록되었거나, 등록 과정에서 보정에 의해 핵심내용이 제외되는 경우 등)

다만 변리사 등의 도움을 받지 못하는 경우 하기와 같은 내용을 고려하여 판단합니다.

- 청구범위는 크게 물건, 물건의 제조방법 또는 방법의 3가지 형태로 구분할 수 있으며, 이는 청구범위의 말미에 따라 구분함. 예를 들어 물건 청구항은 ~ 화합물, ~ 조성물 등 청구범위 말미가 물건으로 종결되는 청구항이고, 물건의 제조방법 청구항은 화합물 X를 제조하는 방법 등이며, 방법청구항은 ~ 화합물 X를 ~에 사용하는 방법 등임.

B6. 영업비밀 권리 발생 여부

기술이 미 출원인 경우 영업비밀로서 보호를 받을 수 있으나, 이 경우 영업비밀의 하기와 같은 요건이 충족되어야만 권리가 발생합니다.

가. 평가대상 기술이 영업활동에 유용한 기술상 정보에 해당한다.

"유용"하다는 의미는 정보 보유자뿐만 아니라 경쟁자에게도 유용한 정보여야 하고, 제3자가 정보보유자 이외의 다른 루트를 통하여 그 정보를 쉽게 입수할 수 있는 경우 유용성은 인정되지 않는다.

나. 평가대상 기술은 독립적인 경제적 가치를 가진다.

"독립적"이라는 의미는 정보 자체로서 경제적 가치를 가지면 족하고, 그 정보가 완성된 상태이어야 한다는 것은 아니다. "경제적 가치"란 그 정보 보유자가 그 정보를 입수하지 못한 경쟁자에 대하여 그 정보를 사용하여 경쟁상 이익을 얻을 수 있거나, 경쟁자가 그 정보를 입수하기 위하여 상당한 비용이나 노력이 필요한 경우를 의미한다.

다. 상당한 노력을 투입하여 대상 기술을 비밀로 관리하고 있다.

정보 보유자에게 그 정보를 비밀로 관리하고자 하는 비밀관리의사가 있어야 하고, 정보보유자가 상당한 노력을 투입하여 그 정보를 비밀로 관리하는 조치를 실제로 취하고 있어야 한다. 구체적으로는 최소한 그 정보가 비밀이라고 인식될 수 있는 표시를 하거나 고지를 하고, 그 정보에 접근할 수 있는 대상자나 접근방법을 제한하거나 그 정보에 접근한 자에게 비밀준수의무를 부과하는 등의 객관적으로 그 정보가 비밀로 유지 관리되고 있다는 사실이 인식 가능한 상태이어야 한다.

B7. 침해확인 용이성

특허권 침해를 이유로 권리를 행사하기 위해서는 특허권자가 제3자의 실시 제품 또는 방법이 자신의 특허권의 권리범위에 속한다는 것을 입증하여야 하므로 침해확인의 용이성은 권리 행사에 중요한 의미를 가집니다. 제3자의 실시 제품 또는 방법이 자신의 특허권의 권리범위에 속하기 위해서는 청구범위에 기재된 모든 내용이 제3자의 실시 제품 또는 방법에 포함되어 있어야 합니다. 이와 같은 내용을 고려하여 자신의 청구범위에 기재되어 있는 내용이 제3자 실시 제품 또는 방법에 포함되는지 여부를 판단하는 것이 용이한지 여부를 기준으로 판단합니다.

- 청구범위에 한정되어 있는 발명의 구성이 예를 들어 물품의 외관에 있어서, 물건의 외관 형상만으로도 쉽게 침해여부를 확인할 수 있는 경우가 별도의 시험 분석 없이 침해 여부 용이 파악한 경우에 해당함.
- 청구범위에 한정되어 있는 발명의 구성이 예를 들어 A와 B성분을 포함하는 조성물이면 침해 대상품의 A와 B를 포함하는지 여부는 시험 분석에 의하여 파악할 수 있으며, 이 경우 시험 분석의 방법의 용이성에 따라 간단, 복잡 및 정교한 시험으로 구분하여 판단함.

청구범위에 한정되어 있는 발명의 구성이 예를 들어 제조방법의 특정 조건에 존재하나, 최종 제품만으로는 그 특정 조건 하에서 제조되었는지 여부를 확인할 수 없는 경우 침해 여부 파악이 불가능한 경우에 해당합니다.

B8. 비밀관리성

영업 비밀은 비밀이 철저하게 관리될수록 권리 존속 기간이 길어지고, 권리의 강도가 크다고 할 수 있습니다. 따라서 설문에 따라 평가 대상 기술의 비밀이 유지되고 있는 정도를 평가합니다. 평가방식은 예외적으로 다음 각 항목별 Yes/No 지문으로 Yes 항목당 1점씩 부가하여 점수 도출합니다.

- 비밀관리 기술과 비관리 대상을 분류하고 있음.
- 대상 기술에 관련된 문서나 파일에 비밀관리대상이라는 사실(대외비 등)을 표기
- 비밀정보 관리대장을 만들고 관리자를 지정하고 있음.
- 비밀정보를 접근제한 장소에 보관하고 시건 장치 등 접근 차단장치를 설치하고 있음.
- 비밀정보를 접근하고 열람할 수 있는 권한을 가진 자를 제한하고 있음
- 입사 시 전 종업원으로부터 비밀유지 서약서를 받고 있음.
- 종업원을 대상으로 영업비밀에 관한 교육을 정기적으로 실시하고 있음.
- 중요한 프로젝트의 참여자와 비밀유지서약서를 별도로 체결하고 있음.
- 퇴직자에게 비밀유지의무를 주지시키고 비밀유지 서약서를 받고 있음.
- 퇴직자에게 비밀관련 자료를 회수하고, 미 반환자료가 없다는 확인서를 받고 있음.

3. 시장성 지표

가. 화면 구성

기술평가표

시장성

*아래 지표의 제목 부분을 누르면 각 지표에 대한 보다 자세한 설명이 나타납니다.
또한 평점 좌우 측의 (-), (+) 버튼을 눌러 점수를 추가적으로 조정할 수 있습니다

구분	지표	점수	평가내용	평점
시장성	C1. 산업 수명주기	9	소비자 또는 수요기업의 수용범위가 확대되어 매출이 증가되는 성장기	- 7 +
		7	경쟁우위를 보유한 업체 위주로 시장구조의 안정화를 이룬 성숙기	
		5	연구개발을 통해 완성된 제품의 출시가 개시되는 도입기	
		3	제품의 출시가 아직 이루어지지 않은 R&D기	
		1	시장수요가 감소하여 대부분의 기업이 철수하는 쇠퇴기	
	C2. 현재 시장규모	9	평가일 현재시점에서 시장규모가 1조원 이상	- 3 +
		7	평가일 현재시점에서1000억 이상 1조 미만	
		5	평가일 현재시점에서100억 이상 1000억 미만	
		3	평가일 현재시점에서 시장규모 100억 미만	
		1	현재는 형성된 시장이 없음	
	C3. 시장 형성 가능성	9	제품 개발후 출시 시점에서 시장규모 1조 이상	- N/A +
		7	제품 개발후 출시 시점에서 시장규모 1000억 이상 1조 미만	
		5	제품 개발후 출시 시점에서 시장규모 100억 이상 1000억 미만	
		3	제품 개발후 출시 시점에서 시장규모 100억 미만	
		1	제품 개발후 출시 시점에도 시장형성 가능성 낮음	
	C4. 경쟁 상황	9	소수의 경쟁업체만 있고 선도업체도 없음	- 0 +
		7	다수의 경쟁업체가 있지만 선도업체는 없음	
		5	선도업체가 있지만 후발업체도 시장을 분할하고 있음.	
		3	몇몇의 선도업체가 시장의 대부분을 과점하고 있음.	
		1	확실한 선도업체가 시장의 대부분을 독점하고 있음.	

기술평가표의 시장성 지표는 다음과 같은 방법을 통해서 평점을 선택합니다.

- 개별 지표의 제목부분을 누르면 각 지표에 대한 보다 자세한 설명이 나타납니다 필요한 경우 지표의 설명과 함께 KSIC의 재무자료가 테이블 및 그래프 형태로 지원됩니다.
- 시장성 지표의 경우 "C2. 현재시장규모" 지표의 선택상황에 따라 이후 지표의 활성화가 다르게 나타납니다. 만약 "현재는 형성된 시장이 없음(1점)"을 선택한 경우에는 "C3. 시장형성가능성"만 활성화되고 나머지 "C4~C6"까지의 지표는 비활성화됩니다.
- 지표 설명을 참조하여 해당기술의 평가내용에 적절하다고 판단되는 지문을 클릭하여 1점에서 9점까지 점수를 선택합니다.

- 평점 좌우 측의 (−), (+) 버턴을 눌러 평점을 추가적으로 조정할 수 있습니다.
- 이와 같은 방법으로 모든 지표의 평점을 선택하면 권리성 합계가 TECHNURI™ 의 자체 로직에 따라 계산되어 최종점수로 하단에 나타나게 됩니다.

나. 지표설명

C1. 산업수명주기

산업수명주기는 "R&D기→ 도입기→ 성장기→성숙기→ 쇠퇴기" 각 단계별로 다음과 같은 공통된 특성을 보이게 되므로 평가대상 기술제품의 특성에 가장 부합하는 단계를 선택합니다.

- R&D기는 제품이 출시되기 이전의 단계로 향후 시장에 진입하기 위한 제품을 제작하기 위한 기술적인 측면의 연구 및 개발에 소요되는 기간임.
- 도입기는 연구개발을 통해 완성된 제품이 처음으로 시장에 소개되는 단계로 초기 시장진출 단계에서는 대부분 새로운 제품에 민감한 반응을 보이는 조기수용층을 대상으로 시장진입을 시도함.
- 성장기에서는 소비자의 수용범위가 증가함에 따라 기업의 매출과 이익은 확대되기 시작하나, 경쟁자들이 시장에 참여하기 시작하면서 시장경쟁이 격화되기 시작함.
- 성숙기에서는 경쟁력을 확보한 기업만이 생존하는 단계로, 판매신장세가 둔화되나 시장구조가 안정화를 이룬 상태임. 생존기업의 경우 손익구조와 현금흐름 측면에서 상당기간 안정적인 구조가 지속될 수도 있음.
- 쇠퇴기에서는 대체재의 등장, 수요자의 선호도 추락 등 내외부적인 요인에 의해 위기를 맞는 시기임. 이 단계에서는 점차적으로 적자기업이 늘어나고 종국에는 대부분의 업체가 철수하거나 타업종으로의 전환이 이루어짐.

C2. 현재 시장규모

평가기준일 현재시점의 해당산업의 시장규모를 평가자가 판단하여 입력합니다. 이 경우 해당산업의 범위는 일차적으로 한국표준산업분류(KSIC)의 세세분류 코드(예를 들면 플라스틱 업종의 경우 C222)를 기준으로 하되, KSIC의 분류가 부적절하다고 판단되는 경우에는 평가자가 산업의 범위를 재설정할 수 있습니다.

[산업범위 재설정]

－KSIC의 산업분류에 따라 제공되는 위 자료는 본 평가에 적절하지 않은 경우 사용하지 않아도 됨. 단, 이 경우에는 아래 창에 사용자가 산업의 범위를 별도로 정의하여야 함.

(예시) 상기 KSIC 분류에 따라 제공된 "C262 컴퓨터 및 주변장치" 자료는 너무 포괄적이므로 본 평가에서는 "컴퓨터 프린터 제조업"으로 국한하고자 함.

C3. 시장형성 가능성

"C2. 현재 시장규모"에서 "현재는 형성된 시장이 없음"을 선택한 경우에만 활성화되는 문항으로(이 경우 C4, C5, C6는 비활성화됨), 출시시점에서의 해당산업의 시장규모를 평가자가 판단하여 입력합니다. 이 경우 출시시점의 연도는 기술성 지표 중 "A4. 추가기술개발 필요성"에서 선택한 항목과 일관성을 유지해야 합니다.

해당 산업의 범위는 역시 일차적으로 KSIC의 세세분류코드(예를 들면 xxx업종의 경우 C1234)를 기준으로 하되, KSIC의 분류가 부적절한 하다고 판단되는 경우에는 평가자가 산업의 범위를 C2에서 재설정해야 합니다.

C4. 경쟁상황

경쟁상황은 시장에 존재하고 있고 있는 경쟁업체의 수와 독과점의 정도 그리고 선도/후발업체의 분포상황을 고려하려 선택합니다.

- 독점은 재화나 서비스의 공급이 단일기업에 의해서 이루어지는 시장형태이고, 과점은 하나가 아니 소수의 기업에 의해 시장이 지배되는 형태를 말함.
- 독과점의 정도는 일반적으로 소수기업이 시장규모의 과반수를 점하는 경우 독과점이 심한 경우로 간주하고, 그렇지 않은 경우에는 경쟁적인 시장으로 볼 수 있음.
- 시장이 아직 충분히 성숙하지 않은 단계에서는 선도업체가 아직 정해지지 않은 상태에서 소수의 경쟁업체만 존재하여 경쟁상황이 심각하지 않을 것이나, 수요가 확대됨에 따라 서서히 경쟁업체의 수가 증가할 것임.

C5. 진입장벽

진입장벽은 초기투자 부담과 법규 제도적인 규제/지원의 존재 여부로만 판단합니다. 초기투자금액의 기술/산업별 평균액은 KSIC 세세분류 코드에 의한 유형자산 및 개발비 지출액 자료를 참고하되 개별적인 특수성을 고려하세요. 법적 제도적 규제/지원의 경우 현재 시행되고 있거나 향후 시행이 확실한 구체적인 법규 혹은 제도가 있는 경우에만 반영하는 것을 원칙으로 합니다.

이외에도 기존업체의 제품차별화 능력, 규모의 경제, 교체비용 부담 등 다양한 변수들이 진입장벽에 영향을 미칠 수 있으나 이러한 내용은 본 평가표에서의 다른 지표에서 직간접적으로 다루어집니다.

C6. 성장가능성

시장규모의 향후 성장가능성을 판단하는 지표로 향후 5년간의 시장규모 연평균 성장률을 예측하여 번호를 선택합니다. 시장규모 성장률의 지속기간은 예상되는 기술/산업별 수명주기를 참고하여 판단합니다.

해당 산업의 범위는 일차적으로 KSIC의 세세분류 코드(예를 들면 플라스틱 업종의 경우 C222)를 기준으로 하되, “C2”에서 KSIC의 분류가 부적절하다고 판단하여 평가자가 산업의 범위를 재설정한 경우에는 그 산업의 시장규모를 기준으로 판단합니다.

4. 사업성 지표

가. 화면 구성

기술평가표

사업성

*아래 지표의 제목 부분을 누르면 각 지표에 대한 보다 자세한 설명이 나타납니다.
또한 평점 좌우 측의 (-), (+) 버튼을 눌러 점수를 추가적으로 조정할 수 있습니다

구분	지표	점수	평가내용	평점
사업성	D1. 경영자 능력	9	동종업종 근무경력 15년 이상 OR 그외 자격요건 충족함	- 7 +
		7	동종업종 근무경력 10년~15년 OR 그외 자격요건 충족함	
		5	동종업종 근무경력 5년~10년 OR 그외 자격요건 충족함	
		3	동종업종 근무경력 5년 미만 BUT 그외 자격요건 충족함	
		1	동종업종 근무경력이 5년 미만 AND 그외 자격요건도 충족 못함	
	D2. 사업화 전략	9	기존제품과 연계성이 매우 높고 전담 영업부서가 존재	- 7 +
		7	기존제품과 연계성이 높고 전담 영업인력이 있음	
		5	기존제품과 연계성이 있으나 전담 영업인력은 없음	
		3	기존제품과 연계성이 거의 없으나 전담 영업인력이 존재	
		1	기존제품과 연계성이 거의 없고 전담 영업인력도 없음	
	D3. 생산 용이성	9	자체보유설비를 대부분 그대로 활용하여 생산가능	- 7 +
		7	자체보유설비 및 기존 외주업체를 공동으로 활용하여 생산가능	
		5	대부분 기존 외주업체 활용하여 생산가능	
		3	신규로 외주업체를 선정하여 생산가능	
		1	신규 설비투자가 필요하고 외주업체 통한 생산은 불가능	
	D4. 자금 조달력	9	제품 출시까지 필요자금 10억 이하 AND 자체자금 조달능력 50% 이상	- 5 +
		7	제품 출시까지 필요자금 10억 ~100억 AND 자체자금 조달능력 50% 이상	
		5	제품 출시까지 필요자금 10억 이하 AND 자체자금 조달능력 50% 이하	
		3	제품 출시까지 필요자금 10억 ~100억 AND 자체자금 조달능력 50% 이하	
		1	제품 출시까지 필요자금 100억 이상 AND 자체자금 조달능력 불확실	

기술평가표의 사업성 지표는 다음과 같은 방법을 통해서 평점을 선택합니다.

- 개별 지표의 제목부분을 누르면 각 지표에 대한 보다 자세한 설명이 나타납니다. 필요한 경우 지표의 설명과 함께 KSIC의 재무자료가 테이블 및 그래프 형태로 지원됩니다.
- 기본정보의 G4 지표에서 사업화 주체를 "확정"으로 선택한 경우에는 "D1~D6" 지표로, "미확정"을 선택한 경우는 "D76~B8" 지표로 평가합니다.
- 지표 설명을 참조하여 해당기술의 평가내용에 적절하다고 판단되는 지문을 클릭하여 1점에서 9점까지 점수를 선택합니다.
- 평점 좌우 측의 (−), (+) 버턴을 눌러 평점을 추가적으로 조정할 수 있습니다.
- 이와 같은 방법으로 모든 지표의 평점을 선택하면 권리성 합계가 TECHNURI™의 자체 로직에 따라 계산되어 최종점수로 하단에 나타나게 됩니다.

나. 지표설명

D1. 경영자 능력

경영자 능력은 사업화 추진 기업의 경영자가 동종업종에서 근무한 경력을 기준으로 판단하되, 학력 및 자격증 등의 그 외의 자격요건이 근무경력을 보충할 수 있는지를 감안합니다.

- 동종업종은 한국은행 한국표준산업분류(KSIC)상의 세세분류를 기준으로 하되, 기술 및 산업을 특성을 감안하여 평가자가 일부 조정할 수 있음.
- 학력의 경우 해당 전공학과의 석사의 경우 1년, 박사의 경우 3년의 근무경력에 해당하는 것으로 가산함.
- 자격증의 경우 국가공인자격에 해당하는 다음의 자격증에 대해서만 2년의 근무경력으로 인정함. (변호사, 변리사, 회계사, 세무사, 관세사, 감정평가사, 기술사, 건축사)

D2. 사업화 전략

사업화 전략은 여러 가지 요인이 척도가 될 수 있을 것이나, 본 평가의 경우 기존 제품과의 연계성과 전담 영업부서 혹은 인력의 존재 여부만으로 판단합니다. 기존 제품과의 연계성 여부는 IPC 및 KSIC 분류체계를 기준으로 다음과 같이 판단하되 기술 및 산업의 특성을 감안하여 평가자가 일부 조정할 수 있습니다.

- IPC 세세분류 및 KSIC 세세분류가 모두 일치 → 연계성이 매우 높음

- IPC 세분류 및 KSIC 세분류가 일치 → 연계성이 높음
- IPC 세분류 혹은 KSIC 세분류가 일치 → 연계성이 있음
- IPC 세분류 및 KSIC 세분류가 모두 불일치 → 연계성 거의 없음

전담영업부서 혹은 인력은 해당 부서 혹은 인력의 업무시간의 절반 이상을 본 기술제품의 영업을 위해 소요하는 경우 전담 부서 혹은 인력으로 간주하여야 할 것입니다. 단순한 조직도 상의 분류가 아닌 실질적인 업무수행 여부를 기준으로 판단해야 합니다.

D3. 생산용이성

생산용이성은 자체보유설비 및 외주업체의 활용 가능성 여부를 기준으로 판단합니다. 기술 및 산업의 특성에 따라 생산설비를 자체적으로 보유 혹은 외주업체를 활용하는 정도는 차이가 있을 것이나 일반적으로 다음의 기준으로 생산용이성을 판단합니다.

- 자체보유설비를 대부분 그대로 활용할 수 있는 경우가 생산용이성 측면에서 가장 유리함.
- 외주업체를 활용하는 경우에는 본 기술제품 이외에도 회사의 기존제품에 대해 외주의뢰 및 생산 경험이 있는 경우가 유리함.
- 본 기술제품을 위해 신규로 외주업체를 선정해야 하는 경우는 제품 생산에 대한 위험성이 높은 것으로 봄.
- 기술 및 산업의 특성상 외주가공이 적절치 않아 대부분을 자체적으로 신규 설비투자해야 하는 경우에는 생산용이성 측면에서 가장 불리한 것으로 간주함.

D4. 자금조달력

제품 출시까지 추가적인 R&D 및 양산준비기간 동안에 필요한 자금의 규모 및 이에 대한 자체조달능력을 기준으로 판단합니다.

- 추가적인 R&D 및 양산준비기간은 기술성 지표 중 "A4. 추가개발 필요성"의 기간에 필요한 자금을 의미함.
- 해당 기술의 사업에 필요한 투자자금의 규모를 예측하고, 이에 대해 기존제품의 판매를 통해 유입되는 자금 및 자기자본의 증자 등을 통해 자체적으로 조달가능한 자금의 비중을 고려하여 판단함.

D5. 판매가능성

출시 이후 해당산업의 시장규모 및 시장점유율 등을 감안하여 예상 매출액 규모를 평가자가 판단하여 입력합니다. 해당산업의 범위는 시장성 지표를 선택할 때 지정하였던 KSIC의 세세분류 코드를 기준으로 하되, KSIC의 분류가 부적절하다고 판단되어 평가자가 산업의 범위를 재설정한 경우에는 그 산업의 시장규모를 기준으로 판단합니다.

D6. 수익실현성

출시 이후의 매출액, 매출원가 및 판관비 등을 고려하여 달성 가능한 평균 영업이익률 예상치를 기준으로 판단합니다. 역시 해당산업의 범위는 시장성 지표를 선택할 때 지정하였던 KSIC의 세세분류 코드를 기준으로 하되, KSIC의 분류가 부적절하다고 판단되어 평가자가 산업의 범위를 재설정한 경우에는 그 산업의 시장규모를 기준으로 판단합니다.

D7. 사업주체 선정

사업주체가 미정인 경우일 경우에만 해당되는 지표로서, 기술이전을 고려하고 있으나 계약이 확정되지 않은 경우 등에 해당됩니다.

- 기술이전을 전제로 사업화를 추진하는 경우에는 협상의 진행 정도에 따라 판단함. 기술이전의 경우에는 Licensor 및 Licensee에게 모두 적용 가능함.
- 기술이전이 아닌 자체사업/ spin-off/ Joint Venture 등을 사업화 형태로 고려하는 경우에는 구체적인 계획의 진행 정도에 따라 판단함.

D8. 매출 및 수익성 추정

사업화 주체가 미정인 경우에는 동종업종 평균 매출액 및 영업이익률 자료를 기준으로 해당 기술제품의 사업화 경우의 예상치와 크게 비교하는 수준에서 판단합니다. 해당산업의 범위는 시장성 지표를 선택할 때 지정하였던 KSIC의 세세분류 코드를 기준으로 하되, KSIC의 분류가 부적절하다고 판단되어 평가자가 산업의 범위를 재설정한 경우에는 그 산업의 시장규모를 기준으로 판단합니다.

제4편 최종결과 화면

1. 화면 구성

TECHNURI™는 웹상으로 신속하고 정확한 기술평가와 기술거래를 구현하기 위해 특허법인 다나와 비전밸류컨설팅이 공동으로 개발한 웹 기반 솔루션입니다.

TECHNURI™는 기술평가표(Scoring Board)는 기술성, 권리성, 시장성, 사업성 지표에서 선택한 입력치를 바탕으로 최종결과를 다음과 같은 화면으로 나타냅니다.

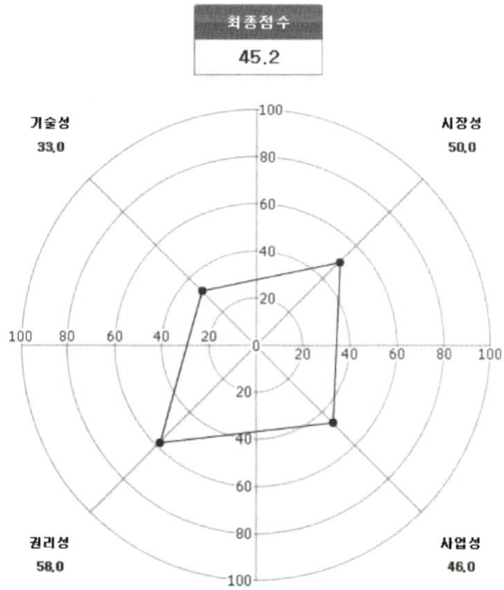

위 그래프 상단의 최종점수는 기술성, 권리성, 시장성, 사업성의 개별점수를 평가대상 기술의 다양한 특성이 반영되도록 TECHNURI™에 내장된 자체 Logic을 통하여 가중평균한 최종값입니다. 최종점수는 유사 기술군과 비교했을 때 최고수준일 경우 100점, 평균수준일 경우일 경우 50점, 그리고 최저수준일 경우에는 0점에 가까운 점수로 나타납니다. 한편, 아래 막대그래프에서는 각 분야별로 사용자가 직접 선택한 개별지표의 점수가 표시됩니다.

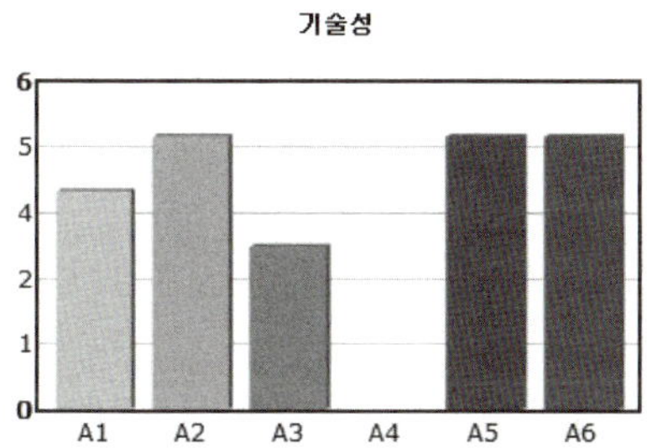

A1 기술수명주기상의 위치
A2 기술동향과의 부합성
A3 선행기술 대비 기술의 차별성
A4 추가 기술개발 필요성
A5 연구자 수행능력
A6 기술의 확장성

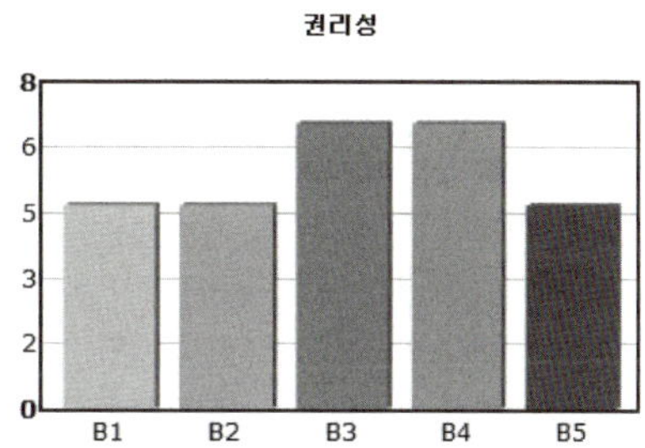

B1 권리의 안정성
B2 권리구성의 적절성
B3 침해확인용이성
B4 권리존속기간
B5 청구범위의 광협

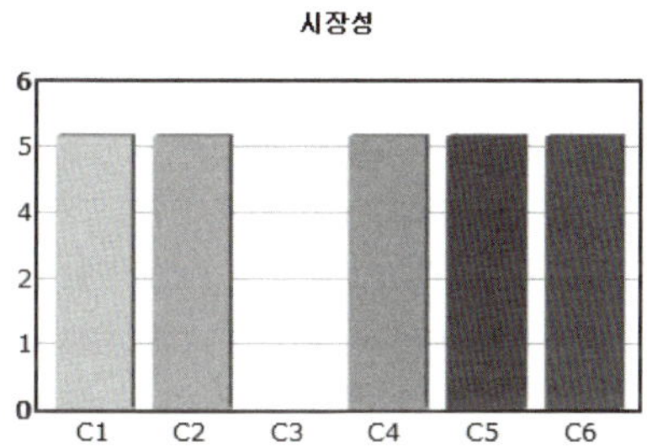

C1 산업 수명주기
C2 현재 시장규모
C3 시장 형성 가능성
C4 경쟁 상황
C5 진입장벽
C6 성장가능성

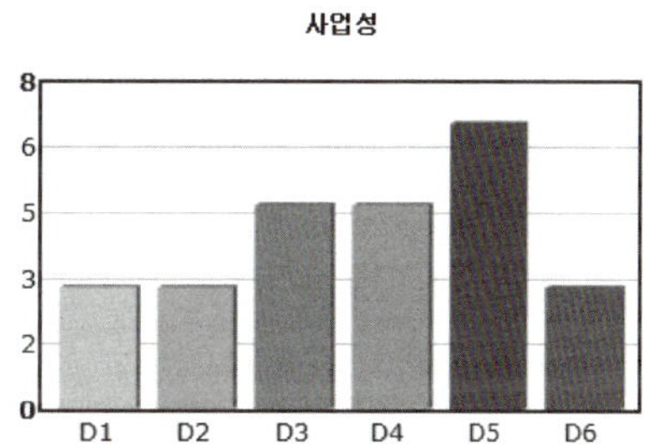

D1 경영자 능력
D2 사업화 전략
D3 생산 용이성
D4 자금 조달력
D5 판매 가능성
D6 수익 실현성

2. 결과보고서 출력

최종결과 화면의 우측 하단에 위치한 '결과출력' 버튼을 누르면 다음과 같이 "기술평가표 결과요약" 화면이 POP-UP창으로 나타나고, 하단의 "프린트" 화면을 누르면 결과물을 프린터로 출력할 수 있습니다.

기술평가표 결과요약

TECH NURI

기본정보

기술명	무접점 충전 시스템의 충전전압 제어 방법	메모	
작성자	오종원		
작성일	2011년 12월 15일		
용도 및 목적	교육용		
평가기준일	2011년 12월 15일		

일반사항				
G1.기술분류	기술코드	IPC기준	H.전기	
		H02J	전력의 발전, 변환, 배전	
			전력급전 또는 전력배전을 위한 방식; 전기에너지 축적하기 위한 방식(X선, 감마선, 미립자선, 우주선을 측정하는 장치를 위한 전력급전회로 G01T 1/175; 가동부분을 갖지 않는 전자시계에 사용코자 특별히 적용된 전력급전회로 G04G 19/00; 디지털컴퓨터를 위한 전력급전회로 G06F 1/18; 방전관을 위한 전력급전회로 H01J 37/248; 전력변환을 위한 회로 또는 장치, 그와 같은 회로 또는 장치의 제어	
	산업코드	KSIC기준	제조업	
		C26	반도체 및 전자부품	
G2.권리현황	진행상황	공개 국내출원		
	특허정보	현황	번호	일자
		출원	10-2009-0108459	2009년 11월 11일
		공개	10-2011-0051727	2011년 05월 18일
		등록	10-1035334	2011년 05월 11일
G3.제품화진행단계		연구개발		
G4.사업화 주체		확정		

TECH NURI

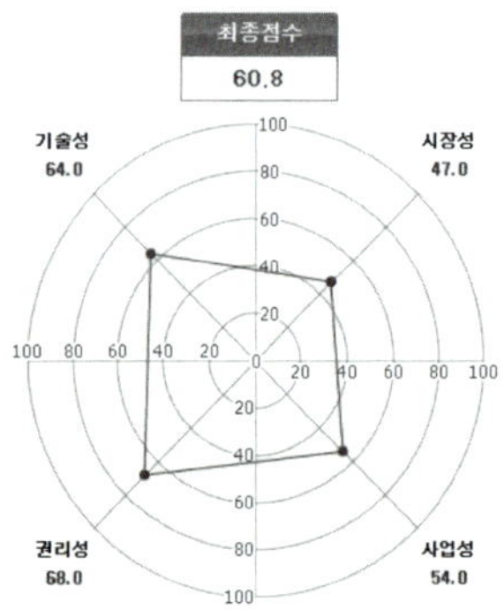

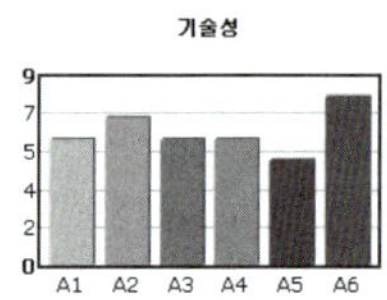

- A1 기술수명주기상의 위치
- A2 기술동향과의 부합성
- A3 선행기술 대비 기술의 차별성
- A4 추가 기술개발 필요성
- A5 연구자 수행능력
- A6 기술의 확장성

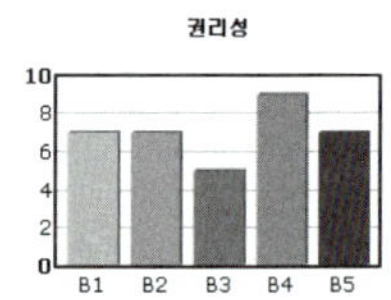

- B1 권리의 안정성
- B2 권리구성의 적절성
- B3 침해확인용이성
- B4 권리존속기간
- B5 청구범위의 광협

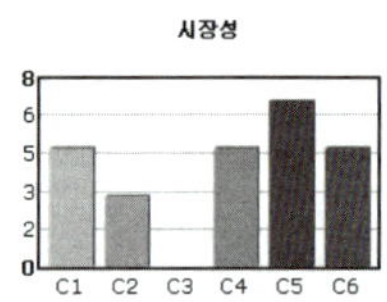

- C1 산업 수명주기
- C2 현재 시장규모
- C3 시장 형성 가능성
- C4 경쟁 상황
- C5 진입장벽
- C6 성장가능성

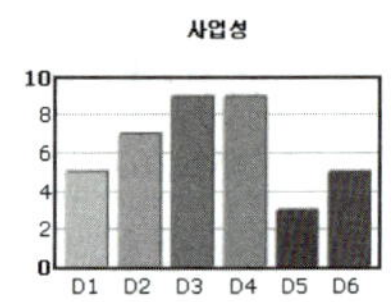

- D1 경영자 능력
- D2 사업화 전략
- D3 생산 용이성
- D4 자금 조달력
- D5 판매 가능성
- D6 수익 실현성

위 그래프 상단의 최종점수는 기술성, 권리성, 시장성, 사업성의 개별점수를 평가대상 기술의 다양한 특성이 반영되도록 TECHNURI™ 에 내장된 자체 Logic을 통하여 가중평균된 최종값입니다. 최종점수는 유사 기술군과 비교했을 때 최고수준일 경우 100점, 평균수준일 경우일 경우 50점, 그리고 최저수준일 경우에는 0점에 가까운 점수로 나타납니다. 한편, 우측 막대그래프에서는 각 분야별로 사용자가 직접 선택한 개별지표의 점수가 표시되니 참고하시기 바랍니다.

참고문헌

1. 국내문헌

강병호, 김대식, 박경서, "금융기관론(제18판)", 박영사, 2012.

강효석, 이원흠, 조장연, "기업가치평가론(제4판)", 홍문사, 2005.

김권중, "K-IFRS 재무제표분석과 가치평가(4판)", 창민사, 2011.

김용국, 이병길, "시장환경분석", 한국금융연수원, 2002.

김완일, "주식가치평가와 세무(개정판)", 영화조세통람, 2008.

김응한, 김명균, 이재경, "가치중심경영과 EVA", 현학사, 2005.

박동원, 김광준, 박순풍(역), "기업가치평가(개정판)", 경문사, 2004.

박정식, 신동령, "경영분석(제5판)", 다산출판사, 2010.

신홍철, "관리회계", 경문사, 2002.

안정근, "부동산평가이론(제5판)", 양현사, 2009.

양남하, "기업신용분석실무", 육법사, 1998.

유재규, 송상익, "기업회계기준해설", 영화조세통람, 2004.

윤종훈, 이호준 등, "M&A전략과 실전사례", 매경출판, 2005.

정한규, 김철중, 윤평식(역), "가치평가론", 경문사, 1998.

한국은행, "기업경영분석", 2010.

한국은행, "산업연관표", 2009.

한국은행, "알기쉬운 경제지표해설", 2010.

한국공인회계사회, "신회계편람", 2012.

한국공인회계사회, "신세무편람", 2012.

한국공인회계사회, "한국채택국제회계기준", 2012.

2. 외국문헌

American Society of Appraisers, *Business Valuation Standards*, 2002.

Appraisal Institute, *The Appraisal of Real Estate*(12th Edition), 2002.

Arzac, E., *Valuation For Mergers, Buyouts, and Restructuring*, Wiley, 2008.

Copeland, T. and J. Weston, and K. Shastri, *Financial Theory and Corporate Policy* (4rd Edition), Addison Wesley, 2004.

Damodaran, A., *Investment Valuation* (2nd Edition), Wiley, 2002.

Damodaran, A., *The Dark Side of Valuation Valuing Old Tech, New Tech, and New Economy Companies*, Prentice Hall, 2001.

Feltham, G. and J. Ohlson, "Valuation and Clean Surplus Accounting for Operating Financial Activities", *Contemporary Accounting Research*, Vol. 11, No. 2, Spring

1995, pp. 689~731.

Hitchner, J., *Financial Valuation Applications and Models*, Wiley, 2003.

Ibbotson Associates, *Stocks, Bonds, Bills and Inflation 2006 Yearbook, Valuation Edition*, Ibbotson Associates, 2006.

Koller, T., M. Goedhart and D. Wessels, *Valuation Measuring and Managing the Value of Companies* (5nd Edition), Mckinsey Co., 2010.

Ohlson, J., "Earnings, Book Values and Dividends in Equity Valuation", *Contemporary Accounting Research*, vol. 11, No. 2, Spring 1995, pp. 661~687.

Palepu, Krishna G., Paul M. Healy, and Victor L. Bernard, *Business Analysis & Valuaton*, Thomson South Western, 2004.

Porter, M., *Competitive Strategy Techniques for Analyzing Industries and Competitors*, Free Press, 2004.

Pratt, S., R. Reilly and R. Schweihs, *Valuing a Business* (4th Edition), McGraw-Hill, 2000.

Pratt, S., R. Reilly and R. Schweihs, *Valuing Small Business and Professional Practices* (3rd Edition), McGraw-Hill, 1998.

Pratt, S., *Business Valuation Discounts and Premium*, Wiley, 2001.

Pratt, S., *Cost of Capital Estimation and Applications* (2nd Edition), Wiley, 2009.

Reilly, R. and R. Schweihs, *The Handbook of Advanced Business Valuatoin*, McGraw-Hill, 2000.

Reilly, R. and R. Schweihs, *Valuing Intangible Assets*, McGraw-Hill, 1998.

Rezaee, Z, *Financial Institutions, Valuations, Mergers, and Acquisitions the Fair Value Approach* (2nd Edition), Wiley, 2002.

Smith, G. and R. Parr, *Valuation of Intellectual Property and Intangible Assets* (3rd Edition), Wiley, 2000.

The Appraisal Foundation, *Uniform Standards of Professional Appraisal Practice*, 2006.

찾아보기

ㄱ

가격결정자 46
가격수용자 47
가능조(粗)소득 427
가산형모델 216
가용현금흐름 163
가중평균 89, 178
가중평균법 256
가중평균자본비용 175, 236, 301, 361, 366
가치가산의 원리 226
가치동인 24
가치의 기준 9, 10, 275, 334
가치의 전제 9, 10, 290, 529
가치창조경영 24
가치투자 24
가치평가 적용을 위한 개념틀 21
가치평가접근법 15, 27, 30
간접법 75, 76
감가상각 258
감가상각비 116
감사보고서 64, 169
감정평가 422
감정평가에 관한 규칙 425
개발단계 463
개발비 151, 410, 418
개발이윤 433
개별공시지가 458
개별법 256
거래구조 271
거래사례비교법 432
거래제한 할인 323
결산보고서 66
결합레버리지 97
경기연동성 45
경기종합지수 42, 43
경제적 부가가치 302, 303
경제적 요인 36
경제적 진부화 292, 421
경품충당부채 297
계속기업가치 403
계속기업의 전제 10, 291
고정비 115
공급자 교섭력 51
공모가액 518
공실률 427
공정가치 25, 445
공정가치모형 459
공정가치서열체계 446
공정시장가치 10, 275, 334
공정한 거래 69
과거근무원가 475
과거 추세분석 85
과점 46
광업권 151
교환전제 446
구매자 교섭력 51
구매활동 63

구조조정충당부채 297
국가신용등급 218
국내총생산 40
국민계정체계 38
국민소득통계 38
국민재무상태표 38
국세청평가심의위원회 541
국제수지표 38
국제자기자본비용모형 214, 217
국제회계기준 11, 73, 441
국제회계기준위원회 441
국채(장기) 201
권리성 412
규모위험 215
규모위험프리미엄 283
규모 테스트 253
규정상의 가치 13, 501
금액수정법 432
금액추정가능성 484
금융감독위원회 503
금융기관 404
금융기관 차입금 207
금융리스 207, 259
금융보증계약 482
금융비용보상비율 93
금융서비스업 408
금융업종 요약재무제표 406
급여수급권단위 474
기능별 업무흐름 63
기능적 진부화 292, 421
기대가치 479
기대배당금 496
기대이론 201
기술가치평가 410, 415
기술기여도 415
기술기여도방식 415
기술사용료 421
기술성 412
기술의 경제적 수명 416
기술적 요인 36
기술적 진부화 292, 421
기술타당성 412
기술평가표 413
기술평가항목 411
기업가치 5, 6, 7, 146
기업가치평가 4
기업경영분석 92
기업공개 23, 312, 517
기업내부자의 접근방식 109
기업실사지수 42, 43
기업인수목적회사 506
기업지배권가치 198
기존경쟁강도 51
기준값 313
기준수익률 206
기준주가 505
기초주식의 현재가격 496
기타장기종업원급여 472
기타포괄손익누계액 74
기하평균 89, 178

ㄴ

내재가치 14
내재영업권 536
노무비 115
농약관리법 418

ㄷ

다기간 할인방식 16, 182, 361
다중회귀분석 215
단기국채 213
단기금융상품 150
단기대여금 150
단기매매증권 150
단기종업원급여 472
단기차입부채 152

단기투자자산 150
단일기간 177
단일기간 자본화방식 16, 182
당기비율분석 85
당기손익인식금융자산 460
당기순이익 대 OCF 93
당좌비율 89
대손율 450
대체원가 293, 433
대체품위협 51
대형주 201
독점 46
독점적 경쟁 46
디자인보호법 419

ㄹ

레버리지 분석 84, 96
로열티 절감방식 414
리스부채 207

ㅁ

만기보유금융자산 460
만기보유증권 151
만기수익률 203
매도가능금융자산 460
매도가능증권 151
매입채무 152
매입채무회전율 92
매출액증가율 89
매출채권 150, 447
매출채권 손상검토 순서도 450
매출채권회전율 91
매출총이익률 88
명목수익률 201
명목이자율 203
명목할인율 176
명목현금흐름 176
목표값 315
목표자본구조 123, 221
무보증사모사채 207
무위험수익률 210
무위험이자율 496
무체재산권 559
무형자산 151, 409, 462
물가상승률 41
물리적 감소 292, 421
물리적인 가능성 424
미기록영업권 508
미래수명법 434
미수금 150
미수수익 150
미지급금 152
미지급비용 152
민감도 분석표 240
민사집행법 523

ㅂ

반기, 분기검토보고서 65
반제품 150
반품충당부채 480
발생주의 80
배당률 263
배당성향 263
배당할인모형 197
백분율 손익계산서 88
법인세 이연효과 258
법적인 허용성 424
법정관리 400
벤처기업 395
벤처기업 육성에 관한 특별조치법 395
벤처캐피털리스트 397
벤치마킹 109
변동비 115
보몰(Baumol)의 Cash management model 등의 현금관리모형 149

보상원가 가득기준 488
보편적인 기업가치평가 439
보험수리적 가정 477
보험업 404
복구충당부채 297
복리효과 178
복합금융상품 492
본질가치 519
부가가치 유발계수 50
부도위험 201, 206
부동산 가격공시 및 감정평가에 관한 법률 562
부동산평가 422
부실기업 399
부실채권 6, 24
부외(簿外) 자산, 부채 294
부채 74, 446
부채비율 90
부채성충당부채 153, 297
부채요소 491
부채증가율 89
블랙-숄즈(가격결정)모형 220, 495
비가격경쟁 47
비교기준회사 16, 243, 246
비상장주식 평가심의위원회 527, 539
비상장주식 평가심의위원회의 설치 및 운영에 관한 규정 540
비상장주식평가조서 528
비연관성자산 할인 324
비영업용 순자산 147, 255
비영업용 순자산가치 146
비유동부채 74
비유동비율 90
비유동자산 74
비유동자산회전율 91
비유동장기적합률 90
비율분석 84
비율수정법 432
비재무지표 399
비체계적인 위험 215

ㅅ

사업성 413
사업유사성 254
사업타당성 412
사외적립자산 476
사용가치 466, 468
사용전제 446
사회문화적 요인 37
산술평균 89, 178
산업구조적 요인 37
산업별 전망보고서 54
산업분석 44
산업비교분석 84
산업비율분석 85
산업 사이클 43
산업생산지수 216
산업수명주기이론 48
산업연관표 38, 49
산업재산권 151
산업평균비율 138
산업활동동향 42
3기간 자본화방식 189
3년만기 회사채의 유통수익률 510
상각후원가 448
상대가치 506
상속세및증여세법 522
상장 517
상품 150
상환옵션 320
생산량비례법 258
생산설비능력 128
생산유발계수 50
생산활동 63
서베이방식 428
선급금 150
선급비용 150
선수금 152
선수수익 152

선입선출법 256
성장률 테스트 253
성장성 비율 89
세금절감효과 202
세전 영업현금흐름 118, 119, 121
세전이익률 88
세전이익증가율 89
세전 재무현금흐름 121
세후영업이익 303
세후현금수지모형 425
소득접근법 14, 15, 173
소득흐름 15, 174
소수주주 매수청구권 11
소수주주할인 251
소수지분 할인 313, 314, 380
소형주 201
손실부담계약충당부채 297
손익계산서 73
손익분기점 94
손익분기점 분석 84
손해배상손실충당부채 297
수요예측 518
수익가치 505
수익분석법 429
수익성 비율 88
수익환원법 429
수입신용장 63
수입유발계수 50
수정순자산방식 289, 298, 299, 404
순공정가치 466
순손익가치 526, 529
순손익가치환원율 511, 529
순손익액계산서 530, 531
순수할인채권 174
순실현가능가치 452
순영업소득모형 426
순유형자산 299
순이익률 88
순이익성장률 180
순이익증가율 89
순자산가액계산서 535, 537
순자산가치 526, 535
순현금흐름 93, 163, 181
시가배수 16, 185, 228, 244, 260
시가총액 222
시장가치 508
시장부가가치 302, 304
시장분리이론 201
시장성 320, 413
시장성 할인 313, 320, 380, 397, 513
시장위험프리미엄 214
시장점유율 138
시장접근법 15, 16, 243
시장참여자 445
신규진입위협 51
신설합병 272
신주인수권부사채 208
신주인수권증서 555
신탁의 이익을 받을 권리 563
실물옵션 497
실수(實數)분석 84
실용신안법 419
실제연수법 434
실제조업도 452
실질수익률 201

ㅇ

아이오아 생존곡선 420
안정성 비율 90
약사법 418
어림치 산출방식 276
어업권 151
여유현금흐름 163
역사적 원가 456
연구단계 463
연말기준 할인방식 191
연속수정법 432

연수합계법 258
연중기준 할인방식 191
영구가치 185, 228, 238, 367
영구성장모델 185, 228
영구채권 174
영업가치 146, 238
영업권 151
영업권지속연수 560
영업권평가조서 561
영업레버리지 96
영업양도 272
영업위험 96
영업으로 발생하는 위험 214
영업이익률 88
영업이익증가율 89
영업활동과 관련된 현금 149
영업활동으로 인한 현금흐름 92
예대마진 404
예상주가변동성 495
예상하지 못한 인플레이션 216
예외변수 267
예측단위적립방식 474
옵션가격결정모형 487, 494
완전경쟁 46
외부분석자의 접근방식 109
외부평가업무 가이드라인 329
요구수익률 199, 200
요소가산방식 416
요약보고서 327
우발부채 483
우발자산 483
운용리스 207, 259
워크아웃 400
원가동인 98, 115, 131
원가모형 459, 464
원가법 435
원가접근법 289
원재료 150
위험분석 96
위험프리미엄 201, 209
유가증권 460
유동부채 74
유동비율 89
유동성 320
유동성 비율 89
유동성 선호이론 201
유동성장기부채 152
유동성 프리미엄 201
유동자산 74
유량 87
유보율 180
유사상장기업 244, 542
유사상장법인 비교요소일람표 547
유사상장법인 선정 검토서 551
유사상장법인 종가명세서 550
유사상장법인 주가 비교평가액 계산서 548
유사상장회사방식 246
유사인수·합병방식 248
유상증자 515
유형자산 151, 455
유효법인세율 134, 165
유효연수법 434
유효이자율 203
은행계정조정표 294
은행업 404
의결권 할인 324
2기간 자본화방식 187
이연법인세대 153
이연법인세차 152
이익분할방식 414
이익의 질 194
이익잉여금 74
이익잉여금처분계산서 78
이자발생부채 153
이자보상비율 90
이자율곡선의 왜곡 216
이자율의 기간구조 201
이자지급채권 174

이중체감법 258
이항모형 220
이항분포 497
이항옵션 가격결정모형 496
인수 23, 272
인플레이션율 201
일괄할인 239, 312
일괄할증 239, 312
일반공모방식 515
일반공모증자방식 516
일반기업회계기준 78, 442
일반적으로 인정된 회계원칙 144, 440
임대사례비교법 432
잉여현금흐름 163

ㅈ

자금순환표 38
자기자본방식 19, 175, 405
자기자본비율 90
자기자본순이익률 180
자기자본 순현금흐름 175, 196
자기자본이익률 88, 561
자기자본회전율 561
자본 74
자본구조 220
자본금 74
자본변동표 73
자본비용 199
자본시장과 금융투자업에 관한 법률 14
자본시장법 14, 502
자본시장선 212
자본요소 491
자본유치조건 22
자본이익률 544
자본잉여금 74
자본자산가격결정모형의 이해 211
자본적 지출 70, 112
자본조달비용 199
자본조정 74
자본증가율 89
자본화율 183, 229
자본환원율 428, 509
자사주매입 121
자산 74, 446
자산가치 505
자산누적방식 289
자산부채이전방식 272
자산손상 465
자산인수 272
자산접근법 15, 17, 289
자산증가율 89
자산형 기업 291
자원유출가능성 484
작업시간비례법 258
잔여환원법 426
장기국채 213
장기차입부채 153
장기프리미엄 201, 213
재고자산 150, 256, 451
재고자산회전율 92
재공품 150
재료비 115
재무레버리지 97
재무비율 86
재무상태표 73
재무실사 65
재무실사업무 169
재무위험 96, 214
재무적 곤경 401
재무적 타당성 424
재무적 투자자 12, 275
재무제표 수정 167
재무지표 54
재생산원가 293, 433
재투자율 181
재평가모형 464
재평가법 456

저당권 564
저당대부금액 429
저당지분환원법 426
저작권 151
저작권법 419
저장품 150
적산법 435
적정생산능력 128
전략적 투자자 12, 275
전문적 자격이 있는 평가인 457
전자공시시스템 269
전통적 소득접근법 426
전환사채 208, 555
전환원가 452
정규분포 99, 495
정량 87
정률법 258
정부보조금 470
정상적인 거래 445
정상조업도 139, 452, 453
정상화 167, 229
정상화된 소득흐름 299
정식보고서 327
정액법 258
정치적 요인 36
제3자배정방식 515
제3자배정증자방식 516
제조경비 115
제조물책임법 37
제품 150
제품보증충당부채 297
제품수명주기 36
조건부권리 563
조업도손실 455
조정현가법 225, 226
종업원급여 471
주가차액보상권 490
주당법인세비용차감전계속사업이익 512
주당추정이익 509
주식가치 5, 6, 7
주식거래대금 249, 407
주식거래량 254
주식결제형 주식기준보상거래 487
주식교환매수 274
주식기준보상 486
주식매수청구권 520
주식매입선택권 67
주식선택권 219, 486
주식시장위험 212
주식시장위험률 210
주식위험프리미엄 214
주식인수 272
주주배정방식 515
주주우선공모방식 515
준고정비 98
중간값 267
중고가액 292
증권시장선 211, 212
증권업 404
증권의발행및공시등에관한규정 505
증분소득방식 414
지급불이행 위험프리미엄의 변화 216
지방세 과세시가표준액 458
지방청평가심의위원회 541
지배주주할증 250
지배지분 할증 314, 554
지분법적용 투자주식 151
지적재산권 410
직접법 75, 76
진부화 292
집합 손상검토 449

ㅊ

차입금의존도 90
차입부채 470
채무보증충당부채 297
채무자회생및파산에관한법률 400

청산가치 403
청산기업 290
청산기업의 전제 10, 290
체계적 위험도(β) 209
초과이익방식 296, 298, 415, 508
초과현금 122, 149
초과현금흐름 301
총거래대금 249
총자산이익률 88
총자산회전율 91
최대생산능력 128
최대수익성 424
최대주주 등의 할증평가 552
추세분석 84
충당부채 479
취득원가 452

ㅋ

카르텔 47

ㅌ

타인자본비용 366
토빈의 Q ratio 262
통합도산법 400
퇴직급여 472
투자가치 11, 275
투자기회선 211
투자부동산 151, 459
투자자산 151
투하자본방식 19, 175
투하자본 순현금흐름 175, 195, 361
트러스트 47
특허법 418

ㅍ

판매보증충당부채 480
판매활동 64
평가기준일 27
평가대상회사 16
포트폴리오 할인 324
피셔 방정식 176

ㅎ

하마다 모델 214
학습효과 98
한국예탁결제원 516
한국채택국제회계기준 25, 441
할인율 15, 174, 183, 199
할인현금수지분석법 425
할증률 553
합병 23, 272
합병가액 504
해고급여 472
핵심인물 할인 314, 323
행사기간 495
현금결제선택권 있는 주식기준보상거래 491
현금결제형 주식기준보상거래 489
현금과부족 235
현금매수 274
현금 및 현금성자산 149
현금보상비율 93
현금비율 89
현금주의 80
현금창출단위 467
현금투자수익률 181
현금흐름 193
현금흐름분기점 94
현금흐름 자본화방식 231
현금흐름표 73
현금흐름할인방식 15, 77
화의 400
화의법 400
확정급여제도 472
확정급여채무 474

확정기여제도 472
환산자본이익률 544
활동성 비율 91
활성시장 464
회계감사업무 169
회계원칙 456
회계적 이익 193
회계추정 456
회사고유위험 210
회사정리법 400
회사채 201, 207
효율적 투자기회선 212
후방통합능력 54
후순위사채 207
후입선출법 256
흡수합병 272

* * *

CVP 모델 94
M&A의 거래구조 273
Michael Porter의 5요인 모델 51
OCF 대 매출액 93
OCF 대 유형자산 투자지출 93
OCF 대 차입금 93
OCF 대 총부채 93
OCF 대 투자활동 현금지출 93

INDEX

A

accounting profit 193
accrual basis 80
acquisition 23, 272
additive model 216
adjusted net asset method 289, 298, 299
Adjusted Present Value : APV 225
Adjusted Present Value Method 226
An index of industrial production 216
APM : Arbitrage Pricing Model 209, 215
Appraisal Institute 431
arm's length transaction 69
asset accumulation method 289
asset approach 15, 17, 289
asset-heavy companies 291

B

bank statements 294
Banker's usance 119
bargaining power of buycrs 51
bargaining power of suppliers 51
base value 313
benchmarking 109
BEP analysis 84
binominal distribution 497
Binominal Model 220
Black-Scholes Model 220, 495
Blockage Discount 323
bond with warrants : BW 208
book building 518
book runner 518
Bottom up Approach 109, 113
break-even point : BEP 94
build-up method 209, 416
business risk 96
Business Survey Index 42
business valuation 4

C

Capital Asset Pricing Model : CAPM 202, 209, 211
capital expenditure(CAPEX) 70, 112
capital market line : CML 212
capital structure 220
capitalization rate 183, 229
capitalized cash flow method 231
cash basis 80
Cash Break-even Point 94
cash flow 193
Cash Return on Investment : CROI 181
Change in default risk premium 216
common size income statement 88
company specific risk 210
constant growth model 185, 228
control premium 250, 314, 554

convertible bond : CB 208
cost approach 289
cost driver 98, 115, 131
cost of capital 199
cost-volume-profit : CVP 94
Country Risk Rating Model 218
Country Spread Model 214, 218
Cox and Rubinstein Model 496

D

DART 269
deal price 249
deal structure 273
default risk 201, 206
Defined Benefit 473
Defined Contribution 472
Direct Approach 76
discount 239, 312
discount rate 15, 174, 199
discounted cash flow method 15, 77
discounting rate 183
dissenting stockholder actions 11
Dividend 193
Dividend Discounting Model 197

E

EAT : Earning After Taxes 193
EBIT : Earning Before Interests, Taxes 156, 193
EBITDA : Earning Before Interest, Taxes, Depreciation, Amortization 193
EBT : Earning Before Taxes 193
economic life 416
economic obsolescence 292, 421
Economic Value Added 302, 303
effective interest rate 203
efficient frontier 211, 212
enterprise value 5, 6, 7
equity basis 19, 175, 405
equity market risk 212
Equity Net Cash Flow 175, 196
equity price 249, 407
equity risk premium : ERP 209, 214
equity value 5, 6, 7
excess cash 122, 149
excess cash flow 301
Excess Cash Flow Method 298
excess earnings method 296, 298, 415, 508
expectation theory 201

F

fair market value 10, 275, 334
fair value 25
FIFO 256
Financial Cash Flow before Taxes : FNCF-bt 121
financial distress 273, 401
financial due diligence 65, 169
financial feasibility 424
financial guarantee 482
financial investors 12, 275
financial risk 96, 214
financial statement adjustment 167
five forces model 51
flow 87
Formula Method 298
Free Cash Flow 163, 195
full narrative report 327
functional obsolescence 292, 421

G

Generally Accepted Accounting Principles : GAAP 144, 440
Generally Accepted Auditing Standards : GAAS 169
Globally Nested CAPM 217

Going Concern Premise 10
going public 517
guideline companies 16, 243, 246
guideline merger and acquisition method 248
guideline public company method 246

H

Hamada model 177, 214

I

IAS : International Accounting Standards 441
IASB : International Accounting Standards Board 441
IASC : International Accounting Standards Committee 441
Ibbotson Associates 216
IC : Invested capital 303
income approach 14, 15
income stream 15, 174
incremental income method 414
Indirect Approach 76
industry comparative ratio analysis 84
initial public offering : IPO 23
intangible assets 409
intellectual property 410
interest bearing debt 153
International CAPM 217
International Cost of Equity Model 217
International Financial Reporting Standard : IFRS 73, 441
intrinsic value 14
invested capital basis 19, 175
Invested Capital Net Cash Flow 175, 195, 361
investment value 11, 275
IPO Studies 322

K

key person discount 314, 323

L

Latest twelve month 65
LBO : leveraged buyout 274
legal permissibility 424
LIFO 256
Liquidation Premise 10
liquidity 320
liquidity preference theory 201
liquidity premium 201
listing 517
long horizon premium 201, 213

M

market approach 15, 16, 243
market capitalization 222
market multiple 16, 185, 228, 244, 260
market risk premium 214
market royalty method 420
market saturation 230
market segmentation theory 201
market transaction method 420
market value 508
Market Value Added 302, 304
marketability 320
marketability discount 313, 320, 380, 397, 513
maximum profitability 424
median 267
merger 23, 272
Mid-year discounting convention 191
minority discount 251, 313, 314, 380
multi-period 177
multi-period discounting method 16, 182, 361
multiple regression 215

MVE : market value of equity 246
MVIC : market value of invested capital 246

N

NCF : Net Cash Flow 93, 163, 181
NCF_{Eq} : Equity Net Cash Flow 193
NCF_{IC} : Invested Capital Net Cash Flow 193
net tangible asset 299
nominal interest rate 203
Non homogeneous assets discounts 324
NOPLAT : Net Operating Profit Less Adjusted Taxes 156, 303
normal distribution 99
normalization 167, 229
normalized 299
NPL : non performing loan 6, 24
NRV 559

O

obsolescence 292
OCF : Operating Cash Flow 92
off-balance sheet items 294
OPCF-bt : Operating Cash Flow before Taxes 118, 119, 121
operating cash 149
operating risk 214
operating value 238
OPM : option pricing model 208, 494
outlier 267

P

PBR : price book value ratio 244
PCR : price cashflow ratio 244
PER : price earnings ratio 16, 244
physical deterioration 292, 421
physical possibility 424
Portfolio Discount 324
potential gross income : PGI 427
premise of value 9, 10, 290, 529
premium 239, 312
price maker 46
price taker 47
principle of anticipation 15, 173
principle of comparison 16, 243
principle of substitution 17, 289
Product Liability Act : PL법 37
product life cycle 36
profit splitting method 414
PSR : price sales ratio 244
public auditing 169
purchase & assumption : P&A 272

Q

quality of earnings 194

R

ratio analysis 84
regulated value 13, 501
Relative Standard Deviation Model 218
relevered β 214
replacement cost 293, 433
reproduction cost 293, 433
required rate of return 199
Restricted Stock Studies 322
Return on Invested Capital : ROIC 181
Return on the market 210
risk analysis 84, 96
Risk free rate of return 210
risk premium 201
rival among existing firms 51
royalty saving method 414
rule of thumb 276

S

Scoring Board 413
security market line : SML 211, 212
Shipper's usance 119
single period 177
single period capitalization method 16, 182
size premium 202
size risk 215
size risk premium 283
standard of value 9, 10, 275
stock 87
stock option 67, 219
strategic investors 12, 275
subject company 16
summary report 327
survey method 428
system of national accounts : SNA 38

T

target capital structure 123, 221
target value 315
technological obsolescence 292, 421
term structure of interest rates 201
terminal value 185, 228, 238
threat of new entrants 51
threat of substitute products or service 51
Tobin's Q 262
Top down Approach 109, 113
Trading multiple 246
Transaction multiple 248
Treasury bond 213
Treasury Method 298
trend analysis 84
Twists in the yield curve 216

U

Unanticipated inflation 216
unlevered β 214
unrecorded goodwill 508
unsystematic risk 215
usance 63

V

vacancy rate 427
valuation approaches 15
value based management : VBM 24
value driver 24
value in second hand market 292
Voting Right Discount 324

W

WACC : Weighted Average Cost of Capital 236, 301, 361

Y

year end discounting convention 191
yield to maturity 203

[저자 소개]

김 찬 일

연세대학교 경영학과 졸업, 연세대학교 국제학대학원 경영학과 졸업
미국 감정평가사(ASA), 미국 공인회계사(CPA), 미국 관리회계사(CMA), 한국 기술거래사
한국신용평가, 세동회계법인, 아더앤더슨GCF, 딜로이트FAS 근무
(현재) ㈜비전밸류컨설팅 대표이사, 특허법인 다나 부대표, 하나감정평가법인 본부장
국세청 비상장주식 평가심의위원회 위원, 벤처기업협회 금융자문위원, 기술보증기금 외부자문위원, 지식경제부 기술평가전문가 협의회 위원
매경교육센터, 금융연수원, LG인화원, 생산성본부, 능률협회 등에서 강의

송 화 섭

안동대학교 회계학과 졸업
한국 공인회계사, 세무사
㈜아이크래프트, ㈜가치경영연구소, 새빛회계법인 근무
(현재) 이산회계법인 재무자문본부장
한국능률협회컨설팅 등에서 강의

기업가치평가 –제3판–

저 자	김찬일·송화섭
발행자	한 헌 주
발행처	도서출판 **경문사** 서울특별시 서대문구 독립문로 21-9 전화 738-7035 FAX. 722-4678 E-mail : kmsp@korea.com 홈페이지 : http://www.kmsp.co.kr
등 록	1995년 11월 9일 제300-1995-138호

2005년 4월 15일 초판발행
2007년 4월 30일 개정판발행
2012년 6월 5일 제3판발행
2017년 6월 7일 제3판 2쇄 발행

■정가 40,000원

ISBN 978-89-420-0764-6 93320